Det Komplexa Universumet

Bok Tre

av Dolores Cannon

Översatt av: Herman Sørensen

© 2011 av Dolores Cannon
Svensk översättning: 2025

Alla rättigheter förbehållna. Ingen del av denna bok, varken helt eller delvis, får reproduceras, överföras eller användas i någon form eller på något sätt, elektroniskt, fotografiskt eller mekaniskt, inklusive kopiering, inspelning eller genom något informationslagrings- och återvinningssystem, utan skriftligt tillstånd från Ozark Mountain Publishing, Inc., förutom korta citat som ingår i litterära artiklar och recensioner.

För tillstånd, serialisering, kondensering, bearbetningar eller för vår katalog över andra publikationer, skriv till Ozark Mountain Publishing, Inc., P.O. box 754, Huntsville, AR 72740, ATT: Permissions Department.

Library of Congress Cataloging-in-Publication Data
Cannon, Dolores, 1931-2014

Det Komplexa Universumet Bok Tre av Dolores Cannon
   Den tredje boken i serien The Convoluted Universe ger metafysisk information erhållen genom många subjekt via hypnotisk regression till tidigare liv.
1. Hypnos 2. Reinkarnation 3. Tidigare Liv-Terapi
4. Metafysik 5. Gudomlig Källa 6. Nya Jorden
I. Cannon, Dolores, 1931- II. Reinkarnation III. Metafysik
IV. Titel

ISBN: 978-1-962858-79-3

Omslagskonst och layout: Victoria Cooper Art
Översatt av: Herman Sørensen
Bok satt i: Times New Roman
Bokdesign: Nicklaus Pund

Utgiven av:

PO Box 754
Huntsville, AR 72740
WWW.OZARKMT.COM
Tryckt i Amerikas förenta stater

Visdom är det viktigaste; skaffa därför visdom, och med all din kunskap, skaffa dig förståelse.

Ordspråksboken 1:54

Författaren av denna bok ger ingen medicinsk rådgivning och föreskriver inte användning av någon teknik som en behandlingsform för fysiska eller medicinska problem. Den medicinska informationen i denna bok hämtades från Dolores Cannons individuella konsultationer och sessioner med hennes klienter. Informationen är inte avsedd för medicinsk diagnostik av något slag eller som en ersättning för medicinsk rådgivning eller behandling av din läkare. Författaren och förlaget tar därför inget ansvar för någon individs tolkning eller användning av informationen.

Alla ansträngningar har gjorts för att skydda identiteten och privatlivet för klienterna som deltagit i dessa sessioner. Platserna där sessionerna ägde rum är korrekta, men endast förnamn har använts, och dessa har ändrats.

Innehållsförteckning

Introduktion	i
Sektion 1: Låt oss Utforska	**1**
Kapitel 1: Min Utveckling	3
Kapitel 2: Sammanfattning av Typiska Fall	17
Sektion 2: Liv i Icke-Mänskliga Kroppar	**47**
Kapitel 3: Andra Livsformer	49
Kapitel 4: Olika Livsformer	66
Kapitel 5: Den Gröna Planeten	92
Kapitel 6: Struktur är Inte Viktigt	99
Kapitel 7: Cellers Medvetande	111
Kapitel 8: Allt har Cedvetande	120
Sektion 3: Hjälp från Andra Varelser	**141**
Kapitel 9: De blå Människornas Planet	143
Kapitel 10: Överlevnad	157
Kapitel 11: Svarta Hålets Energi	168
Kapitel 12: Under Jorden	181
Sektion 4: Förstagångsbesökare på Jorden	**199**
Kapitel 13: Volontärerna	201
Kapitel 14: Man och Hustru som Förstagångsbesökare	237
Kapitel 15: Födelser av en Förstagångsbesökare	251
Sektion 5: Källan	**277**
Kapitel 16: Tidigare Liv är Inte Längre Viktiga	279
Kapitel 17: Återvända till Källan	289
Kapitel 18: Gnistan Separerar	307
Kapitel 19: Orben	312
Kapitel 20: Kunskapens Tempel	321
Kapitel 21: Parallella Världar	332
Kapitel 22: Tomrummet	346

Sektion 6: Skapelsen	**365**
Kapitel 23: Övningsplatsen	367
Kapitel 24: Tillbaka till Början	382
Kapitel 25: En Annan Lag om Skapelse och Fysik	391
Kapitel 26: Skapandet av Haven	406
Kapitel 27: De Första Varelserna Anländer	432
Kapitel 28: Förstörelsen av en Planet	439
Sektion 7: Den Nya Jorden	**465**
Kapitel 29: Den Kommande Skiftet	467
Kapitel 30: Hjälp i Kaosets Tid	481
Kapitel 31: De som Blir Kvar	503
Kapitel 32: Fysiska Effekter när Kroppen Förändras	511
Kapitel 33: Biblioteket	519
Sektion 8: Ovanliga Energier	**527**
Kapitel 34: En Helt ny Alternativ Lösning för en Walk-In	529
Kapitel 35: Svara på Kallelsen	558
Kapitel 36: Världarnas Resenär	573
Kapitel 37: Den helande Energin Talar	593
Kapitel 38: Den Slutgiltiga Lösningen	608
Kapitel 39: Absorptionen	626
Författarsida	647

INTRODUKTION

Jag antar att vid det här laget, när läsaren har hittat denna bok, är de redan bekanta med mitt arbete och sättet jag har erhållit informationen jag skrivit om i mina fjorton böcker. Men om detta skulle vara den första boken av mig som du plockat upp, kan en liten förklaring vara på sin plats. Jag kanaliserar inte. Jag har varit en hypnoterapeut specialiserad på tidigare liv i trettio år, och min information kommer från mitt terapeutiska arbete med tusentals och åter tusentals klienter. Även om mitt huvudsakliga fokus är terapi och att hjälpa mina klienter hitta svaren på sina problem genom att gå tillbaka till ett relevant tidigare liv, ser jag mig själv också som en reporter, en undersökare, en forskare av "förlorad" kunskap. Detta eftersom jag har upptäckt en metod som ger fullständig tillgång till källan till all kunskap. Därför innehåller många av mina böcker information som har gått förlorad, blivit bortglömd eller aldrig tidigare varit känd. Det ger mig en enorm tillfredsställelse att avslöja något nytt och spännande och föra det vidare till vår tid.

Under de trettio år jag har ägnat åt detta arbete har jag utvecklat min egen unika teknik för hypnos. Jag har upptäckt ett sätt att få tillgång till det jag kallar personens "undermedvetna". Detta är dock inte samma undermedvetna som psykiatriker definierar. Deras definition syftar mer på en barnslig del av sinnet. När jag blir ombedd att definiera vilken del jag kommunicerar med, jämför jag det med Översjälen, det Högre Medvetandet, det Högre Jaget. Jag tror att det är samma sak som Freud hänvisade till som det Universella Sinnet. De flesta hypnoskurser lär ut att det undermedvetna kan nås genom fingertecken, där klienten lyfter ett finger för "ja" och ett annat för "nej". Detta är långsamt, tråkigt och ineffektivt. Varför göra det på det sättet när du kan ha en aktiv konversation med den delen? Det är just detta jag har utvecklat – ett enkelt sätt att få tillgång till denna oerhört kraftfulla del av sinnet. Denna del har tillgång till all kunskap. Det enda du behöver göra är att tänka ut rätt frågor. Jag refererar alltid till denna del som "de", eftersom den alltid refererar till sig själv som "vi". De har sagt att jag kan kalla dem "undermedvetandet" om jag vill. Det spelar ingen roll vad jag kallar dem. De har kommit överens om att arbeta med mig, så de svarar på namnet "undermedvetandet".

Under mitt arbete har jag också upptäckt att denna fantastiska och medkännande del av individen har kraften att omedelbart bota fysiska problem. I vissa länder där jag har undervisat min metod har man varnat mig för att använda ordet "bota". De säger att det inte är tillåtet att säga så. Istället föredrar de att använda ordet "lindra". Det spelar ingen roll hur det uttrycks – resultaten är desamma. Klienten botas omedelbart på mirakulösa sätt, ofta efter endast en session. Jag har dokumenterat några av dessa fall i mina andra böcker. Jag har blivit instruerad av "dem" att jag måste lära ut denna metod till så många som möjligt, eftersom den kommer att betraktas som "framtidens terapi". Det är oerhört viktigt att människor förstår att de kan hela sig själva. Att deras sinnen är extremt kraftfulla och att kroppen kan läka sig själv om den ges rätt instruktioner. Till en början visste jag inte om metoden kunde läras ut. Hur lär man ut något som man själv har utvecklat? Hur bryter man ner det så att andra kan förstå hur det fungerar? Min första försöksomgång var 2002, när jag höll min första klass med tio deltagare i Taos, New Mexico. Jag kallade det min "försökskaninsklass", eftersom jag inte visste vad som skulle hända. Folk har frågat mig: "Blev de inte förolämpade av att kallas försökskaniner?" De svarade nej, eftersom de alltid skulle vara de första. Några föreslog skämtsamt att de skulle lägga till initialerna "GP" (Guinea Pig – försökskanin) efter sina namn. Sedan dess har jag förfinat undervisningstekniken och har hållit kurser över hela världen. Antalet studenter har nu vuxit till hundratals, och de listas på min webbplats: www.ozarkmt.com under "Students" som en referens. Jag har fått brev från många av mina studenter som säger att metoden fungerar och att de också upplever mirakulösa resultat. Vilken större tillfredsställelse kan en lärare ha än att lyckas överföra kunskap?

Mitt huvudsakliga syfte med terapibokningarna är att hjälpa mina klienter med deras problem. Men längs vägen har en enorm mängd kunskap också kommit fram, och det är det jag har skrivit om. Detta är min fjortonde bok om mina äventyr, och det kommer fler. Informationen flödar fram genom nästan alla jag arbetar med. Så nu hoppas jag att jag har förklarat det tydligt för nya läsare: Jag kanaliserar inte, jag är inte synsk. Jag är en hypnosterapeut och min information kommer från "dem". Min uppgift är att samla in den, organisera den och sätta ihop den som ett pussel. Och det är ingen liten uppgift. Så nu – gå vidare och njut av den senaste volymen i *The Convoluted Universe*-serien.

Dolores Cannon, CHT, PLT

Det Komplexa Universumet – Bok Tre

SEKTION ETT

LÅT OSS UTFORSKA

Det Komplexa Universumet – Bok Tre

Det Komplexa Universumet – Bok Tre

KAPITEL ETT

MIN UTVECKLING

Det känns märkligt för mig att se tillbaka på mitt arbete inom regressionshypnoterapi och inse hur inte bara jag, utan hela fältet, har utvecklats och förändrats. När jag blev inkastad (om än mycket varsamt) i reinkarnationsfältet 1968 var allt nytt och utmanande. Jag hade öppnat en dörr som aldrig mer skulle stängas i mitt sinne. På den tiden fanns det inga böcker eller instruktioner som kunde vägleda en terapeut, så jag har fått skriva mina egna regler och utveckla min egen teknik från grunden. Nu vet jag att det var till det bättre. Jag hade aldrig någon som sa till mig att det bara fanns en enda korrekt metod (deras) för att utöva hypnos. Ingen sa till mig att jag inte fick experimentera, att jag bara fick göra det på det sätt som hade använts i åratal. Jag inser nu att de bara undervisade det de själva hade lärt sig av någon annan, som i sin tur hade lärt sig av någon annan, i en oändlig kedja. De ifrågasatte aldrig de metoder de hade blivit visade, men de hade heller aldrig fått höra att de kunde ändra reglerna, utveckla sina egna metoder och följa sin egen väg. Just eftersom det inte fanns några instruktioner, kände jag att jag hade kastats in i något nytt och spännande. Jag upptäckte tidsresor, möjligheten att gå tillbaka i tiden och återuppleva historien när den utspelade sig. Eftersom jag inte visste vad som kunde eller inte kunde göras, valde jag att utmana sinnets förmågor och ta reda på vad som var möjligt genom hypnos.

Naturligtvis har det tagit mig många år att göra dessa upptäckter, och jag upptäcker fortfarande nya sätt att använda hypnos och nya sätt att få tillgång till information. I början av mitt arbete, när jag började arbeta konsekvent med hypnos 1979, älskade jag tanken på att resa genom tiden (genom mina klienter) och ta reda på hur det var att leva i svunna tider. Som forskare och reporter älskar jag historia. Vad kunde vara ett bättre sätt att utforska den än att besöka dessa tidsperioder, ställa frågor och samla information? Det var där mina första böcker kom ifrån – från information insamlad från hundratals klienter. Min förståelse av reinkarnation på den tiden verkar nu ganska enkel, men det var allt jag visste. Det är också allt de flesta vet idag, eftersom bara insikten om att vi har levt mer än en gång är chockerande och livsförändrande. Med tanke på hur vi har vuxit upp, med kyrkans indoktrinering från barndomen, krävs det en modig och djärv själ för att avvika från traditionen och börja ställa frågor. Frågor som kyrkan inte har svar på, eller som de inte får diskutera. "Om det inte står i Bibeln, då behöver du inte veta det. Du kommer att få alla dina frågor besvarade när du dör. Kanske har de en poängtavla där uppe som förklarar allt." Men allt fler människor är inte villiga att vänta till döden för att få svar. De blir mer och mer medvetna om att det finns mer där ute än de har blivit ledda att tro hela sina liv. De börjar ställa frågor, och svaren finns där för dem som söker och ifrågasätter.

För min egen del var det inte svårt att acceptera konceptet reinkarnation. Jag växte upp inom den protestantiska tron (främst Southern Baptist), undervisade i söndagsskolan, sjöng i kören. Ändå fanns det alltid en gnagande känsla av att det fanns mer. Jag hade frågor som varken Bibeln eller min präst kunde besvara. Många gånger satt jag i församlingen på söndagsmorgonen och lyssnade på predikan, och jag ville så gärna räcka upp handen och ifrågasätta det han sa. "Men kanske betyder det här eller det där. Hur vet du?" Naturligtvis, som en civiliserad och god kristen flicka, kunde jag inte göra det. Så jag nöjde mig med att undervisa barnen i söndagsskolan. Berättelserna var intressanta och jag behövde inte undervisa i en dogm jag inte längre trodde på. Med tiden, när jag blev alltmer involverad i metafysik, behöll jag mina övertygelser för mig själv. De var för värdefulla för att exponeras för hån. Jag lämnade den ortodoxa kyrkan och tror att jag har funnit den "verkliga" betydelsen av religion – andlighet istället för religion. De flesta kyrkor har tappat sin väg och förstår inte den viktiga skillnaden mellan dessa två ord.

När jag började arbeta med regressionsterapi för tidigare liv på heltid, trodde jag att jag hade teorin om reinkarnation helt klar för mig. Jag var säker på att jag visste hur det fungerade. Det var den enkla processen att leva ett liv, göra sitt bästa, lära sig läxor, sedan dö och få sitt liv bedömt. Sedan arbetet med att lösa kontrakt med olika själar, och resan tillbaka in i kroppen. En enkel process där själen gradvis går igenom jordens skola, från klass till klass, tills den tar examen och blir ett med Gud igen. Det hela kändes så logiskt att jag inte hade några problem att acceptera konceptet och arbeta med mina klienter i terapin baserat på de problem som fördes fram från andra liv.

I mina tidiga dagar, när jag skrev mina första böcker, såg jag tidigare liv som ett linjärt tidsmönster. Jag tog fortfarande mina "babysteg", och det var det enda min hjärna kunde förstå: ett liv följt av ett annat, separerat av tid och specifika datum. En av mina första klienter var en utmärkt somnambulist och var kapabel att helt bli den personlighet hon regressades till. Jag såg det som ett perfekt sätt att utforska historien eftersom hon gav enormt mycket detaljer om den kulturella, teologiska och andra livsstilar hon befann sig i. Jag tog henne igenom 25 separata liv genom att hoppa bakåt i 100-årsintervall. Varje personlighet var distinkt, och allt jag behövde göra var att säga till henne att gå till ett visst år och hon skulle bli den mycket identifierbara personligheten. Jag blev mycket bekant med dem, deras röst, manér och kroppsspråk. Jag tyckte att det var ett anmärkningsvärt sätt att utforska historien, och jag trodde att det skulle vara min livsuppgift och vad jag skulle fortsätta skriva om. Jag skrev två böcker under dessa tidiga dagar (1980-talet) baserade på denna kvinnas tidigare liv: *"Jesus och Esséerna"* och *"A Soul Remembers Hiroshima"*. Jag vet att jag så småningom kommer att skriva en bok som inkluderar några av de andra livsberättelserna eftersom de innehåller en rikedom av information. Men mitt arbete har gått i så många olika riktningar sedan dessa tidiga dagar.

När jag fortsatte att utforska tidigare liv började andra teorier att introduceras, och det störde mig. Jag hade ju redan allt klart för mig. Jag ville inte att något annat skulle komma in och skaka om mitt trossystem. Den första var teorin om imprinting (som beskrivs i *"Keepers of the Garden"* och *"Between Death and Life"*). Det var konceptet att vi inte behövde leva många, många liv, utan att vi kunde bli "impräntade" (eller överlagda) med minnen från andras liv. Detta gjordes om personligheten var på väg att erfara ett liv som var annorlunda och för vilket den inte hade någon bakgrund att luta sig

Det Komplexa Universumet – Bok Tre

mot. Minnena från dessa liv hämtades från det enorma biblioteket på andesidan innan inkarnationen (med hjälp av våra andeguider och mästare), och överlagrades eller impräntades på vår egen själsminne. Jag frågade då, "Hur skulle jag veta om personen lever ett verkligt tidigare liv eller om det är ett imprint?" Jag fick svaret, "Du kommer inte att veta det. Och det spelar egentligen ingen roll, eftersom allt om imprintet (alla känslor och allt) är överlagrat." Det var verkligt eftersom personligheten behövde informationen för att fungera i vår värld, och därför skulle ingen kunna märka någon skillnad. Men introduktionen av detta ovanliga koncept skakade verkligen om mina grundvalar. Jag kämpade med det under en lång tid. Ville jag verkligen fortsätta inom detta område om mina trossystem skulle utmanas? Jag var bekväm med mina koncept om hur liv, död och reinkarnation fungerade (linjärt), och jag ville inte att min äppelkorg skulle störas. Men sedan, när jag studerade mina reaktioner på denna nya idé, insåg jag att om jag inte åtminstone undersökte den med ett öppet sinne, skulle jag vara precis som kyrkan med sin doktrin: "Acceptera bara. Tänk inte."

Så jag började titta närmare på detta nya koncept och andra som presenterade sig (som parallella eller överlappande liv), och gradvis började visdom tränga in i ett stängt sinne. Det är både utmanande och underbart samtidigt att öppna upp och studera nya koncept, eftersom det inte finns något i vår bakgrund och uppväxt att basera dessa saker på. Men när sinnet väl börjar ifrågasätta, finns det inget att gå tillbaka till. Du kan inte "avlära" det du har lärt dig. Du kan inte sopa det under mattan. Du kan inte sätta tillbaka maskarna i burken när du har öppnat den. Det är först nu, trettio år senare, som jag kan se visdomen i vad "de" gjorde. De gav mig små bitar av information, små smulor för att väcka min aptit på mer. De gav mig tid att smälta varje liten bit information innan de gav nästa. Annars skulle det ha varit överväldigande, och "de" visste detta. Jag skulle ha slängt allt mot väggen, stoppat mitt arbete och sagt, "Jag förstår inte det här! Jag vill inte förstå det! Varför kan inte allt gå tillbaka till hur det var? Det var det jag var bekväm med, tidsresor och att studera historia." Men uppenbarligen hade de andra planer, och det skulle bara ha fungerat

Det Komplexa Universumet – Bok Tre

om jag samarbetade genom att förstå de små bitarna och göra dem till en del av mig själv.

Nästan varje klient som kommer till mig för regressionsterapi ställer samma fråga, "Vad är mitt syfte? Varför är jag här? Vad ska jag göra?" Jag säger alltid till dem att vi kan hitta svaret om det är "lämpligt". Det undermedvetna (som jag arbetar med) kommer aldrig att ge personen mer än de kan hantera. Tänk om personens öde eller syfte var 180 grader från vad deras liv är nu. Om de hade fått veta för tidigt, kanske de skulle säga, "Åh, nej! Det är det sista jag skulle vilja göra!" Och de skulle sätta upp hinder och sabotera sig själva. Så i det här fallet kommer det undermedvetna (som vet allt) säga, "Det är inte tid än. Vi kan inte berätta för dem." I ett fall hade jag en man som ville veta sitt syfte. Under sessionen, när jag ställde frågan, sa det undermedvetna, "Vi kan inte berätta för honom än. Men åh, vi önskar vi kunde! Du vet inte vad vi ser! Men tänk att han är där du var för 20 år sedan. Du börjar inte ge ett barn en trerätters middag. Du ger ett barn mjölk först, sedan mjuk gröt, sedan mosade grönsaker. Sedan mycket, mycket senare ger du det fast föda." Detta var en perfekt analogi, och det fick mig att förstå hur långt jag hade kommit. Och hur lätt "barnet" kan bli överväldigat och nedslaget utan rätt vägledning. Så jag litar på deras visdom. Med *"The Convoluted Universe"*-serien fortsätter de att utvidga mitt sinne. Precis när jag tror att det inte finns mer att lära, inget nytt där ute, ger de mig ett nytt koncept eller teori att fundera över. Även om det är så annorlunda och jag inte förstår det, tänker jag på det och försöker få det att passa in i den livsplan (av livet) som de försöker visa mig.

"De" säger att vi äntligen är redo för dessa svårare koncept, och jag säger hela tiden till dem, "Ja, men ni måste förklara det mer tydligt. Annars, hur kan jag skriva om det eller hålla föreläsningar om det?" Så min sökande fortsätter, och åtminstone är det inte tråkigt. Jag är inte fast i den fälla av vad jag redan vet. Mitt sinne utvidgas hela tiden av utmanande idéer. Ibland önskar jag att jag kunde återvända till de enklare dagarna i början när jag utforskade historia och skrev om de fallen. Men då inser jag att om mitt arbete hade fortsatt på det sättet skulle jag ha förlorat mycket ny information och kunskap. Jag fortsätter att utforska, bara på ett annat sätt och i ett annat område.

Det Komplexa Universumet – Bok Tre

Det är fortfarande fantastiskt att se hur vissa människor reagerar på konceptet reinkarnation. När idén presenteras för dem säger de, "Menar du att jag har levt tidigare? Detta är inte min första gång här?" För många är tanken på att de har haft till och med ett annat liv en tankeverkande upplevelse. De förstår inte att de faktiskt har levt hundratals liv, i varje form tänkbar och otänkbar. För vissa är det överraskande att få veta att de har haft ett tidigare liv som det motsatta könet. "Nej, jag kan inte ha varit en kvinna! Jag har alltid varit en man!" När jag har dessa nybörjarklienter är deras undermedvetna mycket varsamt med dem. De visas vanligtvis bara ett enkelt, vardagligt tidigare liv, eftersom det är allt de kan hantera. Det kanske verkar enkelt för mig, men det håller svaren på deras problem.

Jag hade två färgade män som kom och såg mig under samma vecka. Den ena såg sig själv i det liv just före det nuvarande (en modern stad). När han såg på sin kropp blev han förvånad, "Det där är en vit mans hand. Jag kan inte vara vit! Och min tjej är också vit!" Den andra mannen såg sig själv i antikens Rom som en gladiator som kämpade i arenan. Han hatade det och ville sluta, men det enda sättet skulle vara att låta sig bli besegrad. Han var så trött på allt dödande. Gissa vem han mest dödade i arenan? Svarta slavar som hade hämtats från Afrika för sportens skull. Så enligt visdomen i hur reinkarnationslagen fungerar, kom han tillbaka som en svart man. När väl konceptet om reinkarnation förstås, finns det ingen fördom, inget dömande. Att döma någon innebär att du kan komma tillbaka som det du dömer eller är fördomsfull emot.

Logiken i hur systemet fungerar är verkligen vacker. Du är inte en kropp! Du har en kropp! Den "verkliga" du, den enda "sanna" du, är din ande. Detta är det som lever för evigt, går från kropp till kropp, har äventyr och lär sig läxor. För varje liv sätter du på dig en ny kostym (din kropp), ett nytt kostym, om du vill, för att spela din roll i nästa spel. Men som alla kostymer, kommer den till slut att slitas ut, oavsett hur mycket du gillar den och vill hålla fast vid den. Vid den tidpunkten

Det Komplexa Universumet – Bok Tre

måste du kasta bort kostymen eller dräkten och få en ny. Sedan börjar du din nästa roll i det nya spelet, ett som du måste agera i utan kunskap om handlingen eller manus. Jorden är bara en skola som du har valt att delta i. Varje liv är en klass med många läxor att lära. Du kan inte gå vidare till nästa klass förrän du har lärt dig läxorna i denna. Detta är en skola där du inte kan hoppa över en klass, men du kan absolut behöva upprepa en klass. Du fortsätter tills du får det rätt, vilket kan ta lång eller kort tid. Om du inte får det rätt denna gång, kommer du att presenteras med samma problem och läxor nästa gång tills du äntligen förstår det och lär dig vad det försöker lära dig. Sedan går du vidare till nästa läxa eller klass, som kanske eller kanske inte är lättare. Så fortsätter det tills du slutligen tar examen och kan stanna på andesidan eller återvända till Gud.

Vad går runt, kommer runt. Om bara människor kunde förstå detta. Vad du gör mot andra i ditt liv måste betalas för. Det finns ingen fri åktur. Vad människor gör mot dig måste återbetalas av dem. Jag har genomfört tusentals och åter tusentals tidigare liv-sessioner under mina trettio år som terapeut, och jag ser det gång på gång. Du kommer inte undan det. Vad du gjorde i ett tidigare liv kommer att orsaka problem i det nuvarande. Du förs tillbaka i kontakt med samma människor du felaktigt behandlade i ditt tidigare liv. Du måste alltid konfrontera dina misstag. Om människor bara förstod det, tänk på vilken annan värld vi skulle ha. Om de förstod att vad de gör nu i detta liv kommer att komma tillbaka och hemsöka dem. Det kommer att återbetalas på ett eller annat sätt. Detta är en universell lag: orsak och verkan, balansens lag, kallad: karma. Detta är en av de viktigaste sakerna jag arbetar med mina klienter i terapin. Jag säger att människor bär omkring så mycket "bagage och skräp". En del kommer från andra liv, och en del kommer från detta liv. Men de vill inte bli av med det, och det slutar med att de blir sjuka. Mycket av det är karma som bärs över, ibland från att ha hanterat samma människor i många liv. De hamnar i ett hjulspår, ett monster. Och det är ett monster som inte tjänar något nyttigt syfte. De behöver förstå att om det inte löses nu i nuet, kommer de att behöva komma tillbaka och hantera det igen med samma människor. Ibland är detta uttalande nog för att chocka personen till att titta på situationen. "Jag vill inte göra det! Jag vill bli

Det Komplexa Universumet – Bok Tre

av med dem! Jag står inte ut med dem!" Då är det bättre att de hanterar det. Jag frågade en gång det undermedvetna, "Skulle det inte vara lättare om vi visste anledningarna till varför vi kommer tillbaka? Om vi kom ihåg kopplingarna med människorna i våra liv?" Det svarade, "Det skulle inte vara ett test om du visste svaren."

Innan vi kommer in i ett nytt liv, medan vi fortfarande är på andesidan och granskar det liv vi just lämnat, diskuterar vi dessa saker med de andra själar som är involverade. Vi gör ett kontrakt med dem. "Hej, vi gjorde inte ett så bra jobb förra gången. Vill du prova igen? Denna gång kan du vara maken och jag kan vara frun. Kanske fungerar det på det sättet." Och vi bestämmer oss för att komma tillbaka och prova igen med samma människor. Vi kan byta roller på vilket sätt vi vill. Många gånger fungerar det inte, för vi fastnar i samma mönster, även om vi inte minns vad de mönstren var. "Vi kan bara inte komma överens. Allt jag säger eller gör är fel. Det är hemskt att bo med dem. Du vet inte vad jag måste gå igenom. Jag önskar att det fanns ett sätt ut." Det kommer inte att lösas så länge personen fortfarande bär på bagaget och skräpet. Många gånger är situationen så dålig att de inte kan prata med personen ansikte mot ansikte för att försöka lösa det. I detta fall rekommenderar jag att prata med dem mentalt, sinne till sinne. Säg till dem att du vet att det inte fungerar. Du har försökt, och du vet att de har försökt, men det fungerar inte. "Så varför sliter vi inte upp kontraktet? Du går din väg, och jag går min. Vi behöver inte gå igenom detta mer. Jag släpper dig, med kärlek." Föreställ dig sedan att ni båda river upp kontraktet och slänger bort det.

Det finns inget gott, det finns inget ont. Det finns inget djävul. Det finns inget helvete. Det finns bara läxor att lära. Det finns bara energi, positiv och negativ. Vad vi uppfattar som ont, är bara människor som använder energin på ett negativt sätt. Istället för att ta ansvar, är det mycket lättare att säga, "Djävulen fick mig att göra det! Jag blev överväldigad av onda entiteter som påverkade mig och fick mig att göra hemska saker. Och så vidare. Och så vidare. Mina föräldrar förstod mig inte. Och så vidare." Vi alla har dåliga och olyckliga saker som händer i våra liv. Det är det livet handlar om. Det kallas "att leva". Men av den dåliga omständigheten, lärde du dig något av den? Om du lärde dig till och med en sak, då var det syftet med läxan. Om du inte

Det Komplexa Universumet – Bok Tre

lärde dig något från situationen, om du går genom livet och skyller på andra för din olycka, då kommer du fortsätta uppleva negativa saker tills du äntligen kommer att förstå vad det försöker lära dig. Då kommer du att vara fri. Detta är värdet och skönheten i att utforska våra tidigare liv. Även om saker verkar vara orättvisa, om vi utforskar vårt förflutna kan vi hitta svaret där. Vi betalar helt enkelt tillbaka den karma vi samlat på oss från våra egna tidigare handlingar. Kom ihåg, jag sa tidigare att vad som går runt, kommer runt. Vi slipper inte undan att betala tillbaka våra skulder bara för att vi dog. Det skulle vara för lätt. Tavlan rensas inte förrän skulden är betald. Sedan kan vi börja om med en ren tavla.

Vad är det snabbaste, men inte enklaste sättet att betala tillbaka karma? Det är verkligen inte: du skadade mig, så jag skadar dig tillbaka! Det håller bara karmans hjul snurrande. Nej, det snabbaste sättet är att förlåta. Jag sa inte att det är lätt att göra. Vissa sår är så djupa att det är svårt att släppa dem. Men du måste förlåta, utan reservationer, och verkligen mena det. Sedan måste du förlåta dig själv. Det är också en av de svåraste sakerna i livet. Men om du verkligen vill släppa karma och inte vara dömd att hela tiden återvända för att betala tillbaka den, är det nödvändigt att förlåta. När du gör det, och verkligen menar det, händer något magiskt. De kan inte skada dig längre. De kan inte trycka på knapparna som får dig att reagera. Det är ändå bara ett spel med de flesta människor; de vet vilka knappar de ska trycka på för att få en reaktion. När verklig förlåtelse kommer in (och kom ihåg, det behöver inte vara ansikte mot ansikte medvetet), förändras allt. Det kan ta ett tag, men du kommer att märka subtila förändringar och saker blir lättare. Vad är alternativet? Att hålla karmans hjul snurrande, runt och runt?

Jag hade en manlig klient som var mycket sjuk med cancer i varje del av hans kropp. I mitt arbete har jag funnit att cancer ofta orsakas av undertryckt ilska. Genom att hålla ilskan inombords (särskilt om cancern är i magen eller tarmarna) och inte uttrycka den. När detta händer, börjar ilskan att skvalpa, och finner ingen utlopp, och börjar äta upp kroppen. Varje gång läkaren opererade och tog bort cancern från en del av mannens kropp, återkom den på en annan plats. Det verkade vara en oändlig cykel. Så jag frågade honom, "Är du arg på

11

något?" Han nästan ropade, "Självklart. Det är min ex-fru! Jag hatar henne!! Hon har barnen och hon låter mig inte se dem!" Sedan pratade jag med honom om att förlåta och släppa ilskan. "Jag kan inte förlåta! Om jag gör det, då har hon vunnit!" Jag såg honom rakt i ögonen och sa, "Om hon dödar dig, kommer hon att vinna."

Så enkelt, och ändå så svårt. Och så fortsätter karmans hjul att snurra.

En uppenbarelse kom plötsligt till mig en natt när jag satt framför min TV och läste manuskript under reklamavbrotten. Det var något en av författarna skrev. Det relaterade inte till min slutsats, eftersom han använde det i ett annat sammanhang. Men det tände den proverbiala glödlampan som gick igång i mitt huvud. Det var som om många lösa bitar av information som jag hade fått eller upptäckt på egen hand plötsligt sattes ihop och gav mening på ett märkligt sätt. Bitarna hade funnits där hela tiden, jag hade bara inte sett dem i rätt sammanhang. I min terapeutiska teknik arbetar jag med det undermedvetna för att läka klienten. Jag gör detta genom att låta det hitta orsaken till sjukdomen eller åkomman. När det har förklarat denna orsak, kan det ta bort problemet. Det kan vara så att det bara är personens egen hjärna som gör läkning när det medvetna sinnet har tagits bort under djup hypnos. Vad det än är, fungerar det och jag har sett mirakel ske på mitt kontor. Jag kallar denna del som jag kommunicerar med för "undermedvetna", men jag vet att det inte är den del som psykiatriker refererar till. Detta är mycket, mycket större och mer kraftfullt. Jag tror att jag kommunicerar med personens högre själv, det högre medvetandet, Oversoul. Det är den delen som har alla svaren, och informationen och läkning kan ges om det är lämpligt. Det svarar på namnet "undermedvetna", så det är så jag refererar till det. När vi kommunicerar, refererar det till sig själv som "vi" istället för en enhet. Det talar alltid på samma sätt genom alla de klienter jag arbetar med över hela världen.

Det Komplexa Universumet – Bok Tre

Nu kommer biten i pusslet som föll på plats och fick glödlampan att tändas. Jag har publicerat tre böcker av Dr. O.T. Bonnett där han förklarar hur våra sinnen kan hela våra kroppar. I *Why Healing Happens* säger han att det är mycket viktigt att prata med cellerna i vår kropp för att få deras samarbete när vi vill läka något. För att få deras uppmärksamhet och låta dem veta att en högre auktoritet talar till dem (vår personlighet), bör vi alltid referera till dem som "vi". Dessa celler är vana vid att sköta sitt arbete och ta hand om kroppens olika delar. De är inte vana vid att en annan del blir medveten om dem. Så när vi kan få deras uppmärksamhet och be dem att hjälpa oss, är vi Guds röst, och de lyssnar.

I manuskriptet jag läste nämnde en man att vi betraktar oss själva som en kropp, en enhet. Men egentligen är vi bara ett hölje som rymmer biljoner av individuella celler. Dessa celler utgör alla organ och system i våra kroppar. De har alla sina jobb att göra, och arbetar i harmoni och balans med varandra. Vi är de som orsakar obalans och introducerar sjukdom i deras värld. Bokstavligen sa han att vi bara är ett fysiskt hölje som rymmer en enorm koloni av varelser. De är kapabla till tankar, matsmältning, reproduktion, utsöndring, alla de saker som vi, som människor, är kapabla till. Därför, eftersom vi bara är en varelse som består av en enorm koloni av biljoner individuella varelser, är det felaktigt att referera till oss själva som "jag". Vi bör kalla oss "vi".

Det var då glödlampan tändes. Allt detta lät så bekant. Vi bör kommunicera med cellerna i vår kropp genom att använda pronomenet "vi". Det undermedvetna eller högre medvetandet refererar till sig själv som "vi". Betyder det att det också är en del av ett ännu större medvetande? Jag tror det, och kapitlet om Gud eller Källan kommer att börja göra detta tydligt. Ingen är ensam. Vi är alla en del av en mycket större struktur, och varje del är beroende av de andra delarna för att överleva. Det kan inte existera ensamt. Jag har sagt många gånger i mina föreläsningar att vi bara är celler i Guds kropp. Nu började det falla på plats. Jag har blivit ombedd att allt handlar om kommunikation och ackumulering av information. Vi måste leva otaliga livstider, lära oss alla möjliga läxor och samla kunskap. Till vilket syfte? Jag har fått veta att vi måste ta denna

13

Det Komplexa Universumet – Bok Tre

ackumulering av information tillbaka till Gud när vi har avslutat alla våra läxor och "tagit examen". Han var nyfiken, det är därför vi skapades i början som individuella ljusgnistor. Han ville lära sig och han kunde inte göra det på egen hand. Så vi skapades och sändes ut för att lära oss allt möjligt och ta tillbaka det till honom. Som informationen i denna bok kommer att visa, var vi oerhört glada och tillfreds med att stanna hos Gud, där det fanns kärlek bortom förståelse. Vi ville aldrig lämna, men vi var tvungna att göra det för att det var syftet med vår skapelse. Många människor bär den känslan av separation och ensamhet in i detta liv, utan att förstå var den kommer ifrån. Vi var bara tillfreds när vi var alla tillsammans. Separationen var extremt svår, och vi kommer bara att vara kompletta när vi kan återvända "hem" och stanna där.

Detta började då ge mening. Även inom våra kroppar handlar det om kommunikation. Cellerna kommunicerar och relaterar till varandra, och även om celler ständigt dör och ersätts, ser de sig själva som ett helt. De ser inte sig själva som separata. Celler och DNA skickar ständigt information till våra hjärnor och kommunicerar med den huvuddel av oss. Skulle det vara korrekt att säga att dessa celler ser oss som deras Gud, och deras uppgift är att samla information och kunskap på det enda sätt de vet, och överföra den kunskapen till den högre delen av vår kropp? Detta är samma sak vi ska göra genom våra otaliga livstider: ackumulera information och skicka den tillbaka till Gud.

Jag antar att om cellerna försökte förklara sin medvetenhet om oss (om de någonsin är medvetna), skulle de ha lika mycket svårigheter som de klienter jag arbetar med, som försöker definiera sin uppfattning om Gud. Vi skulle förmodligen ses som detta enorma, vagt "något" utanför hjärnan och kroppen. Allsmäktig (eftersom vi har makten att skada dem), och en allvetande, dimmig sak som de inte kan se eller förstå. Så de fortsätter sitt jobb som en del av ett organ eller vad det nu är, helt omedvetna om att när vi dör, dör de. De individuella cellerna gör sitt jobb, och kanske är de inte medvetna om att de är en del av ett organ (hjärta, lever, njurar osv.). Detta kan också vara en förklaring eller analogi till hur vår större själ består av många delar

Det Komplexa Universumet – Bok Tre

(liv/personaliteter) som alla lever sina egna öden, helt omedvetna om att de är en del av en större enhet. Vi ser oss själva som individuella och presterar separat från vår större själ och från vår Gud. Jag tror att det finns fler likheter här än skillnader. Det krävs bara att undersöka ett nytt koncept.

I *Convoluted Universe - Book Two* sades det att Jorden också är ett lager av information som den ackumulerar från alla levande varelser (celler) som finns på den. Solen ackumulerar också information från inte bara Jorden, utan från alla andra planeter, månar, asteroider och satelliter som ockuperar dess utrymme. Vi fick veta att alla andra solar fungerar som ackumulatorer av information mottagen från sina olika stjärnsystem. Universerna ackumulerar information från alla stjärnsystem. Det är fantastiskt för mig att få veta att det handlar om att lagra kunskap och information. Det är detsamma från mikrocosmos (och vi vet inte hur små det går) till makrocosmos (och vi vet inte hur stort det är). Bara Gud eller Källan vet syftet med all lagring av information. Kanske för att hjälpa till med skapandet av nya världar? Vi har redan funnit i mina andra böcker att reinkarnationscykeln, återfödelse eller regeneration inte bara gäller människor. I ett annat kapitel kommer jag att visa hur det gäller varje levande sak (vilket omfattar allt, eftersom allt är energi och därför allt är levande).

Vi upptäckte att även stjärnorna på himlen går igenom cykler av död och återfödelse. En stjärna eller sol har också en begränsad livstid, och den dör i ett burst av gloria när dess energi (eller själ?) släpps och den går supernova. Jag frågade, "Vad händer då?" Och jag fick veta att energin återvinns för att skapa nya stjärnor. Universum expanderar ständigt, men även det har ett slutligt liv. Det kan bara expandera så långt (eller explodera ut) tills det når en punkt där det inte kan gå längre. Sedan börjar det kollapsa tillbaka på sig själv. Universum börjar förlora energi och dör. När det når den punkten, vad händer då? Jag fick veta, "Då börjar hela processen om. Allt börjar på nytt." Allt är i en process av ständig återfödelse, återvinning och regeneration.

För att ta det tillbaka till det praktiska, de vardagliga liv vi lever (istället för att lämna det där ute bortom vår fantasi), betyder detta att

15

våra sinnen är kapabla till vad som helst. Vi inser inte hur mycket kraft vi verkligen har. Vi är så vana vid att människor sätter begränsningar för oss. Vi kan skapa vad vi vill i livet. Vi kan hela våra kroppar. Vi kan ha allt. Allt vi behöver göra är att ta bort de begränsningar som vi och andra har satt på oss själva. Vi måste se hur kraftfulla vi verkligen är. Sedan måste vi tro! Tro och lita på. Ingen kan ta vår kraft ifrån oss om vi inte tillåter det. Det är dags i vår värld att återta dessa förmågor som var vanligt förekommande i tidigare generationer. Vår värld genomgår dramatiska förändringar och vi måste förändras för att gå med i den. Vi kommer att behöva alla våra krafter (psykiska och andra) återförda till oss. I den nya världen, den nya Jorden, kommer detta vara lika vanligt och naturligt som att andas. Det är därför vi väcks nu. Allt faller på plats, och vi har alla våra roller att spela.

Dessa är mina förståelser (så här långt). De kanske inte är din förståelse. Men håll ett öppet sinne, och låt oss utforska tillsammans.

KAPITEL TVÅ

SAMMANFATTNING AV TYPISKA FALL

Den största delen av mitt arbete med hypnos under de senaste trettio åren har varit terapi. Jag inser att mitt jobb är att hjälpa den person som kommer till mig att hitta förklaringar och lindring från sina problem, så att de kan leva ett normalt och tillfredsställande liv. Så att de kan gå vidare utan att tyngas av det "bagage och skräp" som håller dem tillbaka. Detta är mitt huvudsakliga fokus. Jag tar klienten tillbaka till det lämpliga tidigare livet så att de kan förstå källan till sina problem i detta liv. Naturligtvis har mitt arbete tagit många oväntade svängar under resans gång och har gett upphov till de tankeväckande koncept jag nu skriver om. I det här kapitlet vill jag ta upp några få, ett absolut minimum, av typiska terapifall och deras kopplingar till tidigare liv.

I början av november 2006 hade jag två fall i rad som handlade om barnmisshandel. En var en man och den andra en kvinna, båda djupt påverkade av sina erfarenheter. Mannen mindes att han ständigt blev slagen från två års ålder tills han lämnade hemmet vid 18 års ålder. Han kände fortfarande stor ilska och bitterhet gentemot sin far. Den andra, kvinnan, hade helt blockerat alla minnen av händelser som inträffade före hennes 17-årsdag. Hon hade blivit sexuellt utnyttjad och misshandlad av sin far från fyra års ålder. Hon bar också på en enorm ilska och bitterhet, eftersom hon ansåg att han hade förstört hennes liv. Efter att hon lämnat hemmet försökte hon gå på universitetet, men det blev för mycket för henne. Hon vände sig till droger, alkohol och prostitution. När hon kom till mig (vid 29 års ålder) hade hon nått sin lägsta punkt och var i desperat behov av hjälp.

Hon hade försökt begå självmord och hade varit intagen på sjukhus. Drogerna och alkoholen hade skadat hennes kropp, särskilt hennes njurar. Hon var tvungen att få en av dem borttagen. Hennes kvarvarande njure fungerade inte effektivt, och hon led av gifter i kroppen och fysiska komplikationer. (Det undermedvetna sa att hon försökte döda sig själv för att sätta stopp för sitt lidande.) Hon var djupt deprimerad och ville sova hela tiden, vilket var svårt eftersom hon ensam försökte uppfostra tre barn. Hon skadade också sig själv genom att skära och riva på sin kropp. Det var uppenbart att hon hatade sin kropp (trots att hon var vacker såg hon sig själv som ful) och försökte förstöra den del av sig själv som hon såg som en börda. Båda dessa personer var olyckliga, ledsna och deprimerade. När de lämnade mitt kontor hade deras liv förändrats helt, och de var redo att möta världen med hopp istället för förtvivlan, eftersom vi hade funnit orsaken till deras problem. Var och en var unik, men samtidigt likartad.

Mannen gick tillbaka till en slagfältsscen under första världskriget. Han ville inte vara där. Han sa att rekryterarna hade ljugit för honom. De sa att det skulle bli ett kort krig och att han inte skulle behöva strida. Men nu befann han sig mitt i det. Kulor ven omkring honom, bomber exploderade och dödlig gas fyllde luften. Soldater dog runtomkring honom. Han sa att hans bror också var där någonstans, men att han inte kunde se honom på grund av all rök och förvirring. Min klient var den som hade velat gå med i kriget. Hans bror hade inte velat, men han hade övertalat honom. Eftersom han var så rädd antog jag att han förmodligen skulle dö där på slagfältet. Men när jag flyttade honom till den sista dagen av hans liv, överraskade han mig genom att säga att han var gammal och låg på sin dödsbädd. Han hade överlevt kriget och kommit hem oskadd, gift sig och fått en familj. Hans bror, däremot, hade inte haft samma tur. Han hade dödats under kriget. Naturligtvis kände han skuld över detta, eftersom han trodde att hans bror skulle ha varit vid liv om han inte hade övertalat honom att gå med i armén. När vi kom till det undermedvetna, sa det att hans bror hade återvänt till detta liv som hans nuvarande far. Brodern kom tillbaka med mycket ilska och bitterhet, eftersom han kände att han hade blivit berövad sitt liv. Han var fast besluten att få honom att betala

Det Komplexa Universumet – Bok Tre

tillbaka det han hade tagit ifrån honom. Det bästa sättet var att ta hans liv ifrån honom, eller åtminstone göra det så eländigt som möjligt. Detta förklarade den omotiverade ilska som fadern visade gentemot den unge pojken. Naturligtvis var fadern också att beklaga, eftersom han ackumulerade mycket karma genom att komma tillbaka med denna olösta ilska. När mannen förstod kopplingen, kunde han släppa taget om sin far, frigöra sig och förlåta honom, vilket rev upp kontraktet och klippte banden. Efter mycket arbete lämnade han som en förändrad man. Han hade också lidit av svår ryggsmärta från nacken och axlarna ner till nedre delen av ryggen. Det var uppenbart att detta orsakades av att han bar denna tunga börda i femtio år. Nu kunde han släppa taget.

Kvinnans koppling var annorlunda, men samtidigt liknande. Hon såg sig själv i det krigshärjade Tyskland under andra världskriget. Det fanns soldater som stred på gatorna, men de kämpade inte mot andra soldater – de kämpade och sköt civila. Hon var en kvinnlig läkare och försökte hjälpa några av de många människor som låg på gatorna, blödande och döende av skottskador. Soldaterna var som galna och våldtog kvinnorna innan de sköt dem. De sköt också män och barn. Hon sa att de som sköts antogs vara judar, och detta var deras sätt att förgöra dem. Fullständig kaos rådde på gatorna. Hon försökte hjälpa flera av de skadade, men blev bortknuffad av de arga soldaterna. Till en början försökte de inte skada henne eftersom de visste att hon var en läkare. Men sedan eskalerade striderna och paniken, och hon flydde in i en byggnad och gömde sig i trapphuset medan hon såg massakern utanför. Där upptäckte de henne och drog ut henne på gatan. Vid det laget var de helt galna och lyssnade inte på någon. De band fast henne, och många soldater turades om att våldta henne. Sedan sköt de henne i huvudet och dödade henne. När jag lät henne lämna kroppen, såg hon hur de kastade hennes kropp på en hög av många andra kroppar. Sedan satte de eld på högen och brände dem alla. Efter döden sa hon att hon inte kände någon ilska mot dem, eftersom hon förstod att de var fångade i krigets känslostorm. De gjorde bara sitt "manliga" jobb.

Hon kom tillbaka till detta liv med planen att hjälpa andra människor, som ett sätt att gottgöra sin oförmåga att hjälpa i det tidigare livet. Hennes nuvarande far hade varit en av nazistsoldaterna, den första som våldtog henne. Han hade återvänt för att gottgöra orättvisan genom att vara hennes far, med avsikten att uppfostra och skydda henne. Det hade varit planen, men den förändrades tydligen när han kom hit i en fysisk kropp. Det undermedvetna sa att han blev indragen i kroppens begär och glömde sitt ursprungliga syfte. Detta visar att även om en själ har en god plan och ädla avsikter att betala tillbaka karma, så påverkas den av livet, och att vara människa är inte så enkelt. På den andra sidan ser det alltid lätt ut, som om det vore enkelt att genomföra. Men den inkommande själen glömmer att eftersom detta är en värld av fri vilja, måste den hantera andras fria vilja och de påfrestningar som kommer med att vara människa och hantera känslor. Så han drogs in i det, och tyvärr samlade han på sig ännu mer karma. Båda dessa män är att beklaga snarare än att fördöma.

Eftersom omständigheterna förändrades, var kvinnans plan också tvungen att förändras. Hon kom hit för att hjälpa. Hon skulle fortfarande kunna hjälpa, men från en helt annan vinkel än hon hade förväntat sig. Hennes många hemska upplevelser var en förberedelse för att hjälpa andra kvinnor som hade upplevt sexuella övergrepp. Hon skulle kunna hjälpa dem eftersom hon förstod det. Vem kan bättre hjälpa offren än någon som själv "har varit där, gjort det"? Hennes liv kunde nu vända, och hon kunde också släppa det förflutna och gå vidare.

Två olika fall på samma tema: barnmisshandel. Två fall där anledningen till att de kom tillbaka var att hjälpa, men planen förändrades efter att de kom in i kroppen och exponerades för det mänskliga livet. De två behövde inte bara förlåta sina kränkande fäder, utan även förlåta sig själva, vilket ofta är det svåraste av allt.

En ännu märkligare förklaring till barnmisshandel, som även sträckte sig till misshandel i äktenskap, förklarades genom en serie tidigare liv i religiösa miljöer – kloster, nunneordnar och andra samfund. Där, under strikta och kärlekslösa omständigheter, var tron djupt inpräntad att för att komma till himlen och vara med Gud, måste man lida. Och lida gjorde dessa så kallade "religiösa" människor. Dessa övertygelser var så djupt rotade i min kvinnliga klient att hon inte kunde släppa taget om dem, trots att hon inte hade något medvetet minne av det. Och alla de andra människor som varit inblandade i dessa liv återvände med henne till detta liv för att spela sina roller som förövare. De återskapade samma miljö, eftersom de trodde att det var det enda sättet att nå himlen.

Detta är en viktig punkt. Löften som ges i tidigare liv är oerhört kraftfulla eftersom de oftast ges med stark övertygelse. Eftersom de inte bröts under det tidigare livet, bärs de med in i detta. Några av de vanligaste är: löftet om celibat eller kyskhet, vilket orsakar sexuella problem i nuvarande liv. Och löftet om fattigdom, vilket leder till ekonomiska svårigheter. Och nu upptäcker vi löftet om att lida. Det enklaste sättet att frigöra sig från dessa är att lämna dem med den själ i det förflutna som tog löftena. Att förklara att de hade betydelse och ett syfte i det livet, men att de definitivt inte är lämpliga för det nuvarande livet.

En kvinnlig klient hade en rad bilolyckor, påkörningar bakifrån, som ett sätt att försöka få hennes uppmärksamhet. "Deras" metod för att väcka henne verkade drastisk, men jag har upptäckt att om människor inte lägger märke till de subtila signaler som det undermedvetna försöker ge, så krävs ofta mer drastiska åtgärder. De sa att de hade försökt i många år, men att "hon var mycket fast i gamla program". En av mina elever hade svårt att förstå detta när jag under min hypnoskurs gav många exempel på människor som varit med om svåra olyckor som lämnade dem skadade eller handikappade. Ändå förändrade de tragiska händelserna riktningen i deras liv. Min elev sa: "Det kan inte vara sant. Anden skulle aldrig göra så mot någon. De är här för att hjälpa och skydda, inte för att skada."

Detta är sant. De vakar alltid över oss och är där för att hjälpa oss. "Vi är alltid här, och det betyder allt. Varje behov möts. Varje nyfikenhet besvaras." Men hur vet vi att olyckorna inte är en del av livsplanen? När en person befinner sig på andesidan mellan liv, rådfrågar de sina guider, de äldre och mästarna när de försöker konstruera en plan för det liv de vill uppleva när de återvänder till jorden. Detta är naturligtvis utformat för att betala av karma, utvecklas och lära sig mer, men också för att hjälpa så många andra som möjligt.

Kanske var det också en del av planen att om personen glömde sitt uppdrag (vilket ofta händer), så skulle de på andra sidan skapa händelser för att dra dem tillbaka till sin själsväg. Så det som verkar drastiskt är faktiskt en del av planen som alla inblandade kom överens om. Om subtila signaler och intuitioner inte fungerar, måste något starkare testas. Allt görs av kärlek, även om det kanske inte verkar så från vårt begränsade mänskliga perspektiv. Under mina föreläsningar säger jag alltid: "Alla upplever svåra saker. Vi kan inte undvika det. Det är en del av livet. Men när du ser på det, verkligen ser på det – lärde du dig något av det? Om du lärde dig ens en enda sak, då var det dess syfte." Ingen har någonsin sagt att livet skulle vara lätt. Denna planet anses vara mycket utmanande. Och ju fler lärdomar vi tar till oss, desto snabbare kan vi ta oss ur karmahjulet och slippa återvända hit. Vi kan då avancera längs den andliga vägen istället för att snurra runt i cirklar utan att komma någonstans.

En kvinnlig klient i femtioårsåldern sökte efter orsaken till sin svåra sjukdom: lever- och bukspottkörtelproblem. Det höll nästan på att döda henne när hon var 41, även om det funnits i en mildare form under hela hennes liv. Sjukdomen var helt förlamande, och läkarna sa åt henne att förbereda sig på att dö. Det fanns ingen hjälp, förutom möjligtvis en levertransplantation, men hon var för sjuk för att överväga det. Trots att de sa att hon skulle dö, vägrade hon att acceptera det. (Det är naturligtvis halva striden.) Hennes liv räddades när hon träffade en alternativ terapeut som specialiserade sig på kinetik, baserat på muskelreaktioner. Terapeuten förändrade hennes livsstil, särskilt hennes kostvanor, och vände hennes liv. Hon hade fortfarande vissa problem med levern, men inte alls lika allvarliga som tidigare. Detta var sessionens huvudsakliga fokus: att försöka upptäcka orsaken till sjukdomen och hjälpa kroppen att fullständigt

Det Komplexa Universumet – Bok Tre

återhämta sig. Under sessionen upptäckte vi en ovanlig förklaring till sjukdomar i lever och bukspottkörtel.

Hon genomgick två liv, där båda kretsade kring förlusten av en älskad, en man hon hade tänkt gifta sig med. Det första utspelade sig i en dyster by där det inte fanns något annat än sorg och nederlag. Hon längtade desperat efter att fly från olyckan i hemmet (en grym far, en ointresserad mor och ett hus fullt av hungriga barn). Hon träffade en främling som kom till byn och förväntade sig att gifta sig med honom. På bröllopsdagen gick hon till kyrkan i sin brudklänning, med alla sina släktingar närvarande. Hon var lycklig över att få gifta sig och lämna platsen. Men mannen dök aldrig upp; han lämnade henne vid altaret. Alla i familjen hånade och förlöjligade henne. "Hur vågar hon tro att hon kunde fly och få ett annat liv? Hon är ingenting, och ingen kommer någonsin att vilja ha henne." Hon hade inget annat val än att återvända till sitt olyckliga hem. Där sörjde hon sig själv till döds och dog, i princip av ett brustet hjärta. Hon trodde att det inte fanns någon väg ut ur situationen, vilket förmodligen var korrekt under den tidsepoken.

Jag tog henne längre tillbaka för att försöka upptäcka varför hon hade satt sig i en sådan situation. Hon såg sig själv i ett annat liv, i en värdshusscen där alla var glada. De firade hennes förlovning. Men innan hon hann gifta sig, dog hennes fästman i en gårdsolycka, orsakad av en häst som drog en vagn. Hon blev djupt olycklig och gifte sig aldrig. Hon dog i fyrtioårsåldern, ensam men inte utan vänner. Hennes undermedvetna sa att orsaken till sjukdomen i detta liv var att skydda henne från samma olycka. Hon hade blivit djupt påverkad av förlusten av sin kärlek i två livstider. Så i detta liv skulle hon inte ens tillåtas möjligheten att gifta sig. Om hon var sjuk, särskilt under de år då hon mest sannolikt skulle ha funnit en livspartner, var oddsen att hon inte skulle bli sårad igen. Hennes undermedvetna sa att hon mycket väl kunde ha dött vid den tidpunkten, men istället vände mötet med den alternativa terapeuten hennes liv mot ett intresse för metafysik. Så hennes liv kunde ta en mer produktiv riktning. Hon tilläts leva för att kunna lära sig och undervisa andra. Eftersom det nu inte fanns någon sannolikhet att hon skulle gifta sig, fanns det ingen anledning för sjukdomen att bestå, så de sista resterna av den kunde tas bort. (Symptomen var desamma som de hon dog av i det andra livet.) Hennes migrän var också kopplad till detta, och kunde nu försvinna.

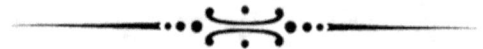

Ett fall av extrem depression och isolering från samhället (sedan barndomen) kunde spåras tillbaka genom två tidigare liv. Även om mannen var född i en mycket stor familj (tolv syskon), kände han aldrig någon närhet till någon av dem. Han hade alltid en känsla av isolering och depression. Detta fortsatte genom hela hans liv: en känsla av apati, av att inte bry sig, av att vara en observatör på utsidan som tittade in. Han behandlades av psykiatriker och fick medicin för depression, men han ansåg att det inte hjälpte. Inte ens naturläkemedel hade någon effekt. En diagnos kallade det för "Frihet från skada"-komplexet. Med andra ord, för att undvika att bli sårad var det lättare att stänga av och inte engagera sig i människor eller något annat. Det var ett ensamt liv, och inte ens hans jobb gav honom tillfredsställelse. Han hade aldrig gift sig, trots att han var fysiskt attraktiv. Han antog att hans apati och ointresse för livet stötte bort kvinnor. Han hade haft en relation där han var djupt förälskad och ville gifta sig, men det fungerade inte, vilket gjorde honom ännu mer deprimerad. En annan gång var en kvinna attraherad av honom, men han svarade inte på hennes känslor. Han trodde att hans enda lösning var att begå självmord, och han övervägde det seriöst. Vid ett annat tillfälle blev en kvinna attraherad av honom, men han svarade inte. Han tänkte att hans enda lösning var att begå självmord, och han övervägde detta seriöst. Han hade nu en flickvän som försökte förstå honom ur ett metafysiskt perspektiv, och han hoppades att det skulle fungera. Det var på hennes uppmaning som han gick med på regressionen. Han var skeptisk när sessionen började, och log på ett sätt som om hela idén var löjlig, men han gick med på att delta. När vi började sessionen och jag bad hans undermedvetna att ta oss tillbaka för att hitta orsaken till hans önskan om isolering, sa han att han kände en pirrande glädje, som om det kanske var dags att hitta svaret. Han blev överraskad när han kände en våg av spänning vid tanken på att upptäcka orsaken till sitt problem. Han gick tillbaka till ett tidigare liv som påfallande liknade hans nuvarande. Han levde i en liten stad (kanske i vilda västern) där han arbetade med att reparera hästvagnar och kärror. (Nu arbetade han med elektronik och reparation av maskiner i fabriker.) Han var en ensamvarg utan familj och kände sig som en utstött i staden. Han var attraherad av en vacker, mörkhårig kvinna, men led i tystnad eftersom hon inte besvarade hans känslor. Han var för tillbakadragen för att uttrycka sina avsikter. Han var olycklig i sitt arbete, och ingenting verkade meningsfullt. Den enda plats där han kände sig lugn var på en klippa med utsikt över havet, där han kunde sitta i tystnad och fly från allt. Men senare erbjöd inte ens det någon tröst. Till slut stod han inte ut längre och sköt sig själv i huvudet. Han trodde att han skulle kunna sätta stopp för allt, men vi vet att det inte fungerar så. Självmord gör bara saker värre, eftersom karmalagen säger att du måste upprepa samma omständigheter tills du lär dig läxan. Och det verkade vara sant, eftersom han med tårar i ögonen sa: "Mitt liv nu är en upprepning av det livet. Jag flydde inte från något." Han trodde att den första kvinnan han blev attraherad av i detta liv var samma kvinna från det andra livet, och hon avvisade honom igen. Historien upprepade sig. Han fick samma kortlek för att se vad han skulle göra annorlunda den här gången. Han var förvånad senare när han insåg att han hade gråtit okontrollerat under sessionen, när han upplevde det sorgliga livet hos mannen som reparerade kärror och slutligen begick självmord.

Men varifrån kom det livet? Varför fastnade han i en cykel där han upprepade samma misstag? Vad skapade detta monster? Jag tog honom längre tillbaka för att hitta svaret. Han hamnade i ett liv i öknen, där en grupp nomader reste från plats till plats med kameler och slog upp sina tält på olika platser. Han var en mycket vacker ung kvinna som var starkt medveten om sin sexualitet. Hon använde den öppet, lockade männen i gruppen och retades med dem. Men till slut gick hon för långt, och männen tyckte inte att det var roligt längre. Hon blev brutalt överfallen och våldtagen till den grad att hon dog. I sitt nästa liv, som mannen i staden i vilda västern, kände han omedvetet att det var säkrare att inte ha några sexuella känslor alls. Att dra sig undan från all kontakt med andra människor. Också att få uppleva vad det var att bli avvisad. Detta monster fortsatte in i hans nuvarande liv på grund av självmordets karmiska skuld. De två tidigare liven hade gått från en extrem till den andra. Han måste hitta en balans för att övervinna dessa effekter. Ett sätt var att förstå hur allt hade hänt och inse att självmord inte var svaret. Han hade övervägt självmord flera gånger i detta liv, men som tur var aldrig genomfört det. Man flyr aldrig från något.

Donna var en lesbisk kvinna som ville få barn med sin partner genom artificiell insemination. Först använde de spermier från Donnas bror för att barnet skulle ha en genetisk koppling till henne, men pojken föddes död. De försökte igen med en donator som inte var släkt, men som hade en liknande genetisk bakgrund och utseende. Denna gång resulterade det i en levande född dotter. Allt var bra tills hon och hennes partner bröt upp när flickan var omkring åtta år gammal. Mamman tog barnet och lät inte Donna ha någon kontakt med henne. Detta orsakade mycket hjärtesorg. Naturligtvis ville hon ha en förklaring. Hon fick veta att hon och den lilla flickan hade varit tillsammans i många, många livstider och att det fanns en stark kärlek mellan dem. Separationen skedde av en anledning, och för deras själsliga utveckling. De skulle återförenas när det var lämpligt. Jag frågade om den dödfödda pojken. Svaret var: "Det är samma själ. Det handlade om en läxa för brodern som donerade spermierna. Och detta barn var inte menat att ha just de genetiska strukturerna. Det var, så att säga, en 'provrunda' för barnet, för Donna och för hennes partner. Och det var en karmisk upplevelse för brodern som donerade, men det var samma själ som sedan gick in i den lilla flickan."

De genetiska förutsättningarna var inte rätt från början, och när de använde en annan donator blev generna mer kompatibla. Det var samma själ, eftersom den var avsedd att komma in i just den familjen. Om människor kunde förstå detta, skulle mycket av sorgen kunna lindras. När en bebis dör och ett nytt barn föds kort därefter, är det ofta samma själ, eftersom den har ingått ett avtal eller en överenskommelse med de inblandade. Under tiden gavs alla parter möjlighet att lära sig viktiga livsläxor.

En kvinna genomgick ett tidigare liv som en man som inte var särskilt händelserikt, förutom att han blev dödad av en grupp människor. Han hade blivit djupt förälskad i en kvinna som inte ansågs vara i hans klass, så de dödade honom. Ändå dödade det inte den kärlek och den extrema känsla som mannen kände. Klienten sa när hon vaknade att hon aldrig hade känt sådan djup, djup känsla och kärlek för någon. Det var väldigt kraftfullt. Efter att mannen dog ville han inte lämna scenen eller livet. I sin andliga form gick han till där kvinnan bodde och såg henne gråta. Han lade sina osynliga armar runt henne och försökte trösta henne, även om han visste att hon inte kunde känna honom. Så småningom visste han att han inte kunde stanna där och flöt uppåt mot ett starkt ljus. Ju längre bort han kom från scenen, desto bättre kände han sig. Senare, när han mötte rådet på andra sidan och de utvärderade livet, sa de att han hade lärt sig en mycket värdefull och viktig läxa. Han hade fått uppleva sann kärlek. Han fick sedan förbereda sig för att komma tillbaka och återigen gå in i jordelivet. Han visades tre olika livsscenarier, så att han kunde göra ett val om vilket han ville uppleva som sin nästa inkarnation. Han tänkte fortfarande på sin förlorade kärlek och ville vara med henne igen. Han blev tillsagd att kärlek var det som var det viktigaste, men att uppleva samma relation igen skulle inte främja honom. Han kunde vara med henne igen, men i en annan roll. Det var det det handlade om: att byta och spela olika roller, ofta med samma människor. Så vi återvänder gång på gång, byter fram och tillbaka i vårt rollspel i nästa scenario. Den viktiga saken att komma ihåg var att vi aldrig kan förlora den kärleken. Döden kan inte separera oss. Den placeras bara i en annan form, men den går aldrig förlorad. Kärlek är den största läxan av alla, oavsett hur många utmaningar den måste gå igenom. Vi återförenas alltid på ett eller annat sätt. Att förstå kärlek och uppleva den är den ultimata läxan. När vi förstår detta kan vi ha kärlek och medkänsla för alla, för vi vet aldrig vilken roll de har valt att spela denna gång.

Under en av mina andra sessioner fick jag veta att många av våra drömmar är meddelanden från vårt undermedvetna. Eftersom dessa meddelanden levereras i symboler är de ofta svåra för vårt medvetna sinne att förstå. Många av mina klienter tar med sig sidor fyllda med sina drömmar till sessionerna och vill ha en förklaring. Det undermedvetna säger alltid att de är lätta att förstå när man fokuserar på symbolerna. Precis som drömmar är meddelanden, är även mardrömmar det. Om det undermedvetna har försökt förmedla ett budskap på olika sätt, och personen inte förstår, kan det försöka leverera meddelandet mer kraftfullt genom en mardröm. Vad är ett bättre sätt att få någons uppmärksamhet än att skrämma dem? Man kommer definitivt ihåg en mardröm om den orsakar rädsla och plötsligt uppvaknande. Symbolerna är då färska i minnet och kan analyseras mer noggrant.

Följande är utvalda frågor som ställdes under olika sessioner:

Fråga: Vad händer egentligen med en person när kroppen dör? Jag menar, omedelbart efter.
Svar: I våra mänskliga sinnen tror vi att vi kommer i kontakt med andra andeväsen som leder oss mot den väg vi tror leder oss till Gud. Vi programmerar vår omedelbara efter-döden-upplevelse medan vi är här i våra kroppar. Den är individuell.
Fråga: När kroppen dör, finns det någon smärta förknippad med det ögonblick då själen lämnar?
Svar: Nej. Det verkar som om själen lämnar kroppen strax innan den fysiska kroppen faktiskt dör. Jag tänker på plötslig död i krig. Där verkar det råda stor förvirring. Det gäller även andra plötsliga,

"oavsiktliga" dödsfall. Vid hög ålder och sjukdom verkar själen göra resor ut ur kroppen i förberedelse.

Fråga: Många har sagt till mig att när en bebis föds, stannar själen inte alltid i kroppen hela tiden. Stämmer det?
Svar: Själen är medveten om befruktningen och kan "kolla in" på fostrets utveckling. Det verkar som om den går in vid födseln eller strax därefter. Men eftersom den fortfarande är så kopplad till andevärlden, gör den resor tillbaka till sitt välbekanta hem. Plötslig spädbarnsdöd verkar inträffa när själen väljer att stanna i andevärlden. Eller kanske dröjer sig kvar längre än vad den nyfödda fysiska kroppen klarar av att hantera själv. Vi behöver själsenergin i samverkan med den fysiska kroppen för att upprätthålla livet.

Fråga: Tror du att det ibland kan vara ett misstag? Att själen bara inte kommer tillbaka i tid?
Svar: Det verkar inte finnas några egentliga "misstag"!!! Det verkar som om du måste tro att du kan återvända om du så väljer. Det verkar också som om du måste ge ditt medvetande tillåtelse att välja annorlunda.

Fråga: Vi vill inte göra något som kan orsaka fara.
Svar: Fara! "Fara" betyder inte nödvändigtvis att lämna den fysiska kroppen för alltid!

F: När bebisen sover, går anden fram och tillbaka till den andliga världen?
S: Det är den lättaste tiden för bebisen, ja. Det är också vad som händer med äldre människor och de som är mycket sjuka.
F: Under dessa tider, samråder de med den andliga världen?
S: De är där.

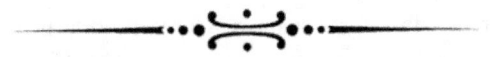

F: Kan du ge en förklaring av helvetet?

S: När du dör och tror i ditt mänskliga sinne att du kommer att brinna i helvetets eld, kommer din första upplevelse att vara det som ditt sinne har skapat åt dig. Denna upplevelse behöver dock inte vara långvarig. Det kommer att vara det första du ser. Ditt utökade jag kan växa i det positiva och goda nästan omedelbart. Allt som krävs är insikt. Men om du tror att du kommer att hamna i helvetet när du dör, är det det första du kommer att bli medveten om – helvetet du själv har skapat.

F: Då behöver man inte stanna där?

S: Nej, det behöver man inte.

F: Hur kan de frigöras från detta som deras eget sinne har skapat?

S: Det största goda, som vi i era termer kan kalla "Gud". Det verkar som att Gud kan manifestera för varje mänskligt medvetande det som är nödvändigt för att öppna dörren till upplysning. Upplysning innebär att du inser att du, genom ditt medvetande, kan skapa vad du än önskar, eftersom du har den största kraften med dig.

F: Vad är vi? Vi vill gärna se oss som en personlighet, en individ.

S: Vi är alla en del av Gud.

F: Finns det egentligen någon stor skillnad mellan meditation och bön?

S: Det finns en stor skillnad. "Bön" är medvetet riktad energi. "Meditation" handlar om att vara öppen för det som kommer in. Bön är att rikta, inte så mycket att be om. Bön innebär att medvetet styra sina tankar, som är din kraft.

F: Då är bön en verklig sak?

S: Bön är definitivt verklig, och den är definitivt kraftfull.

F: Vissa människor använder tomma böner. De bara upprepar ord. De lägger egentligen inget bakom det.

S: Det är för att de begränsas av sina individuella definitioner av begreppet.

Det Komplexa Universumet – Bok Tre

F: I vissa kyrkor reciterar de bara saker, utan att det finns någon mening bakom det.

S: Kyrkan är inte en bra plats att hitta äkta bön. Vi lär oss just nu vad bön egentligen är. Eftersom var och en av oss har mer kraft än vi är medvetna om, så när vi samlas för att rikta våra tankar mot ett specifikt mål, har vi en enormt förstärkt kraft. Kyrkorna hade rätt idé i att skapa en plats där människor kunde samlas och förstärka sin kraft för det större goda. Tyvärr gick riktningen förlorad.

F: Måste de be till en entitet eller någon specifik person?

S: Bön betyder att "rikta sina medvetna tankar mot ett specifikt mål". Man kan be mot det negativa såväl som det positiva. Förhoppningen är att det alltid ska vara mot det positiva. Den positiva kraften är den största kraften.

F: Behöver man inte rikta bönen till en gud eller en annan entitet?

S: Det är där människan har gjort fel. Kraften är allt. Att begränsa den till en entitet är inte korrekt. Rikta den mot "limmet".

F: Då behöver de inte be till en gud och be om hjälp på det sättet?

S: Nej! Gud är inte "en varelse" eller "en entitet". Gud, som du talar om Gud, är den stora positiva kraften, den kollektiva positiva kraften av ALLT SOM ÄR. Att kalla Gud "en entitet" och särskilt att personifiera Gud, är att begränsa konceptet.

F: Människor är så vana vid att tänka på Gud som en högre person.

S: Det stämmer. Det är ett av era största problem.

F: När vi använder bönens kraft, riktar vi den inte till någon specifik sak. Vi riktar den bara mot ett mål?

S: Korrekt. Målet är att förenas med det största goda, den positiva kraften. Universums lim! Det är en passande term.

F: Vad sägs om att be om beskydd för andra individer?

S: Det du faktiskt gör är att be att den positiva kraften ska vara medveten om den individen. Du ber om medvetenhet om den positiva kraften.

F: Men det gör väl ingen skada att rikta det mot en "figur" vi kallar Gud?

S: Det begränsar bara konceptet.

F: Vad sägs om änglar? Vissa människor ber till änglar och helgon.

S: Dessa termer är också begränsande. Vi fungerar alla genom fysiska sinnen. Det finns många koncept som är obegripliga för den mänskliga hjärnan: "Evighet", "Oändlighet" är koncept som är mycket svåra för den begränsade mänskliga hjärnan att förstå. Så om det hjälper individen att tänka i termer av "änglar, andar och gudar", så bör det vara fordonet som leder dem till en större förståelse. Det bör dock inte vara slutmålet.
F: Jag har hört så många teorier. Jag har hört att när världen skapades, var änglarna de själar som aldrig lämnade Guds åsyn.
S: Att använda uttryck som "Guds åsyn" är redan att personifiera kraften. Kraften kan manifestera sig på det sätt som den mänskliga hjärnan kan ta emot. Allt kommer från "Gudskällan". Allt är från Gud. Allt negativt är skapat av människan.

D: Hur definierar du änglar?
J: De är de som tjänar mänskligheten. I de mest allmänna termerna är det så vi definierar dem. Det finns flera nivåer – och med nivåer menar vi inte högre eller lägre. Vi menar nivåer i den tjänst de ger mänskligheten. Men denna grupp är dedikerad till välfärd och att hjälpa dem som har valt att inkarnera här.
D: Jag har hört att de aldrig har haft fysiska existenser. Stämmer det?
(Ja) *De hjälper dem som har valt att bli fysiska.*
J: Det stämmer.

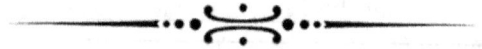

F: Skulle det vara bra att meditera vid en viss tidpunkt på dagen?
S: Ja. Tiden före soluppgången, när dagen inte är dag och natten inte är natt, finns det en stillhet, ett mörker och en frid. Hela jorden är medveten om denna tid. Så är även alla andra. Så är djuren och växterna, vindarna och vattnen. Detta är den optimala, främsta, lättaste och bästa tiden att meditera. – Naturligtvis är det inte alltid den lättaste tiden för en människa som arbetar!

F: *Skulle det finnas en näst bästa tid på dagen?*
S: Ja, tidigt på morgonen. Alla tidiga morgontimmar verkar vara en bra tid. En annan bra tid är när solen försvinner från synen. Under skymningen sker också en stillhet, som vi människor är medvetna om. Det är också en bra tid. Det finns ingen dålig tid att meditera! Närhelst en människa disciplinerar sig att göra det, är det en bra tid.

F: *Hur kan vi vara säkra på om de tankar som kommer genom meditation är våra egna tankar eller om de kommer från högre plan?*
S: Det är mängden av känsla och emotion som är kopplad till den tanken. Slumpmässiga tankar som fladdrar genom ditt sinne om saker som hänt, saker du önskar, spekulationer, hopp och drömmar har inte samma emotionella påverkan som intryck från ditt större jag. Känslan är din nyckel. Om du bara tänker svaret i ord, utan känsla, behöver det analyseras kritiskt. Det verkar som att känsla är avgörande.

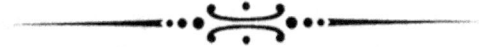

Frågan om huruvida människor får hjälp med uppfinningar.

S: Människor kan ansluta sig till behovet av en viss sak och de medvetna tankar som redan har genererats kring den saken. Det är som en fysisk klump. Personer som har koncentrerat sig på problemet (detta är klumpen) har öppnat sig för att ta emot och faktiskt ansluta sig till denna tankestruktur. Många av dem är dock inte medvetna om detta. Bara för att de har funderat länge på det betyder det inte nödvändigtvis att de mediterade eller bad. De kanske bara har tänkt mycket på det. För dessa personer kan uppfinningen eller idén till uppfinningen ha kommit i en dröm eller som en plötslig insikt. Du har ofta hört uppfinnare säga att när de vaknade, fanns svaret plötsligt i deras hjärnor. Detta förklarar också varför människor i olika delar av världen kan komma på samma uppfinning ungefär samtidigt. De ansluter sig helt enkelt till problemet och de lösningar som kretsar kring det. Människor skapar både problemet och lösningen.

F: Även om det är en radikal idé som ingen någonsin har tänkt på? Vissa uppfinningar ligger före sin tid.

A: Det beror på att du tänker i termer av linjär tid. Det finns egentligen inget som heter "före". Allt existerar samtidigt. Människor, och deras begränsade mänskliga hjärnor, sätter saker i ordning. Det är nästan det enda sättet människor kan fungera på. De skulle vara som möss som springer runt i en labyrint om de inte skapade dessa godtyckliga strukturer för sig själva.

Om profetia:

A: Det verkar som om allt är sannolikheter. Det verkar också som om vi västerländska människor verkar vara så låsta i strukturer eller hierarkier, sätt att göra A, B och C med saker, att vi måste mäta, definiera och avgränsa allt. Så vi har skapat ett koncept som kallas "tid", och nu skapar vi ett koncept som kallas "datum". Det är oexakt för människor att sätta datum och tider på saker, eftersom det inte är så de är. Det är bara vårt mänskliga sätt att försöka förstå saker. Det är inte exakt. Att använda termer som "26 oktober" är ett vänsterhjärnigt sätt att försöka hantera intryck och processer som pågår. Det är inte det bästa sättet att göra förutsägelser på.

F: Du vet, människor behöver tidsramar.

S: De tror att de gör det! (skratt)

F: Men det gör saker enklare.

S: Det gör det enklare, men det skapar också stor förvirring kring simultan tid.

F: Om simultan tid. Låt mig ge dig en antingen/eller-fråga. Låt oss ta Europa på 1300-talet. I vår tid har vi historieböcker som är skrivna om händelserna som ägde rum i Europa på 1300-talet. Betyder simultan tid att 1300-talet fortfarande pågår och att människor fortfarande lever vidare där? Eller pågår 1300-talet just nu, samtidigt som vår tid?

S: Informationen om att en president skulle dö i en olycka innan valet hände inte i denna tid och detta fokus. Det betyder inte att det inte hände. Det betyder bara att det inte hände i vårt fokus. Det som händer och pågår i 1300-talet har precis samma sannolikhet som det singulara exemplet där presidenten inte dog i en olycka i vår verklighet. Våra historieböcker är skrivna om ett fokus.

F: *Så andra möjliga 1300-tal pågår nu också, är det idén?*

S: Ja, och de påverkas av vad vi gör nu, i framtiden, och vad vi eventuellt gjorde i det förflutna, enligt de mänskliga termerna.

F: *Är 1300-talet på något sätt fryst så att människorna inte går vidare in i 1400-talet?*

S: Säg att du är en person från 1300-talet. Du är inte en "enkel" person. Precis som om du står på en plats och tittar framåt och sedan justerar din kropp en halv tum åt höger – då har du en annan fokuspunkt. Tänk på hur många olika fokuspunkter du kan ha bara genom att vrida din kropp i en cirkel. Så många olika sannolikheter kan ske samtidigt, var som helst, när som helst. Det är ett koncept som är mycket svårt för människor att förstå.

F: *Det är svårt eftersom vi vet att den fysiska kroppen utvecklas från bebis till gammal man. Jag kan inte förstå konceptet av ingen tid.*

S: Det är det fokus du är medveten om, men du känner också till bebisar som aldrig utvecklades till vuxna. *(Ja)* Det råkade vara den fokuspunkt du såg bebisen i just då. Samma bebis, i ett annat fokus, kan bli gammal.

F: *Det är den delen som är svår för mig att förstå, för om allt händer samtidigt, vet du att din egen kropp är olika vid olika år.*

S: Du vet bara ett fokus. Detta fysiska fokus som vi är i här och nu. I ett annat fokus kanske Dolores Cannon är en cirkusakrobat! Men i drömmar är du medveten om några av dina andra fokus. Vi alla är. Vi ser inte likadana ut, vi har inte samma relationer, men ofta kan vi identifiera oss själva i våra drömmar.

F: *Ja, men de säger att dina drömmar är symbolik.*

S: Ditt liv är symbolik. Symbolik är hur vi alla lever.

F: *Är det sant att det enda som verkar vara verkligt är det vi kan fokusera på vid den tiden?*

S: Det är helt rätt. Det är därför människor kan uppleva ett tidigare liv för Dolores vid detta exakta ögonblick i 1300-talets Sverige eller var som helst. Det är helt rätt. Det är helt enkelt att byta fokus.

F: Men i mitt arbete har jag sett mönster av hur ett liv påverkar ett annat liv, och det verkar gå i en progression.

S: Ja, i det fokuset finns det alltid en progression.

S: Om du skulle ha en upplevelse som var något traumatisk, om du sitter och tänker på den upplevelsen 10 år senare, upplever du samtidigt tid. Där ditt sinne går är tidsramen som du upplever. Mängden energi du lägger på den tanken gör att du går in mer fullt i den tidsramen.

D: När jag gör regressioner till tidigare liv, är det samma princip?

S: Liknande. Vad man skulle föredra i livstidsmedvetenhet är att följa mönster som bärs genom från liv till liv. Det skulle vara som överlagringar. Ta en basbild av dig själv eller själen. Ta ett klart papper med en strumpa målad på. Ta ett annat klart papper, lägg på den andra strumpan, och så vidare tills du har lager som är fullt formade med den ursprungliga sidan. Nu, om du väljer en smutsig strumpa, är det ditt val. Men du har fortfarande en strumpa.

D: En sak vi försöker förstå vid regression till tidigare liv är varför en person från ett annat land, med ett annat modersmål, kommunicerar med mig på engelska?

S: De använder hjärnans nuvarande språkliga nätverk. Självet översätter automatiskt till begriplig terminologi för den nuvarande livstiden.

D: Är det möjligt att låta dem tala på sitt eget språk?

S: Det är möjligt om personen är helt synkroniserad med det tidigare livet.

D: Ibland känner de inte igen vanliga engelska uttryck när de översätter eller vad de nu än gör.

S: För att de är i synk med det tidigare livet. Det finns en blandning, så att säga, av båda livstiderna så att en del av det tidigare livets terminologi blandas med nuvarande livs terminologi. Det finns tillräcklig blandning mellan de två för att skapa en känsla av nästan förvirring inom sig själv vid den tiden. De är tillräckligt i synk för att kunna vara medvetna om livet för att kunna förstå livet. De skulle behöva vara medvetna om den tidsperioden. Men de grundläggande hjärnfunktionerna är fortfarande rotade i nuvarande livstidens språk och medvetenheter.

D: *Men ibland kan främmande ord och fraser smyga sig igenom?*

S: Åh, ja, absolut.

D: *Och med musik också. De kunde sjunga på sitt språk från den tiden, vilket vi tyckte var märkligt. Är det möjligt?*

S: Det är möjligt. Vad är omöjligt?

En förklaring av vad som sker när någon kanaliserar entiteter

A: Alla som kanaliserar, både de som gör kanaliserandet och de som kanaliseras, är aspekter av varandra. En jämförelse kan göras med en elektrisk kretskort. Varje individuellt liv eller aspekt är en punkt på det kretskortet. De elektriska strömmarna reser från en punkt till en annan, men endast när den specifika punkten eller kretsen är öppen sker en anslutning. Detta kretskort är av en enorm storlek för varje översjäl. Du är långt mer än bara en individuell krets. Du är sammanlänkad med alla andra. För att kunna kanalisera till en annan krets måste det elektriska mönstret vara detsamma. Din individuella själv är av yttersta vikt, eftersom om du inte tillåter denna sammankoppling att ske, bryts kretsen av dig. För att fullt ut tillåta och uppleva denna krets är enkelheten i energin, vilket är kärlek, det viktigaste. Alla idéer om att höja medvetandet och att bli positiv i livet kokar ner till självkärlek. Hur kan du ge kärlek om du inte känner kärlek? Hur kan du uttrycka och ge bort det du inte har? Det är självkärlek; kalla det självförtroende, kalla det självkänsla, kalla det vad du vill. Det är fortfarande självkärlek. Jag är endast en koppling i kretsen, en aspekt av den som kanaliserar mig.

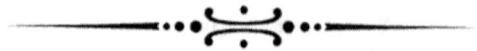

Om reinkarnation:

Fråga: Om en person har lämnat detta liv och tror att han ska reinkarneras i ett annat liv, kan han välja tid och plats? Eller är det utom hans kontroll?
Svar: Ingenting är utanför din kontroll. Du har fullständig och total kontroll över ditt liv. Om du känner en dragning till ett visst land eller en viss tid, kommer själen, så att säga, automatiskt att programmera denna önskan i sig själv. Önskan fanns där innan det medvetna tänkandet. "Åh, jag skulle vilja leva i Tibet år 2002." Dessa tankar är dina, dessa tankar är din programmering.
Fråga: Kan du gå bakåt i tiden till ett liv år 10 000 f.Kr. lika lätt som du kan gå framåt till år 2001? Med andra ord, om tiden är simultan och vi tänker i linjära termer, kan du då gå bakåt lika lätt som framåt?
Svar: Absolut.
Fråga: Hur gör man det?
Svar: Hur? Det är redan gjort. Världen, som du känner den, verkligheten som du känner den, är fullt formad. Den är inte som en pajdeg som väntar på att fyllas och bakas. Den är pajen. Var du råkar vara just nu är bara där ditt medvetande råkar vara riktat. Allt är allt, men för att göra saker mindre förvirrande, och på grund av denna verklighets natur, är du medveten om nuet. Det betyder inte att gårdagen inte existerar eller aldrig inträffade, eller att morgondagen inte existerar eller aldrig kommer att inträffa. Det är nu. Var du väljer att fokusera är där du placerar din tid, men allt existerar.
Fråga: Anta att en person ville gå tillbaka till en viss tidsperiod och göra en historisk förändring. Skulle det då vara möjligt för en helt ny framtid att uppstå från den förändringen?

Svar: Fantastisk fråga. Ja, det är möjligt. Dock skulle det först kräva en stark övertygelse om att detta kan göras. Det skulle kräva en fullt medveten erfarenhet av medvetandet, undermedvetandet och supermedvetandet för att åstadkomma detta. Det betyder dock inte att den nuvarande historien skulle förändras för dem som var involverade vid den tiden. Vad det skulle göra är att skapa en avgrening, en "Y"-formad väg. En skapelse av en alternativ verklighet. Men det skulle nödvändigtvis inte förändra verkligheten för dem som är här just nu.

Fråga: Det skulle vara en möjlig verklighet? (Ja) *Har detta hänt tidigare?*

Svar: Allt händer före, efter och nu. För att ha den förmågan måste individen ha uppnått en viss – för att använda ett bättre ord – grad av medvetenhet. Denna individ skulle se, vara medveten om och förstå livets mönster, sociala händelser och historia. De skulle också förstå de lärdomar som behövs och varför själar måste uppleva vissa saker. De följer flödet, så att säga. De skulle förstå och ha förstått vilka mönster som är bäst och mest lämpliga. De har uppnått insikten om acceptans. Är det klart?

Fråga: Inte helt.

Fråga: Väljer vi vårt födelsedatum?
Svar: Ja, du väljer.
Fråga: Även om någon föds genom kejsarsnitt?
Svar: De valde en mor som skulle finna det nödvändigt att genomgå ett kejsarsnitt.
Fråga: Varför är födelsedatumet viktigt?
Svar: Allt i detta universum påverkar allt annat.

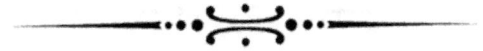

Fråga: Har vi ett specifikt mål?

Svar: Ja. Inom dig finns en medvetenhet om vad det målet är. Du arbetar på ditt mål, vare sig du är medveten om det eller inte. Att bli medveten om vad målet är handlar om att vilja veta. Det låter så enkelt. Genom att bli mindre upptagen med att springa till den ena eller den andra personen för mer information och istället bli mer fullt medveten och i harmoni med sig själv genom att lära sig att lita på sig själv. Genom meditation och alla metoder som är lämpliga för dig kommer du att lära dig mer. Att lära sig självkärlek är det slutgiltiga målet. Allt annat du vill uppnå kommer, om det ska förverkligas fullt ut, från förmågan att älska sig själv.

Fråga: Vad menar du med "slutgiltigt"?

Svar: Slutligt, ultimat. Detta är vad denna verklighet, denna existens, detta jordiska, mänskliga liv handlar om – att lära sig självkärlek. Detta är vad som ökar, expanderar och vad denna verklighet behöver och kan frodas av: självkärlek. Det är detta som det mänskliga livet handlar om.

Fråga: Du antyder att när detta uppnåtts, skulle vi gå vidare till andra verkligheter. Är det vad du säger?

Svar: Finns det inte andra verkligheter? *(Ja)* Tror du att du är begränsad till denna?

Fråga: Då kan du inte kalla det slutgiltigt.

Svar: Inte slutgiltigt, nej. Detta är det primära målet. Detta är syftet – syfte, det är ordet – med den mänskliga verkligheten.

Fråga: Ungefär hur många livstider tar det att lära sig självkärlek?

Svar: Hur många? Vi skulle önska inte alltför många, men i det långa loppet, spelar det någon roll?

Fråga: Hur kom det sig att denna verklighet blev så snedvriden att vi lärdes att självkärlek är fel?

Svar: Du valde det.

En fråga om tvillingar

Det Komplexa Universumet – Bok Tre

Svar: Beslutet fattas tillsammans med den andra själen av kärlek. Du kan inte komma närmare på det fysiska planet. Eftersom ni har identisk DNA fungerar era tankemönster på ungefär samma sätt. Det är naturligtvis inte exakt samma tankar, men processen är mycket liknande. Det finns redan en grundstruktur, och ni behöver inte fylla i alla luckor, eftersom ni vet. De ville återvända tillsammans med någon de älskade, snarare än att komma ensamma. Och dessa tider är svåra. De behövde den typen av sällskap eftersom det är en konstant. Och det finns inte mycket stabilitet i dessa liv.

Under en demonstrationssession i en av mina hypnoskurser ville en person veta mer om sin tvilling, som hade dött. Det undermedvetna sa att hon hade fullföljt det hon var ämnad att göra: "Hon genomförde sina lärdomar, och det var dags för henne att gå vidare." Detta är lätt att säga, men det gör inte sorgen lättare. "Det gör henne mycket ont. Det kommer att göra ont under lång tid. För tvillingar finns det nästan som en gyllene tråd, om du kan föreställa dig det. En mycket fin gyllene tråd som förbinder dem. Och även i döden – eller vad ni kallar 'död' – klipps den inte av helt. Så de kommer för alltid att vara en del av varandra."

Jag hittade en förklaring för siamesiska tvillingar (som nu kallas "sammanvuxna tvillingar") för många år sedan. Föreställ dig att två själar, när de befinner sig på andesidan och förbereder sig för att återvända till jordens skola, diskuterar sitt avtal med varandra. De har älskat varandra och varit tillsammans under många, många livstider. Kanske hände något traumatiskt i det liv de just lämnat. Nu säger den ena: "Vi kommer aldrig att bli åtskilda igen!" En enkel begäran som resulterade i oförutsedda konsekvenser. Och en mycket logisk förklaring.

En av mina klienter hade en fråga om sin födelse. Hon var en av tre trillingar. En föddes död, den andra hade en psykisk sjukdom som gjorde att den spenderade hela sitt liv på en institution, och den tredje var kvinnan som var min klient. Hon ville veta varför detta hände. Det undermedvetna sa att den första trillingen ändrade sig precis vid födelsen och bestämde sig för att den inte ville födas vid den

41

tidpunkten. Detta resulterade i dödfödseln. Den andra bestämde sig, efter att den var två eller tre månader gammal, att den skulle kunna lära sig mer i detta liv genom att vara mentalt handikappad. Så den utvecklade de mentala problemen. Modern hade sagt att barnet verkade normalt tills det var ungefär två eller tre månader gammalt, sedan hände något plötsligt. Läkarna höll inte med, eftersom de menade att sjukdomen alltid hade funnits från födseln. Den kunde inte ha utvecklats senare. Jag tycker att den förklaring jag har hittat är mer logisk, eftersom själen har kontroll över vilken typ av kropp den bebor.

Parallella liv

Fråga: Om var och en av oss lever på olika existensplan samtidigt, är detta vad som skulle kallas parallella liv?
Svar: Det är korrekt. I den meningen att var och en av er, i detta skede av ert liv, endast är aspekter av ert sanna hela jag. Ni är punkter av medvetande. Er fulla medvetenhet är långt bortom vad ni kan omfatta eller föreställa er på er nuvarande nivå. Därför blir det lätt att förstå att när ert medvetande växer, när ni breddar er verklighet på den andliga stegen, kommer ni att upptäcka att ert medvetande överlappar med andra individers. På den yttersta nivån befinner ni er på det gudomliga planet, där allt är ett. Ert medvetande på er nuvarande nivå är bara en fokuserad punkt av denna totala andliga medvetenhet. Därför kan man se att på olika nivåer överlappar ert medvetande med andras, tills allt slutligen är ett. Alla liv existerar därför samtidigt.
D: Du sa tidigare att vi bara är spetsarna på våra egna isberg.
Svar: Det är korrekt.

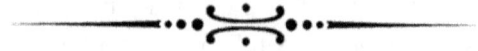

S: Regnbågar är för att påminna oss om energins och skapelsens färg. Bara en påminnelse om att det finns mycket mer än vad vi kan se med blotta ögat. Skapelsens färg är alla olika nivåer av färg som är bortom en människas visualisering. Det är bara för att påminna oss om att det fanns en tid när denna energi svepte omkring oss i en annan dimension. Detta är en påminnelse om hemmet, om den kärleksfulla energin. Denna lilla påminnelse om att det finns mer i färgspektrumet än vad vi faktiskt ser med blotta ögat. Bara ett minne av hemmet. Jag tycker vi ska ha i åtanke att när en av oss öppnar upp, öppnar det upp något i oss alla. Vi är alla kopplade. Vi är ett. Vi är inte individuella, autonoma enheter. Vi har individuella personligheter, men i det större perspektivet är vi kopplade. Vi bör påminna oss om att vi alla är ett, och att vi är andliga varelser först.

En kvinna hade dött ung i flera livstider. Det undermedvetna förklarade, "Hon lärde sig många saker som hon behövde lära sig, och det var ingen mening med att fortsätta." Hon levde längre i detta liv. "Det har tagit längre tid för henne att lära sina läxor den här gången. Hon glömmer att hon måste villigt släppa taget om denna kropp. Du sätter alltid upp ett sätt att lämna kroppen på förhand. Det måste finnas ett sätt att lämna, och det kan vara vilket sätt du än väljer. Oavsett om det är sjukdom eller olycka, vad som än passar med lärandeupplevelsen. Men när det är dags att lämna, är det personen som bestämmer, och går villigt. Ingen annan kan fatta det beslutet åt dem."

S: Det finns mycket blandad energi i folkmassor. Du måste vara försiktig med att sätta upp skydd innan du går ut i folkmassor. Ibland kan energin från folkmassor fästa vid dig. Om det gör det, är det uttömmande. Du känner dig mycket trött. Det finns så många människor som är hungriga på energi, för deras vibrationer är inte tillräckligt höga för att producera en bra kvalitet på energi.

Så när de hittar och känner av någon med en hög vibration kommer de att fästa sig vid den energin och använda den. Det är lite som om de vore sugkoppar.

Jag har hört dem kallas "psykiska vampyrer". Det är ett negativt ord, men det är samma idé. De gör det inte medvetet, men de tar energi. "Du måste skydda dig själv, även när du går och handlar. Överallt där du går där det finns en stor grupp människor. Det är livsviktigt för dig att hålla din energi på högsta nivå. Din kropp har en intelligens. Lyssna på din kropp. Prata med den regelbundet. Den gillar det. Den gillar att bli igenkänd. Magnesium är väldigt viktigt för kroppen. Genom att ge så mycket energi, gör magnesium det lättare för dig att ta in mer energi i dig själv."

En klient kom till mitt kontor som inte riktigt hade några akuta problem, och hon brydde sig inte särskilt mycket om att hitta tidigare liv. När vi pratade blev det uppenbart att hennes systers död fortfarande påverkade henne mycket. Hon var inte säker på ett liv efter döden, trots att hon hade vuxit upp i en strikt kyrklig miljö. Det hade gått nästan ett år och hon tillbringade fortfarande största delen av sin tid med att tänka på sin syster, gråta och sörja. När vi började sessionen trodde jag att den skulle fortskrida som de vanligtvis gör. Jag skulle inte ha blivit förvånad om hon hade upptäckt att hon och hennes syster hade varit tillsammans i ett tidigare liv. Istället gick hon direkt till en vacker trädgård. Det fanns underbara blommor i strålande färger och härlig musik i luften. Jag visste utifrån beskrivningen att hon troligen inte var i en jordisk miljö. När jag frågade om hon kunde se någon, såg hon sin syster komma emot sig genom blommorna. Hon bar en lång klänning och såg strålande och vacker ut. De tog varandras händer, och hennes syster sa till henne med mycket känsla, "Låt mig gå! Du kan se att jag mår bra!"

"Men vad hände? Vi trodde att du blev bättre. Men sen dog du."

Det Komplexa Universumet – Bok Tre

Hennes syster svarade, "Det var min tid att gå. Jag hade gjort allt jag hade satt upp för att göra i det livet, och det var dags att gå." Sedan sa hennes syster att hon hade någon annan för henne att träffa innan hon lämnade denna vackra plats. Och deras föräldrar dök upp och såg friska ut, "Det är så vackert här. Det finns inget att sörja. När din tid kommer kommer du också hit, och vi kommer alla att vänta på dig."

Skeptiker kanske säger att denna session bara var önsketänkande på grund av hennes sorg. Men spelar det verkligen någon roll? Jag har genomfört tillräckligt många sessioner för att veta att det var verkligt, och mötet var en gåva till henne så att hon kunde återgå till att leva ett normalt liv. Jag har blivit tillsagd att sorg bara håller den avlidna själen tillbaka, vilket hindrar den från att gå vidare till dit den är menad att gå. När vi sörjer är det en egocentrisk handling, för vi sörjer bara för oss själva, för hur vår förlust påverkar oss. Det påverkar inte våra älskade avlidna på samma sätt. De levde sitt liv, de hittade ett sätt att lämna för att det var dags. De måste nu fortsätta på sin egen väg. De är mer än glada att återvända "hem".

SEKTION TVÅ

LIV I ICKE-MÄNSKLIGA KROPPAR

KAPITEL TRE

ANDRA LIVSFORMER

Det finns fortfarande människor som säger, när ämnet reinkarnation kommer på tal: "Vad menar du, att jag har levt tidigare? Det är omöjligt! Det här är den enda kroppen, det enda livet jag någonsin haft. Det här är det enda som är verkligt." Det är de som ännu inte har tagit sina första små steg in i denna fascinerande värld av det okända. Sedan finns det nästa grupp som blir chockade när de får veta (genom hypnotisk regression eller på annat sätt) att de har haft ett annat liv innan detta. De är chockade eftersom det hotar deras trosuppfattning. Det får dem att tänka. Vanligtvis, när en person börjar sin utforskning, är det undermedvetna klokt nog att bara ge dem det de kan hantera. Livet de visas är oftast ett tråkigt, vardagligt liv, det jag kallar för ett "gräva-potatis-liv". Det är oftast inget traumatiskt eller dramatiskt, eftersom de inte är redo att hantera det. Ändå upptäcker de att det ger svar på frågor, oftast om familjerelationer, med mera. Jag skulle kunna fylla inte bara en bok, utan flera, med de tusentals tidigare liv jag har undersökt. Det har blivit så vanligt för mig att det inte längre har något värde som författare. Det är bara värdefullt för klienten som terapi. Därför skriver jag bara om de fall som jag anser kan utöka vår kunskap om reinkarnation genom dess terapeutiska värde. Ett stort antal av de fall jag har arbetat med innehåller datum, namn och platser som kan undersökas av de som är nyfikna på att kontrollera deras giltighet. Vissa människor har behov av sådan verifiering för att "bevisa" sin upplevelse. Jag säger till dem att de gärna får undersöka fallen om de behöver det. Jag behöver inte längre sådan verifiering. Jag vet bortom allt tvivel att reinkarnation är verkligt. Jag vet och tror fullt ut att det innehåller alla svar, särskilt de som kyrkan har kallat för "oförklarliga".

Det Komplexa Universumet – Bok Tre

Det är logiskt att 90 % av de tidigare liv jag upptäcker är enkla och vanliga. Så här ser världen ut. Så här är våra liv. Det finns många, många fler vanliga människor i världen än de få som får sina namn i tidningen. När en person upptäcker att de har haft åtminstone ett annat liv, måste det sjunka in. Vissa avfärdar det som omöjligt och återgår till sina normala liv och sina trygga, accepterade trosuppfattningar. Det är helt okej. Jag är inte här för att förändra någons tro. Mitt jobb är att presentera det jag har funnit och sedan låta läsaren bilda sin egen uppfattning.

Sedan finns det de som har gjort upptäckten: att faktiskt är detta nuvarande liv inte allt som finns. De vill då utforska vidare. De måste vara försiktiga så att de inte blir överväldigade av vad de kan upptäcka, för deras liv kommer aldrig att bli desamma igen. Det sägs att när vi väl lär oss något, kan vi inte olära oss det. Om de är förvånade över att de har levt ett liv på jorden, föreställ dig vad som kan hända när de upptäcker att det bara är början på utforskningen, toppen av isberget. Jag har varit tvungen att genomgå liknande förändringar i min egen trosuppfattning under de 40 år jag har genomfört denna forskning. Och när jag har arbetat har jag öppnat dammluckorna till obegränsade möjligheter. Variationerna av tidigare liv begränsas endast av fantasin, och vissa av de upplevelser jag får nu trotsar fantasin. Det var syftet med att skriva serien "The Convoluted Universe". Jag lämnade världen av det vardagliga för länge sedan. Och mina läsare säger att de är redo att vidga sina sinnen med mig. Så vi fortsätter att utforska.

Jorden är bara en av skolorna vi kommer till för att lära oss lektioner och samla livserfarenheter. Du kan ha många, många hundratals livstider på jorden, men du har också haft liv på andra planeter och i andra dimensioner. Jag har utforskat detta i de första två böckerna i denna serie, och jag kommer att fortsätta att presentera fall i denna bok som ytterligare kommer att utmana läsarnas sinnen.

Jag har dock funnit att den fysiska mänskliga kroppen bara är en form som själen kan anta. De flesta tror att det fysiska är det enda sättet de kan framträda, utan att förstå att du har en kropp, du är inte en kropp. Detta är bara en "dräkt" som du bär för närvarande. Och som alla kläder, oavsett hur fästa vi blir vid dem, kommer de så småningom att slitas ut och behöva kasseras. Då hittar vi helt enkelt

Det Komplexa Universumet – Bok Tre

en annan dräkt, en annan kostym för nästa roll vi ska spela i livets kosmiska drama. Varför skulle nästa kostym vara en mänsklig kropp? Varför skulle den inte kunna vara ett djur, en växt eller ett livlöst föremål? Vem kan säga att dessa ting inte har liv? Hela livet handlar om erfarenhet och lärande. Vem kan säga att du inte kan lära dig något av att vara en sten eller en hund? Det betyder bara att du måste öppna ditt sinne lite mer för definitionen av vad liv är. Människor har sagt till mig: "Jag kan acceptera idén att jag har levt tidigare som människa. Men som ett djur? Nej, det kan jag inte tro."

Jag har funnit i mitt arbete att vi måste uppleva livet som absolut allt i alla former innan vi är klara med vår skola, våra lektioner, vår utbildning. Vi måste veta hur det är att vara i varje möjlig situation innan vi kan återvända till Skaparen, Gud, Källan. Det kommer att finnas mycket mer om vår resa sedan vi lämnade Källan, och vad som krävs för att återvända till Källan, i de följande kapitlen. I det här avsnittet kommer jag att presentera fall som jag har genomfört där personen inte gick till ett liv med en typisk mänsklig kropp i ett typiskt jordeliv. Men jag tror att det kommer att visa de värdefulla lärdomarna som kan läras genom att existera (även under en kort period) i dessa andra fordon. Det kommer att börja visa hur mycket som krävs innan vi kan ta examen från livets skola. Akta er! Era trossystem kommer definitivt att utmanas, och era sinnen kommer definitivt att böjas. Låt oss hoppas att de kommer att flyga öppna och börja absorbera som en svamp.

Människorna som kommer till mig på mitt kontor och på mina resor, och som vill ha terapi för tidigare liv, är vanliga människor från alla möjliga livsvägar. Du skulle aldrig veta genom att titta på dem vad deras livshistoria var. Detta är viktigt. De är här för att leva ett så normalt liv som möjligt i denna hektiska värld. Dessa andra minnen förblir gömda i datorregistren i deras undermedvetna och släpps bara när det undermedvetna tycker att det är rätt tidpunkt. I mitt arbete tar jag alltid personen genom det lämpliga tidigare livet först, och ofta hittas svaren på deras frågor där. Sedan kallar jag fram det undermedvetna för att svara på eventuella frågor vi har kvar. Den första frågan jag alltid ställer är varför det undermedvetna valde att

51

visa personen just detta liv. Dess logik överträffar vår långt, och dess förklaring är vanligtvis något vi aldrig skulle ha tänkt på med vår mycket begränsade mänskliga logik. Ändå faller allt på plats och blir helt logiskt. Så detta är proceduren jag kommer att följa i de fall som beskrivs i denna bok. Jag tror att läsaren kommer att vara lika förbryllad som jag var när jag tog personen genom det tidigare livet, tills det undermedvetna avslöjade svaret. Det är därför jag älskar mitt arbete så mycket. Jag arbetar med en extremt kraftfull kunskapskälla med enorma förmågor som trotsar fantasin. Och ändå kommer du att märka att det alltid svarar på samma sätt, med samma terminologi. Så jag vet alltid att jag pratar med samma universella del. Det kommer igenom alla jag arbetar med. Jag har absolut inga tvivel om vem eller vad jag kommunicerar med. Jag har blivit så bekant med det, det är som att ha ett telefonsamtal med en gammal vän.

DJURLIVSTIDER

När Wendy kom in i livet var hon förvirrad och rapporterade något hon hade svårt att förstå. "Jag är på vatten. Och jag är en liten, liten, liten något på det här bladet som flyter runt på vattnet. Det här känns inte ens vettigt."

D: Låt oss bara prata om det. Vad menar du med en liten, liten något?
W: Jag vet inte. Jag är bara så liten, och bladet är enormt. Jag flyter bara där. Jag vet att jag är vid liv. Jag har medvetenhet. Det är lugnt, klart vatten. Ser ut som glas.

D: Om du tittar ovanför bladet, kan du se något annat?
W: Ett träd. Det är ett skrovliga träd som växer längs vattenkanten. Hälften av rötterna är i vattnet och hälften av dem är på land. Jag vet inte vad jag gör här. Allt jag ser är vattnet, trädet och bladet.

D: Du kan bli medveten om dig själv.
W: (Plötsligt) En mask! Den är gul, den är tjock. Den är liten, men den är tjock. Jag önskar att jag hade armar och jag har inga armar. Jag har ben, men de är bara knubbiga. Och jag sitter fast här på bladet. Det verkar som allt jag kan göra är att bara slingra mig. Jag kan inte lämna bladet eftersom jag inte kan simma. Men jag vill inte stanna här heller. Det är farligt. Jag tror att en fågel kan ta mig.

D: Hur tror du att du hamnade i vattnet?
W: Jag föll från trädet. Jag var på bladet. Jag antar att jag valde fel blad.

D: Åh! Det måste ha varit en upplevelse. För vanligtvis skulle du hålla dig borta från vattnet, eller hur? (Uh-huh) *Vad äter du när du är där uppe i trädet?*
W: Blad.

D: Åh! Är det gott?
W: Det är bara vad jag äter. Det verkar som ett ingenting-liv.

D: Hur äter du bladen?
W: Bara med min mun, när jag kryper runt på mina knubbiga små fötter. Jag känner mig hämmad. -Åh! Nu flyter jag iväg. Det

53

verkar vara en ström. – Det verkar vara forsande vatten framför. – Det är ett vattenfall. Det ser ut som ett stort, men det är det inte. Det är bara för att jag är liten. – Jag åker ner i det vilda vattnet, och bladsidorna rullar upp. Vi åker snabbt. Åhh! Jag kommer att sugas ner av vattnet. – Men det verkar bildas en luftbubbla runt mig och bladet medan vi går under. Så det poppar upp och ner, upp och ner. Det här är så löjligt! Upp och ner, upp och ner. Så jag drunknar inte. – Sedan virvlas jag äntligen ner i en lugnare vattenpöl. Och solen skiner klart. Jag ligger bara där på det här bladet.

D: *Du hade verkligen ett äventyr.*
W: Det var läskigt.
D: *Vad ska du göra nu?*
W: Bara ligga där på min rygg, för jag kan inte simma.

Skulle hon drunkna? Eller skulle en fågel se henne och ta bort henne från bladet?

D: *Vi kan komprimera tiden. Vad händer till slut?*
W: Bladet åker slutligen över och fastnar under en strandkant. Och jag kan krypa tillbaka upp på gräset. Eftersom strandkanten hängde över vattnet, och jag kunde krypa upp under och sedan tillbaka upp på gräset.
D: *Jag kan tänka mig att det känns skönt att komma ur vattnet.*
W: Det gör det. Jag vill inte gå dit igen. Jag ska bara gå med andra som är som jag. De är glada att jag är okej. Det är som en samling.
D: *Känner de igen dig?*
W: Ja.
D: *Berättar du för dem vad som hände?*
W: Ja. De sa att andra inte hade lika mycket tur.

Man kan undra hur den andra gruppen av maskar kände igen henne, eftersom de uppenbarligen var separerade av ett avstånd som skulle ha varit svårt för en liten mask att korsa. Jag upptäckte i mitt tidiga arbete, rapporterat i Mellan död och liv, att djur och växter tillhör en annan typ av själsgrupp än människor. Medan människan

Det Komplexa Universumet – Bok Tre

verkar agera som en individ, är växter och djur förenade i ett gemensamt band som en gruppsjäl som interagerar på en mer subtil nivå. Detta blev tydligt för mig en dag när jag körde på min landsväg. Jag såg en enorm flock fåglar stiga upp från träden. De bildade omedelbart en stor massa som virvlade och piruetterade över himlen. De var var och en individuella livsformer, men de interagerade som en intelligens, som ett medvetande, med ett enda sinne. Detta är också en bra analogi för konceptet om Källan, som kommer att presenteras senare. Vi är ett, men vi är också en del av Helheten. Vi är aldrig separerade.

Sedan flyttade jag Wendy framåt i tiden till en annan situation. Det var svårt att veta hur jag skulle formulera det. Vanligtvis flyttar jag personen framåt till en viktig dag. Men vad skulle vara en viktig dag för en mask? Säkerligen kunde inget vara mer dramatiskt än vad den stackars lilla varelsen just hade upplevt. Jag frågade henne vad hon gjorde.

W: Jag ligger bara på rygg. Jag är inte fet som jag var. Och min kropp är lite uttorkad. Jag tar mitt sista andetag. Jag är bara gammal och jag dör. Ingen är runt mig. Det ser ut som att min kropp bara har torkat ut, och jag är borta! Ssshhwww! Jag är glad att det är över!

D: *(Skratt) Det var en konstig upplevelse, eller hur?*

W: Det är för konstigt för att vara en insekt.

D: *(Skratt) Men varje liv har en lärdom, det har ett syfte. Vad tror du att du lärde dig av något sådant?*

W: Jag vet att jag kände mig fruktansvärt instängd. Och sårbar. Nu är jag fri. Jag lämnar den där begränsande kroppen och bara glider iväg! Åh, jag är glad att det är över!

När jag kontaktade Wendys undermedvetna frågade jag varför det hade valt att visa henne detta ovanliga liv.

W: För att visa att du kan vara vad som helst i skapelsen, även en simpel mask. Att du tror att det inte finns några lärdomar i att uppleva livet som en simpel mask. En av sakerna hon lärde sig var begränsningen, inskränkningen, men ändå fanns det ett gruppmedvetande även i en simpel mask. Det var inte utan syfte.

D: *Ja, det får oss att förstå att allt är levande.*

W: Livet går till och med mindre än en mask.

D: *Jag tror inte att jag har haft något mindre än en mask. Jag har haft några som luft, och jord och stenar.*

W: Ja. Hon borde vara tacksam att hon inte fick uppleva att vara en sten. En mask är mycket friare än en sten.

D: *Det är sant. Jag har hört att när någon är en sten, är det väldigt långsamt och tätt.*

W: Och begränsande.

Det fanns många fler sessioner som jag genomförde på mitt kontor i Huntsville under 2005-2006 som involverade djurinkarnationer. Med dessa behöll jag inte en kopia av bandinspelningen. Istället, efter att klienten hade gått, gjorde jag anteckningar så att jag inte skulle glömma. Som reporter har jag en omättlig nyfikenhet, jag vill alltid veta allt om allt. Det är därför jag ställer så många frågor. I fallet med en människa som återupplever djurinkarnationer ville jag veta hur det skulle vara att vara ett djur. Hur känns det? Hur lever de? Hur ser de? Många frågor, och jag har försökt återge några av svaren i mina anteckningar.

Dorothy gick till ett liv där hon var en örn. Det var en mycket kraftfull kropp, och hon gillade det verkligen. Men det mest fantastiska med att vara örnen var att all dess energi var fokuserad i dess ögon, fokuserad på vad hon kunde se. Hon satt på kanten av ett bo med utsikt över ett bergsområde med snö, och hon kunde se mycket intensivt varje liten detalj. Hon sa att när hon tittade ut över landskapet var färgerna de mest intensiva man kunde föreställa sig, och skuggorna var mycket svarta och mörka. Det fanns en mycket distinkt separation mellan färgerna och skuggan, ganska annorlunda från vad människor ser. När hon såg rörelse på marken – en kanin – förändrades hennes syn. När hon tittade på något som rörde sig var det nästan som

Det Komplexa Universumet – Bok Tre

att titta genom ett infrarött fält. En rödaktig färg, som om hon såg djurets energi snarare än djuret självt. Som om när djuret rörde sig kunde hon spåra det genom att se det genom ett energi-infrarött fält. Och hennes syn skulle växla fram och tillbaka när hon letade efter mat, eller mestadels när hon såg rörelse.

På natten stängdes den normala synen av på grund av mörkret, men en annan syn skulle aktiveras om hon behövde det. Även här skulle hon se energifältet. Men på natten skulle det vara som en mörk blågrön färg. Så rörelsen, istället för att se ut som infrarött, skulle ha en blågrön ton. Det påminde mig om nattglasögon som vissa soldater använder. Jag tror att de plockar upp personens energi och kan känna den energin i nattvision. Och förmodligen också liknande i filmer, hur robotar eller olika varelser ser energifältet snarare än personen själv. Det verkar alltid som en grönaktig eller rödaktig nyans, där de plockar upp personens värme eller energi. Så uppenbarligen var det så örnen kunde se.

I ett annat fall upplevde en kvinna en serie liv i olika djur- och växtkroppar. Ett av dem var svårt att identifiera när hon först kom in i det.

S: Jag är i något som en bubbla. Jag gillar det inte, för jag är ihoptryckt. Ihoptryckt. Bara en bubbla. Jag är trängd.

Detta var förvirrande. Var var hon? Vad var hon?

S: På grund av min position inuti denna bubbla finns det inget utrymme att röra sig. Det är hårt. Allt är ihoptryckt och ... en svävande ballong. Det är inte alls bekvämt. Jag gillar frihet. Att vara i denna lilla bubbla är inte särskilt fritt. Jag måste ta mig ut ur denna bubbla.

Eftersom detta orsakade obehag flyttade jag henne framåt tills hon var ute, och bad henne förklara vad hon kunde se.

S: Amöbor? Är jag i vattnet? Jag kom ut ur en vattenpåse. Jag kan andas, men jag är i vattnet. – Det är en varelse. Och jag kan flyta i vattnet.

D: Vilken typ av varelse?

S: Slemmig. (Paus) Det är svårt att förklara den här kroppen. Det är som om du tog bara dina tår och kopplade dem i en cirkel. Det är dina förlängningar, men du är mittendelen. Du är kroppen. Det är konstigt! Avlång kropp. – En grodyngel? Kan det vara ett grodyngel! Åh! Jag är en groda! För du har dessa vågiga saker som kommer ut från dig, men ändå ser du ut som en slemmig avlång sak. Och sedan har du knoppar som poppar ut i en sjö. Det ser ut som vad jag skulle kalla en groda. De där små knoppiga sakerna som ser ut som tår är mina ben! Och ett huvud. – Så nu kan jag andas i vattnet och även utanför vattnet. Jag gillar att vara här. Det här var en bra plats att vara på. Det var ett bra val. Övergång. Jag gillar det.

D: Vad ser du när du tittar runt?

S: Knott i vattnet. Jag sticker upp ur vattnet. Små varelser att äta. Jag äter dem när de flyger förbi. Det är okej, men det är tråkigt. Det är inte vad jag trodde. Jag vill gå och vara något annat. – Nu ser jag färger, rött, vitt. Det röda och vita är en del av en blomma. Du vet hur utsidan är den ljusa färgen, och när du glider ner inuti blir det mörkare? Det är vad jag är. Jag är blomman! Jag gillar att prova saker. Och jag är färgat ljus, så jag kan byta färger. Jag bestämde mig för att prova att vara en blomma, för de har många nyanser av färger.

D: Hur känns det att vara en blomma?

S: Expansion. Utvidgning. Växande. Vackert. Mjukt. Det är bara så vackert. Men sedan dör du, för blommor varar inte särskilt länge. Jag provar bara för att se hur det känns. Det var bra så länge det varade.

Så det verkar som att många av dessa märkliga liv är korta. De är bara till för att själen ska få upplevelsen.

Jag fann att några av de mest fascinerande djurliven var de av insekter. Jag hade en klient som upplevde ett liv som en spindel, och hon beskrev hur hon kunde se. Som du vet har spindlar flera ögon, och med vår logik skulle vi tro att det skulle vara svårt att använda dem alla. Jag upptäckte att de inte använder alla ögon samtidigt. Ögonen är placerade med mellanrum, men det var inte förvirrande. Det var som att titta på många TV-skärmar som visade samma bild. Den uppfattade det som en enda bild, även om den bestod av många fasetter. När spindeln såg rörelse i ett av ögonen, var det det ögat den fokuserade på. De andra användes inte om inte något kändes i det området. Den fokuserade på den del eller sektion som var intressant eller som innehöll rörelse. Där vi ser saker i ögonvrån, kunde den fokusera in och se hela bilden, även i det perifera. Det var samma sak när en annan kvinna regresserade till ett liv som en fluga. Deras ögon är också mångfasetterade, och återigen är de som många TV-skärmar. De fokuserar på rörelse i vilket område de behöver. Klienten sa: "Annars skulle det vara en röra av information. Jag väljer vad jag vill och bortser från resten." Vilket smart sätt!

Tydligen kan dessa varelser se ett bredare och mer detaljerat spektrum än vad vi kan. Allt detta har fått mig att uppskatta och respektera livet mer i alla dess former, och att inse att allt har livets gnista.

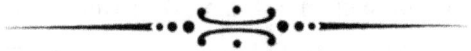

Ett annat fall av denna typ inträffade när en klient gick in i ett liv som en liten val. Till en början visste hon inte var hon var. Hon kom ner i vattnet, och sedan gick hon under vattnet. Hon såg en fena, men hon var inte säker på om hon var en fisk eller en säl, eller något liknande. När hon gick under vattnet frågade jag henne om hon kunde andas under vattnet. Och hon sa att det inte gick särskilt länge. Hon var tvungen att komma tillbaka upp till ytan. Det visade att hon måste vara någon typ av däggdjur, och så småningom såg hon att hon var en val. Hon njöt bara av att simma runt i havet och äta fisk. Under sessionen såg hon en liten fiskebåt. Hon visste inte vad det var, eftersom det var något hon aldrig hade sett förut. Hon simmade under den och kom ut på andra sidan. När hon vände sig runt den, försökte hon lista ut vad det var, och hon kände en känsla av rädsla. Så hon bestämde sig för att lämna och flytta bort från den. Hon trodde inte att de hade sett henne, men det hade de.

Hon kände plötsligt smärta, och från beskrivningen var det troligtvis ett harpun. Hon fortsatte att säga: "De stötte mig! Varför gjorde de det? Jag skadade ingen. Jag skötte bara mina egna saker, simmade runt. Varför skadade de mig?" Sedan beskrev hon hur hon blev släpad... dragen. De satte ett nät och rep runt henne och tog henne tillbaka till det större skeppet. När de till slut kom till land blev hon upphängd, och de började skära upp henne. Hon grät och bestämde sig för att hon inte ville titta på det längre.

En av anledningarna till sessionen var att upptäcka orsaken till hennes fysiska problem. Hon hade upplevt ryggsmärtor som hade resulterat i domningar i armarna och händerna. Hon vaknade ofta på natten och var domnad. Det påverkade också hennes arbete och gjorde det svårt att hålla fast vid saker. När vi pratade med det undermedvetna förklarade det att det orsakades av det livet. När de skar upp valen, skar de ner längs ryggraden medan hon fortfarande var vid liv. Och detta överfördes, antar jag, som känslan av sårbarhet, till detta liv. Det påverkade ryggen och nerverna i händerna och armarna. Jag skulle ha trott att det också skulle ha påverkat benen, men i det här fallet gjorde det inte det. Med denna märkliga förklaring kunde det fysiska problemet tas bort, eftersom det inte hörde hemma i detta liv. Det var bara ett annat fall av kroppen som minns en traumatisk död. Hon visades det livet så att hon skulle veta att det fanns en tid då hon var väldigt lycklig. Hon var fri och kunde göra vad hon ville, även om det slutade illa. Hon var tvungen att veta att hon kunde uppleva den känslan och friheten igen i sitt nuvarande liv.

En kvinna som gick tillbaka till ett liv som en giraff kände sig mycket kunglig, eftersom hon kunde se över alla andra. I några dagar efteråt kände hon som om hon gick på styltor. Och sedan, på mitt veckovisa radioprogram (på www.BBSRadio.com), intervjuade jag en kvinna som var en djurkommunikatör. Hon pratade om hur hon kunde kommunicera med sina djur, särskilt sin katt, och att den berättade allt hon ville veta. Det fanns en tydlig skillnad mellan att få svar från djur och från guider. En av frågorna hon ställde katten (vilket precis var den typen av fråga jag skulle ha ställt) var: "Hur uppfattar katter människor?" Hon visste att hundar mest uppfattar allt genom lukt, men hon ville veta hur katter uppfattar människor. Och hon fick veta: "Först ser vi dig som virvlande färger av energi innan det fokuseras till en form." Sedan kom tanken upp: om katten ser energi först, skulle det förklara hur katter kan se spöken och saker vi inte kan se. Den ser energin hos varelsen eller vad det än är, utan att behöva se formen.

Jag kunde lätt identifiera mig med detta eftersom jag hade personlig erfarenhet av katters unika perception. När min man tjänstgjorde i den amerikanska flottan under Vietnamkriget på 1960-talet bodde jag i St. Louis, Missouri. Vi bodde i ett tvåvåningshus rakt över från Tower Grove Park, där alla hus på gatan såg väldigt lika ut. Mina barn och jag upptäckte snart att huset var hemsökt. Fenomenet skedde mest på andra våningen där lampor tändes och släcktes, dörrar öppnades och stängdes, och höga fotsteg hördes springa upp och ner för trappan på natten. På grund av ekonomiska problem hade vi inget annat val än att fortsätta bo där tills min man kom hem från kriget. Så barnen och jag blev vana vid vår osynliga husgäst och gav honom namnet "George". Men det mest störande var vår siamesiska katt "Boots" beteende. Efter att barnen hade gått till sängs brukade jag försöka slappna av i vardagsrummet på bottenvåningen och titta på TV. Men de flesta kvällar brukade Boots sitta vid botten av trappan och stirra upp mot andra våningens avsats. När hon satt där, svepte hennes svans fram och tillbaka, på det sätt katter gör när de tittar på något. Hon satt där länge, helt fascinerad, med öronen alerta och svansen i rörelse, och tittade på något som var osynligt för mig. Jag brukade ofta säga i desperation: "Boots, varför går du inte och fångar en mus?" Vid den tiden trodde jag att alla djur förmodligen kunde se saker som vi inte kunde, men nu verkar denna förklaring mer rimlig. Katter är mer känsliga för att se energi, och det är logiskt att de också kan se energin hos ett spöke. Det var förmodligen förvirrande för Boots eftersom hon inte kunde lista ut vad energin var

Jag hade många andra fall där personer återupplevde liv som en blomma, ett majskorn eller en sten. Livet som en sten var väldigt looongsamt. De läsare som har läst mina andra böcker kanske minns att i *Legacy From the Stars* hade jag mitt första fall där någon återvände till ett icke-mänskligt liv. En man ville återvända till sitt första liv på jorden. Naturligtvis trodde jag att han skulle återuppleva ett liv som en grottmänniska eller något liknande. Istället gick han tillbaka till en tid när jorden ännu inte hade liv. Marken var instabil, vulkaner spydde ut alla möjliga typer av gaser och kemikalier i luften. Jorden hade ännu inte svalnat tillräckligt för att kunna stödja liv. Mannen såg sig själv (tillsammans med många andra) som en del av atmosfären. Med andra ord, han var luft. Detta var svårt för mig att förstå vid det skedet i mitt arbete, eftersom jag ännu inte hade blivit utsatt för insikten att allt är levande. Jag tänkte: här är han som en kemikalie, ett element, men ändå hade han intelligens. Han var medveten om sig själv och sin funktion och kunde kommunicera med mig. Hans uppgift vid den tiden var att hjälpa till att filtrera bort farliga kemikalier (särskilt ammoniak) från luften, så att liv skulle kunna överleva när det uppstod från den "urtida soppan" vid livets början på jorden. När han inte utförde sitt arbete flög han in och ut ur den flödande lavan, bara för att se hur det kändes. Jag följde hans utveckling när han gick från det tillståndet till olika livsformer (växter och havsdjur) när de började uppstå. Allt detta skulle ha tagit evigheter. Efter den upplevelsen var jag öppen för allt som mina

Det Komplexa Universumet – Bok Tre

klienter skulle berätta för mig. Det visade mig att ingenting, ingen form av liv, är omöjlig.

Ett liknande fall inträffade efter att jag började ta emot klienter på mitt kontor i Arkansas 2003. När mannen kom in i scenen befann han sig på en mycket mörk och karg planet. Ändå fanns det saker som stack upp ur marken som var mer kantiga än stenar, med vassa spetsar och kanter. Han visste att han var på en svart planet, där det inte fanns något ljus och ingenting växte. Han hade ingen kropp. Han verkade vara en del av planeten, mestadels en del av ytan. Sedan gick han under ytan, och det var som om det var ett skal som täckte något som fanns inuti. Han hade stora svårigheter att beskriva vad han såg. Det var som om saker växte under marken, mer eller mindre som på ytan: spetsiga, mycket stora stenar. De var mycket märkliga, ovanliga, som inget han hade sett förut, och definitivt inte biologiska. När han gick längre ner kunde han se ljus som såg ut att komma från flödande lava. Han gick in och ut ur det, bara för att se hur det var, men han var medveten om att det fanns medvetanden runt omkring honom. Inte nödvändigtvis varelser eller människor, men medvetanden. Ibland säger folk att de är ren energi, eller energivarelser. Men han sa att han var medvetande, och han visste att han var en del av allt där.

När jag förde honom framåt i tiden, upptäckte han att planetens yta hade förändrats. Han såg något som lät som en rymdstation, men det var mycket svårt att beskriva. Det var något som reste sig från planetens yta, som om det var en serie byggnader. Och denna hela gemenskap, eller vad det nu var, bildade en serie byggnader som var minst tusen våningar höga och som gick hela vägen runt planeten. Senare frågade jag honom om han menade något liknande Saturnus ringar. Han sa att det var mycket likt, förutom att det var fäst vid ytan. Och i denna station, eller vad det nu skulle kallas, bodde människorna. De bodde inte på planetens yta, utan i denna stora gemenskapsliknande struktur som sträckte sig upp från ytan. Han såg varelserna som såg ganska människoliknande ut, även om de var

63

klädda i klädsel som liknade kåpor. De gick omkring och utförde sina olika jobb på denna plats. Han bodde bland dem i en ledande position. Senare, när jag kommunicerade med det undermedvetna, sa det att det visade honom att han hade varit på denna avlägsna planet från den tid då det inte fanns något liv på den. Saker började skapas och började formas, även om de var under det skal som täckte planeten. Lavans var den första livsformen. Det var därför han inte hade en kropp, för han var en del av allt. Det var för att visa honom att när planeten utvecklades - vilket skulle ha tagit eoner och eoner av tid för att utveckla vissa typer av livsformer - befolkade han var och en i progression, tills han slutligen kom till den punkt där det fanns intelligenta varelser. Sedan, när han utvecklades till den punkt där han var ledare för denna hela gemenskap, var det som om han hade gått så långt han kunde gå. Vid den punkten dog han inte, så att säga. Han beslutade bara att lämna kroppen. Och när han gjorde det, kom han till jorden. Han skulle utvecklas vidare. Han hade lärt sig allt han möjligen kunde lära sig genom att vara på den planeten från dess livsbildning hela vägen genom dess framsteg. Så nästa uppsättning lektioner skulle vara att börja om igen på en annan planet med ett annat set av regler och regler och lektioner. Det var då han kom till jorden.

I mars 2007, efter att jag hade börjat arbeta på den här boken, hade jag en slumpmässig session som tillförde ännu en aspekt till idén om att bebo djurkroppar som en form av reinkarnation. Min klient såg sig själv i ett rum där hon var innesluten i en genomskinlig plastliknande kapsel. Hon var medveten om att det fanns många andra liknande kapslar spridda över hela det stora rummet. När hon blev medveten om sin kropp verkade den inte vara fullt formad. Hon visste att den hade två ben och verkade mer djurisk än mänsklig. Det verkade vara inlindat när det låg på ett bord inneslutet i den rörformade kapseln. Hon kände att hon var någon typ av experiment. Hon kunde se en varelse gå omkring i rummet som verkade kontrollera formerna som var i kapslarna. Han var mycket lång och bar en vit rock, men hon

Det Komplexa Universumet – Bok Tre

trodde inte att han var mänsklig. Hon blev också medveten om att det fanns många andra i ett annat rum som övervakade deras framsteg på någon typ av datorer. Hon kunde se tangentbord, skärmar, rattar och mätare. Jag försökte få information från den person som verkade ta hand om henne och de andra, men åtkomsten var begränsad. Allt hon kunde få var att de var någon typ av experiment, och de var belägna ovanför en planet. Från tid till annan roterades kapslarna runt i rummet. Jag förde henne framåt för att se om vi kunde få mer information, och hon såg sig själv på en planet där hon hade blivit förd. Hon var i någon typ av inhägnad eller bur i ett lerigt område, där hon observerades. När jag försökte förflytta henne framåt igen för att få reda på mer, fortsatte hon inte med livet, utan hoppade fram (eller flög) in i ett människoliv som en romersk gladiator.

Jag visste att mina frågor skulle få svar när jag kallade fram det undermedvetna och frågade om det märkliga livet. Det sa att hon visades detta för att hon alltid hade varit nyfiken på om det fanns liv på andra planeter. Hon hade verkligen varit ett experiment kopplat till sådden av en planet, och det hade ägt rum på ett stort rymdskepp. Olika arter skapades genom manipulation och kombination av gener och DNA, och hon var resultatet av ett av dessa experiment. När hon var tillräckligt utvecklad togs hon ner till en planet som skeppet hade varit i omloppsbana runt. Hon sattes i en inhägnad där hon skulle få acklimatisera sig innan hon släpptes ut. Anledningen till att vi inte kunde följa det vidare var för att hon inte överlevde. Hennes experiment hade varit ineffektivt. Med andra ord, det fungerade inte och formen kunde inte anpassa sig till de planetariska förhållandena. Det undermedvetna sa att det inte var planeten Jorden. Jag sa att jag redan visste att liv hade blivit utsått för tusentals år sedan på jorden, och det sa att samma sak hade hänt på otaliga andra planeter. Det fortsatte också idag, eftersom detta var sättet att sprida livet på.

KAPITEL FIRE

OLIKA LIVSFORMER

Dyr og planter er ikke de eneste ukendte former, som sjælen eller ånden kan bebo. Jeg har haft mange klienter, der beskriver liv i former, der bestemt ikke er den traditionelle menneskelige form. Nogle udfordrer fantasien, men klienten føler sig komfortabel i dem, som om det ikke er ulogisk.

LANDET MED KÆMPERNE

Jack så sig selv som en meget høj mand ved navn Larce med langt blondt hår. Hans hoved nåede op til halvvejs på træet, han stod ved siden af. Han var klædt i brune lærredsbukser og en skjorte med pufærmer, med læderremme over skuldrene for at holde bukserne oppe. Han havde sandaler på med såler lavet af bark og en skede med et sværd på ryggen. Sværdet blev brugt til beskyttelse mod de mennesker, der var endnu større end ham. Han kunne lugte brød, der blev bagt fra en lille hytte i det fjerne. "Der bor små mennesker der. De kan ikke forsvare sig selv." Han bragte dem et rådyr, som han holdt i hånden, og mel. "Der er en ung kvinde, og jeg ser to små piger og en baby. Jeg er så meget større end dem, men jeg føler kærlighed over for disse små mennesker." For at illustrere, hvor meget større han var, sagde han, at kvindens hoved kun nåede til hans talje. Der var landsbyer af disse små mennesker, og de var i fare fra væsener, der var større end ham. Han følte en forpligtelse til at beskytte dem. Han boede ikke i deres landsbyer, men på det nærliggende bjerg. "Jeg kan se og overvåge ... alt. Jeg kan overvåge dalen og se, om der sker noget

Det Komplexa Universumet – Bok Tre

galt." Han gjorde det kun på grund af sin kærlighed til de små mennesker.

Det var koldt i dette område, og folk bar ofte pels. Han boede i en struktur lavet af sten sammen med sin familie: forældre, brødre, søstre, som han også tog sig af. De større mennesker boede på en ø ud for kysten af det store vand. De kom om foråret og efteråret i deres store jernbåde. Disse større mennesker levede i mørke i store slotte lavet af enorme sten med store trædøre. De var aldrig tilfredse og ønskede, hvad alle andre havde. De dræbte alt, bare for at dræbe. De havde mekaniske ting: våben, der skød ild; deres skibe så ud, som om de fløj, da de kom over vandet uden sejl. Han beskrev dem som at have et ansigt som en bulldog; en underkæbe, der stak frem med to tænder over overlæben, en stor pukkel på ryggen og meget lidt hår. De gik foroverbøjet. Han vidste, hvordan de så ud, fordi han sårede nogle af dem i en kamp og engang i vandet. Han insisterede på, at han ikke dræbte, men forsvarede sig selv.

D: Disse lyder virkelig som mærkelige mennesker. Ved nogen, hvor de kom fra?

J: De kom oprindeligt fra et sted, der var rødt. Lige nu er det alt, hvad jeg ser. Som en planet med røde klipper.

D: Jeg undrede mig over, om dit folk havde historier om dem.

J: Strandede. De kunne ikke komme tilbage til, hvor de kom fra. Ingen atmosfære. De havde ingen måde at eksistere der, hvor de kom fra. De var nødt til at forlade det sted.

Jeg førte ham frem til en vigtig dag. De små mennesker holdt en bryllupsfest. Hans familie var der også. De havde ikke haft problemer med de mærkelige mennesker i lang tid. Måske var de ved at uddø. Han sagde, at det var dårligt for arten, men godt for ham og hans folk.

Jeg førte ham derefter til den sidste dag i hans liv. Han lå på en seng i sit hus. Kroppen var ikke gammel. Han var fortsat med at vokse større og var blevet for stor. Det forårsagede brystsmerter, svaghed fra tyngde, vejrtrækningsproblemer, smerter i ankler og fødder samt i lænden. Han sagde, at man kan være for stor eller for lille. De mærkelige mennesker kom aldrig tilbage. Da han tog til øen for at tjekke dem, så han kun knogler. Alt deres udstyr var, som de havde efterladt det.

Den lilla kvinnan från stugan var med honom när han dog. Efter hans död lades hans kropp i en båt och brändes när den flöt ut till havs. De gjorde så med alla som hade någon form av sjukdom. Lektionen från det livet var respekt. Respektera dig själv likväl som din egen fiende. Och kunna älska allt eller alla, oavsett om de är stora eller om de är små. Också försiktighet. Medvetenhet. Lyssna, titta, observera. Han kände att han hade lärt sig dessa läxor.

Jeg kaldte derefter underbevidstheden frem for at besvare spørgsmål.

J: Jack skulle se dette liv for at kende den kærlighed, han ikke kunne have. Han er i stand til at dele den kærlighed med hende i sit liv nu i 2004. Hun er hans nuværende kone. Hun var den lille kvinde.

D: *Så de er kommet tilbage sammen.* (Ja) *Det er vigtigt, fordi de nu er samme størrelse, ikke sandt?*

J: Næsten. Kærligheden var umulig i det andet liv, og det forårsagede ham stor fortvivlelse. Han kunne kun være sammen med hende som en ven.

Jeg ønskede, at underbevidstheden skulle forklare de mærkelige undertoner i det liv. "Alt, hvad Jack har, er mærkeligt. Alt har en tendens til at være anderledes, fordi han kan lide det anderledes. Han kan ikke lide det normale. I alle hans liv har han altid været i stand til at se, hvad andre mennesker ikke kan se. Han har altid været anderledes."

D: *Men det er ikke en dårlig ting. Det kræver bare tilpasning.* (Ja) *I det liv var han en stor person, og han blev ved med at vokse. Kan du fortælle mig noget om hans folk?*
J: Hans gruppe kom fra en anden planet. De blev sået her på Jorden.
D: *Hvilket land var dette?*
J: Koldt land. Viking. Den nordlige del. Langt tilbage i historien.
D: *Ville de små mennesker blive betragtet som normal størrelse i dag?*

Det Komplexa Universumet – Bok Tre

J: Fem fod syv. Nogle mindre. Hans gruppe var mellem ni og ti fod høj. De blev sået fra en anden planet.

D: Så de var virkelig for høje til denne planet, var de ikke?

J: Ja. Derfor blev de sat i nord, væk fra de andre. De mindre mennesker ville være bange for dem. De blev sat der for at se, om de ville overleve.

D: Hvorfor blev han ved med at vokse?

J: Genetisk defekt.

D: Så da de blev sået, havde de problemer. (Ja) Overlevede den gruppe ind i vores tid?

J: Ja. De er ikke så store.

D: Så nogle af de store mennesker på Jorden i dag er efterkommere af den såning? (Ja) Jeg ville have troet, at de ville uddø. (Nej) Hvad med dem, der var på øen, som var endnu større?

J: De kom et andet sted fra. En fejl fra det hinsides. De skulle ikke have været her. De skulle have været sendt et andet sted hen.

D: Hvorfor endte de her?

J: Fejlberegninger fra deres side.

D: Han sagde, de var strandet. (Ja) Noget om en rød planet?

J: Rød planet. (Overrasket) Ikke Mars. Den havde dårlig atmosfære. De var nødt til at forlade den, fordi de ikke kunne trække vejret.

D: Så de fejlberegnede og endte på den ø. (Ja) Men det lød som om, de ikke kunne reproducere sig.

J: Nej, alle var mænd. Det var derfor, de til sidst uddøde. De var meget voldelige. Intet humoristisk ved dem. Bortset fra, at de var grimme.

D: Så det var nok bedst, at de var isolerede på den ø. (Ja) Hvad med deres slotte? Overlevede noget af det til vores tid?

J: Under mudderet. Kendt i vores tid i 2004, ville blive fundet omkring Island. Artefakter vil blive fundet til sidst. De vil ikke forstå det.

D: Og de skibe lød ret meget som rumskibe.

J: Ja, under mudderet.

D: Vil de blive fundet?

J: Muligt.

Det Komplexa Universumet – Bok Tre

Måske er de historier og eventyr, vi har hørt hele vores liv, slet ikke fiktion. Jeg har altid troet, at de fleste historier og legender har en vis basis i virkeligheden. Men jeg ved også, at mennesket gennem tiden har taget disse legender og tilføjet og fjernet elementer, så det er svært at vide, hvad den oprindelige historie var. Da jeg var i Norge, besøgte jeg nogle museer i Oslo. Jeg så de gamle malerier, der viste historier om kæmper, trolde, uhyrer og mærkelige skabninger. Jacks underbevidsthed sagde, at de boede i Norden. Måske bærer disse historier minder om disse skabninger, der boede på Jorden for længe siden. Dette kunne også forklare nogle af de meget høje mennesker, der lever på Jorden nu. Måske bærer de generne fra disse blide kæmper.

En sag i Seattle, Washington i april 2002, hvor jeg talte ved en APRT (Association for Past-Life Research and Therapy) Hypnosekonference, afslørede en anden uventet livsform.

Hver session, jeg laver til terapi, er designet til at få underbevidstheden til at tage personen til det mest passende tidligere liv, der vil hjælpe med at forklare de problemer, de har i det nuværende liv, eller give dem de nødvendige oplysninger. Som det er blevet demonstreret i denne bog og i bog et og to, går emnet ofte til mærkelige omgivelser, der ikke har nogen logisk basis eller forklaring. Jeg stoler altid på, at underbevidstheden har en grund til at tage dem derhen, så jeg bliver bare reporter, efterforsker, og stiller spørgsmål inden for de rammer, som underbevidstheden har valgt for dem at se. Hvis jeg forsøgte at fjerne dem og tage dem til noget, der ville være mere logisk for mig, ville de væsentlige oplysninger ikke komme frem.

Det første, Wanda så, da hun trådte ind i scenen, var en gruppe mennesker, der ikke helt lignede mennesker. Dette forvirrede hende, da hun beskrev dem: "De har en substans, en struktur af deres krop, men den strækker sig ud i denne glød. Det er fedt." Hun blev behageligt overrasket over at finde ud af, at hendes krop var den samme. "Åh, min krop gør det også! En glød! Det er sjovt! Og lyset, gløden, bliver bare ved med at fortsætte og bliver så svagere og svagere, efterhånden som det forsvinder, men det er stadig der. Der er en substansstruktur indeni dette lys, men det er som om, du er i en glaskugle-ting. Og dit eget lys er glaskuglen. Jeg føler mig bare glad! Der er en lille forskel i stråleglansen fra deres glød. Nogle er lysere end andre, og nogle har en lidt anden farve, som om nogle er ferskenfarvede, og andre er mere som jordbær. Min er en cremet gul. Og vi svæver alle sammen."

Hun virkede så livlig og glad, nød det og var begejstret over at beskrive, hvad hun så. Næsten barnlig i sin opdagelse. "Og de er så glade for at se mig. Jeg tror, de ventede på mig. Det er lidt som en fest. Jeg forstår egentlig ikke engang, hvad de siger. De taler for hurtigt. Der har været mange ændringer. De ville fortælle mig om alle ændringerne på én gang. De er bange for, at området er ved at blive sygt. Og vi vil gerne gøre det bedre. Farverne er ikke så klare, som de var."

D: Hvilket område?
W: Åh, dernede er det ikke så klart. Og vi skal gøre det bedre. (Hun lød ikke så glad som før.) Gløderne er ikke lysere, men de virker lysere for mig! De siger, det ikke er godt.
D: Har du været der før?
W: Jeg var der, da de startede, for længe siden. Vi kom her, og vi besluttede at bo her. Og så fandt vi området, men så skete der andre ting, der gjorde det ikke behageligt længere. Og de vil ikke være nødt til at tage et andet sted hen.
D: Bor de på jorden eller bare oppe i luften? Hvis jeg forstår det rigtigt.
W: De har ikke brug for jorden. Det, der sker dernede, gør det ubehageligt, hvor vi bor.
D: Du sagde, du var der i begyndelsen, da de først kom dertil? (Ja) Tog du så væk?

Det Komplexa Universumet – Bok Tre

W: Ja, jeg var nødt til at tage et sted hen og hjælpe nogen andre. Da de først var kommet i gang, kunne jeg tage hen og hjælpe en anden gruppe.
D: *Så det er det, du gør? Går fra gruppe til gruppe?*
W: Ja, fordi de synes, jeg er vigtig.

Dette var forvirrende. Jeg havde ingen idé om, hvor vi var, og hvem eller hvad de andre væsener var. De så ud til at være en slags energivæsener, men der var forskelle.

D: *Hvad er deres job?*
W: (Pause) De taler med feerne. Hvor bor feerne? Åh, ja! Feerne og de andre ting bor nede på jorden. Jorden er langt dernede.
D: *Hvordan ser feerne ud?*
W: De ligner mennesker, men små. De ligner dronninger ... åh, der er en lille enhjørningehest, men den er miniature som feen. (Griner) Jeg zoomede derned for at se, hvordan det var. Jeg kan bevæge mig rundt, som jeg vil. Jeg vil gøre det hele tiden. (Griner)
D: *Hvilket slags arbejde har de små mennesker dernede?*
W: De prøver at holde deres planet pæn, og de prøver at hjælpe de større dyr. Og der er også andre mennesker der, men de skal ikke arbejde med menneskene. De små feer kan godt lide dyrene. (Tilfreds) De kan også godt lide mig.
D: *Hvad gør dit folk for at hjælpe feerne?*
W: Vi holder dem væk fra menneskene. Vi fortæller dem, når menneskene kommer forbi, fordi mennesker ikke er rare. Menneskerne gør dem ondt. (Hun blev trist.)
D: *Hvordan kan de gøre dem ondt?*
W: (Sørgmodigt) Fordi nogle mennesker tager deres område, og det gør dem ondt. Menneskerne tager deres hjem, og deres hjem er træerne. Der er ikke mange træer tilbage.

Tilsyneladende var feerne som naturånder, hvis job var at beskytte planterne og træerne. De var kede af det, fordi menneskerne fældede de træer, de havde svoret at beskytte. De følte sikkert, at de fejlede i deres job, deres opgave.

D: *Og det er derfor, de ikke kan lide menneskerne?*
W: Ja, men dette er ikke Jorden. Det er ikke som Jorden. Det er ikke de samme planter. Vi kom derhen for at hjælpe feerne i deres arbejde, fordi de var for små, og de kunne ikke se alting. Og vi kunne hjælpe dem med at se, hvad der kunne skade dem.
D: *Og I har evnen til at se disse ting og vide, hvordan I skal advare dem?*
W: Ja, vi kan se, ja!
D: *Men du sagde, at du tog andre steder hen?*
W: Ja, jeg var nødt til det. Der er andre verdener, der havde brug for nogen til at hjælpe feerne. Og feerne er meget glade, når vi kommer, fordi de kan føle sig trygge og ikke bange. Vi bor i himlen! Hvor menneskerne ikke kan se os, men feerne kan. Jeg tror ikke, at menneskerne kan lide os særlig meget. De virker ikke til at bekymre sig om naturen.
D: *Men ved at I lyser sådan, kan de sandsynligvis ikke se jer alligevel.*
W: Ja. De leder kun efter struktur, og vi har egentlig ikke så meget struktur. Jeg kom tilbage for at tjekke dem og sikre mig, at alt var i orden. De er glade for at se mig, og de skal fortælle mig alt om det. Derfor kunne jeg ikke høre noget. (Griner) Der skete for meget på én gang. Men feerne, de taler ikke så hurtigt. Jeg kan tage til andre verdener, men mit job er der. De er meget blide væsener. De er så omsorgsfulde, så varme. Bare det at være omkring dem føles som masser af kærlighed. Menneskerne prøvede at komme derhen. Og vi lavede en forfærdelig stank! Vi kombinerede ting, der lavede en lugt. Vi ved den slags ting, men menneskerne forstår det ikke. Det virkede ret godt! Og menneskerne gik væk. (Griner) De vil prøve at slippe af med stanken. Alle er glade. Især glade, når menneskerne går væk.

Selvom denne type væsen normalt ikke har nogen tidsfornemmelse, besluttede jeg at føre hende frem til en vigtig dag, hvor noget skete.

D: *Hvad laver du? Hvad ser du?*

W: Åh, der er mennesker. Og de har deres store byer. Det er ikke godt. Vi prøvede vores stank, og det virkede ikke. De sagde, de kunne bare ændre luften. De tror, der er noget derude, som de har brug for. Jeg er ikke sikker på, hvad det er, men det lyder ikke godt for os. De vil fange dyr og lave eksperimenter, og det er ikke godt. De vil ikke skade os. De vil skade feerne og dyrene. Men de er vores venner, og de er en del af os.

D: *Jeg troede, de ikke ville kunne se feerne.*

W: De kan ikke se dem, men de gør dem bange, og det gør ondt på dem. Og så mister de deres område. Jeg er så ked af det, for det var mit job. Og jeg beskyttede dem ikke. (Næsten grædende) Jeg vil virkelig ikke se det. De skader dem, fordi jeg ikke beskyttede dem. Jeg skulle have sørget for, at det aldrig skete. Jeg så, at de ville komme der, og det virkede ikke. (Sørgmodigt)

D: *Hvilke slags dyr tager de?*

W: Nogle af dem har pletter som leoparden.

D: *Store katte, mener du?*

W: Ja, men de er ikke onde. Alle dyrene er rare. De er bange. Alle er bange.

D: *Hvilke andre slags dyr tager de?*

W: Aberne. Og alle de smukke fugle. (Næsten grædende) De regnede med os.

D: *Er der noget, du kan gøre for at hjælpe dyrene nu?*

W: Jeg ved det ikke. Jeg tror ikke det. Menneskene er for store.

D: *Kan feerne heller ikke gøre noget?*

W: Nej. De prøver måske. (Meget ulykkelig) Men der er for mange mennesker, og de er sikre på, at de vil gøre det. De sætter dyrene i bure. Dyrene er bange, og nogle af dem dør, bare fordi de er for bange. De vil ikke leve. De sætter dem i denne store bygning. Og de fælder træerne.

Det blev tydeligt, at Wanda ikke kunne holde ud at se mere, fordi hun troede, at det var hendes skyld, at disse negative ting skete. Hun forlod pludseligt verdenen, hvor hun hjalp feerne og dyrene som en slags naturånd, og vendte tilbage til åndeverdenen. Hun følte tydeligt, at hun havde fejlet i sit job med at beskytte de små væsener.

Det Komplexa Universumet – Bok Tre

Tilsyneladende kunne Wanda ikke længere holde ud at se, fordi hun troede, det var hendes skyld, at disse negative ting skete. Hun forlod pludseligt verdenen, hvor hun hjalp feerne og dyrene som en slags naturånd, og vendte tilbage til åndeverdenen. Hun følte bestemt, at hun havde fejlet i sit job med at beskytte de små væsener. Hun meldte sig ulykkeligt klar til at få en ny opgave. Hun og de ældste i rådet besluttede, at hun kunne gøre mere gavn næste gang ved at være en "menneske" i stedet for denne lysende energivæsen, fordi hun så ville have mere magt til at skabe forandringer. Hun beskrev de væsener i rådet, der rådgav hende.

W: De ligner lysklumper, men de er anderledes end de andre lys som jeg var. Meget anderledes. De er bare bløde, luftige. Nå, nej, jeg tror, der er en slags struktur derinde også, men de udsender så meget lys, at det er svært at se, om de virkelig har en struktur. De ligner ikke de mennesker, hvor jeg kom fra.

D: *Er det dem, der træffer beslutningerne?*

W: De hjælper med at træffe beslutninger. De lader dig træffe dine egne valg, men de viser dig alt og taler med dig om valgmulighederne.

D: *Så du har besluttet, at du vil prøve at være et "menneske"?*

W: (Usikker) Ja, jeg kan gøre det.

D: *Det er altid skræmmende, når det er noget ukendt, noget nyt og anderledes, ikke sandt?* (Ja!!) *Nå, hvad sker der så? Hvordan bliver du et menneske?*

W: Nå, der er denne lille baby. De sagde til mig, at jeg skulle være denne lille baby, og jeg sagde, at jeg ikke ville være en baby, fordi babyer ikke kan være magtfulde.

D: *Ja, men du er nødt til at starte et sted.*

W: Jeg vil bare være et barn. Jeg vil være omkring seks år gammel.

D: *Du vil ikke være en baby?* (Nej.) *Kan du se det barn, du vil være?*

W: Åh, han er sød. Han har masser af energi. Og han er meget bekymret for dyrene. Og jeg fortæller ham nogle af de ting, jeg ved. Men jeg ved ikke så meget mere; det forsvinder.

D: *Hvordan bliver du ham, hvis han allerede er seks år gammel? Han ville jo allerede have en ånd inde i sig, ikke sandt?*

75

W: Jeg ved det ikke. Jeg så ham bare og gik hen til ham, og så var jeg ham.

D: Så det kan godt fungere sådan nogle gange?

W: Jeg ved det ikke. Jeg så babyen, og jeg ville ikke være babyen. Og så så jeg ham, og nu er jeg ham.

D: *Men det er sådan, du bliver et menneske, du er nødt til at starte som lille?*

W: Ja, men jeg er seks år, og jeg kan stadig gøre ting. Jeg kan ikke fortælle ham om feerne, fordi jeg ikke husker det hele. Jeg ved, der er noget der, men jeg ved ikke, hvad det er.

Selvom dette var uklart, var det tydeligt, at hun havde besluttet at blive et "menneske" for at kunne gøre en forskel. Det var helt klart hendes første inkarnation som et menneske, men det var bestemt ikke hendes nuværende liv som Wendy. Så jeg lod hende forlade denne entitet, så vi kunne bevæge os fremad i tid og rum. På denne måde kunne jeg kommunikere med hendes underbevidsthed.

D: *Jeg ved, at underbevidstheden kunne have valgt hvad som helst for Wendy at se. Hvorfor valgte underbevidstheden at vise hende det liv?*

W: Fordi hun var værdifuld. Hun føler nu, i sit nuværende liv, at hun ikke kan gøre noget for dyrene og planterne. Og hun har brug for at vide, at selvom hun kun er én person, kan hun gøre en forskel. Hun tror, det er for svært for én person at gøre en forskel. Og hun glemmer, at én person skal starte. Hun har idéer om at starte noget. Hun gør det bare ikke.

D: *Er det derfor, hun forlod energiformen og kom ind i menneskelige inkarnationer?*

W: Det er en af grundene. Hun vil ikke arbejde med dyrene og planterne mere. Hun vil arbejde med menneskerne, fordi hun håber, at menneskerne vil blive bedre. Men hun er ikke sikker på, at menneskerne på Jorden er klar til at forstå, at der er mange forskellige dimensioner. Det er det samme scenarie, som mennesker har måttet håndtere i meget lang tid. Vi når endelig igennem til hende. Det tog lang tid! Hun har vidst i så lang tid, at hun skulle arbejde med mennesker.

D: Men når man starter liv som et menneske, bliver man så ikke fanget i det og skaber karma?

W: Ja. Hun bliver ved med at vælge at komme her. Hun kan tage andre steder hen. Det er et valg. Og karma eksisterer, hvis du vil det. Men hvis du kan træde ud af de menneskelige begrænsninger, kan du træffe valget om at tage andre steder hen. Og du kan vælge at efterlade den karma, uanset om den er positiv eller negativ, bag dig.

D: Ja, men hun traf en beslutning om at være menneske, så hun kunne gøre en forskel?

W: Ja, hun håber altid på at gøre en forskel. Hun skal forstå, at hun har gjort en forskel mange, mange steder. Og måske kan hun bare holde op med at prøve så hårdt. Hun prøver at tage sig af alt og alle. Og hun skal huske, at hun har taget sig af alt og alle i århundreder.

I min bok *Mellan Döden och Livet* förklarades det att en av de serier av liv vi måste uppleva innan vi försöker leva i den mänskliga kroppen är livet som naturandar, t.ex. féer och liknande. Dessa är väktare av växter och djur. Dessa små varelser är verkliga, och kulturer i det förflutna som levde nära naturen kunde se dem. Många av berättelserna om "småfolk" är baserade på fakta. I vårt nuvarande teknologiska samhälle är det mycket svårare att vara medveten om deras närvaro, om det inte är de små gremlinerna som älskar att spela spratt med min dator. Den här berättelsen visar också att naturandarna inte gillar att vara för nära människor. De föredrar jordbruksområden eller naturliga miljöer framför livliga städer.

En annan livsform som är ett krav kallas "elementarer". Jag är inte säker på om det var vad Wendy upplevde, eftersom hon verkade hjälpa féerna snarare än att vara en av dem. Elementarerna är grundläggande energier som inte definieras av en fast form. De verkar inte ha någon intelligens som man kan kommunicera med. De dras till platser och livnär sig på och tillför energi till den platsen, oavsett om den är positiv eller negativ. De flesta människor kan känna av denna grundläggande energi när de går in i vissa byggnader. Lägg märke till hur energin i en stor katedral skiljer sig från energin i ett fängelse. Det är ackumulationen av energier som finns kvar inom strukturen. Dessa två livsformer skiljer sig från varandra. Detta kapitel illustrerar hur det finns många andra livsformer som är möjliga innan själen försöker livet som en komplicerad människa.

Är denna nästa session som beskrivs samma typ av väsen under ett annat namn?

D: *Sally ville veta, hur kommer féerna in i den mänskliga världen? Hon är väldigt intresserad av småfolket, féerna.*
S: Féerna är inte småfolk. Féerna är ganska stora jämfört med människor.
D: *Vi föreställer oss alltid att de är väldigt små.*
S: De där är inte féer. De är de "mellan", naturandarna som kommunicerar och är "deliminala" (fonetiskt) mellan här, den mänskliga, och féen.

"Deliminal" är inte ett ord. Det närmaste är "delimit", vilket betyder: att sätta gränser eller avgränsningar. Många gånger i mitt arbete kommer den varelse som kommunicerar att uppfinna ord, ibland omvandla verb till substantiv och vice versa, för att komma så nära som möjligt till vad den försöker beskriva. Är det så här också?

D: *Men du sa att féerna faktiskt är ganska stora?*
S: Ja, de är stora. De är inte små. De är ibland större än de flesta människor. De har en annan förmåga att tolka sitt varande. De är människoliknande på så sätt att de har två armar och två ben, men de tenderar att vara mer kopplade till naturen. Så de har naturliknande känslor eller natur-liknande kroppar. Sally har faktiskt en vän som är en fé och som ser väldigt trädlik ut. Hans hud är som

bark, och hans hår är mer som gröna löv. De tolkar sina kroppar annorlunda.

D: Men är det en fysisk kropp? (Ja) *Nåväl, hon ville veta hur de kommer in i den mänskliga världen.*

S: De använder elementen.

D: Jag vet om elementarerna, men menar du elementen?

S: De använder elementen. Alla deras kroppar är en kombination av de fyra elementen luft, vatten, jord och eld. Och de separerar varje av elementen. De går igenom en portal och sätter sedan ihop sig igen genom att kalla på elementen på andra sidan av den mänskliga världen.

D: Men deras kroppar ser mänskliga ut?

S: Ja, det stämmer. De ser lite udda ut för människor, men fortfarande mycket mer mänskliga än om de fortfarande var i féernas värld.

D: Då skulle människor inte veta att de faktiskt pratade med en fé.

S: Nej, de skulle bara tänka att den här personen ser lite underlig ut. De skulle tro att denna fé i en mänsklig kropp ser lite annorlunda ut än vanliga människor.

D: Vet personen som är en fé att de är annorlunda?

S: Åh, ja, de minns allt.

D: De vet att de inte är en vanlig människa.

S: Ja, de kan komma och gå mycket lättare än människor gör.

D: Hur kan hon använda denna förmåga hos féerna för att läka?

S: Hon behöver vara mycket mer kopplad till elementen och förstå hur elementen spelar en roll i sjukdomar. Och sedan kunna skifta elementen så att de är i balans och harmoni med varandra, så att sjukdomstillståndet kan lindras. Hon behöver inte vara nära en person för att göra det. Hon har faktiskt denna information i sitt sinne, hon har bara inte använt den. Återigen handlar det om hennes problem med att tro att hon inte kan göra det.

D: Vi sätter begränsningar på oss själva, gör vi inte? (Ja)

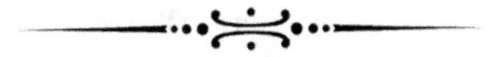

När Betty kom in i livet fann hon sig själv stående framför ett märkligt föremål i ett okänt landskap. Föremålet var en slät cylinder i ostronfärg med en rund kula på toppen. Det fanns en röd rektangulär design på sidan. Cylindern stod ensam på klippor mot en märklig himmel i två melerade färger: marinblått och blekgult. När hon vände sig om såg hon fler klippor i ovanliga former. "De är lite som ett timglas. Lite långsträckta och smala i mitten. Och några ser ut som spiror." Det lät definitivt inte som om hon var på jorden. Sedan sa hon: "Det ser ut som om allt annat är under marken. Jag behöver vara under marken. Vi bor inte på ytan, vi bor under jorden. – Det finns en öppning, ett runt rör. Du går igenom röret. – Det här är inte mitt hem. Jag har en rundtur, och sedan åker jag tillbaka. Jag är på en mellanstation. Vi är gruvarbetare. Jag har kollat på fyrtornet. Jag är kommunikationsofficeren. Den här cylindern är en kommunikationsfyr. Toppen av kulan öppnas och avger ljus."

Jag frågade om hon ville gå ner och se hur det var under jorden. Hon sa att man bara glider ner i röret. Hon kom ut i en kammare där hon tog av sig ytterkläderna. Tydligen var det något som måste bäras på ytan. "Jag tar av det, och jag är inte mänsklig. Jag ser lite ut som en insekt. Jag har flera armar; jag har ett fotbollsformat huvud. Jag ser ut som en myra. Jag har klämdkäftar. Och mina ögon sitter på änden av en antenn. Jag kan se åt alla håll. Jag har två antenner, så jag kan se i flera riktningar. Jag har fyra ben och sex armar. Min kropp är brun, och den har tre segment. Det översta segmentet är huvudet. Nästa har sex armar, och det största har fyra ben. Och jag har någon sorts andningsorgan på bröstet. Inte en apparat. Det är någon sorts organ på utsidan av bröstet. Du drar in luft och det kommunicerar. Det visslar och klickar. Det är så det kommunicerar. Vi förstår alla det."

D: Var det en anledning till att du måste ha något på dig när du går upp till ytan?
B: Du skulle kalla det strålning. Du kan inte andas där uppe utan dräkten, och den skyddar dig från strålningen.
D: Varför är det strålning på den här platsen?
B: Det är nära solen. Det enda tillfället jag går upp till ytan är för att kolla fyrtornet.

Det Komplexa Universumet – Bok Tre

D: *Det låter som om det är viktigt att hålla fyrtornet igång.*
B: Det är därför de har mig. Jag är reservbackupen. Om något går fel med fyren kan jag skicka ett SOS från mig, en puls. Men jag tror att det skulle döda mig. Jag tror inte att jag skulle överleva det. Jag tror att det skulle ta allt av mig för att göra det. För mycket energi.
D: *Så det är därför de kallar dig kommunikations officer?*
B: Ja, och jag är reservbackupen.
D: *Om något händer, så skulle du behöva offra dig själv för att skicka ett meddelande?* (Ja)

Det fanns andra varelser som levde under jorden som var likadana som honom. "Vi är uppdelade i hus. Jag antar att du skulle kalla det hus. Varje hus har ett jobb, och vi är släkter som har ett jobb. Jag är från ett kommunikationshus."

D: *Är det det du menar med släkter? De för vidare dessa förmågor?* (Ja) *Och de andra har olika förmågor och jobb att göra?*
B: Åh, ja, tunnelgrävarna. Vi arbetar där nere. Vi bryter malm.
D: *Har ni bostäder också?*
B: Platser att komma undan. Jag tror inte att jag sover.
D: *Hur är det med näring för att hålla kroppen vid liv? Konsumerar du något?* (Nej) *Hur håller du dig vid liv?*
B: Vi föds med det vi behöver, och när det är slut, är vi slut.

Hon berättade allt detta så sakligt. Det störde henne inte. Det var bara så livet var i detta liv.

D: *Du behöver inte fylla på det eller förnya det?*
B: Nej. Det är ett kort liv. Vi bara arbetar.
D: *Vad bryter ni?*
B: Vi bryter en sten för någon annan. Inte för oss. Vi behöver den inte.
D: *Det låter som om ni inte behöver mycket, eller hur?*
B: Nej. Vi gör detta för att hjälpa någon annan. Stenarna är vita, ibland klara. Ibland gröna och lila. De pulveriseras och skickas till en annan planet.

D: *Har ni utrustningen där nere för att pulverisera dem?*
B: Ja. De processas. Vi har hus som gör det. Vi är alla arbetare.
D: *Skickas stenarna till din hemplanet?*
B: Jag tror inte att jag någonsin haft ett hem. Jag tror att jag föddes på ett skepp. Och släpptes för att göra jobbet.
D: *Fällde de många av er på en gång?*
B: Ja, tillräckligt för att göra jobbet. Det är ett kort liv. De tar med fler för att ersätta oss.
D: *Vad tycker du om det? Gillar du det livet?*
B: Jag har inga känslor på det sättet. Jag har fler tankar än andra, eftersom jag är kommunikatören. I detta skede av mitt liv, när jag släpper det, tror jag att jag kommer att bli ljus. Och då kan jag göra vad jag vill.
D: *Är du lärd det, eller bara vet du det?*
B: Vi vet det. Vi föds med det. Vi vet att det vi gör är tillfälligt. Men de som skapar oss vet inte det. Folket vars skepp vi var på. De förstår inte det, men vi har detta som ett minne. Vi vet att vi bara går från en existens till en annan. Det är tillfälligt. Det är något att göra för en kort tid.
D: *Men du sa att du har mer – jag antar att "känslor" skulle vara rätt ord – än de andra, eftersom du är kommunikatören?*
B: För att jag egentligen inte är en av dem. Jag ser bara ut som dem.
D: *Du sa att folket på skeppet är annorlunda. Hur ser de ut?*
B: De är större. De har bara två armar och två ben. Och deras huvuden är runda. De har andra drag än vi.
D: *Vet du något om det här skeppet och vart de åker?*
B: Det är ett gruvskepp. Det är en gruvoperation. Och de odlar dessa arbetare i inkubatorer och släpper sedan ut dem på planeten för att utföra gruvdriften. De har genetiskt förändrat dessa arbetare för att utföra vissa jobb, för att ha vissa strukturer i sina kroppar. Och de bearbetar malmen och levererar den. Allt är tidsbestämt.
D: *Så när de släpper ut dig på planeten vet du exakt vad du ska göra och vart du ska gå? (Ja) Du ifrågasätter det inte ens.*
B: Nej, inget behov. Jag föds med vetskapen om vad det är. Och jag bär min släkts minnen. Jag vet andra platser där mina förfäder har

varit. Jag förstår och minns vad de upplevde, och det kommer att fortsätta i släktlinjen. Men jag tror att jag är en mutation.

D: *Så med alla dina minnen har du alltid varit den här typen av varelse?* (Ja) *Eftersom du bär minnena som folket på skeppet har programmerat in i dig?*

B: De kunde inte programmera det. Vi hade det redan. De bara tog oss.

D: *Men du sa att de inte förstår den delen.*

B: Nej, de gör inte det. Det här skeppet har inga andliga övertygelser förutom det de lärdes som barn. De är hårdare, de är inte andliga varelser, och de ser inte anden inom oss. De är väldigt annorlunda. De tänker inte heller. De är bara arbetare, också, av ett annat slag. De är helt programmerade. Jag tror inte att de är mänskliga. Jag tror inte att de är levande. Androider.

D: *Androider?* (Ja) *Så du tror inte att de har en själ?* (Nej) *Är alla på skeppet likadana?*

B: Nej. Det finns andra typer på de övre däcken. Jag kan höra dem, men jag ser dem inte. De har en själ. De är verkliga.

D: *Vad vet du om de där varelserna?*

B: De där varelserna är högt utbildade. De har gått i skolor. De är beroende av varandra, det är ett team. De har mycket mångfald. De har många olika former; det är många olika varelser. Det är en hel besättning, minst tvåhundra. De har specialiserad utbildning, och de är en del av en sammanslutning av gruvverksamheter. Där jag är nu finns det åtta planeter i solsystemet. Fyra av dem är bebodda och interagerar. Det finns en gruvdrift som sträcker sig bortom solsystemet utåt, och sedan tar den tillbaka malm, eller vad som behövs för planeterna.

D: *Varelserna på de övre däcken, är de från alla de olika planeterna i ditt solsystem?*

B: Och bortom. De är anställda. De får riskersättning. Det är farligt arbete.

D: *Behöver de varelserna konsumera något?*

B: Ja, de gör det. De har kök, de har duschar, de har växthus. De odlar saker. De har bibliotek, men det är inte böcker. Det handlar bara om att arbeta med sina klara små rektangulära flikar som kan göra många saker. Det finns musik inspelad, röster, läsningar, händelser, underhållning.

D: *Hur kan de förstå dessa saker om det inte är genom att läsa?*
B: De har maskiner, och de har ett hologram. Det är annorlunda. Det är inte som något jag har sett. Det smälter samman med dem.
D: *Det är så du får informationen?* (Ja) *För i början sa du att du kunde höra dem, men nu kan du få reda på mer om dem.* (Ja) *Och de inser inte det, eller hur?*
B: Nej, de ser oss bara som en arbetare, en insekt, men vi är inte androider. Vi har en kort livskraft, men den är intensiv. Den är kraftfull.
D: *Dessa andra varelser, de mer utvecklade, har de olika kön, eller är de alla likadana?*
B: Det finns några olika kön där, men det är inte nödvändigtvis pojke och flicka. Det finns några pojkar och några flickor, men det finns mer än så. De är inte alla som det. De är inte alla helt fysiska. Och några lägger ägg. Väldigt många olika typer. De kommer alla från många olika platser.

Jag ville att varelsen nu skulle fokusera på den underjordiska anläggningen istället för skeppet.

D: *Fokusera tillbaka till underjorden – det är inte en stad – det är en gruvoperation.* (Ja) *Och ibland måste du gå upp till toppen för att kolla fyrtornet.*
B: Bara för att säkerställa att det fortfarande står upprätt och inte träffats av en meteorit. Det kan hända.
D: *Vad är fyrtornets betydelse?*
B: Betydelsen av fyrtornet är att signalera att en last eller leverans är klar, eller behovet av en ny arbetare.
D: *Om för många har dött?* (Ja) *Vad händer med deras kroppar när de dör?*
B: De återvinner kroppen, men ljuset släpps ut.

Så när signalen skickades ut, kom de och hämtade kadavren och släppte av nya arbetare. Signalens hoppade från satellit till satellit i rymden. "Vi är tre dagar bort från allt. De kommer och de svävar. De sänker ner retraktorn, och de suger upp malmen och kropparna. Och sedan sänker de ner kapslarna med de nya arbetarna."

D: *Vet du vad de använder den pulvriserade malmen till?*
B: Jag ska fråga.
D: *Du kan fråga och få svar?* (Ja) *De är inte medvetna om att du kan göra det, eller hur?* (Nej) *Du är smartare än de är.* (Skratt)
B: De använder den pulvriserade malmen som bränsle. För sina skepp, och anläggningar, och städer. Det är därför det är viktigt att hålla denna cykel igång. Och det distribueras lika. Det är fredligt. Det finns ingen kontrollfråga. Alla delar.
D: *Det är mycket bra. Ingen vill ha kontroll över något.*
B: Nej. De har kommit förbi det. De dagarna är antika tider. De är kreativa. De arbetar med solljus och den krossade stenen, och de skapar dessa sängar som förstorar ljuset. Och sedan finns det reflektorer som flyttar detta ljus dit de dirigerar det, så de lyser upp städer och de driver fordon. Och de använder det för att komplettera växten av mat. Det är för ett kraftverk. Det är ett kontrollerat samhälle.
D: *Men alla får sina behov tillgodosedda?*
B: Ja, de gör det, men det är lite sterilt. Det är inte mycket rörelse. Det finns inte många barn. Jag känner ingen glädje. Bara existens.
D: *Så det är inte ett idealsamhälle.*
B: Jag gillar det inte, men det är tillfälligt. Det är kort. Jag gör inte gruvdriften. Jag kommunicerar med dem alla. Berättar för dem var de behöver vara, och var de ska leta nästa gång.

Jag beslutade att föra honom framåt till en viktig dag. Även om det skulle vara ett kort liv, kanske det hände något som han skulle anse vara viktigt. Han såg en tunnel, men han trodde att det var en annan plats, eftersom den var fyrkantig istället för rund. "Det känns annorlunda. Jag tror att jag är på väg tillbaka till skeppet. De kallar på mig tillbaka till skeppet. Och… de vill öppna upp mig. Varför vill de öppna upp mig? - De har upptäckt något om mig. När jag skickade beacon-meddelandet, använde jag ett ord jag inte borde ha. Jag sa det på ett annat sätt. De vill veta varför. De tar upp mig. De tror att jag är annorlunda, och de vill se om det syns inuti mig. Jag tror inte att de kommer att hitta något, för det är inte något som kommer inifrån mig. Och jag får leva ett kortare liv."

D: *Varifrån kommer det?*
B: Ljuset.
D: *Det kommer från din andliga del?* (Ja) *Du tror inte att de förstår det, eller hur?*
B: De kommer att göra det.
D: *Varför? Vad händer?*
B: Jag släpper ut det framför dem, innan de skär upp mig. Jag släpper ut min ljuspuls. Jag låter den gå. Och det är lite roligt. Det fick dem att falla omkull.
D: *(Skratt) De förväntade sig inte det, eller hur?*
B: Nej, men jag tror att jag skadade dem. Jag ser blod från deras öron och näsor.
D: *Vem gjorde detta, androiderna eller de andra?*
B: De andra. Androiderna kunde inte göra det.
D: *Så du tänkte inte vänta tills de skär i dig.*
B: Nej. De kan skära upp mig efter att jag har pulserat. Pulsen var den verkliga delen av mig. Jag lät den komma ut helt och hållet. Det var bländande. Det rörde sig genom dem.
D: *Vad var det, energi eller vad?*
B: Det är energi. Det är inte tungt, det är ljus. Och jag rör mig bara genom skeppet. Varje del av det. Det var så kraftfullt när det släpptes i det lilla rummet. Och nu rör jag mig genom skeppet. Jag memorerar; memorerar allt. Alla systemen, alla invånare, alla deras släktlinjer. Jag memorerar allt.
D: *Som att absorbera det?* (Ja) *Varför gör du det?*
B: För att föra det vidare, så att mina framtida generationer kommer att bära kunskapen om växterna, folken, varelserna, planeterna.
D: *Framtida generationer av ditt hus?*
B: Huset, och de kommer att förändras. De kommer att bli något mer. Det går till alla generationer. Tid och rum spelar ingen roll för oss. Det har det aldrig gjort, egentligen.

Det Komplexa Universumet – Bok Tre

D: *Så du bestämde dig bara, innan du går vidare, att memorera allt?*
B: Det var en möjlighet. Jag memorerar varje metall, varje materialbit, hur cellerna fungerar, hur allt fungerar. Jag skickar det nu, in i ljuset.
D: *Hur gör du det?*
B: Jag tänker det.
D: *Allt du ser och känner, du tänker det och skickar ut det?*
B: Alltid.
D: *Det skulle normalt inte vara en del av ditt liv, eller hur?*
B: Ja och nej. Det har hänt förut i vårt hus; utnyttja det. Det är bara det att tiden inte spelar någon roll för oss. Vi har funnits så länge.
D: *Så du är inte orolig för din kropp där bak, eftersom du ändå inte skulle leva så länge.*
B: Nej, det var tillfälligt. Vi var förklädda. De såg aldrig igenom det. De visste aldrig vilka vi var. De såg bara insekten och arbetaren. Vi kunde gå var som helst på det sättet.
D: *Men de andra varelserna som du själv hade inte den här förmågan, hade de? De i de andra husen, de andra släktlinjerna?*
B: De har det.
D: *Tror du att de använde det?*
B: Inte än. De väntade bara. Det fungerar för oss. Du har ett kort liv som arbetare, och sedan pulserar du ut. Och du tar all kunskap med dig, tills du skickar det in i ljuset.
D: *Vet du vad ljuset gör med det?*
B: Det skapar nya saker.
D: *Det måste ha all denna information för att skapa nya saker?*
B: Nej, men det hjälper till att ge riktning för hur skapelsen behöver röra sig. Det är kapabelt att skapa vad som helst. Det är som en ström av tankar som smälter samman med alla andra tankeströmmar. Och när det händer skapas nya saker. En del av det flyter tillbaka till där det kom ifrån; en del rör sig framåt i nya riktningar för utforskning; och en del av det sparas, eller rullar runt sig självt, och skapar en intensifiering. Det finns ett gudomligt sinne som vi vet att vi är en del av som uppskattar denna upplevelse och använder den för att expandera och fördjupa.

D: *Men det behöver informationen för att kunna skapa?*

B: Nej, det använder informationen för att skapa. Det är alltid i ett tillstånd av skapande. Det förändras aldrig.

D: *Varför är den nya informationen viktig?*

B: För att den ger en upplevelse; den ger ett minne, en förnyelse. Den återför fokus till vad det var, vad det är, och vad det kan vara. Det handlar om förändring.

D: *Så det här är viktigt för att få detta inflöde.*

B: För att åstadkomma förändringarna. De där människorna där bak, de är fast. De rör sig inte längre. De växer inte tillräckligt. De förlorar sin kreativitet, de förlorar sin glädje i livet. De blir automatiserade, de är...

D: *Stagnerade?*

B: Det är det, stagnerade.

D: *Så du kommer inte tillbaka dit, eller hur?*

B: Nej, jag är klar med det. Jag har gjort så mycket jag kan göra där.

D: *Bestämmer du vart du ska gå härnäst? Eller hjälper någon dig?*

B: Det är ett gruppbeslut. Vi bestämmer alla tillsammans.

D: *Var är gruppen?*

B: De är i ljuset. Jag går in i ljuset. Och det finns en känsla, en förståelse, en vetskap. När du är i det ljuset känner du en kallelse, eller en dragning. Eller så dras du dit, och du kan känna dig fram för att se vart det är på väg och vad det gör. Och om det behövs, eller om det tilltalar, kan du gå dit. Det är en lång resa, men det är okej.

D: *Så det går bara från en sak till nästa, alltid expanderande, alltid lärande. Är det idén?*

B: Det är idén, det är syftet. Det är samlandet. Detta är samlingspunkten och släppunkten. Men det spiralerar, vi rör oss alltid. Jag känner som om vi är nära något.

D: *Var bestämmer de var du ska gå nästa gång?*

B: Det beror på var du är i ljuset. Det finns olika nivåer, du vet? Om du arbetar inom ett särskilt område, på en tankeström. Det finns de som arbetar där som ger riktning eller hjälp för att skapa upplevelsen för vad den behöver vara. Men om du är bortom det, om du inte är låst i det, då är det inte riktigt så definierat. Det är ett enhetligt sinne som rör sig i alla riktningar, hela tiden. Och för att hålla balansen inom sig själv, i perfektion, ibland i de yttersta områdena, måste den perfekta tillståndet justeras. Och ljuset kan be dig att gå dit och justera det.

D: *Så, när du utvecklas mer på de olika nivåerna, får du mer beslutskraft om vad du gör?*

B: Ja, för du är en del av det ena sinnet. Det är som hologrammet. Det krossas och varje bit är en perfekt replik. Men det är alla en del av den större bilden.

Jag bad henne att gå bort från den scenen och låta den lilla varelsen, nu när han bara var ett ljusgnista, fortsätta på sin egen resa. Jag orienterade Betty tillbaka i sin kropp, och kallade fram det undermedvetna för att få det att förklara varför det valde ett så märkligt liv för henne att se. Jag visste att det hade ett syfte med att visa det för henne. Det har det alltid.

B: Det är ljusets mångsidighet. Att saker inte alltid är vad de verkar vara. Och förståelsen att ljuset inom är så mycket mer.

D: *Hur relaterar det till Betty i hennes liv nu?*

B: Släktlinjen. Sättet hon används, eller bringas till att absorbera, och att släppa det, och sedan gå framåt. Hennes liv handlar om att smälta samman. Hennes liv handlar om att finjustera perfektionen.

D: *Hur vill du att hon ska använda den här informationen från det livet?*

B: Jag vill att hon ska minnas medvetandets ström, vart det går. Jag vill att hon ska minnas tillståndet av enhet, och att tankarna och fokuset kommer från multi-sinnet. Och att hon är kärlet för det ljuset i mänsklig form.

D: *Hon var en kommunikatör i det livet.*

B: Hon har alltid varit kommunikatören. Hon är det nu. Det är hennes syfte. Hon ger läsningar för människor och kommunicerar med dem. Hon når in till kärnan av deras ljus. Hon skalar bort lagren. Hon hjälper dem att minnas att de är kärlek, och deras koppling till Allt.

D: *Hon ville veta om det finns ett sätt att förbättra sina psykiska förmågor och de läsningar hon ger.*
B: Allt är som det ska vara.
D: *Tycker du att hon gör ett bra jobb?*
B: Tillräckligt bra.
D: *Hon oroar sig för det.*
B: Hon behöver oroa sig. Det håller henne ärlig, det håller hennes ego i schack. Hon har kämpat med egot tidigare.

På en av mina hypnosklasser tog en kvinna upp en punkt som inte riktigt hörde till den teknik jag undervisade i. Det var egentligen en avvikelse eller distraktion, men jag kunde inte låta det passera, så jag försökte svara på det. Jag diskuterade hur vi måste vara allt när vi bestämmer oss för att inkarnera på jorden. Allt, vilket betyder: gas, mineraler, stenar, växter, djur och sedan alla faser av den mänskliga existensen. Detta var för att Gud var nyfiken och ville lära sig, och han skickade ut oss (som celler i Guds kropp) för att lära oss så mycket vi kunde och föra tillbaka denna kunskap för att läggas till hans gigantiska datalager. Vi skulle fortsätta vår resa om och om igen tills vi kunde "ta examen" och slutligen återvända hem till Källan och stanna där. Kvinnan sa att hon inte kunde tro på den teorin, eftersom Gud var allvetande. Han hade all kunskap, han behövde inte oss. Enligt vad jag har lärt mig, verkar det dock inte vara sant. Han är en sammansättning av allt som var och en av oss har deponerat i honom under eoner av tid. Han söker ständigt, och utifrån sin omättliga nyfikenhet önskar han lära sig oupphörligt. Således skapar han ständigt fler och fler olika former.

Hon frågade vad han möjligtvis kunde använda all information till. Jag har funnit att den användes för att skapa. Jag förklarade att det verkar som om vårt universum ständigt expanderar när vi färdas utåt; ökar våra erfarenheter och vår kunskap. Sedan verkar det som om det når en punkt där det är vid sin expansionsgräns och börjar återvända

Det Komplexa Universumet – Bok Tre

till Källan, eller imploderar tillbaka i sig självt. Är det då vi slutligen återvänder hem med all kunskap om allt vi har upplevt? Är det då vi når punkten när vi kan vila och stanna hos Gud? Sedan verkar det som om när allt har imploderat på sig självt, exploderar det ut igen, i en ständig cykel.

Hon frågade: "Finns det någonsin en punkt när vi slutar? En punkt när vi upphör att vara, och blir ingenting?" Jag tror inte det, eftersom allt är energi, och energi dör aldrig. Den bara byter form och skepnad. Hon kunde inte se poängen med att återvända gång på gång till samma universum och uppleva alla miljoner av lektioner i olika former. Det skulle komma en punkt när vi skulle ha upplevt allt som var möjligt, och då borde vi bara upphöra att existera.

En man i klassen gav det perfekta svaret. Han sa: "Ja, vi skulle kunna uppleva allt som finns att veta i detta universum. Men det finns miljontals andra universum som innehåller världar och varelser som vi inte ens kan föreställa oss." Som det står skrivet i denna bok, finns det universum som följer helt andra fysikaliska lagar. Platser där planeter är fyrkantiga istället för runda, osv. Det måste finnas otaliga upplevelser som väntar oss på dessa andra platser. Så även om vi slutligen skulle uttömma möjligheterna i detta ensamma universum, finns det miljoner fler att utforska. Och kanske varje gång universum exploderar ut och sedan imploderar in, och exploderar ut igen i sin egen reinkarnationscykel, skickas vi för att utforska något annat. Möjligheterna är oändliga, och så är vår själs utveckling. Så länge Gud är nyfiken och vill lära sig nya upplevelser för att lägga till sin kunskapsbank, är vi användbara för att stärka hans skapande krafter. Således återvänder vi ständigt till vårt "hem" där det finns stor kärlek och förnyande krafter. Och därför kommer vi aldrig att dö.

KAPITEL FEM

DEN GRÖNA PLANETEN

Betty (kvinna) kom in i livet och kunde inte se något, men hon kände som om hon var i rymden. "Det finns inget runt mig. Jag känner mig som om jag svävar. Det är som att vara en del av allt. Det är mörkt, men det är bekvämt. Det känns som om jag tittar ut över universum. Och det är som om allt är mina barn. De är alla mina systrar. Alla stjärnor och alla planeter, alla galaxer, det är som min familj." När hon tittade, såg hon något spektakulärt hända. "Det var en galax som just föddes." Hennes röst var fylld av vördnad. "Den bara liksom exploderade fram. Den var bara där och växte, och var vacker."

D: *Den formades så snabbt?* (Ja) *Vet du hur något sådant händer?*
R: Nej, det bara gör det.
D: *Är det här en plats du ofta besöker?*
R: Nej, jag tror inte att jag någonsin har varit här förut. Det känns så bekvämt och så vackert. Jag känner att jag vill stanna här, men ja, det finns nog en plats jag behöver gå till. Okej. Det dyker upp en planet. Den ser ut som en stor, grön måne. Vi kommer närmare, och det är som om den är täckt av mossa. Och jag kommer ner på planeten och där finns verkligen mjuka träd.
D: *Det som såg ut som mossa?*
R: Ja. Det är en hel skog. Träden är högre än jag är. Jag går genom en skog, och det är väldigt fuktigt. Träden bildar ett tak, så det är mörkt. Träden har svampiga slags blad. En riktigt vacker grön färg. Hela planeten är täckt av dem. Marken är mörk och mjuk, men jag sjunker inte ner i den. Och träden har riktigt grov mörkbrun bark.
D: *Ser marken ut som jord?*
R: Det ser ut som strimlad bark.

Jag bad henne titta på sig själv, och jag blev överraskad av beskrivningen. Hon var definitivt inte en människa. "Jag har simfötter, och de är lite blågrå. De ser ut som förlängda ankfötter, och det finns vävnad mellan tårna. Och mina ben är långa och spinkiga. Mina händer är också simhudsförsedda. Jag har en tumme och tre fingrar."

D: Kan du plocka upp saker?
R: Ja, jag kan hålla dem i simhuden.
D: Har du några kläder på dig?
R: Nej. Jag är bara riktigt smal.

Hennes ansikte var förlängt vertikalt, högt och smalt. Inget hår. Stora ögon som täckte större delen av hennes ansikte.

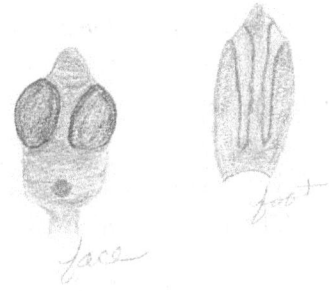

D: Varför behöver du så stora ögon?
R: För att det är mörkt här. Det finns ljus ovanför träden, men det är mörkt här nere på marken.
D: Har ni natt och dag, eller förstår du vad jag menar?
R: Nej, det finns ingen natt och dag. Det är bara som skymning.

Hon sa att hennes mun bara var som ett hål. Jag frågade: "Äter du något, konsumerar du något?"

Det Komplexa Universumet – Bok Tre

R: Jag äter bark. Jag plockar upp den från marken. Och simfötterna hjälper mig att gå på barken. Jag liksom pulveriserar den och äter den. (Förvånad) Tunga! Jag har en tunga. Jag mosar barken i mina händer och slickar av den med min tunga.
D: *Är det det enda du konsumerar?*
R: Ja. Bara bark.
D: *Hur smakar det?*
R: Jag vet inte.
D: *Jag tänkte att om du är van vid det skulle du inte veta något annat. Dricker du något?*
R: Nej, det finns fukt i luften. Jag absorberar det genom min hud. Det är svalt och fuktigt i skogen, så jag behöver inte dricka något.
D: *Har du ett kön? Förstår du vad jag menar?*
R: Jag är ... kvinna. Jag lägger ägg. Och min partner befruktar äggen efter att de har lagts.
D: *Bor du någonstans där omkring?*
R: I skogen.
D: *Men du sa att skogen täcker hela planeten.* (Ja) *Bor du på en viss plats i skogen?*
R: Vi har ett territorium som är lite vårt. Det finns andra som oss, och vi slåss om territorierna.
D: *Finns det inte tillräckligt med mark för alla?*
R: Det är en liten planet. De andra grupperna vill ha större territorier.
D: *Hur slåss ni?*
R: De stöter ihop med varandra, och kolliderar med varandra. Fast nästan aldrig dör någon. Det är bara en slags dominanskamp. Den största vinner.
D: *Behöver din grupp någonsin slåss?*
R: Nej, för vår hane är den största. Men det brukar inte gå så långt. De andra backar.
D: *Så han dominerar de andra territorierna.* (Ja) *Bor ni i ett skydd eller något?*
R: Nej, vi är alltid utomhus.
D: *Ni har inte extrema temperaturer?*
R: Nej, det är alltid samma.
D: *Och när du lägger dina ägg, var går du för att göra det?*

R: Vi bara lägger dem. Sedan kommer hanarna förbi och befruktar dem.

D: *Är er grupp en stor grupp?*

R: Ja. Min hane har tjugo honor. De flesta har inte så många.

D: *Finns det något du gör med din tid?*

R: Letar efter mat.

D: *Men du sa att barken är överallt, eller hur?*

R: Ja, men vi behöver mycket. Det är därför det är strider om territorier.

D: *Jag skulle tro att barken skulle finnas överallt, eftersom den faller av träden.*

R: Ja, men honor som producerar ägg behöver mycket mat. Det finns så många honor. Hanarna vill ha honorna, men de måste ha tillräckligt med territorium för att stödja dem.

D: *Dör någon i gruppen?*

R: Ibland, mest av ålderdom. Ålderdom skulle vara tre av era jordår.

D: *Jag tänkte att det är ett sätt att kontrollera populationen. Så folk dör, men ni reproducerar er ständigt.*

R: Men ibland krossas äggen, särskilt om de läggs där någon kommer att slåss.

D: *Sover du, eller vet du vad det är?*

R: Vi vilar, vi sover inte. Vi slutar bara röra oss. För det mesta rör vi oss.

D: *Är ni den enda arten på denna planet, eller finns det andra djurarter?*

R: Det är bara vi och träden. Men vi tar över. Vi dödar träden. Det är därför vi behöver territorium. Det är vad som händer – träden dör.

D: *Hur dör de?*

R: På vissa ställen är barken borta. De tar den från träden.

D: *Väntar ni inte tills den faller på marken?*

R: Nej. Det territorium jag bor på är fortfarande okej. Hanen har kunnat hålla de andra hanarna borta.

D: *Förstår de att de dödar sin matkälla?*

R: Nej. Min hane gör det. Min hane vet att han inte kan ha fler än tjugo honor.

D: *Men om ni får barn – om du vill kalla dem så – skulle de också behöva äta, eller hur?*
R: Ja, men han vet hur många ägg han ska befrukta. Han är klok på det sättet.
D: *Eftersom din planet har begränsade resurser. Så ditt liv består bara av att äta och reproducera sig.*
R: Äta och lägga ägg.
D: *Skulle du inte vilja gå någon annanstans?*
R: Nej. Andra platser på planeten dör. Folket äter barken. De har också befruktat för många ägg. Det finns för många barn. De äter all bark! Och nu dödar de träden. Och snart kommer det inte att finnas tillräckligt att äta.

Jag förde henne framåt till en viktig dag, även om jag inte kunde föreställa mig vad en viktig dag skulle bestå av i en så monoton tillvaro.

R: Det finns inget kvar förutom vårt territorium. Resten av planeten är öde.
D: *Vad hände med de andra varelserna?*
R: De dog. De har ätit allt. De dog alla av svält.
D: *Och träden kunde inte heller leva?*
R: Nej. Nu har min hane hela planeten. Vår grupp är den enda som är kvar.
D: *Men vad är poängen med att ha hela planeten om ni inte kan leva på de andra delarna?*
R: Utan de andra kommer träden tillbaka, så småningom. Det kommer att ta längre tid än min livstid.
D: *Så er grupp är den enda som producerar barn?*
R: Ja. Men han är klok. Han kommer att se till att allt kommer tillbaka, för han kommer att lära sina ungar. Han kommer bara låta så många hanar leva, och han kommer att lära dem.

Det verkade som om det inte skulle bli mycket variation i ett liv som detta, så jag förde henne fram till den sista dagen av hennes liv för att se vad som slutligen hände med henne.

R: Jag har bara ... Jag vilar permanent nu. Jag kan inte röra mig längre.
D: *Är det vad som händer när du dör?* (Ja) *Trots att du äter, är det inte tillräckligt för att hålla dig vid liv?*
R: Du slits ut. Du rör dig så mycket under ditt liv att du bara slits ut.

Jag förde henne till en plats där hon var utanför sin kropp och på andra sidan. "Kan du se din kropp?"

R: Ja. Den bara bleknar bort. Bryts ner, antar jag.
D: *Vad tycker du att du lärde dig av det livet?*
R: Vikten av balans. Att inte ta mer än du kan använda.

Det var en viktig lärdom och en som skulle vara tillämplig i vår nutid när vi håller på att tömma jorden på naturresurser utan att ersätta dem. Låt oss hoppas att vi inte når samma öde innan vi inser att det inte är det bästa sättet att leva.

När jag kallade fram Bettys undermedvetna mot slutet av sessionen, frågade jag varför det hade valt detta märkliga liv för henne att se. Jag visste att det inte fanns något sätt att identifiera var planeten låg.

R: För att hon behöver lära sig balans i detta liv. Något hon lärde sig i det livet behöver hon lära om nu.
D: *Självklart, det var en drastisk användning av balans, eller hur?*
R: Ja, men det är en viktig läxa för henne.
D: *I det livet kunde hennes grupp överleva.*
R: Ja, för de hade en ledare som förstod balans.
D: *Det var intressant att de kunde överleva på barken.*
R: Det var deras mat.
D: *Det visar också vad som händer när en hel planet kommer ur balans.*
R: Ja. Men för tillfället är hon ur balans. Hon behöver lära sig att balansera områden i sitt liv på ett bättre sätt. Hon är en lärare som inte undervisar. Det borde hon göra. Hon är en healer. Hon behöver lära andra att hela. Hon har haft dåliga erfarenheter i det

förflutna (andra liv). Hon behöver släppa dem. Hon har blivit dödad för sin tro på helande. Hon har blivit torterad. Hon behöver glömma det. Hon behöver inse att detta är ett nytt liv. Därför behöver hon balansera. Hon behöver balansera det som hänt i det förflutna med det som händer nu, och inse att det finns behov och plats för lärare. Hon kommer inte att bli torterad eller dödad i detta liv. Detta är en tid när saker har förändrats, och hon behöver undervisa. Hon behöver hela genom att lära sig balans. Hon behöver lära ut balans.

Jag tror att det undermedvetna också visade oss detta liv som en metafor för de förhållanden vi står inför i vår värld idag. Det är en varning om att historien upprepar sig. Det spelar ingen roll att detta hände på en annan planet, det visar att vi kan vara på väg åt samma håll om vi inte lär oss att respektera vår miljö och skydda vår planet, vårt hem.

KAPITEL SEX

STRUKTUR ÄR INTE VIKTIGT

Clare är en anmärkningsvärd ung kvinna. Jag träffade henne för första gången i Kona, Hawaii, i februari 2005. Hon reser över hela världen och gör precis vad hon vill. Inget äventyr är omöjligt för henne. På Hawaii åkte hon ut varje dag med en liten charterbåt för att simma med delfinerna. Hon deltog i mina föreläsningar och workshops medan hon var i Kona. Hon ordnade sedan så att vi skulle träffas i London några månader senare när jag skulle vara där för att föreläsa och hålla en av mina hypnosklasser.

Hennes hem är på kontinenten, och det skulle vara enkelt för henne att komma och ha sessionen, samt delta i klassen. Allt detta låter normalt, men det som gör det extraordinärt är att Clare är rullstolsburen. Hon har aldrig låtit detta bli ett handikapp. Jag var orolig för hennes deltagande i klassen eftersom den hölls i en privatbostad nära Hyde Park, ett vackert gammalt viktorianskt trevåningshus. Men husen i London, liksom restauranger, tåg och allt annat, är inte anpassade för handikappade. Hon lyckades manövrera de stenbelagda trapporna som ledde upp till huset och var inne innan vi ens var medvetna om att hon var där. Hon bad inte om hjälp och väntade inte på det.

När hon ville ha sessionen kunde jag inte se hur det skulle vara möjligt. Mitt hotell var ett av de tusentals gamla hus som hade byggts om till hotell. Det finns kvarter efter kvarter av dem, alla sammanlänkade; de brukade vara familjehem under 1700- och 1800-talet. De har nu renoverats som hotell, men rummen är små och omvandlade för att rymma ett miniatyrbadrum. Det finns vanligtvis en mycket liten hiss, knappt stor nog för två personer och bagage, och korridorerna är hinderbanor. Jag såg inte hur det skulle vara möjligt för Clare att ta sig igenom allt detta för att komma till sessionen. Men hon sa att jag inte skulle oroa mig, hon var van vid att ta sig in och ut ur alla slags byggnader som de flesta människor skulle anse vara omöjliga för någon i rullstol. Jag visste vilken tid hon förväntades anlända, och jag ville gå ner till lobbyn för att hjälpa henne med hissen, men hon knackade på dörren innan jag ens hade en chans.

Jag har stor beundran för denna unga kvinna, och jag visste att en av de viktigaste frågorna hon ville ta upp under sessionen var orsaken till hennes handikapp. Hon kunde ta sig ur stolen och upp på sängen med hjälp av sina armar och överkropp. Hennes ben var inte helt oanvändbara, men de kunde inte bära hennes vikt. Hon hade inga problem att gå in i djup trance, och som vanligt visste jag aldrig vad vi skulle upptäcka när jag började sessionen.

Clare kom ner från molnet och svävade över en stor stad vid havet. "Stadens form är som en halvmåne längs bukten. Det finns höga byggnader och lägre byggnader och bryggor som går ut i något som liknar vatten. Det är lustigt eftersom det ser ut som om det finns höghus längs sidan av havet, men havet ser på något sätt fast ut. Man ser inte vågornas rörelse. Allt ser lite fruset ut." Jag bad henne gå ner tills hon stod på ytan och bad om en beskrivning ur det perspektivet. "Jag får intrycket av en färg, brons eller kopparaktig. Det är något som ett plastmaterial. Till och med under mina fötter känns det som samma plastmetallmaterial. Byggnaderna är gjorda av det, och allt har en glöd som kopparorange. Och det finns träd som ser exakt ut som modeller, som om de är gjorda av konstgjort material."

Hon såg inga fordon eller människor. Gatorna var tomma, men detta händer ofta när subjektet först går in i scenen. De är vanligtvis ensamma utan tecken på liv. Sedan, när vi pratar, kommer varelser och andra saker in i bilden, nästan som om scenen först måste sättas upp och sedan hinner resten ikapp. Hon lade märke till något som såg ut som ett moln av brons-kopparfärgade stjärnfall på den mörka himlen ovanför staden. Jag bad henne sedan om en beskrivning av sig själv. "Jag känner mig väldigt smal och lång. Och benen är väldigt, väldigt smala, särskilt under knäleden. Mina fötter känns mer som hovar än fötter. Jag har inga kläder på mig. Min kropp känns som ett skelett. Väldigt tunn. Och även gjord av plastmaterial! Ganska bräckligt. Min hud har samma bronsiga färg. Jag har smala armar och roliga händer.

De är breda, mycket bredare. Sex fingrar, plus en slags tumme, som är oproportionerlig, kortare än de andra."

D: Hur ser ditt ansikte ut? Har du något hår?
C: (Skrattar) Jag känner mig som ett skelett med hår, ja. Det är ljusfärgat och mer som halm.
D: Har du ögon?
C: Ja, jag tror det finns något i hålorna. Kanske ögon. Jag kan se. Ingen näsa. Jag är inte säker på om jag har en mun. Det finns en öppning. Det är nästan som om det inte finns någon hud på detta skelett. Bara detta konstiga slags material. Det finns inga öron.
D: Äter du mat?
C: Det finns inga organ. Det är bara strukturen, inget annat. Det är tomt.
D: Vad håller dig vid liv om du inte har hjärta eller lungor?
C: Det är vad jag också undrade, om det finns något liv där. Det ser ut som om det finns ett system inom denna struktur med något som cirkulerar. Det är flytande energi, ljusblå. Det cirkulerar i strukturen. Och det finns något som måste vara grönt också.
D: Måste du dricka det eller ersätta det på något sätt?
C: Nej, det är som att vara en bil, att bli tankad. Jag tror att från tid till annan måste det tankas om.
D: Hur går det till?
C: I hälen på denna struktur. Det finns en öppning för att bli tankad.

När Clare började beskriva sin bostad, var den också underlig. Hon bodde i någon sorts källare under en av byggnaderna. Hon behövde inte sova, liksom hon inte behövde äta. Så rummet var tomt, bara ett utrymme. "Det är svårt att se. Jag är i detta rum, och det verkar finnas andra varelser som är mycket längre än jag, med blå prickar. Som om de var tomma och hade några blå prickar eller vad det nu är runt sig. Men resten är tomhet eller svart. Det är som att hänga i tomrummet. Jag kände en viss täthet. Och det är det enda som får mig att inse att det måste finnas något, för det rör sig. Dessa varelser verkar vara där, men jag kan inte se dem. Bara konturerna som är blå prickar. Det är inte kontinuerligt. Jag tror att vi måste göra något tillsammans."

När jag försökte ta reda på vad hon gjorde, vad hennes sysselsättning var, befann hon sig plötsligt svävande utanför rummet. "Det blir grått istället för de andra färgerna. Jag ser ingenting. Jag blev som utsugen därifrån. Jag svävar. Jag är som i ett moln, i något grått."

D: Hände något som fick dig att lämna den platsen?
C: Nej. Bara försvann.

Jag kunde inte få mer information om denna underliga varelse, så jag bad henne att röra sig genom tid och rum tills hon såg något annat som var lämpligt. Min nyfikenhet var verkligen väckt. Jag försökte förstå vad dessa märkliga scener hade att göra med Clare i detta fysiska liv.

C: Jag ser rött och svart. Svart med några röda konturer. Jag har blivit lite tyngre. Som om jag har sjunkit, blivit mer tät. Hela kroppen känns tätare. Den är gjord av två lager. Det övre lagret är lite mer strukturerat, mer som plast. Och det nedre lagret som rör vid sängen är mjukare. Och det kittlar i armarna och bröstet, och i benen. Och i huvudet. Nu i ansiktet.

D: Har denna kropp två armar och två ben, eller hur är den gjord?
C: Den har mer än två armar och ben. Den har fyra ben med bara två höfter. Och den har tre armar på varje sida som kommer från axlarna.

D: Får du några intryck om ansiktet?
C: Det ser ut lite som ett halv-djur. Huvudet är längre, och det är gjort av två delar. Den första delen är som ett människohuvud i bakhuvudet. Sedan finns det en förlängning, men i en fyrtio graders vinkel framåt. Vilket gör att huvudet har pannan som kommer framåt, böjer sig över den nedre delen av ansiktet. Jag antar att det ser ut som en öppen mun, men det är ett helt huvud och ansikte. Huden är gyllene.

D: När du har så många ben, är det svårt att gå?
C: Det gör att jag går snabbare, eftersom det alltid är ett ben som nuddar marken. Det är faktiskt mer som ett hjul, sättet de rör sig på.

D: *Det låter logiskt. – Var bor du?*
C: Det verkar finnas något i himlen. Det är väldigt stort. Som ett skepp. Inte riktigt, men några ljus med någon struktur däremellan.
D: *Finns det andra där?*
C: Jag är inte medveten om andra. – Det zoomar upp igen.

Hon lämnade det igen och försvann ut i intet. Jag kunde inte få mer information. Så jag bad henne att återigen röra sig genom tid och rum för att hitta något annat som var lämpligt. När jag frågade henne vad hon såg eller kände blev hon frustrerad och ville sluta. "Jag kan inte gå någonstans. Jag kan inte se något. Jag känner bara 'zzzz' i min kropp."

D: *Det är okej. Du gör det jättebra. Bara följ med för detta händer av en anledning. Vad känner du i din kropp?*
C: Som myror.
D: *Du menar med nerverna?*
C: Antagligen.
D: *Var är det mest?*
C: I fingret, i ryggen, i benen. En darrning. Bilden jag får är som att känna hela kosmos. Som att vara full av planeter och stjärnor och allt sådant.
D: *Åh, det är väldigt stort, eller hur?* (Ja) *Som att vara där ute?*
C: Nej, att vara kosmos.
D: *Att vara hela grejen.* (Ja) *Hur känns det?*
C: Som frihet. Jag behöver inte vilja något. Jag kan bara vara. Jag är, och det är nog. Det är som att komma hem.
D: *Där det är så stort att det är svårt att föreställa sig?*
C: Nej, det är ingen fantasi. Det är bara att vara.
D: *Men om du kan vara vad som helst, vad gör du då?*
C: Ingenting. Äntligen, ingenting. Bara existera. Bara låta saker hända.
D: *Är du helt ensam?*
C: Det verkar som om jag är allt. Vi är alla tillsammans. Det är inte separerat.

Det Komplexa Universumet – Bok Tre

Allt detta lät så bekant, eftersom jag hade fått samma beskrivning från många andra om den plats de alla kallar "hem". De blir så nöjda att de vill stanna där. De har ingen lust att uppleva något annat. Men jag behövde information, så jag visste att jag skulle behöva få henne bort från den vackra platsen av tillfredsställelse.

D: *Varför bestämde du dig för att lämna om det var så perfekt och vackert?*

C: Plikt, antar jag. För att samla erfarenhet så att helheten kan växa. Så att olika erfarenheter kan samlas in och saker kan röra sig och utvecklas.

D: *Och det kunde inte hända på en perfekt plats?*

C: Jag tror att det handlar om att byta tillstånd.

D: *Då var du tvungen att lämna det vackra tillståndet och gå någon annanstans för att samla information?* (Ja) *För att lära.* (Ja) *Hur kändes det när du separerade?*

C: Väldigt smärtsamt.

D: *Får du komma tillbaka, eller måste du stanna och lära dig fler saker?*

C: Nej, jag tror att jag kan komma tillbaka.

D: *Vart gick du när du var tvungen att separera?*

C: Först känns det som att bli en planet.

D: *Åh, det skulle vara en enorm upplevelse, eller hur?* (Ja) *Vad mer kan du bli förutom att vara en planet?*

C: Det känns som en varelse som är mer gummiaktig och längre. Mer reptilisk. Det finns organ. Det är mycket annorlunda. Det finns inga begränsningar. Inte alls.

D: *Är detta en del av lärandet, att uppleva olika typer av kroppar?* (Ja) *De är fysiska, men de är alla olika, eller hur?*

C: Ja, väldigt mycket så. Det är en annan rörelse, en annan syn på saker.

D: *Då går du bara från kropp till kropp och från plats till plats och samlar information?* (Ja) *Finns det någon eller något som talar om för dig vart du ska gå och vad du ska göra?*

C: Det är som att bli kallad inifrån.

Det Komplexa Universumet – Bok Tre

Jag bestämde mig för att ta henne framåt tills hon först bestämde sig för att gå in i Clares kropp. "Varför bestämde du dig för att gå in i den kroppen?"

C: Jag känner mig neddragen in i den. Och faktiskt är det väldigt glädjefyllt. Det känns som en längtan in i den.
D: *Längtan? Som att bli insugen i den?* (Ja) *Som en bebis, eller vad?*
C: Det är väldigt tidigt i utvecklingen av bebisen. Fosterstadiet.
D: *När det är inne i modern?* (Ja) *När du gick in i Clares kropp, var det första gången du hade en mänsklig kropp?*
C: Nej. Det fanns många innan dess.
D: *Det verkar som att du gillar att utforska, eller hur?*
C: Ja. Jag börjar bli trött på erfarenheter. Trött på att prova alla dessa olika saker och trött på variationen.

Nu när jag hade henne tillbaka i Clares kropp, tänkte jag att det var dags att kalla fram det undermedvetna, istället för att ta henne genom detta liv. Jag frågade varför det hade valt de märkliga utomjordiska livstiderna för Clare att se?

C: För att visa henne att strukturen inte är viktig.
D: *De var definitivt inte mänskliga.*
C: Det spelar ingen roll, strukturellt eller vad som helst. Anden kan bo i vad som helst. Det spelar ingen roll hur materien verkar se ut. De var bara en annan funky representation av livet, alla de roliga former det kan ta. Bara för att anpassas till vad som behövs i stunden.
D: *Så den yttre strukturen är inte viktig?* (Nej) *Självklart, den viktigaste delen är livskraften, eller hur?*
C: Det är en gnista, ja. Anden, livskraften, vad som helst. Eller bara att samla information och erfarenheter. Det finns många livsformer överallt. Det spelar ingen roll vilken typ av kropp hon är i. Allt har samma information inuti, eller har sprungit ur samma information. Från samma Källa. Från anden, eller vad du vill kalla det. Och det kan ta vilken form och konsistens som helst.

D: *Skulle detta vara vad hon såg när hon kände att hon var hela kosmos?*

C: Ja, det är en del av det. Allt är en del av det, alla roliga former, alla uttryck av det Ena. Det fanns ett ögonblick när hon var i det. Det fanns ett ögonblick när något annat hände, och hon sögs in i ljuset. Hon var kosmos, men samtidigt i något som var mer ursprungligt, som ljus, rent ljus. Det var innan hon blev en planet. Det kändes som Ursprunget.

D: *Om kosmos var allt, vad skulle ljuset vara?*

C: Bara Ursprunget.

D: *Ursprunget där kosmos och allt kom ifrån?*

C: Ja. Kanske fanns det ett steg innan, men det går inte att uttrycka.

D: *Jag har hört det förut, det finns några ord och några termer, koncept, som vi aldrig kommer att kunna förstå. Det finns inga ord för att beskriva dem.* (Ja) *Så det fanns något före ljuset.*

C: Ja, det är redan en manifestation. Men det går inte att förklara.

D: *Sedan när hon gick in i ljuset, blev hon planeten.*

C: Efteråt, när hon separerade från ljuset.

D: *Och då måste det ha funnits många andra upplevelser innan hon provade de olika kropparna.*

C: Massor.

D: *Vad var syftet med att hon upplevde så många olika saker?*

C: För att få hela manifestationen att komma samman. För att syntetisera. För att få en syntes av alla olika manifestationer. Och ta dem tillbaka till Källan.

D: *Vad gör Källan med alla dessa manifestationer?*

C: Det känns som att den blir större och mer hel, och mer mångfacetterad och rikare.

D: *Så Källan växer ständigt och lägger till sig själv.* (Ja) *Så du visade detta för Clare så att hon kunde förstå?*

C: Hon vet.

D: *Men hon kunde ha gått till tidigare liv.*

C: Nej. Inga tidigare liv längre. Hon måste gå framåt. Det är inte viktigt. Hon har integrerat allt. Hon måste gå framåt.

D: *Vart rör vi oss framåt? Vet du?*

Det Komplexa Universumet – Bok Tre

C: Till ett annat sätt att tänka. Att smälta samman allt så att det inte finns någon våldsamhet. Inga chocker mellan de olika sakerna så att det kan finnas harmoni och evolution, som att bäras av en bäck, av en flod, framåt.

Jag fortsatte sedan med att ställa Clares frågor: "Varför har hon dessa funktionsnedsättningar med sin ryggrad och sina ben? Vad är anledningen till det?"

C: Det är som bilden av världen, hur den är idag. Allt drar i olika riktningar istället för att harmonisera och gå i en riktning.

D: *Menar du att hennes kropp drar i många olika riktningar?* (Ja) *Men hon föddes med detta.*

C: Ja, men det började verkligen falla isär när det var disharmoni runt henne. Hon visste inte hur hon skulle hantera det. Disharmonin i hennes familj? När det fanns en dragning mot hennes föräldrar, en dragning mot hennes mormor, och hon kunde inte förena de olika krafterna till en.

D: *Så det var då det började materialiseras?* (Ja) *Finns det något vi kan göra åt det nu? Eftersom jag känner till kraften hos det undermedvetna.*

C: Hon måste hitta harmonin i sig själv.

D: *Hon gör underbara saker ändå. Vi vill hjälpa henne. Hur skulle hon kunna hitta harmonin inom sig själv?*

C: Genom att dö. (Det var en chock.)

D: *Men det vill vi väl inte, eller hur?*

C: Kanske inte fysiskt, men hon måste dö.

D: *Hur skulle hon kunna dö utan att dö fysiskt?*

C: Hon måste kliva ur.

D: *Vilken nytta skulle det göra?*

C: Som att komma tillbaka in från en annan synvinkel.

D: *Kan detta göras utan att dö?*

C: Ja, det är möjligt. Hon ska sugas ut, läggas i tvätten och tas tillbaka.

D: *Kommer detta att hända när hon sover på natten?*

C: Det kan hända när som helst.

D: *Vi vill inte att kroppen ska skadas. Är det förstått? Eftersom det är mitt jobb att aldrig orsaka någon skada.*
C: Nej, hon kommer inte att skadas. Hon kan inte skadas. Hon har gått igenom så många saker utan att skadas.
D: *Så hon kommer att lämna kroppen och sedan komma tillbaka in från ett annat perspektiv?*
C: Det kommer bara att kännas konstigt som vanligt när hon kommer tillbaka.
D: *Kommer kroppen då att vara mer i harmoni?*
C: Ja, hon kommer att vara i linje.
D: *Kommer hon att börja få rörelse och känsel i sina ben?*
C: Det kan vara möjligt, ja.
D: *När kroppen är i harmoni, kan du återansluta kopplingarna?*
C: Det är möjligt. De är fortfarande där och de är hela.
D: *Så de har inte försämrats. De kan kopplas ihop?*
C: De är kopplade, de är bara slappa, bedövade, eller... det är svårt att säga. Det är som om de har pressats ihop, och istället för att ha fullt flöde genom dem, finns det bara lite. Som torka i en bäck. Ja, det kan bli mer. De går igenom mer energi.
D: *Kan du göra det?*
C: Om hon lyckas bli helt i linje kommer det att vara möjligt.
D: *När vill du att hon ska göra detta, så att hon kommer i harmoni?*
C: Helgen efter nästa. Hon kommer att vara hemma vid den tiden.
D: *Och du kommer att skydda anden så att den kan komma tillbaka in.*
C: Ja, för jobbet är inte klart. Det finns mycket mer att komma – mycket, mycket mer. Det kommer att ske väldigt gradvis. Hon kommer att märka att känslor återvänder till benen.
D: *Då kommer hon gradvis att börja använda musklerna igen.*
C: Ja. De måste väckas. Det är dags! Det är dags. Tiden har kommit! När hon experimenterar med att lämna sin kropp och bli renad, justerad, bör det vara möjligt att arbeta med hela kroppen samtidigt när alla hennes energier justeras.
D: *Så medan hon är utanför kroppen under den korta perioden, kan du arbeta på kroppen?*

C: Ja. Sätta maskineriet i ordning igen. Hela kroppen behöver en översyn. Det är mer effektivt när hon är ute, eftersom då hennes energisystem också genomgår en översyn. Det finns inget annat som behöver göras.

D: *Men det finns ingen fara för henne, hon kommer tillbaka.*

C: Hon kommer att vara trött. – Det här är det bästa sättet. Ja, tiden har kommit. Hon kommer att dra till sig massor. Hon kommer att undervisa på en större nivå. Efter översynen kommer hon också att tala annorlunda. Vara mer kapabel att förmedla de saker som människor behöver på ett sätt de lättare kan förstå. Och hon kommer att arbeta mycket mer på en energinivå rakt genom sin kropp. Hon kommer att överföra kunskapen. Hon kommer att resa över hela världen. Hennes liv börjar nu. Hon behövde denna utlösare. Hon kommer också att läka andra. Hon har väntat på det.

D: *Hur kommer hon att känna när detta händer?*

C: Hon kommer igen att vara i detta tillstånd av konstig känsla. Inte riktigt kunna se, ha svårt att röra sin tunga för att säga något. Och sedan måste hon bara gå och lägga sig på sängen, och resten kommer att ta hand om sig själv.

D: *Anledningen till det är för att kopplingarna är separerade vid den tiden. Det är därför det är svårt att prata.* (Ja) *Så när hon känner så, helgen efter nästa, när hon är hemma igen, kan hon bara gå och lägga sig på sängen tills det går över?*

C: Tills hon känner sig sammanhängande igen.

D: *Och under den tiden kommer du att arbeta på kroppen.* (Ja) *Det är fantastiskt. Hon förväntade sig inte detta idag, eller hur?*

C: Nej, inte alls.

D: *Hon letade efter information, men inte något sådant här. – Det var konstigt att vi först möttes en halv värld bort, och sedan möttes vi igen här.*

C: Ja. Det var meningen. Det finns inga tillfälligheter. Hon tog sin tid, men där är hon.

D: *Hon har lärt sig lektionerna av sitt handikapp, och nu behöver hon det inte längre.*

C: Nej. Låt det bara hända. Hon vet att saker och ting kommer att ta över, och hon behöver inte tänka på hur hon ska komma dit. Hon är redo. Stora saker kommer att hända. Så länge hon inte tvivlar, kan hon få det. Hon måste tro att det är sant.

När Clare vaknade och reste sig och manövrerade in i sin rullstol, sa hon att hon redan märkte vissa saker som inte hade funnits där tidigare. Hon hade mer rörelse i ett av sina ben. (Hon brukade behöva lyfta dem för att placera dem i stolen.) Och hon hade några ovanliga känslor i benen. Jag förklarade för henne vad processen skulle vara när hon kom tillbaka hem. Jag tror att det skulle vara bäst om det hände när hon var ensam, utan att någon störde henne. På så sätt kunde de arbeta med henne och ta all tid de behövde.

Det Komplexa Universumet – Bok Tre

KAPITEL SJU

CELLERNAS MEDVETANDE

Detta material låg i mina filer i över tjugo år. Jag gick igenom och förstörde många av de gamla sessionerna som genomfördes 1985 när vår grupp hade regelbundna möten i Eureka Springs. Det var underbara dagar av utforskning och kamratskap. Det var så viktigt att ha andra med liknande tankesätt att diskutera saker med. Även om gruppen har upplösts känner jag fortfarande en närhet till dessa fantastiska människor som var så viktiga i mitt liv vid den tiden. De har ingen aning om hur mycket jag behövde deras sällskap och förståelse under de dagar när allt jag upptäckte var nytt och annorlunda. Vid våra möten hade vi ofta ett allmänt intresseämne som skulle utforskas, och den som frivilligt var ämnet skulle gå in i trance och svara på gruppens frågor. När jag hittade detta bortglömda transkript kändes det som om det hade väntat i över tjugo år på att återupptäckas och inkluderas i mitt arbete. Den tiden har kommit och den har hittat ett hem. Det passar perfekt med ämnet medvetande och insikten att allt har liv och intelligens. Även om jag vid tidpunkten för denna session inte kunde förstå mycket av vad som sades. Jag hade inte expanderat till den graden av förståelse. Det visade mig hur långt jag har kommit i mitt tänkande och min förståelse på tjugo år.

Ämnet för denna kväll var läkning. Jag kan fortfarande se i mitt inre öga hur hela vår grupp satt runt rummet, intensiva i vad som hände och ivriga att delta genom att ställa frågor. Åh, hur jag saknar de dagarna och dessa kära människor!

Ämne: Vi inser vikten av ämnet för ikväll och är angelägna om att diskutera aspekterna av läkning med er. Läkning är en viktig strävan. Allt är antingen i ett tillstånd av läkning eller rör sig mot förstörelse. Förstörelse är ett naturligt fenomen och inte negativt som det ibland verkar. Men en för tidig förstörelse av en entitet eller medvetande, en bit levande materia, bör undvikas. Därför måste läkning praktiseras av alla levande varelser för att underlätta deras lämpliga livslängd inom er tid/rums-dimension.

Frågeställare: Kan du förklara den faktiska processen för fysisk läkning av människokroppen? Hur sker det på cellnivå?

Ämne: Varje cell är ansvarig för sin egen existens på samma sätt som varje totalitet av en varelse är ansvarig för existensen av helheten av den specifika varelsen. Cellen har sitt eget jag att ta hand om samt ett gemensamt förhållande med celler runtomkring den, särskilt celler som utgör en del av en större systemisk organisation såsom ett specifikt organ. Cellen är ansvarig för att från energifälten runt sig ta upp näring som är lämplig för dess utveckling och tillväxt. Den är ansvarig för att övervaka sin egen funktion så att den behåller så mycket näring som den behöver och skickar vidare de element som inte behövs för dess specifika funktion till resten av organismen. Cellerna har en medvetenhet om dysfunktion, på samma sätt som hela entiteten är medveten om en viss olustkänsla som indikerar ett problem någonstans. Cellerna får information från tankepoolen som är relaterad till den specifika cellen, på samma sätt som människor får information från tankepoolen. På samma sätt som djur får information från tankepooler gällande deras eget beteende. Cellerna har ett sätt att koppla upp sig mot en slags "idealcell" som visar dem hur de ska fungera och varnar dem när denna funktion går snett. Således begär de information angående läkning. Allt detta sker i omedelbar tid och i mikroskopisk detalj. Cellerna har en medfödd informationsförmåga, men de får också ytterligare information från äldre celler i kroppen och från kroppens energikänsla som en helhet.

Fråga: Du nämnde en idealcell som de mönstrar sig efter.

Ämne: Det stämmer.

Fråga: Skulle det betyda att även på mikroskopisk nivå måste de ha något att vägledas av, något de kan använda som en mall?

Ämne: Ja. På alla nivåer.

Fråga: Även den mikroskopiska?

Ämne: Särskilt på den mikroskopiska nivån. Celler fungerar i huvudsak på den mikroskopiska nivån.

Fråga: Jag tänkte att i en mening skulle de kunna se den ideala cellen som Gud.

Ämne: Rätt.

En av gruppen: På samma linje, finns det en korrelation mellan cellens ideala jag och det ideal vi håller som vårt högre jag?

S: Inte på det sätt du menar med frågan. Det finns inget högre jag för en cell, specifikt på det sätt som du förstår din relation till ett högre jag. Ett sådant existerar, men det är mer som ett mönster snarare än en guide eller en direktör för aktiviteter.

F: Betyder detta att cellerna har ett intellekt?

S: Ja. Varje bit av levande materia har ett medvetande, även känt som intellekt.

F: Jag tänker att människor har hjärnor. Skulle cellerna kunna tänka på det sättet?

S: För att uppfylla intelligensens funktion, så som den beskrivs i zoologiböcker, med avseende på medvetenhet om omgivningen, förmåga att reproducera, rörelse, passar våra celler in i den kategoriseringen.

F: Det skulle vara väldigt grundläggande då? Är det vad du menar?

S: Cellen ser inte sig själv som "väldigt grundläggande". (Skratt)

F: Jag menar, de skulle inte ha en människas intellekt. Eller har de det?!

S: På sitt eget sätt har varje bit av medvetande ett intellekt som en människa. Vissa har intellekt som fungerar bättre för deras organism än vad människans intellekt gör.

F: Så vid läkning måste vi kommunicera med det intellektet inom cellerna?

S: Det stämmer.

F: Vid läkning, så som vi förstår det, måste vi komma i kontakt med våra grundläggande problem. Vi måste förstå orsakerna till vårt obehag eller vår sjukdom. Kan du föreslå ett sätt som vi kan göra detta mer effektivt?

S: Det generella svaret är att man bör be sin kropp om hjälp i detta område. Något i stil med: "Jag vet att jag kan kommunicera med min kropp. Jag vet att jag kan be om hjälp med läkning. Men jag vet inte riktigt hur jag ska gå tillväga. Kan du ge mig en hjälpande hand?" Detta är ett förenklat svar. Självupptäcktsmetoden kräver en mycket mer detaljerad förståelse av din egen nuvarande historia inom detta fordon. Likaså – för de som tror att det är relevant – tidigare och framtida liv, eftersom de kan relatera till det nuvarande fordonet. Denna komplexitet är inte nödvändig. Det är inte alltid nödvändigt att exakt veta vad som blockerar läkningen. Det räcker med att inse att det finns blockeringar. Be att de löses upp genom mental begäran, eller visualisering av att blockeringen löses upp. Även utan att veta vad blockeringen är. Om du tror att blockeringar kan lösas upp utan att bry sig om hur de kom dit, skulle detta räcka för de flesta människor. Som du minns, det du tror är vad som gör skillnaden. Om du tror att du kan lösa upp blockeringarna och gå mot läkning utan att betala tusentals kronor till psykoanalytiker, gör det då på det sättet. Det är mycket enklare.

F: *Hur sker processen för distanshealing?*

S: Healing från en person till en annan, till synes på långt avstånd och erkänt som långt avstånd enligt tid/rums-uppfattning, är faktiskt ett kort avstånd. Healern får kontakt med energin hos den enhet som blir helad på en mer omedelbar basis. Healerns förmåga att expandera sin aura, att sträcka ut och röra vid den andra individen, möjliggör en koppling över vad som verkar vara tid och rum. Så att samma typ av läkning kan ske som vid den faktiska fysiska handpåläggningen eller att röra auror med någon i samma närhet.

F: *Kan du beskriva hur energin överförs från en person till en annan, eller hur en person kan överföra denna helande energi till en annan?*

S: Det handlar om att utnyttja de vägar som omger oss alla i en elektrisk sorts mening. Inte elektricitet, förstås, men en slags kraftfältsladdad area runt oss alla. Vissa särskilt mottagliga individer är villiga att sänka sina särskilda skyddsbarriärer och tillåta en korsmatning i deras energifält från en annan individ, som lika villigt kan sänka sina barriärer för att skicka ut sin energi. Sådan energi, som attackerar en viss sjukdom eller bara närmar

Det Komplexa Universumet – Bok Tre

sig den mottagande individens allmänna aura med kärlek, ger en extra skjuts. Kom ihåg, dessa två har kommit överens i förväg om denna specifika healing, om detta engagemang. Den mottagande kroppen känner igen att en extra stöt av energi, då individen redan var på väg mot hälsa, helt enkelt kommer att påskynda processen. Healern är villig att offra en del av sin omedelbara energi, av vilken de kan generera mer än en genomsnittlig person. Sedan skickar de den mot en specifik plats eller det allmänna tillståndet hos den mottagande individen. På ett sådant sätt att energin i sig verkar ha ett slags sinne och intelligens – vilket den har. Och den söker helt enkelt upp problemområdena och löser upp dem, tar bort blockeringar och tillåter dem att återfå sitt eget friska tillstånd.

F: *När jag är runt människor som är sjuka och de alla håller på att bli sjuka, sätter jag ibland upp en barriär för att hålla bakterierna borta från min kropp. Är det möjligt att göra det?*

S: Gör du det?

F: *Jag försöker praktisera det. Jag tror på det, men är det ett faktum?*

S: Har det fungerat? *(Ja.)* Nåväl?! *(Skratt)*

F: *Jag sätter helt enkelt mentalt upp en barriär så att bakterierna inte kan gå igenom.*

S: Om du tror på bakterier och tror på din förmåga att skydda dig själv från bakterier genom en barriär. Om du tror på dessa två saker, då är det enkelt att göra det. Du skulle kunna välja att helt enkelt inte tro på bakterier.

F: *Är de verkliga?*

S: Inte på det sätt som du och läkarna tror att de är.

F: *Hur är de då?*

S: Tja, de mår bra. (Skratt)

F: *Du säger att de inte är verkliga på det sättet...*

S: De orsakar inte sjukdomar. Förlåt, jag borde inte leka med dig, men det är så roligt att leka med dig. Bakterieteorin om sjukdomar är helt enkelt en annan teori. Som du vet skapar människor sina egna sjukdomar för sina egna syften. Bakterier är en praktisk syndabock. Om du helt enkelt inte tror att de kan skada dig, då kommer de naturligtvis inte att göra det. Men det kräver en stark tro i en värld där de har setts som en vetenskaplig förklaring till sjukdomar. I själva verket var de äldre förklaringarna om besatthet av djävlar, och så vidare, närmare sanningen. Inte så att människor är besatta av djävlar, men att emotionella, andliga och relationsrelaterade bekymmer, problem och stress faktiskt är orsakerna till sjukdomar. Bakterier har fått mycket dålig publicitet.

F: Men de har observerats i laboratoriet under mikroskop.

S: De existerar i laboratoriet. De är bara inte orsakerna till varför människor skapar sjukdomar för sig själva.

F: Vad sägs om epidemier?

S: Som du vet, när grupper av människor är involverade i masshändelser, har de alla valt att delta i den masshändelsen. Och de har valt just den händelsen för sina egna syften, oftast som ett exempel, en lärdom av något slag för resten av individerna i den närheten.

F: Jag tänker specifikt på sjukdomar som Digerdöden. De sa att det orsakades av loppor på råttor och att det spreds över hela Europa vid den tiden och dödade alla.

S: Dålig publicitet för råttor och loppor.

F: Tror du att eftersom de trodde detta, var det därför det spreds?

S: Det och det faktum att de hade sina andra specifika skäl för att vara involverade i en sådan händelse.

F: Vi har hört att skratt är den bästa medicinen. Kan du förklara varför?

S: "Varför" skratt är den bästa medicinen är att skratt, åtminstone tillfälligt, ger dig en positiv känsla av glädje och välbefinnande. Det ger dig omedelbar hälsa.

F: Då betyder det att sorg eller ledsamhet är skadligt för systemet?

S: Olämplig långvarig sorg eller ledsamhet definieras medicinskt som depression, vilket är skadligt för det yttersta välbefinnandet hos individen och de som kommer i kontakt med dem. Sorg eller ledsamhet som en lämplig känslomässig respons på en händelse eller situation är inte skadligt för varelsen. Undertryckandet av en sådan känsla eller förnekandet av en sådan känsla är mer skadligt än att uppleva och visa en lämplig känslomässig reaktion.

Det Komplexa Universumet – Bok Tre

F: Det naturliga uttrycket av känslor är bra för dig?
S: Rätt.
F: Det är blockeringen av dessa känslor som orsakar sjukdomar och funktionsfel?
S: Det är ett förenklat sätt att beskriva blockering, men korrekt så långt det går.
F: Betyder det att det är bra att även uppleva ilska? (Ja.)
F: Det här handlar inte exakt om läkning, men det har en viss koppling. När det större jaget lämnar kroppen och upplösningen börjar, har cellerna i kroppen fortfarande liv tills de omvandlas till något annat?
S: Vill du veta vad som händer?
F: Ja. Jag undrar, om varje cell har liv, vid den tidpunkt då anden lämnar kroppen, har kroppens cell fortfarande liv och väljer den i sin tur att gå in i ett tillstånd av upplösning?
S: En utmärkt fråga. Linjen mellan liv och död, som du vet från litteraturen, sägs vara mycket tunn. Din praktiska erfarenhet säger dig att det inte alls är något tunt med det. Antingen är du levande eller död. Men om du ser dig omkring för att förstå de vetenskapliga, mer tekniska, aspekterna av denna fråga, kommer du att notera att träd till exempel verkar vara döda under långa perioder och bokstavligen återkommer till liv. De dör i små bitar och delar över många år. Låt oss ta en människokropp som exempel. När anden lämnar kroppen behåller cellerna vissa aspekter av liv, såsom rörelse på cellnivå, eftersom nedbrytning är en form av rörelse. Att köttet faller bort från benen är definitivt rörelse och kan observeras. Det finns aspekter av liv som dock inte uppstår för de flesta celler vid fysisk död. Det skulle vara reproduktion, användning av näringsämnen och bortstötning av icke-användbara delar eller använda och kasserade delar. Dessa typer av systemfunktioner uppstår inte. Men vissa celler i kroppen, som du vet, växer lite morbidt under en tid. Så att, precis som ett träd, dör delar av människan i olika takt. Men det finns liv av ett slag tills delarna bryts ner till andra saker. Och sedan, naturligtvis, fortsätter de att leva i en annan form i den utsträckning att damm är lika levande som en fågel i flykt.

117

F: *Det skulle vara en form av reinkarnation även ner till cellnivån. – På samma linje, vad jag ser är den förändring vi går igenom när vi dör (eller vår kropp förändras tills vi kallar det död), och vi går sedan till en annan dimension. Är det en typ av sak som händer med denna intelligenta kraft i cellen, att den omvandlas till en annan form?*

S: Rätt.

F: *Är den fortfarande en del av det mänskliga medvetandet? Som, säg, en nagelcell som fortsätter att leva en tid efter att människan dör. Förenas cellen då med människans ande eller går den en annan väg?*

S: Den cellen kommer att behålla minnet av livet som en del av den mänskliga organismen. På samma sätt som den kommer att behålla minnen av livet som delar av andra saker, när den i andra stadier, andra former, kopplade ihop sig med andra bitar för att skapa andra ting. Men dess minne kommer att kortslutas på samma sätt som ditt nuvarande minne är kortslutet, och du minns normalt inte medvetet de delar av dig själv som har varit dinosaurier eller loppor.

F: *Hur ser dessa celler oss som en kropp? Har de ett sätt att uppfatta oss? De lever inom oss.*

S: De känner att de är en del av en större organism på samma sätt som vi känner att vi är en del av ett högre jag. Den samma vaga känslan av tillhörighet som ibland uppstår. Cellerna uppskattar det oftare än vi gör, eftersom de kan uppskatta och vara bekanta med den känslan bara genom normal funktion. Om din lever fungerar väl och gör det den ska göra, njuter den av en känsla av välbefinnande som, om den kunde förmedlas till dig som ett individuellt intellekt, skulle ge en medvetenhet om glädje som de flesta av oss tyvärr inte upplever särskilt ofta.

F: *Hur ser de på vår hjärna eller vårt intellekt som styr dem?*

S: Inte med någon form av kritikalitet. Bara en acceptans av att det är så denna organism fungerar.

F: *Jag trodde kanske att de skulle kunna se det som Gud eller den övergripande drivkraften i deras universum, så att säga. Skulle det inte vara så?*

Det Komplexa Universumet – Bok Tre

S: Du lägger en mänsklig tendens att söka gudar på celler, som accepterar sin existens som en del av Gud.

F: *Finns det inte en hjärna eller ett medvetande för själva planeten?*

S: Planets medvetande existerar i en slags övergripande filt-effekt. Livsformen på en viss planet som är kapabel att förändra strukturer och skapa fysiska entiteter för att ändra sin livscykel – i kontrast till andra djur som bara gör det i begränsad skala – och nödvändigtvis inte tillåter generationsövergång av byggnader och så vidare. Den livsformen på en viss planet blir, om du vill, medvetandet. Samvetet också, för hela planeten, och bär med sig kravet att tänka globalt för planetens räkning. En sådan läxa har ännu inte lärts av människornas intelligens på denna planet. Men universum är utformat på ett sådant sätt att planeten själv, även om den har ett medvetande och intelligens, fortfarande krävs för att arbeta i kombination med de intelligenta varelser som är kapabla att förändra planetens yta.

F: *Betyder det att när planetens människor dör, då dör planetens hjärna också?*

S: Nej, planetens hjärna kommer att fungera i samklang med de andra intelligenta varelserna, vilket inkluderar alla djur, växter, stenar, levande saker osv. Om det inte finns några djur eller växter som dyker upp med en förmåga att förändra planetens fysiska form, kommer planeten inte att behöva utöva en sådan intelligent symbiotisk relation, och kommer helt enkelt att tillåta en mindre riktad, mer naturlig utveckling att ske.

KAPITEL ÅTTA

ALLT HAR MEDVETANDE

Detta ovanliga fall påminde om "Den mekaniska personen" i den första boken i denna serie, där en kvinna fann sig själv i kroppen av en robotliknande mekanisk varelse. Det var ett extremt frustrerande liv eftersom hennes skapare inte insåg att hon var mer kännande än de trodde. Hon var inte enbart mekanisk, utan hade känslor och sinnesstämningar, även om hon inte kunde uttrycka dem. När de skapade henne av metall förstod de inte att de också hade implanterat den lilla gnista av liv som gav henne medvetande. Det var första gången jag någonsin hade haft ett sådant fall. Senare, när jag höll en av mina gruppregressionsworkshops, sa en av deltagarna att han såg sig själv som en robotisk varelse. Han "dog" när han slutligen demonterades. Så detta fall går i samma linje och visar mig återigen att alltid förvänta det oväntade och aldrig ta något för givet i denna typ av arbete.

Jag träffade Tina på mitt kontor i maj 2006. Hon hade tidigare varit klinisk terapeut och hade nu gått över till massagebehandling. Hennes huvudsakliga anledning till att begära sessionen handlade mest om personliga relationer. Men sessionen tog en helt annan riktning och var inte alls vad vi förväntade oss. Det visade återigen att vi inte styrde detta.

När hon kom ner från molnet började hon beskriva saker som var så främmande att hon inte hade ord för dem. Hon visste att hon definitivt inte var på jorden när hon såg en enorm vit ovalformad struktur. När hon såg på den på avstånd sa hon att den såg större ut än en fotbollsplan. Hon kunde inte säga vilket material den var gjord av, "Kanske metall, kanske plast, eller något slätt." Hon såg sedan en ingång som bara var en öppning med en ramp som ledde upp till den.

Det Komplexa Universumet – Bok Tre

T: Jag låter mig själv bara flyta in. Och jag ser vad som ser ut som en stad här inne. Jag förstår ännu inte vad jag ser, men jag ser många små varelser. De ser nästan ut som små myror, väldigt flitiga. Det verkar som om alla – och jag tvekar att kalla dem människor – rör sig med ett syfte, väldigt flitiga. På utsidan verkade den här platsen så fridfull och drömlik, bara denna stora, vita, enorma utsträckning. Och inuti är det mörkare och inte vad jag förväntade mig. Det är väldigt stort. Och det går, antar jag, ner i marken och kanske, ja, upp högre. Dessa slags varelser är väldigt upptagna med att göra saker – som att bygga saker. Det finns många nivåer, som om det är staplat. Ordet "stad" dyker upp i mitt sinne, men det är egentligen inte en stad. Det har olika rum, nästan olika sektioner. Det är som om du skar in i ett dockhus och kunde se in i varje rum. Jag kände mig lite orolig när jag kom hit. Jag gillar det inte. Kanske för att det just nu känns väldigt främmande, inte mjukt eller mänskligt eller lätt. Jag tror att dessa varelser är levande, men de verkar väldigt robotiska i att de inte har mycket val. Som om de är väldigt programmerade i vad de gör. Ingen tittar upp eller pratar eller är vänlig. Det verkar huvudsakligen mer... vad vill jag säga? Teknologi mer än mekanik. Men de är alla enormt flitiga och kan inte avledas från vad de gör. Väldigt fokuserade på sitt syfte.

D: *Är det därför du tror att det störde dig?*

T: Ja. Det verkar inte särskilt trevligt eller särskilt glatt. Det verkar väldigt hårt här. Alla dessa varelser arbetar nära varandra, vissa av dem är staplade, står på varandra. Det finns ingen respekt. Det finns ingen individualitet.

Hon beskrev varelsernas händer som ha en typ av känselspröt istället för fingrar. De använde dessa för att manipulera små knappar, små ljus på små lådor. De kunde röra sig ganska snabbt, som någon som skriver på en dator eller spelar piano, men de gjorde det med små ljuslådor.

T: De orsakar något att hända, med dessa små lådor. Något som är långt utanför vad den här strukturen än är. Jag vet inte om detta är en byggnad i marken, eller om det kan vara ett rymdskepp. Det är väldigt, väldigt stort. Jag har en känsla av att de styr många saker. Nästan som om de är neuroner i en stor hjärna eller något. Och genom att manipulera dessa små lådor får de något utanför strukturen att ske. Jag vet inte om de är individer, eller om det finns ett gruppmedvetande, eller om de är delar av en helhet. Eller om de är mekaniska.

Jag bad om en fysisk beskrivning av dessa märkliga varelser.

T: De har ögon, men de gör detta arbete mer genom känsel. Det är en väldigt rutinmässig sak. (Sedan ett plötsligt chockerande avslöjande.) Som jag sa, fick jag en känsla av att jag har... jag har varit en av dessa. (Hon började gråta.) Och jag gillar inte det.

När hon sa detta blev hon oväntat en av dem. Hon gick in i en kropp identisk med de hon hade beskrivit objektivt.

T: (Sorgset) Det är bara inte en särskilt lycklig tillvaro. Det känns som om det inte finns mycket valmöjligheter, och det är bara - inte särskilt lyckligt. Det är ett slit. Vad uppnår vi? Åh, min himmel! Vi har inget val, och vi gör inget annat. Det är verkligen konstigt, för på något sätt är vi levande. Men vi - åtminstone jag gillar inte att göra detta. Jag måste bara fortsätta göra det. Och jag vet inte hur länge jag har gjort det, men det känns som en evighet. Det känns oändligt att jag stannar i den här saken och gör detta.

D: Känns din kropp mekanisk, eller som om den är av ett ämne?

T: Det känns lite hårt och krispigt, som om jag har ett skal. Jag har ben, tror jag, men jag känner på något sätt att jag mer är framdriven än att gå. Jag flyter liksom fram, eller glider fram, men jag gör det inte genom att röra på benen. Jag känner mig som om jag är mekanisk, eller insektlik, eller så har jag blivit avlad för att göra detta, och jag gör bara det. Jag vet inte var jag kommer ifrån, och jag vet inte om detta kommer att ta slut. Och jag vet inte hur jag har blivit skapad. Jag förstår inte att någon eller något bryr sig eller förstår. Jag tror att den eller det som styr mig inte förstår att

Det Komplexa Universumet – Bok Tre

det finns något medvetande här. Det finns en stor brist på känsla. På något sätt ses jag som en varelse eller en sak, och det är inte känt att jag har ett medvetande.

D: *Vet du varför du måste göra dessa repetitiva rörelser?*

T: Jag har en känsla av att jag håller några varelser, eller något, vid liv. På något sätt är vi en bakgrund bakom kulisserna, som en energi, som på något sätt håller någon typ av värld vid liv genom våra rörelser. Och jag tror inte att världen som vi håller vid liv är den värld som har orsakat oss att existera. Det finns något annat ovanför och bortom oss som inte förstår att vi vet vad vi vet. Och som inte förstår, eller inte bryr sig om att detta inte är roligt. Jag tror att jag har en förskjutning där jag går bort från det, och jag blir arbetad på. Jag går någon annanstans, och jag blir inaktiverad och kanske rengjord på något sätt, underhållen på något sätt. Och jag tror att jag går och sover, går i dvala.

D: *Kan du se vilken typ av plats det är?*

T: Någon annan nivå i någon annan typ av kapsel, eller rum, eller vad vi nu kallar dessa saker. Och jag glider in i en liten enhet, som att jag klickar in på en plats. Som när du laddar en rakapparat eller något. Jag går till den här platsen, och jag klickar in på den, och jag blir inaktiverad. Jag förlorar min kraft. Mitt medvetande. Och något händer med mig. Som att jag blir rengjord, eller omenergerad, eller jag vet inte vad som händer. Men jag klickar in där, och sen försvinner jag snabbt bara. Och sen nästa gång jag vet, att den lilla saken klickar ur mig och spottar ut mig. Och jag går tillbaka och gör samma sak.

D: *Så det är den enda vila du får från det. Annars är det bara kontinuerligt?*

T: Det verkar så. Och det är ingen vila, för jag vet inte om det.

D: *Behöver du någon form av näring för att hålla dig vid liv?*

T: Om jag gör det, får jag det där, och jag vet inte vad det är. Det kan vara något i den här atmosfären som nästan sprayas ut, eller vad nu atmosfären är i denna plats. Det håller mig igång. Och jag vet inte om det håller mig frisk, eller om det stämmer av mig, eller om det upprätthåller mig, om det är mitt bränsle. Jag vet inte. Men ju längre jag stannar där, desto mer känner jag att jag betraktas som mekanisk, som en maskindel. Jag har medvetande. Men jag tror inte att jag kan kommunicera med någon av dessa andra maskiner, eller robotar, eller varelser, eller vad vi nu är. Det är verkligen märkligt. Det är som om ett medvetande har skapats, och de vet inte att vi är medvetna. Det skulle aldrig falla den som skapade oss in. Jag kan bara anta att dessa andra varelser känner likadant, men vi kan inte kommunicera. Jag känner mig helt inlåst i detta. Jag gör detta, för jag har inget val. Och jag har en känsla av att det på ett sätt är ett helvete. Jag vet att det har en mening, men för mig personligen är det meningslöst. Det är repetition. Och jag är inlåst här, och jag kan inte kommunicera. Jag kan inte kommunicera. Det är hopplöst! Det är hopplöst! Jag är helt inlåst i detta skal av en maskin som gör detta arbete.

Jag tyckte att det var dags att vi fick reda på hur allt detta började. Hur denna själ kom att befinna sig i denna fruktansvärda situation. "Vi kan röra oss bakåt, eftersom vi kan manipulera tid. Du kan ta reda på hur detta skapades och vem som gjorde det. Rör dig bakåt till när du först gick in i detta."

T: Så de vet! Jag gillar inte det här, för de vet! Jag vet inte vad anledningen är, men jag vet att detta är en mekanisk sak, eller en syntetiserad sak. Det är något som är skapat. Det är inte något organiskt växt. Det finns ett medvetande som sedan förenas, och de känner igen det. Det verkar som om mitt medvetande är placerat. Det är som om det puffas in ... som om det blåses in i denna sak. Det är som en liten puff. Och jag sätts in här, och de vet det.

Detta var exakt samma process som beskrivs i "Den mekaniska personen" i den första boken. En liten bit medvetande blåstes in i roboten och den aktiverades.

D: *Vad var ditt medvetande innan dess?*
T: Jag är en liten organisk varelse, och jag är odlad. Jag är inte säker på vad det är, men det är en liten rund boll som verkar mer

organisk. Vad jag ser är som en monteringslinje, där bollen på något sätt kommer från en riktning på denna linje. Och sedan kommer dessa små robotiska saker från en annan. Och det finns en plats där du injiceras i detta.

D: Och du var i den lilla bollen som ett medvetande?

T: Ja, ja, ja. Det var jag. Och på något sätt, någon, något – jag har inte sett det än – har odlat oss. Och har skapat detta lilla medvetande, och sedan sätter de oss i denna robot. Det finns ett medvetande som är ... odlat. Jag använder exemplet med provrörsbebisar.

D: Då kan dessa små mekaniska ting inte fungera utan denna lilla gnista, en liten bit medvetande inuti.

T: Rätt. Och vi är uppfödda för att bebo denna lilla maskin. Detta är inte särskilt bra att vara en av dessa saker.

D: Jag antar att personen som gör detta, eller vem det nu är som har uppfunnit detta, inte tänker på det.

T: Jag tror att de kanske säger till sig själva, oavsett om de vet det eller inte, att det inte finns tillräckligt med känsla där för att det ska spela någon roll, för vi är uppfödda för att göra detta. Men min upplevelse är att det är slit och släp. Det är verkligen konstigt. När du är tillbaka med alla dessa små runda varelser på detta löpande band, finns det inte den där känslan av hopplöshet och träldom. De små bollarna är okej. De små bollarna bara finns där. Men inte när de kommer in i den mekaniska saken. När du kommer ut i denna stora, gigantiska fabrik, stad, kontrollcenter – jag vet inte vad det är. Det är lager på lager, och rum efter rum. Det finns hundratals och tusentals av dessa små varelser som gör denna lilla manipulerande sak. När jag flöt in i det, var känslan att det var så sorgligt och hopplöst.

D: Låt oss se om vi kan hitta de som gör allt detta. De som skapade alla dessa saker från början.

T: Vad jag gör är att flyta tillbaka. Och jag ser några varelser som är ganska stora. De är mycket mer amorfa och mjukare i formen. Mer av ljus, eller någon annan substans, än vad jag förstår som vår fysiska substans. Och de skapar saker. (Att se dem började påverka Tina fysiskt.) Åh! Det är väldigt tröttande att ... titta på dem. Jag måste ta ett andetag. (Hon andades djupt.) De kan manifestera ... tänka saker till att bli.

D: *Varför är det tröttsamt att se dem?*

T: Jag tror inte att de är särskilt trevliga. Det är inte så att de är onda, men de är likgiltiga. De är mycket stora och mycket kraftfulla. Och de har – jag antar att det är en – mental förmåga.

D: *Är de fysiska varelser?*

T: De är fysiska, men de är mer förfinade än vad jag känner som fysiskt. De har en slags amorf ljusform och mycket stora, mörka, runda ögon. Och jag kan inte se något annat. Jag ser inga händer. Jag ser inga fötter. Det är inte som Casper, spöket, men det är en vit sak liknande det. Mycket lång, kanske sex meter hög, med dessa stora ögon. Och de behöver inte göra någonting. (Det var svårt att förklara.) Vi får något att antingen brytas eller erhållas. Vi orsakar att något händer med fjärrstyrning. Och det jag inte gillar är att vi har skapats enbart för att tjäna dem. Det är intressant. De är mycket förfinade fysiskt, men de har på något sätt ett behov eller beroende av den fysiska världen. Och de skapar saker som oss för att gränssnitta och få saker att hända i den fysiska världen. Det finns inte alls lika många av dem som det finns av oss. Vi skapar inte. De skapar oss, och sedan hämtar vi saker åt dem, något som de antingen använder själva eller byter till andra saker de behöver. Och det är tröttande och utmattande, för det är obevekligt. (Hon började gråta.) Jag har inget val annat än att fortsätta göra detta mycket tröttsamma arbete dag efter dag. Det är för dem, och de bryr sig inte. Och jag vet inte om det finns något slut. (Hennes röst var fylld av förtvivlan.) Jag misstänker att vi kanske vid någon tidpunkt blir gamla och dör. Och jag vet inte vad som händer med oss då, men vi gör detta mycket längre än vi vill. (Hon grät hårdare.) Det är total träldom. Total, utan val och utan hopp. Och ingen tacksamhet, för de vet inte ens att vi kan känna. Och om de skulle veta det, tror jag inte att de skulle bry sig. Vi gör bara deras bud, kontinuerligt, kontinuerligt. Vad som är fantastiskt med det, när jag ser det från detta perspektiv ... dessa varelser har ett otroligt inflytande över ett universum, till olika planeter. Får vad de behöver. De är skrämmande i sin kyla. Det finns ingen respekt för någon annan än dem själva. Det är inte så att de är medvetet onda. De är bara omedvetna. De är helt insnärjda i sig själva och tar hand om sig själva.

D: *Mycket självcentrerade.*

T: Helt och hållet.

Hon fick slutligen en delvis förståelse av vad deras jobb var i dessa märkliga omgivningar. Deras lilla låda kontrollerade, med fjärrkontroll, vad maskiner gjorde på planeten. Det handlade om en typ av gruvdrift. Mindre obemannade skepp eller enheter kunde dirigeras att flyga till en annan värld, bryta ett gult pulver och fylla pods, som sedan dumpades någon annanstans. Pulvret användes som bränsle för olika ändamål. De större varelserna kunde ha varit lokaliserade någon annanstans, eftersom deras roll i detta var att skapa de små robotarna, så gruvmaskinerna kunde ha varit placerade var som helst. Det spelade ingen roll så länge de gjorde sitt jobb.

Jag bestämde mig för att flytta henne från den scenen till en viktig dag, om det överhuvudtaget kunde finnas en viktig dag i ett så dystert liv av repetitivt slit. Hon kom in i scenen gråtande, men det var en gråt av lättnad, inte förtvivlan.

T: Det är dagen då jag dör. Och jag är så glad att komma därifrån. Jag bara försvinner. Och jag lämnar. Jag lämnar. Jag lämnar den roboten, och det är så skönt. (Gråtande) Gud, det är så skönt att komma därifrån!

D: *Hur dog roboten?*

T: Något hände i mitt medvetande, och jag bara upplöstes. Jag vet inte hur eller varför, men jag hölls samman i den lilla bollen som drev den. Och jag antar att detta skulle vara min död. Något sönderföll så att det inte längre kunde hållas ihop. Som spänningen på en bubbla, hur en bubbla spricker.

D: *Såg du något hända med kroppen?*

T: Jag avdunstade. Roboten stannade kvar där, och den blev avaktiverad. Den var antingen i sin inkopplade plats eller på sitt jobb. Den lilla robotsaken kröktes lite. Den blev avaktiverad. Och jag spreds ut i så små partiklar att jag kunde gå igenom molekylerna i roboten. Vad det än var som höll mig, höll mig inte längre. Det var som en knäpp med fingrarna. På ett ögonblick spreds jag ut. Och sedan flöt jag bara upp och lämnade den. Det var otroligt. Det var den enda bra dagen i mitt liv där. Att komma ut ur det där. Det var dåligt. Det var dåligt! Jag flyter iväg. Jag vill inte stanna där. Och det blir bara allt mer avlägset ... och mindre.

Hon verkade som om hon inte kunde komma därifrån tillräckligt snabbt. Hon ville få så mycket avstånd mellan dessa varelser och hennes ande som möjligt.

D: *Varför bestämde du dig för att göra det från början? Från där du är nu kan du se varför du valde att uppleva ett liv som det där. Jag kommer inte att få dig att gå tillbaka in i det. Vi kan bara observera.*

T: (En chock.) Jag var en av dessa riktigt stora varelser! Och jag antar att jag behövde veta vilken effekt jag hade. (Hon pausade ett ögonblick för att få andan och ta in denna nya insikt.) Jag var på andra sidan av det. Nu har jag kunskapen, att jag behövde veta vilken effekt jag hade, eftersom dessa riktigt stora varelser har en stor effekt. De är enorma med mycket inflytande, och ändå har de ingen förståelse för sitt inflytande. Jag har haft många andra upplevelser, inte bara i robotlivet, utan andra typer av saker under inflytande av dessa mycket stora, grå varelser. För jag hade ett långt liv som en av dem, utan att ha någon förståelse för mitt ansvar. Jag var mycket kall och mycket självisk, och förstod inte min effekt. Och efter att ha gjort det, var det dags att se hur den effekten var, för du kan inte göra så. Kanske är det undervisning, men det är helt enkelt orsak och verkan. Du kan inte göra något utan att ha en effekt. Och så var jag tvungen att uppleva effekten. Jag var tvungen att veta hur det var. Vad jag hade gjort.

Så lagen om karma, om orsak och verkan, är inte enbart en mänsklig upplevelse på jorden. Den sträcker sig mycket längre. Det är en lag som omfattar planeter och universum. Den gäller också varelser med sådan makt att vi bara kan föreställa oss eller gissa oss till.

Det Komplexa Universumet – Bok Tre

Ingenting och ingen är undantaget. Det som går runt, kommer runt. Du måste uppleva att vara på andra sidan av allt du skapar eller får någon annan att uppleva. Det finns mycket att reflektera över här. Om vi verkligen förstod denna lag, hur mycket bättre och mer human världen skulle vara. Om vi bara förstod det, skulle det inte finnas någon dömande eller några fördomar. För vi skulle veta att om vi dömde för hårt eller var fördomsfulla, skulle vi tvingas återvända som just det vi var fördomsfulla mot. Hur annars ska vi lära oss läxan? Vi måste uppleva att vara på båda sidor av myntet. Om denna lag verkligen erkändes och tillämpades i praktiken, skulle det inte finnas några krig och inget våld, och himlen på jorden skulle bli en verklighet.

T: Det är ansträngningslöst att göra det. De skapar bara utan att tänka. De gör det inte med någon tanke på om det är positivt eller negativt. Det är bara vad som än kommer för dem. Vad de vill ha och vad som än gynnar dem. Det är nästan som att skräpa ner universum. De skapar skräp. De tänker inte att de gör det. De gör bara vad de vill utan någon tanke på vilken effekt de har.

D: *De insåg inte att dessa andra små saker de skapade hade liv eller medvetande.*

T: Som den stora varelsen är du så insnärjd i dig själv att det inte finns någon medvetenhet. Man kan inte vara för hård mot dessa stora varelser, för de gör inte särskilt bra saker, men de vet inget annat. Det är allt de gör. De är så insnärjda i sig själva att de inte har något medvetande om hur de påverkar något eller någon annan. Jag tror inte att det ens föll dem in.

Ändå måste karmaskulden betalas tillbaka.

D: *Hur lämnade du det livet som den stora varelsen, så att du kunde gå in i det lilla medvetandet?*
T: Som den stora varelsen har du mycket mer medveten kontroll. Och jag bestämde mig för att jag var klar med att vara en stor varelse. Det är nästan som om jag blev trött på det. Så jag bestämde mig för att lämna den existensen. Du bestämmer dig bara för att göra

det, och det är över. Men sedan går du någon annanstans för att bestämma vad du ska göra härnäst.

D: *Fick du råd av någon annan?*

T: Det var en slags gruppbeslut. Jag gick någonstans och pratade igenom det med en massa andra medvetanden. Och bestämde vart jag skulle gå därifrån.

D: *Så du ville uppleva den andra sidan av det du gjorde, men det var inte särskilt roligt.*

T: Nej. Hela den här grejen är ganska bisarr. För du vet inget annat än vad du vet när du är i den specifika inkarnationen, varelsen, vad det än är. Jag vet inte ens vad jag ska kalla det. Så då avslutar du det, och du går någon annanstans och ser på det. Det finns diskussion, men det är nästan automatiskt. Det är som: du har gjort det här och du har gjort det där, så alla är överens. Sedan gör du den här nästa saken. Det är inte som om det inte finns någon frihet att välja, men det finns så mycket klarhet på denna andra plats. Denna plats däremellan. Det är så expanderat, och det är så klart. Och då är det så logiskt att du går någon annanstans, och sedan, boom, du går någon annanstans. I jämförelse med den platsen av klarhet är det mycket mer begränsat, eftersom du inte har samma vetskap. Det andra försvinner liksom bort.

D: *Okej. Låt oss återgå till den delen där du äntligen kom ut därifrån, och du driver iväg.*

T: Det här är efter att jag är klar med att vara en liten robotsak?

D: *Ja. Efter att du lämnade där.*

T: Jag drev bort därifrån. Först drev jag långsamt, och ju längre bort jag kom från var det än var, desto snabbare verkade jag röra mig, snabbare och snabbare och snabbare bort från det, tills det var som på automatisk. Det är nästan som om jag drogs genom ett vakuumrör eller genom något. Och jag går till denna plats däremellan. Kanske säger jag för mycket och drar för många slutsatser från denna enda upplevelse, men det verkar som om du går fram och tillbaka. Från att vara i något till att inte vara i något, och sedan vara något. Så jag dras bara igen, som ett vakuum, in i denna plats där det finns ett gruppbeslut.

Det Komplexa Universumet – Bok Tre

D: *Men när du ser på den upplevelsen, lärde du dig något av det? Fanns det ett syfte med det?*
T: Jag tror att jag lärde mig att man måste vara snäll. Man måste vara ansvarig. Jag lärde mig det för väl. Och jag kan se att det var så hemskt att vara den här lilla saken att jag tog livstider av. Jag lärde mig därifrån att man måste vara väldigt ansvarig för sina handlingar. Att ens handlingar har otroliga konsekvenser. Men den andra saken som jag bara haft glimtar av i detta liv är att det finns mycket mer medvetenhet i allt, överallt. Tina förstår det nu och då, och det finns några lärdomar om detta. Även om jag ser att medvetandet mekaniskt installerades i den där roboten, vad den där roboten lär mig - det är som att det skrivs på min panna i neon - är att allt har medvetande. Allt har medvetande. Och vad jag ska lära mig nu som Tina från den erfarenheten, är att förstå och inte glömma att allt har medvetande. Att den här filten, den här mikrofonen, den här sängen, allt har medvetande. (Ett djupt andetag.)
D: *Vi tenderar att tänka att något materiellt, som är skapat, inte har det.*
T: Men det har det. Och om Tina ska lära sig något, är en av de viktigaste sakerna att inte glömma att allt har medvetande. Hon kan hjälpa andra människor att komma ihåg det. Men helt enkelt, hon måste komma ihåg att hedra medvetandet i absolut allt. Det är av yttersta vikt för henne. Det handlar inte om en stor fråga som "Vad är hennes syfte i livet?" Det är inget sådant alls. Men för resten av hennes tid på denna planet, jorden, handlar det om att vara i så mycket harmoni som möjligt genom att inse, respektera och erkänna medvetandet i allt. Människor i forna tider visste detta: i det dagliga livet, att respektera eldens medvetande, medvetandet i din kastrull, i maten du äter. Det finns medvetande i allt. Absolut allt! Det finns medvetande i varje levande och icke-levande ting i detta universum, i denna verklighet och i alla andra verkligheter. I grunden är allt medvetande.
D: *Betyder det att vi måste uppleva alla dessa saker?*
T: Vi behöver inte uppleva allt detta, även om vi upplever mycket av det. Det är överallt. Men för Tina i detta liv handlar det om att

respektera och erkänna medvetandet i denna mycket verkliga fysiska värld. Det är inte nödvändigtvis viktigt för henne att vara i kontakt med andra tidigare liv eller andra verkligheter. De finns alla där. Och de är alla erfarenheter hon har haft, i mängder av mängder, och kommer att ha, om du vill betrakta det i termer av tid. Det spelar ingen roll. Hon är allt det där. Vi är alla det där. Skillnaderna är obetydliga, obetydliga. Alla dessa varelser, dessa verkligheter, de är mycket små. De är bara små krusningar på ytan. De är förändringar i nyans. De är obetydliga.

D: *Men du vet vår nyfikenhet. Vi vill veta om de erfarenheter vi har haft.*

T: Det är normalt. Och det är okej. Och det är bra för Tina att ha tittat på detta just nu. För henne att vara i harmoni handlar det om att erkänna att detta medvetande genomsyrar allt. Det är medvetandet som är substansen, den enda substansen. Och glädjen i hennes liv, harmonin i hennes liv, ligger inte i att göra en särskild sak eller veta en särskild sak eller vara på ett visst sätt, annat än att helt enkelt erkänna att medvetande är substansen i allt. Och som i det livet, när hon var den lilla robotvarelsen, var det mest hjärtskärande, det svåraste att bära, även bortom ensamheten, bristen på respekt, bristen på erkännande. Att inte bli erkänd som medvetande. Och därför skulle det vara hennes uppgift, om vi skulle kalla det så, att känna igen att det finns medvetande överallt. Att låta det vara hennes medvetna tanke.

D: *I mitt arbete skulle mycket av det du beskriver klassificeras som elementarväsen. Skilja det från det medvetande som skulle finnas i växter och djur och människor. Bara grundläggande energi.*

T: Du kan kalla det elementärt. Grundläggande energi. Kanske pratar vi om samma sak. Om du tittar på det elementära, och du kan erkänna det elementära i dessa saker. Men vanligtvis när vi pratar om elementarväsen pratar vi om naturen. Och vi pratar om de mer organiska substanserna. Men om vi tittar här och ser vad vi har gjort på denna planet. Vi är i detta teknologiska kapplöpning. Vad vi måste inse är att teknologi har medvetande. Tillverkade saker har medvetande. Vår kopp kaffe har medvetande. Allt har sin plats, men det handlar om att erkänna det elementära, erkänna

Det Komplexa Universumet – Bok Tre

medvetandet, livet, i det. Det är inget fel med att dricka kaffet, men erkänn dess medvetande och tacka det för att det finns och för att det är tillgängligt. Att uppskatta huset som skyddar oss. Att uppskatta sängen som stöttar oss. Att inse att det finns, på sin egen nivå, ett mycket verkligt medvetande där. På sitt eget sätt, inte på det sätt vi normalt pratar om något som levande. Men det förs till liv. Vi, på vårt eget sätt på planeten jorden – precis som dessa varelser skapade allt – vi skapar alla möjliga saker. Vi tillverkar saker. Vi gör smycken och odlar mat. Vi skapar radioapparater, flygplan och bilar. Och att erkänna att när vi väl skapar det, har det sitt eget kollektiva, sitt eget individuella medvetande som existerar, som kan tilltalas. Att det har en viss grad av känslighet. Och det finns där. Och att helt enkelt erkänna det, som hon skulle ha uppskattat att bli erkänd och respekterad i det andra livet, är att sätta en mer i harmoni.

D: *Jag antar att jag tänker på mänsklig personlighet, mänskligt medvetande. Betyder det att som en mänsklig själ – kanske formulerar jag det inte rätt – har vi varit sängar och stolar och saker som det?*

T: På den mest grundläggande nivån – inte på det sätt du använde ordet elementär – men på sin mest grundläggande, enkla nivå är allt ett medvetande. Och ibland bryts det av, och det kan vara en stol. Det kan vara en robot. Det kan vara en människa. Det kan vara en ängel. Det är allt samma sak. Det är allt samma sak. Det är allt lek. Och du sätter detta i spel, och sedan leder en sak till en annan. Och man har denna upplevelse av en sak och denna upplevelse av en annan sak. Men det mänskliga medvetandet på sin mest grundläggande, mest förfinade nivå, är allt en och samma sak.

D: *Jag har tagit människor till livstider när de var växter och djur, men jag tänkte inte på något som var gjort, tillverkat, skapat som att ha samma typ av medvetande.*

T: Men det har det. Ur det perspektiv jag talar från, kanske det inte har lika mycket medvetande. Det verkar finnas mer medvetande inbäddat i vissa saker än i andra saker. Men i allt, på den fysiska nivån, finns det ett element av medvetande.

D: *Det är ett annorlunda sätt att se på saker.*

T: En annan sak du måste vara medveten om är betydelsen av skapande. Att bara vara medveten om att vi alltid skapar saker, ibland med mer varaktighet, ibland med en kortvarig flyktighet. När vi skapar, har varje ord vi talar, varje handling vi tar på denna planet, en effekt. Och när vi deltar i rituellt beteende, på grund av den nivå av medvetande vi tillför, kan det ha en större effekt och föra saker in i andra verkligheter, förutom fysiska verkligheter. På grund av intentionen, kanske det ger större varaktighet eller större verklighet. Det är denna kunskap, att när vi talar vardagligt, har vi någon effekt, och vi skapar en viss krusning i den fysiska medvetandeverkligheten. Och ju starkare man talar, desto starkare medvetande. Ju större avsikt, ju större antal, desto starkare kan krusningen vara, och desto längre kan den vara kvar. Så av den anledningen är det bra att vara försiktig med vad man gör.

D: *Vara mer medveten om vad vi gör och säger.*

T: Ja. För det har en effekt. Och när vi talar vardagligt, är effekten vardaglig. Men när vi talar med avsikt, när vi talar med styrka, medvetenhet och känsla, blir avsikten och effekten större. Och som vi vet, varje orsak har en effekt. Det är enkelt. Det händer. Det är automatiskt. Det är universums lag. Det finns en orsak, och det finns en verkan. Så det är klokt att tala och agera med medvetenhet.

Jag bad om tillåtelse att använda detta material i mitt arbete, eftersom jag sätter ihop allt som pusselbitar.

T: Absolut. Det finns inga problem med det överhuvudtaget.

D: *Jag antar att jag har talat med Tinas undermedvetna. Det är det namn jag ger det.*

T: Du kan kalla det så.

D: *Jag antar att det är vad jag har talat med, för det är du som jag alltid kommunicerar med.*

T: Och i det har du helt rätt, Dolores. Jag är den. Vi är alla den.

D: *Du pratar genom alla jag arbetar med.*

T: Absolut. Och vi kan ha olika skepnader. Vi kan också ibland bära något av en mask, ta på oss en hud, men vi är alla samma. Och vi välsignar dig i ditt arbete.

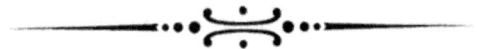

I ett annat fall gick en kvinna tillbaka till ett liv som kan ha varit vid tiden för Atlantis, eller en annan högavancerad civilisation. I mitt andra arbete med klienter som gav information om Atlantis, upptäckte jag att vetenskapsmännen hade nått en så hög grad av sofistikering att de kunde manipulera DNA hos människor och djur, och de skapade många halv-människa/halv-djur varelser. Detta var en av huvudorsakerna till förstörelsen av den kulturen. De hade gått för långt och missbrukat naturens lagar. Ändå verkar det som om de i det här fallet gick ännu längre i sina experiment med fruktansvärda resultat. Kvinnan hade stora svårigheter att beskriva vad hon såg och upplevde. Det var så främmande för hennes sätt att tänka att hon inte ville se det. Hon var en del av en grupp som var isolerad i en byggnad på en ö. Med tiden, genom experimenterande, ersattes många av deras organ (särskilt i bröstområdet) med kristallkomponenter. Det måste ha tagit lång tid för att låta kroppen anpassa sig utan att döda den. Dessa människor användes sedan för att generera energi för att driva olika saker. Kort sagt verkar det som om de var gående, tänkande, skapare av elektricitet, energi, kraft eller vad det nu var. De kan också ha skapats för att användas som ett vapen. Allt detta störde den kvinnliga klienten kraftigt, och hon ville inte se mer. Detta var en av anledningarna till att det var så svårt att få en tydlig bild av vad som hände. Hon såg uppenbarligen mycket mer än hon rapporterade. Jag tog bort henne och förde henne till dagen för hennes död, och det hon såg var fruktansvärt. Något hade gått fel med energi-genereringen, och orsakat att dessa varelser överlastade och exploderade. Kraften var så stor att den förstörde byggnaden och alla i den. När hon lämnade sin kropp såg hon att de kristalliga delarna av sig själv var krossade och inbäddade i väggarna. Döden var chockerande, plötslig och förödande. Hon måste ha tillbringat tid på viloplatsen på andesidan för att återhämta sig. Det dröjde lång tid innan hon kunde ge sig ut och återfödas i ett mänskligt liv. Detta hade naturligtvis orsakat misstro och rädsla i hennes nuvarande liv, särskilt gentemot någon som hade en position av makt.

Detta var ännu ett exempel på att vetenskapsmännen på Atlantis missbrukade naturens lagar och överskred mänsklighetens gränser.

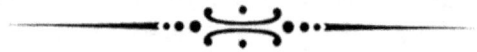

Det följande fallet är ett annat exempel på vad vissa civilisationer kan sjunka till när de inte har någon respekt för människoliv. Detta ägde inte rum på jorden.

Marie kom för en session för att få svar på personliga familjeproblem. Det undermedvetna valde att visa henne två livstider och jag kunde inte se hur de var relaterade. Men jag underskattar aldrig den kunskap som tillämpas på situationen. Det finns alltid en anledning till den livstid det undermedvetna tar personen till. Dess logik överträffar vår vida. Först gick hon igenom ett vanligt, enkelt, vardagligt tidigare liv där inget extraordinärt hände. Sedan, när jag förde henne framåt till något annat, sa hon att hennes högra arm gjorde ont. Jag vet aldrig när ämnet kommer att gå in i ett liv. Ibland kommer de in på dagen för deras död, och ibland kommer de in när något traumatiskt händer. Naturligtvis är det första jag måste göra att ta bort eventuella fysiska sensationer, så att de ska vara bekväma och kunna svara på frågor. Jag frågade varför hennes arm gjorde ont.

M: Jag vet inte. Det känns som om det finns metall i den. (Jag var förvirrad. Hon pekade på sin underarm.) Det känns metalliskt. Inuti ... metall ... inuti armen. Som en stång, där benet borde vara.
D: Hur hamnade den där?
M: Benet bröts. De tog ut benet och satte in en stång.
D: Vem gjorde det?
M: Läkare. De ersatte benet med en stång. Det finns ett mellanrum här, stången. Jag vet inte varför det är där. Det borde inte vara så.

Det Komplexa Universumet – Bok Tre

Varför gjorde de så? (Pekar på sina armar.) Den här är så; den här är inte.

D: *Det är bara högerarmen som har det?* (Ja) *Och det var det som orsakade obehag?*

M: Ja, armen känns tung; väldigt tung. Jag vet inte om jag bröt den eller om de bröt benet. På något sätt bröts benet så de satte in stången.

D: *Nu känner du på din axel. Är den okej?*

M: Åh, hela den här armen känns som om den kunde ha blivit utbytt. Den känns inte som den andra. Den här känns artificiell. Den känns inte riktig.

D: *Kunde de inte bara låta den läka av sig själv?*

M: Experiment. De gör experiment.

D: *Vad menar du?*

M: Jag vet inte. Jag är inte glad. Läkare – forskare. Från min axel neråt. Jag gillar det inte!

Jag ville få en uppfattning om hennes kropp och kön, men hon sa att hon inte kunde se sig själv. Hennes arm var hennes fokus. "Armar och ben. Mest mänsklig, men inte riktigt mänsklig." Jag bad henne att titta runt och berätta för mig om sin omgivning. "Bord i rostfritt stål, fönster ... ovala. Jag känner att jag är på bordet, och de undersöker min arm. De vill se den fungera. Det enda som är verkligt med den är köttet runt den. Det är därför den är tyngre. Det är därför det gör ont." Jag var tvungen att ta bort de fysiska sensationerna igen. Jag frågade om hon kunde se vem som gjorde detta. "De har vita laboratorrockar på sig ... vita laboratorrockar och svart hår. Deras ansikten ser konstiga ut. Deras hår kommer ner till en spets i mitten av pannan. Den delen ser väldigt konstig ut. Det ser nästan orealistiskt ut, som en mask, kanske." Jag frågade om hon kunde kommunicera med dem och ta reda på vad som pågick, men hon sa att de inte gav henne uppmärksamhet. De ignorerade henne bara, utan att lyssna. "De vill bara ... armen. De säger att detta är ett vapen. De gjorde min arm till ett vapen. Jag vill inte det."

D: *Hur vill de att du ska använda den som ett vapen?*

M: För att slåss med. Jag slog något och det blev en buckla. Min arm blev skadad, och de vill inte att det ska hända.
D: Och du har använt den som ett vapen?
M: Ja, slåss; slåss.
D: Är det ditt jobb? (Ja) Är du som en soldat?
M: Nej, mer som karate.

Jag förde henne tillbaka för att se hennes liv innan detta hände. "Jag hade min egen arm när de kidnappade mig. De stal mig. Det var bara ett ödsligt område. Ingen färg. Det är dammigt. Vi har platta stenar. Väldigt ointressant. Och de kommer och tar mig. Någon sorts svävande farkost. De suger bara upp mig som en dammsugare, och sedan detta."

D: Så de gjorde det där? (Ja) Och sedan skickade de ut dig för att slåss?
M: Ja, en krigare. Det känns som om det var i en ring ... en rund ring, inte fyrkantig. Jag tror det var sport. Tävling. Med andra precis som jag, med dessa konstiga armar; konstiga känslor. Varje person har en arm eller den andra.
D: Så vissa av de andra har det i sin andra arm?
M: Ja, så det blir en rättvis kamp. De behöver ta bort den här armen! Jag vill inte ha den! Jag gillar det inte!

Så tydligen var den artificiella armen skadad, och de försökte reparera den. Jag förde henne sedan framåt till en viktig dag, för att se vad som hände. Vad hon rapporterade nästa gång var svårt att förstå. Jag ska sammanfatta det här. Hon kände att hon satt på en grå platta, och hon var någon typ av liten, liten, liten, pytteliten varelse. Det bästa sättet hon kunde beskriva det på var: "En slags artificiell varelse, som en robot; speglar, ovala, cirklar, flikar. En liten varelse gjord av alla dessa cirklar och ovala former. Något mekaniskt." Så, vad som började som en mekanisk arm hade nu utvecklats till något annat. "Nu finns det denna hela artificiella livsform gjord av muttrar och bultar. Hela saken! Men den är väldigt liten. Och jag känner att det är jag! Den ser. Den har ögon ... inte fysiska ögon, men den ser."

Det Komplexa Universumet – Bok Tre

D: *Varför gjorde de dig till denna mekaniska varelse?*
M: Jag är inte helt säker. – Försöker bli av med köttet, så de tar en själ och sätter den i detta. Det är lättare att sköta. Ingen sjukdom. Jag gillar inte det.
D: *Så de börjar långsamt med att byta ut delar?*
M: Delar, ja.
D: *Kom de till slut till att hela kroppen var mekanisk?* (Ja) *Men den har fortfarande en gnista av liv i sig?*
M: Ja, den ser. Den vill att jag ska veta att den ser.
D: *Är du fortfarande krigaren?*
M: Saker har förändrats eftersom detta är väldigt litet. Mycket, mycket, bara ett utrymme för att hysa själen.

Jag kunde inte ta reda på vad syftet var med att skapa detta. Varför tog de en fysisk kropp och reducerade den till något som nästan liknade en datordel? Jag bestämde mig för att föra henne till den sista dagen av hennes liv som denna lilla mekaniska varelse. "Vad händer? Vad ser du?"

M: Stor skrotplats. De här killarna bryr sig inte om något. De slänger bara bort allt. De är så nonchalanta med det. De slänger bara saker. De kastar bort det. Nu ser jag dem gå iväg och skratta.
D: *Inser de att det fanns något levande därinne?*
M: Jag tror inte att de bryr sig.

Det skulle inte finnas något sätt att få mer information om detta märkliga liv, så jag kallade fram det undermedvetna för att svara på frågor. "Varför valde du det livet att visa henne?"

M: Så att hon skulle veta, för att se.
D: *Vad menar du?*
M: Det spelar ingen roll vad du är gjord av, du ser fortfarande, är fortfarande medveten. Det spelar ingen roll; kött och ben eller muttrar och bultar. Det finns fortfarande medvetande.
D: *Vi tänker inte på något mekaniskt som att vara levande.*
M: Nej, men vi är alla levande.
D: *Allt är levande. Är det det du vill säga till henne?*
M: Ja, medvetande, medvetenhet. Allt lever.

Det sa att detta ägde rum på en annan planet där de experimenterade med att skapa artificiellt liv. De hade lärt sig att kombinera de två: liv och maskin. Det ville att hon skulle veta detta så att hon kunde uppskatta livet.

Så dessa var två separata fall där det undermedvetna försökte förmedla meddelandet till vår civilisation att allt är levande. Att allt har medvetande. Till och med något vi aldrig skulle överväga att vara kännande. Självklart har jag alltid pratat med min bil, gett den ett namn, och betraktat den som att den har en personlighet. Men detta gjorde det klart att det är mer än så. Vi tror att vi är medvetna om vår omgivning, men det är uppenbart att vi har en lång väg att gå för att uppskatta livet i alla sina oförutsägbara former. Jag varnade er för att mina böcker är designade för att få er att tänka!

SEKTION TRE

HJÄLP FRÅN ANDRA VARELSER

Det Komplexa Universumet – Bok Tre

KAPITEL NIO

DE BLÅ MÄNNISKORNAS PLANET

När Tom kom in i scenen var han en observatör. Det var natt och han stod vid en väg på landet. Det var fullmåne, vilket lyste upp scenen tillräckligt för att se tydligt. När han stod där och försökte lista ut var han var och vad som hände, såg han en hästdragen vagn med stora hjul passera honom på vägen. Sedan blev han medveten om ett mycket stort hus som låg längre bort från vägen. Vagnen stannade framför huset, en passagerare steg ur, och vagnen åkte iväg. Till en början var han inte medveten om att ha en kropp, utan verkade sväva. Sedan fann han sig plötsligt i kroppen av mannen som hade stigit ur vagnen. Han bar en lång rock som motsvarade 1700-talet och en hög hatt. Långa svarta byxor och en kravatt knuten runt halsen. När han blev medveten om att han bar en promenadkäpp, blev det uppenbart att han var välbärgad. "Jag känner mig medelålders, på väg mot äldre. Jag har skägg, men det är inte särskilt grått än. Jag får intrycket av en liten kutryggighet, men jag känner mig inte gammal. I den andra handen bär jag en sådan där gammaldags doktorsväska."

D: Vad har du i väskan?
T: Hmm! Ampuller och saker. Det finns ett stetoskop där, och salvor och pulver, och tuber och dekokter.
D: Vad tror du att du gör där ute på natten?
T: Jag tror att jag kommer till det här stället för att göra ett hembesök.
D: Då bor du inte där.
T: Nej, jag bor inte där. Vagnen släppte bara av mig. Det finns en äldre kvinna där som behöver hjälp. Faktiskt är den äldre kvinnan min mor, så jag har varit där förut. Men jag tror inte att det är där jag växte upp, även om jag får känslan av att den äldre kvinnan är min mor. Jag gör ett hembesök hos min mor. Jag går upp till huset och

släpper in mig själv. Så jag antar att jag är tillräckligt bekant med platsen för att bara gå in. Jag hänger upp min rock och hatt, lägger ner min käpp. Sedan tittar jag först nerför hallen av någon anledning, tittar in i rummen. Jag vet inte varför jag kontrollerar om någon är där eller inte, men jag gör det. Det är ett stort hus. Och jag går uppför trapporna, runt, och in i rummet.

Så långt lät det som en typisk regression till ett tidigare liv, men det tog snabbt en oväntad vändning. Han pausade och sa med ett förbryllat uttryck, "Det verkar lite konstigt."

D: Vad verkar konstigt?
T: Tja, min mamma ligger där på sängen, men det finns något annat i rummet också. Och jag tror inte att det är mänskligt.
D: Vad ser du?
T: Jag kan inte riktigt få grepp om dess form, men det ser inte ut som en människa. Det har långa armar och långa ben och är lite gråaktigt. Jag får en förvirrande bild. Det verkar rovdjurslikt och ändå inte samtidigt. Jag är inte säker. Det är läskigt, dock. Jag tror att jag kanske är chockad, för det ser lite ut som en utomjording från en film. Men det kan vara min chock, för det känns också okej på något sätt. Jag får två distinkta intryck.
D: Är din mamma medveten om det?
T: Jag tror att hon sover, men jag tror också att hon är medveten om det. Det är som om min mamma just har blivit satt tillbaka i sin kropp. Faktiskt är hon inte helt tillbaka än. Hon blir satt tillbaka.
D: Av denna varelse?
T: Jag tror inte av varelsen. Jag tror av något annat, men i samband med varelsen. Det är ett ljus som skiner genom fönstret. (Paus) Jag är lite tveksam till att gå fram till fönstret för att varelsen är där, men ljuset lyser nerifrån högre upp. Varelsen är vid fönstret vid foten av sängen. Jag tror att jag är ganska chockad av det. Jag är inte säker på vad varelsen gör där. Först trodde jag att den attackerade min mamma och det var därför jag blev rädd. Och jag tror att det är därför jag såg den som ett rovdjur, för det är konstigt att ha något som inte är mänskligt stående i sovrummet. Men jag

Det Komplexa Universumet – Bok Tre

får intrycket att jag på något sätt har träffat dessa människor förut. Jag kan inte säga varför jag känner så, men något med varelsen känns bekant, även om jag vet att jag inte ser det klart. Jag tror att jag börjar komma över chocken nu, men jag är fortfarande vaksam, för jag är inte säker på vad som pågår. Jag tror att något med ljuset hjälper min mamma tillbaka i hennes kropp. Men jag är inte säker på varför varelsen står där, förutom att nu kallar han på mig. Och han vill att jag ska gå upp i ljuset.

D: Hur känner du för det?

T: Det är intressant att nu när han har bett mig, känner jag mig upphetsad att göra det. Jag är fortfarande orolig för min mamma, men konstigt nog också oberoende. När jag kom till huset, undrade jag om hon var på väg att dö.

D: Har hon varit sjuk?

T: Hon är gammal. Hon är på väg till den tidpunkten där det inte verkar som att hon har så lång tid kvar att leva. Jag tror inte att hon nödvändigtvis är sjuk, men hon är gammal och svag. Och så jag hade ringt för att se hur hon var. Jag hade fått ett brev från henne som sa att hon förlorade – inte förlorade sin hälsa, men förlorade sin tid. Hon kände att det var dags, att hon var redo att dö. Och jag, som är läkare, tänkte att jag kunde göra något åt det. (Smärtsam humor) Jag vet inte varför jag trodde det. Men nu är jag här, och jag är konstigt nog inte orolig för henne. Jag tror att detta är större än att jag oroar mig för om hon dör. Jag känner på något sätt att hon är okej nu. Jag vet inte varför. Och så jag är mer intresserad av att gå upp i ljuset. Jag tror att jag är delvis villig att hitta för mig själv, och delvis villig att se var hon har varit och vad hon har hållit på med. Eller varför hon sätts tillbaka i sin kropp.

Nu verkade det som en typisk UFO-historia, men igen tog det en annan konstig vändning.

D: Så det är nyfikenhet då?

T: Ja, det är det. Nu tas jag upp i ljuset. Jag är säker. Min kropp stannar där. Min kropp går inte, min kropp stannar. Konstigt nog står den upp där jag var, håller min läkarväska, fortfarande klädd i mina kläder. Men jag svävar upp i ljuset.

D: *Går du med varelsen?*

T: Varelsen stannar för att titta på min kropp. Jag tror att det är det den måste göra. Och det var vad den gjorde med min mamma. Bara stanna där och titta på kroppen och se till att den inte kommer till skada. Att den är okej.

D: *Berätta vad som händer när du går upp i ljuset.*

T: Det känns mycket ljust, och det känns lätt eftersom jag svävar. Och ljuset blir ljusare och ljusare, och det verkar omge allt. Jag får intrycket av att jag hoppade på något sätt.

D: *Vad menar du ... hoppade?*

T: Jag menar att jag försvann från en plats och jag dyker upp någon annanstans, genom att följa ljuset. Jag stannade inte med ljuset. Jag försvann i ljuset, och jag kommer någon annanstans.

D: *Var har du hoppat till?*

T: Jag får ett antal olika intryck. Ett vattenfall. Så som solen lyser på dimman när den stiger från ett vattenfall, och gör många små regnbågar. Så jag får intryck av dessa små regnbågar, på ett dimmigt sätt. Men jag tror inte att det är från ett vattenfall. Jag tror att det bara är färgerna som dansar, många små färger. Jag är omgiven av ljus, och det finns andra färger som dansar också. Jag kommer någonstans ... åh! Okej. Jag står på en balkong och tittar på ett vattenfall. Men jag får intrycket av att jag inte längre är på Jorden. Det är konstigt, jag känner att jag är i en kropp igen nu, men inte den kropp jag lämnade. Mina händer håller räcket.

D: *Så det är en annan kropp. Hur ser den kroppen ut?*

T: Det verkar konstigt, men jag får intrycket av en lång, blå kropp. Det är konstigt för det intryck jag får är inte så mycket av kroppen, utan av mig. Jag verkar vara någon med ganska mycket auktoritet som står här på balkongen och ser på en vacker stad med vattenfall. Det är en byggnad som delvis är skulpterad i berget där vattenfallen är. Byggnaderna i denna stad är mer naturligt anpassade till landskapet. Jag är inte säker på om jag är ansvarig här, men jag har viss auktoritet. Det finns en vävning mellan mina fingrar. Jag är lång, jag är blå, min hud verkar vara läderaktig. Och

Det Komplexa Universumet – Bok Tre

det är inte någon slags blekhet heller. Jag är inte rädd för att vara blå, det är en riktigt full-on blå färg.

Jag hade svårt att få en uppfattning om kläder, eftersom det kändes som om jag inte behövde det. "Det är en slags tunn, genomskinlig substans. Det är mer som en dekoration än kläder. Något färgglatt på mina axlar. Kanske ett tecken på rang eller position, men det är inte funktionellt som kläder är. Och ändå har jag ett tungt metallbälte, med en kodpiece runt det. Det verkar vara gyllene i färgen, eller mässing. Nej, jag tror att det är guld. Det är intressant. Jag får en känsla av en manlig kropp, men jag tror också att jag är någon slags kvinnlig också. Inte androgyn. Det är mer som en hermafrodit. Jag har båda uppsättningarna av utrustning, så att säga. Jag har manliga könsorgan, men jag har också en livmoder och kvinnliga insidor." Jag frågade om hans ansikte. "Jag har stora, svarta ögon, men det är nästan som om jag är fisklik. Något som en ödla. Det är inte ett mänskligt ansikte alls. Det är ett stort, brett ansikte, nästan som ett paddans ansikte, faktiskt. Även om det är ett paddans ansikte, får jag intrycket av någon slags gälsstruktur, och även någon slags hudveck på baksidan, vertikalt placerade. Volanger och gälar och simhud, främst på baksidan av huvudet. Jag har egentligen inte en hals. Allt smälter samman. Jag har varit på jorden i den andra kroppen. Jag är inte riktigt en läkare, och jag är inte riktigt den kvinnans son, även om jag trodde att jag var det. Jag tror att jag hade tillfällig amnesi för att ta reda på vad det var att vara människa."

Jag tror att det här var ett faktainsamlingsuppdrag.

D: Menar du att du åkte till jorden bara under en kort tid?
T: Ja, det gjorde jag. Jag hade en känsla av att jag var den här kvinnans son, men egentligen tror jag att det var en kropp som jag tog på mig för en tid.
D: En kropp som redan fanns, eller vad?
T: Det är intressant. Jag tror att den kroppen skapades för mig.
D: Utan att födas?

T: Jag får en känsla av att den föddes, men det föddes inte på det normala sättet som kroppar föds.

D: *Vad menar du?*

T: Jag tror att jag, på ett sätt, är den kvinnans son. Men jag föddes inte som en människa föds under normala mänskliga livstider. Jag placerades i hennes kropp och togs sedan ut igen.

D: *Var hon medveten om detta?*

T: Inte medvetet. Jag tror, som den här blå varelsen, att jag hade förmågan att bebo denna skapade mänskliga kropp och sedan återvända. Jag var inte där under en lång tid. Jag tror att jag bara var där i ungefär tjugo år eller så.

D: *Men du sa att du kände att du inte var en läkare?*

T: Det stämmer. Vad jag menar med det är att jag inte var människa.

D: *Men i den kroppen var du en läkare.*

T: Det är korrekt, ja. Skillnaden var att detta inte var en normal mänsklig inkarnation. Jag hade ett uppdrag. På något sätt var det nödvändigt för mig som den här blå personen, den här paddliknande varelsen, att lämna min kropp under en kort tid och transporteras till denna andra kropp. Och uppleva livet som människa under denna period, som jag tror var cirka tjugo år. Jag tror att min mor kanske dog den natten. Och sedan var det dags för mig att komma tillbaka igen. Det var en verklig inkarnation för henne.

D: *Men om du lämnar den kroppen där på jorden, kommer du inte att återvända till den?*

T: Jag tror att det är upp till diskussion om jag ska återvända eller inte. Om det finns något mer för mig att göra nu när hon har lämnat. Det finns en möjlighet att jag kommer att återvända, och det är därför de håller kroppen där. Men om jag inte återvänder så kommer de också att ta kroppen med sig.

D: *Hur ska du ta reda på det?*

T: Jag måste prata med dessa människor i rummet. (Paus) Vi bestämmer att det inte är något behov för mig att återvända; det var tillräckligt. Hon är också här i rummet. Hon är medveten om att detta var en av hennes mänskliga inkarnationer. Hon har haft många. Hon fann det hon behövde hitta i det livet. Och jag hjälpte

till att det skulle ske. Det var nödvändigt att jag gick dit för att hjälpa henne med hennes arbete. Jag var tvungen att påminna henne om sitt arbete eftersom hon tappade bort sig i det livet.
D: *Var det ditt syfte att vara där?*
T: Det stämmer. Och nu när jag är tillbaka, inser vi att vi har lyckats och jag behöver inte återvända igen.
D: *Vad händer med kroppen som finns kvar på jorden?*
T: Den kommer att transporteras. Den kommer inte att lämnas där för att dö. Kroppen kommer att tas om hand, även om min själ inte längre är bunden till den, och den kommer att gå sin naturliga gång. Jag tror att den kommer att tas om hand i någon sorts tank någonstans på den här planeten. Cellerna kommer att leva ut sin tid, för de har också medvetande. Ingenting kommer att dödas. Cellerna kommer att leva ut sin tid, och sedan kommer kroppen att dö.

När Tom vaknade hade han några tankar kvar om detta. Han sa att varelsen som var i rummet tog bort hans kropp och transporterade den. Den kunde inte lämnas där eftersom den inte var som andra mänskliga kroppar. Han utvecklade inte hur den var annorlunda. Kanske för att det inte var en normal inkarnation. Kroppen togs ombord på ett skepp och placerades i en tank. Cellerna hade liv och måste få leva ut sin livslängd. Modern dog en normal död, och eftersom hennes kropp var resultatet av en normal inkarnation behövde inget särskilt göras med den.

T: Hon dog faktiskt. Det var en verklig fysisk inkarnation av henne.
Så senare kommer någon att hitta hennes kropp i hennes säng, och det kommer att hållas de normala begravningsritualerna.
D: *Går andra på er planet och upplever ....*
T: Ja, det gör de. De reser ibland till jorden, men ofta åker de någon annanstans. Men det är en del av kulturen att under en livstid är det vanligt att människor tar resor för att uppleva andra planeter och andra kulturer, eftersom dessa livstider varar i många tusen år. Ibland görs det som en hel livstid, en full inkarnation. Och ibland görs det inte på det sättet. Men medan de lever, om det är en full

inkarnation, och även om det inte är det, kommer de att ha den amnesi som normalt uppstår under livstider på jorden. De kommer att ha den amnesin för att få den sanna mänskliga upplevelsen. Om de åker till en annan planet, till en annan kultur, kommer de att anpassa sig till hur den kulturen gör saker. Den amnesi som uppstår på jorden under livstider är inte ett universellt fenomen.

D: *Så när personen lever på jorden, är den personligheten inte medveten om att det finns en annan typ av själ i kroppen.*

Detta koncept är ganska likt Estelles upplevelse i *Convoluted Universe, Book Two*, där ett reptilianmedvetande trädde in i hennes kropp för att uppleva livet på Jorden. I det fallet behövde kroppen anpassas för att hantera den olika typen av energi.

T: Korrekt. Men det är inte som om någon annans kropp och själ har tagits. Det är helt enkelt själen som väljer att födas som i en normal inkarnation. Det är bara själen från en av våra människor på den här planeten.

D: *Men själen har amnesi medan den är på jorden, för annars skulle det vara för förvirrande.*

T: Tja, inte nödvändigtvis förvirrande, för vi är vana vid att göra den här typen av resor. Men det skulle inte vara den rätta upplevelsen att ha på den här planeten. På den här planeten har människor amnesi under sina livstider.

D: *Annars skulle du ha för många minnen som skulle störa.*

T: Ja, du skulle inte få den normala mänskliga upplevelsen.

D: *Gör ni detta upprepade gånger, eller bara den här gången?*

T: Vi gör det flera gånger, men bara den här gången på jorden. Jag har haft många inkarnationer som människa, men de var när min själ var engagerad i den mänskliga upplevelsen. Denna speciella resa var från planeten med de blå människorna. Detta var enda gången jag som en blå person reste till jorden.

D: *Annars var det bara när själen omplaceras. Är det korrekt?*

T: Det stämmer, det stämmer.

D: *Men sedan stannar du bara på den andra planeten och fortsätter ditt liv?*

Det Komplexa Universumet – Bok Tre

T: Precis, då fortsätter jag mitt liv. Men det viktiga med det är att jag gjorde ett misstag när jag var inkarnerad på den planeten. Jag har haft många liv på många andra planeter i många stjärnsystem. Många liv på många av civilisationerna på jorden. Men medan jag var här med denna blå ras, var det mitt enda försök att vara på jorden. Men på något sätt, när min själ rörde sig till jorden för att uppleva jordens erfarenhet, förväxlade jag denna erfarenhet med att jag reste. Så vikten av detta är att det faktiskt inte var ett besök eller en bortföringserfarenhet, utan jag var utomjordingen. Jag gjorde detta för min familjemedlem, min syster, även om jag kom ner och det var min mamma. Det var min syster på den planeten, och hon höll på att gå vilse. Så jag kom in och rättade till hennes misstag och sen hoppade jag ut igen. Det livet som läkare var inte ett riktigt liv. Det var tjugo år där för att rätta till min systers misstag. Min syster, som i det livet var min mamma, om det nu låter rimligt.

D: *Jag förstår, och hon var din syster på den blå planeten?*

T: Precis. En av många systrar. Jag var tvungen att hjälpa henne. Hon gjorde ett misstag. Hon höll på att gå vilse, hon höll på att bli galen.

D: *Åh! Vad orsakade det? Hade det något att göra med de två olika typerna av energier?*

T: Nej. På den blå planeten har vi tillgång till många av våra liv på ett medvetet sätt. Och så detta var en normal mänsklig inkarnation för henne. Men som människa hade hon blivit tyngd av mycket av den negativitet som finns på denna planet, och hon hade tagit på sig det själv. Jag upprepade samma mönster i detta liv när jag utforskade samma energi. Hon tog den smärtan och negativiteten på sig själv, och det blev för mycket för henne. Och så kom jag in som hennes son, för att hjälpa henne att balansera och hela.

D: *Händer detta ofta när en utomjordisk energi försöker hantera jordens energier?*

T: Om det finns en personlig koppling från detta liv på den blå planeten, kommer vi inte att störa vad som händer på jorden, eftersom andra planetära energier tar hand om det. Vi från den blå planeten hjälper till. Andra i vårt system hjälper faktiskt dem, skickar mycket energi och mycket kärlek, och mycket omsorg. Vi gör detta också, men detta var specifikt för att hjälpa den varelse som var min syster. Och så är vi mer fokuserade på att hjälpa de av oss som är medvetna om våra andra liv på andra planeter. Det är mer en generell sak att hjälpa jorden och dess jordenergi. Men specifikt för livstider hjälper vi en av våra egna. Vi kommer inte nödvändigtvis att gå och hjälpa en individuell livstid för någon annan.

D: *Händer det ofta att människan blir lika förvirrad som din mamma blev?*

T: Hon hade många liv som människa. Vissa där hon var förvirrad, och vissa där hon inte var det. Så de var normala mänskliga inkarnationer som en del av den normala mänskliga upplevelsen. Det som påverkade hennes sinne i det livet var den normala mänskliga negativiteten. Den normala negativiteten på jorden. Det var inte på grund av det andra utomjordiska livet, livet på den blå planeten. Det är helt enkelt där vi upptäckte detta liv i ett medvetet sinne, och valde att gå och hjälpa till. På den blå planeten valde hon mig att gå, vilket var en stor ära.

D: *Anser du att denna blå planet är din hemplanet?*

T: I den här upplevelsen, ja. Det är där jag har många livstider, och detta är ett av mina hem. Men jag har många hem. Jag har hem i många andra planetsystem, och denna jord är också mitt hem. Som en själ har jag varit en del av denna fysiska upplevelse på många sätt och många gånger.

D: *Jag försöker alltid klargöra skillnaden mellan att gå tillbaka till en sådan planet och den andliga sidan. Är det annorlunda?*

T: Ja. Detta är en fysisk inkarnation på den blå planeten.

D: *Ibland låter det väldigt likt när man kan komma och gå med sin själs kropp.*

T: Ja, men på den planeten har vi blivit ganska avancerade för att kunna resa med själen. Jag tror att det är termen som kommer att tänka på vad vi gör. Eftersom vi är andligt avancerade nog på den planeten, i det livet, i den erfarenheten, har vi som ras lärt oss hur man blir medveten om andra livstider. Vi är medvetna om att vara både på den planeten och på andra planeter i samma system, eller i andra system.

D: *Vad gör de med informationen när du tar tillbaka den?*

T: Vi lär oss mer om andra kulturer. Och nu när vi har gått till den planeten, jorden, och upptäckt och rättat till hjälpen från min systers livstid, har vi upptäckt mer om hur livet är på jorden. Mer om varför människor tappar bort sig själva. Mer om, och mer specifikt, varför hon tappade bort sig själv. Och det var på grund av att ta planetens negativitet in i sig själv.

D: *Varför är det viktigt för dig att veta denna information?*

T: För att detta är samma sak som jag gjorde i detta liv som jag lever nu. (Som Tom.) Så jag hade mycket smärta i detta liv.

D: *Det var en av Toms frågor. Han sa att han inte upplevde en fysisk smärta, utan en inre smärta. Kan du berätta för honom om det?*

T: Det handlade om att ta på sig planetens smärta. Det fanns mycket ilska. Systern från det andra livet hade samma problem, mycket ilska mot det lidande som sker här. Ibland kan vi gå vilse i att tro att det inte finns något vi kan göra åt det. För oss själva finns det inget vi kan göra åt en annans smärta, om de inte låter oss hjälpa. Självklart kan vi här välja att inte leva så smärtsamma liv. Men ibland glömmer vi, och ibland tillåter vi smärtan. Och ibland, med ilskan över att upptäcka hur mycket smärta som finns här, börjar vi skylla på Gud och det gudomliga och ta det på oss själva.

D: *Tom sa att sedan han var barn, har han alltid haft denna känsla, som om han skrek inombords.* (Ja) *Och det var vad som orsakade det? Att plocka upp planetens egna känslor? Eftersom vi vet att planeten också är en levande varelse.*

T: Ja, men låt mig vara tydligare. Det är inte nödvändigtvis planetens känslor, för planeten kan ta hand om sig själv. Det är känslorna hos varelserna på planeten som har tappat bort sig själva. Och så många av dem har tappat bort sig själva. Och när någon kommer ner för att hjälpa, kan man gå vilse. Och då blev han förvirrad om vem han var och var han var. Han blev förvirrad om detta var hans smärta, eller om det var andras smärta. Och han bestämde sig för att göra det till sin smärta att arbeta igenom. Och ändå tillhörde det aldrig honom, det gjorde det aldrig. Han behöver släppa det.

153

D: *Är det därför han blev självmordsbenägen?* (Ja) *Han ville bara komma ut ur den inre turbulensen?*
T: Ja. Han var inte välbalanserad vid den tiden. Genom att ha tagit på sig all smärta, tappade han bort sig själv och glömde vem han var.
D: *Men amnesin är normal, eller hur?*
T: Amnesin är normal, men han har upplevt så många livstider i så många system att han har en närvaro som ett medvetande som är naturligt helande och naturligt positivt. Och detta är vad han glömde.
D: *Varför kom han till jorden den här gången?*
T: Detta är en avgörande livstid. Detta är en livstid där han kommer att leda många in i den nya världen. Han visste inte att problemen skulle vara så svåra. Han trodde att han skulle kunna arbeta igenom dem mycket lättare än han gjorde. Han är här för att hjälpa människor. Men mer än så, han är här för att skapa något nytt tillsammans med dem, så att denna typ av smärta inte längre behöver existera i samma utsträckning. Många andra människor känner också denna smärta, men de vet inte vad som orsakar den. Medan han vet. Han har en förmåga att koppla upp sig med det gudomliga, med medvetandet av Allt Som Är, medvetandet av Nåd. Och han har ett sätt att veta hur livstider är; han har ett sätt att förstå vad den fysiska upplevelsen är bortom livstider och mellan livstider. Han är här för att skapa ett nytt sätt att leva, ett nytt sätt att födas, ett nytt sätt att dö, ett nytt sätt att existera mellan livstider, så att smärtans cykel inte startas. Han ska skapa en ny upplevelse där människor blir mer medvetna om vilka de är, om deras gudomliga natur, och mindre fokuserade på smärta och lidande; mindre fokuserade på skam. Mer medvetna om deras anledningar till att leva; mindre berusade av smärtans myt, med idén att lärande måste ske genom smärta. Med idén att karma är viktig, med idén att man måste lära sig genom lidande. De som är berusade av dessa idéer kan bli mer medvetna, och förstå att man kan leva och växa och lära sig genom glädje, frid och kärlek. Och även om det är mycket vanligt på denna planet att ha gått vilse, när denna nya upplevelse skapas, denna nya medvetenhet under livstider, mellan livstider och bortom livstider, kommer det att

finnas mindre behov av smärta, mindre behov av lidande. Människor kommer inte längre att gå vilse i förvirringen. Det finns väldigt många som har kommit för att göra samma sak. Många fler som försöker hjälpa på avstånd. Men många själar har inkarnerat vid denna tid för att skapa denna nya upplevelse.

D: *Du sa att det skulle vara ett nytt sätt att födas.*

T: Ja, det betyder en ny typ av upplevelse. Visst kommer det fortfarande att finnas fysiska födslar, själar som inkarnerar, men det kommer inte att finnas någon skam som överförs. Det kommer inte att finnas någon smärta som överförs. Det kommer inte att finnas någon förvirring som överförs. Och amnesin kommer bara att vara i den utsträckning som behövs. Det kommer inte att vara helt på plats för alla som det är just nu. Människor kommer att vara mer medvetna om sina andra livstider, mer medvetna om sitt andliga syfte och sin riktning. Mindre fokuserade på bara denna ena livstid, om det inte är precis där de verkligen behöver vara. Men även då kommer det inte att vara genom smärta, utan genom kärlek och glädje.

Tom hade utbildats som läkare, men bestämde sig sedan för att inte fortsätta den karriären. Han hade blivit involverad i energihealing, men hade problem med det.

T: Återigen var detta en förvirring från den senaste erfarenheten vi pratade om. Han var aldrig menad att vara läkare i detta liv. Han gick vilse i förvirringen och kom ihåg att en läkare hade kommit för att hjälpa. Men han är en helare på andra sätt. Han kan definitivt använda sin medicinska erfarenhet. Han är tänkt att föda fram denna nya värld, denna nya upplevelse. Detta är huvudfokus för denna livstid. Och medicinen, även om den var till hjälp, var en missuppfattning. Det är inget han behöver återvända till och utforska vidare. Han har ifrågasatt detta. Vi skiftar hans energier. Vi öppnar hans hjärta, för i hans hjärta är där han håller sin rädsla. Det kommer att lindras långsamt under de kommande åren. Hans roll är mer att utforska. Det är därför vi säger att det kommer att släppas långsamt under de kommande åren, för det är inte dags för honom att ha en fullständig healingpraktik i detta skede. Visst, det är dags för honom att lära sig mer, att uppnå mer och att ta reda på mer om vem han är. I detta skede har han mer att utforska.

KAPITEL TIO

ÖVERLEVNAD

När Peggy kom ner från molnet fann hon sig själv i ett kargt landskap; mycket kuperat, med lite vegetation. Mest små buskiga träd. Hon tittade sig omkring efter tecken på människor eller bebyggelse, men kunde inte se något. Sedan såg hon en liten stig som ledde upp från en ravin. När hon följde den märkte hon att hon svävade istället för att gå. Stigen slingrade sig uppför en hög kulle genom klippor och gulbrunt torkat gräs. Hela scenen var öde. Inga tecken på liv av något slag. Hon såg sedan fler träd, men de var alla döda. När jag bad henne titta på sig själv sa hon: "Jag känner ingen kropp. Jag känner mig som energi. Det känns som en massa. Nästan som... det är inte en rund boll, det är lite avlångt. Vibrerande. Det känns nästan som vinden som rör sig." Hon kände sig innesluten, men inte som att vara i en kropp, bara något som omsluter energin. "Det är som att det finns ett ljus i mitten av denna ovala energi. Och ljuset strålar ut som ett ark i en oval form."

Hon gillade den här platsen trots att den var öde. "Det känns väldigt bekvämt, väldigt bekant. Men det känns som om jag letar efter något. Jag går fortfarande uppför kullen, och jag kommer till en plats där det finns många mörkgröna träd. De kan vara tallar, höga. Jag tror att jag letar efter en grotta, eller en fördjupning i jorden. Jag tror att jag ska möta någon där."

D: *Varifrån kom du?*
P: Det här låter konstigt. Jag tror att jag kom från himlen. Jag blev skickad till denna plats, men jag har varit här förut. Åh, vänta! Det är inte en grotta. Det är en hydda, men den är väldigt enkel. Den har ett grästak och stolpar. Och den är inbyggd i sidan av en slänt. Det finns en liten bädd... och det finns en man – smal, gammal.

Han är som en eremit. Jag har kommit för att prata med honom, kommunicera. Han har bett om information, och därför har jag blivit skickad för att prata med honom. Han är en gammal man. Han ligger på bädden. Det är som om jag går in i hans sinne.
D: *Jag undrade om han kunde se dig.*
P: Jag tror inte att han kan det, men han vet att jag är där. Han kan känna det. Och jag pratar med honom. Han ville veta hur länge han måste stanna där i fysisk form. Han vill lämna. Men jag är där för att berätta att han inte kan lämna än. Det är något han måste göra. Jag vet att han är trött, men det finns en by bortom några av dessa kullar som han måste gå till. Han måste prata med dessa människor för att de behöver hjälp. De är förvirrade. De behöver vägledning, och han har visdomen att hjälpa dem. De behöver vägledning. Han måste göra detta innan han kan lämna.

Det lät verkligen som om Peggy agerade som en skyddsängel eller vägledare. Hon gav honom råd, men svarade också på hans begäran om information. Detta verkar vara ytterligare en bekräftelse på att vi ibland också agerar i denna roll när vi är på andra sidan.

D: *Vad tycker han om detta?*
P: Han är inte särskilt glad, men han är villig att gå eftersom han vet att han har kommit hit för att göra vissa saker. Och han har hjälpt andra människor på detta sätt. Det har varit någon störning i byn. Det kan vara jordrelaterat, men människorna är förvirrade. De tror att gudarna straffar dem. Och han måste gå och berätta för dem att det inte finns någon gud i berget som straffar dem.
D: *Har han varit i denna by förut?*
P: Nej, inte denna. Han har varit i andra.
D: *Då kommer de inte att veta vem han är.*
P: De vet på ett sätt, eftersom det finns rykten om en vis man som bor i bergen.
D: *Du sa att han har hjälpt andra. Var det människor som kom för att träffa honom?*
P: Nej, han går. När han var yngre gick han längre bort, men nu när han är gammal kan han inte gå så långt. Men han har aldrig varit

i denna by. Jag tror att de kommer att acceptera honom. Han är deras enda chans, för om de inte accepterar honom kommer det att bli mycket kaotiskt, och de kommer inte att överleva.

D: *Du menar att det kommer att bli för mycket rädsla?*

P: Ja. Och då kommer de att vända sig mot varandra.

D: *Kan du se vad som orsakade denna störning i byn?*

P: Kanske var det en stenlavin. Men de tror att det finns en gud som bor i bergen som straffar dem. Och de anklagar varandra för att vara orsaken. De gjorde något för att reta upp guden. Och det finns så få människor i hela detta område att om en by förstörs, om en by inte klarar sig, kommer hela befolkningen att påverkas. Det kommer att orsaka en obalans. Det är mycket viktigt för hela ekosystemet.

D: *I detta område?*

P: I hela världen.

D: *Jag har alltid trott att mer befolkning orsakar en störning i ekosystemet.*

P: Inte på denna plats. Dessa människor är mycket knutna till denna jord, och det är något de måste göra. Så det måste finnas några fler människor för att säkerställa att de inte dör ut. För om alla dessa människor dör kommer det att skada denna plats. (För sig själv:) Vad är det med dessa människor som måste vara där? – De måste upptäcka något på denna värld för att hjälpa världen själv att utvecklas.

D: *Är denna värld Jorden?*

P: Nej, det är inte Jorden.

D: *Då har befolkningen inte varit där särskilt länge?*

P: Nej, de har inte varit där särskilt länge. Och det är fortfarande mycket störningar i atmosfären och i jorden själv. Denna värld är inte så gammal, och den har inte stabiliserat sig ännu. Men den är vacker. Nu ser jag denna enorma klippbåge, och den är bara fantastisk. Och han går till byn. Jag tror att det är därför jag är vid denna båge. Jag ger honom styrka – inte nödvändigtvis fysisk styrka, utan beslutsamhet. Jag hjälper honom i hans beslutsamhet att gå dit.

D: *Vet du var de ursprungliga människorna kom ifrån?*

Det Komplexa Universumet – Bok Tre

P: Jag vill säga att de blev förda dit. De ursprungliga frivilliga. De kom från någon annanstans. Jag tror från samma stjärnsystem, men en mer avancerad planet. De gick med på att komma och hjälpa denna nya planet. Det har gått flera generationer. Men kolonierna blomstrar inte som de trodde att de skulle. Men de ska inte ha kontakt med den ursprungliga planeten, så de kommer att göra denna planet till sitt hem.

D: Men skulle inte de ursprungliga människorna ha fört vidare historier?

P: Det verkar som om de har glömt dem om de gjorde det. Eller så har deras minne raderats.

D: Det är möjligt om de ville att de skulle börja på nytt. (Ja) Det är därför de inte har råd att låta hela byn utplånas, om de inte blomstrar.

P: Och eremiten kom. Han har varit där länge. Och han känner att han inte har hjälpt, men han har hjälpt mer än han trodde. Han inser det bara inte. Om han inte hade varit där skulle de ha blivit utplånade vid det här laget. Han är i byn, och jag berättar för honom vad han ska säga. Han lugnar ner folket eftersom de var ganska upprörda. Han berättar för dem vad de behöver göra. Och vi är högt uppe i bergen. En av anledningarna till att de är så upprörda är att lavinen, stenraset, täckte mat som de odlade. Så han berättar för dem att de behöver flytta.

D: Att flytta hela byn?

P: Ja, ner till ett område som är mer stabilt. Och jag berättar för honom var de ska bosätta sig. De lyssnar på honom. Och de samlar ihop sina tillhörigheter. De kommer att ha det mycket bättre nere i dalen. De kommer att ha en mycket längre växtsäsong. De kommer att vara närmare andra byar där de kan handla, eftersom de skulpterar sten. Och så de går, och han visar dem att det blir en resa på ett par dagar. Han går med dem. Jag går före dem.

D: De kan inte se dig heller?

P: Nej, de kan inte se mig. Men jag lämnar och går ner till platsen dit de ska.

D: De måste börja om från början, eller hur?

160

P: Det måste de, men det finns inte mycket där så det kommer inte att vara svårt. Och denna plats är mycket bättre för dem.

D: *Det är som om han var förnuftets röst.*

P: Ja, de var faktiskt väldigt glada att se honom.

D: *Vi kan flytta tiden framåt mycket snabbt. Stannar den gamle mannen hos dem särskilt länge?*

P: Han stannar hos dem i ett par år för att hjälpa dem.

D: *Stannar du där hela tiden?*

P: Jag stannar en del av tiden. Jag kommer och går. Men i slutet av två år kommer jag och berättar för honom att han kan lämna. Han har avslutat sitt arbete. Jag är med honom, och han går ur sin kropp. Och då kan han se min energi. Vi lämnar tillsammans och återvänder till planeten. Jag tror inte att människor är i fysisk form på den platsen.

D: *Är detta en fysisk planet?* (Ja) *Så det är inte en energivärld.* (Nej) *Som man skulle tänka sig som Himlen.*

P: Nej, det är en fysisk plats.

D: *Men han är också i andeform, eller hur?*

P: Nu är han det, ja.

D: *Känner han igen denna plats?*

P: Ja. Det är hans hem, och han har uppfyllt sin plikt till denna nya planet. Och när han kommer tillbaka går vi till en grupp av energi. Och han talar, eller kommunicerar om vad som hände där med honom och med människorna. Faktum är att han rapporterar tillbaka.

D: *Sker detta med alla som lämnar därifrån?*

P: Jag tror det. Och jag har inte varit någon annanstans. Jag är lite som en budbärare.

D: *Går du till andra platser förutom den där?*

P: Ja. Jag går till andra världar. Vissa av dem har människor. Vissa har det inte. Några av dem är i andeform. Men jag tar meddelanden från detta råd på hemplaneten genom hela detta stjärnsystem. Och det är ett stort stjärnsystem.

D: *Har du någonsin levt ett fysiskt liv själv, eller har du alltid varit denna energi?*

P: Nej, jag har levt fysiska liv. Men jag gillar att vara energi. Jag gillar att inte vara i en kropp. Jag gillar den friheten.

D: *Om du gillar det så, varför skulle du vilja gå in i en kropp?*

P: För att lära mig.

D: *Kan du inte lära dig allt där?*

P: Nej, det finns vissa saker som är mycket lättare att lära sig i en kropp. Känslomässiga saker, känslor, sensationer. Begränsningar. Det är intressant att ha känslor. Och man kan lära sig saker snabbare när man har känslor.

D: *Då, på hemvärlden när du är energi, upplever du inte riktigt känslor?*

P: Inte som du gör i fysisk form. Inte den typen. Det är lättare. Det är enklare.

D: *Varför är det lättare att lära sig känslor i det fysiska?*

P: Det är intrycket, det är bara där. Det är så rätt i ansiktet på dig. Och du måste lösa problem som vi inte har i andevärlden.

D: *Men när du kommer in i en fysisk kropp, är du inte orolig för att fastna där, eller bli fångad där? Jag tänker på karma.*

P: Nej, jag känner inte karma.

D: *När du kommer in i det fysiska, interagerar du med andra människor, och det är så lätt att fastna i saker som skapar karma.*

P: Det är sant. Men jag minns inte att jag har fastnat.

D: *När det händer måste du stanna i det fysiska. Du kan inte gå tillbaka.*

P: Nej, jag kommer och går.

D: *Är det inte svårt att undvika att bli fångad i det fysiska?*

P: Det verkar inte vara det. Jag vet inte varför. Varför har jag inte blivit fångad? För jag tror att jag alltid är en budbärare, även när jag är i det fysiska. Jag har alltid varit en budbärare. Jag skapades som en budbärare.

D: *Så även i det fysiska är ditt jobb att lära människor saker eller vidarebefordra meddelanden?*

P: Åh, ja. Saker de behöver. Jorden är vacker. Jag gillar själva jorden. Jag gillar jordens skönhet. Men det är svårt för människor på jorden. Det är så tungt där. Ibland gör det mig ledsen att se dem kämpa och ha ont, och inte förstå varför. När de kommer till jorden tar de saker så allvarligt. Det är som att jorden är ett drama. Det finns andra platser som är mer lätt komedi. Men jorden är drama, de fastnar så mycket i dramat. De tar det så allvarligt.

D: *Det är för att de tror att det är allt som finns.*

P: Ja. De behöver lätta upp!

D: *Men när du kommer in i det fysiska, kommer du inte ihåg.*

P: Det är sant. Det skulle hjälpa mycket om de kunde minnas dessa saker.

D: *Varför får vi inte minnas?*

P: På grund av vad vi behöver lära oss här. Det skulle störa om de kom ihåg. Jag tror att människor kommer hit för det dramat. Det är en del av den upplevelsen att arbeta igenom dessa tunga, dramatiska, känslomässiga upplevelser. Men förhoppningsvis kommer det att förändras. Det kommer att bli lättare. Vi kan inte minnas, annars skulle vi inte kunna göra de saker vi behöver göra när vi är här.

D: *Men du sa att du också har gått till andra världar och varit fysisk där?*

P: Ja. Men de är alla olika upplevelser, olika saker att lära sig. Jag tror inte att två världar är likadana. Olika energier, olika atmosfärer; vissa är tunga, vissa är lättare. Vissa kan du skapa. Det finns till och med världar där det inte finns någon fri vilja.

D: *Vad händer på en värld som den?*

P: Du har bara vissa vägar du måste gå, och det finns inget val.

D: *Det är också en läxa, eller hur?*

P: Åh, ja. Eller en upplevelse.

D: *För att se hur det skulle vara om du inte hade något val.*

P: Ja, det är inget roligt.

D: *Fanns det någon värld som var din favorit, som du skulle vilja återvända till?*

P: Ja. Alla som bara är ren kärlek och rent ljus.

D: *Världen när du är energi? (Ja) Är den världen annorlunda än andevärlden när du är mellan liv?*

P: Ja, det är den.

D: *Naturligtvis har du inte en kropp heller när du är i mellantillståndet.*

P: Nej. Det är annorlunda ändå. Det är ett skifte. Andevärlden är en annan dimension än världen där du bara är i ande, men du är också på en värld. Det är en annan dimension än att bara vara i ande.

D: Men om du är i energivärlden, skulle du inte dö, så att säga, eller hur?

P: Nej, du dör inte. Du kan välja att lämna, och du kan gå tillbaka till andevärlden.

D: Jag undrade om du också gick in i den andliga dimensionen.

P: Ja, det gör du. På min hemplanet är det som om det finns grupper av energi som observerar andra världar. Och sedan skickar de ut budbärare till andra världar för att hjälpa. Det är nästan som att titta på eldflugor. Dessa andar går ut till andra världar med information.

D: Så från hemplaneten kan du inte bara gå och gå in i en kropp.

P: Nej. Du gör bara meddelanden, men du måste gå till andesidan för att få uppdrag. I andevärlden, olika dimensioner, olika universum.

D: När du är där är du inte denna lysande energi? (Nej) Och är det de som berättar för dig vart du ska gå, eller har du ett val?

P: Du har ett val. Du träffar ett råd. Du bestämmer vad du vill lära dig och uppleva, och när du vill uppleva det, och på vilken plats. Och vilken del av din grupp du vill gå med. Jag är i ande, och jag är energi och jag är på denna planet. Och vi kommer tillbaka till denna planet efter att vi har tagit meddelanden. Det finns andra andar där. Men om vi bestämmer oss för att lämna och gå tillbaka till ande, kommer många gånger en del av vår grupp också att gå tillbaka. Och sedan, om vi återföds i andra fysiska världar, går vi tillsammans.

D: Visar de dig hur livet kommer att vara?

P: Du får en översikt, och du bestämmer om det är vad du vill göra. Det är lite som en förhandsvisning.

D: Så du kan uppleva och lära dig dessa saker utan att skapa negativitet och karma.

P: Vi kan bli fångade om vi glömmer. Så när vi väl kommer in i en fysisk värld, kommer vi ihåg hur vi ska hantera karma medan vi är där, för att inte låta det fastna på oss.

D: Finns det ett sätt att hålla det från att fastna på dig?

P: Vara medveten om att du skapar det, och lösa det. Att inte fastna i dramat. Det är svårt för de flesta människor. Men den här gruppen jag är med, det är som om det finns ett minneschip som – det är inte medvetet, men det varnar oss på något sätt att vi behöver ta hand om vår karma i detta liv. Låt det inte följa med.

D: *Människor fastnar i dramat och tror att detta är den enda verkligheten.*

P: Och vi kan också göra det om vi inte är medvetna.

D: *Är du medveten om kroppen du talar genom? Människan som är känd som Peggy?* (Ja) *Varför valde du detta liv som Peggy? Blev du tillsagd att göra detta på andesidan?*

P: Jag blev ombedd, och jag blev ombedd av Kärlek. Denna underbara kärlek, detta Allt Som Är.

D: *Menar du en Kärlek på andra sidan, andesidan?*

P: Ja, andesidan. En andlig kärlek, att jorden behövde kärlek vid denna tidpunkt. Den behövde ljuset.

D: *Den typ av energi som du i grunden är.*

P: Ja. Och jag har alltid tyckt att jorden var vacker, och jag vill hjälpa henne.

D: *Vad tycker du om livet som Peggy? Fungerar det som du trodde att det skulle göra?*

P: Livet på jorden är svårt, men det fungerar.

D: *Särskilt när du kommer in med alla minnen raderade, gör det svårt?*

P: Det gör det. Och du känner dig så tung. Detta är en mycket viktig tid. Det är därför det är så många människor här, på grund av vad som kommer att hända. Och människor vill uppleva det. Energier, varelser vill uppleva det, så det är en rusning att komma in. Det är mycket spännande.

D: *Varför vill dessa andar vara här vid denna tidpunkt? Vad är det de vill uppleva?*

Jag visste redan svaren på dessa frågor, eftersom de kommer genom så många av mina klienter. Men jag ställer dem alltid ändå, för om samma information upprepas genom många, tror jag att den har mer giltighet. Dessutom läggs ibland bitar och delar av ny information till.

P: De vill uppleva skiftet som kommer att ske, för när jorden skiftar kommer hela universum att skiftas till en bättre plats.

D: *(Förvånad) Hela universum?*

P: Ja. Och du skulle inte tro att en liten planet i slutet av en liten galax skulle ha så stor betydelse. Men det har den. Jag tror att den är strategiskt placerad. Jag tror att det har att göra med helig geometri, men det är allt jag vet.

D: *Och det är därför alla människor kommer vid denna tid? De vill vara här för att uppleva detta?*

P: Ja. Det kommer att bli väldigt dramatiskt. Det kommer att skicka energivågor genom hela universum när detta händer.

D: *Men det finns också stora mängder människor som väljer att lämna planeten vid denna tid.*

P: De som lämnar gör plats för fler att komma in. De har upplevt vad de behöver i detta liv. De gick med på att komma in och hjälpa där det finns stora katastrofer. För varje stor katastrof för jorden närmare det skiftet.

D: *Det gör det? För vi tänker på det som negativ energi.*

P: Ja, men det är det inte.

D: *Jag har hört två versioner: en är att jorden kommer att gå igenom hemska tider, och den andra är att vi kommer att skapa en ny jord.*

P: Och båda är sanna. Men det kommer att finnas en överlappning. Det kommer att finnas två jordar. En kommer att överlappa den andra. Men du måste komma ihåg att det bara är en upplevelse. Och ingen av upplevelserna är bra eller dålig. De är bara en upplevelse. Det är vad människor uppfattar som bra eller dåligt.

D: *Så vissa kommer att välja att stanna på jorden som kommer att ha de negativa upplevelserna.* (Ja) *De andra kan välja att vara på den som går in i den nya jorden.* (Ja) *Jag har också blivit tillsagd att de inte kommer att vara medvetna om varandra.*

P: Det är vad jag också har hört.

Det Komplexa Universumet – Bok Tre

D: *Och som Peggy kommer hon att uppleva skiftet in i den nya vibrationen?* (Ja) *Och det kommer att vara något helt nytt om hela universum skiftar på en gång.*

P: Ja. Det kommer att vara som vackra vågor av energi. Det blir som en blomma som öppnar sig. Den energin kommer bara att flöda ut i universum. Det kommer att vara en vacker sak.

D: *Men de som är på den gamla jorden kommer inte att veta att detta händer.*

P: Nej, det kommer de inte.

D: *De kommer inte ens att vara medvetna om de som har lämnat för att gå till den nya jorden?*

P: Det stämmer.

D: *Jag har hört dessa historier från många olika människor, så jag gillar att få det bekräftat.*

KAPITEL ELVA

SVARTA HÅLETS ENERGI

När Louise kom ner från molnet fann hon sig själv titta på en plats som var märkligt bekant, även om den inte liknade någon plats på jorden. "Vi är på en plats som jag har sett förut, som jag identifierar som – som känns som hem. Byggnaderna är alla rosa spiror. Jag är högt ovanför planeten, och allt du kan se är olika storlekar av spiror. Du skulle kunna tro att de var gigantiska kristaller, men jag vet att de är byggnader. De lyser, och de ser kristallina ut." Sedan fann hon sig själv på marken. "Nu ser jag vad som ser ut som hus, men väldigt modernistiska, i utkanten. De är alla i olika färger beroende på energin hos personen som bor där."

L: Så snart jag såg spirorna på avstånd kändes det bara som hem. Det är en bra känsla. (Paus) Jag vet att det finns något som liknar maskineri. Det motsvarar vad ett pannrum skulle vara, eller ett ugnsrum. Bortom förortsdelarna finns det något som driver något. Jag känner hela tiden att jag vill gå till det där maskineriet. Jag dras dit.

Så snart hon sa det var hon omedelbart där.

L: Jag ser varelser som människor, men en del av mig vet att vi inte är människor. Men människor springer ut ur denna byggnad som har allt detta maskineri. Och de kommer för att hälsa på mig. De kramar mig, och de är glada att se mig.
D: Hur ser de ut?
L: Det är konstigt. Att se detta förvirrar mig. För först ser de ut som människor, och sen något annat, och sen går de tillbaka till att vara människor. Det här är där jag skulle säga att jag hittar på det, men

Det Komplexa Universumet – Bok Tre

det jag såg var svarta hål-människor. Jag kallar dem så för att jag känner att jag arbetar med dem. De är alla vita, sex fot långa, i en korvform. De har en liten hals, små armar. Och ett diamantformat ansikte: spetsigt på toppen, går ut i två punkter på sidorna och sen en punkt på hakan. Jag ser riktigt fina, vackra ögon, men de är lutade: utsidorna går neråt. Ovanför ansiktet finns en utväxt, man skulle nästan tro att deras hjärna sitter på toppen av deras huvud. De har fyra ben som kommer ut ungefär en tredjedel upp från korvliknande kroppen. Det är fyra smala ben som kommer ut lika långt från varandra. Så jag ser dem där, vilket förvirrar mig, för de sa att de kom från svarta hål. Åh nej, säger de bara att de arbetar med svarta hål-energi? Så det är därför jag känner en samhörighet med dem, för att de – det är jag. Och en av dem säger, "Välkommen, välkommen, välkommen." Det känns som om jag inte varit hemma på länge. Vi tar bara igen allt. Det känns så. Vi är alla uppspelta.

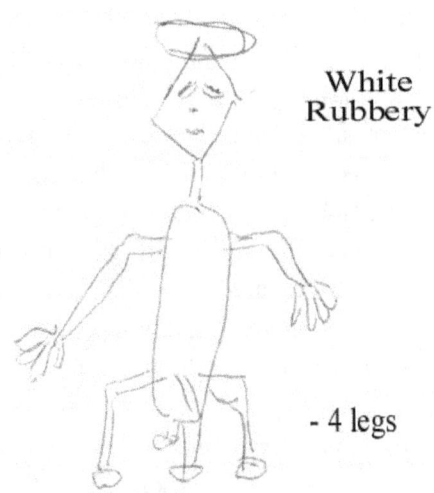

White Rubbery

- 4 legs

D: Kan du se hur du ser ut?
L: Hmm. Jag ser mig själv på två sätt. Om jag står bort från mig själv och tittar tillbaka – ser jag ut som mig själv, mänsklig. Om jag går

in i min kropp och tittar ner, ser jag ut som en svart hål-människa, som dessa människor.

D: *Är det svårt att få de fyra benen att fungera?*

L: Nej. Nej. (Skratt) Åh, det var roligt att du skulle fråga det, för det är som att fråga: "Är det svårt att sätta sig ner?" Det är så naturligt.

D: *Tror du att du arbetade med dessa människor i den byggnaden?*

L: Orden jag just hörde var, "Min grupp. Min grupp." Just nu känner jag mig som om jag är här och där samtidigt. Detta händer just nu. Så, ja, jag har inte varit där på ett tag.

D: *Varför lämnade du den platsen?*

L: Umm, för att få information. Det är därför jag är här på jorden, för att få information.

D: *Varför behöver du få information?*

L: Jag såg precis orden, "Vi expanderar." Så vår planet expanderar. Och jag ser att olika människor från vår plats har gått till många olika ställen. Och sedan kommer vi tillbaka och rapporterar. Så det är mitt jobb. Det finns olika människor från alla olika – vi kan säga, "jobb" – eller olika grupper. Min grupp gör ett visst arbete i "något" som driver "något". Det har att göra med den byggnaden. Och så får jag information som har att göra med den aspekten av saker. Och sedan är några människor, deras grupp är i mitten av stadsdelen. De får olika information från olika platser. (Paus) De visar mig nu, som om jag talar till en stor grupp om vad jag har hittat – och jag är i en av de där rosa byggnaderna. Och de visar mig att när det bestämdes att alla dessa människor skulle gå ut till olika platser, valdes de från alla olika grupper. Så jag är från den gruppen, men min information är för alla, eftersom de visar mig tala till många.

D: *Vilken typ av information delar du med alla människor?*

L: Jag får orden, "Fysik, astronomi, egenskaper hos alla fysiska saker här på jorden. Hur saker fungerar här. Kulturer. DNA." Bara allt jag kan ta reda på.

D: *Och de andra som gick ut hittar också samma sorts saker?*

L: Ja, men olika människor går till olika platser vid olika tidpunkter. Låt oss se. De försöker berätta för mig hur många som gick till jorden. Nej. Det är inte det. Det handlar inte om hur många som

Det Komplexa Universumet – Bok Tre

är på jorden nu, för det är bara cirka 13. Så vi 13 kanske är på jorden nu, men det har funnits fler eller färre vid olika tidpunkter.

D: *Varför är det viktigt för dem att samla in information?*

L: Det var det jag undrade. (Skratt) Låt oss se. De säger att en del av den där maskinen har att göra med svarta hål-energi. Och de säger att jag nu vet att det är all energi bara komprimerad tillsammans, väldigt, väldigt, väldigt, väldigt starkt. Det som utvecklas är ett system som skulle hjälpa till att hela universum, eller mer. Och med alla dessa olika energier som vi arbetar med, måste vi ta reda på mer om de platser vi kommer att hjälpa. Det kommer att göra en skillnad. De säger, för att säga det snabbt, att ta reda på vilka energier som behövs så att vi kan tillhandahålla dem. Det är därför vi hittar all denna information. Vi kommer att hela olika problem på olika platser, som jorden, med dessa energier. Jag vet inte var annars. Men vissa platser behöver mer av en viss del av energin. Vissa platser behöver en annan del av energin. Vissa platser behöver en viss dos av den. De sa just till mig, när jag kommer ner, så tar jag med mig det som behövs. Jag tar med mig svarta hål-energin. Och vad jag än finner behövs, så tillhandahålls det. Så 13 av oss gör det nu. Vi kommer att åka tillbaka, och andra kommer att komma tillbaka hit. De kommer att göra det. Så ja, det handlar om att få informationen och tillhandahålla energin samtidigt. Och de visar mig att anledningen till att jag talade framför många rådmedlemmar, var rapportering. Bara rapportering. "Det här är dit jag gick. Det här är vad jag fann. Det här är vad som tillhandahölls. Det här är vad som hände."

D: *Går du fram och tillbaka ganska ofta?*

L: Tja, jag är 61 nu i detta liv, och de sa att jag har varit tillbaka 15 gånger. Och när jag går tillbaka, möter jag familjen eller – inte familjen, gruppen, är vad jag får fram. Jag möter min grupp och jag rapporterar. Föreställ dig det! Och jag får veta att alla de andra energierna som kommer in, som människor behöver, är en del av detta. Om någon behöver kopparenergi, skulle de inte kunna hantera de andra energierna. Så de får bara en del av det.

D: *Vad är kopparenergi?*

171

L: Jo, du vet, varje enskild sak är energi. Olika vibrationer. Vissa människor kan behöva kopparens vibration. Metallen. Mineralet. Det är bara en del av den totala energin. Och när jag får mer och mer information medvetet, skickas energi många gånger till denna plats, eller den platsen, eller vad som helst. Men mycket av mitt arbete på natten (medan jag sover) är att gå till olika platser på jorden. Och vilken del av den svarta hål-energin de behöver, är vad de får.

D: *Anmälde du dig frivilligt eller bad någon dig att göra detta?*

L: Jag ser att det var en ära. Det är som att vinna ett pris. Som, "Nu är det din tur. Åh, ja, det är jag!" Vi är alla lika. Det spelar ingen roll om du sopade golv eller om du var president. Vi är alla lika. Vem som helst kan bli vald. Och det känns som att, vid en eller annan tidpunkt, gör alla detta. Du kommer bara från en annan grupp.

D: *När du kom till jorden, började du för många år sedan? Kan du se var det hela började?*

L: När du frågade det visade de mig samma planet. Låt oss se. Jag ser mig själv ha gått till andra platser många gånger, och till jorden många gånger. (Paus) Så vi är i en stor byggnad som har många lådor. Nästan som om du skulle ha ett fack med en låda i det. Och när du är redo att göra din resa... Jag ser inte hur du kommer in i lådan, men du är i lådan. Jag vet inte hur det händer just nu, men din fysiska kropp är i lådan. Din andliga kropp är borta. Och sedan kommer du tillbaka, och det är din kropp igen.

Detta lät mycket likt andra fall där den fysiska kroppen hölls ombord på ett rymdskepp. När kroppen sattes i ett tillstånd av suspenderad animation medan anden var ute på ett annat uppdrag.

D: *Då behöver kroppen inte dö.*

L: Nej, det gör den inte. Det är nästan som att den går i dvala eller något.

D: *Och den är där och väntar på att du ska avsluta dina... resor?* (Ja) *Så din ande, din själ, är den som gör dessa resor?*

L: Ja. Jag är utvald för det. Jag vet inte vem som bestämmer. Jag får höra att det är rådets medlemmar. De bestämmer på något sätt: nu

Det Komplexa Universumet – Bok Tre

är det den här personens tur, den personen, den personen. Och de går och kommer tillbaka. Det är som om alla på planeten bara hoppar från en plats till en annan, fram och tillbaka. Nu berättar de för mig om min grupp. En grupp på 19, men eftersom olika personer är på olika platser, arbetar du vanligtvis med en grupp på ungefär 12. Det förändras hela tiden, men ni kan alla fortsätta där gruppen lämnade av.

D: Vad gör rådet med all denna information när den väl har återförts och rapporterats?

L: Jag ser inte en dator, men jag får höra att de inte behöver datorer. De hör bara informationen, och vet hur de ska besluta. Säg, om du gav någon en viss mängd medicin, och de behövde lite mer. De vet att skicka tillbaka lite mer av det. På något sätt, genom att rapportera vad du har fått reda på och vad som har gjorts, vet de vad nästa steg är. De vet hur många som ska åka till jorden. Hur många som ska åka hit, hur många som ska åka dit. Hur mycket svart hål energi som ska tillhandahållas. Hur mycket som behövs på varje plats. Det är det de övervakar. Uppenbarligen, varje gång du besöker, har du den svarta hål energin. Och du kan hela med den. Här och där, varhelst det behövs.

D: Varför kallar de det "svarta hål-energin"?

L: Jag fick precis orden, "För att det är så!" (Skratt) Låt mig se. Det kommer från svarta hål i universum. På något sätt kan de fånga den energin och hålla den, och sprida den.

D: Så nästa fråga är något som våra forskare alltid har undrat över. Vad är svarta hål? Vi vet vad forskarna säger, men vad säger de själva?

L: (Paus) Det jag ser är – du tittar på kosmos, och du ser det som svart med planeter och stjärnor, och vad som helst. Sedan föreställer du dig att det svarta är som ett tyg, eller något. Allt som en solid sak. Det skulle till och med kunna vara, om du vill tänka på det som plast, men föreställ kosmos som en solid sak. Sedan kommer två bitar av det från höger och vänster och rör sig mot varandra. (Senare visade hon mig vad hon såg genom att ta ett papper och böja kanterna mot varandra så att de rörde vid varandra.) När de rör sig mot varandra, där de lite grumlar upp i mitten, börjar det en energi som börjar snurra. Och det är vad som orsakar det svarta hålet. Det är nästan som att du har berg under marken här, som rör sig och orsakar en jordbävning, på grund av trycket. Så energierna i kosmos kommer samman, och orsakar ett tryck ... nej! De säger till mig, inte ett vortex. De säger till mig, tänk på det som tryck. De orsakar ett tryck när de trycker ihop, och det är vad som gör att energierna blir så komprimerade. Och det är det vi arbetar med, den komprimerade energin.

D: *Forskare säger att ingenting existerar i det svarta hålet.*

L: Ja, de säger att allt sugs in i det. Det är väldigt tätt, är vad jag fick. De säger hela tiden, "Tryck, tryck, tryck."

D: *Att ingenting kan existera inom det. Vad säger de?*

L: De visar det som om det finns ett svart hål just där. (Skratt) En av personerna säger, "Titta på mig!" Och han hoppar in i det, hoppar ut. Hoppar in i det, hoppar ut. Hoppar in i det och säger, "Hej, jag kan! Jag kan existera!" Och de säger att vi kan bära den energin. Det är därför vi går till jorden. Vi lär oss mest om vilka effekter som hände sedan den senaste gruppen människor kom ner och tog med sig svart hål-energi. Så vi lär oss alla dessa saker, och samtidigt sprider vi svart hål-energi. Sedan går vi tillbaka och rapporterar, "Så här ser saker ut nu." Så vi existerar med svart hål-energi.

D: *Men våra forskare säger att allt sugs in, och ingenting kan komma ut?*

L: Ja. Och de fortsätter att ge mig ordet, "Tryck, tryck, tryck, tryck." Det finns så mycket tryck där. De säger att vi arbetar med det. Vi kan gå in och ut, in och ut. Vi tar med oss en del av svart hål-energin. Vi sprider en del av den. Vi kan inte ta med oss ett helt svart hål ner. Det skulle vara för mycket. De säger till mig, bara små bitar är det vi arbetar med. Så det är en väldigt, väldigt kraftfull, kondenserad energi.

D: *Vi har också hört att om något sugs in, kommer det att komma ut någon annanstans.*

L: Som ett vitt hål. Det är vad vissa fysiker kallar det, antar jag.

D: *Men de säger att rymdskepp eller saker som den inte skulle kunna undkomma ett svart håls dragning. Det skulle dra in dem i det.*

Det Komplexa Universumet – Bok Tre

L: Ja. När jag försökte ta reda på vad som skulle hända, fick jag bara, "Tryck, tryck, tryck." De visar mig detta område, tryck, tryck, tryck. De säger att vi uppenbarligen är en viss vibration som kan hantera energin och arbeta med den. Och om ett rymdskepp var en viss vibration, skulle de kunna hantera det. De skulle kunna gå in och ut, om de var rätt vibration.

D: *Är teorin korrekt att om du blev uppslukad av det, skulle du komma ut på en annan del av galaxen, eller någon annanstans?*

L: (Skratt) Den som hoppade in och ut ur det lilla, sa: "Kom med mig." Det är nästan som om vi svävar genom luften. Och så är vi vid detta mycket lilla svarta hål. Det är bara lika stort som ett hus, men det är fortfarande samma typ av energi. Och han säger, "Okej. Ser du något i det?" Och jag säger, "Nej. Jag ser inget." Det är precis som när du tittar på kosmos. Det ser tomt och svart ut. Och så säger han, "Okej. Låt oss gå in i det. Känner du något?" Och jag säger, "Nej." Och jag är en av de människorna nu. Så han tar ut ett litet instrument som visar pund per kvadrattum. En tryckmätare. Och han säger, "Okej, titta." Och trycket blir så högt att det exploderar. Och han sa, "Tryck, tryck, tryck." Och så nu går vi djupare i det. Det är som att vi går ner. Och det ser ut som ... du vet där de två delarna av kosmos kom ihop? (Det tidigare exemplet.) Bara delar av kosmos kom ihop, och ovanför och under det och på sidorna av det, trycks de inte ihop. Så vi kommer ut på andra sidan, och det finns inget tryck. Jag menar, det är på toppen och botten och sidorna. De är alla lika. Så igen, för att göra en poäng, säger han, "Tryck, tryck, tryck." Det är det. Det är tryck.

D: *Men du har kommit ut på en annan plats?*

L: Ja, om du vill gå – inte i en annan dimension dock. Du är i kosmos på toppen, botten, sidorna. Det finns bara ett visst område som trycks ihop som är det svarta hålet. Och det är vad det är. Det är det svarta hålet. Och han pekar ut till mig, när han säger, "Tryck, tryck, tryck," han pratar inte om vår fysik. Inte vårt atmosfäriska tryck, inte vårt vätsketryck. Han pratar om energi-tryck. Energi som bara trycks, trycks, trycks, trycks. Och han säger att det inte är som att något blir tätare. Det är inte en tätare energi där du går från gas till vätska, till fast eller något sånt. Det är inte tätare på det sättet. Det är en annan fysik. Det är en annan – (Paus) Jag fortsätter att få orden, "Kan inte förstå, kan inte förstå." Åtminstone kan jag förstå att det är många olika energier som pressas. Men det är inte samma som om du tog en gas på jorden och pressade den. Det är inte samma som om du tog ett fast ämne och pressade det.

D: *Jag tänkte att de som är involverade med fysik skulle vara intresserade av detta. Så det är inte på det sättet de tänker?*

L: Nej. Det är nästan som en annan lag för tryckning. Det är sättet energierna reagerar på.

D: *Det är därför du kunde använda det, för det är en annan form av energi.* (Ja) *Jag tänker på utomjordingarna med sina rymdskepp. De vet hur man manövrerar svarta hål, eller håller sig undan från dem. Skulle det stämma?*

L: Det jag just blev visad var att olika utomjordingar också har olika vibrationer. De har olika energier. Och olika svarta hål har olika mängder tryck. Så de visar mig…. Vänta ett ögonblick! Visst! Det stämmer. Beroende på de energier som var närvarande i den delen av kosmos vid den tidpunkten när de två delarna trycktes ihop, beror det på vilket slags svart hål det är. Vilka slags energier som pressas. Så människorna – de olika utomjordingarna och de olika rymdskeppen vet vanligtvis. "Vi kan gå in i det svarta hålet. Vi kan inte gå in i det där."

D: *Vissa människor tänker på dessa svarta hål som portaler. Är det något annat?*

L: Vad de just sa var, "En portal är en portal."

D: *Så ett svart hål kan inte användas som en portal?*

L: De ord jag precis fick var, "Under exceptionella omständigheter." Så ibland, uppenbarligen.

D: *Så det visar att det finns "varelser och andar" som kan leva under alla omständigheter?*

L: (Skratt) Jag fick precis orden, "Självklart."

D: *För våra forskare tror att inget kan leva i något som är så tätt och tungt.*

L: Nåväl, faktiskt lever vi inte där, men vi kan vara i de svarta hålen, och vi kan utnyttja dem.

D: *Så denna planet som du anser vara hem, är inte egentligen i det svarta hålet?*

L: Nej. Det är utanför det, men det utnyttjar energin från det. Den vet hur man gör detta. Och sedan tar den energin och hjälper andra platser i universum med den.

D: *Den kan styras, och de vet hur man gör det.* (Ja) *Och detta är vad de vill att Louise ska göra, styra energin?*

L: Ja. Just nu.

D: *Så när Louise kom till jorden, hade hon haft många liv, eller är detta hennes första?*

L: Vad jag hela tiden hör är, "Många har blivit implanterade."

För mer information om imprints kan du läsa mina böcker *Keepers of the Garden* och *Between Death and Life*, samt början av denna bok.

D: *Så det är egentligen inte nödvändigt att leva många liv.*

L: Killen som visade mig in i det svarta hålet sa, "Nåväl, nej. Självklart inte."

D: *Men detta nu är viktigt. Hon samlar information för att skicka tillbaka.*

L: Ja. Det är vad jag har gjort förut.

D: *Jag får samma information från flera personer, att det finns entiteter som samlar information och rapporterar tillbaka. Så jag antar att många av dem går på samma uppdrag.*

L: Wow! Ja. Det är fantastiskt.

D: *Kan jag fortsätta att få information för Louise på detta sätt, eller bör jag kontakta Louises undermedvetna?*

L: Ja, för båda delarna, om du vill.

D: *Jag kan göra det på vilket sätt som helst?* (Ja)

Jag frågade sedan om ett fysiskt problem Louise ville ha hjälp med. Hon hade haft någon typ av tryck på ryggen mellan sina skulderblad.

L: Jag ser lådorna igen, där de fysiska kropparna är. Låt mig se. Ah, okej. Det är där min fysiska kropp nu – min mänskliga kropp –

känner förbindelsen med den andra. Det är lite konstigt. De säger att det är för att jag är i så nära förbindelse just nu. Detta är bara hur min fysiska kropp reagerar på denna energetiska förbindelse med vem jag är där uppe. De säger att det är som när du ser ett tidigare liv, och du känner känslorna. Jag ser detta hända, att vara den personen på den planeten. Jag kan känna förbindelsen. Och sättet jag känner det på är fysiskt, i baksidan av mitt hjärtchakra. (Paus) Jag ser att de förklarar något, men jag kan inte höra det. (Paus) Okej. De tidigare liv, de liv som jag har blivit implanterad som en människa, mellan de liv (vad jag kallar "andens sida"), det är också en illusion. Att planeten jag lever på är en illusion. Det svarta hålet är en illusion. Så det finns inga mellanliv.

D: Men hennes fysiska kropp väntar på den planeten för att hon ska återvända?

L: Ja. Och det kommer att hända. Men det är också en illusion. Allt. Allt. Allt är illusion. Så det vi ser som mellan liv, det är också en illusion.

D: Men det är tröstande för människor.

L: Rätt, rätt.

D: Annars skulle det vara mycket svårt för våra sinnen att fungera om vi inte hade något vi tror är verkligt. Tja, om allt vi vet är en illusion, är något då verkligt? För jag vet att vi skapar vår verklighet. Vi skapar vår illusion.

L: Jag väntade precis på ett svar. Och jag visades vad som ser ut som den stora centrala solen.

D: Och det är verkligt?

L: (Skratt) Jag fick precis, "Om du vill att det ska vara." (Paus) De visade mig alla olika universum. Jag såg specifikt Jorden. Jag såg specifikt – jag antar att du kallar det – min hemplanet. Jag såg allt sugas mot en plats. Det var som om jag stod i den stora centrala solen, och allt sugs in där. Så vad var frågan?

D: Vad är den stora centrala solen?

L: En sak är att den är gjord av – allt finns i den. Allt finns i den, för allt sugs rakt in där.

D: Hur ser den ut?

Det Komplexa Universumet – Bok Tre

L: För mig ser det ut som om du är i ett krämigt, gyllene, gulaktigt ljus, men det har känslan av att vara i lågor. Du kan inte se lågor. Du kan inte känna lågor. Men det är känslan av det.

D: *Jag vill inte påverka dig, men jag tänker på något jag har blivit berättad. Att över eoner, allt som skapades imploderar tillbaka till Källan. Stämmer det?*

L: Nej, det är inte det jag blir visad. Jag blev inte visad en implosion. Jag blev symboliskt visad att allt vi pratade om: mitt hem, jorden, vad som helst, utgår därifrån. Och jag fick just orden, "Ingen implosion, ingen explosion."

D: *Skulle den stora centrala solen vara motsvarigheten till vad vissa människor kallar "Källan"?* (Paus) *Tror du att det är samma sak med ett annat namn?*

L: Andra människor kallar det Källan. Men jag ser det som en boll av ljus. Jag ser tusentals andra bollar av ljus, och sedan susar de alla in i en annan plats. Det är som om jorden är inuti – utgår från Källan. Sedan vad vi kallar Källan, vad vi ser som Källan, ser ut som om det utgår från en annan.

D: *Så vi begränsar det genom att tro att det bara finns en?*

L: Rätt. Och jag hör att det pågår och pågår och pågår. Och den här energin finns där för att användas av alla.

Jag frågade sedan om hennes syfte, vad hon var tänkt att göra med sitt liv. Detta var en av hennes frågor.

L: De visar mig att jag hela tiden går fram och tillbaka på min planet Jorden – eller den planeten till någon annanstans. Men jag ville inte veta mitt syfte på den världen. Jag ville veta mitt syfte på jorden. Denna värld.

D: *Ja. Dessa andra saker är intressanta, men vi måste leva här i det fysiska just nu.*

L: De ord jag får är, "Fortsätt bara." Och känslan av det är att jag alltid går på intuition. Jag blir alltid ledd hit och dit. Att vara uppmärksam på intuitionen.

Louise hade en fråga om en ovanlig upplevelse hon hade för cirka 20 år sedan. Det hände på natten och hon såg en boll av metallnät med ett hål i, och hon skulle gå in i det.

L: Jag var på väg hem. De vill berätta för mig att, vad som hände då var att en del av mitt mänskliga undermedvetna började bli medveten om vem jag var och var jag kom ifrån. Och jag gick tillbaka varje natt och lärde mig. Det är vad som händer nu. Detta är vad som kommer att hända från och med nu. De visar mig att, fram till den punkten, hade jag inte faktiskt tagit med mig svart hål-energi till jorden. Jag hade kommit hit och vuxit upp, blivit van vid jorden, då var jag redo. Detta var vid 40 års ålder. Och varje natt gick jag fram och tillbaka. Jag påmindes bara om var jag kom ifrån. Vad jag var här på jorden för. Och i slutet sa de, "Nu ta detta till världen." Nu på nätterna går jag vart som helst. Låt oss se, vad symboliserade bollen? De sa, "Den försvann efter det, eller hur?" Ja. Jag såg den aldrig igen efter det. Det visade mig att det var en energi runt mig som hindrade saker från att aktiveras tills jag var redo. Och hålet betydde att bli frigjord från det. Och sedan gå upp och hämta informationen. Och då var jag redo. Tja, för goodness sake!

KAPITEL TOGV

UNDER JORDEN

Jag har skrivit om underjordiska städer i bok två, så idén är inte ny. Det finns mycket mytologi och legender om människor som lever under jorden, och jag tror alltid att legender är baserade på ett korn av sanning. Många gånger har de broderats ut och förändrats genom åren för att passa de kulturer som återupplivar eller bevarar dem, men jag har blivit berättad att deras ursprung (oavsett hur dimmigt det är) baseras på verkliga händelser. Ändå var berättelsen som berättades i denna session en annan version.

När Marian kom ner från molnet, var scenen hon fann sig i obekväm. Hon stod framför ett enormt ekträd som stod vid början av en mörk skog. Skogen sträckte sig hela vägen fram till havet, med bara en liten bit sand som separerade den från vattnet. Marken hade eroderat eller tagits av havet så att det började tränga på träden. Träden var enorma och mycket gamla, med svart bark och knotiga knutar, deras blad var små och smala, olik något som ses på jorden. Detta var en av de saker som gjorde henne obekväm. Det fanns så många av dessa konstiga och hotande träd att de blockerade ut ljuset i skogen. "Skogen är kall. Det borde inte vara så här kallt. Det känns inte dåligt, men det känns inte rätt. Balansen är inte rätt, eller ... något är inte korrekt." Sedan en uppenbarelse, "Åh! Det finns inga varelser! Det finns inget ljud! Det finns ingenting!"

Hon upptäckte att hon var en rödblommig ung man klädd i päls som bar en båge, kniv och en pilarquiver. Han skulle normalt använda dessa för att jaga djur, men han sa, "Jag jagar efter något annat." Något som borde hittas i dessa okända skogar. Träden växte mycket nära varandra och bildade ett naturligt tak som stängde ut ljuset och bildade en tunnel (eller som hon beskrev det: en grotta). "Jag letar efter något som borde vara i slutet av denna grotta. Skogen bildar en grotta på grund av sättet den växer."

D: Har du varit i den här delen förut? (Nej) *Men det är något jag letar efter.*
M: Jag hoppas på.
D: Hur vet du att det finns där om du aldrig har varit i den här delen förut?
M: Jag vet inte, det är därför jag söker.

Han gick på tro och ingenting annat, för det enda sättet han visste om den sak han letade efter var genom berättelser, sagor som folk hade berättat för honom. Så långt han visste hade ingen av hans folk någonsin letat efter den eller försökt hitta den. Så jag var nyfiken på varför han kände behovet att söka efter den. "Det finns en anledning: den behövs. Jag vet inte varför. Den håller ett svar på något."

D: Ett svar för dig eller för ditt folk?
M: Det är för hela folket. Man söker inte för sig själv.
D: Skulle det vara självviskt om du letade efter något bara för dig själv?
M: Ja! (Han lät förvånad över idén.)
D: Vad är de berättelser du har hört om denna sak?
M: Bara att den är här. Du hittar den i slutet av en grotta. Den håller svaren. Den har det som behövs för att överleva, för att fortsätta. Det är någonstans i denna grotta.
D: Är det ett objekt eller vad?
M: Nej. Det är mer en varelse. Det är svårt att förklara. Den tar egentligen inte en form, men den kan ta många former. Berättelserna talar bara om vad den håller, och idén om svar. Det är en gåva. Jag vet inte hur jag ska förklara det.
D: Är det något som händer i din tidsperiod att du behöver hjälp och svar?
M: Det finns förändringar som förväntas, stora förändringar. Förändringar som både skapar och förstör. Alla folk, många platser. Det är som om jorden kommer att vända sig emot sig själv,

och du börjar igen. Det är förväntat, men kunskapen om hur man rider på vågorna, eller fortsätter, har gått förlorad.

D: *Berättelserna säger att det kommer?* (Ja) *Finns det något som händer nu? Några tecken?*

M: Inte där jag bor, men vi vet att det kommer.

D: *Men det kan vara långt in i framtiden, eller hur?*

M: Det är närmare än vi inser. Du läser, du ser, du lyssnar. Du hör tecknen. Du tittar. Allt visar dig, om du lyssnar tillräckligt noga, kan du höra det.

D: *Ditt folk måste vara mycket i samklang med naturen om ni vet dessa saker.*

M: Det är bara så man lär sig. Man kan inte lära sig på något annat sätt. Man måste. Om man ignorerar det, slutar man ... borta!

Jag frågade honom om platsen där hans folk bodde. Det fanns inte många av dem, och de bodde i strukturer som var nära skogen. "De är byggda som en del av skogen. Om du tittar från ett avstånd kan du inte säga att de inte är en del av skogen. De smälter in och är dolda." Även om han var bekant med skogen var den del han hade rest till mycket annorlunda och långt bort från hans hem.

Jag flyttade honom framåt tills han hade gått genom skogen (eller grottan, taket) för att se om han hade funnit vad han letade efter. Han hade svårt att beskriva det. "Det har ingen form. Det är väldigt ljus. Det förändrar form. Det är inte fast. Nästan som vätska, men det är inte vätska. Det är väldigt, väldigt vitt! Jag har aldrig sett något sånt här. Ibland ser det ut som en gammal man, och sedan rör den sig, eller skiftar, eller förändras, och det ser ut som något annat. Men ingen av formerna är fasta!"

D: *Var hittade du denna varelse?*

M: Det är i slutet av grottan. Det är väldigt brett, väldigt stort här nere. Det är inte som gångvägen. Det är inte mörkt. Jag gick till kanten av grottan, och jag kunde se ett ljus i öppningen. Jag blev väldigt överraskad.

D: *Kan du prata med denna varelse?*

M: Ja och nej. Inte som jag skulle prata med dig, men som han skulle prata med mig. Det är samma som när du hör träden, eller du lyssnar på vinden. Det är inte samma som när du pratar med en annan. – Han har gett mig en liten bit av sig själv. (Jag förstod inte.) Det passar i min hand. Det är en liten bit av det ... av honom. Jag måste ta med det tillbaka. Det skulle vara som om du hade vatten, och du tog en skopa och skopade upp lite. Men han är inte vätska. Det känns inte som vatten. (Det var det bästa sättet han kunde beskriva det på.)

D: Hur ser biten ut?

M: Den är vacker, men det är bara ... ljus! Det är bara som ett gult, vitt ljus. (Skratt)

D: Olika! Men hade du inte något du ville prata med honom om?

M: Det här är det. Detta är vad jag tar med mig tillbaka.

D: Han gav dig inga svar?

M: Jo, han gav mig alla svaren! De är i min hand! (Skratt) Jag kommer ta det tillbaka. Detta kommer hålla oss säkra; detta kommer säkerställa att vi går vidare. Marken kommer att stängas, och det måste den.

Sedan visste mannen att det var dags att återvända till sitt hem. Han bar bara den konstiga biten av ljus i sin hand. "Det är inte kallt. Det är inte varmt. Det är en ovanlig känsla. Det är en bra känsla. Det är inte tungt, men jag vet att det är där. Det är nästan som om det är en del av, men ändå separat från, min hand." Jag snabbade upp tiden så att han skulle komma tillbaka till sitt hem.

M: Det finns väldigt lite tid. – Det börjar. Detta måste gå i mitten.

D: Vad är det som börjar?

M: Förändringen, jorden ... vändningen! Jorden, den kommer upp och viker sig över. Det är som att skapa en kokong.

D: Vad ser du?

M: Jorden kommer upp och viker sig över! Denna bit måste vara i mitten av byn. Det måste vara i mitten av husen. Och det kommer att hålla. Det kommer att hålla alla säkra.

D: Du sa att det var som en kokong, som om jorden viker sig över.
Menar du som jord, eller vatten eller vad?
M: Det är mestadels jord. Det finns träd i det, men det är jorden. Det är som hur man skulle skapa ett ihåligt skal, men väldigt tjockt, väldigt stort.
D: Ser du detta komma?
M: Jag ser det skapa.
D: Jag skulle tro att det skulle vara skrämmande att se det.
M: Nej, det lärdes att detta skulle hända. Det som behövdes var biten så vi skulle överleva. Det kommer vara länge innan vi kommer tillbaka.
D: Och vad gör du? Väntar och tittar?
M: Det är allt du kan göra.
D: Jag försöker få en mental bild av det, för jag kan inte se det. Så det är som att jorden kommer över skogen?
M: När du är i havet och vågorna kommer högt, är det samma. Jorden kommer upp som en våg, men på grund av biten kommer den inte att falla ner i mitten. Den går över.
D: Så ditt lilla område är som ett ihåligt i mitten av det. (Ja) *Är träden där också?*
M: Några, inte alla.
D: Du sa att det är som en kokong. Den går bara över.
M: Ja. Den går ner. Den måste gå ner. Hålet går ner i jorden, som en kokong går ner i något. Det kommer vara många förändringar på ytan. Denna kokong kommer gå ner i jorden. Djupt, så att den inte påverkas.
D: Och det är alla dina folk?
M: Det är alla de som var hemma. Många människor klarade sig inte, tyvärr.

Även om det verkade mycket konstigt för mig, så är jag säker på att allt är möjligt.

M: Det är det enda sättet att överleva nu.
D: Kan du andas där inne?
M: Ja. Det är storleken på byn. Det är storleken på området.

D: Kan du se?
M: På grund av biten, ja.
D: Kan du fortsätta leva?
M: Ja. De kommer att leva här länge. Det kommer att vara många, många år innan de kommer tillbaka.
D: Varför måste du vara där så länge?
M: Hur lång tid tar det för ett träd att växa? Det som är borta är borta. Det kan inte komma tillbaka omedelbart. De måste lära sig om gamla sätt och hålla undervisningarna. Och när det är dags, kommer de att gå tillbaka till ytan.
D: Kan du hitta mat där nere?
M: Det finns många saker under jorden att äta. Vi har också frön som kommer att växa.
D: Kan du gå utanför denna kokong?
M: Ja, den öppnas. Det finns stora rum.
D: Jag undrar vem som satte dessa rum där nere?
M: Jorden. Det finns stora hål i jorden som man kan gå in i. Det finns små sjöar. Jorden har många hemligheter, och många varelser, skapelser. Det är samma som att lyssna på träden och höra stenarna, och prata med de andra varelserna. Jorden är densamma. Den var redo för oss; vi behövde bara vara redo för den.
D: Så det finns också varelser där nere?
M: Många. Några har vi inte sett förut.
D: Jag undrar hur de kom ner dit?
M: På samma sätt som vi gjorde.

Det började låta mer och mer som den underjordiska staden som beskrivs i bok två. I den boken sades det att det finns många sådana här städer under jorden som fortfarande existerar idag. Dessa var upplysta av en liten sol, och det fanns också många djur (vissa okända) och vatten.

D: Finns det andra människor?
M: Det kommer att finnas. Det finns andra som hade kunskapen.
D: Kommer du att veta när det är dags att gå tillbaka till ytan?

Det Komplexa Universumet – Bok Tre

M: Åh, ja. Jorden kommer att berätta. – Detta hände förut. Enligt berättelserna hade det funnits en värld innan denna. Den växte inte som den behövde. Och så gjorde jorden vad hon behövde göra. De som fortfarande kunde höra och lyssna visste vad de skulle göra. De som inte kunde, togs bort.

D: *Fanns det en anledning till varför det hände den här gången?*

M: För samma som förra gången; det var för många i fel riktning som inte arbetade tillsammans.

D: *Så detta är sättet jorden tar hand om sig själv på?* (Ja) *Tja, stannar du där nere länge?*

M: Jag kommer antagligen aldrig komma tillbaka upp.

Detta kan ta lång tid, och en dag skulle antagligen vara precis som nästa. Så jag bestämde mig för att ta honom framåt till hans sista dag i livet, och se vad som hände med honom. "Jag ser en båge, rundad. Det rinner vatten genom den. Jag har fallit. Något träffade. Jag var gammal. Därför föll jag. Mina ben fungerar inte som de brukade."

D: *Men ditt folk kunde leva där nere och ta hand om sig själva?*

M: Åh, ja. De gjorde bra ifrån sig. De gör bra ifrån sig. De kommer att hålla på.

D: *Såg du några andra människor?*

M: Det var en grupp som kom från ett av hålen för ett tag sedan. De hade klarat sig igenom. De var bara här en liten stund och har gått tillbaka. De yngre kommer att gå och besöka och se. Jag gick aldrig. De är i en annan del av detta underjordiska ställe.

D: *Men du hade inget emot att lämna ytan?*

M: Nej, det är ibland svårare. Små barn kommer inte ihåg utsidan. Jag gör. De var för små. Dessa varelser kommer att gå vidare. De kommer att överleva.

Nu var det dags att kalla fram det undermedvetna för att få några svar som mannen inte kunde ge oss under sitt liv. Jag frågade alltid varför det undermedvetna valde att visa just detta liv.

Det Komplexa Universumet – Bok Tre

M: Det är samma. Det är samma läxa. Det finns undervisning som måste fortsätta. Det finns lektioner som måste överföras. Detta liv är inte helt meningslöst. Det är samma parallell.

D: *Med parallell menar du att du tror att livet hon lever nu kommer att vara samma förhållanden?*

M: Ja och nej. Det är inte exakt samma som hon gick igenom då. Just nu är det samma när det gäller vad hon förbereder sig för. Det kommer många förändringar. Det finns bitar som går förlorade som måste överföras. Undervisningar. Hur man talar, hur man pratar; hur man arbetar med jorden. Hur man förstår och kommer ihåg. Hur man lyssnar på bladen och träden. Hur man hör vad djurens röster, vindarna säger till dig. Alla dessa finns där ute. Alla dessa är verkliga och hon vet hur man gör detta.

D: *Men du vet att i vårt hektiska moderna samhälle, så går det förlorat och trängs åt sidan.* (Ja) *Folk uppmärksammar inte på det.*

M: Eller så blir de tillsagda att de är galna om de gör det.

D: *Men du tror att något kommer att hända och dessa saker kommer att gå förlorade?*

M: De är redan på väg att gå förlorade. Inte bara genom människor; genom energi och tid och rum. Dessa saker måste hållas fast. De är en del av denna planet. Det finns många jordförändringar som kommer, men det är inte det som är oron. Oron är de förändringar som människan bringar – där ligger den verkliga faran. Mänskligheten som helhet utplånar kunskapen om balansen; förmågan att balansera mellan naturen och sig själv. Det är en mycket destruktiv kraft och energi. Och det kommer faktiskt hota mänsklighetens existens.

D: *Vad har detta att göra med Marians nuvarande liv?*

M: Alla spelar sin roll. Varje varelse på denna planet har en unik roll. Hon måste hitta sin. Hon vet vad det är, men hon tvivlar på det. Jag kan inte avslöja det för henne just nu. Hon måste hitta det. Om hon saktar ner och lyssnar, kommer hon att hitta nyckeln till att öppna den dörren.

Jag ville veta mer om den underjordiska existensen hon beskrev. Det var likt, men ändå annorlunda från andra människors berättelser om denna plats. Jag fick veta att dessa städer faktiskt existerar, och att människor så småningom kommer att hitta bevis för dem.

D: *Jag har hört andra berättelser om denna underjordiska plats, men jag har aldrig hört en där den bara sjönk ner i marken.*
M: Alla gick in på olika sätt.
D: *Så det var en faktisk fysisk händelse?* (Ja) *Den glödande biten som han tog ner där, vad var det?*
M: Det var en del av en varelse som är en av Beskyddarna av denna planet. Det finns många. Den här var den som var närmast honom.
D: *Han sa att denna bit var som ett ljus.*
M: Det var många fler saker involverade, men glöden var en del av det.
D: *Också, när han gick under jorden, skapade det ett ljus där nere så att de kunde se.* (Ja) *Men det verkade också kunna skydda hela gruppen när de sjönk ner i jorden.* (Ja) *Så det var väldigt kraftfullt.*
M: Mycket kraftfullt. Det var tvunget att vara det. Du måste komma ihåg att det här är en del av en väktare av Jorden, så det kan kommunicera med Jorden, för det är en del av den. Precis som din hand gör vad du ber den att göra. Skulle inte Jorden göra vad du ber den om, om du är en del av den?
D: *Jag förstår. Så det var kapabelt att bilda kokongen och få hela denna grupp att sänka sig ner i jorden säkert.*

Legenderna om Hopi-indianerna säger att vår nuvarande värld kallas den Fjärde Världen. De tror att de andra tre världarna förstördes främst på grund av folkets korruption och girighet, och uppror mot naturen. Den Första Världen förstördes av landets sänkning och separation av land orsakad av stora jordbävningar. Den Andra Världen förstördes av frysningsperioden, den stora istiden. Den Tredje Världen var en värld av hög teknologi, ännu mer än vad vi har sett i vår nuvarande tid. Den förstördes av den Stora Floden, och de av deras folk som lyssnade på profeterna blev vägledda till säkerhet under jorden. När den Fjärde Världen var redo, många av dem kom ut från sina underjordiska hem och återbosatte sig på ytan. De blev tillsagda att den Fjärde Världen skulle vara en värld av förstörelse, och sedan

189

början på den Femte Världen av fred. Denna sista liknar mycket den Nya Jorden som utforskas i denna bok och Bok Två.

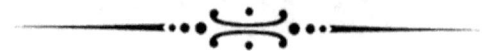

Den här sessionen ägde också rum på en underjordisk plats, även om den inte var på Jorden. När Joan klev ner från molnet, fann hon sig själv i ett märkligt kargt, främmande landskap. En mycket röd skorpa, utan vegetation. Röda, taggiga, hårda berg. Jag bad henne att titta ner på sig själv för att se hur hon såg ut. Hon tyckte det var mer nyfiket än skrämmande när hon tittade på sina fötter och sa, "Den närmaste beskrivningen jag kan komma på är fågellik. Med klorna kanske från en trana eller en ibis, mer som en trefingrad klo. De är mer av en genomskinlig beige till silverfärg. En kontrast till det landskap jag har sett." Hon beskrev sedan sin kropp. "Långa ben. Tunn. Spindlig, för att använda ett bättre ord. Tycks ha, den enda beskrivningen jag kan hitta är mer som en kapsellik kropp. Fågellik fortfarande, mer av en tårformad kropp. Jag har en liten hals. De flesta av lemmarna verkar mer som vingar, och sedan förvandlas de till utomjordiska händer istället för mina fötter. Mer som tunna armar med större händer på slutet. Sex fingrar, inklusive tummen. Jag trodde mitt ansikte, mitt huvud, skulle vara fågellik, men det verkar vara mer lejonlikt. Kanske mer kattlikt. Och jag har axellångt svart hår." Det lät som en kombination av olika typer, men definitivt utomjordisk. Jag antar att det inte finns någon anledning till varför det skulle vara antingen kattlikt eller fågellikt. I andra världar antar jag att du kan vara vilken kombination som helst av allt. Vad som är normalt här kanske är onormalt där. Så jag fortsätter att följa vilken beskrivning jag får och fortsätter att ställa frågor.

"Nu förstår jag att den röda platsen är en utpost. Det finns många andra här, varelser av alla slag. Vi experimenterar med något på denna plats. Vi arbetar med någon form av energi. Jag försöker se var jag skulle arbeta med det. Om jag skulle vara i en struktur, eller om jag skulle göra något ute i det öppna på ytan. Nu ser jag att jag går nerför några trappor till en underjordisk anläggning där det finns ett enormt

- du skulle kunna säga 'stad', men - civilisationens bostäder, under ytan på denna röda plats. Det är något vi arbetar med i denna underjordiska kammare, även om den är mer modern, mer avancerad. Vi arbetar tillsammans på något experiment för att göra - jag vill säga 'omvandling' av energi. Vi arbetar på att anpassa energi för att göra det användbart i andra delar av Universum. Det är därför det finns alla typer av varelser här. Vi arbetar tillsammans med något som kommer att gynna oss alla. Var och en i sina respektive delar av Universum kommer att kunna lära sig och tillämpa denna kunskap och/eller energi på ett fördelaktigt sätt. Jag vet inte om det handlar om att göra energin i Universum mer fördelaktig och mer användbar. Arbetar med något nytt som kommer att vara fördelaktigt. Det kommer att användas för absolut positiva saker."

D: *Detta är vad experimentet har handlat om.*

J: Ja. Det handlar om att använda energier på olika, nya sätt för att gynna Universum. Det här är mitt jobb.

D: *Bor du där på denna underjordiska plats?*

J: Det är där jag bor nu. Vi som är här och gör experimentet bor alla i de underjordiska platserna.

D: *Men de andra varelserna är de som tar det genom Universum?*

J: Ja. Jag går inte. Jag skickar dem ut. Det finns många olika former här som arbetar med samma projekt.

D: *Vet du om denna energi kommer att användas på planeten Jorden?*

J: Ja, den kommer så småningom att användas där.

D: *Jag var inte säker på om den plats du är på ens är i samma Universum där Jorden är belägen.*

J: Ja, vi är i samma Universum. Det kommer att användas på Jorden så småningom.

D: *Vad kommer det att användas till?*

J: Jag har en blockering där. Det finns flera tillämpningar som kan göras, inte bara en. Det skulle bestämmas av den person som tar det tillbaka till de nya områdena. Vi förändrar det på något sätt för att ta det tillbaka, och det ska användas i våra respektive platser. Men det kommer inte att användas i en struktur. Det kommer att vara mer fri energi som kommer att användas för många olika användningar på många olika platser.

Jag förde Joan framåt till en viktig dag. Hon hade svårt att lokalisera något specifikt. Det var som att drifta in och ut ur en dimma. "Jag försökte få lite klarhet. Just nu ser jag att själva projektet är det viktigaste jag kan göra."
Det blev tydligt att jag inte skulle kunna föra Joan till något som var kopplat till det livet. Så jag beslutade att kalla fram det undermedvetna för att besvara frågorna om detta liv som hon hade sett. "Varför valde du det livet för Joan att se?"

J: Hon behöver förstå att hon arbetar med energi. Hon vet det på någon nivå, men hon behöver förstå att hon har många fler energiförmågor än hon har förstått hittills.

Joan, som många andra som kommer för att se mig, arbetade med Reiki och använde den formen av energihealing för att hjälpa människor. Det är häpnadsväckande hur många av mina ämnen som antingen redan är healers eller vill bli healers. Många får höra att de ska utveckla användningen av energi i helande arbete. Joan fick veta att hon behövde fortsätta att göra detta arbete, men det var inte nog. "De" hade större planer för henne, som de har för många andra.

J: Hon behöver fokusera mer på att skicka energi till de platser där den behöver skickas, för att stärka, balansera under denna nya fas. Just nu är hon här för att hjälpa Jorden att göra sina energiändringar och transformationer. Hon och många andra är här för att förankra och balansera samt dela energi för Jordens bästa, särskilt. Allt är sammanlänkat. Allt påverkar allt annat.
D: Du sa, "Den nya fasen." Vad menade du med det?
J: Det händer mycket förändring, mycket transformation, mycket höjning av energier, mycket förvirring. Det finns ett behov av att de som är här för detta syfte ska balansera och hjälpa till att höja. Det är hennes huvudsyfte just nu. Och också att dela kunskap för att hjälpa människor som inte är medvetna om vem de är. Hon har

begränsat sig själv. Hon går in i en ny fas och hon är här för att hjälpa andra att gå in i nya faser av deras medvetenhet om skapelsens expanderbarhet.

D: *Joan sa, i sitt medvetna tillstånd, att hon ständigt hör orden eller ser frasen, "Förankra energin." Kan du säga vad det betyder?*

J: Ja. Hon är här för det syftet. Hon är här för att förankra den nya energin som kommer in. Att hålla den och bära den och introducera den till platser där den inte har blivit introducerad tidigare.

D: *Hur vill du att hon ska introducera den?*

J: Bara genom den mentala avsikten att hålla, förankra, introducera. Hon är en antenn för introduktionen. Den kommer till och genom henne och andra, in i Jorden och ut därifrån. Och hennes medvetenhet om hennes syfte kommer att hjälpa hennes avsikt att bli mer kraftfull, mer expansiv, mer hjälpsam.

D: *Denna person, denna varelse på denna andra planet, som mottog all den informationen och kunskapen, kan hon dra nytta av det han mottog?*

J: Det är där kunskapen och informationen samt den nya energin kommer ifrån. Experimentet. Det skickas ut mycket som en radiovåg, en mikrovågs- eller magnetisk våg till henne och andra som är här för det syftet. De som kom hit vid denna tidpunkt för detta syfte att fungera som mottagare. (Hon blev känslosam.) En kärleksenergi. En kraftfull, men kärleksfull energi som transformerar och höjer och expanderar Skaparens energi som kommer in vid denna tidpunkt och i detta utrymme. Hon är känslosam eftersom hon kopplar till den person hon var, arbetande med denna energi. Och kunskapen och medvetenheten om varför hon känner så här påverkar henne. Hon har bara ibland varit i kontakt med denna djupgående kärlek och helande, och det orsakar känslorna.

D: *Så hon såg ett tidigare liv?*

J: Det är ett parallellt liv. Det sker samtidigt vid samma tid.

D: *Det var vad jag tänkte. Om de experimenterar med energin, och Jorden tar emot den nu, så måste det ske samtidigt.*

J: Ja, det pågår samtidigt. Men det sänds också till andra områden. Hon tar emot det här, och andra tar emot det på andra platser som är redo att ta emot det. Det går bara till de platser där det är lämpligt.

D: *Så hon arbetar både med det och skickar ut det, och tar emot det samtidigt, eftersom allt händer samtidigt.*

J: Ja, det stämmer.

D: *Men hon behövde genomgå ett normalt liv för att komma till denna punkt, eller hur?*

J: Ja, det behövde hon. Förståelsen av det fysiska livet hjälpte henne att förstå vissa saker som hon behövde lära sig, och pekade henne i riktning mot den informationen hon behövde för att öppna sig. Reiki var en del av att hon kom i kontakt med kärleksenergin, eftersom det är en del av helandeenergin från Universum, Skaparen. Det är ett annat sätt att hantera det. Ett annat sätt att uppleva det. Ett annat sätt att kanalisera energi. Ett annat sätt att transmutera energi. Ett annat sätt att få det till någon annan att använda som deras vägledande system, om hon väljer att använda det. Det är något hon behövde lära sig för att förstå detta steg. Hon är här som en dubbelvision för att vara antenn, och hon skickar också ut det. Hon är här för ett syfte, som många varelser på denna Jord, och i Universum, att lära sig använda energin för att höja den till en högre nivå. För att hjälpa på vilket sätt de kan. Och det här gör hon i detta liv.

Det här är den andra vågen av individer som jag tidigare talat om. De som ska fungera som kanaler eller antenner för energi. Deras huvudsakliga syfte är att leda energin in i Jorden för att användas av andra. Naturligtvis är ingen av dessa människor medvetet medvetna om sina uppdrag.

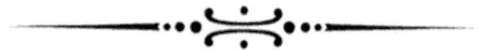

NYA JORDEN & DEN DOLDA STADEN

Anitas session var oklar. Den hade en drömlik kvalitet som var förvirrande. Det verkade som om hon var ombord på ett slags fartyg där hennes kropp arbetades på. Vi fick mer information när jag kallade fram det undermedvetna. Det sa att hon förvirrade att vara på två olika platser, och att de överlappade. Det förklarades att hon hade varit ombord på ett moderskepp där de helade hennes kropp och gjorde vissa reparationer. Sedan togs hon in i jorden. Jag ville veta varför de tog henne dit.

A: För att göra henne medveten om att det fanns där, och vad som pågick. Hon har varit där många gånger. Det här är en plats... ett slags skydd. Många djur finns där, och det kommer också att vara en plats för människor att tas till vid förändringens tidpunkt. För skydd mot förödelsen på jorden, och de sjukdomar som människan orsakar.

D: *Sjukdomar kan inte nå inuti jorden?* (Nej)

Hon såg en man och pratade med honom, och han verkade vara någon hon kände. Hon såg också något glänsande som hon trodde var ett vortex. Vi blev informerade om att det var en portal, och detta var hur mannen reste. Mannen sa att han hade pratat med olika världsledare, men de ville inte lyssna.

D: *Medvetet?*
A: Vissa medvetet. Men de har sina egna agendor.
D: *Vem kontaktar dem?*
A: Olika entiteter. Olika grupper.
D: *Jag är nyfiken på vad en ledare skulle tänka om de kontaktades medvetet.*
A: Vissa ledare är mycket medvetna om oss högre väsen och vad som pågår.
D: *De vet att ni existerar?*
A: Ja. Men de vill inte ge upp sin makt.

Det Komplexa Universumet – Bok Tre

D: *Jag tror att de skulle bli förvånade om de såg någon av er.*
A: När jag säger "medvetet" menar jag inte nödvändigtvis ansikte mot ansikte. Det är mer på en undermedveten, mental nivå. En del av det är mycket likt det som händer med Anita. De tas upp och pratar med dem.
D: *Men de minns inte?*
A: Vissa minns en del av det. Men de vill inte släppa sitt grepp om jorden. Många är inriktade på det negativa. Vid den tidpunkt vi pratade med dem var det ett vägskäl. Det kunde ha hänt. Förändringar kunde ha börjat då, eller så kunde de ha skjutits upp lite längre.
D: *Vilken typ av förändringar?*
A: Krig. Och med mer krig kommer fler förändringar på jorden.
D: *Menar du att förändringarna på jorden är kopplade till krigen?*
A: Ju mer negativa vibrationer, ja. Energierna.
D: *Och det kunde ha hänt då?*
A: Ja. Kris. Men det sköts upp ännu en gång. Någon fattade ett annat beslut. Man vet aldrig riktigt vad som orsakar att det skjuts upp. Någon liten förändring från en ledare som bestämmer sig för att inte göra något. Det kan ha varit mer än en sak. Det kan ha varit flera saker. Vi vet aldrig riktigt vad som fick det att inte hända, men vi var vid ett vägskäl. Och vi kommer att komma till fler vägskäl. Med förändringarna kommer hennes förändring, för hon är medveten. Och hon kommer att veta vad hon ska göra. Hon behöver inte veta än, för hon skulle inte veta vad hon ska göra med det. Informationen eller kraften.
D: *Vilken typ av kraft?*
A: Förmåga. Förmåga att göra saker, och se saker. För att kunna hjälpa människor. Heala människor. Jag tror inte att hon verkligen behöver veta just nu vad hon ska göra. Hon skulle tänka för mycket på det.

Den hemska tsunamin som inträffade vid jul 2004 i Indonesien orsakade dödandet av över 200 000 människor. Jag ville veta om det orsakades av negativ energi.

Det Komplexa Universumet – Bok Tre

A: Nej, inte nödvändigtvis negativ. Alla försöker koppla det till negativitet, men det är en naturlig sak. De som behövde gå, gick. De som behövde stanna, stannade. Vad människor kallar "mirakler", bebisar på madrasser, män på träd. Några av de som gick kommer att gå till andra platser. Och några har högre arbete att göra, och några kommer att börja om sina liv någon annanstans. Så de hade många anledningar till att lämna.

D: *Men de gick ut i en så stor grupp.*

A: Ja. Det kommer att bli större. Massivt. Det kommer att vara förändringen. Men nu kommer vissa negativa saker som människor gör att orsaka att jordbävningar kommer tidigare, eller att tidvattenvågor kommer tidigare. Eller katastrofer av något slag kommer tidigare. För allt vi gör påverkar naturen, påverkar jorden. Det finns en konsekvens för allt vi gör.

Det Komplexa Universumet – Bok Tre

SEKTION FYRA

FÖRSTAGÅNGEN PÅ JORDEN

Det Komplexa Universumet – Bok Tre

KAPITEL TRETTO

VOLONTÄRERNA

När jag först började mina undersökningar genom liv-terapi från tidigare liv trodde jag att jag bara skulle hitta människor som mindes liv på jorden, för naturligtvis var det allt vi visste om. Min tro har verkligen sträckts och utvidgats under de senaste 30 åren. Min första exponering för liv utanför vår värld och allt vi ser runt omkring oss var när jag träffade Phil. Hans historia berättas i *Keepers of the Garden*. Till en början mindes han vanliga tidigare liv, och sessionerna gick som jag förväntade mig. Detta var troligen så som det borde vara eftersom varken han eller jag var beredda att utforska bortom det, eller ens att veta att något annat var möjligt. Sedan, när vi arbetade, överraskade han mig genom att återuppleva liv på andra planeter i utomjordiska kroppar. Detta var mitt första möte med denna typ, och ibland visste jag inte vad jag skulle säga. Vad frågar man en utomjording? När arbetet fortskred fick jag en hel del information om livets sådd (eller början) på jorden, eftersom "de" sa att det var dags för kunskapen att komma fram. Vi båda satte oss ner och blev bekväma med det ovanliga, och min nyfikenhet tog över och frågorna flödade fram. Det förklarades att Phil var en av många andar som aldrig hade levt på jorden tidigare. De hade frivilligt kommit för att hjälpa jorden vid denna tidpunkt i dess historia. De hade inget medvetet minne av detta (naturligtvis) och därför hade deras liv varit svåra. De tyckte inte om att vara på jorden. De hade svårt att anpassa sig till våldet här. De längtade efter att återvända "hem", även om de inte visste var "hem" var. De visste bara att det inte var här. Deras problem orsakades av det faktum att där de kom ifrån fanns endast fred, skönhet och kärlek. Det var ett stort beslut att frivilligt komma till en så radikalt annorlunda miljö. De gjorde det av kärlek och önskan att hjälpa, även om deras anpassning har varit svår, och i vissa fall omöjlig.

Sedan kom frågan: om han aldrig hade levt på jorden tidigare, varför gick han igenom minnen från flera tidigare liv innan den andra överraskande informationen kom fram? Detta var anledning att tvivla på mitt arbete. Betyder detta att reinkarnation inte är verklig? Att de tidigare liv jag undersökte genom så många ämnen var bara fantasier? Kanske hade kyrkan rätt, vi lever bara en gång och det är det? Hur förklarar man denna oväntade utveckling? Svaret var att de liv han trodde han återupplevde var bara intryck. Jag hade aldrig hört talas om detta förut, och jag var den första författaren som hittade denna teori. Det förklaras i detalj i *Keepers of the Garden* och *Between Death and Life*. Den kondenserade versionen är att en själ inte kan existera på jorden i en mänsklig miljö utan information och data om tidigare liv i sitt undermedvetna. Den måste ha något att relatera till och falla tillbaka på; annars är allt för nytt, för drastiskt, för överväldigande. Precis som vi har erfarenheten av vår barndom för att förklara de många saker vi kommer i kontakt med, ger informationen och erfarenheterna från våra tidigare liv också oss en bakgrund att relatera till. Detta innebär att ingen, inget spädbarn, kommer som en ren tavla. Det har alltid bakgrund från andra liv och erfarenheter i sitt undermedvetna sinne för att hjälpa det att relatera till livet i det fysiska. Naturligtvis är vi inte medvetna om någon av detta, precis som vi inte är medvetna om våra tidigare liv. Många av oss kommer inte ens ihåg händelser från vår barndom. Detta betyder inte att de inte existerar.

Teorin om intryck liknar att göra forskning i ett bibliotek. Anden ska gå in i en okänd och helt främmande miljö. Den skulle vara helt förlorad utan någon typ av bakgrund. Så innan den kommer in i kroppen tillåts den att välja andra människors liv från det stora inventariet i biblioteket (eller de Akashiska registren) som den tror kommer att vara användbara när den kommer in i det fysiska. Jag fick veta att detta gäller alla, inte bara en utomjordisk själ. Till exempel, om en person har bestämt sig för att leva ett liv som ledare av något slag. Anden har aldrig haft ett tidigare liv som det. Hur kommer den att veta vad den ska göra? Hur kommer den att veta hur man tar

Det Komplexa Universumet – Bok Tre

kommandot och kontrollerar en situation om den aldrig har utsatts för en sådan upplevelse? I så fall kommer den att välja liv från ledare: presidenter, kungar, guvernörer, sjökaptenar, människor som har levt liv som ledare. Dessa blir sedan intryckta i själen och blir en del av dess själsminne. Om det är användbart för den vanliga anden som återvänder till jorden, kan man förstå hur nödvändigt det skulle vara för en utomjordisk själ som kommer för första gången till en sådan främmande och ofta fientlig plats som planeten jorden.

Jag frågade, "Hur kommer jag att veta skillnaden när jag arbetar med någon? Hur kommer jag att kunna berätta om vad de minns är ett faktiskt liv eller ett intryck?" Svaret jag fick var att jag inte skulle kunna berätta skillnaden, eftersom personen inte skulle veta skillnaden. Intrycket blir lika verkligt som ett faktiskt liv. Alla minnen, känslor och känslor finns där. Den enda skillnaden jag kan se är att intrycket bara bär information och ingen karma. Detta är också en giltig förklaring till argumentet som skeptiker ofta tar upp om reinkarnation. De säger: "Varför minns folk alltid liv som kända personer, Cleopatra eller Napoleon?" För det första är detta inte sant. Människor minns inte alltid liv som kända personer. Majoriteten av deras minnen handlar om tråkiga, långtråkiga liv där inget av vikt händer. Jag har haft personer som var associerade med kända personer, men jag har aldrig haft någon som gick tillbaka till där de var den viktiga personen. Det finns många fler vanliga människor i världen idag än de som får sina namn i tidningen. Och det har alltid funnits fler vanliga människor, och därför är det det som kommer fram. Men för att återgå till argumentet som skeptikerna presenterar: om det fanns två eller fler personer som påstod sig ha varit en känd person i ett tidigare liv, skulle det inte betyda att en av dem ljuger eller fantasierar. En eller båda kan minnas ett intryck, eftersom det inte finns något sätt att berätta skillnaden.

Nu när jag arbetar så uteslutande med undermedvetna och dess stora informationsförråd, om ett liv är ett intryck kommer det att berätta för mig. Detta är hur jag nu kan berätta skillnaden. Exempel kommer att ges i denna bok. Men teorin om intryck är en bit till i ett stort och komplicerat pussel som vi kallar "livet", och som jag fortsätter att utforska.

Det Komplexa Universumet – Bok Tre

Under åren sedan jag arbetade med Phil och skrev boken, har jag nu kommit i kontakt med andra som känner på samma sätt. När boken översattes till andra språk och började cirkulera i främmande länder, fick jag post från människor som var så tacksamma för boken. De trodde att de var de enda i världen som hade dessa känslor: att inte vilja vara här, att inte förstå våldet i världen, att vilja gå "hem", att ha tankar på självmord för att komma undan. Det har hjälpt dem enormt att veta att de inte är galna, att de inte är ensamma. Att de är en av många som frivilligt kom för att hjälpa jorden att gå igenom sin krisläge. De var bara inte beredda på konsekvenserna för sina ömtåliga själar.

Som jag skrev om i Bok Två i denna serie, har jag nu funnit tre vågor av människor som lever sina första liv på jorden. Den första vågen är ungefär i Phil's ålder, ungefär i slutet av fyrtiåren (början av femtiåren) nu. De hade den svåraste tiden att anpassa sig. Den andra vågen är nu i slutet av tjugo- och början av trettiåren. De har inte haft lika många problem och rör sig genom livet mycket lättare. De lever vanligtvis ett liv för att hjälpa andra, skapar ingen karma och går normalt obemärkt förbi. Under sessionerna beskrivs de som "antenner", "kanaler", "observatörer", bara dirigenter av energi som behövs av jorden. Många vill inte ha barn eftersom det skulle skapa karma, och de vill inte vara bundna till jordens cykel. De vill bara göra sitt arbete och gå vidare. Jordens erfarenhet påverkar dem inte lika traumatiskt som den första vågen. Den tredje vågen är de nya barnen, många av dem är nu i tonåren. De har kommit med all kunskap som behövs (på undermedveten nivå), deras DNA har redan förändrats, och de är förberedda att gå vidare utan några större problem (förutom de som skapas av välmenande och okunniga vuxna). Jag frågade en gång, "Varför hade den första gruppen så många problem och svårigheter att anpassa sig?" Svaret var att de var "banbrytarna", "vägvisarna". De förberedde vägen för dem som följde. Så deras svårigheter har haft ett syfte.

Sedan mitt första möte med Phil på 1980-talet, har jag nu mött många människor (genom mitt arbete) som upplever sina första liv på planeten Jorden. Ingen av dessa människor hade denna kunskap innan vi genomförde sessionerna. De får nu tillgång till informationen eftersom det är dags att erkänna vem de är och deras syfte på jorden vid denna tidpunkt.

James kom till mitt kontor i Arkansas för sessionen främst för att utforska en ovanlig upplevelse han hade som barn. Han hade aldrig glömt den. Den hade vissa indikationer på ett möjligt förlorat tidavsnitt, men inte många andra detaljer. Eftersom det hade plågat honom alla dessa år, var detta det han ville utforska snarare än att gå in på tidigare liv. Jag regressade honom tillbaka till natten för incidenten, men han kunde inte få fram mer information än vad han medvetet mindes. Hans medvetna sinne ville också behålla kontrollen, eftersom han var rädd att han skulle hitta på något. Jag fortsatte och lite information började komma fram. Mest kroppsliga känslor, svävande och känslan av att vara i ett litet farkost. Sedan känslan av rörelse och en chockerande avslöjande. "Framåt; framåt – någon annanstans, väldigt, väldigt snabbt. När det rörde sig, när det ... hoppade? Det fick mig att känna mig ... isärsliten, som atomer." Även om det lät konstigt, beskrev han känslan av att det kändes bra när detta hände. "Som demolekularisering, men inte på ett dåligt sätt; bara nödvändigt. Det är nödvändigt för att resa."

Du kan inte resa i den fysiska kroppen. Den är för snabb. Kroppen skulle gå sönder. Så de demolekulariserar mig tills de kan sätta ihop mig igen senare. Det är inneslutet inom ljuset, inom kupolområdet. Kanske håller ljuset det eller hindrar det från att sprida sig överallt." Han var inte medveten om någon annan som han kunde ställa frågor till. Jag frågade om det fanns något sätt han kunde få information. "Inte än. För att jag är i bitar! Jag måste sättas ihop. (Skrattar) Jag gör det inte. Någon annan gör det." Sedan den yrande känslan av att röra sig snabbt igen. Sedan en överraskning, när han blev återuppbyggd, hade han en annan form, och såg mer ut som en av de små grå utomjordingarna. Han hade svårt att förklara de känslor som gick igenom hans sinne. "Jag känner att det inte är jag-jag-jag. Som minnena av mig i något annat." Han kommunicerade med andra som

205

liknade honom. Sedan förvirring igen när han försökte beskriva vad han såg. "Jordpaneler på väggarna, och de gör saker. Träning."

D: *Vem tränar du?*
J: Jag! Som en verkstad. Allt, färdigheterna, jordkunskap på panelerna. Det är komplicerat. System, funktion, form ... inte historia, men ... grundläggande ... grunder!
D: *Och du lär dig detta eller undervisar du det?*
J: Lär mig ... tja, båda! Undervisar mig själv.
D: *Är denna kunskap om skeppet du är på eller vad?*
J: Det kan vara om jag ville. Kunskapen kan vara vad som helst som finns där; vad som helst som är lagrat på den här ... grejen.
D: *Vad för slags kunskap vill du komma åt?*
J: Spel, men inte som videospel, men som videospel. Simulerat. Livsspel. Jag kan programmera in vad jag vill. (Han verkade kämpa med koncepten.) Det finns störningar ... Det är mycket likt något på TV. Det är inte samma – det ser inte likadant ut – men konceptet är det samma.
D: *Menar du att det laddar ner programmet till dig?*
J: Ja. Det spelar upp det.

Han upptäckte sedan att han hade något på huvudet som tryckte mot sina tinningar.

J: Det är det här templar-sakerna är för! De saker som går på mitt huvud. Det är där informationen går in. Någon annan gör det, men inte motvilligt. – Överförs minnet därifrån hit, eller ...?
D: *Du sa att det var livsspelen?*
J: Scenarier, men stora. Långa scenarier, om hur det var.
D: *Finns det fler än en av dessa?*
J: Liv. Alla möjliga du vill!
D: *Väljer du vad du vill ladda ner?*
J: Ibland. Andra ges, som en uppgift.
D: *Det laddas ner, och du kan se vad som kommer att hända?*
J: (Suckar) Du lever det, men inte ... du lever det bara så mycket som någon kan leva det. Det är en illusion. Det läggs in i din hjärna

och du lever det, men inte ... Du tar erfarenheterna från det utan att faktiskt leva det.

D: *Finns det en anledning till att göra det?*

J: Kunskap och ... empati, kanske? Men ... förståelse. Frågan är, "Varför göra det?"

D: *Det var det jag undrade.*

J: Svaret är, "För kunskap." För kunskap är allt som kommer. Kunskap för att hjälpa – kanske för att hjälpa framtida människor? Det är för att hjälpa. Jag vet inte hur, dock. – Det är som ett bibliotek, bara en annan version. Mer ... inte eterisk, men solid. Mer teknologidriven snarare än bara essens.

D: *Så detta görs av en anledning, för att hjälpa kroppen som existerar på Jorden – den fysiska kroppen?*

J: Förberedelse. Ordet är, "Liv," men ... livets upplevelse. Förberedelse.

Även om det lät förvirrande trodde jag att jag förstod vad han försökte beskriva, men jag ville inte påverka honom. Jag ville att han skulle berätta det med sina egna ord. Ändå kom inte mer information fram. Något blockerade definitivt det, och jag tyckte inte att det var James själv. Jag tänkte att det var dags att kalla på det undermedvetna för att hitta svar. När jag visste att det var där, frågade jag om jag hade tillstånd att ställa frågor. Ett auktoritärt röst svarade: "Ja, men var försiktig!" Jag förstod att James inte var redo att få allt avslöjat, eftersom det var uppenbart att han inte förstod de bitar och delar han blev visad. Jag skulle vara tvungen att vara försiktig och följa det undermedvetnas instruktioner, eller det skulle stängas av och jag skulle inte få några fler svar. Jag sa att jag inte skulle pressa, utan bara acceptera det som han ville att James skulle veta. Det undermedvetna sa att det som visades bara förvirrade James, och att han inte hade utvecklats tillräckligt för att förstå. Han hade fortfarande mycket att lära sig.

D: *Tror du att de bitarna du har visat honom kommer att hjälpa honom?*

J: Han kommer att ställa fler frågor.

D: *Varför kände han att molekylerna hade skiftat?*
J: För att de hade! Molekylerna bryts isär så att de kan sättas ihop igen
... men bara för att resa. När han reser måste det hända eller så går han sönder.
D: *Han blev visad, när detta hände, att han hade förändrats till detta andra väsen. Existerar det samtidigt som James existerar?* (Ja) *Vad är det? En överföring fram och tillbaka?*
J: Det är samma, bara när det gäller att allt existerar på en gång.

Jag försökte få mer information om den förlorade tidsepisoden, men jag fick veta att det inte var dags för James att veta, och inget mer kunde visas. Han skulle få vänta tills han nått en annan nivå av förståelse. Han var fortfarande i ett tidigt skede av lärandet. "De" har sagt till mig tidigare att viss kunskap är som gift snarare än medicin. Det kan orsaka problem om det inte kan förstås korrekt, eller om det ges för tidigt. Detta verkade vara fallet med James.

D: *Beskrev han processen känd som intryck?* (Ja!) *Där andra liv trycks in i minnet för att fungera som en referensguide, så att tala?*
J: En katalog.

Det undermedvetna höll fortfarande tillbaka, men jag fick det att erkänna att James var en del av de nya människor som kom till jorden, som aldrig hade upplevt en mänsklig kropp tidigare. Han var definitivt här för ett syfte, men exakt vad det var fick han inte veta än. "Han kan få glimtar, blixtar, men aldrig allt. Det skulle vara för mycket."

D: *Ingen tvingade honom att komma, eller hur?*
J: Nej. Han frivilligt kom vid denna tidpunkt. Han visste att det skulle vara smärtsamt, men han är stark.
D: *Kan du berätta något om vad han ska göra?*
J: Leva exemplen och de kommer att följa. Han är en lärare. Regler; lagar – inte jordiska; inte mänskliga lagar. Genom sin interaktion med människor, undervisar han – inte med ord – utan genom handling. Hans aura eller energi påverkar andra.

Det Komplexa Universumet – Bok Tre

D: *Han trodde att han skulle gå ut och prata med människor, och berätta för dem om saker.*

J: Meddelandet går förlorat i ivern. Detta är det enda sätt han vet, men den mentala telepatin genom det undermedvetna. James vidarebefordrar det inte.

D: *Vem vidarebefordrar det då?*

J: Kunskapen själv ... ledaren. James är som en fyr. Strålar ut energin; vidarebefordrar det. Om du har en vägg och du kastar något mot den, kommer det att falla. Om du har en annan vägg, och du har den långt borta, när du kastar denna idé – denna sak – mot den, kommer det fortfarande att falla. Men när de är nära, vibrerar de snabbt. Det studsar fram och tillbaka snabbare. Fyrtornet är starkare. Signalen är starkare.

D: *För att den förstärks.*

J: Ja, James måste förstå att det är hårt arbete att vara människa. Om han följer känslan av kärlek kan han inte vända sig åt ett felaktigt väg.

Det som började som en undersökning av ett möjligt UFO-fall, förvandlades istället till en avslöjande upptäckt av ännu en person från andra vågen av volontärer som har kommit för att hjälpa. James var en mycket mild själ, starkt påverkad av världen omkring honom. Det skulle dröja ett tag innan han hade lärt sig tillräckligt och utvecklats tillräckligt för att få fler svar. Under tiden skulle han bara uppfylla sitt uppdrag som en kanal, ett fyrtorn, för den inkommande och utgående energi som behövs på jorden just nu. Ändå är det ett annat exempel på svårigheten dessa milda själar har när de kommer till vår främmande och fientliga miljö.

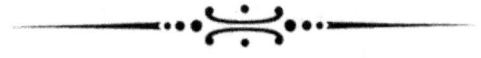

BESÖKAREN

Judy var en av många som jag har träffat under mina trettio år av arbete med klienter, som har känslan av att de inte hör hemma här. De vill inte vara här, och har svårt att anpassa sig till vår värld. Hon genomgick en normal regression, men vi hittade inte hennes svar förrän vi kontaktade det undermedvetna. Jag bad det att förklara dessa känslor som hon hade.

J: Hon har aldrig känt sig hemma på den här planeten. Det finns andra platser i universum där energin är bättre, där hon känner sig älskad, och hon känner att hon hör hemma. Andra platser hon har levt på där människor älskar varandra, där människor lever i fred, där människor hjälper varandra, människor bryr sig om varandra.

D: Varför kom hon till Jorden om hon var lyckligare på de platserna?
J: För att det är hennes jobb.

Jag hade hört detta så ofta att det började låta som en trasig skiva. Ändå, varför skulle så många av mina klienter säga samma sak om det inte var sant? De har inget sätt att veta vad de andra har sagt.

J: Det finns de av oss som tittar på andra platser i universum. Och vi ser platser som behöver hjälp. Och vi vet att vi måste assistera för att bevara vårt sätt att leva, för att bevara vår fred.
D: Hur speglar vad som händer här ert sätt att leva?
J: Det förorenar universum. Vi är alla tillsammans, vi är alla släkt, och när andra sänker sina vibrationer påverkar det oss också. – Men det är inte bara för att vi är älskande, mycket älskande, fredliga människor. Inte bara vill vi förbli så. Vi skulle vilja att andra delar med sig av det vi har, och vad vi har funnit. Människor på denna planet är inte lyckliga. Den här planeten vi är på nu, på Jorden, de kämpar varje dag. De vet inte vad det är att leva i fullständig lycka och fullständig fred, att vara ett med Skaparen, men det är vårt jobb att assistera dem.
D: Kunde ni se vad som händer på andra planeter från där ni var?
J: Vi kan se allt vi vill. Om vi vill se det kan vi se det. Vad som händer här är att sorg sprider sig från en till en annan. Varje gång de blir ledsna sprids det. Det finns så lite här för att förändra det.

Det Komplexa Universumet – Bok Tre

D: *Så när era människor såg dessa saker hända på Jorden, bestämde ni er för att komma hit?*

J: Ja. Vi behövde assistera. Vi trodde att vi skulle göra en skillnad. Vi är varelser av stor kärlek; stor, stor kärlek och stor fred. När vi ser andra själar vara störda, är det i vår natur att assistera. Det hjälper oss att känna oss fullbordade.

D: *Men när ni kom hit, var det inte så lätt?*

J: Det var det inte. Vi vill hjälpa, det är därför vi är här, men det är väldigt svårt för oss att överleva här. Det är så främmande för oss. Vår vibration är mycket högre. Detta orsakar problemet. På vår planet var hon en stor helare. Hon kommer inte vara lycklig om hon inte fortsätter det arbetet.

D: *Finns det någon typ av metod hon bör använda?*

J: På vår planet tänker vi helt enkelt på helandet och det är gjort. På er planet är det inte riktigt så enkelt. Så många tvivel har planterats på så många platser att ibland behöver ni era små prylar eller metoder som ni känner hjälper er i helandet, men helandet kommer inifrån. All energi kommer från den stora Källan. När hon verkligen förlåter sig själv och integreras i detta liv, kommer helandet att flöda lätt från henne. Hon kommer att kunna hjälpa andra. Hon kommer inte nödvändigtvis behöva alla metoder som hon försökt studera. Det kommer bara att flöda. Hon kommer att veta hur hon ska göra det. Hon kommer att göra det med sina händer. Ibland är det hjälpsamt att göra så. Vårt helande kan också göras på distans eftersom vi alla är sammankopplade. Det är så lätt att göra detta där vi kommer ifrån. Det är väldigt svårt att komma hit till denna planet och inte kunna göra samma sak.

D: *Självklart måste du ha personens tillåtelse, även om de är på distans, eller hur?*

J: Absolut. Människor på denna planet ger inte sin tillåtelse medvetet, men de ger tillåtelse där det är själen som har uppdraget att hela. Hon kommer att kunna göra dessa saker. På vår planet är det så lätt för oss som är tränade. Vi tänker på det, och så är det. På vår planet är vibrationerna mycket högre, och här på Jorden är de mycket lägre. Det är väldigt frustrerande för henne att det inte händer omedelbart här.

D: Vad sägs om de allergier som Judy har?

J: Allergierna är hennes sätt att kämpa mot att vara i denna atmosfär, från denna planet, från energin här på denna planet, genom att ständigt blockera de lägre vibrationerna. Hon gillar inte hur det känns här. Hon vill inte andas det, hennes kropp vill bekämpa det, vill bli av med det, vill bli av med allt här.

D: Det finns alltid fri vilja inblandad.

J: Vi kan inte tvinga fram saker, det är inte vårt sätt. Det sker mycket förändring på denna planet nu. Fler och fler människor kommer att vakna. Men det är så svårt för oss att komma från en plats med sådan kärlek och lycka till denna plats.

Här följer ett annat exempel på en session med första gången eller volontärer:

Shirley kom ner från molnet till vad hon beskrev som "ödeläggelse". "Allt som var levande finns inte där längre. Allt är borta. Något har orsakat att det försvann. Det är bara brun jord eller smuts, eller kratrar. Vad som än var där finns inte där längre. (Hon blev känslomässig.) Inget. (Gråter) Jag tror att detta var mitt hem. (Snyftande) Det blev förstört. Men jag är inte säker på vad som gjorde det. Det var vackert med ängar och skogar och träd. Vad som kom till mitt sinne var Eden."

Jag bad henne att se det som det var innan förstörelsen inträffade. "Jag ser många träd. Jag ser rinnande bäckar. Jag ser hängande pilträd. Det är som en vacker trädgård. Det finns blommor och fåglar, och djur som går runt. En enhörning gick precis förbi. Hon är vit, med en lång man och en spetsig horn på pannan. Hon är vacker. Det är en underbar, perfekt plats. Så långt ögat kan nå är det bara en idyllisk bild. När jag uppfattar min kropp känner jag det som en blandning. Jag känner det manliga, och sedan känner jag det kvinnliga också. Och jag känner de två tillsammans. Jag kan se en mänsklig form, men det känns mer som en energetisk mänsklig form. Som om du inte riktigt är en fysisk

Det Komplexa Universumet – Bok Tre

kropp. Jag känner inte att jag behöver äta något. Det är skönheten i allt som håller mig vid liv. Det är allt som behövs. Anslutningen till naturen. (Blir känslosam igen.) Tanken som kom till mig är att även det som håller mig vid liv är min förbindelse med Gud, med min Man, med min Far. Det är det som håller mig vid liv. När jag är där vid denna tid känner jag mig i frid, för det är så vackert. Och allt fungerar i harmoni, tillsammans."

Jag beslutade att flytta henne framåt för att ta reda på vad som hände med denna perfekta plats. Jag försäkrade henne att det inte skulle störa henne att se det.

S: Något kom och brände allt och förstörde det. Allt jag ser är dessa flammor som kommer ner från himlen och bränner allt.
D: *Kan du se varifrån det kommer? För du kommer kunna se det och förstå det och prata om det.*
S: (Hon tvekar.) Det första jag såg var en drake. (Skrattar) Mitt sinne går, nej, det är inte rätt. (Skrattar) – Jag ser bara en drake, det är allt jag ser. Jag ser lågor skjuta ut från dess mun. Den är grön med stora fjäll. Den flyger runt på himlen.

Jag var inte orolig över detta okonventionella svar. Jag beslutade att följa med på vad hon än såg. Jag visste att innan sessionen var över skulle det undermedvetna förklara allt, om det inte klargjordes längs vägen.

S: Jag får en känsla av att det fanns någon som var avundsjuk på denna plats, och de skickade draken för att förstöra den.
D: *Kunde de inte ha haft en vacker och perfekt plats av sin egen?*
S: Jag är säker på att de kunde ha det. De ville inte att någon annan skulle ha det. De ville inte att någon skulle vara lycklig.
D: *Vad hände med dig när allt blev förstört?*
S: Jag känner att jag lämnade. Jag ville inte vara kvar där längre, för det var borta.
D: *Du kommer kunna se vad som hände från den perspektiven. Kan du se mer om dessa andra varelser eller vad de var, som var avundsjuka?*

S: (Skrattar) Jag ser ett land med jättar. De är väldigt stora. Stora ben, stora ben, stora armar, muskulösa. Det är som ett samhälle, men det finns en ledare som inte är snäll. Han visste om den vackra platsen. Det var avundsjuka och ilska.

D: Finns det drakar där de bor?

S: Ja. (Skrattar) De var små jämfört med jättarna. De är som deras husdjur.

D: Så det var den typen av varelse de skickade för att förstöra din plats. (Ja) Jag undrar vilken typ av tillfredsställelse det gav dem.

S: Ingen kunde leva i glädje, eller fred, eller harmoni. Det var bara förstört.

D: Så vad gjorde du efter att platsen blev förstörd?

S: Jag känner att jag svävade omkring ett tag. Sedan gick jag för att besöka min Far ett tag, för Han älskar mig. Jag känner kärleken och energin flöda genom mig. Jag känner mig närd. Jag känner ovillkorlig kärlek.

D: Kan du se hur Fadern ser ut?

S: Jag ser bara denna boll av ljus, livsenergi. Det finns andra där. Vi måste närma oss oss själva. Jag kan inte stanna länge. Jag känner att jag får mitt nästa uppdrag.

D: Vad är ditt nästa uppdrag?

S: Jag måste komma till Jorden.

D: Du ser inte så glad ut. Har du något val?

S: Nej, jag känner inte att jag hade något val. Det är ett uppdrag, ett jobb. Någon måste göra det, för ingen annan kommer göra det. Jag tror att det är därför jag varit så arg på Honom, på min Far, för att det inte var ett val. Det var som när du arbetar för någon. De säger åt dig att göra det, eller annars. Som när du är i tjänst, du tar order? Det var så det kändes, för jag var tvungen att gå igen.

D: Men du hade ju sådan kärlek till Honom också.

S: Jag gör det, men jag var arg för att jag var tvungen att gå. Jag skulle inte ha valt att komma till Jorden. Jag fick det uppdraget att komma hit.

D: Berätta vad som händer när du kommer till Jorden. Vad är proceduren?

Det Komplexa Universumet – Bok Tre

S: Jag ser mig själv gå igenom olika stadier som energi. Det känns som olika stationer, eller olika poster, eller att få olika information, eller steg. Som att checka in med olika enheter och varelser innan jag kommer hit, och varje en ger mig information. Men det känns som om jag inte är i fysisk form. Och de ger mig alla råd eller information som ska användas.

D: *Vad gör du sedan när du slutligen kommer till Jorden?*

S: Nåväl, jag måste födas. Jag har gjort det flera gånger, men inte nyligen. Det finns något här som jag måste åstadkomma. Den här gången finns en känsla av uppdrag. Jag är här för att göra något (blir känslosam) och jag vet inte vad det är. Men jag vet att jag har något stort att göra.

D: *Men det första steget är att födas som en baby?* (Ja) *Känns det annorlunda att vara i en kropp igen?*

S: Ja, ja. Jag känner mig instängd. Det andra sättet var väldigt fritt. Och på det här sättet känner jag mig annorlunda. Jag är en vacker liten flicka. Jag ville vara en flicka. Det kändes bara som rätt sak att vara denna gång, för uppdraget.

D: *Hur känner du för att vara i den kroppen?*

S: Jag har aldrig känt mig bekväm i den kroppen. Jag har alltid haft en dålig kroppsbild. Trots att jag ville vara kvinna, var det svårt att se mig själv som en kvinna. Jag gillade inte att titta i spegeln. Jag gillade inte vad jag såg. Jag kände att anatomyn var annorlunda. (Skrattar) När jag tittar i spegeln tror jag att jag borde se denna vackra lysande varelse av ljus. Det är den jag är under.

D: *Men du tog på dig detta skal, detta yttre skal. Och du måste stanna i detta skal ett tag tills du gör vad du ska göra.*

S: Ja. Jag vet att det är för att hjälpa andra människor. Det är vad jag känner. Jag tror att de andra gångerna jag kom var det fri vilja, fri val. Den här gången var det inte. Den här gången är annorlunda. Jag skulle ha föredragit att komma på min egen fria vilja istället för att ha ett uppdrag. Det är viktigt, men jag vet inte varför. Jag vet inte vad för. Jag vet att det är för att hjälpa andra människor. Att hjälpa till att hela andra människor.

Jag bad det undermedvetna att komma fram och förklara varför det visade Shirley platsen som blev förstörd. "Varför valde ni just den? Vad försökte ni säga till henne?"

S: Att det fanns en perfekt plats. Hon kan gå dit och återknyta när hon behöver bli närd. Hon kan koppla ihop alla varelser, alla skapelser, och prata med dem. De försöker kommunicera med henne, men hon har blockerat dem. Hon är rädd för att det inte är verkligt. Hon behöver inte vara rädd, för det är verkligt. Hon kommer att kunna hela människors hjärtan och sinnen med sin röst. Hon kommer att hjälpa dem att hela på alla nivåer: fysiskt, mentalt, emotionellt och andligt. Hon kommer att kunna göra det genom att prata. Kommunicera om Gud och om vad livet handlar om. Hon behöver inte vara rädd. Vi kommer att skydda henne. Vi kommer att ge henne vägledning.

D: *Den platsen hon såg som var full av så många konstiga varelser. Var det en verklig plats?*

S: Ja, vid en tidpunkt var det det.

D: *Med enhörningarna och jättarna och drakarna?* (Ja) *Vi tänker på dem som fantasier eller legender.*

S: Nej, de existerade.

D: *Var det på Jorden?* (Nej) *Vad vi har nu i våra berättelser, är de bara minnen från den platsen?*

S: Minnen från en annan tid som har gått förbi.

D: *Jag undrade varför vi har dessa i våra berättelser idag, i vår värld.*

S: För att de existerade vid en tidpunkt. De var verkliga.

D: *Menar du att minnena finns i våra sinnen?* (Ja) *Så det vi tänker är en berättelse eller en saga har en grund i sanningen?*

S: Jag tror det, ja.

Här följer ett annat exempel på en session med första gången eller volontärer:

Till en början lät det som ett normalt tidigare liv när Beth såg sig själv som en ung man på en arabisk marknad. Detta började förändras när han blev medveten om att han bar på en bok. "Det är en instruktionsmanual. Fysikens lagar. Jag försöker förenkla det för att lära folket. Jag är bara i detta område en kort stund, sedan går jag till andra platser för att undervisa." Han hade gjort detta i tre år och hade inget hem att återvända till.

D: *Tror du att boken är komplicerad eller svår att undervisa i?*
B: Nej, jag har alltid känt denna information. Jag förmedlar det från en högre källa. Helandeenergin från denna information är väldigt kraftfull. Boken och energin som är kopplad till informationen.

D: *Så det är annorlunda än vanlig fysik. Är det vad du menar?*
B: Ja. Det finns information kopplad till orden, men folket hör inte det. Det är för deras bästa, för deras högre förståelse, för deras utveckling.

D: *Var fick du boken ifrån?*
B: Jag skrev den för att förenkla informationen för att leverera budskapet till folk. Det är egentligen bara anteckningar för att påminna mig om vad områden att täcka. Det är mer som en översikt.

D: *Kan du ge mig ett exempel på vad du skulle säga till dem?*
B: (Paus) Något om fiskar, det finns fiskar i havet. Och fiskarna simmar i en hastighet som skjuter bort vattnet. Ju snabbare fisken simmar, desto mer vatten skjuter den bort, och desto mer tryck på fisken. Det är tröghetslagen.

D: *Vad betyder det egentligen?*
B: Att det är en av planetens lagar, gravitationslagen.

D: *Och om fiskarna?*
B: Det hänvisar bara tillbaka till en av planetens lagar.

D: *Tröghetslagen?*
B: Ja.

Han reste från plats till plats och undervisade alla som ville lyssna. Han älskade att åka till olika platser och träffa olika människor. Han fick inte betalt, så jag undrade hur han togs om hand, hur han kunde äta och sova.

B: Jag behöver inte sova mycket. Jag behöver inte äta. Endast för nöje. Allt jag behöver skapar jag.
D: *Kan din kropp existera utan mat?* (Ja) *Men är inte din kropp fysisk?*
B: Ibland. När jag undervisar kommer jag in i det fysiska. Och när jag har andra behov, lämnar jag kroppen och kommer till ett ställe där jag kan få det jag behöver... upp någonstans. Min kropp är mer en energikropp än en fysisk kropp.
D: *Var går du när du inte har en fysisk?*
B: Åh, jag går på ett skepp.
D: *Finns det ett skepp där?*
B: Ja, stationerat där, men det är inte på marken. Det är i himlen. Det är runt, och det är ett ganska stort skepp. Det rymmer 200 personer.
D: *Går de också fram och tillbaka?*
B: Vissa gör det, till olika delar av planeten.
D: *När du är på det skeppet, vad för slags kropp har du?*
B: Jag har aldrig riktigt tittat på mig själv, jag har tittat på andra. Jag har en mycket liten mun och ett stort huvud, och stora ögon – stora fingrar.
D: *Ser alla varelser på skeppet lika ut?*
B: Ja. De har inte kläder på sig. De har köttfärgad, tunn kropp.
D: *Har ni det vi kallar "kön"?* (Ja) *Så det finns manliga och kvinnliga?*
B: Ja. Deras fysiska anatomi är densamma. Vi känner igen dem efter deras essens.
D: *Vilken essens har du när du är på det skeppet?*
B: Manlig. När jag är på skeppet hjälper jag till att organisera lärarna som går ner på planeten för att undervisa.
D: *Undervisar de alla i olika ämnen?*
B: Ja. Den kvinnliga undervisar i hälsa. Det finns en manlig, han undervisar i vetenskap, men på ett sätt som folket kan förstå ... på deras nivå av förståelse. Jag har bara lärt mig mer, blivit exponerad för mer, och haft fler erfarenheter. Vi lär oss alla hur

man talar på en nivå som varelserna kan förstå. Vi kan stråla ner till var vi vill på planeten. Och jag fokuserar mina studier och arbete i det här specifika området just nu. Men andra går till andra delar av världen, planeten.

D: Så det viktigaste de alla försöker göra är att ge kunskap och information till jordens varelser? (Ja) *Fick du instruktioner att göra detta av någon?*
B: Jag måste ha blivit instruerad. Vi kommer från ett större skepp.
D: Det låter stort om det har två hundra varelser.
B: Nej. Det finns tusentals varelser på det andra skeppet. De är alla olika typer. På det mindre är det mestadels min typ.

Det fanns en ursprunglig hemplanet de hade kommit ifrån, men de gick inte tillbaka dit så ofta. "Jag är fokuserad på mitt uppdrag och mitt jobb."

D: Så när du väl är tilldelad ett skepp, stannar du där länge?
B: Ja, men det handlar inte om tid. Det finns ingen tid. Det mäts i undervisning och mängden människor jag har kunnat nå. Jag känner till konceptet som människor har om tid. Jag känner till det, men jag förstår det inte, för allt är samtidigt. Jag undervisar tills jag känner att jag är redo att lära mig mer. Och sedan får jag mer kunskap och tar tillbaka det till människorna igen. Jag går till olika platser och ser ut som en av dem. Så att folk inte blir misstänksamma mot mig och börjar ställa frågor. "Varifrån kommer jag?" Jag rör mig så att de inte ställer frågor.
D: Vill du att de ska använda informationen?
B: Så småningom. Om de inte behöver det nu, kommer de att kunna använda det vid någon tidpunkt. Men det höjer deras medvetna medvetenhet.
D: Mestadels kommer du för att utbilda. Det är ditt folks uppdrag? (Ja) *På det större skeppet, har de andra uppdrag?*
B: Många, många uppdrag. De går till många platser. De interagerar inte med folket på samma sätt som vi gör. De är mer involverade i interaktionen av planeter, det universella målet: harmoni och fred.

219

D: *Vad kan de göra för att påverka planeterna?*
B: Skydda planeterna från självförstörelse. Ta ljus och kärlek, och hjälpa folket att skapa harmoni bland sig själva.
D: *Om en planet är ur harmoni, skapar det problem?*
B: Ja, för alla! För alla planeter. Alla påverkas genom energin, för energin sprider sig genom universum.
D: *Så majoriteten av människorna på det stora skeppet interagerar på olika sätt. Men det är för att hjälpa jordens folk?*
B: Inte nödvändigtvis Jorden. Nej – många planeter. Jag har inte tid. Jag har inga referenser till kartor. Och jag vet inte var alla dessa varelser går, och vad alla gör. Det finns för många människor. För många olika uppdrag. Mitt jobb just nu är att hjälpa jordens folk.
D: *Men det stora skeppet är stationerat någon annanstans?*
B: Det är längre bort från vårt skepp. Det är därför de arbetar med olika projekt. Det är mycket längre bort. Vi rapporterar tillbaka till dem.
D: *Om du inte behöver äta, vad håller dig vid liv?*

Jag visste redan svaret på detta, men jag ställer alltid samma frågor för att få mer giltighet. Om många människor ger samma svar, då är det troligtvis sanningen.

B: Ljus.
D: *Hur får du ljuset?*
B: Jag absorberar det bara i min kropp.
D: *Var kommer ljuset ifrån?*
B: Det kommer inte från någon särskild plats. Det finns bara runt omkring. Det är inte så att jag livnär mig på något. Det absorberas bara genom kroppen.
D: *Dör kroppen, om du förstår vad jag menar? Slutar kroppen existera vid något tillfälle?*
B: Ja. Kroppen kommer att slitas ut. När kroppen har använts under en period, slänger vi den och behåller en ny kropp.
D: *Kroppen blir där du inte kan använda den längre?*
B: Det är inte rätt. Nej, kroppen dör inte. Den är energi. Den är förnybar.

Det Komplexa Universumet – Bok Tre

D: *Menar du att kroppen omvandlas till energi?*
B: Nej, den är ren energi.
D: *Men du sa att efter en viss tid går du till en annan?*
B: Det är inte vi. Det är några av de andra varelserna på skeppet. Deras kroppar skulle upphöra att existera, eftersom vissa är mer fysiska och vissa är mer energi. Min är mer energi.
D: *Men du har valt att ha detta utseende på skeppet, som du pratade om?*
B: Ja. Det liknar där jag kommer ifrån, varelserna på min hemplanet, där jag har tillbringat mycket tid.
D: *Jag tänkte att en kropp som är ren energi inte skulle behöva vara i något, eller hur?*
B: Tja, den har en form, som en kontur, men den är mindre ... fast? Vi rör oss friare än en varelse som skulle vara mer i fysisk form.

Jag beslutade att vi inte skulle lära oss mycket mer vid denna punkt, så jag flyttade honom framåt till en viktig dag. Från beskrivningen tror jag att han kan ha gått in i ett annat liv, även om det fortfarande verkade vara utomjordiskt, och mer fysiskt. Han blev mycket upprörd och orolig, och visade tecken på obehag när han beskrev vad som hände. "Vi är i krig med ... det är galaktiskt... ett krig. Många, många skepp."

D: *Är de i Jordens atmosfär?*
B: Nej. (Han var nära att gråta.) Jag vet inte var vi är. Vi är ute i rymden någonstans. (Känslomässig) Det här behöver inte hända! Det finns ingen anledning till att vi kämpar! Kamp tjänar inget syfte!
D: *Har någon attackerat er?*
B: Det finns många, många som är representerade i dessa olika skepp. Det är inte mellan två. Det är mellan fyra olika grupper. De vill alla ha samma sak. Det orsakades av missförstånd och brist på kommunikation.
D: *Jag trodde att när ni nådde den här punkten skulle det inte finnas något behov av våld.*
B: Nej. Dessa varelser kommer från en planet som är full av girighet och hat. De vill ha allt för sig själva. De är inte en del av vår grupp.

Det Komplexa Universumet – Bok Tre

D: Vad var missförståndet som orsakade det?
B: Jag vet inte. Mark? Egendom? Det var över ett område som var vårt, och de ville ha det. De byggde ett allians med en annan grupp. Kampen har pågått länge. Vi använder alla någon typ av vapen som skjuter från skeppet, smarta skepp. Väldigt högt ljud. Energien, när de flyger förbi, är hemsk. När det träffar, stänger det av en del av skeppet. Jag vill inte slåss, men vi måste. Det är sista utvägen. Vi har försökt allt och de kommer inte att förstå. De kommer inte att försöka lyssna. De kommer inte att försöka komma till en överenskommelse och lösa detta fredligt. Vi har försökt förhandling. Vi har försökt allt. Detta är det enda sättet de känner till för att lösa konflikter. Vi har inget val.

Jag flyttade henne framåt i tiden för att se hur konflikten slutade, för att se vad som till slut hände.

B: De är borta. Och vi har vårt land. Vi kan reparera det och förnya det. Vi har vår planet och kan leva i fred igen. Vi dog inte. Vi överlevde. Det är tillbaka till harmoni och fred igen, vilket är bra. De gick någon annanstans, eller så är de inte där längre. Vi var segrande i detta, om du vill kalla det seger. Några av dem dog. Men de har bestämt sig för att ta sina krig någon annanstans.

Eftersom konflikten verkade vara löst, flyttade jag henne framåt till en annan viktig dag, och det verkade som om hon återigen hoppade in i ett annat liv, men fortfarande i en utomjordisk form. Inget av det hon hade täckt hittills liknade ens på något sätt ett fysiskt liv på Jorden. När hon gick in i nästa scen hade hon först svårt att förklara vad hon såg.

B: Jag vet inte vad det är. Det är denna ödsliga planet. Men det finns något runt den här delen av planeten. Jag försöker lista ut det. Åh! (En uppenbarelse.) Vi fann att det finns en ny planet som behöver befolkas. Den är ödslig. Det är början på ... födelsen av en ny planet. Det finns många skepp där som omger denna halva av planeten. Och de är från alla möjliga platser. Men vi arbetar tillsammans som en grupp för att föra liv till denna planet.

D: *Har den ingen liv alls vid denna punkt?* (Nej) *Vad behöver ni göra för att föra fram liv?*
B: Plantera organismer på planeten och de kommer att föröka sig.
D: *Var får ni organismerna ifrån?*
B: Vi tog med dem från andra platser.
D: *Är det det du gör, samlar dem från olika ställen?*
B: Nej. Jag hjälper till att organisera och plantera vegetation på denna planet. Varje skepp har sin egen specialitet, och min specialitet är vegetation.

Jag insåg inte att han var i ett annat liv, så jag frågade: "Du gjorde undervisningen. Är det här ett annat uppdrag?"

B: Det var något annat. Det var inte jag.

Då förstod jag. Hon hade gått in i ett annat liv, men fortfarande som en utomjordisk. Beths röst började långsamt förändras från denna punkt. Den blev hackig och robotlik. Hon beskrev sig själv som att ha en kort grå kropp och ett grått dräkt.

D: *Men ditt jobb nu är att övervaka plantering av organismer?*
B: Inte övervaka. Jag är en arbetare, tillsammans med andra. Vi har ett stort jobb. Mycket land att vegetera.
D: *Hur vet du vad som kommer att växa där?*
B: Det har gjorts många experiment på planeten för att se vad som skulle vara mest gästvänligt.
D: *Och ni börjar med organismer först?*
B: Små växter. Det finns många av oss. Vi börjar på ett område och sedan går vi till andra områden, och planterar många olika arter.

Denna historia var bekant för mig. Jag täckte sådden (eller början) av livet på planeten Jorden i två av mina böcker: *Keepers of the Garden* och *The Custodians*. Vid den tiden när jag samlade informationen och skrev de böckerna, verkade berättelsen ganska konstig. Men nu har jag hört den upprepas så många gånger att jag vet att det är den sanna versionen av hur livet började. Och jag har kommit att acceptera det som fakta. Jag visste inte om hon talade om sådden av planeten Jorden, men jag hade redan blivit informerad om att livet skapades på samma sätt på många, många andra planeter när de nådde den fasen i sin utveckling. Det var ett vanligt sätt att sprida liv, och hade gjorts under otaliga eoner av tid bakåt i oändlighet.

D: *Kommer ni att se vilka som kommer att växa?*
B: Vi vet från våra tester vilka som kommer att växa.
D: *Kommer ni att stanna där och se utvecklingen?*
B: Ja, vi kommer att vara här tills vegetationen är etablerad. Sedan går vi till ett nytt område och planterar mer.
D: *Skulle inte det ta lång tid?*
B: Vi har all tid vi behöver. För nu planterar vi vegetationen, och våra skepp kommer att stanna så länge som behövs. Vi matar den med näringsämnen för att hjälpa till att etablera växterna.

Hon hade svårt att tala. Varje ord kom fram individuellt, som om det var en svår energi att uttala. Jag har haft detta hända tidigare, särskilt när en av de små grå försöker kommunicera. Ett mycket anmärkningsvärt exempel inträffade i min bok *The Custodians*. Detta beror mest på att, i deras naturliga tillstånd, använder de inte verbal kommunikation, utan tankar till tankar. Så de måste använda ämnets sinnes ordförråd.

D: *Vad sägs om djurarter? Gör ni också det?*
B: Min är växter. Jag vet inte vad andra gör.

Allt detta skulle ha tagit en enorm mängd tid, så jag flyttade henne framåt till en viktig dag. Och hon log. "Planeten är vacker."

D: *Kan du se den från ditt skepp?*
B: Nej. Jag står på planeten. Den är vacker.

Hennes röst hade förändrats igen. Den hade en drömlik, vemodig kvalitet, och en konstig accent. Hade hon bytt till en annan entitet?

Det Komplexa Universumet – Bok Tre

B: Alla våra växter har vuxit. Och det finns mycket vegetation. Mycket vackert. Vi har lyckats med planen.

D: *Vad är nästa steg?*

B: Det finns vatten, och de kommer att ta med djuren nu, olika arter.

D: *Var kommer de ifrån?*

B: De har vuxit på dessa skepp.

D: *Fick ni dem från andra platser också?*

B: Ja, vi valde de bästa.

D: *Och nu ser du vad som kommer att överleva?*

B: Vi vet vad som kommer att överleva. Allt är kontrollerat.

D: *Det här är väldigt bra, men det tar lång tid att göra allt detta, eller hur?*

B: Det är detta vi lever för.

Det var nu dags att ta fram det undermedvetna och få några svar. "Varför valde ni dessa för Beth att se idag?"

B: Det är vem hon är. Hon är en varelse från andra planeter. Hon har spenderat de flesta av sina liv på andra planeter, och andra platser än här på Jorden. Hon har undrat över detta många gånger, och hon vet detta redan.

D: *Så ni ville att hon skulle veta att det var sant?* (Ja) *Det lät som om hon var en bra person, och involverad i många viktiga uppdrag. Varför valde hon att gå in i en mänsklig kropp om de flesta av hennes liv var på andra planeter och skepp?*

B: För att det är rätt tid nu. Hon har inte haft ett liv på Jorden förrän nu.

D: *Då måste det vara konstigt för henne att komma in i en fysisk kropp.*

B: Ja. Det har varit justeringar och vissa obehag som behövts övervinnas. Hon har klarat sig bra.

D: *Hon sa ju att hon fortfarande har vissa obehag.*

B: Ja. Vi är medvetna om det och justeringarna görs, men hon motstår justeringarna. Det är rädslan för att inte veta vad som pågår i den fysiska kroppen.

D: *Hon föddes från en fysisk mor och far, eller hur?*

B: Hon kom in i det fysiska efter att kroppen hade formats. Hon tilldelades denna fysiska kropp.

Beth hade haft vissa fysiska problem. Hon hade redan genomgått två operationer, och ändå fortsatte problemen.

B: När hon gick in i kroppen, var det, om man säger så, inte en perfekt landning. Hon gick in i kroppen för snabbt och var feljusterad. Så vi har försökt rätta till denna feljustering.

D: *Är det här vad som orsakade problemen med hennes knä och axel?*

B: Alla kroppens problem. Enheten gick in i denna kropp "sned" och för snabbt, så det har funnits ett justeringsproblem. Enheten förflyttades åt sidan.

D: *Jag tänkte att det ibland är en justering när enheten inte har varit i en mänsklig kropp tidigare.*

B: Ja, det är också en del av problemet. Men hon kan övervinna detta genom att balansera sina energier och grunda sina energier. Ja, vi kommer att hjälpa henne med detta. Vi är medvetna om operationerna, och hon kommer att få hjälp snart. Hon måste lära sig att balansera sina energier först, sedan kommer vi att göra de slutliga justeringarna. Hon behöver tala om för oss när hon är i obehag, och uttrycka det för oss, så att vi vet vad det fysiska går igenom. Det var ett strukturellt problem som det fysiska föddes med. Vi kan lindra en del av obehaget, men hon visste inte att hon skulle be om det. Vi kan inte ingripa om vi inte får tillåtelse. Hon är här för att ge kunskap. (Precis som i det andra livet.) Jag är begränsad till hur mycket information hon kan ha vid denna tidpunkt. Hennes uppdrag kommer att utvecklas snart. Hon måste vara tålmodig. Hon kommer att kunna hjälpa och göra en skillnad, precis som hon har velat hela sitt liv. Det är bara runt hörnet. Uppdraget kommer att utvecklas snabbt, och hon kommer att veta och bli visad vad hon ska göra.

Jag hade redan stött på många andra människor i mitt arbete som blivit informerade om att de kom till Jorden för första gången. Jag frågade, "De som har kommit till Jorden för första gången i en mänsklig kropp, kommer de alla ha detta uppdrag att hjälpa?"

B: De hjälper alla, men på olika sätt. Ja, till en början kommer de att hjälpa till att visa vägen. Att varelser från andra världar inte är där för att skada folket. Men sedan, efter denna första kontakt, kommer det att finnas andra uppdrag och jobb för dessa människor att utföra, och att hjälpa mänskligheten att föra fram Guds vilja.

D: *Jag har fått veta att de som har varit här i många, många jordliv är mer eller mindre handikapade. De som kommer in som Beth har inte all karma och andra saker att ta itu med. Det är lättare för dem att fungera.*

B: Ja, de kan röra sig genom sitt liv och fokusera på sitt uppdrag.

Istället för att gå in i ett tidigare liv, gick Joanne omedelbart till en vacker plats där ett starkt ljus lyste ner på en stad av kristaller. "Olika färgade kristaller. De är överallt. Allt är kristaller och friskt, rent vatten droppar på dem. Det finns ett riktigt starkt, starkt ljus som lyser på kristallerna. Ljuset är ovanför och reflekteras från kristallerna. Det finns olika storlekar, några enorma och små. Jag vet att det är en kristallstad där allt är gjort av kristall." Hon brast sedan ut i tårar med sådan känsla att det var svårt att transkribera bandet. Hon snyftade och sa, "Ljuset känns som hemma! Hemma! Jag är lycklig på denna planet, men det känns som att jag inte hör hemma här. Jag är bara på besök på Jorden. Det är som på väg hem, en slags viloplats – en vacker, vacker viloplats. Hem känns faktiskt mer som kristallstaden, men det finns det ljuset. Det känns som att allt är samma för mig. Det är som att Jorden är mitt hem, och jag är på besök här. Och kristallstaden känns som hemma för mig, men jag vet inte om det är mitt hem."

D: *Om det är så vackert där, varför lämnade du det?*
J: (Gråter igen.) Jag vet inte varför! Jag hade en plan. Jag tror att det är för att vi är på ett uppdrag, men jag vet inte exakt varför...Det

känns som om det var min plan tillsammans med andra. Det var en plan. Det känns som ett avtal; jag gick med på det.

D: *Vad gick du med på? Vet du?*

J: (Paus) Jag tror att jag vet. Det var att visa kärlek; att vara ovillkorlig kärlek; att bara vara det; att vara tillgänglig. Den här planen var med andra högre varelser, och jag gick med på att göra det med den gruppen av högre varelser.

D: *Var det någon som bad dig att göra det?*

J: Ja, jag frivillig, för jag var säker på att jag kunde göra det.

D: *Visade någon dig hur Jorden skulle vara innan du frivilligt kom hit?*

J: Jag minns inget varning. Jag tror att jag var så full av kärlek och så säker. Och det var som en kulturkrock, nästan. (Gråter igen.) Nej! Jag visste inte, men jag ändrade mig innan jag faktiskt föddes! Jag ändrade mig! Jag ändrade mig! När jag gick in i babyn, ville jag ändra mig, men de sa att det var för sent. Planen var i gång, och jag skulle födas. Det var för sent, men jag valde ändå att göra detta. Jag sa, "Om jag kan göra det, kan jag göra det. (Gråter igen.) Jag vet att jag kan göra det!"

D: *Du trodde verkligen att du skulle kunna göra en skillnad.*

J: Åh, men det gör ont. (Gråter) Det gör ont i mitt hjärta.

D: *Varför känns det obekvämt?*

J: (Gråter mycket.) Att vara här gör ont för att jag vill koppla på hjärtnivå. Detta händer inte så ofta. Det är bara svårt att hitta människor som kan koppla på så djupt.

D: *Menar du att det är som en sökning, för att hitta människor som skulle känna samma?*

J: Jag vet inte om jag söker. Jag längtar bara efter någon av den verkligt djupare kopplingen.

D: *Men du talar genom en kropp som vi kallar "Joanne". Betyder det att detta är första gången du har kommit in i en mänsklig kropp?*

J: Jag vet inte. Det verkar bara så overkligt, och... ett chock! Om jag hade haft andra gånger, kanske jag skulle vara mer van vid det. Så jag vet inte.

D: *Men du gjorde ett avtal, och du vill göra en skillnad.*

J: Jag vill, och jag oroar mig för att jag inte gör det! (Gråter igen.) Jag fick veta att genom att bara vara, skulle jag göra en skillnad, men jag tror att jag måste göra mer. Inte bara genom att vara. Jag känner att jag måste göra något för att göra en skillnad. Jag var säker på att det skulle vara min närvaro som skulle vara nog, att jag inte skulle behöva göra, men jag glömde bara att det finns så mycket, så mycket, så mycket kärlek som behöver spridas. Äkta kärlek. Jag vill bara gå mer.

D: *Du vet hur människor är. De vet inte ens. Och du kan inte få dem att förändras.*

J: Du kan inte; du kan inte, nej. Du älskar bara dem och ser deras ljus. Och du älskar dem, även om de inte älskar sig själva. Du älskar dem så att de kan känna lite av det ljuset i sig själva, så att de kan arbeta med det.

D: *Varför är det så viktigt?*

J: Varför är det så viktigt att älska? För mig att visa kärlek? Så att de kanske, för den lilla biten som jag kanske rör dem, att de kan känna något inom sig. Det är som att röra något som är så perfekt, att bara röra det är nog för att de ska säga, "Åh!"

D: *Bara för att göra en skillnad. Men varför är det så viktigt att du väcker det i dessa människor?*

J: (Gråter igen.) För att de flesta av dessa människor faktiskt fortfarande sover, och de förstår inte. Och det är okej. Det är en del av deras resa.

D: *Alla är på olika vägar. Alla lär sig olika läxor, och många av dem sover. Men när du frivilligt kom hit, upptäckte du att det är svårare än du trodde att det skulle vara.*

J: (Mycket känslosam) Det är det! – Jag spenderade så mycket av mitt liv utanför min kropp. Jag drack när jag var tonåring. Jag var rädd att de bara lämnade mig här. Så jag försökte komma undan det jag gått med på att göra genom att lämna min kropp.

D: *Och du hittade ett sätt att fly, men du kan inte riktigt lämna så länge du har ett jobb att göra.*

J: Ja, fly – det är ett bättre ord – fly.

D: *Var gick du när du spenderade så mycket tid utanför din kropp?*

J: Dit jag gick var väldigt lugnt och tyst, och det var bara en plats jag ville vara på.

D: Men du var tvungen att komma tillbaka, eller hur?

J: Varje gång!

D: För att det här är din kropp, och du är kopplad till den.

J: Det stämmer, och över tid fattade jag det. Jag fattade det, faktiskt förmodligen för tre till sex år sedan, då jag var omkring trettio. Det var då jag började vara medveten och inse vad jag gjorde. Jag visste inte! Jag visste inte att jag rymde. Sedan drack jag inte längre. Jag skulle bara lämna. Jag började inse efter att ha tagit klasser att jag gjorde det. Jag visste inte ens att jag gjorde det. Jag kunde göra det när som helst under dagen. Bara fly. Bara gå bort från min kropp. Jag var deprimerad.

D: Jag trodde att det måste hända när du sover.

J: Det kanske inte gäller för mig. Jag kunde vara där på en minut.

D: Du kopplar bara bort. (Ja) Och människorna runt dig skulle inte veta att du var borta?

J: Nej, för jag skulle verka som om jag var där. Jag skulle till och med svara på frågor. Jag skulle till och med prata, men jag var inte riktigt där. De kanske trodde att jag var lite off eller inte intresserad.

D: Men du var fortfarande kapabel att göra ditt jobb?

J: Ja, ja. Jag minns att jag försökte vara i min kropp. År 1991, kollapsade det för mig, för jag insåg att jag inte lät mig vara här och känna smärta.

Vad hände lät som ett känslomässigt sammanbrott. Hon hade haft problem med sin man, och hans drickande skadade henne. Det kulminerade när hon började gråta och inte kunde stoppa. Hon fortsatte att säga, "Jag kan bara inte göra detta, och det gör för ont!" Det var troligen frigörandet av år av uppdämda känslor. Efter den känslomässiga frigörelsen, sa hon att det var lång tid tills hon kunde känna något. Hennes värld hade bokstavligen kraschat över henne. Som om hon hade tillbringat år med att fly från livet, och det var äntligen dags att möta att hon inte kunde ändra smärtan hon kände omkring sig. Det var definitivt en uppvaknande. "Jag började hantera pressen. Jag fortsatte bara spela med och började bli mer och mer medveten om vad som var omkring mig. Jag var tvungen att göra ett val att leva medvetet och känna smärtan när jag gick framåt. Inte försöka fly från den. Nu vet jag att smärtan faktiskt hjälper mig att vara mer medkännande, för mig själv och för andra. Jag antar att jag under de senaste åren har förberett mig eller vuxit så att jag kan göra den skillnaden som skulle uppfylla den anledningen jag kom hit. Jag lär mig. Det är något jag måste göra. Som jag vill; det här är en del av vem jag är."

Joanne arbetade på ett sjukhus och med hospice, och hon använde sitt nyfunna självförtroende där. "Jag har alltid kunnat visa kärlek, men det var bortom det. Det finns mer i det än så. Mer i min plan än bara den dagliga kärleken. Det var något mer. Jag vet inte hur jag ska förklara det. Det handlar om att gå ut och främja ovillkorlig kärlek, så att folk kan veta." Hon fann att hon kunde göra detta enbart genom att röra vid människor, med sina händer och också med sina ögon. Genom att titta i deras ögon. "Jag vet när de tar emot det, och de vet det. Det gör ont, men jag gör det alltid för kärlekens skull. Jag inser mer och mer att beröring gör en så stor skillnad, särskilt under deras sista timmar. Jag vet inte hur jag ska förklara det. Du ger inte kärlek, du är kärlek. Du älskar! Det spelar ingen roll om det är en brottsling, du älskar bara den personen."

Det undermedvetna kom in och sa, "Hon förstod inte sin inverkan. Människor påverkade henne, men hon förstod inte sin inverkan på människor. Men nu är hon mer medveten om sin inverkan." Jag frågade varför det visade detta för Joanne. "Det är dags för Joanne att veta det och känna det och vara självsäker med det."

D: *Vi förväntade oss att gå till tidigare liv, men istället valde du att visa henne den vackra kristallstaden.*

J: Det är vad hon handlar om. Tidigare liv betyder inget. Hon handlar om kärlek.

D: *Vad var den där kristallstaden hon såg? Hon sa att det var som en viloplats.*

J: Som ett högre aspekt av var jag är... där jag vistas.

D: *Är det på – vad vi kallar för andesidan?*

Det Komplexa Universumet – Bok Tre

J: Ja. Det är egentligen inte en fysisk plats. Och ändå ser jag alla kristaller med det rena vattnet och ljuset. Ovanför och bortom kristallerna var det verkligen, verkligen starkt vitt ljus. Det var som om kristallstaden och det starka ljuset var väldigt nära varandra. Det känns som att det är den högre aspekten av mig.

D: Har Joanne haft tidigare liv i det fysiska på Jorden tidigare?

J: Nej. Hon är en del av ljuset, och hon valde att komma för att det är dags att väcka människor.

D: Jag tycker det krävs en mycket modig själ att frivilligt komma hit vid den här tiden. Det är väldigt svårt för dessa milda människor som inte varit här tidigare.

J: De är rädda och det gör ont.

D: De känner det mycket mer än de som har haft många, många liv på Jorden. Men varför behöver hon hjälpa människor att vakna?

J: Det sker stora skiften, och det är nu tiden och möjligheten för människor att vakna. Hon måste hjälpa dem att vakna genom sin kärlek, men inte göra det med våld, utan på det ovillkorliga kärlekens sätt. Hon måste lära sig att bli okopplad, oavsett om andra människor tar emot eller inte, för hon är mycket känslig och det gör ont att bli avvisad.

D: Men inte alla kommer att ta emot.

J: Och det vet hon. Hon ska göra det på vilket sätt som helst; på vilket sätt som ger henne glädje och tillfredsställelse. På vilket sätt som helst att kunna röra någon. Hon behöver inte fysiskt röra, men bara vara i deras närvaro. Ändå finns det något med fysisk beröring, och hon upptäcker mer och mer – det rör faktiskt vid dem.

Joanne hade också hållit på med toning, gjort ljud när hon arbetade med människor. Hon ville veta varför hon kände behovet av att göra detta. "Joanne inser att att sjunga ljuden läker dimensionellt. De läker." Hon sa också att hon ibland sjunger på ett konstigt språk. Hon visste inte var det kom ifrån. Det var också spontant. "Språket är inte för att förstås, för det är inte för sinnet. Det är för hjärtat. Så människor är här för att ta emot. De känner det istället för att förstå det i sina huvuden, sinnen."

Det Komplexa Universumet – Bok Tre

D: *Är det ett jordiskt språk?* (Nej) *Var kommer språket ifrån?*
J: Från den Angeliska världen.
D: *Betyder detta att hon var medlem av den angeliska världen innan hon kom till Jorden?* (Hon viskade, "Ja.") *Och hon bär minnet av dessa ljud och ord och musik?* (Ja, ja.) *Finns det någon koppling mellan den angeliska världen och kristallstaden?*
J: Det är kopplingen.
D: *Är det ovanligt för en medlem av den angeliska världen att komma till Jorden för första gången?*
J: Det händer. De behöver egentligen inte, men de kan välja att existera.
D: *Det gör det svårare att komma från en så vacker plats som är fylld med kärlek.*
J: (Hon suckade.) Åh, ja.
D: *Jag har alltid trott att människor och änglar hade olika uppgifter att utföra, och de skulle inte vilja komma till Jorden.*
J: De väljer. Hon hänger med; hon lär sig. Det är inte lätt, men hon gör bra ifrån sig.
D: *Jag har fått veta att problemet är att de flesta människor på Jorden har varit här för länge; gått igenom för många liv och samlat på sig för mycket karma.*
J: Ja, det är oändligt; oändligt; oändligt.
D: *Det är därför dessa andra varelser skickas? De är inte fast?*
J: Nej, nej. Jag valde; jag valde. Jag valde att komma. För att vägleda människor, för att hjälpa dem. Så att på något sätt, i någon liten liten väg, skulle de kunna förstå vad som pågår. Bara i den minsta vägen, för det kan göra en stor skillnad för dem. Det kan skifta dem till att verkligen tänka på vad detta handlar om.

När jag skrev denna del, tänkte jag plötsligt på orden i Bibeln som talar om att underhålla änglar utan att veta om det. Att behandla alla lika, med vänlighet, för du vet aldrig när du kanske underhåller en ängel utan att veta om det. Du vet aldrig människans verkliga syfte med att vara på Jorden, och för att interagera med dig, även om det bara är för några korta ögonblick. Detta är särskilt sant, eftersom även Joanne var omedveten om sitt verkliga ursprung. Hon offrade mycket för att komma till denna värld av mörker och täthet, i hopp om att introducera ett litet ljus för att hjälpa till att vägleda människor. Detta borde göra oss alla medvetna om hur viktigt en enkel beröring eller ett leende kan vara för andra. Det kan göra hela skillnaden.

En man kom från England, och vi slutade med att ha två sessioner. Han hade genomgått fyra njurtransplantationer. Jag tyckte att det var ovanligt i sig, för jag trodde inte att man skulle ge en person så många. Efter den tredje, var han nära att dö, och han spenderade månader på sjukhuset där han hade så mycket smärta att han var tvungen att få injektioner för att hålla honom medvetslös och sederad. Han var också på respirator i månader. När han äntligen började komma ut ur det, hade han svårigheter, för hans muskler hade inte använts. Han kunde inte äta, han kunde inte prata, och han hade svårt att lära sig att andas igen. Under den perioden var det en enorm mängd smärta, och njuren misslyckades. Han fick första gången njursvikt när han bara var sexton år gammal, och han är nu omkring 41. Så långt fungerar den fjärde transplantationen, men det har bara gått ett år sedan han fick den. Eftersom han nu är på läkemedel som undertrycker immunförsvaret, får han lätt infektioner. När detta händer, går han in i sepsis, där kroppen överväldigas av vissa bakterier och organismer, så att den inte kan fungera. Så han har haft en väldigt svår och tuff tid.

När vi genomförde sessionen, istället för att gå tillbaka till tidigare liv som vi förväntade oss, gick han – som många andra gör nu – till ljuset, och ville stanna där, inte vilja lämna. När jag kom till det undermedvetna, ville jag särskilt ta reda på varför han valde att ha denna upplevelse? För vi vet att vi väljer det. Varför skulle han vilja ha njurproblem som skulle skapa behovet av fyra njurtransplantationer? Det undermedvetna sa att detta var hans första liv på Jorden. Han var besluten att uppleva allt. Allt som var absolut möjligt att uppleva i ett liv. Kanske för att han inte skulle vara här så länge? Eller kanske han inte skulle komma tillbaka? Men istället för att ta det gradvis som man normalt gör, valde han att lägga så mycket

Det Komplexa Universumet – Bok Tre

som möjligt i ett liv. När jag frågade om den tid han nästan dog, sa han att han också valde att uppleva det, för han ville veta hur det skulle kännas att komma så nära döden. Och han valde också att uppleva all den smärtan. Han ville ha alla de erfarenheterna som var möjliga i ett mänskligt liv. Han packade verkligen mycket i ett liv. Det verkar som för mycket att lägga på en själ, om de inte är beslutsamma att komma hit och få det gjort nu. För de vet inte om de kommer tillbaka hit. Jorden kommer definitivt att vara annorlunda. Kanske skulle de inte kunna uppleva saker som detta om de kom tillbaka igen. Detta var en ovanlig förklaring, tyckte jag. Jag trodde att han skulle gå tillbaka till ett tidigare liv som skulle förklara varför han hade njurproblemen. Men han sa att när han upplevde allt detta, sa han aldrig en gång, "Varför jag? Varför händer det här mig?" Inte ens som barn. Han gick bara vidare och hanterade det. Det är nog en del av det, för på denna andra nivå visste han att han frivilligt tog på sig detta, och detta var vad han ville.

En intressant fall med en ung man som kom hela vägen från England. Han tog en chans på planeten, för han skulle ha blivit utsatt för andra människor och eventuella förkylningar eller organismer som de kanske hade, särskilt i den återvunna luften på planeten. Han tog en chans att komma så långt för att ha några sessioner. Så jag hoppas att det gjorde honom nytta att hitta dessa förklaringar.

Nästan lika oväntat var ett fall jag gjorde för flera år sedan i London. När jag pratade med den unga kvinnan under vår intervju, frågade jag om hennes yrke, eftersom jag försöker få reda på så mycket som möjligt om personen innan vi genomför sessionen. Hon svarade kort, "Jag är en prostituerad! Stör det dig?" Jag sa, "Nej, det stör mig inte om det inte stör dig." När hon såg att jag inte dömde, slappnade hon av och började lita på mig. Under sessionen upptäckte vi att hon var en av den andra vågen av volontärer som hade kommit för att observera och rapportera tillbaka. Vad bättre sätt att lära sig om människor än att studera deras sexuella beteende som prostituerad?

235

Unikt, men jag antar att det är värdefullt för ackumuleringen av information om vår ras. Det verkar som att inget är obetydligt, och har värde i den totala insamlingen av information.

Det Komplexa Universumet – Bok Tre

KAPITEL FJORTON

MAN OCH HUSTRU SOM FÖRSTAGÅNGSBESÖKAR

I de tidiga dagarna av mitt arbete trodde jag att det skulle vara omöjligt för en ande, som deras första inkarnation, att komma direkt in i en fysisk kropp i vår civiliserade och hektiska kultur. Jag trodde att de logiskt sett först skulle inkarnera i ett primitivt samhälle där livet skulle vara enklare. På så sätt skulle de kunna anpassa sig och lära sig att leva på Jorden och hur man hanterar andra människor innan de kom in i vår moderna livsstil. Nu upptäcker jag att det inte alltid är fallet. Jag möter fler av de speciella människorna som har skickats eller som frivilligt kommit för att hjälpa under dessa utmanande tider. De säger att de har skickats som kanaler av energi, eller som antenner, etc. Det är förstås svårare för dessa milda själar eftersom de inte har bakgrunden av jordiska liv för att förbereda dem.

I oktober 2005 mötte jag två av dessa speciella människor. Och ännu mer ovanligt, de var man och kvinna. Jag tycker att det är fantastiskt att de kunde hitta varandra bland miljontals människor i världen, så att deras identiska energier kunde arbeta tillsammans. Men då har jag också blivit informerad om att inget händer av en slump. De hade tydligen kommit överens och gjort planer på den andra sidan innan de inkarnerade.

De båda gav identiska berättelser medan de var i djup transtillstånd, även om de inte var medvetna om dessa saker medvetet. När Tim kom bort från molnet såg han bara ett mycket starkt ljus. "Det är väldigt starkt. Det strålar, det har strålar som går åt alla håll. Det är väldigt vackert, men du kan inte titta direkt på det. Det har också många olika färger genom hela det. Det är mycket lugnande. Det finns så mycket kärlek som kommer från det. Det omger dig som om det kramar dig." När detta händer, vet jag att de antingen har gått till andesidan eller tillbaka till Källan (eller Gud). Dessutom ser olika energivarelser ut så här. Jag bad om att få ta Tim och visa honom något som var viktigt för honom att se. Istället för att gå in i ett tidigare liv, togs han till ett rum där det fanns flera varelser klädda i kåpor av ett flytande material. Han kunde inte urskilja några funktioner när varelserna svävade lätt i rummet.

T: Jag ser inga väggar, men man känner att man är i en sluten miljö. Detta är som ett råd, och det finns ett möte där de har kommit för att diskutera alla möjliga saker. Saker om universum. Alla olika planeter. De måste fatta beslut för andra typer av varelser eller för... Jag antar att det skulle vara för lägre vibrationer, för de som inte har nått de högre planerna eller högre vibrationerna. Detta är rådet som hjälper dem att fatta beslut i deras processer, eller vad de kommer att göra.

Han såg att han hade samma typ av spöklik, vag kropp, och kände att han var en medlem av detta råd.

T: Annars skulle jag inte kunna vara här. Detta är en högre vibration, en högre frekvens. De fattar inte nödvändigtvis beslut, men de hjälper till att fatta beslut. Vad som än skulle vara lämpligt för de lägre vibrationerna.

D: *Hur hjälper de till att fatta dessa beslut?*

T: Det verkar som om för varje lägre vibration finns det vissa vibrationer som de måste lära sig, för att kunna höja sina vibrationer till ett annat plan. Rådet hjälper dem att fatta beslut som faktiskt kommer att höja deras vibrationer.

D: *Är detta att ingripa?*

T: Nej, det är bara en form av vägledning.

D: *Har du något särskilt projekt som du arbetar med just nu?*

T: Endast för att vara till tjänst. För att hjälpa. För att ge vägledning. Det är det vi är här för att göra. Att hjälpa till att vägleda dem till kunskap.

D: *Finns det något särskilt projekt som du är bekymrad över just nu?*

T: Det finns alla olika typer av projekt. När vi hjälper de lägre vibrationerna hjälper vi också oss själva, eftersom det också lär oss lika mycket som vi lär dem. Om du tjänar, vinner du. Det hjälper dig att vinna kunskap.

D: Arbetar du med någon viss planet just nu?

T: Det arbetar med alla universum. Det är inte bara en planet.

D: Var du tvungen att gå igenom fysiska livstider för att nå den punkt där du kunde vara med på rådet?

T: Nej. Jag behövde inte genomgå fysiska liv. Bara genom val. Du kan höja din vibrationsnivå, även om du inte behöver gå genom fysiska liv för att vara med i rådet. Ibland kan det ta en period av tid. Men ibland kan du utvecklas väldigt snabbt.

D: Har du någonsin haft en önskan att vara fysisk?

T: Inte vid denna tidpunkt, nej.

D: Du gjorde ditt jobb där borta.

T: Det var allt jag behövde göra.

D: Det låter som ett väldigt viktigt jobb.

T: Detta var allt som blev begärt av mig att göra.

Jag bad honom sedan att gå vidare till när han fattade beslutet att komma in i det fysiska, för trots allt kommunicerade jag med en fysisk kropp i vår dimension. Han måste ha beslutat sig för att komma hit och inkarnera. Jag ville veta om någon hade sagt till honom att komma.

T: Nej, det var bara genom val. Och möjligheten var där. Med andra ord, den fysiska form som skulle passa var där vid tidpunkten för valet.

D: Hände något för att orsaka dig att göra valet?

T: För att uppleva. För det var något jag aldrig hade gjort tidigare. Det var definitivt nytt.

D: Har du valt den kropp du ska gå in i? (Ja.) Hur ser den ut?

T: Det är nuet. Det finns ingen annan tid.

D: Förklara vad du menar.

T: Det är som personen du talar med.

D: Menar du att Tim aldrig har haft några andra fysiska inkarnationer innan denna? (Nej.) *Jag har alltid trott att om det vore fallet, skulle det vara väldigt svårt. Att komma direkt från andesidan till livet som vi har det nu på Jorden, utan några tidigare liv för att förbereda personen.*

T: Det är väldigt svårt, men det finns sätt som de hjälper till att göra saker. Det fanns vissa saker. Jag vet inte om jag kan beskriva dessa saker för dig.

D: Jag skulle verkligen uppskatta om du kan försöka. Jämförelser är alltid bra också.

T: Det är som att informationen tillhandahålls. Det är som att du går in i en kammare. Och när du kommer ut ur denna kammare, har denna information placerats inom dig. Sedan, när denna information har placerats inom dig, ger den dig en bakgrund. Något att relatera till.

Jag visste vad han talade om. Han hänvisade till imprintning.

T: Jag tror inte att man kan komma in i ett fysiskt liv utan något. Det är fortfarande svårt även med denna information som placeras inom en. Det är extremt annorlunda här. Det finns mycket att lära och att uppleva. Det var svårt att lämna den vackra platsen, men det var något som behövde upplevas. Denna tid i historien är när det sker stora förändringar. Saker rör sig väldigt snabbt; väldigt snabbt. Han ville kunna observera dessa saker.

D: Så ingen sa åt honom att han måste göra dessa saker.

T: Nej, ingen styr dig och säger att du måste göra dessa saker. Det är val. Och också diskussioner. Och han blev hjälpt av andra medlemmar i rådet. De hjälpte eller vägledde honom att fatta dessa val.

D: Vi är så vana vid att tänka på jordiska liv där vi samlar karma, och sedan måste vi komma tillbaka igen och igen för att betala tillbaka den.

T: Han har inte den typen av karma som du talar om. Han är här för att observera människornas utveckling. Hur de faktiskt höjer sina vibrationsnivåer. För att se hur de tar emot kunskap. Och hur de

Det Komplexa Universumet – Bok Tre

använder kunskap. Om de använder den för mänsklighetens bästa, eller om den används för girighet.

D: *Eftersom Jorden är en komplicerad planet. Den har många olika typer av människor, eller hur?*

T: Den är extremt komplicerad. Den är inte som någon annan planet. Jag tror att den form av negativitet som finns på denna planet gör den annorlunda. Den mänskliga rasen är en mycket krigisk ras. De har mycket svårt att leva i fred. Det är nästan som om deras ras inte kan samexistera i fred. Detta kan komma från deras lägre vibrationer. Jag tror att varje enskild som kommer hit måste vara så försiktig och inte fastna i dessa lägre vibrationer. Det är en mycket utmanande planet. Jag tog den chansen. Jag tror att varje gång du kommer in i denna existens, har du skapat karma. Och, utan tvekan, kommer jag att behöva betala tillbaka denna karma. Men jag tror att det viktigaste jag försöker göra här är att hålla en balans av att vara mycket positiv, mycket kärleksfull. Och den karma jag har skapat med Jorden är inte en negativ form, per se. Det handlar om att faktiskt hitta sätt att arbeta för att minska den. Och sedan ta hand om den karma, och inte tillåta den att bäras över.

D: *Vad är din plan då? Att bara komma in för detta liv?*

T: Ja, vid denna tidpunkt. Jag måste se när jag kommer tillbaka.

D: *Du vill inte stanna och uppleva andra existenser?*

T: Jag vet inte om jag kommer att återvända för andra existenser. Det kan finnas viktigare saker för mig att göra än att återvända, än att vara fysisk. Jag vet inte om jag kommer att kunna uppnå detta eller inte. Det skulle vara mycket lätt att bli fast här. Det finns så många saker som kan fängsla dig. Även om många önskar denna närvaro, är det extremt svårt. Det ser ganska enkelt ut tills du kommer in i denna fysiska form. När du väl är i den fysiska formen, då är det extremt svårt.

D: *Ett av problemen är att den fysiska kroppen glömmer och inte vet allt detta?*

T: Oh, ganska sant.

D: *Skulle det vara lättare om de kunde minnas?*

T: Jag tror inte det skulle vara rätt för den fysiska kroppen att minnas. Jag tror att minnas allt detta skulle vara för mycket. Det skulle vara för förvirrande, och då skulle de försöka förändra saker och troligtvis på ett mest oönskat sätt. Och kanske inte lära sig de saker de var här för att lära sig för sin egen utveckling.

D: *Människor säger alltid att om de bara visste hur det var innan, skulle det vara lättare.*

T: Jag tror att detta skulle vara för mycket information för dem. Om du hade all denna kunskap framför dig, vad skulle då vara syftet med att komma hit?

En av Tims frågor handlade om problem han hade upplevt med sina föräldrar.

D: *Varför valde du dina föräldrar? Var det en anledning till det?*

T: De behövde hjälp på olika sätt. När jag kom in i den här personen jag kom in i, var det för att hjälpa föräldrarna att se att de inte skulle blanda sig i sina barns liv. För att hjälpa dem att lära sig att dessa val bör göras.

D: *Detta var en lektion för dem också?*

T: Oh, ja. Vi lär. Barn lär sina föräldrar som föräldrar tror att de lär sina barn. Mer tvärtom. Mer än vi inser.

D: *Jag verkar jobba med många människor nuförtiden som är energiarbetare och healers.*

T: Det kommer att bli mycket mer. Detta har bara börjat öppnas. Och människor söker andra alternativ. De letar efter olika sätt. De ser att det de är vana vid inte riktigt fungerar för deras bästa intresse. Det kommer att finnas några som håller fast vid de gamla formerna. De har svårt att komma förbi det. Det är deras konditionering och uppväxt, men du har många här ute och särskilt de nya som kommer in. De kommer att söka all denna nya information. Och naturligtvis kommer de också att föra med sig den nya informationen. Det mesta av informationen är inte ny. Den är ny för de människor som är närvarande, men det är faktiskt gammal information. – Det finns bara så många fysiska former tillgängliga. Och det finns så många fler andliga former som vill komma, att det inte finns tillräckligt med fysiska former.

D: *Jag förstår. Men just nu, med vår befolkningstillväxt, finns det många fysiska former tillgängliga.*

T: Men det finns det inte. Dessutom har ni vissa som försöker kontrollera de metafysiska former som finns tillgängliga.

D: *Vad menar du med det?*

T: Ni har ledare som försöker kontrollera tillgången på fysiska former. Sjukdomar, krig.

D: *Menar du att de eliminerar många av de fysiska formerna?* (Oh, ja.) *Då finns det bara begränsade fysiska former som din typ av ande kan komma in i?*

T: Ja. Det är sant.

D: *Men kanske finns det tillräckligt för att hjälpa.*

T: Vi hoppas det. Det är svårt att hitta lämplig mat på grund av alla kemikalier i maten, men den mänskliga kroppen anpassar sig också. Det är därför du ser fler människor med den gamla kunskapen som kommer för att hjälpa. Du ser, vid denna tidpunkt, nya människor som kommer in. Om du ser på deras föräldrar, hjälper de eller så tittar de och ser att dessa saker kommer fram. Till och med morföräldrar försöker vägleda dem till livsmedel som inte har alla kemiska substanser som vi ser i maten idag. Det finns en stor del av de nya som kommer in som har en mycket bättre kost än andra. Och detta är en av förändringarna som du redan ser som kommer. Inte för alla, men för vissa. Matens källa kommer att bli svårare med tiden. Det kommer att vara ett riktigt problem. Men det kommer att finnas sätt genom information som kommer att hjälpa.

D: *Allt detta kommer att påverka höjningen av vibrationerna, eller hur?*

T: Ja, det gör det.

D: *Jag har fått veta att vi måste göra kroppen lättare.*

T: Vi måste göra kroppen lättare. Och detta kommer att hjälpa i processen.

Tim blev informerad om hur han kunde använda sitt sinne för att hela. "Han måste utveckla och lita på sitt sinne. Han kommer att kunna lära sig dessa tekniker genom meditation. Sinnet är mycket kraftfullt. Och genom att betrakta problemet, se problemet, kommer hans sinne att göra förändringarna. Han kommer att kunna se inuti kroppen. Det är som om du skulle gå in i personen och titta på den kroppen. Det är som om du skulle gå in i ett trädblad och flyta in i klorofyllens kanaler. Han kommer att se dem som bilder. Han kommer också att se hur det borde vara, genom bilder och de bilder som formas till honom, och processen. Sedan kan dessa förändringar äga rum. Han skulle inte behöva personens deltagande, men han skulle behöva deras tillstånd. För vissa väljer att ha dessa fysiska tillstånd av olika skäl."

På eftermiddagen hade jag en session med Tims fru Sandy, och jag blev förvånad över att finna att hon var samma typ av själ. Naturligtvis händer ingenting av en slump, men jag hade aldrig stött på två sådana fall på samma dag.

I början av sessionen hade Sandy också svårt att se något annat än skiftande färger, och efter flera försök att få henne att komma till ett tidigare liv eller något visuellt, kontaktade jag till slut det undermedvetna. Det tillhandahöll den information som hade nekats. Ibland, om personen inte är redo, kommer inte informationen fram. Det undermedvetna är så skyddande och också mycket noggrant med vem det släpper ut informationen till.

S: Vad som händer med Sandy är som ett experiment. Det har aldrig gjorts förut. Vi försöker höja energinivåerna. Det finns energiregler för inkarnation på Jorden och överallt annars. Men, på grund av tiderna och på grund av nödvändigheten, försökte vi uppnå att föra in en högre vibration på Jorden och sedan expandera den. För att höja nivån även efter inkarnationen. Också för att föra in den högsta nivån vi kunde utan skada för den fysiska kroppen.

Det Komplexa Universumet – Bok Tre

D: För att kroppen inte kan hålla för mycket energi, eller för hög energi?

S: Precis. Det finns en nivå som den mänskliga kroppen inte kan hålla. Eftersom vi misslyckades tidigare, är denna upplevelse och experiment mycket viktigt för Sandy. Det är därför hon frivilligt kom för att föra in den energin och gå igenom det och göra det. Och vi gjorde det. Det fungerade den här gången. När det misslyckades tidigare, var det som att blåsa en krets.

D: Skadade det den fysiska kroppen hon försökte komma in i?

S: Precis. Det gjorde det. Kroppen dog. Det var för mycket energi, för mycket information, för hög vibration i en fysisk kropp.

D: Den kan helt enkelt inte hålla det.

S: Precis. Men denna kropp har kunnat. Och vi har också finjusterat kroppen när den åldras, för att kunna hålla mer, och vi har lagt till mer sedan dess. Många av de fysiska problemen beror på stressen och belastningen på kroppen från att hålla energin.

D: Har hon haft fysiska inkarnationer tidigare?

S: Imprintningar.

D: Så menar du att Sandy aldrig har varit i en fysisk inkarnation någonstans?

S: Nej. Hon har varit en assistent för Jorden. Inte inkarnerad på Jorden, men runt Jorden och assisterat andra som inkarnerar. Hon har en fungerande kunskap, inte faktisk inkarnationskunskap, men har varit bakom kulisserna och assisterat andra som inkarnerar.

D: Varför valde hon att komma den här gången?

S: För att det var mycket viktigt för Jorden. Och hon hade förmågan att föra in den energi som behövde föras in, på det sättet, i den magnituden, och i de proportioner som behövde komma vid den tiden. Det är mycket vetenskapligt. Jag förklarar det inte bra. Det är nästan som matematiska ekvationer för energi. Hennes var mest anpassningsbara för att komma in eftersom hon hade arbetat nära med Jorden. Hon visste hur saker fungerade, och reglerna och bestämmelserna och sådana saker, vetenskapligt. Så hon kunde justera sin energi, och justera kroppen. Vi hjälper också till med det.

D: Men när någon gör detta för allra första gången, finns det inte en chans att de fastnar i karma?

S: Nej. Anledningen till att hon inte riskerar att fastna i karma är för att hon inte samlar karma. Hon är på en annan nivå. Eller ett annat kontrakt, kan vi säga, med Jorden.

D: Eftersom du vet, att vara människa, riskerar man att bli fast och man måste komma tillbaka gång på gång.

S: Precis. Hon kommer inte att bli fast. Hennes kontrakt var att komma och föra in sin energi till Jorden. Det är inte ett karmiskt kontrakt.

D: Så hon är skyddad så att hon inte samlar karma.

S: Precis!

D: Det låter väldigt knepigt.

S: Och de människor hon kom med hade kontrakt, och de har fastnat. Och de dras till henne för att hon, på ett undermedvetet plan, hjälper dem att frigöra det.

D: Så de hade ingen karma med henne?

S: Nej. Hon kom för att hjälpa dem att frigöra sin karma med andra, utan att fastna i den. Det är nästan som en slagmaskin. När du tränar på att slå, kommer bollen mot dig och du slår den. Hon var bakgrunden som bollen går mot. Men det var inte ett faktiskt lag där ute som fångade bollen och sprang med den. Hon höll en plats så att de kunde frigöra sin karma med henne.

D: Så dessa andra människor behövde någon att hjälpa dem att bearbeta deras karma.

S: Precis, för de var på en nedåtgående väg. De hade hamnat i en negativ spiral. Hon kontrakterade att hjälpa Jorden, men det var på en annan nivå. Det var inte på en inkarnationsnivå. Men nu valde hon att göra detta, för att dra in mer energi för denna tid. Det är en strategisk tid på grund av den fria viljan, och för att det är en balans. Det är en balanspunkt där Jorden kan gå åt vilket håll som helst och det är ett stort skifte. Det är en skiftningspunkt. Ett vägskäl.

D: Är detta varför fler av dessa – jag vill inte kalla dem "nya" själar, för de har mycket kunskap och kraft – men är detta varför fler av dessa kommer vid denna tidpunkt? (Ja) Jag möter fler. Några av dem säger att de bara är observatörer. De vill inte fastna här.

Det Komplexa Universumet – Bok Tre

S: Det är inte så att de är observatörer, men om du kan föreställa dig hur jag sa... det är som om slagmannen slår bollen och den går emot något. Så du slår och skickar ut det, men bakgrunden reagerar inte på ett eller annat sätt. Så det samlar inte någon karma. Allt studsar bort. Men den personen gör sitt och frigör sitt. Och det är därför de inte samlar karma. De kom inte för att samla. Och de är inte bara observatörer. De är healers. De för med sig positiv energi för att hjälpa andra människor. Andra själar ser, och de känner deras vibrationer och vill anpassa sig till det.

D: *Men huvudsaken är att de inte blir sugna.*

S: Det finns ingen risk att de blir sugna, för deras energinivå är vad den är. Det är nästan som om det hela tiden sänds ut ljus. Eller energi som går ut och interagerar med andra på ett helande sätt. Och det finns inga hål att suga i sig, eller ingen karma att koppla till. Så det är en mycket positiv sak.

Några av mina andra fall, som var denna typ av speciella varelse, skyddades från att samla karma genom att ha skyddande enheter eller sköldar placerade omkring sig. Detta rapporteras i mina andra böcker. Men Sandys undermedvetna sa, "Det finns inget behov av skydd, eftersom det är inbyggt, på grund av syftet och energinivån. Och eftersom det inte finns någon tidigare karma. Det finns inget att koppla till det."

S: Hennes dotter har kommit in på ett liknande sätt som hennes mor, bara att det är mer förfinat nu. Hennes kropp har acklimatiserats bättre. På grund av de som kom först och förde in energin, är det inte lika svårt för de nya att komma. De första försöken fungerade inte. Det var för hårt, för stressigt för den mänskliga formen.

D: *Jag har blivit informerad om att all energi från en människas själ inte skulle kunna passa i den mänskliga kroppen. Att det skulle förstöra kroppen.*

S: Det är korrekt. Hennes man, Tim, har kommit in på ett mycket liknande sätt. För att bana väg.

D: *Och han samlar inte heller karma.* (Ja) *Var det av en slump att de två träffades?*

S: Nej. Det var inte av en slump. De planerade att komma tillsammans till samma område innan de inkarnerade. De är två liknande typer av energi. Inte samma, men mycket lika. Sandy var ett experiment. Den mängd energi som finns i hennes kropp skulle normalt vara lika mycket som i två separata kroppar. En del av problemet var mängden energi som kom in, och också vibrationsnivån. Förra gången misslyckades det. Vi hade inte rätt timing och finjustering av kroppen, och själen som kom in och de exakta mängderna energi vid rätt tidpunkter. Det är mycket tekniskt.

D: Men det måste ha varit lika mycket energi som normalt skulle vara i två kroppar.

S: Ja. Detta var experimentet. Det var mycket viktigt och det har åstadkommits mycket. Det var mycket fördelaktigt. Hon är inte den enda som gjorde detta. Precis som hennes man, han var en av dem som kom. Det är något lite annorlunda, men väldigt nära det samma. Det finns andra. Och hon har också hjälpt med dem, när hon är utanför kroppen. Hon har hjälpt dem att justera sig och komma in för att inkarnera. Hon har hjälpt flera att göra detta, men den del hon inte förstår, är att sedan hon kom in, har det också kommit mer energi in i henne. Du har hört talas om walk-ins där en själ går ut och en annan kommer in. Det är inte så. Det var faktiskt inte två själar. Den del som kom in skulle ta volymen av två själar. Dubbel den normala mängden har kommit och anslutit sig med henne nyligen. Det är nu inkarnat med henne.

D: De två bytte inte.

S: Nej, det fanns ingen utbyten. Det var en sammanslagning, en tilläggning. Vi sa till henne två gånger att denna nya del av sig själv skulle komma. Och nu är det här och nu är det anslutet.

D: Visste hon när detta hände?

S: Inte medvetet. Men hon visste att det skulle hända och hon förberedde sig medvetet, och det var till stor hjälp. Och hon vet att hon känner sig annorlunda nu. Men hade inte medvetet erkänt att det var mer av henne, och att det hade anslutit sig. Nu kommer hon att ta emot mycket kunskap. Det kommer inte att hända allt på en gång, men det kommer att utlösas när hon acklimatiseras.

D: *Så när detta liv är över, kommer hon att återvända och inte behöva komma tillbaka?*

S: Rätt. Hon kommer att stanna tills hennes jobb är klart. Hon behöver inte inkarnera igen. Hon kommer att stanna tills skiftet är klart.

D: *Den platsen där hon kom ifrån, är det vad jag kallar den andliga sidan?*

S: Allt som inte är en form, är den andliga sidan. Det finns många, många platser. Det är inte så att du dör och går dit. Det är innan du inkarnerar, du är där. Det är bara ett annat rike.

D: *Vissa människor anser att dessa typer av andar är änglar som aldrig har inkarnerat.*

S: Det är inte en ängel. Det är en själ som alla andra, bara inte inkarnerad i form. Den behövde inte. Kände inte behovet förrän nu. Men, låt mig säga att hon var i form, bara inte i en kroppslig form. Hon var i andlig form. Och det finns olika nivåer av... vi kallar det inte inkarnation, för det är inte lägre form som en kropp på någon planet. Det är en energi, och det har en kropp. Det har en individualitet, men det är bara energi. Men det är i ett utrymme. Det är inte den energi vi kallar den Eniga energin. Sjöenergin. Det är en separat individuell energi. Men det är inte i en kropp eller i fysisk form som en mänsklig form. Eller en kropp på någon planet.

D: *Det låter vettigt för mig. Men nu har jag fler människor som kommer till mig som är här som healers och energiarbetare.*

S: Det beror mycket på att tiderna förändras. Det är slutet på en ålder. Så dessa typer av varelser som Sandy och Tim är här för att hjälpa till med denna övergång. – Jag kommer att berätta vem du har pratat med. Detta är den delen av Susan som just anslöt.

D: *Den nya energin.* (Ja.)

Det är inte helt fantastiskt att alla dessa saker händer inom oss, och våra medvetna sinnen har ingen aning? Vi vandrar och snubblar genom livet med blindtarmar, och försöker hitta svaren genom trial och error. Men som jag frågade "dem" en gång, "Skulle det inte vara lättare om vi visste varför vi är här? Om vi visste de karmiska kopplingarna?" Och de sa med deras oändliga visdom: "Det skulle inte vara ett test om du visste svaren." Så låt oss snubbla vidare, och kanske kommer ett litet glimrande ljus tillåtas att tränga in.

KAPITEL FEMTON

FÖDELSER AV EN FÖRSTAGÅNGSBESÖKARE

EN JAPANSK FÖRSTA TIDSPERSON

Detta kapitel kommer att visa att människor som rapporterar att de kommer till jorden för första gången inte är enbart en amerikansk företeelse. Naturligtvis har jag fler klienter i mitt hemland, men jag har även sessioner när jag reser till andra länder. Jag utsätts för många märkliga och ovanliga saker som jag nu är övertygad om händer världen över. Denna session ägde rum under min senaste turné i Australien 2007, när jag gav föreläsningar och höll mina hypnosutbildningar. Trots ett mycket fullspäckat schema fanns det tid för några privata sessioner.

Jasmin var en ung japansk tjej som verkade liten, ömtålig, nästan som en porslinsdocka. Men detta dolde en mycket stark och beslutsam inre kärna. Jag lärde mig att inte bli lurad av yttre utseende. Jag träffade henne först i New Delhi, Indien när jag talade vid en internationell hypnoskonferens 2006. Sedan träffade jag henne igen i Australien där hon gick på universitetet. Hon är mycket intelligent och, trots att hon avslutar sin magisterexamen på universitetet, har hon redan startat sitt eget företag. Hon är också mycket aktiv inom många olika helande metoder och har ett aktivt intresse för att lära sig mer. Jag hade återigen svårt att transkribera bandet på grund av hennes accent.

När hon gick in i scenen såg hon att hon var i öknen och det fanns kameler och tält. Även om hon såg människor, ville hon inte gå in i någon av deras kroppar. Hon sa att det inte spelade någon roll, eftersom hon inte var kopplad till dessa människor. Hon verkade sväva och bara titta, observera. "Jag känner att jag kan gå vart jag vill. Jag känner att jag bara observerar vad som händer runt planeten. Jag dyker upp och försvinner, går och poppar in och tittar på olika platser." Sedan såg hon att hon hade skiftat sitt perspektiv och tittade på Australiens öken. "Jag känner att jag bara njuter av mig själv." Det var uppenbart att jag hade stött på en annan ande som inte var i en fysisk kropp. Detta lät mycket likt kapitel 19, *The Orb*, där klienten såg sig själv svävande och observera allt utan något riktigt syfte.

Så jag bad Jasmin att gå bakåt för att se var hon började, varifrån hon påbörjade denna resa. Hon fann sig själv svävande i rymden, tittandes. Det var vackert, med glänsande stjärnor och månen i fjärran.

D: Är du ensam?
J: Ja, men jag är kopplad till allt.
D: Känns det så?
J: Stödjande. Kärlek. Säkerhet. Trygghet.
D: Du sa att du känner att du är allt. Kan du beskriva hur det känns?
J: Det finns ett nätverk som jag är kopplad till, som är kopplat till allt. Som ett spindelnät, men det är bara ett energinät som är kopplat till allt.
D: Men du är fortfarande en individ också, eller hur?
J: Ja. När jag fokuserar på en specifik sak, kan jag vara en individ. Det beror på var ditt fokus är. Jag känner bara att jag är kopplad till Allt som Är, allt.
D: Och det känns bra? (Ja) *Varför valde du då att gå iväg på egen hand, som en observatör?*
J: Att vara en observatör hjälper mig också att tillåta individualitet. Bli en del istället för helheten. Jag känner att båda är viktiga.
D: Det lät som om du var separerad när du svävade runt och tittade på saker på planeten.
J: Det är fortfarande på det nätverket, det som jag är kopplad till. Och därför är jag fortfarande kopplad till allt. Det är som om du tittar på vatten, det är kopplat till allt. Alla molekyler och allt är kopplat, men det beror bara på var ditt fokus är. Du kan vara en specifik molekyl, men samtidigt känna hela det. Det handlar bara om var

jag faktiskt riktar min uppmärksamhet. På det sättet kan jag säga att jag är en molekyl, eller samtidigt kan jag vara hela havet. Det är samma sak.

D: *Så du valde bara att gå och utforska, och observera? Fanns det inget syfte?*

J: Jag tror att jag är en resenär, en utforskare. Jag vill veta hur det är att vara i denna dimension.

D: *Är denna dimension annorlunda än de andra?*

J: Ja. Jag känner att där jag kom ifrån ser lättare ut. Bara ren ljus, och snabbare. Och att komma hit känns lite mer klibbigt, och långsammare. Det är bara ett annat nät, men det är samma kopplade.

D: *Det är fortfarande alla kopplade på samma sätt.*

J: Ja, det stämmer.

D: *Men du kan separera och fokusera din uppmärksamhet på en annan plats?*

J: Ja. Precis som en grund del av havet. Det är grund, och du kan faktiskt se bara det tunna lagret. Och att komma ner är som att känna ett tjockt lager av saker. Det är djupare och tjockare.

D: *Hade du något syfte när du valde att gå och observera och utforska?*

J: Jag vet inte. Det är bara för att leka.

Jag återförde henne sedan till scenen där hon inte längre var i rymden, utan observerade saker på jorden.

D: *Vad tycker du om jorden och de saker du ser?*

J: Den är förorenad. Jorden är vacker och kärleksfull, men den är skadad. Människor gjorde den smutsig. Vatten och öken, kemikalier och allt möjligt. Jag kan se hela bilden. Jag känner Moder Jord som villkorslös kärlek. Den bara är där, men samtidigt finns det också människor som lever orättvist. Jag känner mig ledsen, men jag känner att de måste höja sin medvetenhet. De måste inse vad de gör mot sitt hem. Jag vill säga att de inte är medvetna om vad de gör mot jorden.

D: *Men du bara observerar detta?*

J: Ja. Jag tror att jag vill vara en del av det. Om jag anmäler mig frivilligt, känner jag att jag kan.

D: *Du vill vara en del av det som händer?*

J: Ja. Jag känner att det finns en brådska, att vi måste reda ut det, för att andra saker kommer att påverkas. Hela detta livssystem påverkas av denna planet och vad människor gör mot jorden. För om hela atmosfären, gravitationen och energifälten fallerar, då påverkas andra system. Ute i rymden. Hela denna galax och andra saker. – De sa åt mig att komma. Jag valde faktiskt också.

D: *Vem sa åt dig att komma?*

J: Rådet. De hade ett möte. De kallade på oss. En nödsituation. Det verkar som om det fördelades till många olika planeter. Och de valde särskilt jorden. Det finns fler olika planeter som behöver hjälp, men jag anmälde mig frivilligt att komma hit. När jag observerar olika planeter, inklusive jorden, ser jorden mer intressant ut, med träden och vattnet och människorna. Den är täckt av en mängd olika saker. Så jag bestämde mig bara.

D: *Så det är inte bara jorden. Andra planeter har också problem?*

J: Men jorden är, tror jag, den mest akuta. Jag ser en nödsituation.

D: *Så det var därför du bestämde dig för att komma. (Ja) Hur ska du komma? Har de berättat för dig hur du ska göra det?*

J: Min guide pekade ut denna ö, Japan. Och sedan sa hon att jag skulle bo där. Och min guide faktiskt knuffade mig, och hon sa åt energin att förändras. Och sedan gick jag bara in. Jag förstod inte vad hon menade med "bo" i början. Men hon sa: "Du kommer att förstå." Och sedan gick jag bara in, och jag föddes i den mänskliga kroppen. Det var som en energiskjutning, som en ljusenergistråle. Och de kastade mig in i den energin ljusstråle. Och som en stjärnfall sköt jag bara in i Japan, denna ö. Och sedan föddes jag.

D: *Hade du ett val om vem dina föräldrar skulle vara?*

J: Jag känner att de valde fadern, som alltid är intresserad av astronomi. Han tittar alltid på bilder av planeter, och han bygger teleskop och studerade matematik. Så de sa att det var ett bra val. Han har ett gott hjärta.

D: *Och de tyckte att Japan skulle vara en bra plats att börja på, att komma till.*

J: Ja, de valde denna ö för mig.

D: Hur var det när du gick in i kroppen?

J: Modern har så mycket känslor av rädsla; tunga känslor och negativa känslor. Oro. Så jag lärde mig att de har känslor. Jag tror att jag först kände att jag hade stigit in i kroppen. Och sedan var det som att vara i en annan persons kropp, känna en massa känslor från henne. Och förmodligen skulle jag till slut känna på det sättet när jag valde denna kropp. Så jag skulle bli bombarderad av känslor, tankar och alla de tunga sakerna.

D: Det är annorlunda än hur du var förut.

J: Ja, det är mycket annorlunda.

D: Tror du att du kommer att gilla att vara i denna kropp?

J: Först varnade de mig att jag skulle bli förvirrad. Inte veta vad som är jag, och vad som är känslor bombarderade av andra människor. Jag tror att jag måste vara klok för att kunna skilja mellan vilken energi som är min och vilken som inte är det. Eller vilka som kommer från andra människor. För i en kropp orsakas det av så många olika känslor, trossystem, tankar. Alla möjliga.

D: Så du plockar upp dessa känslor. (Ja) Det är svårare att stänga av dem.

J: Ja. Det är förmodligen meningen att jag inte ska stänga av dem, för jag måste lära mig och integrera, som andra människor.

D: Är detta din första gång som människa?

J: Första gången. De sa, "Det är din första gång." Som en början. Jag har varit i olika livsformer, men inget liknande detta.

D: Gav de dig några instruktioner?

J: De gav mig instruktioner att tillåta den mänskliga kroppen. Jag lägger märke till fostret, bebisen, och hur det utvecklas. Och hur organ skapas. Och hur energin flödar. Och hur denna sak utvecklas till många olika organ. Och hur det växer. Observerar hur denna kropp fungerar. Det är intressant. Det är så annorlunda. Som att observera, som under ett mikroskop. Det är bara att observera hela systemet. Det är annorlunda.

D: Men när du kommer in i kroppen, kommer du inte ihåg var du var innan, eller hur?

J: Jag är förmodligen inte tillåten att komma ihåg särskilt mycket.

D: Finns det en anledning till det?
J: För att jag måste låtsas vara en människa. Jag måste vara en människa. Det är förmodligen bättre att inte ha olika minnen.

D: Det skulle vara förvirrande, eller hur?
J: Ja, det är det. – Det är roligt att titta på denna bebis hjärta pumpa, och hur benen... Jag gillar hur hjärtat pumpar. Pumpar blodet. Det ser intressant ut. Pumpar, rör sig.

D: När de sa åt dig att komma in, berättade de vad de ville att du skulle göra?
J: De sa åt mig att justera den mänskliga kroppen. Och hur entiteter eller själar projicerar sina livsströmmar in i kroppen. Och hur man manipulerar kroppen, för att lära sig hur hela systemet fungerar. Så att jag senare kan ta med kunskapen till en annan plats, så att andra också kan lära sig. För ingenting är som detta. Det är ovanligt och mycket sällsynt. Visst finns det planeter som denna, men detta ser mer fascinerande ut för mig.

D: Varför är det sällsynt?
J: Denna jord... det känns som att detta gjordes som ett experiment av någon anledning. Men den har många olika livsformer. Och det är en komplexitet i vad människor gör. Och de har sina egna koncept om vad de kallar "språk". Och hela denna grej, det är ganska annorlunda. Medan andra planeter är mer telepatiska, har människor här olika kroppar och olika språk.

D: Det är lättare när det är telepatiskt, eller hur? (Ja) *Du behöver inte kommunicera med ord. – Vad tycker du om denna uppgift?*
J: Det är spännande, fascinerande. Och jag är redo att lära mig. Men de sa att det skulle vara mycket hårt arbete, men det är det som gör det roligare. Och det ser komplicerat ut. Så när jag ändrar något komplicerat, kan jag få mer kunskap och färdigheter, så jag kan expandera. De vill att jag ska överföra kunskapen, men mer energimässigt, verkar det som. Energiöverföring av kunskap. Jag tror att jag behövde utbildningen, så människor kan förstå mig bättre. Jag vet att när jag går in i människor, överför jag kunskapen. Energin och visdomen, så att människor omedvetet blir medvetna om saker.

D: Du sa, när du går in i människor. Vad menar du?

Det Komplexa Universumet – Bok Tre

J: Jag bara rör vid människor, pratar med människor. Bara är närvarande. Var jag än går känner jag att jag är ett ankare av någon energi. Så att andra människor också kan återansluta till den energi de brukade vara anslutna till. Så när jag är där, aktiverar eller ankrar jag människor naturligt, för att ansluta dem till energin. Så när jag rör mig bland människor, känner de naturligt mig, och de kan återansluta till energin.

D: *För att de har glömt sina kopplingar?*

J: Ja, det verkar som det, eller de har bara bestämt sig för att koppla bort. De har glömt.

Det berättade sedan för mig att det visste att det talade genom en människa, som heter Jasmin. Det sa att när hon utför sin healing för människor, kopplar hon in i den energi hon kom ifrån. "Hon känner att det för med sig den energi som är mest lämplig för personen. Vissa människor behöver en lägre vibration, så hon sätter en lägre vibration av energi, men de blir ändå helade. Och de människor som använder upp sin energi, de kan fortfarande få den rena och högre frekvensen av energi. De blir också helade. Så hon kan justera vilken energi de naturligt väljer. De justerar, eller hon justerar, eller energin justerar sig själv."

D: *Vad skulle hända om hon ger dem för mycket?*

J: Hon ger inte för mycket, eller energin ger inte för mycket. Annars kan vissa människor få en överreaktion eller biverkning.

D: *Så när hon gör detta, vet hon automatiskt hur mycket energi hon ska ge personen?*

J: Ja. Som elektricitet ... innan hon rör vid människor ... det är som en energiledare. Det är som vatten. Om du faktiskt har något som förändrar vattnets riktning, genom association, ansluter och styr energins flöde.

D: *Är hon medveten om var energin kommer ifrån?*

J: Hon behöver inte veta, eftersom det inte finns någon större poäng i att förstå varje liten detalj om vilken energi som kommer varifrån. Eftersom alla kommer från olika planeter och olika dimensioner. Och om hon fokuserade på varje enskild detalj skulle hennes sinne

257

bli överväldigat. Det viktigaste är att människor blir helade och återanslutna. Hon gör det för att hjälpa människor. Det går bortom ord.

D: Är hon så nära denna energi för att hon inte har levt många andra liv?

J: Ja, detta är en av de första gångerna. Hon har upplevt simultana liv med andra människor genom energi. Och hon har också simultana upplevelser som andra människor har, så att hon kan anpassa sig bättre när hon blir inkarnerad i sin kropp.

D: Är det därför energin hon använder är så ren, för att hon inte har levt på jorden många gånger?

J: Hennes energi är fortfarande mycket ren. Och det är lätt för oss att använda henne, eftersom vi kan föra in andra energisträngar som är nödvändiga för andra människor hon möter.

D: Du vet att när en person har många, många livstider blir de fast i karma.

J: Hon har ingen karma. Det är lätt för henne. Du vet att hon vill vara ett med mig hela tiden. Jag talar redan genom henne när hon pratar med människor. Så hon är det rena instrumentet för oss. Vi talar ofta genom henne. Hon gör ett bra jobb. Hon tillåter oss att vara med henne. Det är en bra sak, för inte många människor kan göra detta. Och hon måste ta ett försiktigt steg nu, precis som en vanlig människa. Andra människor kan inte stå ut med alla energier som går genom dem plötsligt. Så hon måste ibland sakta ner, för det är en utvecklingsprocess. Hon kan inte bara gå och aktivera människors energier och DNA och vibrationer. Så vi lär henne att sakta ner, för hon vill plötsligt ge alla omedelbar helande. Men, du vet, vissa människor måste jobba igenom sin karma och andra saker. Hon kommer att förstå de svårigheter och problem och frågor som andra människor måste reda ut. Vi vet att hon ibland blir frustrerad när hon inte kan hela människor omedelbart. Men vanligtvis måste vi ta tid, för det är ett individuellt val. De kanske vill hålla sig i sjukdom och lidande, och andra neddragande saker. Hon måste göra detta gradvis och så småningom, för hon behöver också lära andra människor hur man ser inuti kroppen, och hur man gör en helande. Vi ger henne den förmågan att göra det, men

Det Komplexa Universumet – Bok Tre

hon måste sakta ner. Det är inte för mycket för henne. Men det skulle vara för mycket för andra människor. Hon har så många studenter, men de måste ta sig tid att lära sig. Därför måste hon sakta ner. Annars känner alla hennes studenter sig isolerade och lämnade, medan hon är så avancerad. Hon måste lära sig från andra människors svårigheter, andras problem. Det är därför de inte kan göra detta. Gradvis process. Så hon måste vara människa samtidigt. Hon kommer så småningom att sätta ihop all sin kunskap, för att göra en workshop, en kurs, ett utbildningsprogram. Hon kommer att uppnå det, så att vanliga människor - en vuxen, och till och med ett barn, kan lära sig att expandera medvetandet. På den nya Jorden kommer alla att kunna göra dessa saker: att hela, att se inuti kroppen, att kommunicera telepatiskt, att materialisera objekt, att bi-lokalisera. Denna kunskap är nödvändig, och alla kommer att lära sig dessa saker. Denna kunskap är tillgänglig för alla. Att väcka förmågor. Vi kan inte ge er en tidsram, men alla av er kan så småningom göra det.

D: *Du sa, bi-lokalisering?*

J: Bi-lokalisering kan vara ett märkligt fenomen för dig, men det händer hela tiden. Det handlar om att höja din förståelse. Det är naturligt för oss. Vi gör det hela tiden. Det är bara ditt medvetna sinne som är så begränsat. Det kommer att avslöjas för henne, och också för alla, när tiden kommer.

D: *Hon ville också veta om att leva utan att äta.*

J: Hon kan. Du behöver inte äta. Det är inte nödvändigt. Men alla ni kommer så småningom att kunna leva utan att äta, i den nya jorden. Människor förändras redan. Många människor äter bara frukt och grönsaker.

Så jag hade oväntat hittat ännu en förstagångsbesökare medan jag var på en resa halvvägs runt jorden. Om min post är någon indikation finns det otaliga människor där ute som frivilligt har anmält sig eller blivit skickade för att hjälpa jorden i dess tid av kris. På ytan ser dessa människor ut som vilken annan människa som helst, och de är helt omedvetna medvetet om den viktiga uppgift de har fått.

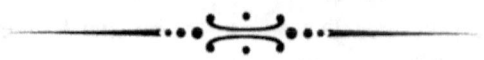

ENGLAND FÖRSTAGÅNGSBESÖKARE

Denna session hölls på mitt hotell i London år 2005. Jag hade hållit många föreläsningar och workshops, och var överväldigad av förfrågningar om privata sessioner. Francine övertygade mig om att det var mycket viktigt att hon skulle få en session, så jag lyckades pressa in henne i mitt fullspäckade schema. Jag är mycket glad att jag gjorde det, eftersom sessionen gav henne stor nytta. Jag tror inte att sådana saker händer av en slump. "De" har alltid kontrollen och kopplar mig samman med dem jag är menad att hjälpa. Francine hade varit mycket deprimerad sedan barndomen och tog nu antidepressiva läkemedel. Hon berättade att hon ville begå självmord. Hon ville helt enkelt inte vara här längre, trots att hon hade ett bra liv (enligt våra normer). Hon var gift med barn, och hennes man var mycket förstående för hennes tillstånd. Men hon var en av de människor jag möter allt oftare, som känner att de inte hör hemma här. De är obekväma med världens våld och skräck. De vill åka hem, även om de inte vet var hem är. Hon kände att hon hade nått slutet av sitt rep. Hon var uppriktig när hon sa att hon ville ta sitt liv. Medicinen kanske tog udden av känslorna, men den undertryckte bara den verkliga orsaken. Jag hade en aning om vad jag skulle hitta, eftersom jag ser fler av dessa milda själar nu när vi närmar oss övergången till den Nya Jorden. Jag har fått höra att de är pionjärerna, vägvisarna som förbereder scenen för andra att följa. Det var mycket svårt för dem som kom först, eftersom de hade mycket att anpassa sig till. De som kom efteråt har inte haft lika mycket svårigheter. Jag hade en bestämd känsla av att Francine skulle vara en av dessa volontärer som kom först för att bana väg för de andra.

När Francine var i djup trans, istället för att gå till ett tidigare liv, befann hon sig i en mycket obekväm situation. Hon kunde inte se något, informationen kom som intryck och känslor 'Jag känner mig plötsligt väldigt, väldigt tung, och det finns ingenting där. Det är svart och jag känner mig orolig. Det känns som om mitt hjärta slår snabbare.

Det Komplexa Universumet – Bok Tre

Jag känner att allt är under press. Jag känner att min kropp blir ihopklämd. Det känns trångt och pressat.

Jag gav henne förslag för att lindra de fysiska känslorna, så att hon inte skulle känna obehaget. "Vad tror du orsakar det?"

F: Jag vet inte. Jag känner det som om jag håller på att födas, eller att jag är på väg att födas. Det känns som om det är överallt på mig, en känsla av att bli klämd och ihoptryckt. Mitt hjärta känns konstigt.

För att inte låta henne fortsätta känna obehag, om hon upplevde sin födelse, flyttade jag henne framåt i tiden för att se vad som orsakade känslorna.

F: Jag ser en bebis som hålls upp i benen och blir smällt på rumpan. – Jag tror att jag är bebisen.

D: *Var är du när detta händer?*

F: Jag tror att det är ett sjukhus. Jag ser inget tydligt.

D: *Känns det bättre nu när du kommit ut?*

F: Jag känner att något är fel. Det känns inte bättre. Jag känner mig inte så ihopklämd, men mitt hjärta känns fel.

D: *Menar du att det känns konstigt att vara i en kropp?*

F: Ja, jag är rädd och ensam. Jag känner tårar komma. Det var en chock. Det var inte rättvist på det sättet. Jag är förvirrad. Jag kan inte komma ihåg varför jag är här eller vad som händer. Varför är allt så kallt och hårt? Men jag ser inte mycket alls. Jag känner bara allt detta.

D: *Du sa att du kände dig ensam?*

F: Ja, för det är inte känslan av att bli kramad eller hållen. Jag känner mig som om jag är ensam.

D: *Var är din mamma?*

F: Jag vet inte. Hon är inte här. Jag vill bli hållen. Jag vill känna att jag hör till någon.

D: *Där du kom ifrån innan detta, kände du dig ensam?* (Nej) *Vad var det för plats?*

F: Jag kände att jag aldrig var ensam där. Allt är så ljust och allt är vitt, som om jag är en del av något riktigt stort. Jag vet att jag är kopplad till det, och det känns som om det bara är kärlek. Och det gör ont att vara borta från det.

D: *Fanns det människor där?*

F: Det känns som att, huvudsakligen, var det bara ljus. Men jag tror att du kan vara åtskild, på ett sätt. Du kan ha en kropp, men den skulle vara gjord av ljus. Ja, jag får känslan av att det finns andra ljusvarelser runt mig. Och att vi kan känna oss som en massa ljus om vi vill. Och att vara kopplade till dem hela tiden, aldrig känna sig ensam, alltid bli förstådd, och att vi alltid arbetar tillsammans. Jag var obegränsad och allt gick mycket snabbare, men vanligt, och det var ljus. Det är svårt att förklara för det finns ingenting där förutom detta ljus, och den sporadiska känslan att jag kan se former av andra ljusvarelser. Men det är allt. Det ska finnas en känsla av kärlek och gemenskap där, som om vi alla var en del av samma ena energi. Det kändes som om allt var sammanlänkat.

D: *Varför var det viktigt att du glömde när du kom in i kroppen?*

F: Jag kände att det var dags att gå. Jag var tvungen att vara modig, och jag var tvungen att göra detta, men jag visste att jag skulle glömma vem jag var och hur jag skulle gå. Det var viktigt att jag gick. Jag hade något att ge, och att bringa ljus. Jag är så lycklig. Jag levde i ljuset hela tiden, och jag levde där under lång, lång tid. Och det var som om någon bad om hjälp, så skulle du inte ignorera dem. Och jag var tvungen att gå. Jag sa att jag skulle frivilligt gå. Jag sa att jag skulle gå och hjälpa.

D: *Bad någon be dig att gå, eller bestämde du dig själv?*

F: Jag tror att jag frivilligt valde att gå, för jag kände att jag ville hjälpa. Jag tror inte att någon sa att jag var tvungen att gå. Jag hade ett val och jag ville gå. Jag kände att jag kunde hjälpa till att övervinna problem genom att ge mitt ljus, min kärlek.

D: *Visste du hur det skulle kännas?*

F: Jag tror att jag blev informerad. Jag fick en känsla av att det skulle kännas svårt, och jag kände att jag skulle vara förberedd på det. Men jag visste att jag skulle behöva glömma ett tag, och att jag gradvis skulle komma ihåg.

D: Är det den svåra delen, att glömma?
F: Ja, för då känner man sig så ensam. Och jag visste inte längre vem jag var.
D: Varför är det viktigt att du glömmer när du kommer in i kroppen?
F: Jag var tvungen att fullt ut inkarnera som en människa, och i en kropp, så att jag skulle tro att jag var helt mänsklig. Det skulle vara för mycket för mitt mänskliga sinne att minnas allt på en gång.
D: Har du någonsin varit i en kropp innan denna?
F: Jag tror att jag har varit det, ja. Men jag tror inte att jag har varit på jorden förut, för det var så svårt att föreställa sig hur det skulle vara att vara i en kropp som var så tät. Jag var van vid att känna mig så fri och så lätt, och sedan känna mig så tung plötsligt. Det var väldigt förvirrande och svårt. De sa att det skulle vara svårt för mig, och jag sa att jag var villig att gå, för jag ville hjälpa. Jag var beredd att uthärda alla svårigheter som skulle kunna hända för att göra det. Jag tror att det finns en stor plan. Jag tror att alla har blivit ombedda att hjälpa. Det är för att det har funnits mycket mörker här, och mycket ensamhet i den här delen av universum. Och det är dags för ljuset att komma. Jag blev ombedd och jag sa att jag skulle volontärarbeta för att göra detta. Jag tror inte att jag är ensam. Jag tror att det finns andra där jag kom ifrån som också frivilligt kom.
D: Hur gick det till när de bad om frivilliga?
F: Det var ett stort råd eller möte. Det var inte bara vårt folk, ljusen, det var också andra. Och på mötet organiserades denna stora plan, och de sa att de bad om frivilliga. Att vi inte var tvingade att gå, det var upp till oss. Om vi kände att vi kunde göra det, så kunde vi gå, men det fanns en större plan. Och jag minns att mitt hjärta kändes så stort, fullt av kärlek. Jag kände bara, "Ja, jag ska göra detta. Det här är något jag vill göra." Jag kände att om jag gick, kunde jag hjälpa till med planen att ändra balansen, eftersom Jordens evolution blev försenad för mycket på grund av en obalans av mörker där. Och bara genom att vara där skulle jag hjälpa till att balansera ljuset så att evolutionen sedan kunde gå framåt på rätt sätt, och på ett lämpligt sätt.

D: *Visade de dig hur det skulle vara?*
F: De informerade oss om hur det skulle vara att vara i en kropp. De sa att det skulle vara väldigt svårt att anpassa sig, för vi skulle känna oss begränsade och begränsade på ett sätt vi aldrig upplevt förut. Här fanns full frihet. Det fanns inga begränsningar alls. Det fanns bara kärlek och obegränsadhet. Jag sa att jag skulle vara beredd att göra det om det skulle hjälpa till med planen.

D: *Men på jorden skulle det vara annorlunda. Det skulle finnas begränsningar.*
F: Ja. Det var svårt att föreställa sig hur svårt det faktiskt skulle vara. Jag trodde på planen, och jag trodde att jag hade tillräckligt med mod och kärlek för att få det att fungera.

D: *Men när du gick igenom födelseupplevelsen, var det annorlunda, eller hur?*
F: Ja, det var annorlunda. Till och med inne i min mamma, i livmodern, kände jag redan då att mörkret var begränsande, som om något var fel, som om jag inte fick tillräcklig näring. Eller bara spänningen. Jag kunde känna spänning.

D: *Men det var för sent att backa ur då.*
F: Nej, jag visste att detta var en del av avtalet. Jag hade redan åtagit mig det vid det laget, och det var det. Jag skulle göra det, och jag ville inte dra mig ur. De sa att det skulle finnas hjälp. De sa att jag skulle känna väldigt starkt för vissa människor, och jag skulle prata med dem, och jag skulle känna mig mindre ensam. Att det skulle finnas hjälp.

D: *Även om du, så fort du kommer in i den kroppen, glömmer allt?*
F: Ja, som om all den obegränsade kunskapen bara försvann. Det är som om den pressas ihop till ingenting, och jag måste till och med lära mig hur man andas. Och ja, det är verkligen svårt. Jag kunde inte föreställa mig att det skulle vara så svårt. Jag visste inte hur smärtsamt det skulle vara. Jag visste inte hur det skulle kännas att vara så avskuren från känslan av kärlek. Också den fysiska smärtan. När jag först föddes hade jag en smärta i mitt hjärta. Hjärtat fungerade inte riktigt som det skulle. Det fanns ett hål i en av de inre kamrarna i hjärtat. Jag utvecklades inte ordentligt när jag var i livmodern. Jag tror att moderkakan hade nedsatt funktion

och att det fanns en brist på näring. Och dessutom var det området av kroppen avskuret från kärleken också. Den fysiska manifestationen av att vara avskuren från den kärlek som jag alltid hade känt.

D: *Vad hände? Kunde du laga hjärtat?*

F: Ja. Det var allt en del av planen. Det var för att hjälpa människor att förstå sin kraft och att kärlek kunde hela.

D: *Vet du om du gjorde det själv, eller om du fick hjälp?*

F: Det var redan arrangerat på en högre nivå att detta skulle hända, och vi alla deltog i det. Jag deltog i det, och så gjorde också alla de människor som bad för mig. Allas energi kom samman och helandet ägde rum. Jag tror att det hjälpte att återbalansera, även sådant som inte var komplett i min kropp.

D: *Annars skulle kroppen inte ha kunnat leva.*

F: Nej. Det skulle åtminstone ha behövt en operation. Men det var planen, att läka.

D: *Att komma in och lära människor lektioner redan som bebis.*

F: Ja. Det var en bra lektion. Jag kände kärlek när jag blev helad. Jag kände energin i min kropp. Jag kände människors böner och jag kände kärleken som sköljde över mig. Och det kändes bra.

D: *Så du var inte helt avskuren från kärlek.*

F: Nej, det fanns där. Det var bra att hitta den kärleken. Det finns kärlek här.

D: *Men det finns många lektioner att lära sig på jorden, eller hur?*

F: Ja. Det var hårt arbete här. Jag lärde mig att gömma mig från livet. Som barn lärde jag mig att stänga av en viss del av mig själv för att överleva. För att skydda mig själv från smärtan när människor var hemska och elaka, och när jag kände andra människors smärta så starkt. Jag kände att det var för mycket att bära, och jag var tvungen att stänga av den delen ett tag.

D: *Du förväntade dig inte att andra människor kunde vara grymma.*

F: Nej, nej. Det förbryllar mig, jag vet inte varför. Sedan när jag växte upp började jag förstå att människor själva hade varit offer för grymhet. Det förvandlades till bitterhet och ilska, och sedan spred det sig till andra runt omkring dem. Och det spred sig som en sjukdom av rädsla, rädsla för att bli ett offer för andra människors ilska.

D: *Alla har sina egna lektioner.* (Ja) *Har du träffat andra människor som kom från samma plats?*

F: Ja. Jag har träffat många människor, några av dem från platsen jag kom ifrån. Vissa har haft det riktigt svårt och klarar det inte bra. Jag har försökt hjälpa. De har svårt att anpassa sig.

D: *Är det detta som orsakade depressionen när du var yngre?* (Ja) *Berätta om det. Du sa att du haft det i många år?*

F: Ja, jag hade det under lång tid. Även som barn. Det var då jag började stänga av. Jag kände mig väldigt trött. Det var mycket svårt att bara fungera som en människa. Jag försökte vara ljuset. Och jag upptäckte att det var så svårt att vara ljuset när allt omkring mig var så smärtsamt, kände all denna smärta. Jag fortsatte att tänka på varför jag kom hit, men jag kunde inte se hur jag gjorde någon skillnad. Det var svårt att se utanför mitt eget liv och in i den stora jordbilden av planen. Jag ville veta vad planen var, och varför jag inte kunde minnas. Jag visste alltid att jag skulle minnas en dag. Att jag skulle få några svar en dag. Det fanns alltid något mer. Jag kände mig också så skyldig, för jag försökte också vara en människa. Och människor har en väldigt begränsad förståelse för hur livet fungerar, och vi gör misstag. Jag kände mig så dålig när jag insåg att jag hade gjort ett misstag som orsakat någon annan smärta. Jag har inte hanterat det särskilt bra. Jag har alltid varit hård mot mig själv, antar jag, för jag har haft det här jobbet att göra. Jag trodde att jag skulle klara av det, och sen insåg jag att det inte skulle vara lätt. Den mänskliga kroppen har så många begränsningar, och den här dimensionen är långsamhet. Allt rör sig så långsamt. Och jag har fått lära mig att inte förvänta mig för mycket, och det har varit en svår läxa.

D: *Du kan inte förändra allt själv, eller hur?*

F: Nej, jag är en del av ett team, men jag kände mig så ensam. Jag trodde att jag var tvungen att göra allt själv.

D: *Förstod du på en annan nivå att det fanns ett team?*

F: Gradvis, mycket gradvis. Först trodde jag att mitt team fanns inom den kristna religionen. Jag trodde det eftersom de pratade om

Det Komplexa Universumet – Bok Tre

ljuset, och det tände något inom mig. Den delen jag stängde av försökte jag öppna upp. Det var svårt. Jag svarade på ljuset i kyrkan, men jag kände mig så sårad av människorna där. Jag fortsatte att expandera i kärlek och ljus, men var tvungen att dra mig tillbaka hela tiden. Jag kände att jag hade en kommunikation med ljuset igen. Det fanns en glimt av det. Och ändå var det färgat av begränsningar som inte kändes rätt. Jag visste att det fanns mer; jag visste att det var mycket större. Det var som om de såg Gud som ett rutnät av struktur, medan jag kunde se Gud utan strukturen. Det behövdes inga begränsningar. Men de förstod inte det, och de gillade inte det med mig. Då visste jag att det var dags att gå vidare. Jag kände mig mycket sårad av saker de sa.

D: *Tror du att de alla kom från samma plats som du, eller vet du?*

F: Jag tror att alla har det, till slut. När du går hela vägen tillbaka, kommer alla från samma plats. Men det är olika nivåer av glömska när man kommer till platser som jorden. Vissa av dem har varit i mänskliga kroppar i hundratals och hundratals år, och de är förlamade av begränsningarna.

D: *Tror du att det var det som hände, att de levde i kropparna för länge?*

F: Ja, jag tror att de har varit här så länge att de bara har glömt bort vilka de var. De har glömt ljuset. Kanske behöver de en semester bort. (Skratt) De behöver komma ihåg hur det är att vara obegränsad och expanderad igen.

Francine hade vid ett tillfälle i sitt liv börjat använda droger som en flykt.

D: *Tror du att droger hjälpte när du kände dig vilse?*

F: Jag tror att jag ibland använde dem som ett verktyg för att komma åt de delar av mitt sinne som jag behövde öppna. De delar som tillät mig att se allt som ett igen. Jag kände som om jag leddes till de delarna av mitt sinne. Drogerna hjälpte till att öppna en dörr. Jag letade efter ett sätt att känna enheten igen. Att jag var en del av ljuset och att all information fortfarande fanns där. Det är bara svårare att komma åt det. Många människor tycker att jag är väldigt konstig eftersom jag alltid ser något djupare. Det är bara svårt för dem att förstå.

D: *Eftersom de är så fast i den fysiska världen.*

F: Ja. Det är lättare för mig, antar jag, än för andra människor att se spelen som spelas ut. Som om det finns ett spel om att vinna på en fysisk nivå, och det finns ett spel om att vara ansluten till ljuset igen. Det är så destruktivt. Och självklart, eftersom jag också måste vara fullt mänsklig, är jag ibland destruktiv. Men jag tror att det är dags att sluta slå på mig själv för det.

D: *Tror du att det hade varit lättare om du hade haft andra liv i en mänsklig kropp?*

F: Ja, det skulle ha hjälpt att ha haft en testkörning, kanske. (Skratt)

D: *Men ändå skulle du ha varit tvungen att komma in i kroppen för första gången, någon gång.*

F: Ja, det kommer alltid att vara svårt, eller hur? (Vid denna punkt tog det undermedvetna helt över.) Det var viktigt för Francines resa som själ att ha denna upplevelse, eftersom det bara skulle hjälpa det Enhetliga Ljuset att veta mer. Att lägga till erfarenhet är alltid bra. Och det hjälpte en del av den stora planen. Det handlar inte bara om att hjälpa henne. Hon hjälper även ljuset att växa i mer medvetenhet genom att göra detta. Hon visste att det inte skulle vara lätt. Hon kände allt så intensivt. Hon gick runt i smärtan och kunde inte hitta en väg ut. Det enda sättet hon kunde se var att dö, eftersom hon visste att hon då skulle bli fri. Men hon kunde inte dö vid den tidpunkten när hon försökte. De sa: "Nej, det är inte dags än. Du behöver fortfarande stanna." Varje gång stoppade de det, för att de älskade henne och ville att hon skulle lyckas med planen. Om hon hade lämnat, skulle hon ha blivit besviken. Och hon visste att det var för hennes eget bästa att stanna.

D: *Det var inte tillåtet, eftersom hon skulle slutföra det hon hade frivilligt anmält sig för.*

F: Ja, och hon ville stanna. Men det fanns den mänskliga delen som var ledsen och smärtsam och arg och ville gå, ville avsluta smärtan. Men hon har ett jobb att göra, och hon kommer att genomföra det. Det är den svåraste delen.

Det Komplexa Universumet – Bok Tre

Jag visste att jag hade kontakt med det undermedvetna, så jag fortsatte med mina frågor.

D: *Du gick direkt in i detta med henne. Är det här det du ville att hon skulle veta idag?*
F: Ja. Det är dags för henne att veta. Det är dags för henne att förstå.
D: *Hela hennes liv har hon haft denna svårighet att känna sig annorlunda.* (Ja) *Hon sa att hon kände att hon inte hörde hemma här.*
F: Det är rätt. Detta är varför.
D: *Har hon någonsin haft några liv i en fysisk kropp?*
F: För väldigt, väldigt länge sedan. Hon hade många liv i en kropp, men den var mindre tät än den kropp hon har nu. De byggde städer och levde harmoniska liv.
D: *Var dessa kroppar på Jorden?*
F: Nej. Långt bort.
D: *Skulle det göra henne någon nytta att veta om dessa, för hennes nyfikenhet?*
F: Ja. Hon gick igenom en serie av evolution där hon blev mer och mer ljus, tills slutligen hela civilisationen blev ljus. Hon stannade i det ljuset under många, många eoner. De hade utvecklats till en nivå av enhetsmedvetande. De kände enhet hela tiden, och det fanns inget behov av att skapa fysiska kroppar om de inte ville. Och då skulle de skapa ljuskroppar. De hade övervunnit de flesta av utmaningarna genom sin evolution, och det var en plats där det rådde harmonisk glädje och kärlek. Det var en mycket bekväm plats att vara på, och en känsla av att ha uppnått något också. Därför är det mycket svårt för henne att vara i ett sådant outvecklat tillstånd.
D: *Vad hände som gjorde att hon kom till jorden?*
F: Det fanns många problem i en del av galaxen där jorden ligger. Med mörker, det är ur balans. Och det Stora Rådet samlades, och det var dags att börja infiltrera systemet. Och genom att inkarnera på planeten fick ljusvarelser möjlighet att ge sitt ljus till en planet som var översköljd av mörker. Hon anmälde sig frivilligt för uppgiften, eftersom hon visste att hon kunde göra det.

D: Men det är annorlunda när man kommer ner här i kroppen, eller hur?

F: Ja, hon tyckte det var mycket svårt att anpassa sig. Det är mycket svårt att lämna en plats som är så fridfull för att komma till en så tät, långsam planet med så mycket smärta. Det känns mycket intensivt för människor som hon eftersom hon är väldigt öppen.

D: De är mycket känsliga människor, och de har inte haft andra jordiska liv för att dämpa den känslan.

F: Ja. De behövde ha stort mod för att komma. Och vi är mycket tacksamma för att de kommer, eftersom det gör att planen genomförs. Och den fungerar. Planen fungerar.

D: Det finns många andra som har anmält sig frivilligt att komma, eller hur?

F: Ja, det finns många, många. Tusentals och tusentals. Och miljontals. Och det finns många barn som föds nu, väntande i kö för att komma. Det är därför Francine fick tvillingar, för att de ville komma tillsammans.

D: Tvillingarna var några av dessa volontärer? (Ja) Kom de från samma plats? (Ja) Och de har inte haft andra liv heller?

F: De är bättre anpassade, de får hjälp. De fick hjälp innan de började, och de har hjälp av dem som redan gjort mycket förarbete och lagt vägen före dem. Och de har en mamma som själv har gjort mycket anpassning och vet hur man bättre introducerar dem till livet på jorden.

D: Detta är vad jag har märkt i mitt arbete. Vissa av dem som är i Francines ålder, eller till och med äldre, har haft mycket svårt att anpassa sig. Många av dem ville begå självmord och lämna.

F: Ja, det är ett problem.

D: De som började komma efter henne verkar ha lättare för det.

F: Ja, vägen förbereds för dem. Det var en del av planen, att de som är i Francines ålder skulle komma med stort mod för att bana en ny väg. De visste att det skulle bli svårt eftersom de bröt gamla strukturer och designade nya på ett eteriskt sätt. Jag får en bild av planeten som har ett nät runt sig, och den energi de har fört med sig hjälper till att förskjuta nätet till en ny position. Mer kärlek flödar nu lättare och blockerade kanaler öppnas.

Det Komplexa Universumet – Bok Tre

D: Deras energi gör skillnad.

F: Ja, ljuset är nu för första gången större än mörkret, och det finns en chans att mänskligheten kommer att utvecklas förbi den punkt där den skulle ha förstört sig själv. Det var på väg i den riktningen, och det är därför de ombads att komma. Men de var tvungna att glömma vem de var, eftersom mänskligheten behöver känna att den måste utvecklas på egen hand. Hon var tvungen att bli människa för att vara en del av den mänskliga rasen, för att förändra den från insidan. Hon kunde inte förändra det från utsidan, för det är emot reglerna.

D: Vilken regel är det?

F: Den primära direktiven om icke-ingripande.

D: Detta betraktas inte som ingripande?

F: Nej, detta är en del av planen. Det är en bra plan, för folk glömmer att de är en del av ljuset. Men de börjar minnas, och det ljus de bär, bara genom att vara de de är, gör faktiskt en enorm skillnad, bara genom att hålla ljuset inom sig. De är en liten gnista som kopplar ihop sig med alla andra små gnistor runt om på jorden, och det blir ljusare och ljusare.

D: Och de barn som kommer nu har haft vägen förberedd för sig, så det är lättare. (Ja) *Men de har fortfarande svårigheter, eftersom vissa av dem är så utvecklade. Och vuxna förstår dem inte.* (Ja) *Jag har haft många lärare som frågar hur de kan hjälpa barnen. Har du några förslag?*

F: Begränsningarna i utbildningssystemet behöver omprövas så att barnens andliga frihet verkligen kan uttryckas på ett kreativt sätt. Och de behöver införa mindre struktur i schemat, och tillåta mer fri rörelse mellan ämnen, så att barnen kan se hur allt hänger ihop. Det är svårt för dem att sitta stilla och lära sig siffror och bokstäver, och de kan inte se hela bilden. De behöver veta hur detta passar ihop.

D: Jag tror inte att de borde sättas på dessa läkemedel.

F: De är inte hjälpsamma. De stänger av dem. Barnen behöver förändra systemet, och de försöker hålla dem nedtryckta och undertryckta.

D: Så kallat "normalt".

F: Normaliserade, ja. Men det finns för många av dem nu. Saker förändras.

D: *Jag tror inte att de kommer att kunna undertrycka alla.*

F: Nej, förändringens våg har redan börjat.

D: *Nu kan vi se varifrån den depression som har påverkat Francines kropp kommer.* (Ja) *Tror du att det att lära sig dessa saker kommer att hjälpa henne?*

F: Ja, hon har redan börjat med kroppsligt arbete som hjälper till att återbalansera saker som varit ur balans, på grund av föroreningar. Den giftiga miljön som människor lever i har en förfärlig effekt, eftersom deras kroppar nu förändras. Föroreningarna som har byggts upp i deras kroppar gör att de känner sig fast, och dessa symtom uppstår.

D: *Francine hade flera symptom som läkarna försökte diagnostisera: yrsel, trötthet, muskelvärk och stelhet i lederna.*

F: Ja, det här är alla delar av justeringarna i hennes kropp, och det händer överallt. Folk behöver sakta ner och ta hand om sina kroppar på grund av föroreningarna. Vi hjälper henne, och när depressionen lättar, kommer hon att vilja vara här mer, eftersom hon kommer att känna sig lyckligare här. Föroreningarna på planeten har rubbat hennes balans. Kemikalierna i hennes hjärna och kropp är ur balans. De mediciner hon har tagit har hjälpt henne att stabilisera det.

D: *Då, när depressionen lättar efter den här sessionen och hon förstår vad som händer, kommer de andra symptomen att försvinna?*

F: Ja, gradvis, när hon integrerar det hon har lärt sig, kommer hennes kropp att justeras. Jag får en bild av att hennes andliga kropp aldrig har varit helt ansluten eller inlagd i den fysiska kroppen, eftersom hon var tvungen att stänga av en del av den. Och när hon öppnade upp den igen, kopplades den inte tillbaka ordentligt. Det är svårt för henne att återansluta den, ledningarna är alla felaktiga. Men hon håller på att återkoppla den just nu, och det kommer att hela henne. Hon kommer att förstå sitt syfte igen, och hennes depression kommer att lätta. Det lär henne också att vara stilla och lära sig de begränsningar som finns i att vara i den här kroppen. Det är en viktig läxa, att genom sjukdomen har hon lärt sig att

Det Komplexa Universumet – Bok Tre

uppnå balans på ett sätt hon aldrig skulle ha känt till innan. Och det hjälper henne. Hon har kontroll över hela situationen. Hon har skapat allt, till och med obehaget från symptomen är där som ett verktyg för henne. Och hon kommer inte att behöva det i framtiden. Kroppen omkopplas medan hon sover.

D: *Är det en del av DNA-förändringarna?*

F: Ja, det är en del av omkopplingen, DNA-förändringarna. Och anledningen till att det inte sker harmoniskt med Francine är på grund av uppbyggnaden av toxiner och föroreningar runt omkring henne och i hennes kropp. Omkopplingen är svårare. Det är som om en del av hennes andliga kropp vibrerar mycket högre än hennes fysiska kropp, och det kopplas inte ordentligt.

D: *Händer det här med alla på jorden?*

F: Vissa människor finner det lättare att förändras, mutera, när DNA-strukturen förändras. Och andra finner det svårare. De som bor i mer förorenade områden, och de som har haft svårare att inkarniera.

D: *Tror du att alla upplever något?*

F: Det beror på vilken nivå folk är medvetna om. Men ja, överlag sker det förändringar över hela planeten.

D: *Det är bra att vi inte är medvetna om det på medveten nivå. Vi skulle nog inte kunna hantera det.*

F: Det är viktigt för henne att komma ihåg att hon var en del av en stor plan och att hon var en del av ljuset. Det är viktigt för henne att komma ihåg att fortsätta och inte ge upp. Det är nu dags för henne att komma ihåg. Denna information som har lagrats i hennes sinne är inte helt åtkomlig på denna nivå, men kommer att vara användbar i framtiden. Hon kommer att ha anpassat sig till ett nytt mönster då. Hennes kropp kommer att ha omkopplats, och det kommer att vara lättare för henne att återkalla de saker hon behöver veta. Informationen implanteras ofta under drömmar, särskilt drömmar med många olika symboler. Dessa symboler innehåller hela informationsblock, och detta placeras i hennes sinne. Strax efter 2012 kommer kropparna att omkopplas och minnena kommer att komma upp till ytan. Informationen kommer

Det Komplexa Universumet – Bok Tre

att komma då. Den är redan kopplad till minnet och den kommer bara att komma när den är redo.

Liknande information fick jag när jag var aktiv i UFO-utredningar under de senaste tjugo åren. Detta rapporterades i min bok *The Custodians*. Jag blev informerad om att detta är sättet som utomjordingarna kommunicerar på, inte med ord, utan med symboler. De använder koncept, informationsblock som är inneslutna i en enda symbol. Det medvetna sinnet är kanske inte medvetet om vad som händer, men det undermedvetna känner igen och förstår informationen som symbolen representerar. Symboler är mycket gamla och har använts genom tiden i urminnes tider. När personen ser symbolen överförs ett helt koncept till det undermedvetna sinnet där det absorberas på cellulär nivå. De sa att det skulle ligga vilande tills det behövs. Då kommer informationen upp till ytan och personen kommer inte ens att vara medveten om var den kom ifrån. Detta är en del av betydelsen av crop circles, för symbolerna innehåller information. Du behöver inte vara fysiskt i crop circle för att informationen ska överföras. Det kan hända genom att titta på en bild av cirkeln. Så den här sessionen bekräftade vad jag har fått under de senaste tjugo åren. Detta ger alltid validitet när det upprepas av människor halvvägs runt om i världen som inte känner varandra och inte vet vad jag redan har samlat på mig.

F: Varhelst Francine går, fungerar hon som en katalysator som gör att människors ljus tänds inom dem. Och ibland kommer det inte lätt för vissa människor, och det utmanar dem. Men bara genom att vara den hon är, gör hon planen. Även om det är på undermedveten nivå, tänds något inom dem, och ett ljus slås på. De tycker att det är lättare att tro att ljuset kan vinna när de har inflytande från Francine och andra som henne. Men vissa människor är fast, och har svårt att ta på sig detta. Om hon visste hur mycket hon gör, skulle hon vara glad att planen genomförs på det sätt det var designat. Det kommer att hjälpa henne att veta att hon gör sitt jobb väldigt bra genom att bara vara den hon är. För hon kan inte lämna förrän jobbet är klart, förrän planen är helt genomförd. Hon kommer att vara gladare att stanna nu när hon vet. Det är väldigt sorgligt att vissa människor blir överväldigade av uppgiften. Ändå är vi alltid där för att hjälpa. Det är mycket sorgligt. Det är som om de fastnar i den jordiska inkarnationen och går i cirklar och inte vet hur man återansluter till syftet.

D: *Och världen blir mindre negativ på grund av denna typ av människor.*

F: Vi vill säga till henne: Du gör så bra ifrån dig, och att vara uppmuntrad. Det finns inget att vara rädd för längre. Din kropp kopplas bara om, och du behöver inte oroa dig för det. Slappna av. Gå och gör de saker som du känner att du är tvungen att göra. Och håll bara blicken fäst på målet som du kom för att göra, vilket var att föra ljuset. Var bara den du är. Och vet att du är mycket älskad, och att du aldrig är ensam.

Över en månad senare fick jag ett vackert brev från Francine. Jag får inte alltid höra från mina klienter efter en session, och det är alltid tillfredsställande att veta att de verkligen har fått hjälp av denna okonventionella metod. Här är några delar av hennes brev:

"Tack så mycket för att du passade in mig i ditt hektiska schema. Jag har funnit att det har varit till stor hjälp. Depressionen har lättat, och min läkare är nöjd med att jag kan sluta med mina antidepressiva, vilket jag nu gör. Sessionen hjälpte mig så mycket att jag förstod VARFÖR jag är här. Att jag frivilligt valde att vara här, och jag har en ny beslutsamhet att fullfölja uppgiften. Jag hittar också lättare nu att uppskatta de goda sakerna med att leva på Jorden. De goda relationer jag har, fyllda med kärlek, och skönheten i naturen som inspirerar. Jag sa till min man, Eddie, 'Jag är så glad att jag kom!' Och han skrattade, glad att se mig må bättre. Han har noterat för mig och andra att sessionen, hur konstig än konceptet var, uppenbarligen har hjälpt.

"Under sessionen kände jag mycket mer än jag kunde beskriva med ord, och varje gång jag har lyssnat på inspelningen kommer alla känslorna tillbaka tydligt. Jag kände klart att den ensamhet jag kände var en illusion från den 3:e dimensionen. Jag var faktiskt omgiven av ljusvarelser mestadels av tiden, och att det finns många andra ljusarbetare runt mig hela tiden. Det är bara svårare att se förbindelserna här.

"När du frågade mitt undermedvetna om andra liv jag hade levt, kunde jag se i ett blixtsnabbt ögonblick hela berättelsen om den ras jag hade tillhört. Jag beskrev det inte under sessionen, men jag minns att jag såg en planet med låg gravitation. Varelserna var långa och smala, intelligenta, kärleksfulla och mycket bra på att samarbeta med varandra. Staden jag såg i ett blixtsnabbt ögonblick verkade ha höga spiror och byggnader som inte såg hårda ut eller stod i kontrast till naturen runt omkring dem. Det fanns höga, tunna träd. Jag såg hur rasen utvecklades till en punkt där det inte fanns något behov av det fysiska, och kropparna blev ljusa och smälte samman i enhetlig medvetenhet.

"När jag var på semester förra veckan, stod jag och tittade ut från terrassen där jag hade ätit frukost, och jag fick ett mycket starkt själsminne som kom till mig. På stället där jag bodde fanns det många höga, tunna träd, och deras fluffiga vita frön flöt viktlöst överallt på den milda brisen. När jag först såg dem visste jag att de påminde mig om något, men det var inte förrän i det ögonblicket som jag kom ihåg. På planeten med låg gravitation var träden mer ömtåliga och trådiga. Och när det 'regnade', var vattendropparna stora och nästan viktlösa, och hängde i luften mycket likt fröna här. Det var ett härligt minne av varm bekantskap.

"Tack igen. Jag känner att jag vet vem jag är nu, och jag har ett lugnt och fast självförtroende i det."

SEKTION FEM

KÄLLAN

KAPITEL SEXTON

TIDIGARE LIV ÄR INTE LÄNGRE VIKTIGA

Ett av mina fall i januari 2007 visade att det undermedvetna fortsatte trenden att vi inte längre borde fokusera på tidigare liv, utan istället gå framåt och koncentrera oss på det nuvarande livet. Som jag redan har sagt, istället för att gå till det traditionella tidigare livet, går vissa av mina klienter tillbaka till Källan eller utforskar liv i andra dimensioner, etc. Detta har hänt oftare, särskilt under 2006, och ökar. Mönstret har definitivt vänt, och nu är det att gå till ett traditionellt tidigare liv något sällsynt. En tydlig förändring i mitt arbete. När jag frågar det undermedvetna varför det inte tog personen till det lämpliga tidigare livet, svarar det att det inte längre är viktigt. De har redan gått igenom allt det, och det ska släppas. Jag antar att detta betyder att de redan har betalat tillbaka eventuell karma, och det behöver inte tas upp. Det undermedvetna säger att personen behöver fokusera på sitt nuvarande liv och framtiden. Detta budskap har upprepats gång på gång.

Fallet i januari 2007 upprepade samma tema, även om på ett annat sätt. Jag har haft klienter som sett saker som jag visste inte var liv, men de var inte heller fantasi. De har sett symbolik. Vanligtvis beror detta på att de inte medvetet vill ta itu med problemen kopplade till tidigare liv, så det undermedvetna måste smyga informationen genom symbolik. Men detta fall var annorlunda och oväntat. Personen var en immigrant i 40-årsåldern. Han hade mycket få klagomål och verkade inte behöva terapi. Hans kropp var i bra form eftersom han arbetade inom byggbranschen (som arbetsledare) och gillade fysiska aktiviteter, särskilt dykning. Ändå körde han 20 timmar för att komma och träffa mig. Han sa att hans största klagomål var djupa grundlösa

Det Komplexa Universumet – Bok Tre

rädslor, särskilt rädslan för att dö. Ibland fick han episoder av högt blodtryck, och när dessa inträffade blev han rädd att han skulle dö. Allt detta kändes väldigt märkligt för honom, eftersom han aldrig hade varit rädd för något.

Han gick lätt in i en djup trans, och i början trodde jag att han beskrev ett tidigare liv, men det tog oväntade vändningar. Det var som att vara i någons dröm, och allt han såg gav perfekt mening när jag insåg att det undermedvetna gav honom svaren i symboler. Till en början stod han framför en grotta, klädd i trasiga kläder. Han såg ett slott på toppen av en kulle, med ett närmande åskoväder bakom det. Han bestämde sig för att gå till slottet, och när han gjorde det, passerade stormen runt honom. Han gick över en fallucka för att komma in i slottet. Det fanns vakter på hästar klädda i rustning som riddare, men de hindrade honom inte från att korsa bron och gå in på gården. De stod bara och tittade. Det var min första ledtråd om att detta inte var ett tidigare liv, för på den tiden skulle inte slottsvakterna låta en smutsig och trasig man gå in. När han var på gården upptäckte han en spiraltrappa och gick upp. Den kom ut på toppen av slottet. Han stod där och såg en regnbåge i fjärran, och såg sedan en enorm kinesisk eldsprutande drake som kom mot honom. Han blev rädd när den cirkulerade honom, men sedan flög den iväg och lämnade honom i fred. Nästa sak han såg var många flygande råttor som dykte och cirkulerade runt honom. Detta skrämde honom också tills de förvandlades till en flock fåglar och flög iväg. (Vid det här laget trodde jag att jag visste vad det undermedvetna gjorde. Visade honom att hans rädslor var ogrundade.) När han gick ner i slottet gav vakterna honom nya kläder för att ersätta sina trasor. De klädde honom i sammet och guld. Han fick ett vackert svärd med guld och diamanter i handtaget. Sedan satte de en gyllene krona på hans huvud. Han red ut på en vit häst och lämnade slottet. När han närmade sig en bäck, flög en annan drake mot honom. Denna var större, en annan typ, svart och hotfull. Han kämpade med den, och till slut dödade han den med sitt svärd.

Sedan gick han ut på en äng och såg många tankar närma sig honom. Han sa att det var 1914, och det var kejsarens armé. Återigen utgjorde tankarna inget hot mot honom. De stannade på fältet och kom inte närmare. Det var många soldater (från samma tidsepok) uppradade längs vägen. Han gick framför dem och de rörde sig inte. Sedan gick han till havs och såg ett stort passagerarfartyg ute på havet med namnet "Titanic" på sidan. Han såg att det var många människor ombord som skrattade och hade roligt. De såg honom och ropade på honom att komma ombord. Han gick över vattnet och klättrade upp på däcket. Där blev han välkomnad av skrattande och glada passagerare. De sa att han var fel klädd för denna resa, och tog av hans kungliga kläder och klädde honom i en kostym och väst och hatt. (Kläder som passade för tiden.) Sedan såg han isbergen och såg hur fartyget träffade ett. Det var mycket skrik när fartyget började sjunka. Han klättrade upp till den högsta delen av fartyget när det gled ner i vattnet. Sedan såg han ett annat mindre fartyg i närheten som räddade honom och tog honom ombord. Jag sa att detta visade att han var en överlevare. Ombord på det fartyget gick han in i en kabin och började ta ett bad. När han tittade ut genom fönstret såg han flygplan med ryska röda stjärnor på sina vingar, den typ som användes under andra världskriget, dyka och skjuta mot fartyget. Återigen var allt i ordning, och nästa sak han såg var sig själv gå i land klädd i moderna kläder: jeans och Nike-skor. Jag visste då att han hade kommit full cirkel, och jag skulle kalla på det undermedvetna. Det sa att det faktiskt var symbolik för att visa honom att hans nuvarande rädslor var ogrundade. Han hade överlevt alla dessa faror och blev inte skadad. Jag sa att jag trodde att vi skulle gå till ett tidigare liv. Och det undermedvetna sa, "Det gjorde vi." Det var inte nödvändigt att spendera tid på att gå igenom liv som vi normalt gör. Det blandade alla dessa liv i sekvens, men dölje det i symbolik för att bevisa en poäng och svara på hans frågor. Han hade verkligen levt under slottstiden, under första världskriget, på Titanic och under andra världskriget. Det var återigen ett fall av att det inte var nödvändigt att gå till tidigare liv. Han skulle fokusera på detta liv och förbereda sig för uppstigningen in i framtiden. Det undermedvetna ville att han skulle studera healing och användningen av energi genom att ta kurser och läsa. Hans blodtrycksepisoder var bara kroppen som anpassade sig när den förändrades i frekvens och vibration. Också hans episoder av stor rädsla var det medvetna sinnets sätt att reagera på något som det uppfattade som onormalt. Det visste att något hände med kroppen och reagerade med rädsla.

Det verkar som om nu, mina klienter som går till tidigare liv och minns dem i detalj, särskilt deras koppling till människor i deras nuvarande liv, fortfarande är fast i karma och blir ombedda att betala tillbaka det och bli av med det. De arbetar fortfarande med detta så att de också kan börja uppstigningsprocessen. Om de väntar för länge kommer de att bli fast i cykeln av att återvända för att betala tillbaka. Vi har fått höra att de inte kommer att tillåtas återvända till planeten Jorden för att betala tillbaka denna karma, eftersom Jorden kommer att ha förändrats för mycket. Det kommer inte att finnas någon negativitet här. De kommer att skickas till en annan planet som fortfarande tillåter återbetalning av karma. Det undermedvetna har sagt att det spelar ingen roll, eftersom alla till slut kommer att uppstiga. Vissa kommer att göra det tidigare än andra. De måste komma ut ur den karmiska cykeln först.

I denna typ av fall följer jag bara med och fortsätter att ställa frågor, eftersom jag inte vet vad det undermedvetna har i beredskap för dem.

I ett typiskt fall såg kvinnan hela tiden osammanhängande bilder, här och där, hopplöst blandade. Bara olika scener och människor och tidsperioder. Jag kunde inte få henne att hålla fast vid någon av dem länge nog för att gå in i ett liv. Jag fortsatte försöka, men det fortsatte bara, väldigt osammanhängande. Sedan plötsligt, gick hon till den plats som hon kallade "hem". Det var en väldigt känslomässig scen. Hon gråte och gråte, och sa att det var så vackert och så fullt av kärlek. Hon sa senare: "Varför skulle någon behöva ha en nära döden-upplevelse för att känna det?" På det här sättet skulle man veta hur det känns. Det är så överväldigande med kärlek. Denna kvinna var en sjuksköterskepraktiker som arbetade på ett sjukhus. Jag tänkte att kanske skulle hon kunna använda denna upplevelse där, särskilt med människor som har en rädsla för att dö. Hon skulle kunna säga: "Jag vet hur hemmet känns. Jag har upplevt det."

Sedan frågade jag det undermedvetna varför det inte tog henne till ett tidigare liv? Varför visade det bara bitar och delar? Det sa samma sak som jag har fått från andra människor – eftersom tidigare liv inte längre är viktiga. Fokuset måste vara på detta liv och vad vi åstadkommer nu. "Du har redan varit där, gjort det." Du behöver inte gå tillbaka och fokusera på dessa scener igen. Det är mycket viktigt att gå framåt nu och fortsätta med detta liv. Sedan gav det en väldigt bra analogi. Det sa: "Du tittar på ett träd, och du fokuserar inte på ett blad eller flera olika blad, och olika grenar. Det är inte viktigt. Det är bara bitar och delar. Du borde fokusera på hela trädet. Alla dessa liv är bara bladen och grenarna. De är inte helheten, trädet, den viktigaste saken." Så det var varför detta fortsätter att betonas, att tidigare liv inte är viktiga. Jag tror att jag ibland fortfarande får dem, för att det finns något personen behöver veta för sitt nuvarande liv. För att skapa den kopplingen med det liv de upplever nu. De kan bli av med eventuell karma och sedan gå vidare. Så tydligen, de som inte behöver oroa sig för tidigare liv och inte behöver se dem, har ingen utestående karma att ta hand om. Den finns inte längre för att hindra dem från att utvecklas.

I ett annat fall, istället för att gå in i ett tidigare liv, såg en kvinna något som liknade en gigantisk juvel. Och de sa: "Detta ger dig en idé om vad vi kan göra, om det här är vad du vill se." Det var en gigantisk juvel med många, många fasetter. Och fasetterna gav olika reflektioner åt många håll. Och de sa, "När du tittar på detta, ser du en reflektion av en romersk soldat, en annan reflektion är en amerikansk indian. En annan reflektion är en modern soldat. Varje reflektion är ett 'liv', som du kallar det. Se hur lätt det skulle vara. Välj bara en av dessa reflektioner, om det är det du vill se." De ville att hon skulle veta att liv fanns där om hon behövde dem, men hon hade nått den punkt där det inte längre var viktigt att känna till dessa saker. De sa, "Vi fokuserar inte på det längre. Det måste vara 'nu' och framåt."

Mot slutet av sessionen sa de: "Juvelen vi visade dig tidigare med alla fasetter och alla reflektioner, är Gudens Hjärta." Juvelen är Gudens hjärta. Jag tyckte att det var ett intressant uttalande.

Sedan fanns det ett fall med en äldre man som hade ägnat sitt liv åt musik, som utövare och lärare. Musik hade varit hans liv ända sedan han klättrade upp på ett piano vid tre års ålder och började spela toner. Klassisk musik och alla typer av musik kom väldigt lätt för honom, och hans livspassion hade varit piano och orgel. Han hade aldrig gift sig, utan hade ägnat sitt liv åt musiken. Nu, när han övervägde pensionering, ville han veta varifrån detta intresse för musik kom? Eftersom det alltid hade varit så lätt, kom det från ett tidigare liv? Naturligtvis tänkte jag att han skulle regressa till ett liv där han troligen var en berömd och framstående kompositör eller musiker. Jag har haft fall som det tidigare, och det skulle vara den mest logiska förklaringen. Ändå blev det inte så.

När han började gå tillbaka, trodde jag inte att han skulle ha några problem att hitta ett liv, för han var väldigt visuell. Men istället, när vi försökte röra oss mot ett tidigare liv, blev allt svart. Jag försökte många olika metoder, för att få honom att kunna se något. Jag kunde få honom att se händelser från nuvarande liv, men han gick inte bortom detta liv. Jag fortsatte att använda fördjupningstekniker. När genombrottet kom, misstänkte jag att det undermedvetna använde symbolik för att komma förbi hans blockeringar. Slutligen såg han en enorm dörr i sidan av en klippa, och ett litet väsen som inte liknade en människa. Perspektivet var: det lilla väsendet såg ut som en myra i jämförelse med den enorma storleken på denna dörr, som var tusentals fot hög. Han kallade den hela tiden en "portal", och han visste att det inte fanns något sätt för honom att kunna öppna dörren och gå igenom den. Jag insåg symboliken i detta. Han var inte redo att öppna den dörren. Det var därför han gjorde det så svårt. Sedan såg han en vägg som reste

Det Komplexa Universumet – Bok Tre

sig rakt upp från marken. Den blev större och större, när den växte högre och högre, och började förlängas tills den var tusentals fot lång. I denna vägg var det skurna statyer av olika människor som bar rustningar och olika typer av uniformer. Han visste att de kom från olika tidsperioder. Väggen var så hög att statyerna var staplade fem höga. De var ordnade en efter en över hela väggen. Han flöt längs väggen och tittade på statyerna, och den sträckte sig tusentals och åter tusentals fot.

Jag tolkade väggen som också representerande blockeringen vi hade tidigare. "Gå inte längre. Du får inte." Jag tänkte också att statyerna i väggen mycket väl kunde representera tidigare liv, och vi skulle kunna komma någonstans, men vi kunde igen inte röra oss vidare. Då kallade jag på det undermedvetna för att få svar. Det hade svårt att nå fram till där det slutligen skulle kunna prata med mig, och blockera hans medvetna sinnes störningar. Jag började tänka att jag skulle behöva konditionera honom med ett nyckelord och ha honom återvända senare på kvällen, eftersom vi hade arbetat med detta i minst en timme. Genombrottet kom när jag frågade om väggen. Plötsligt exploderade han och bröt ut i en lavin av känslor. Han började gråta och gråta väldigt hårt. Då visste jag att vi hade funnit det. Vi hade träffat något. Vi hade brutit igenom hans motstånd. Vi skulle kunna ta reda på vad detta handlade om. När som helst när ämnet går in i känslor, vet jag att vi har funnit något viktigt. Det är omöjligt att fejka dessa typer av känslor. De är verkliga.

Jag lät honom gråta ett tag för att få ut det ur hans system, och sedan lugnade jag honom. Vid det laget sa han bara, "Tusen och åter tusen liv." Vad han såg i väggen var hans liv, men alla var krigar-liv. Han såg sig själv i olika typer av rustningar, olika typer av uniformer, representativa för olika soldater. De täckte så många, många, många tidsperioder, gick så långt tillbaka ... medan han hela tiden sa, "Tusen och åter tusen liv." Och mellan tårarna och snyftningarna sa han, "Det var bara så meningslöst. Allt dödande, allt dödande." När jag äntligen fick honom att lugna ner sig, sa det undermedvetna att det var därför han inte fick se det. Det var för mycket. Det skulle ha blivit överväldigande. Han fick inte se vad han hade gjort. Det var vad symboliken av dörren och väggen representerade. Han skulle inte

285

kunna visas specifika saker, men han skulle visas tillräckligt, så att han skulle förstå sitt syfte.

Anledningen till att han kom tillbaka som musiker var att helt vända sitt liv. Människor som är inne i musik är vanligtvis mycket mer milda. Och också, i detta liv, är han homosexuell. Jag frågade honom tidigare under intervjun: "Du levde under två världskrig, särskilt Vietnamskriget och Koreakriget. Varför gick du inte in i krigen?" Han sa att de då var tvungna att fylla i frågeformulär. Och på frågeformuläret ville de veta om man hade homosexuella tendenser. Han gav ett ärligt svar och behövde inte gå till kriget. Nu gav det perfekt mening. Det hjälpte honom. Senare sa han att detta förklarade hans naturliga tendens att vara homosexuell. Och det förklarade också musiken.

Jag sa till det undermedvetna att jag trodde att på grund av musiken och förmågan att spela från så ung ålder, skulle han ha gått tillbaka till en tid när han var musiker i ett tidigare liv. Det sa: "Nej. Alla vi har musik i oss. Det är runt oss hela tiden. Vi använder det bara inte." Men i detta nuvarande liv beslutades det att han skulle få fram det. Det är alltid där. Även i de andra fruktansvärda, dödande liv, var förmågan, musiken där, men det ignorerades, för det var inte syftet med de livena. Så han återförde inte en förmåga eller talang. Musiken återförde en mjukare sida som han behövde fokusera på i detta liv. Men han sa att det fanns något annat strax under ytan. Han kunde bli väldigt arg, väldigt lätt. Han kände ofta att om han blev tillräckligt arg, skulle det inte ta mycket för honom att döda någon, och han försökte hålla sitt humör under kontroll. Men som musiker och som homosexuell har han undertryckt mycket av det, eftersom de manliga tendenserna är mer krigiska. Han hade undrat om han kanske borde ha varit en kvinna. Det undermedvetna sa nej, att det inte skulle lösa problemet lika bra som att vara en man, med de mer feminina tendenserna.

Men när han vaknade ville han veta om det skulle utforskas vidare? Skulle han försöka ta reda på mer om dessa andra liv? Jag tror inte det skulle vara tillrådligt, eftersom det undermedvetna definitivt satte upp barriärer och sa: "Du kan inte hantera detta vid denna tidpunkt. Det är bättre att lämna det ifred. Fokusera på ditt liv som det är." Han hade gjort väldigt bra ifrån sig att kväva alla våldsamma tendenser. Så här bör det vara.

Det här påvisar starkt att det undermedvetna inte tillåter personen att se något som de inte kan hantera. Detta är viktigt, för jag oroar mig alltid när jag arbetar med tonåringar eller de som jag inte tycker är tillräckligt mogna för att hantera traumatiska scener. Jag måste helt lita på det undermedvetna för att alltid veta vad som är bäst för klienten.

Jag har haft några liknande fall, ett där en man regressade till när han var en general under inbördeskriget. Alla berömde honom för vad en fantastisk officer han var, och hur modig han var i strid. Men han sa att de inte verkligen visste att han var sjuk och trött på att vara soldat. Han var trött på kriget, och dödandet och blodet. Och sedan, när vi kom till det undermedvetna, fann den mannen också att han hade en hel serie av liv som soldat. Ett efter ett, efter ett, efter ett, av krigare och soldater. Han sa, "De tror att det är glamoröst. Att jag är den här stora soldaten, men det är inte glamoröst. Det är hemskt med allt dödande och blodet." Så, i detta liv, kom han in med ett handikap, så han inte skulle bli inkallad och behöva vara soldat, vilket är väldigt logiskt. Kanske gillade musikern, organisten, dödandet för mycket. Och det var därför det beslutades: "Låt oss göra det på det här sättet. En drastisk förändring." Där den andra mannen, som konfedererad soldat, bestämde sig själv, "Jag vill inte göra det här längre." Vem vet? Det kan ha varit på ett sätt eller det andra.

Jag hade ett annat fall som också visade den fruktansvärda, lite omtalade sidan av krig. En man hade gått till andra hypnoterapeuter för att försöka ha en tidigare livs-regression, och ingen hade lyckats. När han gick in i trans kunde mannen bara se färgen röd. Det var allt som fanns i hans synfält. Så han kom till mig för att se om jag kunde få honom förbi det. Vi fann svaret. I de andra sessionerna kom han in på sin dödsdag. När jag spårade det och fick hela berättelsen, var han en ung man i början av första världskriget och hade gått med i armén eftersom han trodde att det skulle vara en spännande sak att göra. Han hade aldrig varit borta hemifrån tidigare, och när han skickades till slagfältet i Frankrike var det en fruktansvärd, traumatisk upplevelse. Han kände att han blivit lurad av rekryterarna för att få honom att gå med i armén. Han var mitt i striden med granater som exploderade runt omkring honom, och lukten av rök och blod var väldigt kraftig. Det var så många som dödades att de försökte begrava dem direkt där på slagfältet. Efter att några var begravda skulle fler granater falla och blåsa upp dem igen. Det var kroppsdela, händer, fötter, armar överallt. Dessa var tvungna att begravas igen, ofta med bara händerna för att gräva i leran. (Detta förklarade problemen han hade i detta liv med smärta och artrit i händer och handleder. Minnena av den hemska upplevelsen bar han i den delen av kroppen.)

Han grät, och skämdes, eftersom han trott att krig skulle vara en ädel, spännande upplevelse. Istället var han väldigt rädd och förvirrad, och ville bara hem. Han kände att han borde vara modig och djärv, men det fick honom bara att känna sig förödmjukad och skamsen över sin rädsla. Mitt i allt var han bara en fattig, rädd ung man. Han var chockad över vad han såg. Han skrek, "Jag är en feg! Jag är en feg! Jag vill inte vara här!" Sedan kom vi till dagen han dog. Det hände där på slagfältet. Han sprängdes i bitar av en granat. Det förklarade den röda färgen i början av regressionen. Det var dödsögonblicket. Allt han kunde se var sitt eget blod när hans kropp blev sönderriven av bomberna och explosionen. Det var allt som fanns i hans synfält.

Allt detta var en återgång till för många liv som en sak. Du måste förändras och gå i en annan riktning. Du lär dig inte tillräckligt genom att vara fast i någon typ av mönster eller fångenskap. Men den typen av bakgrund gör det svårt, eftersom det är så djupt rotat i personen och det cellulära minnet.

Det Komplexa Universumet – Bok Tre

KAPITEL SJUTTON

ÅTERVÄNDA TILL KÄLLAN

PRÄSTEN

Judiths tidigare liv handlade om historia, men det hade definitivt inte varit ett liv som hon skulle ha valt att fantisera om. Hon var en mäktig präst inom den katolska kyrkan under höjdpunkten av inkvisitionens förföljelser. Mannen var fanatisk i sin vilja att förstöra de han (eller kyrkan) ansåg vara kyrkans fiender. Alla som tänkte annorlunda, som inte böjde sig för kraven, särskilt de som praktiserade de gamla sätten (naturdyrkan och örtmedicin). De personer han anklagade behövde inte ens vara skyldiga, han behövde bara ha en misstanke. Han var besluten att utrota alla han trodde kunde vara olika. Han blev så skicklig på att jaga dessa olyckliga människor och få dem dömda till döden att han befordrades högre och högre i kyrkan. Det kom till en punkt där hans makt var obestridd, och hans ego var enormt. Han fick till och med sin egen syster dödad när han upptäckte att hon använde örtmedel för att hjälpa de fattiga. Han hade inga betänkligheter och kände ingen skuld. Han var övertygad om att han gjorde Guds vilja, som definierad av hans religion. Det fanns ingen tvekan i hans sinne om att han gjorde det rätta. Han ifrågasatte aldrig detta för ett ögonblick. Så när han slutligen nådde slutet på sitt liv, trodde han att han skulle gå till det härliga himmelrike han trodde på och bli välkomnad in i Guds famn där han skulle bo i evighet. Han hade gjort Guds vilja och visste att han skulle belönas. Han blev mycket förvånad och förbluffad när detta inte hände. Efter att ha lämnat sin kropp möttes han av lysande andar som tog honom till en annan plats. De ville inte ens kommunicera med honom när han frågade om han skulle få gå till himlen och se Gud.

Han togs till en plats med flammande lågor. "Jag ser flammor. Som solen, men det är inte solen. Jag är någonstans där det finns flammor, men det är inte som vi upplever eld eller lågor." Självklart är det första som kommer till de flesta människors sinne att han togs till det bibliska helvetet. En plats av evig eld och fördömelse för att betala för det sätt han missbrukade sin auktoritet i detta liv. Men jag visste att detta inte var fallet, för jag har i mitt arbete upptäckt att det inte finns något helvete. Helvetet är en uppfinning av kyrkan. Det existerar inte. Men om en person dör och verkligen tror att de är fördömda, att de har levt ett ondskefullt liv och att de kommer till helvetet (som kyrkan lovar), så kan de få sin önskan. De kan uppleva exakt det som de förväntar sig. Kom ihåg, du drar till dig det du fruktar mest. Även om en sådan sak skulle hända, skulle de inte stanna där länge, för det är bara en illusion skapad av deras eget sinne. När de inser detta (med hjälp av sina guider och änglar), kan de gå dit de verkligen ska gå. Så jag visste att när prästen beskrev en plats med flammor, så var det inte helvetet.

"Det här är inte solen. Det är någon annanstans. De säger till mig att detta är en viloplats. En plats att komma tillbaka och vänta. Ordet 'omprogrammering' kommer ständigt upp. Det är som om det är en plats där kunskap finns. Det finns ingen tid, så jag vet inte hur länge jag är här. Jag är bara här. Och det finns allt detta gula, gyllene eld. Men det är inte eld. Det är energi."

D: Men detta är inte vad du trodde skulle hända.
J: Nej, nej!

Jag visste av erfarenhet att en själ kan stanna i dessa olika platser under lång tid, så jag flyttade Judith framåt tills hon var på väg att lämna denna plats.

D: Tar de dig ut ur den platsen?
J: Ja, det gör de. Jag vill inte gå tillbaka.
D: Pratar de med dig?
J: De pratar inte riktigt. Det är inte som ord vi använder nu. De säger bara att vi måste komma tillbaka.

Det Komplexa Universumet – Bok Tre

D: *Sa de varför du måste komma tillbaka?*

Judith blev känslosam och efter många tunga suckar och snörvlande började hon gråta. Jag försäkrade henne att det var okej att vara känslosam och att hon skulle känna sig bättre av att prata med mig om det.

J: Jag ska gå tillbaka. Jag måste gå tillbaka dit och komma till det från ett annat håll. För när jag kommer till det från en kropp på jorden, är det för svårt.

D: *För att du fastnar i det, eller hur?*

J: Ja, det är för svårt. Så de lät mig bara gå tillbaka till denna plats.

D: *Vad säger de?*

J: De kommunicerar att de vet att vi måste komma ner till denna planet. Att vi måste hjälpa denna planet och alla varelser som kommer hit att inse detta energikälla. Det är något med att det har blivit fört till denna planet. Och det är något med att lära sig på denna planet. Det är okej från den flammande platsen. Viloplatsen. Det är en plats för återhämtning och klarhet och kunskap. Och det är nästan som om det är platsen i detta universum som bär på universums kunskap, och planeterna och alla livsformer i solsystemet. Och Jorden är en plats där det erkändes att energi måste föras hit för att hjälpa mänskligheten. Och det finns många varelser från andra platser utanför Jorden som kommer hit. Du vet, som människor pratar om "smältdegeln". Ja, det är verkligen smältdegeln för många livsformer som inte är mänskliga liv. Och sättet livet har formats på denna planet har varit gjort på ett sådant sätt att det har varit extremt, smärtsamt och svårt. Och de tankar som följer med dessa kroppar får människor att skada varandra och skada vad de kallar "Natur". De säger att det är naturligt. Och vissa av oss från denna flammande plats har kommit för att hjälpa till att transformera det och föra en annan källa av energi som kommer att hjälpa. Vi kommer att ta med oss sättet att vara från denna flammande plats till Jorden, och på något sätt kommer det att kommuniceras på ett sätt som människorna kan ta emot det.

291

D: *Skickar de dig tillbaka för att betala för de saker du gjorde i ditt sista liv?* (Nej) *Du måste inte betala för det?*
J: Det är en del av människans tankemönster.
D: *Jag tänkte på karma.*
J: Nej, karma är bara en annan del av människans tankemönster. Jag har haft många liv på denna planet. Och en del av det är att veta vad det innebär att ha erfarenheten, att ha det som kallas "empati". Att veta vad människor känner, och så de känslor jag upplever är de jag samlade på mig från livstid till livstid. Men det är inte vad vi är här för att lära ut. Det är inte verkligt. Det är inte nödvändigt. Det är inte det som händer på den andra platsen (den flammande platsen). Detta existerar inte.
D: *Jorden är som det, den drar människor.*
J: Det är rätt. Det är det som har skapats, och det är det jag blev visad. Men det är inte det som är, och det är inte det som hålls. Och att hållas är inte ens det rätta ordet. På den andra platsen där det ser ut som eld, är det bara inte nödvändigt. För att använda de ord vi känner här, är det som denna gigantiska skärm med bilder som kommer efter varandra. Ett liv efter ett annat. Jag har inte blivit visad hur vi hamnade här. Hur människor kom till denna planet. Jag har inte blivit visad det.
D: *Men det viktigaste är att du ska komma tillbaka i en kvinnlig kropp denna gång för att göra andra saker.*
J: Ja, det stämmer.

Jag tog sedan fram det undermedvetna och frågade varför det valde att visa henne det kraftfulla negativa livet som prästen.

J: Så att hon skulle förstå makt och missbruket av den. Så att hon inte missbrukar sin makt igen. Människor kommer att ge henne makt igen när hon fortsätter att minnas varför hon är här och varifrån hon kommer. Hon kommer att få mer och mer klar information från den flammande platsen. Kunskapens plats. Och hon måste komma ihåg att inte falla i frestelsen av människans makt. Fällan som hon var i tidigare.

Det Komplexa Universumet – Bok Tre

D: *Jag blev förvånad över att han inte blev fördömd för det han hade gjort. Han var ansvarig för att döda många människor.*
J: Ja. Det var ur balans. Han kunde lura många människor. Det var för honom att fullt förstå, fullt förstå, vad verklig makt och manipulation och exploatering är.
D: *Men jag blev förvånad över att när han kom till andra sidan, blev han inte fördömd för att ha gjort sådana negativa saker.*
J: Det är en annan del som hålls av människans tankemönster om hur saker fungerar.
D: *Men som Judith, måste hon inte betala tillbaka karma?*
J: Nej, inte i samma grad. Hon har lärt sig mycket genom sin barndom, sin far och de människor hon växte upp med. Hon ser så mycket, och det smärtar henne så mycket att se mänsklighetens förödelse, att detta kanske kallas hennes "karma".

Även om de sa att han inte skulle behöva betala tillbaka karma, verkar det som om han gjorde det. Judith hade upplevt många negativa saker under sin barndom och tonårstid. Så jag tror inte att han kom undan allt. Det som går runt kommer runt. Den enda skillnaden är graden av hur det betalas tillbaka. Jag tror att det undermedvetna bara tittade på det från det större perspektivet.

D: *Hon lever nu ett helt annat liv än hon gjorde på den tiden. – Men hon ville veta varifrån hon kommer.*
J: Hon kommer från Källan, precis som alla andra.
D: *Är den flammande platsen densamma som Källan?*
J: Nej, det är den inte. Det är en plats, och det finns andra platser. Orden gör inte rättvisa åt vad det är. Det är som olika varelser har kommit från olika platser. Och den flammande Kunskapens plats är på sätt och vis det som kan kallas den centrala platsen. Och sedan finns det andra platser i andra – inte dimensioner – jag har inga ord för det. Och inte alla kommer till planeten Jorden. Vissa går till andra platser.

Jag frågade sedan om de fysiska problem Judith hade, mest smärta i hennes nacke. Det undermedvetna skrattade när det svarade: "Hon är den största smärtan i sin nacke. Hennes tänkande, hennes fäste vid kroppen nu när hon är här, det är smärtan i nacken. Och hela hennes tänkande om tidigare liv där hon trodde att hon hade gjort dåliga handlingar som hon hållit i sin kropp. Den smärtan i nacken är kulminationen av det. Den kommer att försvinna, den behövs inte längre." Sedan, som har hänt många gånger i mitt arbete med det undermedvetna, såg jag hur det skickade energi till den delen av hennes kropp och tog bort obehaget.

D: Hon ville inte komma denna gång, eller hur?
J: Hon ville inte komma, och det finns fortfarande känslor kring det. Det beror på att hon har en koppling till kroppens form. Hon är mycket smärtsamt medveten om vad hon har sett i tidigare liv och den förstörelse hon orsakade, samt den förstörelse som andra har orsakat. Och hon fortsätter att se smärtan och lidandet som pågår. Och denna session kommer att hjälpa henne att veta att det är en illusion. Det mesta som hon och andra i mänsklig form – som vill veta vad de ska göra, och som har skickats hit för att hjälpa andra – kan göra, är att veta att det finns medkänsla och kärlek. Och det är det bästa som kan göras på denna planet vid denna tidpunkt. Och det är det största goda för alla. Hon verkar nu komma i linje med sitt uppdrag. I människans form är hon Guds barn, även om hon från Kunskapens plats, den flammande platsen – som också är bara ett ord – kommer att leva ett liv och denna kropp kommer att handla om komfort och delande av överflöd.

KÄLLAN

När jag hade mitt första fall där min klient gick tillbaka till Källan (rapporterat i Bok Ett) blev jag förvånad och oförberedd. Som jag har sagt tidigare i denna bok, blir jag ofta överraskad och presenteras för en teori eller ny information som jag inte förstår. Då måste jag fundera över det och se hur det passar in i det andra material som jag har

Det Komplexa Universumet – Bok Tre

samlat. När jag fick informationen som jag skrev om för cirka tjugo år sedan i *Mellan Döden och Livet*, beskrevs Källan (eller Gud) som en enorm energikälla med otrolig kraft. Jag blev tillsagd att det var omöjligt att beskriva det med termer som våra mänskliga sinnen kan förstå. Kraften var så enorm att den jämfördes med limmet som håller ihop allt. Om den skulle försvinna för en bråkdel av en sekund, skulle allt upplösas. De sa att även om vi tror att vi har stor kunskap inom metafysik, är vårt begrepp om Gud som en liten tråd jämfört med totaliteten av vad han verkligen är. Sedan sa de att även om andra människor har ett begrepp, skulle det inte ens vara som en liten tråd. De har ingen aning om vad Gud verkligen är.

I det fallet i Bok Ett beskrev kvinnan Källan som att vara i solen, men det var inte solen som vi känner till i vårt solsystem. Det kallas ofta för "Den Stora Centrala Solen". Det beskrevs som ett starkt ljus som inte brände som solen. Det var en plats av stor medkänsla och tröst, och hon hade inget önskan att lämna. Efter det första fallet började jag möta fler människor som rapporterade samma upplevelse och samma beskrivning. Detta rapporterades i Bok Två. Nu har det blivit väldigt vanligt för mig att hitta dessa. Är det för att jag har kunnat integrera det och förstå begreppet, så mer ges till mig? Eller är det för att det är tider vi lever i, och det är dags för dessa ämnen att vakna till verkligheten av vem de verkligen är och var de kom ifrån?

NÄRA DÖDSUPPLEVELSE

När denna session började, fann inte Laura sig i ett annat liv. Istället återvände hon till en händelse i detta liv när hon nästan dog. "Jag var på en restaurang med min vän Jeanie. Jag började sätta mat i halsen – luften gick ur min kropp. Jag var skyddad. Jag skulle inte dö fysiskt. Självklart visste jag inte det vid den tiden. Jag visades hur skyddad jag är. Jag visades vad verklig kärlek är. Jag gick direkt till en plats där det bara fanns vitt ljus. Det känns bra att vara tillbaka där. Jag vet att jag är medveten om änglar omkring mig, men det är den vackraste platsen jag kan tänka mig. Det finns inga bindningar till någonting. Vi är bara. Vi är medvetna om andra, de människor vi lever med på Jorden, men vi har inga bindningar till de sakerna. Det är så vackert, så trevligt. Det är så fridfullt. Jag blev bara tagen så långt, för att jag behövde gå tillbaka. De tog mig bara för att visa mig känslan och skyddet och kärleken. Men jag var inte redo att gå längre."

D: För att visa dig att du inte skulle dö? Det var inte din tid att gå?

L: De behövde bara visa mig att det var okej. Att jag kan möta vad som helst för de är alltid med mig. Närvaron, "Jag är"-närvaron är alltid med mig. Alltid.

D: Men när vi kommer till Jorden glömmer vi, eller hur?

L: Ja, och det är därför jag var ledsen. I två veckor efteråt undrade jag varför jag var ledsen. Och jag insåg att jag sörjde att inte vara med Hans närvaro. De ville att jag skulle minnas. För att känna det igen. Det var viktigt för mig att minnas det och känna det, så att jag vet att det är verkligt. Så att jag skulle ha tro på att veta att det är verkligt. Så att jag inte skulle vara rädd och jag kunde berätta för andra om det. De skulle veta också. De skulle kunna minnas. Jag saknar det. (Hon började gråta.)

D: Varför gör det dig känslomässig?

L: Energin är så stark, så kärleksfull. Den är rengörande, renande. Den tvättar bort allt som är skadligt eller negativt för oss. Ingenting kan fästa sig vid sig själv, utan bara vid sig själv. Jag känner mig väldigt lycklig att få veta om det. Jag vill aldrig glömma. Jag vill aldrig glömma.

D: Är det här en plats?

L: För mig är det närvaron. Vissa människor ser det som en plats. För mig är det en närvaro som jag bär med mig hela tiden, som jag arbetar för att vara med hela tiden. Jag kom därifrån, men jag har också kommit långt bort från det. Några av oss längre än andra. Men det är alltid där och väntar på oss.

D: Varför går vissa människor längre bort än andra?

L: Dels är det deras val. Jag förstår inte hela grejen. Jag tror inte att jag är menad att förstå det än. Men det finns mörker. Det finns saker som är väldigt långt bort från det, som inte är av denna

Det Komplexa Universumet – Bok Tre

närvaro. Människor glömmer. De blir yr av det som finns i det materiella och de tätare sfärerna, och de tätare verkligheterna. Detta är varför vissa människor, när de dör, går igenom en tunnel, för det tar ett tag för dem att återvända till det. De måste göra en resa tillbaka till det. Närvaron vill att människorna ska veta att den alltid är där, att den alltid är med dem. Den visas för människor om de behöver se den. Några av oss strävar hårdare för att vara med den och bära med den, även om vi inte är medvetna om det, eller inte litar på den. Det är därför jag blev visad att Närvaron är med mig hela tiden. Jag kan bygga upp Närvaron inom mig.

D: Vad har tunneln för syfte för dessa människor?

L: Det är bara en resa för dem att komma tillbaka.

D: Skulle de inte bara gå direkt till denna vackra plats när de dör?

L: Vissa gör det. De som har mer av en koppling, och är mer medvetna, eller har arbetat hårdare. Men inte alla. Det beror på uppdraget som person, och vad de kom för. Och hur kopplade de var när de kom in.

D: Då, för att återvända, måste de se det som en resa, som att gå igenom något.

L: Korrekt.

D: Så planen idag var att ta dig tillbaka till detta för att återuppväcka känslan? (Ja) Du säger att du vet den känslan. Du bär den med dig ändå.

L: Men inte som detta. När jag är i det fysiska, när jag kommer tillbaka hit, är det svårare att komma åt den. Det är svårare att vara med den. Det är väldigt, väldigt kraftfullt. Detta är det närmaste jag har varit det sedan den dagen. De låter mig hela mig och hjälpa mig.

Laura började sedan att uppleva obehagliga fysiska känslor. Hon kände sig faktiskt sjuk, och bad mig att låta henne komma ur transen. Istället arbetade jag på henne för att balansera de fysiska känslorna och ta bort dem och återställa kroppen till normal. Det undermedvetna instruerade mig att prata med Lauras kropp. Efter några ögonblick av detta kunde jag se att hon lugnade sig och att jag skulle kunna fortsätta. I en sådan situation får inte hypnotisören bli upprörd, eftersom det undermedvetna aldrig tillåter att något händer med kroppen fysiskt.

Dess jobb är alltid att skydda. Dessutom, om hypnotisören blir upprörd och osäker på sig själv, kan personen omedelbart märka det på grund av deras höjda känslighet medan de är i djupt trance. Detta kan orsaka mer obehag eftersom de inte längre känner förtroende för hypnotisörens förmåga att hålla dem säkra. Det är alltid bättre att inte väcka upp personen bara för att hypnotisören är rädd eller osäker. Jag pratar alltid med dem, lugnar dem och tar bort alla fysiska obehag. När jag såg att saker hade återgått till det normala, frågade jag: "I vilken del av kroppen upplevde du obehaget?"

L: Mitt hjärta. Hela kroppen bara rusade, men mitt hjärta var så öppet.

D: *Kan du fråga dem varför du upplevde den reaktionen?*

L: För att visa mig att vi inte kan leva i den energin hela tiden. Att det finns en separation. Det finns ett slöja. Min kropp kunde hantera mycket mer än de flesta. Det har gett mig en ny förståelse för det. Även att vibrationerna är så höga att den fysiska kroppen inte kan hantera mer än det den får, det vi är redo för. Det är hälsosamt för mig att veta det, för den fysiska kroppen har sina begränsningar. Medan anden bor i den fysiska kroppen, kan den inte återvända helt till den platsen.

D: *Så de ville att du skulle uppleva hur det var?* (Ja) *Men vi vet också att de inte skulle ha utsatt dig för någon fara.*

L: Nej. Det är därför de sa åt mig att prata med min kropp.

D: *De vill bara att du ska ha det minnet.* (Ja, ja.) *Även om du vet att du inte helt kan uppleva den vibrationens fullhet.*

L: Nej, kroppen kan inte hantera det.

D: *Är du menad att använda den energin?*

L: De kan föra den till mig, för det som behövs. Men jag behöver inte söka den så hårt som jag tror jag måste. Jag behöver bara be och lita på och veta att den används. Och detta kommer att ge mig sinnesro att veta att jag inte behöver arbeta så hårt som jag tror att jag måste. Jag kan använda denna energi för att arbeta med andra människor. Och jag kommer att ha den med mig alltid.

D: *Var den där innan, eller har den precis blivit satt där?*

L: Låt oss säga att jag har fått en uppfräschning. (Skrattar) Den finns i min kristallina struktur.

Det Komplexa Universumet – Bok Tre

D: *Jag har hört talas om den kristallina strukturen innan. Vill de förklara vad de menar med det?*
L: Det är så nära som att kunna koppla till Källan som möjligt. Den kristallina strukturen håller fortfarande det i det fysiska.
D: *Är den kristallina strukturen en del av kroppen?*
L: Det är koden i kroppen.
D: *Vi tänker på kroppen som kött, muskler och ben. Vi tänker inte på att den har kristaller.*
L: Det finns olika nivåer av strukturerade koder. Men det finns en kristallin struktur i kroppen.
D: *Betyder det verkliga kristaller?* (Ja, ja.) *I benen, eller vad?*
L: I DNA:t.
D: *Så det är separerat från vad vi känner som den fysiska strukturen, anatomiskt?*
L: Det är kodifierat genom.

De avbröt sessionen igen och sa att de ville att Lauras kropp skulle vila ett tag. De lugnade ner kroppen eftersom den fortfarande kände effekterna från kontakten med den kraftfulla Källenergin. "Hjärtat är fortfarande lite för öppet. Det här var en sådan intensiv kärlek, att den är obeskrivbar. Det är därför den är så omfattande. Vi har detta inom vår cellulära struktur till en viss grad. Det är som att jag har kopplat upp mig till den stora datorn, de viktigaste kretsarna. Och varje cell i min kropp har kopplat upp sig till den."

D: *Det skulle vara som en överbelastning, eller hur?* (Ja) *Men jag har haft andra människor som har gått tillbaka till Källan. De beskriver den som stor kärlek, men de har inte den reaktionen. Finns det en anledning?*
L: Den fysiska kroppen hade inte kunnat hantera det. De fick bara ett litet smakprov av det, och det var tillräckligt för dem. Lauras var för att hon kommer att använda detta i sitt energiarbete, ge ut det. Det kommer att hjälpa till att hela.
D: *Hur ska Laura använda det?*
L: Hon kan använda det genom sina tankar. Hon kan använda det genom sina ögon. Hon kan använda det genom sin beröring. Hon

måste bara be om den lämpliga vibration som ska komma igenom för varje person, för varje situation. Det förändrar nu hennes cellulära struktur.

D: *Hur förändrar det Lauras cellulära struktur?*

L: Dina ord och våra ord är ibland svåra. Vi måste bearbeta genom Lauras hjärna.

D: *Ja, och jag vet att språket inte är tillräckligt.*

L: Så ibland när det inte finns ett omedelbart svar, låt oss bearbeta genom hjärnan. (Paus) Laura har inget vokabulär, så vi måste tala genom – (Paus) Sjunde Stråle-energi kan nu komma igenom. Laura kommer att kunna få kontakt med Sjunde Strålen.

D: *Vad är Sjunde Stråle-energi?*

L: Kristusenergi. Den kristallina strukturen på en cellulär nivå skulle behöva förändras för att hålla vibrationerna av Kristusenergin, så att vi kan dela kroppen. Och Kristusenergin kommer in så att den cellulära vibration kan uppgraderas för att hålla vibrationerna, utan att skada henne. Så att denna fysiska kropp också kan leva i detta rike.

D: *När du säger att energin kommer att bo i denna kropp, menar du att den bara stannar där medan hon gör sitt arbete?*

L: Inte hela tiden. Inte vid den vibration. En del av den. Kroppen skulle inte kunna hantera den. Det är också därför vi fick denna upplevelse för att veta att det är okej för den att återvända. Det behöver inte vara med dig hela tiden, Laura. "Kanal" är inte rätt ord, men Laura kommer att kunna kanalisera energin mot den person eller situation hon arbetar med.

Jag återvände till frågan som inte hade besvarats tidigare när jag stoppades så att kroppen kunde justeras. "Menade du att den kristallina strukturen är något som finns i generna, DNA:t?"

L: Ja, det är vad du kommer in med. Den koden skulle kunna uppgraderas eller ändras.

D: *Koden är vad du kommer in med?*

L: Och förmågor, och syfte, och hur din kropp kommer att vara när du kommer in. Fysiskt. Vad du har valt.

D: *Och det kan förändras om det är lämpligt?*

L: Ja, det kan förändras. Också om du väljer att låta det förändras. Om du också är på din väg, kommer det att förändras. Du har tider i ditt liv när du kan ändra din kod. Vid vägskäl, som du kallar dem.

D: *När du väljer att gå åt ena hållet eller andra.*

L: Rätt.

D: *Jag var förvirrad eftersom jag tänker på kristallin som att vara kristaller.*

L: Det är det bästa ordet för det som du har. Inte som kristaller som du hittar här i det fysiska. Det är mer en eterisk typ av kristall. Det är mer av en energi. Och jag såg många, många färger. Det skulle vara som att titta på en energivåg i ett mönster, och de kallar det en kristallin struktur. Det är bara en del av det. Det är väldigt svårt, med dina ord, att förklara.

D: *Det är det bästa du kan göra med vårt språk. Det är därför jag ställer så många frågor.*

L: Och det är bra. Det är bara svårt i denna röst.

D: *Så den upplevelse som just hände henne förändrade hennes kod?* (Ja) *Det kunde bara göras medan vi gjorde detta?*

L: Det här var ett försprång. Detta var en upplevelse av total avslappning och förtroende, och öppenhet. Hon behövde någon i det fysiska för att vägleda. Någon som skulle lita på och veta att allt var okej. Någon som inte skulle stoppa det. Men hon behövde någon för att hjälpa till att lugna den fysiska kroppen. Detta är nu en tydligare kanal. Det är spännande för oss! Denna kropp kommer att vara en kanal för att hjälpa till att hela alla. Några gamla förmågor har väckts till liv.

D: *Åh! Vilka förmågor!*

L: ET, som du skulle kalla dem. (Skrattar) Självklart, ni är ETs för ETs. Jag skrattar lite åt er uppfattning.

D: *Menar du "förmågor" från ETs, eller vad?*

L: Gamla förmågor som hon hade i tidigare liv. Högre medvetande. Att ta in energier från andra riken för att hjälpa i detta rike.

D: *Vilka livstider var de?*

L: Det var på en annan planet. Åh, vilken trevlig upplevelse! Fridfull och lugn, kärleksfull. En ljuskropp. Åh, hon kunde resa! Hon kunde resa! Bara "shhwwish"! Genom tanken. Det var vibrationerna mycket närmare Källan. Hon reste överallt. Överallt! Det fanns inga begränsningar på resande. Hon kunde åka till vilken planet som helst, vilket ställe som helst. Du pratar om medvetande på denna planet, ett medvetande. Åh! Fortsätt gärna prata om det! (Suck) Förhoppningsvis kommer du att uppleva det.

D: Så i den kroppen var de alla sammanlänkade?

L: Åh, ja! Det fanns inget separerat.

D: Det är annorlunda från Källan hon just upplevde?

L: Men de var mycket mer kopplade till det! Ni är så mycket längre ifrån det! Det är en skam! Det är sorgligt.

D: Vilka förmågor vill ni att hon ska väcka till liv som hon kan använda nu?

L: Healerförmågorna är en del, men en mindre del. Det handlar mer om en tanke, att hela planetens tanke.

D: Vad menar du? Jag vet att planeten är ett levande väsen.

L: Tankarna som finns runt planeten, och på planeten, behöver helas för att planeten och människorna ska kunna läkas. Det är tankarna som dödar planeten och människorna.

D: Var kommer dessa tankar ifrån?

L: Dessa tankar manifesteras i de lägre rikerna, i de tätare rikerna av det fysiska. Girighet, svek. Alla dessa saker som inte är en del av den rena, kärleksmedvetenheten som vi känner till som Gud. Dessa kommer inte från Gud. De kommer från det fysiska.

D: Och det är det som måste healas?

L: Ja! Och det är den andra kommen. Det är en del av Kristi andra ankomst, som du kallar det. När planetens medvetande förändras, kommer det att vara helandet.

D: Jag har alltid vetat att det inte var den andra ankomsten av en person.

L: Det är medvetandet. Det är så du skulle veta att säga det. Det kan kallas många saker. När Jesus kom, kunde Han uppenbara denna Kristusmedvetenhet. Och Han var och är en vägvisare, för att visa er tanke-mönstret, tankeformen. Hur kraftfullt det är! Och det hjälper oss att kopplas samman.

Det Komplexa Universumet – Bok Tre

D: *Så ni på den sidan vill att Kristusmedvetandet ska återvända till planeten?*
L: Ja. Det här är den andra ankomsten. Vi behöver hela de negativa tankarna på planeten, linda in dem och hela dem. Detta är en del av Lauras jobb, att hjälpa till med det.
D: *Det låter som ett stort jobb! Hur ska hon göra detta?*
L: Genom sina tankar. Genom att hjälpa människor att förändra sina tankar – ge dem makt så att de kan ge makt till andra. Hon kommer att se nya förmågor utvecklas när hon går framåt och ser nya sätt att göra det på. Möjligheter kommer att öppnas för henne. Och hon kommer nu att känna det i sitt hjärta när möjligheten är där. Hon kommer att minnas och känna den här upplevelsen. Vi var tvungna att ge henne en upplevelse som hon skulle minnas. Håll sinnet så klart och rent som möjligt. Hon måste lära ut meditation och ren tanke-medvetenhet till människor. Lära människor att använda sina tankar för att andligt vakna. Ändra tankeformer! Människor skapar många av de negativa enheterna genom sina tankeformer.
D: *Så dessa är inte verkliga skapelser från Källan. Det är bara tankeformer som skapats från människornas tankar?*
L: Ja, ja. Och vissa av dem är inte så bra. Så jag har rensat dessa tankeformer, tvättat bort väggarna av de formar som bara händer. Du kan kalla mögel en negativ energi eller demon om du vill. Men våra människor kommer in och tvättar bort det från väggen.
D: *Det går i linje med tanken att tankar är saker.*
L: Ja. En felaktig handling, fri vilja, drogmissbruk, skapar. De som tjänar i de högre rikena kan hantera och upplösa dessa energier och skicka dem till Källan. Det är därför jag har kommit till existens, för att skicka dem till Källan så att de kan omvandlas till positiv energi.
D: *Så det är inte fysiskt. Det är bara energi som människor har skapat.* (Ja) *Men är det här olika från elementaler?*
L: Ja, det är olika från elementaler, precis som vi är olika från elementaler. Och precis som vi orsakar bus, orsakar de bus.
D: *Jag trodde att de var som en grundläggande form av energi.*

Det Komplexa Universumet – Bok Tre

L: Ja, och de har också tankeformer. Så vi hanterar alla varandras tankeformer. Vi hanterar alla varandras grejer. (Skrattar)

D: Det är därför när vissa människor går till vissa platser, känner de sig obekväma eller oroliga?

L: Ja, de känner de negativa energierna. Människor kan kalla dem "enheter", du kan kalla dem "demoner", du kan kalla dem vad du vill.

D: Det är energin som finns kvar på den platsen av dem som har bott där?

L: Det kan vara. Det finns många, många olika aspekter av det. Många. För många.

D: Och det finns andra platser som har en väldigt positiv och upplyftande känsla.

L: Ja. Det är väldigt verkligt. Mycket verkligt. När jag först lade mig och började gråta, var jag på väg mot Källan. Den rena kärleken som jag kände. Den kom mot mig, och det är därför den tvättade bort det och ut från mig. Så att vi kunde mötas vid den högsta vibration jag kunde hantera. Jag är så tacksam. Bara det korta minnet är så underbart.

D: Så en del av Lauras jobb, hennes syfte, är att förändra denna energi till de högsta energierna så att vi kan förändra tankarna på världen. Hur vill ni att hon ska göra detta?

L: Kurser, seminarier, broschyrer, böcker, hur hon än kan få ut det där. Det kommer att ges till henne och hon kommer att vägledas.

D: Men hur lär man ut något sådant här? Vad säger ni till människor att göra?

L: Börja med meditation, visa dem om tankar, hur de verkligen blir saker genom grundläggande kinesiologi. Börja med grundläggande meditationskunskaper. Börja med att lära dem hur man förändrar sina tankemönster och sina tankar. Även om det är med ett ord, en sak som hjälper dem att manifestera dessa, visa dem hur det manifesteras i deras liv. Börja långsamt. Sedan börja med små böcker och broschyrer att dela ut och hjälpa människor. Så att vi förändrar deras liv, så att tankemönstren förändras, och sedan sprider de det, och de tar det ut till världen.

D: Slutligen, förändras hela världen.

L: Vi hoppas det.

D: *Hur vill ni att människor ska förändra energierna i sina egna hem, för det är ju den första platsen att börja, eller hur?*

Jag ville ha någon typ av ritual som folk skulle kunna relatera till.

L: Välsignelser. Välsignelser på hemmet. Välsigna rummet, positivt, fred vara med detta hus. Fred vara med detta hus. Välsigna ditt hem, sedan välsigna ditt eget hus, välsigna dig själv. Din kropp. För det är ditt hus, ditt hem. Välsigna detta hem, välsigna detta hus. Fred vara med detta hus. Jag ber att alla skadliga och negativa saker skickas till Källan. Jag släpper det till Källan. Släpp det till Källan. Och låt allt som är skadligt eller negativt här omvandlas till kärlek och välsignelser som är för det högsta och bästa goda. Enkla saker, saker skrivna på en spegel i badrummet. Skriv det varje dag så att det börjar bli en del av deras kristallina struktur. Skriv ner enkla saker i början: kärlek, fred, förlåtelse. De behöver inte ens mena det i början. De kan säga "Kärlek, fred, förlåtelse," om de behöver. Och förlåta sig själva, älska sig själva.

D: *Människor bär på så mycket saker som de behöver bli av med.*

L: Ja, och de kommer att se att när de ändrar det, kommer alla dessa andra saker att försvinna och deras liv kommer att börja läka. Och låta andras liv bli läkta.

D: *Då sprider det sig gradvis tills det kan påverka hela världen?*

L: Ja. Det finns några kraftfulla människor där ute. Deras tankar är kraftfulla. Och vi behöver dem att tänka kraftfullt.

D: *Just nu finns det mycket negativitet i världen.*

L: Mycket depression.

D: *Går det här också i linje med idén om att skapa den nya jorden?*

L: Ja, ja, det är en del av det.

D: *Genom att ändra tankarna.* (Ja) *Då lämnas de negativa tankarna till den gamla jorden.* (Ja) *När vi började idag, trodde jag att vi skulle gå till tidigare liv. Vi gjorde inte det.*

L: De har fallit bort för nu. För Laura är det viktigt att ta fram de saker hon visste innan till detta rike för att hjälpa människor att släppa saker från det förflutna och gå framåt.

D: *Så vi behöver inte oroa oss för var vi har varit i det förflutna.*

L: Vissa människor behöver verkligen göra det, och livstiderna är mycket relevanta eftersom de hjälper till med förståelse och helande. Det är mycket viktigt, men från där ska vi ta ett steg framåt till den nya tanken.

Ljuset är helt. Det måste uppleva individualitet. Detta är mycket likt vad jag har upptäckt om växter och djur. De är en del av en grupp och fungerar som sådan, även om de också är individuella. För att de ska utvecklas till den mänskliga fasen måste de utveckla en individualitet, en personlighet. Detta uppnås ofta genom att människor visar dem kärlek och ger dem en personlighet. Detta separerar dem från gruppsjäl och påbörjar deras utveckling. De måste göra detta för att kunna uppleva att vara mänsklig. Vi är alla delar av grupper. Från insidan av våra kroppar hela vägen tillbaka till Källan.

KAPITEL ARTON

GNISTAN SEPARER

Vi hade just lämnat en normal regression till ett tidigare liv där den andra personligheten hade dött. Jag flyttade Edith för att försöka hitta ett annat tidigare liv, eftersom det vi hade täckt var kort, och vi hade tid att utforska mer. Ibland kommer det undermedvetna att ta upp fler liv som har betydelse för klienten. Istället för att gå till ett annat liv, fann hon sig själv som en del av ett vackert ljus. "Jag åker upp. Det är som att vara ljus och vara i ljuset. Det är inte ett vitt ljus. Det är ett gyllene ljus. Det är överallt, men jag tror att jag är en del av ljuset också. Jag tror jag är... ljus. Jag har ingen fysisk kropp. Det är en underbar känsla, men detta är inte vad jag förväntade mig. Det är inte som ett livsljus. Det är som små gnistrande guld, men de är alla ett, och jag är bara en del av det."

D: Känner du dig ensam, eller är det andra varelser omkring dig?
E: Det är inte en känsla av... att vara en varelse. Det är en känsla av att vara – hur ska jag säga det? En av många, men ändå alla samma. Det är som att tillhöra, och det är som att vara en del av enhet. Inget separat, men att vara separat, men ändå inte vara separat. Jag menar, jag kan identifiera min prick, min gnista, men min prick är på något sätt en del av alla prickar. Det finns andra prickar. Det finns många prickar. Men det finns inte en känsla av att vara ensam eller separerad. Jag kan säga att det är min prick. Det finns en känsla av att vara en med alla andra, och en med ljusets del av det.
D: Kommunicerar du med dessa andra prickar?
E: Genom känslor. Det är som att kommunikationen är en känsla av enhet. Det finns ingen känsla av att vara separat. Och jag vet att

det låter konstigt, för jag kan identifiera att min prick är annorlunda.

Det var svårt för Edith att förklara ett koncept som var så främmande för henne. Det var många pauser och tvekan, som jag har redigerat bort. Jag bestämde mig för att föra henne framåt till den punkt där hon beslutade att lämna denna vackra plats. Hon beskrev det som att se ett ljusstråle som delade sig från det stora ljuset. Hon såg på när den plockade upp en individuell prick (eller gnista) och bar bort den. "Det åker ner, och det är en del av en själ som blir född. Det är en del av det som sätts in, det som föds. Det finns mer än detta som går in i det, men detta är en aspekt. Det är som att titta på en cell. Något som delas som två eller tre, och du ser detta gå in i den runda grejen, cellen. Det är en del av det som föds och... det växer. Jag får inte känslan att det måste vara en person. Det kan vara en person, men det kan också vara något annat i naturen. Detta är inte allt som går in i det. Detta är en aspekt. Bara den lilla pricken. Men det har att göra med själens del av det."

Tydligen hade de inte konsulterats vid denna punkt, gnistan plockades bara upp av ljusstrålen och bars till jorden och deponerades. Hon gjorde sitt bästa för att beskriva processen. "Det är som att åka ner och vara en person. När det ska bli en person. På väg att bli en person. Men det finns redan något där innan det går in och blir en del av det."

D: Vad är det som redan är där?
E: Det är som att den andliga delen går ihop med det fysiska. Det fysiska är där, och sedan sätts anden in i det eller något. Det ser ut så. Som att det blir anden, men fordonet är där, och sedan sätts anden in.
D: Kände du ljusstrålen som tog dig ner?
E: Ja. Det är ett vitt ljus, ljusare än guld. Det har lite guld i sig, men det är ett ljusare ljus. Och det bär bara prickan, eller jag. Jag känner mig inte som en prick nu, utan som energi som sätts in i det fysiska. Processen känns bekväm. Jag känner fortfarande att jag är en del av allt. Jag känner mig inte avskuren. Jag känner mig

inte separerad. Jag är där, men jag har fortfarande känslan av att vara ett med resten av det. Jag antar att det är konstigt, eftersom det är en annan situation.

D: *Och sedan försvinner ljuset som tog dig ner?*
E: Det är sant. Men de är på något sätt fortfarande här.

Hon insåg då att hon hade blivit född in i något som ljus och fann att hon var en växt. "Jag var en del av det när det växte. Men när det öppnades var jag i mitten. Nu tittar jag på det. Jag är inte en del av det längre. Det fortsätter nu utan mig. Jag är över här. Och jag har ingen känsla av att vara prick eller något. Jag är medvetenhet som tittar på det. Mitt jobb var en del av växtdelen, men jag är inte där längre. Det jobbet är klart. Nu vid denna punkt har jag ett val av vilket jobb jag vill göra härnäst. Jag kan välja. Jag kan gå tillbaka och vara en annan prick, en entitet. Prickarna kan välja att vara en del av växtprocessen, eller så kan de göra andra saker. Det är ett val. Det är en tid. Det är bara en viss vetskap."

Allt detta gick för långsamt, så jag flyttade henne framåt tills hon gjorde ett beslut om det nästa hon ville göra. Det var också förvirrande, eftersom hon försökte förstå vad hon såg. Hon såg en man, en soldat, i en krigssituation. "Jag försöker lista ut om jag är honom, eller om jag ska hjälpa honom. Nej, jag har ingen känsla av att vara mannen, så jag vet inte varför jag är här. Jag tror att han har ett beslut att fatta. Jag ser mig själv som en röd färg runt honom. Det finns gula färger. Det finns orange färger. Jag är en del av den röda färgen runt honom. Det är inte bara jag. Det finns andra; vi hjälper honom att fatta ett beslut. Det är som en energi av kraft som är närvarande och kan hjälpa honom. Det är orange och gult, men jag är en del av det röda. Jag tror att det är en krigssituation. Jag tror att han funderar på om han ska döda någon. Vi är bara ett inflytande för att hjälpa honom att besluta om det finns ett bättre sätt än att döda. Försöka hjälpa honom att hitta det bättre sättet, eller ett annat sätt. Det är ett beslut. Och jag ser mig själv som en del av det röda som försöker påverka honom, eller hjälpa honom att fatta ett bättre beslut."

Även om hon verkade förvirrad av det, verkade det som om hon var någon form av beskyddande ande och var utsänd på ett uppdrag att hjälpa någon. Jag bestämde mig för att föra henne bort från scenen och låta mannen fatta sitt beslut. Jag orienterade Edith tillbaka till hennes kropp och kallade fram det undermedvetna. Jag ville särskilt veta mer om den gyllene ljusstrålen, eftersom jag aldrig hade hört talas om det förut.

D: *Hon sa att hon var en del av det vita ljuset, det gyllene ljuset, som en av tusentals små prickar. Sedan kom en gyllene ljusstråle ner. Vad var det?*
E: Det är mer som gudomlig vilja, intention. Det är när ett behov uppstår. Hur behovet möts genom gudomlig vilja.
D: *Så hon behövde inte fatta ett beslut. Allt gjordes för henne?*
E: Ja. Hon var en del av ljuset i strålen. Strålen kom in i ljuset. Den deponerade denna prick i det som växte. Det var en del av anden som sätts in i det fysiska.
D: *Är den strålen annorlunda från Källan?*
E: Nej, det är bara en aspekt av den. Det är bara en del av den gudomliga viljan i handling. Det är ett behov som möts. Det är en process. Inte processen, men en aspekt av processen som gör att det händer.
D: *Och sedan får man val senare?*
E: Hur man ska förklara det. Det finns en tillfredsställelse antingen vägen: när du är aktiverad, eller när du får valet. Det är olika riken.

Det var ett intressant ordval. "När du aktiveras." Tydligen, innan det, är du en del av Källan och är ganska nöjd att vara kvar där. När du sedan tas bort, aktiveras du för att bli en separat fungerande entitet (prick, gnista, vad som helst). Då börjar en annan process.

D: *I början har du inte riktigt ett val? Och efter det får du ett val? Är det korrekt? Jag försöker förstå.*
E: Jag försöker förklara. Jag har inte en känsla av att en kommer före den andra. Förutom i det här fallet, det var så här det fungerade. Det finns två olika tillstånd, men det finns tillfredsställelse på båda sätten, där du väljer att vara i det tillståndet eller att vara till tjänst.

Det Komplexa Universumet – Bok Tre

Att acceptera ditt uppdrag, eller så kan du vara i ett tillstånd där du väljer ditt uppdrag.

Den mest intressanta punkten som jag fann i denna regression var nämnandet av det gyllene ljusstrålen. Jag har rapporterat många gånger om Källan, den stora centrala Solen, det underbara vita ljuset, som vi alla kommer ifrån. Det har beskrivits många gånger att vi separeras och blir fysiska. Men detta var första gången denna del av processen nämndes. Tydligen är alla de små gnistrarna, de individuella själarna, ganska nöjda med att stanna i detta tillstånd av evig lycka. Tills något annat bestämmer att det är dags för en av dem att separera och börja sin resa av lärande och upplysning. Då separeras den gyllene ljusstrålen från Enheten och fungerar som ett leveransmedel för att eskortera den inkommande gnistan till den mottagare den ska ockupera för första gången. Sedan börjar den pågående processen.

KAPITEL NITTON

ORBEN

Janes första intryck verkade som en fantasivärld, eftersom det var så idylliskt. Hon beskrev en vacker naturscen där hon låg på gräset på en äng och njöt av fjärilar och fåglar, samt ljudet av rinnande vatten i den närliggande skogen. Det fanns till och med en liten älva som strödde gyllene älvdamm runt omkring.

"Scenen förändras nu. Detta är väldigt märkligt. Saker fortsätter att dyka upp som inte är relaterade. – Nu ser jag en stam av mörkhyade människor till min höger, och de sitter på huk. De tittar på mig. Det ser ut som om de tittar på mig. Jag ser dem alla titta på varifrån jag kommer, även om jag inte vet vad det är. Det känns som att jag bara observerar. (Paus) Mycket märkligt. För mig ser jag ut som en orb. Någonstans mellan rosa och röd. Inte hetrosa, kanske mer som vinröd – något sånt. Detta är väldigt konstigt, som om jag bara är en orb som svävar där och tittar på denna scen."

D: *Är det så här dessa människor ser dig?*
J: Jag känner bara och ser deras ögon på mig. Jag vet inte vad de ser. De tittar bara på mig när jag går förbi. Nu förändras saker så snabbt. Till en början kändes det som om jag reste längs ett torrt flodfår, och människorna var vid sidan om. Det är som om jag bara är i denna orb-grej, och jag observerar vad som är utanför. Men det fortsätter att förändras. Det stannar inte samma för länge. Jag passerade stammen, och sedan var det en torr, sandig flodbädd. Och nu finns det träd på båda sidor. För mig känns det bara som om jag reser genom. Det är väldigt märkligt. Och scenerna förändras så snabbt att jag inte ens kan få ett grepp om vad det är.

Det Komplexa Universumet – Bok Tre

Jag känner bara att jag tittar ut och ser .... Nu ser jag apor i träden vid sidan om. Och jag har passerat byggnader som ser ... det går bara så snabbt. Jag är inte medveten om vad jag gör, bara reser genom och observerar.

D: *Känner du att din kropp är orben? Eller är du i en orb?*

J: Jag känner inte en kropp. Jag känner bara orben, och ser orben.

D: *Och du kan gå vart du vill gå.*

J: Jag är inte säker på om det är där jag vill gå, eller om det är där jag är programmerad att gå. Men när du frågade mig, och jag tänkte, tja, om det är dit jag vill gå, så vill jag gå till havet. Och där var det. Så kanske kan jag bara gå vart jag vill. Det känns som om jag rör mig lite över marken och rör mig genom alla dessa olika scener. Och nu känner jag inte att jag är programmerad. Jag tror att det finns några program, och lite kontroll, inte den ena eller den andra.

D: *Låt oss se vart du kom ifrån som denna orb. Om du är programmerad, låt oss se vem som programmerade dig. Och vi kan göra detta väldigt enkelt genom att gå bakåt. Vart kom du ifrån som denna orb? Vart började du denna observationsresa?*

J: Jag känner att jag blir sugd bakåt, rör mig bakåt väldigt snabbt. Jag ser några planeter i fjärran. Jag rör mig bara bakåt. (Paus) Jag ser någon slags maskiner. De är silvergrå med mörka solglasögonliknande material i dem. Och jag rör mig bakåt genom dem. De är vid sidorna om mig, och jag rör mig bakåt.

D: *Var är denna maskin?*

J: I himlen. Det var ljust, och nu rör jag mig genom mörkret. Det känns som om jag gick tillbaka in i en stjärna. Som om jag på något sätt slamrade in i ytan och smälte samman. Jag ser stjärnor överallt, och det känns som om jag gick rätt in i en av dem.

D: *Men maskinen var där ute i rymden?*

J: Det fanns flera, och de såg alla likadana ut. De reste vid sidorna om mig när jag rörde mig bakåt. Jag rörde mig genom dem. Vi reste inte tillsammans, men jag passerade dem.

D: *Då gick du till denna stjärna och smälte samman med den?*

J: Ja, som en vattendroppe som träffar en damm, och den bara sprutar in och smälter samman tills det är helt platt.

313

D: Hur känns det?

J: Det känns verkligen bra. Det gör mig ledsen. Det känns så bra.

D: Känner du att du är ensam, eller finns det andra med dig?

J: Det är allt ett. Det är allt där. Jag är en del av Helheten. Vi är alla samma, och vi är alla där. Det är bara en form. Den är silvrig, nästan som en kvicksilverboll när allt smälter samman. Det är inte där jag var formad – hur jag skapades, men det är väldigt bekvämt, och det är bekant. Det känns bara rätt. Det får mitt hjärta att kännas pirrigt. Jag smälte bara samman med det, men det känns bara bra.

D: Det är det viktiga, så länge det känns bekvämt. Låt oss nu gå framåt till när du lämnade det och började den resan. Blev du tillsagd att göra detta?

J: Det är inte så att någon sa åt mig. Det finns egentligen ingen som säger åt någon vad de ska göra. Det är bara så att vi alla vet. Alla delarna av oss som lever där, vi vet bara att detta är vad vi ska göra. Och vi gör det bara.

D: Så ingen säger åt dig att göra det. Du vet bara att du måste göra det.

J: Ja. Det är inte en fråga. Det är inte en diskussion. Det är bara så att när vi vet att tiden är rätt, så går vi.

D: Vad är det du ska göra?

J: Jag observerar. När jag rörde mig framåt, fick jag min egen form tillbaka från Helheten. Och det kändes som om jag skjöt iväg från Helheten och flög väldigt snabbt tillbaka på vägen jag just kom.

D: Vad var det för form du tog när du bröt dig loss?

J: Det var en silverorb. Det är en cirkel som kommer från Helheten, men sedan smälter Helheten samman igen tills det är slätt. Och samma sak när jag återvänder.

D: Så ni känner alla att detta är vad ni måste göra, att lämna och ge er av på egen hand?

J: Ja, det är vad vi gör. Vi reser, vi observerar, vi kommer tillbaka. Och det känns som när jag kommer tillbaka till Helheten, att informationen bara absorberas.

D: Vet du vad som händer med informationen då?

J: Vi tittar på det, och jag får jorden, framför allt. Men det finns också andra planeter som observeras. Och vi tittar på dem, och vi hjälper.

Tydligen gjorde själarna eller andarna sitt arbete i denna form som observatörer. De samlade information och överförde den tillbaka igen. De hjälpte också på olika sätt i sin andliga form, även om det fanns uppenbara begränsningar. Men någonstans längs vägen beslutades det att de kunde ha mer inflytande om de levde i en fysisk kropp och hade direkt kontakt med människorna. Det är tveksamt om den ena vägen är bättre eller mer effektiv än den andra. Detta förklarar också det ökande antalet människor som jag hittar som är nybörjare här på Jorden. Detta är varför Jorden är så förvirrande och främmande för dem. Kanske troddes det att de skulle vara mer effektiva om de var färska och nya, och inte belastade av tidigare liv och karma. De skulle inte heller vara desillusionerade av att leva bland Jordens negativitet under många livstider. Därför en förklaring för många nya, fräscha andar som kommer in just nu.

D: Då när det tas tillbaka och absorberas av Helheten, vad gör Helheten med informationen?

J: Jag får förståelsen att vi tittar och hjälper där vi kan. Det handlar om att övervaka, observera, se vad som händer, och ta tillbaka information om vad som händer. Vi reser bara omkring och sänder ut en energi för att hjälpa så mycket vi kan just nu. Det finns någon typ av energi som utsänds under resan. Jag ser att det inte är exakt samma, men liknar det feer som sprider sitt damm. Jag ser en typ av energi som nästan strös omkring. Det finns många sfärer som gör detta. Det finns många, många olika som lämnar från Helheten och kommer tillbaka. Jag ser en energi som sprids på Jorden som är tillgänglig för att användas. Och en del används, och en del används inte. Vissa människor använder energin för att hjälpa, och andra gör inte det. Vissa är så fast i det negativa, så omedvetna om ljuset att de inte ens vet att det finns där. Men energin sprids. Det är det jag gör.

D: Har du någonsin velat gå in i en fysisk kropp?

J: Jag har gjort det. När jag observerar, vet vi bara vad vårt jobb är. Det är det vi gör, och vi ifrågasätter inte det. Vi vet bara att det är vårt syfte, och vi gör det. Och sen kommer vi tillbaka, och det är det.

D: Så ibland går du in i en fysisk kropp?

J: Energin som finns i sfären har varit i fysiska kroppar förut. Det känns dock inte som om det är samtidigt. När jag känner formen av sfären känns det som en annan uttrycksform, och en annan upplevelse än den fysiska. Och när jag reser på det sättet, gör jag mitt jobb och återvänder till Helheten. Men en del av energin som finns i sfären vid andra tillfällen är i fysisk form.

D: Bara en del av energin?

J: Ja, så känns det.

D: Är detta vad människor kallar en "själ"? Eller en ande? Eller finns det en skillnad mellan det och sfären?

J: Sfären är bara en annan form som själen har tagit.

D: Så den kan lämna en del av sin energi i en mänsklig kropp?

J: Ja. Jag känner att energin i sfären är ett uttryck som själens essens kan ta, har tagit, och den mänskliga kroppen är ett annat uttryck.

D: Varför bestämmer den sig för att gå in i en mänsklig kropp? Finns det en anledning till att den slutar vara en observatör?

J: Bara ett annat uttryck, en annan upplevelse, en annan del av Helheten som vill uppleva.

D: Och är jag korrekt att sfären (eller själen) fortsätter sin existens, och bara en bit av energin går in i en mänsklig kropp?

J: Det känns som en annan upplevelse. Den har viss erfarenhet som sfär, och sen kanske energin väljer att gå in i en mänsklig kropp. Det finns många uttryck – de är inte de enda två. Men 100 procent av den fulla energin är aldrig i ett uttryck, så den delas upp bland många saker, bland många olika – jag får hela tiden ordet "uttryck, erfarenhet". Den delas upp bland många olika uttryck.

D: Finns det en anledning till att 100 procent inte skulle gå in i en upplevelse, ett uttryck?

J: Jag förstår att det finns mer än en anledning. En är att om 100 procent gick in i en mänsklig kropp, till exempel, skulle det vara för mycket energi för att leva i en mänsklig kropp. Bara en procentandel av den kommer.

D: Det är för starkt?

Det Komplexa Universumet – Bok Tre

J: Ja. Och den andra anledningen är bara för att uppleva så mycket som möjligt på en gång. Det är inte nödvändigt att vara 100 procent någonstans.

D: *För att uppleva så mycket som möjligt, för att ta tillbaka så mycket information som möjligt.*

J: I vilken roll den än väljer, vilket uttryck den än väljer att ta på sig vid de tiderna. Jag ser Helheten, Källan, och sen de olika gnistorna som kommer ut som individuella själar. Och sen delar dessa själar också upp sig i olika uttryck beroende på vad som väljs. Och jag ser dem alla komma från Helheten, det stora ljuset. Det är som att de är varje liten ljusstrimma som cirkulerar och cirkulerar och cirkulerar ut från Helheten. De cirkulerar omkring och kommer tillbaka, och delar upp sig igen. Och allt händer samtidigt. Men de börjar alla från samma plats och delar upp sig, och återvänder. Och det är allt som finns.

D: *Jag försöker förstå detta. När du upplever, upplever du både positivt och negativt, eller hur?* (Ja) *Finns det en anledning till det?*

J: Jag förstår att det bara är all kunskap och information, och visdomen att känna skillnaden, eftersom vi delade oss från Ljuset, från det Positiva. Vi ville uppleva något annorlunda, och nu har vi det. Och nu försöker vi alla återvända till Helheten och till Ljuset. För att göra en full cirkel tillbaka igen.

D: *Vad händer när du gör en full cirkel och äntligen återvänder?*

J: Då hoppar vi av igen.

D: *Vill du börja om hela processen igen?*

J: På vilket sätt vi än väljer. Det behöver inte alltid vara detsamma. Och jag ser fortfarande allt. Det är som små ljusstrålar som kommer ut och bildar en cirkel som går runt en glob, men det finns inget i mitten som jag ser. Men det bildar en globform, och de delar sig alla individuellt och går åt alla möjliga håll runt och runt. Och sen tillbaka igen. Men jag ser inte slutet när varje livsstråle, varje uttryck kommer tillbaka till Helheten. Jag ser fortfarande bara cirkeln, cirkeln, cirkeln. Jag ser inte vad som händer om och när alla individuella gnistor väljer att stanna hemma.

D: *Ja, vad händer om de plötsligt säger, "Jag vill inte gå ut längre"?*

Det Komplexa Universumet – Bok Tre

J: Det finns tillräckligt många som vill gå ut så att cykeln fortsätter. Jag ser inte var de alla kommer tillbaka, och inte lämnar igen. Jag ser inte den delen. Jag ser bara cirkeln med allt detta ljus som cirkulerar runt och runt. Och kommer tillbaka genom Källan, och delar upp sig igen. Och inte alla samma, och inte alla vid samma tidpunkt, och inte omedelbart, men det är en cirkel. Till slut lämnar varje gnista igen till vilket uttryck den än väljer, eller uttryck. Det kan finnas fler än ett som det väljer för den tidsperioden.

D: *Hur känner du för det? Är det något du gillar att göra?*

J: Det känns nästan roligt. Det känns som att vi bara fortsätter att cirkulera runt och runt och runt, och det är okej. Och när vi kommer tillbaka till Källan, vill vi gå igen, eller så gör vi det. Men det är inte alltid mänskligt, så vi har inte alltid upplevelsen som människor. Det finns andra uttryck, så det känns inte alltid på samma sätt. Men det får mig nästan att skratta att vi bara fortsätter och fortsätter.

D: *Vad är de andra uttrycken som inte är mänskliga?*

J: Jag ser liv på andra planeter och andra dimensioner, och viloperioder. Olika val.

D: *Bara för att lära, för att observera mest?*

J: Och ibland bara för att slappna av. Ibland för att ha tid att bli mer integrerad, mer tyst. Det är ett annat uttryck i det fysiska. Det känns väldigt aktivt, och så många olika val. Men det finns andra platser att gå till som är mer stilla och mer avslappnande. Och vi väljer att gå till dessa bara för att få erfarenhet.

D: *Så även du blir trött efter ett tag av att göra samma sak om och om igen?* (Ja) *Hur är de platserna där du bara går för att vila?*

J: Jag ser en nu som är helt blå, och den känns fredlig och tyst. Och det känns långsamt. Den bilden jag får för att förklara det är som att flyta i vatten utan att behöva göra något. Det är nästan som att vara i livmodern. Att flyta och bara känna sig fredlig.

D: *Blir du tillsagd att gå ut igen?*

J: Jag får inte känslan av att någon säger åt mig vad jag ska göra. Jag ser ingen skillnad i auktoritet eller något sånt. Det känns bara som en plats att gå till för att slappna av. Och när det är dags, vet man det, och man går vidare till nästa.

Det Komplexa Universumet – Bok Tre

D: *Under tiden samlar du information från många liv, många erfarenheter, många uttryck?*

J: Och bara slappnar av, särskilt från den fysiska världen, 3D-världen. Det är så hektiskt fysiskt, mentalt, känslomässigt. Det är en väldigt snabb berg-och-dalbana. Jag ser att när vi lämnar det fysiska, är det som att kanterna på vårt energifält är trasiga och ojämna. Så vi kan gå till denna plats som jag ser för att bara slappna av och integrera. Det är som att vi drar tillbaka vår energi till centrum igen.

D: *Återhämtning. (Ja) Så det är inte ett lätt jobb att uppleva det fysiska, livet som människa.*

J: Nej. Det är inte ett lätt jobb, men det är bara ett val och det är bara ett uttryck. Och det är bara en upplevelse som vi har orkestrerat själva. Och för de som förstår det, gör det det mycket lättare.

D: *Men du vet hur människor är, att ta ner det från den större bilden till det vardagliga. Vi fastnar i känslorna, eller hur?*

J: Ja, vi gör det. Vi gör det.

Jag tänkte att det var dags att kalla på det undermedvetna för att få svar på Janes frågor. Även om, på det sätt det hade svarat, så talade jag nog redan med den delen som har alla svaren. Men det sa att jag kunde kalla in det undermedvetna om jag ville. "Varför valde ni denna upplevelse för Jane att titta på idag?"

J: Hon har varit nyfiken på att ha liv i andra former, så vi ville visa henne det. Och också att förstå att hennes syfte tidigare var att hjälpa.

D: *Du försökte visa henne hur allt började, var hon kom ifrån?*

J: Att det är så mycket större än var hon är just nu, så mycket större. Det är svårt ibland att fastna i vardagen och tappa bort den stora bilden. Hon kom in i den här världen och valde det liv hon gjorde för att kunna uppleva alla de olika sätten en människa kan känna. Och att använda det för att hjälpa andra människor som kanske är vilse och kämpar, och behöver ha någon att connecta med.

Djurs lidande påverkade Jane djupt. Hon ville ha en förklaring till sin reaktion på detta.

J: Ja, hon kämpar fortfarande med den mänskliga reaktionen, och detta har varit en av de svåraste för henne. Hon förstår de mänskliga valen, oavsett hur dåliga eller negativa de kan verka på ytan. Men att förstå om djuren – det har varit svårare för henne. Ändå borde hon veta att de också har val, och har också frivilligt kommit för att leva och dö. Och vad som än har hänt och kommer att hända dem, har de också gjort det valet. De är inte utan val.

Detta är också liknande den japanska Första-gångaren (Kapitel 15), där hon såg sig själv sväva genom olika landskap och observera.

KAPITEL TJUGO

KUNSKAPENS TEMPEL

Sandra är en naturopatisk läkare från Kalifornien med en framgångsrik praktik. Hon studerade medicin innan hon beslutade sig för att använda den som naturopat. Hon är också skicklig i akupunktur och kinesisk medicin.

När hon kom ner från molnet, fann hon sig vid foten av ett berg. "Jag vet inte om jag har gått hela vägen, eller om jag har... jag vill säga 'teleporterat' på något sätt. Det känns inte riktigt som att jag är trött efter att ha gått, men jag har rest en lång väg. Jag är vid ett tempel av kunskap. Egentligen är platsen inbyggd i berget. Det är inte stort, men det är rymligt. Det har röda pelare och guldgravyrer på byggnaden. Jag ser att det finns stora dubbla dörrar med guldgravyrer. Denna plats kom till mig innan i meditation, men den är mer levande nu. Det finns många färger på utsidan; mestadels guld och mycket djupa blåa nyanser. Jag gick faktiskt in en gång. Det är ett tempel av kunskap."

D: Visste du vart du skulle innan du började denna resa?
S: Jag visste att jag var på väg någonstans. Jag vet inte om jag visste att detta var destinationen. Det här är platsen där jag får kunskap. Jag tror att det kallade på mig hit. Det är långt borta från där jag bor.
D: Var det ovanligt för dig att gå utan att veta vart du var på väg?
S: Det är inte ovanligt för vår civilisation, för de människor som bor runt mig. Folk vet, eller har hört, att man blir kallad till sin destiny att göra saker, och man ska följa sitt kall. Och detta var mitt kall, så jag kom hit. Jag tror att min familj visste att jag behövde åka, så jag gjorde det. Det är inte ovanligt.

D: *Jag undrade om du hade en familj. Vad menade du när du talade om din civilisation?*
S: Jag tror att detta är Lemuria. Det känns som energin från Lemuria, ja.
D: *Där du bodde, var det en stad?*
S: Vi har samhällen; de är inte riktigt städer. Jag kom från en plats där vi bodde på slätten i små grupper av familjer. Jag var en trädfällare – någon som fäller träd. Inte på det sättet vi gör det nu, men vi gallrade träd. Vi valde det lämpliga trädet som behöver fällas så att det hjälper skogen att växa. Sedan använde vi trädet för att bygga våra hantverk och saker som det.
D: *Tyckte du att det var ovanligt att ta emot ett kall att åka?*
S: Rätt, för annars lever man mer vanliga liv. När jag var ute i skogen en dag, var det en visshet att jag behövde åka, att jag måste åka någonstans, men jag visste inte vart. Jag blev stödd, uppmuntrad att åka, och det här är dit jag hamnade. Jag visste inte hur länge det skulle ta mig att komma hit. Och jag är inte riktigt säker på hur jag kom hit – nästan som om jag hittade mig själv här. Som om jag arbetade i skogen och sedan, som kapitel, skulle jag plötsligt vakna upp i vissa kapitel av mina resor. Jag vaknade upp mitt i resan utan att riktigt veta hur jag kom dit. Och sedan skulle jag ha kapitel att komma till en annan plats, och sedan är detta slutpunkten. Jag känner inte riktigt att jag har gått hit. Jag känner mig inte trött eller dammig eller något sådant.
D: *Vad ska du göra nu när du är här?*
S: Jag går in, och jag har en lärare där. Det finns stora gyllene dörrar, och ett svart marmorgolv. Stora kristaller i mitten; riktigt stora, tio eller tolv meter höga – riktigt stora kristaller. I slutet finns ett altare. Tja, det är inte riktigt ett altare, det är en portal. Och dessa kristaller är i en ring. Och i mitten av ringen finns en annan portal där gamla mästare kan komma igenom. Och i mitten kommer kunskapen från det jag trodde var altaret. I ena änden av byggnaden är där folk kan komma och gå. Det är en fysisk portal, en dörr där du kan gå till olika platser.
D: *Men den andra är inte en fysisk dörr?*

S: Den i mitten är ganska fysisk. Du aktiverar kristallerna genom att tona. Du tonar och du rör vid kristallerna och de väcks till liv. De aktiveras, och kristallerna sänder ut detta ljus. Du behöver bara röra vid en kristall och kristallerna väcker varandra. Som olika riktningar, en aktiverar en annan.

D: *(Från hennes handrörelser.) Skjuter över, menar du, snarare än att gå i följd?*

S: Ja, det är rätt. Och sedan, när energin växer, blir mitten denna vortex. Och du kan stå i vortexen.

D: *Står du i mitten när du sänder tonen?*

S: Nej, du står vid sidan om. De är alla olika typer av kristaller. De är inte samma typ av kristall. Det finns svarta och genomskinliga och olika färger. De är höga som generator-kristaller, och varje ansikte har olika användningsområden. Du väljer kristallen, och du kan röra vid olika facettsidor och aktivera den. Och din tanke eller intention om vad du vill veta aktiverar andra kristaller i en sekvens med tonen som du ger den. Det orsakar en vibration.

D: *Måste det vara en viss ton?*

S: Ja, det är en ton, och faktiskt behöver du inte ens göra ljudet. Du kan tänka tonen. Du kan föreställa dig tonen i ditt huvud och den kan röra vid kristallen på ett visst sätt.

D: *Jag trodde att du var tvungen att göra ett fysiskt ljud, och detta skulle sätta upp vibrationerna.*

S: Du kan göra det också. Men du kan också lära dig att bara göra det i ditt huvud. Specifika toner för specifika saker. Så olika toner, beroende på vad du behöver.

D: *Så vad du vill åstadkomma skulle vara en annan ton?*

S: Ja! Eller kombinationer av toner.

D: *Är detta något du visste innan du kom dit?*

S: Jag vet inte hur jag vet detta. Det verkar som om jag alltid har vetat hur man använder dessa. Sedan står du i mitten av vortexen för att ta emot informationen. Kristallerna ställer in en resonans som gör att kunskapen kan laddas ner, tas emot.

D: *Är det specifik kunskap du ber om?*

S: Ja. Eller kunskap som behöver ges.

D: *Hur kommer det in i din kropp om du står i mitten?*

S: Egentligen tror jag att din kropp försvinner. Och sedan, när den återkommer, är kunskapen där.
D: *Var går kroppen?*
S: Den blir ett med Universum.
D: *Men den kommer tillbaka, för den är fysisk....*
S: Rätt. Den kommer tillbaka. Och sedan integreras kunskapen i kroppens celler.
D: *Finns det andra människor runt omkring?*
S: Inte just nu. Och jag tror inte att många människor kommer hit.
D: *Jag tänkte att det måste finnas någon som visar dig hur man använder dessa saker.*
S: Nej, jag vet redan hur man använder dem. Jag tror att det som kommer genom den andra portalen, dörren, är en guide, en fysisk person som verkar vara vårdnadshavare av platsen, som jag kan rådgöra med. Eller jag kan lämna härifrån genom denna dörr till andra platser, och rådgöra med andra människor, eller andra högre guider eller lärare. Egentligen är vårdnadshavaren mer än en vårdnadshavare. Jag tror att han underhåller kristallerna och skyddar templet. Jag tror att vårdnadshavaren också är – det är inte riktigt en Mästare. Det är en person som kan ge mig vägledning om vad som är lämpligt att ta med till mitt folk. Jag är kallad hit för att erhålla kunskapen som kommer att hjälpa mitt folk att växa och utvecklas. Jag ska komma hit ibland och få kunskapen och sedan ta den till olika platser så att den kan spridas. Jag ska resa runt och på något sätt dela denna kunskap. Jag har ett slags nomadiskt liv, där jag åker från plats till plats. Och jag kan använda mindre kristaller för att bära med mig kunskapen, för att hjälpa mig att ta den till världen. Ibland är det faktisk kunskap som jag kommunicerar verbalt eller demonstrerar för någon, men också en högre resonans av energi, så att jag kan hjälpa människor att utvecklas.
D: *Används kristaller i er kultur, er civilisation?*
S: Kristaller används inte så mycket av vanliga människor. De används av lärare och helare. Vittnen och Drömmare. Du kan resa och skicka information genom kristaller. Du kan använda kristaller för att spela in information.

Det Komplexa Universumet – Bok Tre

D: *Du kallade några av kristallerna "Vittnen". Vad menar du med det?*
S: De sitter bara där. Du placerar kristallerna på en plats för att spela in händelser. De absorberar.
D: *Vad menar du med Drömmare? Är det en annan typ av kristall?*
S: Nej, kristallerna assisterar Drömmarna. En Drömmare är ett väldigt utvecklat väsen. De är nästan inte längre mänskliga, eftersom deras vibration är så hög att de kan visa sig och försvinna. De är mycket kraftfulla skapare av sin verklighet.
D: *Tar det lång tid att träna för att komma till den punkten?*
S: År, decennier av träning. Drömmare lever väldigt, väldigt länge. Som många människor, men Drömmare lever mycket länge, för det kan ta decennier att lära sig vad de lär sig. Och sedan, när de är mycket äldre, börjar de sitt arbete, vilket är att hjälpa människorna att drömma sina öden och föreställa sig nya möjligheter, och skapa för sig själva. Drömmare kan teleportera vart som helst. Det är det första de måste lära sig att göra. Det är så man blir en Drömmare.
D: *Är det en av de saker du kommer att behöva lära dig?*
S: Nej, jag ska inte vara en Drömmare den här gången.
D: *Är det svårt att lära sig att teleportera?*
S: Det är inte så svårt. Det kräver koncentration på att justera din resonans, så att du kan lösa upp ditt energifält. Sedan kliver du in på en annan plats genom tanken, och så är du där!
D: *Så det handlar om att ta den fysiska kroppen och flytta den?*
S: Ja. Det känns lättare än du tror.
D: *Det låter som det skulle vara svårt.*
S: Det är svårt för människor nu.
D: *Då vet de hur man koncentrerar sig och kan lösa upp kroppen, om det är rätt terminologi.*
S: Ja, det är i princip det de gör.
D: *Och sedan återuppbygger de sig på en annan plats?*
S: Ja. Atomerna har ett minne så de kan bara gå tillbaka, återuppbygga sig i rätt ordning.
D: *Måste de koncentrera sig på vart de vill gå?*
S: De måste bara tänka och ha intention.

D: *Och sedan lär de sig om drömmar, att hjälpa personen att drömma?* (Ja) *Vet du hur de hjälper dem att veta sitt öde?*
S: Jag visste det tidigare. Jag vet inte just nu. – Jag kan nog fråga.
D: *Finns det någon där du kan fråga?*
S: Jag kan fråga Väktaren. (Lång paus) Att bli besökt av en Drömmare är väldigt speciellt. Och de kommer för att hjälpa om du är vilse, eller om du just börjar vakna upp till vem du är menad att vara. De kommer för att hjälpa dig, och du ber dem om en dröm. Och vissa människor, om de inte har en dröm, eller om de är vilse, kommer Drömmaren att hjälpa till att drömma dem en framtid så att de kan hitta drömmen.
D: *Menar du en dröm som du har på natten när du sover, eller en dröm som är som ett mål?*
S: Det är faktiskt samma sak. Nattdrömmar är utanför tid och rum, och dessa drömmar kan skapas till ditt mål. Så drömmar handlar bara om att kliva utanför tid och rum. Skapa något du vill ha, och sätta tillbaka det i – kanske en annan tid och ett annat rum – men något som kommer in i din framtid.
D: *Först måste du ha drömmen innan du kan skapa något. Är det det du menar?*
S: Du måste vara öppen för drömmen. Om du inte kan drömma det själv, kan Drömmaren hjälpa till.
D: *Är personen medveten om Drömmaren?*
S: Alla vet om Drömmarna, och det är ett stort privilegium för någon att få ett besök från en Drömmare.
D: *Är det en fysisk person som visar sig för dem?* (Ja) *Så de kommer att se denna person.*
S: Ja. De kan visa sig när som helst. Vanligtvis vid en tidpunkt av vägskäl för en person. Men inte alla vid vägskäl kommer att få besök av en Drömmare. Det beror på ditt öde i det livet.
D: *Måste du be om att Drömmaren ska komma?*
S: Ibland kan du be. Men, för det mesta, kommer Drömmaren bara. Drömmaren hjälper till att skapa drömmen för personen. Personen är ansvarig för att skapa och manifestera den. Men drömmen måste vara där först; föreställningen om något där. Jag tror att

Drömmaren skapar det och sedan tillåter personen det att manifesteras i deras liv.

D: *Jag undrade hur de får det in i deras sinne.*

S: Drömmarna har förmågan att drömma, att ha en dröm för personen, och på något sätt blir det en del av personens framtid.

D: *Så när Drömmaren visar sig för personen, måste de gå och sova?*

S: Nej, personen sover inte. Drömmaren sover. Och Drömmaren skapar det i sin sömn. Personen tillåter bara. Du måste vara redo för en. – Jag tror att jag är här för att bringa kunskap. Jag är inte en Drömmare. Jag blev inte kallad att vara en Drömmare här. Jag bringar kunskap i form av ljus. Jag får bara kunskapen från kristallerna. Och jag kan få vägledning från olika människor som kan komma och besöka mig genom portalen.

D: *Jag är van vid att tänka på en student som går på en skola, och en lärare som berättar allt för honom.*

S: Åh, nej. Ingen skola här. Det är bara jag.

D: *Och sedan absorberar du denna information och tar med den tillbaka?*

S: Ja, till olika platser. Inte nödvändigtvis tillbaka till där jag kom ifrån. Ibland; det beror på informationen, antar jag.

D: *Så du kommer att återvända till denna plats igen och igen för att få mer information och kunskap?*

S: Ja. Jag tror att jag kan komma hit lätt nu. Jag tror att jag vet hur man teleportera, eller kanske lär mig hur. Men jag kan komma hit lätt utan att behöva göra så många resor.

D: *Vilken typ av kunskap tar du emot som du måste föra vidare till människor?*

S: Kunskap om hur de kan uppnå sitt öde. Kunskap om hur man lever sitt liv lättare. Kunskap om naturen i trädgårdar, i växande, i växter.

Jag kondenserade tiden och förde honom framåt. "Är detta vad du gör med ditt liv?"

S: Ja, jag är en ljusbärare. Jag bringar ljus här till människor, och ljus i form av upplysning.

D: Tar människorna emot dessa saker?
S: De är väldigt tacksamma. Jag har ett väldigt belönande jobb. De uppskattar det. Ibland är det svårt om någon är vilseledd, men för det mesta är folk väldigt i kontakt med sin inre vetskap. Jag hoppas bara att jag hjälper dem att bli mer i kontakt.

Jag förde honom framåt till en viktig dag i hans liv. Han var återigen i templet. Men nu var han väldigt, väldigt gammal. "Grått skägg, grått hår, och jag går in i vortexen där människor kommer för att besöka mig. Jag går..."

D: Har du gjort detta förut?
S: Jag tror inte det. Jag trodde att jag kunde. Denna vortex är där mina lärare kommer för att lära mig.
D: Så du behövde inte gå in i den delen?
S: Nej. Jag trodde alltid att jag skulle, men jag har aldrig gjort det.
D: Är vortexen i mitten av de kristallerna?
S: Nej, den är vid sidan om. Den är på andra sidan templet.
D: Så det är annorlunda än platsen där du fick din information? (Ja) *Okej. Vad händer när du går in i vortexen?*
S: Jag löses upp. Jag svävar. Det är underbart. Jag går hem. Jag går till Källan.
D: Då har kroppen dött eller vad?
S: Min kropp försvann bara. När jag gick in i vortexen, gick den bara tillbaka till där den kom ifrån. Den bara bröt ihop.
D: Så det här är hur du lämnade kroppen. (Ja) *Men du sa att du går tillbaka till Källan?*
S: Ja, och vackert ljus. Åh, det är härligt. Vackert, väldigt starkt. Rosa, gult och orange ljus. Det är mycket skyddande och fridfullt.
D: Varför ville du gå tillbaka hem?
S: Jag kommer hit för att vila.
D: Kommer du att stanna där ett tag?
S: Tja, ett tag innebär tid. Här finns inte riktigt tid, så jag existerar här och laddar om. Det var ett bra liv. Det var roligt. Det var väldigt roligt. Det var mycket belönande. Och det gjorde mycket gott.

Det Komplexa Universumet – Bok Tre

D: *Så du kan stanna på denna plats tills du är redo att gå ut igen? Är det vad du menar?*
S: Ja, här får jag min nästa uppgift. Jag vilar här och beslutar vart jag ska gå. Jag förhandlar om vad jag vill göra. Inte jag, men hela mitt jag får besluta vad jag behöver lära mig härnäst, och hur jag kan hjälpa.
D: *Vad menar du med hela ditt jag?*
S: Mitt senaste liv var en del av hela mitt jag.
D: *Bara en del?* (Ja) *Men du behöver allt för att kunna fatta beslutet?*
S: Ja, för jag behöver dessa olika delar. Det finns andra delar som måste konsulteras. Mitt hela väsen har ett mål att uppleva och röra vid så många som jag kan. Så jag vilar här tills vi bestämmer vad vi ska göra härnäst.
D: *Det finns nog många saker du tar hänsyn till?* (Ja) *Tycker du om att återvända till det fysiska?*
S: Ja. Jorden är en vacker plats. Det är bara väldigt, väldigt underbart. Och den behöver hjälp. Det finns så mycket möjlighet som ännu inte har uppnåtts. Vi fattar beslut om när vi ska komma ner.
D: *När du fattade beslutet att komma in i kroppen känd som Sandra, vad var planen?*
S: Hon ska göra något annat. Åh! Inte annorlunda än civilisationen nu – hon ska också föra in vetskap. I nästa liv ska hon öka medvetenheten och hjälpa människor att se sin fulla potential mer än de vardagliga sakerna människor oroar sig för nu. De oroar sig för sitt hus, sin bil, sitt jobb, men det finns så mycket mer. Det finns så mycket skönhet i världen. Det finns så mycket skönhet i sig själva och i andra platser. Det finns andra varelser att känna och att kontakta. Det finns andra delar av sig själva som de kan integrera. De måste börja se vad som är viktigt.
D: *Hur kan Sandra arbeta med människor för att åstadkomma detta?*
S: Hon kan bäst göra detta genom sin förmåga att inspirera människor att leva bortom sina vardagliga liv. Folk tar sina liv för allvarligt. Och hjälpa människor att se att de är mycket mer än de tror att de är. Det är hennes jobb. Hon kan inspirera människor genom att prata med dem, och hon kommer att hjälpa människor att lära sig hur man föreställer sig för sig själva och att drömma större

drömmar för sig själva. Att de kan kliva ut ur sin smärta och in i mer av glädje och roligheter och lycka.

D: *Det låter som om hon tar på sig rollen som Drömmaren.*

S: Hon har bra förmågor att vara en Drömmare. Hon är en Drömmare. Hon gör drömmar nu. Hon är bara inte medveten om det.

D: *Sandra är en helare nu, och hon vill veta hur hon kan expandera, utöka sitt helande arbete för att göra mer.*

S: Hon kan, genom att bli en Helare av människors medvetande. Många människor är fast i denna ränna. Och hon har förmågan att hålla en resonans av glädje och skönhet. Och hon kan se för andra människor bortom det som de själva kan se.

D: *Kommer hon kunna ta tillbaka denna förlorade kunskap som hon hade tidigare?*

S: Ja, hon kopplar till den nu. Hon är bara inte så bra på det. Hon är skrämd.

D: *Kan du ge henne några instruktioner om hur hon får tillbaka kunskapen så att hon kan använda den?*

S: Hon kan faktiskt besöka detta tempel i sin meditation. Koppla och låta kunskapen komma in. Och kunskapen kan ge henne nästa steg. Varje nästa steg som hon tar kommer att öppna upp mer av det som hon kan bringa till denna värld.

D: *Så minnena kommer att komma tillbaka av kunskapen och hur man använder den?*

S: En del av det är minne, en del av det är nytt. Världen utvecklas. Det finns mer information som kommer in.

D: *Varför visade du henne det livet?*

S: Detta var ett avgörande liv för henne, och det livet hon är i nu är också ett avgörande liv. Det livet var ett av nåd och mod och att kunna följa det okända. Men vara beslutsam i vetskapen om att hon har ett mål, även om hon inte vet vart vägen leder.

D: *Så du ville visa henne att hon har gjort det förut.*

S: Ja, hon har gjort det förut, och det var väldigt upptaget. Sandra vet faktiskt hur man återvänder. Hon fick informationen för ett tag sedan, men hon glömde vad det var. Hon får inte vara rädd. Hon måste verkligen veta att vad hon kan drömma, kan hon få. Och att hennes arbete är mycket mer viktigt än hon tror, och hennes påverkan på världen är mycket mer än hon misstänker. Hon är inte så svag som hon tror att hon är. Vad hon kommer att åstadkomma är ett livslångt mål. Hon kan hjälpa människor att hitta motivation bortom det vardagliga, bortom det dagliga arbetet: barn, äktenskap. Hon kan hjälpa dem att hitta högre motivation. Hon kommer att ha en bred effekt, och de människorna kommer att ha effekt. Slutligen, hon och andra, som har liknande arbete, kommer att kunna påverka världen globalt.

KAPITEL TJUGO-EN

PARALLELLA VÄRLDAR

Terry hade kört till mitt kontor i Huntsville mitt i vintern från sydtexas och dragit en hästsläp. Hon parkerade vid den närliggande Wal-Mart, eftersom det var den enda platsen med tillräckligt med utrymme. Det var väldigt kallt, och jag undrade om hon hade några djur i släpet. Hon sa att hon skulle hämta några hästar på vägen hem. Terry är en professionell medial som bor på en avlägsen plats. Hon försöker upprätthålla sin integritet, men det blir allt svårare. Hon har förmågan att kommunicera med djur (även på avstånd) och berätta för ägarna vad som är fel med dem, så att veterinären kan hjälpa dem. Så människor ringer och söker hennes råd hela tiden.

Som en del av min hypnotiska induktion tar jag alltid klienten till deras vackra plats innan jag får dem att gå tillbaka till ett tidigare liv. Det händer allt oftare att de omedelbart kommer till den plats där de ska vara, och jag behöver inte slutföra induktionen. Jag har gjort detta så länge att jag kan avgöra om jag kan eliminera resten av processen. Jag kan också avgöra om scenen de ser är början på en normal regression till ett tidigare liv, eller en tvist i i det paranormala. Resultaten är alltid de samma; personen får den terapi de behöver för att hjälpa med sina problem. Vägen de tar för att komma dit kan vara lite olika varje gång. I dessa fall ger de mig ibland information som jag kan använda, samt svar för sig själva. Jag har haft personer som kommit till mig med det enda syftet att bli nämnda som ett fall i mina böcker. En person sa, "Jag skulle bli hemskt besviken om du inte skrev om mig." Jag försöker förklara att det inte är så jag skriver mina böcker. Jag söker aldrig efter information. Min främsta önskan är att hjälpa personen med deras problem. De flesta av de tidigare liv de återvänder till är otroligt tråkiga och vardagliga, men de innehåller de svar de söker. Om information som jag kan använda kommer fram, är det vanligtvis spontant och oväntat. Man kan inte gå och leta efter de saker jag skriver om. Det bara händer, och jag tror att detta ger det mer validitet, särskilt när flera människor rapporterar samma sak. Mitt jobb är att vara rapportören och ta de tusentals sidorna av transkript och väva dem samman. Jag är ständigt förvånad över de saker som återfinns. Det är ofta inte uppenbart förrän jag börjar sätta ihop bitarna. Under induktionen, när Terry gick till sin vackra plats, beskrev hon en typisk strandscen. Sedan förändrades det så plötsligt att jag var tvungen att sätta på bandspelaren och försöka sammanfatta vad hon sa. Det fanns ingen anledning att slutföra induktionen. Först såg hon sig själv sväva högt ovanför stranden och observera den. Sedan plötsligt fann hon sig under vattnet och tittade på fisken som simmade förbi. Det fanns också delfiner som simmade mycket nära henne. Detta kunde förstås betyda många möjliga saker, men jag lät henne ge sin egen förklaring.

"Jag simmar bara. Det är väldigt vackert. Fint och svalt. Vattnet är mycket klart." Hon sa att hon inte kände att hon använde någon andningsutrustning, så jag visste inte om hon var människa eller djur. Sedan såg hon att hon var en svarthårig, inhemsk man. Han hade en kniv i sitt bälte som han använde för att skära upp frukt för mat. Han använde inte kniven för att fånga fisken, för han betraktade dem som sina bröder.

"Jag kan vara under vattnet länge, och sedan komma upp igen. Det gör mig inte ont." Han njöt mycket av att vara bland fisken och delfinerna. "De kommer när jag kallar på dem. Jag gillar delfinerna. De är så vackra. De visar mig saker. De visar mig hur de ser saker, hör saker. De kan höra mig kalla på dem. Det vibrerar. Det är som energi. Vibration. Som när du släpper en liten sten, rör sig vattnet. Det vibrerar så där och rör sig. De säger att de vet när jag kommer i vattnet."

D: *Så de hör inte på samma sätt som människor gör?*
T: Nej. Delfinerna säger att de är Stjärnfolk.
D: *Vad betyder det?*

Det Komplexa Universumet – Bok Tre

T: Jag vet inte. De visar mig bara denna bild att havet sträcker sig för evigt. Upp. Det går upp för evigt och evigt. Det är verkligen vackert.

D: *Jag vill förstå det. Menar du som ett hav på Jorden?*

T: Ja, det är som havet. När jag frågar dem vad de menar, säger de bara att de kan resa genom det. De visar mig denna bild, det är en stor blå kristall. Och de säger, titta, vi kan gå till stjärnorna och komma tillbaka. Ut och tillbaka, ut och tillbaka.

D: *Menar du att det är som rymden istället för ett hav?*

T: Ja, ja. Rymden är som ett hav. De säger att allt är samma.

D: *När de gör det, reser de i sina delfinkroppar?*

T: Nej. Det är blått, men det är din essens. Det är glittrigt. Jag vet inte hur jag ska beskriva det. Som glittrande. Det ändras. Det är inte en form. Det bara är.

D: *Jag undrade om de reste med sina delfinkroppar, eller hur de reser.*

T: Det kan de. De kan gå med delfinen för att ta tillbaka meddelanden.

D: *Vem är meddelandena från?*

T: Först sa de Gud, och sedan säger de Stjärnfolk.

Hon talade som en enkel inhemsk person som verkade naiv, inte komplicerad, och trodde bara på den information hon fick.

T: De kopplar mig genom den här blå röret som ser ut som en stor blå kristall av något slag. Det är ett rör. Det är verkligen vackert där inne. Det är inte vatten.

D: *Var är röret?*

T: Jag vet inte. Det går bara upp för evigt.

D: *Ut ur vattnet?*

T: Ja. Och jag kan se mig själv gå upp, upp i detta rör. De visar mig hur det ser ut där. (Tvekan, när hon letade efter en förklaring.) Ljus. Mycket ljus. Saker kommer och går hela tiden. Skepp.

D: *Men jag trodde att delfinerna skulle vara fysiska varelser som människor. Och de skulle inte kunna resa på det sättet.*

T: Nej, de kan gå vart de vill. (Det här var en överraskning.) Folk tror att de har fångat dem. Det har de inte.

D: *Gör de andra fiskarna samma sak?*

T: Nej, bara delfinerna.

Hans svar var nästan barnsliga i sin enkelhet. Han återvände till att beskriva det blå röret som kom ut ur vattnet.

T: Det går från vattnet hela vägen upp. Upp högt. För högt för att se. Stjärnor, det finns stjärnor runt omkring när du kommer förbi Jorden. Du kan titta tillbaka och se Jorden.

D: Kan du se genom detta rör?
T: Ja, du kan se utanför det. De kallar det en portal.

Han var inte rädd eftersom han hade gjort detta många gånger, men detta var första gången han medvetet mindes att han gjorde det.

D: Går de med dig, eller går du ensam?
T: De låter mig hänga fast vid deras fenor.
D: De måste tycka om dig väldigt mycket om de låter dig gå med dem.
T: De säger bara, "Du är en av oss."
D: De skulle inte låta vem som helst gå, eller hur?
T: Nej. Du måste veta var denna portal är. Jag vet vart den går i himlen, men jag vet inte vart den går på Jorden. De vill inte att jag ska se det.

De ville inte att fel personer skulle veta dess plats, men ingången var i vattnet. Han beskrev sedan vad han såg när han gick upp i himlen.

T: Vi kom ut ur röret, och vi är över staden. De visar mig hur det ser ut där. (Tvekan, när hon letade efter en förklaring.) Staden är helt kristall. Det är som att ha kristaller staplade på varandra. Det är en väldigt djup blå färg. Jag ser en annan färg, kanske safirblå. Ljus. Mycket ljus. Men det finns skepp som kommer och går hela tiden. De ser ut som kulor, nästan som delfinkroppen. Ingen nos, inga ögon, men de är formade som så. De är mörkgrå, och de kommer och går hela tiden. (Paus) Det är en kraftpunkt. Det finns ett stort, starkt ljus mitt i allt detta. Det är verkligen intensivt vitt ljus.

D: Du kallade det en kraftpunkt. Är det på grund av dess ljusstyrka?

T: Nej. Det är en punkt i universum där du börjar från. – Det finns bord där.

D: *Kan du fråga dem vad det används till?*

T: Astronomi. (Paus) Det är någon form av... astronomi. De plotterar stjärnorna. Bordet ser ut som marmor eller sten, och det finns alla typer av inskriptioner på det.

D: *Var är bordet?*

T: I denna plats där det vita ljuset är. Det ser ut som om det kommer ut från mitten av dessa kristallpunkter. Men jag kom ner i denna plats där bordet är. Det är runt, och det finns inskriptioner överallt på det. Rad efter rad med inskriptioner. Jag känner inte igen skrivandet.

D: *Finns det någon annan i rummet?*

T: Ja. Min farfar. (Det var en överraskning.)

D: *Fråga honom vad denna plats är?*

T: Han skrattar. Han säger, "Det är ditt hem." (Skratt) Han säger, "Du är en matematiker."

D: *Du visste inte det, eller hur?*

T: Nej. Jag har problem med matematik.

D: *Ja. Du är en inhemsk, och du använder inte matematik, gör du inte?* (Paus. Det var förvirring.) *Menar du det, eller är detta något annat?*

T: (Förvirrad) Jag ser mig själv tillbaka där. Mitt hår är konstigt, jag har stora tjocka lugg. Men min farfar säger, "Det är inte vem du är, dock."

D: *Ser du dig själv se annorlunda ut?*

T: Ja, nu är jag annorlunda. Nu är jag en kvinna, och jag har en lila mantel med en stor vit krage. Och på baksidan är... ett långt spetsigt krage med en tofs som hänger från det. Jag har långt lockigt kastanjefärgat hår som går ner till min midja.

D: *Så du förändrades när du kom ut ur röret?*

T: Ja. Delfinerna lämnade mig vid dörren. De sa att de skulle komma tillbaka. Och sedan såg jag min farfar, och nu ser jag annorlunda ut.

D: *Och han sa att detta var hem.* (Ja) *Hur får det dig att känna dig?*

T: (Ett djupt andetag av lättnad.) Bekväm.

Det Komplexa Universumet – Bok Tre

D: *Så det är ingenting skrämmande.*
T: Nej. Jag är bara på besök.
D: *Fråga honom, är detta den andliga sidan?*
T: Han sa bara, "Men självklart."
D: *Vi tänker på den andliga sidan som där du går när du dör och lämnar din kropp.*
T: Han säger, jag behöver inte oroa mig för det. Att jag kommer och går.
D: *Jag undrade om det var liknande, eller om det var en annan plats.*
T: En annan plats. (Lyssnar noggrant när farfar försöker förklara.) De är inte här. De är nedanför oss. De bor i en annan stad.
D: *De som har dött och lämnat sina kroppar?*
T: Ja. De bor på en annan plats. Vibrationen är mycket lägre där.
D: *Då, där du bor, måste du återfödas och gå in i andra kroppar?*
T: Jag måste inte. Jag kan stanna eller gå.
D: *I den andliga världen, den lägre vibrationens plats, måste de gå fram och tillbaka?*
T: Ja. De har inget val. De får föreläsningar, och sedan går de tillbaka. De lyssnar på föreläsningar. Det finns många lärare som de måste lyssna på.
D: *Men du behöver inte dö för att gå till denna plats där du är nu?*
T: Nej. Jag kan gå fram och tillbaka.
D: *Men den fysiska kroppen vet inte att detta händer?*
T: Nej. Den är fortfarande där nere med sin familj.
D: *Kan du göra det? Lämna den fysiska kroppen och resa till en plats som denna?*
T: Ja. När jag vill.
D: *Men påverkar det inte den fysiska kroppen när du lämnar den?*
T: Nej. Det är ett skal. Det väntar bara tills jag kommer tillbaka.
D: *Hur väntar den? Är det levande?*
T: Jag ser den personen där nere mala majs just nu.
D: *Han fortsätter med sitt vanliga liv.* (Ja) *Och han vet inte ens att en del av honom har lämnat. Skulle det vara korrekt?*
T: Ja. Jag behöver bara ett ankare här. Det är som att han måste ha den portalen för att komma tillbaka till.
D: *Det är för att du inte är redo att lämna kroppen helt?*

T: Nej, jag har arbete att göra där.

D: *Men lämnar hela själen eller anden eller essensen eller vad du nu är, på en gång?* (Ja) *Den kan göra det och lämna kroppen där?*

T: Ja. Jag tittar på det.

D: *Kroppen kommer fortfarande att fungera?* (Ja) *Han vet inte ens att något har hänt.*

T: Nej. Den bara fortsätter med sitt dagliga arbete.

D: *Det är ganska mirakulöst. Jag försöker förstå hur det skulle fungera.*

T: Jag vet inte hur det fungerar. Jag ser bara den personen där nere.

D: *Och varför kom du till denna plats, ditt hem?*

T: Jag måste ta med information tillbaka. Den personen där nere, han är också en religiös ledare. Jag hör ordet "akolyt". De går till en grotto. Det är underjordiskt. Det finns vatten där. Det är inte en grotta. Havet rusar in och ut. Han tar tillbaka den information jag ger honom. Siffror. Han tar tillbaka siffror.

D: *Vad gör han med siffrorna?*

T: (Paus) De lägger dem i något. Jag vet inte vad det är. Det är som ett kassaskåp.

D: *Varför måste han ta siffror tillbaka?*

T: Dessa människor kan inte leva.

D: *Det beror på siffrorna?*

T: Ja. Informationen kommer tillbaka. De använder det för att styra... de styr skepp in. De där rören. De kommer in.

D: *Men folk vet inte vad dessa siffror används till, gör de inte?*

T: Nej. De är inte särskilt smarta människor.

D: *Så han måste ha siffrorna, och de används för att styra skeppen till denna plats?* (Ja) *Du sa att han var som en religiös ledare. Är det därför han kan prata med delfinerna?*

T: Ja. Folket tror att han är... han är inte en guide. Jag vet inte ordet. Men han pratar med andevärlden. Han använder örter och saker för att hela dem. De tror att han är en helare. Han har visioner.

D: *Och folket där respekterar honom för detta. Men vet han var denna information kommer ifrån?*

T: Han tror att denna kvinna pratar med honom som en ängel. Men egentligen är det han själv.

D: *Det är den andra delen av honom som ger honom informationen.* (Ja) *Då när han dör, kommer han att gå direkt till den plats du är på nu? Han behöver inte gå till den lägre vibrationens plats?*

T: Tja, hans fysiska kropp gör det. Men den andra delen av honom kommer upp genom röret.

D: *Jag trodde att han var annorlunda än de andra människorna.*

T: Ja. Han måste leva ensam där ute. Han har sin familj, men hans fru... hon förstår inte.

D: *Det brukar vara så. Men han vet inte allt, gör han?*

T: Nej. För mycket information för honom. Han skulle inte kunna hantera det. – Han vet inte hur man använder den fysiska kroppen för att överföra informationen. Den är svag. Han är sjuk. Han tar på sig sjukdomarna från de människor som kommer till honom. Jag har försökt hjälpa honom, men han kan inte...

D: *Det är underbart att hjälpa människor, men han borde inte ta på sig det?* (Nej) *Men vad ska han göra med denna information som du skickar tillbaka till honom?*

T: Det är för senare. Nästa gång kommer han att kunna hantera det bättre.

D: *När han kommer tillbaka till livet, menar du?* (Ja) *När han kommer tillbaka igen, kommer han att veta var han har gömt siffrorna?*

T: (Paus) Han ser det, men han vet inte var det är på Jorden. Han vet var han la det, men han kan inte hitta det. Han letar, han letar.

D: *När han kommer tillbaka i ett annat liv, kommer han att återvända till samma plats?*

T: Han letar efter det. Han kanske hittar det snart. Nu är han klädd i byxor och en hatt. Han tittar upp på denna vägg, och han vet att det är där, men han kan inte se det. Han går över det med något.

D: *Hur vet han att det är där? Kommer han ihåg?*

T: Han har glimtar, drömmar. (Paus) Han letar efter delfiner. Han förstår inte att det inte är bokstavligt.

D: *Han kommer förmodligen ihåg delfinerna från det andra livet.*

T: Ja. Han är en god man ändå. Han vill hjälpa. Men det är inte rätt tid ännu, för de kommer på något sätt att ta det därifrån.

D: Så varken denna person eller du vet egentligen vad man ska göra med denna information. (Nej) *Men denna del av dig förblir uppe där i kristallstaden?* (Ja) *Vad gör du medan du är där?*
T: Jag pratar med min farfar. Jag lär mig. Jag är hans student.
D: Tittar du också på vad som händer på Jorden?
T: Ja. Jag är orolig. Jag vill fixa det, men man kan inte fixa det.
D: Varför inte?
T: Det är problem utomlands. Jag vet inte vad det betyder. Jag ser denna stora vita snötäckta kulle. Och det kommer svart ner över toppen av kullen. Jag ser människor klädda i rustningar. Jag hör mycket skrik och hästar som springer.

Uppenbarligen såg hon ett annat liv, och jag såg inte poängen i att fortsätta med det. Jag var mer intresserad av att försöka förstå, eller åtminstone få information om detta uppenbara splittrande som pågick med Terrys själ.

D: Vem eller vad bestämmer vilka delar av dig som skulle leva på Jorden?
T: Min farfar skickar mig fram och tillbaka.
D: Är dessa som delar av dig själv?
T: Ja. Det är som partiklar. Tusentals partiklar.
D: Jag försöker förstå hur du kan vara där, och i alla dessa andra fysiska kroppar samtidigt.
T: Det är som att skickas ut och dras tillbaka, skickas ut och dras tillbaka. In och ut, in och ut.
D: Och när du är i det fysiska, är du inte medveten om den andra platsen? (Nej) *Men du kan fortfarande kommunicera fram och tillbaka? Skulle det ge mening?*
T: (Paus, och sedan ett leende.) Farfar säger att det är som en gnistrande ställning. Gnistorna kommer från en central punkt, men de är alla en del av gnistret.
D: Så när skalet, som du sa tidigare, lever där nere, har det tillräckligt med gnista för att hålla det vid liv? (Ja) *Men det vet inte om den centrala punkten, eller hur?*

T: Ibland, nej. – Han säger till mig hela tiden, "Nej, nej." Han släcker ljuset, för jag ville gå och stoppa den strid jag såg. Han sa, "Nej, nej, inte du." Han säger, efter att striden är över, då ser de staden.
D: Han låter dig inte hjälpa.
T: Jag hör bara ordet "skörd".
D: Vad betyder det?
T: Han säger bara, "De skördar vad de sår."
D: Det är därför du inte kan ingripa?
T: Ja. Han säger, "Du kan inte hjälpa alla. Det är inte möjligt." Men jag skulle vilja försöka. Jag vill få dem att sluta.
D: Är det den verkliga delen av dig som är där i staden, och dessa andra är bara små gnistor? (Ja) Det är den verkliga du. Vet du om alla liv du lever?
T: (Suck) Åh, det finns så många. Så många.
D: Tittar du på dem alla?
T: Det är som att blanda kort. Det går för snabbt. Det finns hundratals av dem. Jag hör bara min farfar säga, "Det förändrar inte vem du är. De var bara som skal på en strand."
D: Kropparna, menar du?
T: Ja. Eller ... cikador. De är som cikador. Han säger, "Du vet, de är på trädet."

Vilket underbart exempel. Jag känner till cikador, eftersom vi har dem i vårt område i Amerika. De är ett stort insekt som ofta felaktigt kallas en gräshoppa. Vi bor på landet, bortom staden, så deras karakteristiska ljud fyller luften under vissa säsonger. Men det mest fantastiska och vackra med dem är att när de växer, spricker de längs ryggen och kryper ut ur sitt skal. De lämnar skalet fäst vid träden, och det är en exakt kopia av deras kropp, ögon och allt, förutom att det är livlöst, bara ett tomt skal. Väldigt likt hur ormar fäller sina skinn och kryper ut ur dem.

D: En cikada. Ett skal. De kryper ut ur ett skal.
T: Ja. De kryper ut och kommer hem.
D: Det är det jag försöker förstå. Har dessa skal en vilja av egen? (Ja) De kan göra saker som samlar karma, och måste betala tillbaka

karma? (Ja) *Men den huvudsakliga delen som stannar där uppe samlar inte karma?*
T: Inte längre. Det gjorde den en gång, men det är över nu. Det finns en del, en tråd, ett snöre som fäster vid hjärtat. Jag vet inte om andra människor. Jag vet bara att det finns denna tråd, och den fäster mig till min farfar. Och han säger, "Det är som att klättra på en stege, och du har klättrat förbi den lägre vibrationens nivå." De klättrar fortfarande. Det finns många repstege. Det finns andra människor som har gått förbi det också, men den största majoriteten försöker fortfarande hitta stegen.

D: Och även om de har ett större jag, är det de som fortfarande fastnar i karma, de lägre vibrationerna? (Ja) *När du är i stånd att utvecklas uppför repstegen, måste något hända så att du äntligen kommer ut ur karmat?*

T: Det är som döden, men det finns ingen död. Vissa människor följer det tillbaka. De hittar repet, och de slår emot som en vägg eller något, och de faller tillbaka ner. Min farfar säger, "Du fortsätter att titta över toppen. Du kan se mig då."

D: Jag undrade om du måste göra något, eller om något måste hända när du väl har passerat den delen.

T: Åh, ja, kampen. Du måste bara förlåta. Du måste stoppa... bara stoppa. Ingen mer ilska. Ingen mer... ingen ilska.

D: Du menar att du till slut förstår vad som händer?

T: Ja. Det är så oviktigt, det som är här på Jorden. Min farfar säger att det är vad som är skrivet på denna tablet, detta bord.

D: Alla dessa inskriptioner? (Ja) *Så när du äntligen når den punkten, förstår du vad som händer. Är det det du menar?*

T: Om jag ser tillbaka, som över kanten på en vägg, ser jag alla dessa liv. Och bara några få klättrar upp. De är eländiga. Arga. De är så arga.

D: Så det kommer en tid när du är i stånd att "examinera", så att säga, eller utvecklas vidare? (Ja) *Men om du har gjort det, varför upplever du fortfarande liv på Jorden?*

T: Min farfar kallar mig en "vägvisare."

D: Jag skulle tro att om du hade nått den punkten, skulle du inte behöva komma tillbaka.

T: Det finns människor som följer.
D: Så du valde att fortsätta komma tillbaka för att du kan hjälpa andra? (Ja) Det är väldigt viktigt, för annars vet de inte vad de ska göra.
T: Nej. De är mycket frustrerade. De lyssnar inte ibland. De blir arga.

I en av mina böcker fick jag veta att det finns många människor på Jorden som gör samma sak som Jesus och de andra mästarna. Det är bara att de gör sig inte märkbara.

Jag har beskrivit min serie *The Convoluted Universe* som böcker för dem som vill att deras sinnen ska böjas som en pretzel. Om denna berättelse inte har lyckats böja ditt sinne lite, så har jag inte gjort mitt jobb. Jag tycker att det är ett perfekt exempel på hur en huvuddel av själen kan vara medveten om de andra, och det ger oss också en glimt av hur de existerar samtidigt. En gång frågade jag det undermedvetna om simultan tid. "Hur är det möjligt att allt händer samtidigt? Vi vet att vi börjar som en bebis, växer till ett barn, och slutligen en vuxen. Vi ser det som en linjär utveckling. Hur kan allt hända samtidigt?" Det svarade: "För att det inte händer samtidigt. Det betyder ett början och ett slut. Det existerar samtidigt." Även om jag inte vet om det gör det tydligare. Kanske kommer exemplen i detta kapitel att hjälpa.

En artikel i *Newsweek* den 18 juni 2007 diskuterade farorna med traditionell psykoterapi. Det har upptäckts att det orsakar mer skada än nytta att få patienter att återuppleva de stressiga och ofta traumatiska händelserna i deras liv gång på gång. Ytterligare fara hittades när man arbetade med dissociativ identitetsstörning (tidigare kallad multipel personlighetsstörning). Citat: "Vissa terapeuter tror att den bästa behandlingen för dessa splittrade själar är att få fram de dolda identiteterna, kallade 'alter', genom hypnos eller hjälpa alters att lämna meddelanden till varandra... De 'låt oss träffa alters!' teknikerna kan faktiskt skapa alters i föreslagbara patienter. 'Ju fler alters som kommer fram, desto svårare blir det att få patienten att återgå till en enda identitet.' Ju längre någon är i terapi, desto fler alters dyker upp. Så mycket för 'Först, gör ingen skada.'"

När jag läste denna artikel insåg jag plötsligt vad dessa läkare omedvetet hanterar. De antar (som de flesta av oss gör i den vanliga vardagsvärlden) att vi är en individuell personlighet. De har ingen förståelse för denna teori att vi egentligen är bitar, facetter, splinter, av en mycket större själ som skickar ut många delar för att uppleva så mycket som möjligt på en kortare tidsram. Alla dessa delar av oss själva existerar samtidigt och är normalt inte medvetna om varandra. Jag har fått höra att detta är så det ska vara, eftersom människans sinne inte kan hantera att veta allt detta. För att fungera i vår vardag måste vi vara fokuserade på det nuvarande livet, på den kropp vi befinner oss i just nu. Det är okej att veta att dessa andra delar finns, men om de skulle börja interagera med vårt nuvarande liv, skulle det orsaka förvirring och kaos. Jag har upptäckt att i exceptionella fall kan en persons liv bli så traumatiskt att en annan "del" bestämmer sig för att komma in för en begränsad tid för att avlasta trycket på den ande som är i kroppen. Om detta inte gjordes, skulle traumat vara för stort för anden som tilldelats kroppen. Jag tror att detta har varit fallet i böcker jag har läst om multipel personligheter, som *Three Faces of Eve* och *Sybil*. Deras liv blir så svåra att de söker en väg att dra sig tillbaka. Kanske när de kom in i detta liv var slöjan tunnare, eller limmet som håller dem på sina platser var svagare. På vilket sätt som helst tror jag att dessa "alter" egentligen är några av de andra facetter (eller liv) av individen som läcker igenom. Om detta är sant, tror jag att det är farligt och meningslöst att uppmuntra dessa delar att stanna kvar, och att interagera och bli bekanta med varandra. Detta kan bara störa den naturliga ordningen av saker och orsaka förvirring. De bör uppmuntras att återvända till sin normala tidsram där de kan fortsätta leva sitt eget liv, separat från patientens.

Under mina trettio år har jag upptäckt många brister i de normala hypnosmetoderna. Jag var tvungen att upptäcka detta genom trial and error, och genom att göra misstag i mina tidiga dagar (baserat på att använda de normala metoderna som de flesta hypnotisörer lär sig). Under åren, när jag upptäckte dessa saker, var jag besluten att införliva säkerhetsåtgärder i min teknik. Jag är extremt försiktig med mina kunders välbefinnande, så jag har införlivat steg som inte lärs ut på traditionella klasser. Det är därför min teknik är unik. En av de viktigaste sakerna jag gör är att se till att när jag har framkallat en entitet från ett annat liv, så återförs entiteten till sin egen tidsperiod. Jag upptäckte mentala och fysiska effekter som fortsatte under några dagar efter sessionen om detta inte gjordes. Jag vill aldrig att mina kunder ska uppleva någon obehag överhuvudtaget, så när jag märkte dessa saker gjorde jag det till en del av min teknik att återföra entiteten till sin egen tidsram. Jag instruerade alltid klienten innan uppvaknandet att inget av det som hände under sessionen skulle påverka dem mentalt eller fysiskt. Jag stänger av dörrarna och sätter alla tillbaka där de hör hemma. Detta är ett mycket viktigt steg som en omtänksam regressions terapeut bör göra. Detta är varför jag tror att psykoterapeuter gör ett farligt misstag, eftersom de inte vet om själens mångfacetter. De vet inte att dessa bör hållas separata. Det är inte deras fel. De lärs inte att känna igen detta. På samma sätt som läkare ofta inte lärs att sinnet kan hela kroppen. Vi lär oss alla, och mer häpnadsväckande information fortsätter att komma.

KAPITEL TJUGO-TVÅ

TOMRUMMET

Jenny kom från Kanada för att ha denna session medan jag var i Ashtabula, Ohio, 2005, och höll föreläsningar och workshops. Hon tänkte att det skulle vara närmare än att komma till mitt kontor i Arkansas, och hon kunde också delta i föreläsningarna.

När Jenny kom ner från molnet var hon förvirrad eftersom det fanns en känsla av tomhet. "Det finns inget. Det är svart, och jag ser inget land. Jag känner att jag är i rymden. Jag är inte på någon yta. Jag är, antar jag, i tomrummet. Jag ser inte ens några stjärnor. Jag antar att jag borde nämna det som är viktigt: när jag var på molnet kände jag att jag blev eskorterad av rymdskepp, som en slags hedersvakt. Men nu är jag i rymden och jag kan inte se något."

D: *De följde nog med dig för att hjälpa dig hitta dit du ska gå. Men känner du dig bekväm där ute?*
J: Ja, jag känner inget obehag. Men jag ser inga stjärnor. Jag känner... inte en känsla av att vara vilse, men jag är inte säker på var jag är, eller vad jag ser. – Jag har bett dem om hjälp.
D: *Det är okej. De har följt med dig hit. De tog dig till denna plats ur ingenting. Låt oss ta dig till dit du ska gå, till det du ska se – den mest passande platsen. De tar dig och du kan känna dig själv röra dig genom tomrummet.*

När Jenny rörde sig, blev hon medveten om att hon närmade sig en bild i mörkret. "Det är inte en port, men det är som en symbol. Jag går genom symbolen av ett kors, av ett X. Jag rör mig genom mitten av X."

Andra har sett ett stort X som en gateway eller portal, och har blivit uppmanade att gå igenom den.

"Jag vet att de är där, och jag går med dem, i min form. Jag är inte i något. Jag går bara själv. Jag går igenom. Det är säkert. Nu känner jag mer av en rusning som sker. Förut var det som om jag var stilla och gick igenom, men nu är det mer som ett rus. Mer snabbt genom det. Och min kropp är inte min kropp. Det är mer som om den bryts ner. Den bryts upp i dessa gnistor av ljus som går genom denna korsning, som du vill. Så jag har inte längre en kropp. Den har upplösts när jag går genom detta."

D: Vad känner du att du är om du inte har en kropp?

J: Jag antar att i min begränsade hjärna är jag energi. Det är så det ser ut: gnistor, partiklar. Det är svårt att förklara. Om du tittade på partiklarna från långt håll, finns det någon form i det, men du kan inte säga, "Det där är ett huvud och det där är ett ben." Från långt håll skulle det vara någon form, men det är inte en form som vi känner som en kropp.

D: Men det är någon form gjord av dessa gnistor?

J: Ja, gnistor. Och de kan komma in och ut. Jag kan vara en del av allt när jag är i svartheten. Och sedan kan jag samla ihop det igen för att vara en form. Om jag har ett syfte eller en uppgift att göra, samlar jag ihop det till mer av en form. Och om inte, så blir jag en del av allt igen. Jag går tillbaka in och ut.

D: Så om du koncentrerar dig på något, kan du samla det igen?

J: Ja. De skulle komma att bli mer av en form, om vi kan kalla det en form.

D: Var är du, eller vart är du på väg i denna form?

J: Det är allt. Där jag är är allt. Det känns bekant. Det är inte som om jag kan definiera det som att det finns en början och ett slut. Det finns inget sådant. Det är bara expansivt. Och det fortsätter för alltid i mitt inre öga. Och jag är en del av det. Men det finns inget på någon yta. Det är inte en struktur. Det fortsätter bara och bara, som om det inte fanns något slut på det. Och ändå vet jag att jag har en plats i det. Den formen blir en form av många.

D: Vad menar du?

J: Många former, låt oss säga, som gör samma sak. De kan bli en del av rymden, vad det nu är, och sedan bli en smalare form. Och ändå, när vi är alla tillsammans, gör det var vi är, vårt hem. Som vi är vårt hem i vår egen form. Och när vi alla kommer samman, gör vi ett större hem. En större plats där vi känner oss bekanta och bekväma. Vi vet att vi hör hemma där.

D: *Är det andra där med dig?*

J: Ja, det finns många, många andra. Låt oss säga att det finns en hel vy av olika energignistor, entiteter, vad som helst. Och när jag går in i denna plats, vet jag var jag hör hemma som en del av det Stora, men sedan blir vi det Stora. Om jag rör mig ut, finns det ett utrymme där för mig specifikt. Det är inte som om de andra kommer att tränga sig in på det utrymmet och fylla det, som om det var ett tomt ställe. Det är som om jag var ett rymdskepp och åkte in i ett moderskepp, och det finns – jag vet inte vad ordet är – herregud. Det finns ett utrymme som en dockningsplats för det specifika skeppet, låt oss säga, eller du skulle veta vart du ska gå och landa. Det skulle vara det utrymmet för det skeppet. Det är något sånt, bara att jag är en gnista av ljus och dessa är andra gnistor av ljus. Och de vet var jag hör hemma och jag vet var de hör hemma. De har alla sitt eget utrymme inom detta större utrymme. De sammanfogas, som vi sammanfogas som ett. Men det är väldigt svårt att förklara att jag vet var min plats är inom denna sammanfogning.

Jag tror att hon försökte indikera att hon fortfarande behöll sin egen identitet, sin egen personlighet.

J: Låt oss säga att jag ser hela denna bild som rymdens utsträckning, och de är alla där som gnistor. Vi är en tanke, en energi, men vi kan vara många energier när vi delar oss. Som att alla har ett syfte. Som det finns ett globalt syfte och ett individuellt syfte.

D: *Så du sammanfogas inte till den grad att du förlorar din individualitet.*

J: I vissa fall när det krävs, ja, jag kan vara en del av det och jag har förlorat det. Och ändå har vi förmågan att individualisera det

Det Komplexa Universumet – Bok Tre

särskilda medvetandet, så att jag kan vara en individ. Och ändå finns det tider för vila där du går tillbaka dit och det är en kärleksfull sak. Det är vackert. Det är säkert, det är lugnt, det är som en vilotid. Men när det behövs, kan jag komma ut därifrån och vara en individ.

D: Har det några funktioner eller fysiska egenskaper?

J: Nej, nej, det har det inte. Jag tror att vi skulle kunna vara vad som helst. Men på denna plats där jag är nu, ser jag att det är ett mörkt utrymme. Inte skrämmande av mörkret, det är bara mörkt. Och det enda ljuset är vårt ljus. Det är som att ha stjärnor överallt i den svarta himlen, och de stjärnorna är individer. De vet när de är i vila att de är individer, men de blir ett och det finns inget annat. Det finns en enhetlig kärleksfull massa, antar jag, men ändå kan du se de individuella stjärnorna, om du vill, eller gnistorna. Det är en bekväm känsla. Det är en kärleksfull känsla. Det känns som hemma. Det är säkert. Och igen, det är som en viloplats.

D: Du sa att det finns tider när du måste gå tillbaka dit och vila. Vad skulle få det att hända?

J: Tja, det ser ut som att jag har arbete att göra. Och jag skulle kunna vara borta i många, många eoner, men för oss är det inte så. På den platsen är det som ett fingerknäpp. Det beror på vart vi går. Det är väldigt kort i jämförelse med andra platser där det finns en tidsbegränsning. Jag skulle kunna vara borta väldigt länge, men när jag kommer dit, inser jag att jag inte har varit borta så länge.

D: När du går ut till dessa andra platser, får du några instruktioner, eller vet du vart du ska gå?

J: I termer som jag vet att beskriva det, finns det ett tema för denna plats. Det är som om vi alla blir ett centralt sinne, men ändå är vi individuella sinnen. Jag vet inte hur jag ska beskriva det. Men när vi är ett, finns det riktning genom vårt vetande, och den rena existensen av vad vi är. Vi vet att det kommer ut tillsammans som ett kommando, men det är inte riktigt så. Vi vet som en helhet vad vi måste göra, och ändå är vi individer i det tänkandet. Vi bidrar. Det är inte som om vi är robotar. Jag skulle kunna säga att varje gnista är en värld i sig. Och ändå, när vi är tillsammans, blir det en massiv värld som är något större än individen. Så vi vet när vi är tillsammans finns det ett visst syfte som måste uppnås. Det är en fristad, verkligen en mycket säker fristad. Vi måste ibland gå ut från den fristaden till platser som inte är särskilt trevliga eller säkra. Men vi har sådan kärlek till den kraften, att vi vet att vi måste gå. Och vi är villiga att gå till dessa osäkra platser, för vi ifrågasätter inte begäran om vad som måste göras. Vi måste bara lita på det.

D: Om det är så bra där, varför skulle du separera och gå någon annanstans?

J: För att det finns något medfött i oss som måste hjälpa, som måste bringa den vackra tanken om skapelsen till liv. Och därför gör vi det villigt med kärlek, även om det har orsakat problem, för när vi är på dessa andra platser glömmer vi vem vi är. Det är viktigt att vi glömmer, för att när vi för in någon lärdom eller ljus i en annan existens – om vi visste vem vi är, om vi visste att vi kunde göra vissa saker, eller att det bara var en tillfällig vistelse – att vi är där för att göra en uppgift och gå tillbaka, skulle det ge en fördom till det som händer. För det finns vissa ljuskoder som vi sänder ut när vi är på dessa platser. Så det skulle förorena, det skulle förfärdiga det vi för in. Som ett exempel, i en skola är du en lärare. Du har en uppsättning ämnen eller ämnesområden eller en bit information att ge eleverna. Och kanske finns det interaktion mellan de två och sedan är det borta. Men vi måste gå igenom vad som än händer på den platsen. Vi måste gå igenom det själva, eftersom vi måste vara i samma situation som de är. Och genom att gå igenom de problem eller situationer eller svårigheter de har, berikar vi också det Stora vi går tillbaka till och expanderar det med den informationen. Men vi sänder ut koder medan vi interagerar och går igenom denna process, även om det är de svåraste situationerna eller lärandeövningarna. Vi sänder ut. Vi lämnar något där av oss. Och genom att arbeta igenom samma problem, visar vi en dörr eller en väg som de kan ta till förbättring, eller till högre utveckling eller vad de behöver gå igenom.

D: Du sa att du sänder ut koder?

J: Ja, det är något som görs omedvetet vid den tiden, för vi har återigen förlorat minnet. Och så är det något som kommer genom oss, och

Det Komplexa Universumet – Bok Tre

det går till marken. Det går till var vi än är, eller genom de entiteter som vi är i kontakt med. Och det är en omedveten interaktion. Men vi ger dem – du kan kalla det en "struktur i koder" – som de kan använda för att komma åt det så att de kan gå vidare. Så att de kan lära sig, men återigen är det viktigaste att vi inte minns. Annars kanske vi skulle ha en attityd av, "Åh, jag vet vad som kommer härnäst," så det förorenar övningen. Så vi måste gå igenom det själva med dessa andra varelser, eller vem de än är, så att det inte blir förvrängt. Men sedan går vi tillbaka, vi gör alltid det, oavsett om det tar oss år och eoner. Vi går tillbaka och den kunskapen berikar också, om vi nu kan kalla det "en tankesätt" – det är inte riktigt ett sinne. Det berikar det utrymme jag kommer ifrån, och det fortsätter att expandera med kunskapen. Och varje individuell gnista kommer att gå någon annanstans, och självklart, när de kommer tillbaka berikar de den kunskapen, den informationen och den förståelsen, oavsett om det är i rörelser eller olika sätt att göra saker på.

D: *Vad upplever du i det fysiska?*

J: Ja, ja, för ibland är det fysiskt. Vi har gått till en fysisk plats, och vilken tidslinje de än är i, är vi i den tidslinjen. Och så upplever vi vilken situation det nu är för dagarna, så att säga, var vi än befinner oss. Så när vi går tillbaka, är det fortfarande i oss, och den informationen expanderar det utrymme som blir större, om du vill. Och igen, det verkar inte ha några begränsningar, som topp eller botten eller sidovy eller något. Det är väldigt expansivt. Jag kan inte se ett slut på detta.

D: *Med informationen växer det.*

J: Ja, det expanderar också, ja, de skapande krafterna av Skaparens kunskap om sig själv. Det vet att vara allestädes närvarande i alla dessa saker. Men det måste också referera till det; det måste känna sig själv. Det är väldigt svårt att förklara, för det känner sig själv. Men genom att dessa gnistor individuellt upplever vad det är i någon form eller annan, sätter det också referenser till sin existens. Det vet att det är underbart, mäktigt, allt detta, men jag antar att det är ett steg ner till dessa andra gnistor. När de går ut, upplever de En form eller annan av dess härliga natur eller dess förmågor.

351

För vi är en del av Skaparen eller Gud, eller vad du nu vill kalla denna kraft.

D: *Det är detta du beskriver?*

J: Ja, när vi är alla tillsammans, är vi det. Oavsett om vi är tillsammans eller inte, är vi en del av det. Och när vi inte är, när vi är individer som går ner till dessa platser, har vi tagit dessa förmågor och dess kunskap, ut ur denna enhet. Vi går och gör vad som behöver göras. Och när vi kommer tillbaka, är vi en del av det Stora igen. Och det vet när en del av det är borta.

D: *Så det vet och håller reda på varje liten gnista?*

J: Ja, för vi är en del av det. Eller som, om det var ett universum, och vi är individuella världar. Du ser, när vi går ut, är vi individuella universum. Vi har all den informationen, och när vi kommer tillbaka, är vi en del av ett större. Det är svårt att förklara.

D: *Men när du separerar och går ut, är du en individuell själ vid den tiden? Vad vi kallar en själ eller en ande?*

J: Du är mer än det. I detta som jag ser, är du mer än en själ. Kanske en själ är som ett lägre – jag försöker inte säga "lägre, högre." Det är en annan förlängning av denna värld. Vi är nästan som en stjärna, som en sol är en stjärna. Så det är som allt i ett. Det är spirituellt, det är fysiskt, det är icke-dimensionellt och dimensionellt. Det är allt samlat i ett. Och när du kliver ner, är olika uppgifter involverade. Du kan vara involverad i att skapa något som är system av fysiska platser. Men sedan kan du kliva ner riktigt, riktigt längre, och du är en individuell gnista som en själ. Och du går till vissa platser för ett jobb. Samtidigt som du hjälper andra, lär du dig också genom att samla information som du har lärt dig där. Så du tar med dig det till systemen, till världen. Och sedan igen går du tillbaka till denna plats som liknar en lastkaj. Som att du är en del av det Stora.

D: *Då lastas all information av.*

J: Ja, och när du går tillbaka, transmuteras informationen som finns i den individuella världsgnistan – vad det än är – automatiskt till allt annat som finns där. Det kräver inget ansträngning, och när du går till den platsen, är det på något sätt definierat. Det är lustigt varför du omdefinierar ett utrymme i ett sådant begrepp, men du

Det Komplexa Universumet – Bok Tre

vet var ditt utrymme är. Och när du väl är där vet du, som ett skepp som går in i den speciella dockan. Och det finns en period när du sprider information, låt oss säga, till din chef eller din befälhavare och en nedladdning. Och det ges automatiskt när du är på den platsen.

D: *Men du sa tidigare att ibland går du till en fysisk plats, och ibland inte. Vilka är de andra platserna du skulle gå till?*

J: Det finns andra platser som bara är energi. Det finns ingen form inblandad. Det finns varelser med högre lärande, och de har inget behov av fysiskt utrymme, vare sig det är en planet eller en värld. Några av dem är bara färg. Några av dem är bara ljud. Ändå finns det levande medvetande i alla dessa saker.

D: *Men de har alla individuella energier som lever inom en sådan plats?*

J: Ja. De kan vara individer. Några av dem liknar det vi har som helhet. De blir som en grupp. Så de är en del av sin grupp, men det är inte som en individ, eftersom de inte nödvändigtvis har individuella egenskaper. De är bara en del av den platsen som inte har någon form.

D: *Vad skulle du lära dig på en sådan plats?*

J: Det finns alltid lärande att göra i olika situationer, som skulle gynna andra i hur medvetandet fungerar eller växer eller expanderar, eller inte växer och expanderar. Kanske är de i högre lärande, men de är fortfarande begränsade på något sätt, för att de inte har allt de behöver. Jag vet inte om det är begripligt. Så det finns svåra situationer där hjälp behövs på alla platser överallt. Det är bara att det är en annan typ av hjälp eller ett behov. Ibland handlar det om att utvidga deras kunskap. Jag vet inte om det handlar om att veta mer om känslor. Bara att ha en bättre förståelse av hela situationen, men allt passar ihop. Det har bara separerats för ett syfte.

D: *Men det låter inte lika komplicerat som människolivet, det fysiska livet.*

J: Nej, för här har du fler saker att ta itu med. Det är så mångfacetterat. Det betyder inte att svårigheterna för andra varelser i deras hemliga världar är mindre. Kanske är deras världar på väg att förstöras på grund av fysiska situationer. Fysiskt, inte vädermönster, men de kanske behöver hitta en annan plats att bo på, eller lösa sina problem i sin miljö. Men här har du fler problem; du har hela situationen. Så det är svårare att vara här. Och några av oss kommer ner från den där underbara platsen och vi förlorar oss själva. Och det tar oss ett tag att förstå vad som händer och att komma tillbaka dit.

D: Vad menar du med att du förlorar dig själv?

J: För att det finns inget minne av vem du är, du fastnar i det du arbetar med. Du är här för att hjälpa någon annan, eller för att hjälpa detta område. Men du blir en del av – inte problemet – utan en del av det för mycket. Du fäster dig vid det, eller du blir fångad i vad de känner och gör, och du glömmer var du kom ifrån. Du kommer från en högre plats av fred och förundran och förmågor. Här är du begränsad och du glömmer. Men på något sätt, i oss, finns det något som driver oss att sträva även när vi är så kallade "förlorade". Man skulle säga att det finns något inbyggt i dig som talar om för dig. Långsamt börjar du komma ut ur det och mer kunskap ges till dig. Och igen, det är en process som hjälper dig, för du inser att Skaparen inser. Ibland inser individer – när de är individer – inte att allt detta kan hända. När du kommer från en underbar situation, har du ingen aning om vad du kan komma in i, för du vet inte något annat. Så det är som den rika mannen, om han hade massor av pengar, mat och ett bekvämt hem. Ibland kan han inte sätta sig i skorna på en person som inte har något. Och du måste uppleva det för att förstå det fullt ut. För att förstå vem du är. För att förstå de möjligheter som finns där ute. Den rikedom av all mångfald som gör detta Whole som vem Gud eller Skaparen är, eller vad den kraften är, eller av expansionen. Det är rikedom i känsla och i förståelsen av vad du verkligen är. Vem du verkligen är, eller vem du verkligen är en del av. Det är därför du inte kommer ihåg.

D: Finns det inte en fara att du kan bli helt förlorad, och inte veta hur du ska komma tillbaka?

J: Ja. Och jag tror att det i detta fall är vad som hände mig. Men igen, det finns en förståelse, det finns ett hopp, det finns en gnista. Det

Det Komplexa Universumet – Bok Tre

finns något i oss som talar om för oss, nej, du måste fortsätta. Du måste sträva. Det finns ljus i slutet av tunneln, så att säga, och du kommer att hitta din väg igen. Men igen, genom att göra det, hjälper du vem du än är i kontakt med att få deras styrka, och deras väg tillbaka. Men när du kommer tillbaka dit, säger du: "Åh, min gud! Det tog mig så lång tid att göra vad jag behövde göra." Du tror att du förstår allt, men när du väl kommer in i dessa situationer eller platser, är en del av det så mörkt att du lätt kan förlora dig själv. Men igen, det finns något inbyggt i den individen eller gnistan som kommer att föra dig tillbaka.

D: *Jag undrar hela tiden, när du ger dig ut på dessa resor, finns det någon eller något som talar om för dig vart du måste gå?*

J: Återigen, det är svårt att beskriva vad det är. Du vet eftersom det kommer till dig i en tanke, som dessa individuella gnistor som gör upp vad denna ena enhet vet. Det är väldigt svårt att förklara. Det är som en vetskap. Du vet vart du måste gå.

D: *Jag trodde kanske att det fanns någon eller något som höll en bokföring och sa "Det här är vart du måste gå nästa."*

J: Nej. Allt är känt. Det finns en som vet vem som är där ute, och vad de gör. Men det är inte som en bokföring av det slaget. Det är allt mentalt. Det är en inbyggd slags sak. Nu, vad som har hänt tidigare när människor har blivit vilse när de hjälper varelserna som bor där, kommer andra och försöker hjälpa dem. Så i vissa fall, beroende på var du har gått vilse – för många har glömt vem de är – finns det alltid en timing inblandad, och det finns hjälp. Det kommer att bli känt för dessa människor när tiden är rätt. "Okej, det är dags att inse vem du är, och du var menad att göra något här och gå tillbaka."

D: *Så de som kommer och hjälper är andra gnistor?*

J: Ja, ja, det är de.

D: *De vet att du är i trubbel, så de kommer och försöker hjälpa. (Ja, ja.) Nåväl, i mitt arbete har jag upptäckt mycket om andevärlden dit vi går efter att vi lämnar den fysiska kroppen. Är det en annan plats?*

J: Ja, det är en annan plats. Den sätt jag ser det härifrån, det jag förstår, är att andevärlden är associerad med vissa... låt oss säga att jorden

355

har så många lager av – inte lager. – Men när man ser på planeten Jorden, har den en andevärld, den har en dimension. Varje planet har sina egna dimensioner och detta är en plats som är associerad med det. Där jag kommer ifrån finns det inte en andevärld som sådan.

D: *Så fysiska varelser, när de lämnar den fysiska kroppen, går fram och tillbaka till sin egen individuella andevärld?*

J: Tja, de utvecklas också. Och när de kommer fram och tillbaka, kommer de att utvecklas till nästa nivå som är associerad med den planeten. Så småningom kommer de att arbeta sig själva tills de kan gå till andra världar och uppleva andra situationer där. Men jag ser det som en progression till högre delar av jorden eller dimensioner som är associerade med det, eller energisfärer runt den specifika platsen. Sedan, när de utvecklas vid vad de lär sig, ibland finns det varelser som kommer att hoppa. De behöver inte gå igenom olika dimensioner eller lager för att gå till en annan plats för högre lärande. Eftersom vad de har upplevt på den nivån – "nivåer" är ett bättre ord – de hade allt i den upplevelsen, så därför kan de gå till olika delar. Det är väldigt konstigt sätt jag ser på det. Jag ser det som separat och ändå är det en del av allt. Det är som denna plats där jag är, finns där. De andra systemen är i en annan situation, och ändå vet jag att det är en del av allt. Som vi alla är en del av allt. Det verkar bara som ett finare nivå. Och några av oss, även om vi har upplevt situationer på jorden eller någon annanstans, har vi alltid kommit från den här platsen.

D: *Så allt initieras, kommer från den platsen. – Jag ville vara säker på att det jag har hört om andevärlden också är korrekt. De existerar separat då.*

J: Ja, jag antar att det är olika nivåer av samma sak. Men på vissa ställen existerar de inte som vad du skulle kalla en andevärld.

D: *På jorden säger vi att vi ackumulerar karma när vi kommer hit, på grund av alla saker vi engagerar oss i. Vi fastnar, för vi måste komma tillbaka gång på gång för att betala tillbaka karmalagen. Är det korrekt?*

J: Ja, det är det, och det är en annan sak vi har fastnat i. Entiteter som kommer för att hjälpa har fastnat i situationen. Det är gjort så. Det är inte så enkelt som, "Okej, jag vet vem jag är. Jag är här för att göra något." Vi fastnar i det, och sedan är vi själva – inte en fånge – men vi hålls i denna energi tills vi arbetar ut vad vi har skapat. Vi har kommit ner för att hjälpa en särskild plats, situation, varelse, men sedan fastnar vi i sörjan. Så därför är vi lite fast, om du vill, tills det också har arbetats ut; tills vi hittar vår väg ut. Men det är inte en negativ sak på ett sätt, för i att hitta ut, ibland är detta där rikedom av information finns. För, om du skulle komma från den platsen till detta, och du zappar in och ut. Du har gjort din sak, men du har inte verkligen upplevt något. Du har inte känt något. Det är för snabbt. Så i att vara fast, där är det en positiv sak. Vad du än känner och går igenom, berikar du det Stora i sin expansion av dess kunskap. Dess expansion av känslor, expansion av allt det är. Så det är inte nödvändigtvis en negativ sak. Det är en bra sak på vissa sätt, för allt tjänar ett syfte. Det är allt sammanvävt och det tjänar syften. Du vet inte riktigt vad det syftet är när du är här nere.

D: *Då verkar det som att du måste arbeta igenom det först innan du får komma tillbaka hem.* (Ja) *Jag har blivit informerad att på andesidan finns det människor som hjälper dig, ger råd.*

J: Ja, guider och sådär. – Jag vet att det finns vissa saker jag inte kan veta just nu för att det skulle fördunkla. Om jag har vissa frågor, till exempel, och om jag vet allt (och jag vet inte allt, för det finns alltid lärande) skulle det komplicera – inte komplicera det – men det är som om det kommer finnas en lämplig tid när allt kommer att avslöjas. Det finns vissa saker jag än måste lära mig för att gå igenom. Och jag måste vara tålmodig och verkligen ha tro. Jag tror att vid en tidpunkt förlorade jag min tro, för jag trodde att jag blev lämnad här. Och de kommer inte att hämta mig.

D: *Är det så du kände?*

J: Vid en tidpunkt tror jag att jag gjorde det. Och därför måste jag lära mig att det inte är ett straff alls. Jag måste gå på tro ett tag.

D: *Varför hade du känslan att du var lämnad här och glömd bort?*

J: Jag tror att det är en situation där, när du förstår var du kom ifrån, och de förmågor du kunde uppleva. Du visste vem du verkligen var. Och du kom ner och låt oss säga, att du arbetade i en väldigt låg vibration, du kunde antingen – när du har glömt – fastna i den situationen, eller du har en slags överlägsenhet. Du ser, det är därför ibland det inte är bra att förstå. Det är väldigt komplicerat. Du kan känna dig överlägsen de andra människorna du är med, eller varelser, eller vilken situation som helst. Och då förlorar du den spirituella sidan av vem du är. Du tror att du är bättre än någon annan. Och därför kommer du djupare in i den negativa energin eller den platsen eller situationen. Men ändå vet du att det finns en del av dig som är vacker, som är helig, som är kärlek. Det är alltid där i dig. Och du är på något sätt mellan, där du vet vem du verkligen är, och sen glömmer du. Du blir frustrerad och, "Varför kommer inte någon från där jag kom ifrån och hämtar mig ur denna situation?" Och ändå har jag fått mig själv i den situationen. Så det finns inget omdöme. Jag måste lära mig. Jag måste gå igenom olika upplevelser för att hitta min väg ut. Och ändå, de är där med dig och de kommer alltid att vägleda dig till människor eller situationer. Eller när det är dags, och du är redo, att komma över den arrogansen som du hade i den specifika situationen, för igen, du pratar om karma. Det är orsak och verkan. Vad du än skapar måste du leva med konsekvenserna. Även högre varelser kan förlora vägen en tid, och de måste gå igenom samma. Du vet att processen är densamma. Det är bara att kriterierna är olika.

D: *Så även de tar en chans.*

J: Ja, du gör det, du gör det. Var du kommer ifrån, det är så underbart, och du vet att du kan göra alla dessa saker. Men du inser inte hur tät det är i vilken situation eller plats du än är. Så genom tiden kan du bli neddragen i det du skapar. Självklart skapar och manifesterar du hela tiden.

D: *Det är därför du sa att det kan ta eoner av tid.*

J: Ja, det kan det. Men när du sedan kommer tillbaka, är det så underbart att vara där att du tänker: "Åh, jag var bara borta i några sekunder."

D: *Då finns det tider när alla gnistor går tillbaka till Källan?*

J: Ja. Det finns en tid när det är som en viloperiod, då de gör det. Vi är alla tillbaka. Och sedan är det dags att gå ut igen.

D: *När alla gnistor är tillbaka tillsammans, vad händer med de skapelser de har skapat?*
J: Jag tror att allt dras tillbaka, på det sätt jag ser det. Vid något tillfälle måste allt komma tillbaka, oavsett om vi är den individuella gnistan och vi har skapat världar och vad som helst. Alla måste komma tillbaka för en viloplats. De kommer alla och blir en del av det Stora igen, så dessa skapelser tas tillbaka, eftersom de verkligen är manifestationer. Men det finns en dubbel sak här, där de alla kommer tillbaka för en vila. Och det är när allt kommer tillbaka för en vila.

D: *Då, i så fall, försvinner allt de skapade?*
J: Ja, på det sätt jag förstår det. Det finns ingen kraft för att hålla det där. Allt det kommer tillbaka till sin viloplats för en tid. Men mellan dessa stora expansioner av tid, kan de individuella gnistorna gå in och ut och göra vissa saker och komma tillbaka för en vila. Det betyder inte att alla är i vila, men det finns tidpunkter då de alla kommer tillbaka.

D: *Så när alla gnistor går tillbaka i det Stora, försvinner allt de har skapat?*
J: Det är som att dra in. Till exempel, jag skulle ha skapat så många saker. De integreras tillbaka i mig, och jag integreras tillbaka i det Stora. Och sedan skapas något annat. Något fräscht. Allt absorberas tillbaka in i den där enheten av kunskap, energi, skapelse av allt du kan tänka på. Det går tillbaka dit, och du känner dig som en del av allt. Det finns ingen separation.

D: *I så fall försvinner det inte riktigt. Det integreras bara.*
J: Det integreras tillbaka, exakt. Men alla dessa saker jag har skapat som individuella manifestationer, inget går verkligen förlorat eftersom det var en del av mig, och jag var en del av det.

D: *Så efter att du har vilat ett tag, vad händer då?*
J: Då är det dags att börja igen. Det är en annan sak. Det är konstant. Men du ser, den kunskap som förvärvades under den perioden av skapelse, av manifestation, går inte förlorad. Det är en del av den enheten. Det är en del av den individuella gnistan, så det går aldrig förlorat. Det är en del av dig. Så du går ut nu och skapar mer. Och

du går igenom den processen igen av lärande. Men ändå är det som något nytt, något fräscht, och ändå något gammalt.

D: *Men under dessa skapelseperioder, lever du inte bara på jorden, utan på många andra platser också?*

J: Ja, många platser.

D: *Och du kan leva i många olika typer av kroppar också, eller hur?*

J: Ja. Var du än går, är du fortfarande du. Men det finns något syfte med det. Det är att bringa ljus, att bringa kunskap, att bringa skapelse in i blandningen. Du bestämmer, med hjälp, vart du behöver gå.

Jag bad sedan denna entitet att gå och bad det undermedvetna att komma fram för att svara på Jennys frågor. Jag vill alltid veta varför ämnet visades just det specifika livet.

J: För att alla hennes frågor (och hon vet det här djupt inom sig) inte är betydelsefulla. De är inte viktiga. Hon måste inse att hon är en del av ett större Whole som är mycket viktigare, vilket skulle tillfredsställa vad hennes behov än må vara. Hon måste komma ihåg att hon måste gå till toppen. Det är inte viktigt att hon vet vilka kopplingar det finns med denna person eller den andra. Det är viktigt för henne att gå tillbaka till grunderna. Att fokusera sin uppmärksamhet på toppen. Oavsett vad som kommer in i hennes liv, vad som än visas för henne, att se på det med en känsla av förundran. Oavsett om hon har hinder eller utmaningar, måste hon inse att hon är en del av det ni kallar Gud, eller den kraften. Att ha tro på att det kommer att ordna sig, att vad än hennes livs syfte är, kommer att komma till henne. Människor kommer att komma in i hennes väg som hon kommer att arbeta med. Hon måste se den större bilden, i att alla dessa saker är manifestationer. Och jag tänker inte ge henne några svar.

D: *(Jag blev överraskad.) Men hon har frågor.*

J: Ja. Och jag tror att hon kommer att förstå vad hon beskrev, processen. Det finns vissa bitar av information som kommer att hjälpa människor att röra sig och utvecklas. Hon, i sig själv, måste ta itu med det faktum att hon springer utan – inte hjälp – det finns hjälp där, men hon kommer att behöva gå lätt. Jag använder ordet "lätt". Hon måste gå på tro. Hon måste ha tro på att enheten hon var en del av, den värld hon var en del av, var kärlek. Det fanns kunskap, det fanns information, det fanns medvetande. Det är så bortom vad hon förstår vid detta ögonblick.

D: *Det är bortom vad många av oss förstår.*

J: Ja, exakt. Även om vi ger henne information, måste hon gå, hon måste odla. Och detta är en av de förmågor hon måste odla, hennes inre vetskap. Att även om hon strävar efter denna koppling eller den, är det för att vårda den utan att se, utan att röra vid, för det kommer att göra hennes struktur stark. Se, hon har glömt strukturen, hon har glömt vem hon var. Hon har glimtar ibland av vem hon är, men hon har styrkan, och den strukturen är hel, den är stark. Den är fylld med kärlek, medkänsla, förståelse för andra. Och detta är förundran, detta är spänningen, detta är upplevelsen av allt i att inte ha alla svar, även om de bara är små bitar. Det finns en förundran i att inte veta, men förstå att hjälpen är där för henne. Och det finns människor där, vem de än må vara. Hon måste komma bort från namngivningen av saker, och bara känna och odla sin egen inre vägledning, och hon kommer att komma dit. Hon kommer att komma dit.

D: *Är det därför du valde att inte visa henne några tidigare liv?*

J: Ja. Hon måste gå tillbaka till grunderna. Strunta i rymdskepp och andra världar. Atlantis. Hon var en del av den tiden, men hon måste gå tillbaka till var hon kom ifrån. Till den kärleksfulla strukturen som är ett, som integrerar alla saker som en sak. Och det är kärleken till den enheten, eller att vara en del av den. Det är en fristad att inte glömma. Inte att trampa ner. Ja, skapelse, vi alla skapar, men det är inte att fastna igen i skapelsen. Det är att förstå varför det gjordes, var vi kom ifrån, och inte fastna i de saker vi gjorde.

D: *Jag får fler och fler människor nu som får höra att tidigare liv inte är viktiga. Det är vad vi gör från och med nu.*

J: Ja, ja, ja, exakt. Vi är alla Gud. Han vill att vi ska vara lika med honom. Han vill att vi ska ställa honom frågor, att utmanas. Inte att tänka: "Åh, jag måste böja mig för detta." Det är frågorna. Det är att vara lika. Han är en del av oss, och därför vill han att vi ska dela lika med respekt. Det är inte att vi ska gå blint med tro, och göra vad någon säger åt oss att göra. Det är inte vad han vill. Och det är okej.

D: Så det finns inget behov av att grubbla på karmalagen längre.

J: Nej. Det finns inget behov. Och om vi har någon känsla alls, finns det högre varelser vid vår sida. Eller Gud är vid vår sida, eller de går tillsammans med oss. De kommer att ta med sig de rätta människorna, möjligheterna, för att du ska uppfylla det du måste uppfylla. Du kan vara vad som helst i andra liv, men det du verkligen är är en del av detta nät, en del av denna helhet. Det är inte viktigt vad kroppen ser ut som eller vilken smärta den har. Vi kan dö många gånger. Det spelar ingen roll. Vad som spelar roll är själen. Den högre existensen som är evig. Det är det du måste närma dig.

D: Det är det du vill att människor ska veta.

J: Ja, ja. Vi måste gå tillbaka till det grundläggande. Men den viktigaste sanningen är att vi är en del av något enormt, kärleksfullt, som har kunskap om allt. Och vi måste frigöra oss från de skapelser vi själva har skapat. Vi manifesterar varje sekund av dagen. Och vi får inte fastna igen och förlora vår – vi kallar det "gudomlighet" – förlora den gnista av liv som vi har, genom att fastna i "Vem var jag, vad gjorde jag?" Du släpper också taget. Du upplever inte det liv du har valt att uppleva. Vi kan inte veta allt. Det är som ett under. Nästa hörn kan föra med sig något enormt. Men om du visste allt, skulle inte glädjen av att upptäcka det finnas där igen – men istället upptäckten av vilka vi verkligen är. Sikta högt mot den kärleken. Visa den kärleken till alla du möter. Medkänsla och förståelse kommer till dig.

Från ett annat fall:

Det Komplexa Universumet – Bok Tre

Teresa ville veta vad som hände under en upplevelse hon hade i februari 2005. Hon mediterade när hon plötsligt fann sig själv i en mörk, form-lös plats av intet, som hon bara kunde förklara som "tomrummet". Det var inte skrämmande, istället gav det henne en stor känsla av upplysning. När hon återvände till ett medvetet tillstånd försökte hon förstå det logiskt, men det gav ingen mening för henne. Det undermedvetna förklarade:

T: Det var bara en upplevelse av att vara mer i kontakt med några av dessa mer raffinerade nivåer, eller andra nivåer av medvetande. Att släppa bilderna utan att släppa denna specifika kropp. Jag tillät henne att ha den upplevelsen. Så det är inget annat än att visa henne att det verkligen är ett enda medvetande. Och den upplevelsen av tomrummet som hon hade går till och med till en mer grundläggande nivå av det medvetandet. Det är intet som allt kommer ifrån. Allt kommer från det. Det är oändligt, och det är allt, på sin mest oraffinerade nivå. Och när hon hade den upplevelsen, skulle det vara naturligt för henne att känna igen att inget av detta är verkligt. Att se att, ja, på en nivå är det verkligt, men från den nivån av tomrummet, är detta bara nära ytan, bara en nyans, bara en färgtint. Väldigt lite. Att den verkliga verkligheten är medvetandet och är basen för medvetandet, den rena tomheten, intet, från vilket allt medvetande härrör.

D: *Är det intet jämförbart med Källan, eller är de två olika saker?*
T: Det skulle vara Källan.
D: *För jag har hört Källan beskrivas som ljus.*
T: Det är mörkret från vilket ljuset kommer. Det är bortom ljuset.
D: *Folk säger att när de återvänder till Källan, eller när de startade vid Källan, så är det alltid ett starkt ljus.*
T: Från min synvinkel kan jag säga att ljuset kommer från mörkret. Inte – igen, från min synvinkel – att förvirra mörker med ondska eller något negativt. Det är helt enkelt det som innehåller ljus. Och från min synvinkel är det Källan. Det kan finnas något bortom det, men det är vad jag ser från där jag är. Intet. Och från intet kommer ljuset. Och från ljuset kommer den differentiering som vi kallar någcoolot.

SEKTION SEX

SKAPELSEN

KAPITEL TJUGOTRE

ÖVNINGSPLATSEN

Wendy hade just lämnat livet som en mask (i kapitel två) och jag ville följa henne för att se vart hon skulle gå härnäst.

W: Jag funderar på vad jag ska göra härnäst. Jag lutar mig över ett imaginärt skrivbord och studerar – vad ska jag göra, vad ska jag göra? Många möjligheter.

D: *Finns det någon som hjälper dig att fatta beslut?*

W: Det finns många gamla, som verkar gamla, med långa skägg. De funderar, tittar på mig, bara väntar och ser vad jag bestämmer mig för. Jag verkar vara i fysisk form, ung, manlig. Och dessa gamla män står runt omkring mig och tittar bara på mig. Jag arbetar vid ett skrivbord. Jag är verkligen ung. Det ser ut som kartor på skrivbordet.

D: *Vet du vad de gamla männens jobb är?*

W: Det är som om de funderar på vem jag är och vad jag gör. De studerar mig. Jag tycker detta är roligt, för de tror att jag inte borde ha så mycket kunskap, för jag är så ung.

D: *Låt oss ta tiden framåt och ta reda på vad du beslutar att göra. Du har haft mycket tid att tänka och fundera. Vad ska du göra nu?*

W: Jag lämnar de gamla männen bakom mig. Jag ger mig ut på en lång resa för att se vad denna plats handlar om.

D: *Vad är det för plats?*

W: Jag vet inte. Det verkar vara verkligt, men det är inte verkligt. Det finns träd och skogar. Du kan se det, men du kan se igenom det. Det har form. Det är verkligt. Det är bara inte så tätt. Inte så fast.

D: *Vet du vad denna plats är?*

W: Den bara flyter omkring. Den bara finns där. Det är som att du kan skapa. Du tänker på det och du kan skapa det. Du tar ett steg, och när du tar ett steg har du skapat genom att tänka. Det är som att gå i luften, och det finns inget där tills du skapar det med ditt sinne. Detta är så konstigt. Annars, om du inte skapade med ditt sinne, skulle du steppa ut i intet. Det är inte logiskt. – Men åh, det är roligt! Det är fantastiskt roligt!

D: Så du kan skapa vad du vill där?

W: Du måste använda ditt sinne. Det är nästan som att leka. Jag är ung. Det är som om jag lär mig. Jag skulle inte ha något att stå på, vara i eller vara en del av om jag inte skapade det med mitt sinne.

D: Tror du att det är det du gör nu? Lär dig att göra detta?

W: Ja. Det är som om det är i sinnet. Du tänker på det, och sen tar du det ner och gör det till verklighet. Jag vet inte hur jag ska förklara det. Det är som om det är i den tankebilden, och tankebilden är verklig, men det är inte verkligt, eftersom det inte är fast. Men först måste du skapa det i en tankebild för att det ska ta form. Det är det! Att ta form! – Det är som om jag inte kan röra mig förrän jag skapar framför mig. Annars är du fast med intet, tills du skapar det med din tanke. Det har ingen substans tills du lägger i detaljerna, detaljerna, detaljerna – detaljer. Det kallas "manifestation". Manifestera. Det är skapande. Detta är så spännande. Annars är det ett tomrum om du inte skapar och manifesterar något.

D: Är detta något viktigt för dig att lära dig?

W: Ja. Progression. Progression, annars stagnerar du. Du går ingenstans. Du lär dig hur du skapar. Du lär dig att skapa en verklighet. Att experimentera, att vara.

D: Så detta är nästa steg, att lära dig att göra detta, innan du går vidare någonstans.

W: Ja. Det är tanke. Och sen kommer tanken in i form. Tanken – du tänker på det, och sen är det. Du lägger detaljerna i det och sen manifesteras det.

D: Är det någon som hjälper dig att lära dig detta?

W: Det verkar som om detta rike är dit man går för att göra detta. Och det finns andra runt omkring. Jag ser ljuspunkter. Jag vet inte vad det handlar om. Elektricitet. Punkter. Men det verkar som om det finns andra. Detta är dit man går för att experimentera. Detta är ett rike där vem som helst kan gå för att lära sig att skapa. Det är en skaparskola, men jag är ung.

D: *Så du har mycket att lära dig?*

W: Mycket att experimentera med, och det verkar som att du inte exakt har en lärare. Vad du har är ditt sinne.

D: *Så ingen visar dig hur du ska göra.*

W: Nej. Du experimenterar. Och om det inte blir rätt, så raderar du det, eller gör om det. Och återskapar tills du får det som du vill. Du kan se det innan det faktiskt tar form. Du kan se att det inte kommer att bli perfekt, och då kan du avskapa det. Det når aldrig den manifesterade, tjocka, täta stadiet.

D: *Så det stannar inte. Du har tid att ångra det.*

W: Ja. Tid betyder inte så mycket. Du är inte medveten om tid. Du fortsätter bara att skapa saker. Det är konstigt. Det är konstigt!

D: *Varför är det viktigt att lära sig hur man manifesterar saker?*

W: För att få dig att tänka innan du hoppar.

D: *Vad menar du?*

W: Hoppa inte och tänk sen, för då kan du förstöra en massa saker. Om du tänker igenom det, så är det lättare än att hoppa och sedan behöva gå tillbaka och göra om, och göra om, och göra om. Så du går långsammare. Och tänker igenom det, tänk på det! Tänk på det mer klart, detalj för detalj för detalj. Det finns många andra här som gör samma sak. Herregud! Den här personen arbetar med färgen lila. Det verkar som om han bara viftar med händerna, och denna lila rör sig i olika former. Helt fascinerande! Energi-rörelse. Det är roligt! Påminner mig om Fyrverkeri med en stav, och sen rör den sig genom luften.

D: *Så, på den platsen är du bara begränsad av din fantasi?*

W: Ja. Vad du tänker kan du skapa. Det är en plats att öva på, och det blir inte fast form. Det är en övande, skapande plats, men du måste vara mer uppmärksam på detaljer. – Som om du skulle göra ett träd, så tänker du inte bara ett träd, och alla delar finns där. Du måste tänka på hur ett träd växer. Vad alla komponenter av ett träd är. Detta blir verkligen, verkligen, verkligen detaljerat.

D: *Det är mer än vad folk tror.*

W: Mycket mer. Annars skulle det bara vara ett platt träd, ett dött träd. Det skulle se levande ut, men det skulle inte vara det. Det påminner mig om pappersdockor. Du ser formen, platt, men den är inte levande.

D: *Den har inte den substans som något levande har.* (Ja) *Är detta något du kommer att kunna använda?*

W: Jag behöver komma ihåg att vara mer detaljerad, vara mer exakt. Sluta hoppa, hoppa, hoppa in i saker, och sen behöva ta ett steg tillbaka och göra om. Gå för snabbt. Var mer detaljerad. Mer grundlig. Grundlig, grundlig, detaljerad, detaljerad.

D: *Är detta en plats som alla måste gå till?*

W: Nej. Om du är intresserad av energi är det en bra plats att gå till om du vill skapa saker. Det verkar finnas ett överflöd av energi att arbeta med. Det är nästan som om alla är unga. Det är barnsligt, och nyfikenheten är gränslös. Jag vet att det finns andra verkligheter, men du är inte medveten om dem. Du är helt enkelt inte intresserad. Du har så roligt med att skapa. Det är som att rita och sedan radera om det inte är rätt. Och sedan kan du bara göra om det. Och du hamnar inte i trubbel där, för det är inte en solid värld. Det är jätteroligt.

Jag undrar om hon kände sig ung för att hon just hade lämnat livet som en mask. Det var ett väldigt enkelt, okomplicerat liv där manifestation inte var ett alternativ. Kanske, på grund av hennes brist på erfarenhet, behövde hon gå till övningsplatsen för att lära sig att manifestera, för om hennes nästa steg var att gå in i en fysisk mänsklig kropp, skulle denna talang och förmåga behövas.

D: *Kanske är det för att lära sig disciplin. Det skulle vara svårt om det var en fast värld.*

W: Det skulle vara den skrämmande delen.

D: *I en fast värld, om du skapar det, kommer det inte att försvinna så snabbt, eller hur?*

W: Nej, och det kommer att vara missformat. Och åh, energin är så tät och tung. Det är inte lätt att justera. Det är viktigt. Det är svårt att justera täta former.

D: Det är därför du måste öva först.

W: Öva, öva. Ja. Rensa. Hjälp att justera illa formade täta former. Det låter konstigt.

D: Vad menar du?

W: (Tycks lyssna på, eller läsa från, instruktioner.) "Hjälp att återjustera täta former som har blivit ur linje, som inte fungerar korrekt. Detta kan göras..." Hmmm. – Jag ser människor gå i täta former, böjda över, armar hängande ner, släpande sina ben, som om det är ett enormt arbete att vara i en tät, tung form.

D: Menar du en fysisk kropp?

W: En fysisk kropp, ja. Den är inte korrekt justerad. Du vill gå fram till dessa täta former, ta dem runt midjan, och lyfta dem till en rak, upprätt, lättare varelse. Detta är bara galet. De kroppar de har tagit på sig är så täta att de behöver återjusteras. De kan inte ens producera ett barn, en avkomma som är korrekt justerad. Dessa kroppar kommer inte att skapa en avkomma som är balanserad.

D: Var är dessa kroppar?

W: De går bara runt här på jorden. På jorden! Vad som verkar för det nakna ögat är inte vad som faktiskt är. När du ser på dem är de människor. Men faktiskt, med det inre ögat, är dessa former böjda över, släpande. Energin är ur linje. De är tunga. De saknar hopp.

D: Men de ser inte ut så här på utsidan.

W: Nej, det gör de inte. Detta är dolt.

D: Hur hamnade de ur linje?

W: Över tid. Jag ser dem komma tillbaka, komma tillbaka, komma tillbaka. De har förlorat det de visste från början. De har kommit hit på jorden så många gånger, att de har glömt att bli lättare.

D: Då hjälper det inte att komma tillbaka hela tiden?

W: För dessa har det inte hjälpt, eftersom varje livstid läggs ovanpå, och det blir tyngre och tyngre och tyngre. Du känner att du vill kasta av det och lyfta deras form. Du vill tömma mörkret, det tunga slammet. Jag ser slam. Du vill rensa det och hjälpa dem.

Det här lät som vad Jesus sa i *They Walked With Jesus*. När han såg på folkmassorna som samlades runt honom, såg han dem som klumpar av kol, mörka och tunga. De var omedvetna om att det inom dem fanns ljusa diamanter som bara väntade på att avslöjas.

W: De vandrar runt och letar efter svar och vet inte vad de ska göra åt det.

D: *Finns det någon som kan hjälpa dem?*

W: Det finns ljus. Former som är som ljus som går upprätt. Och de går fram till dem, och de täta dras till dessa ljusformade.

D: *Är dessa former också i människokropp?*

W: Ja. Och de vet inte alltid att de är ljusformade heller. (Chockad suck – hon blev mycket känslomässig.)

D: *Varför stör det dig?*

W: Det finns många av dem runt omkring. De vet bara inte vem de är. De vet inte vad de ska göra. De har också glömt. Och de väntar bara, väntar på en specifik tid.

D: *De fastnar här också, menar du, utan att förstå varför de är här?*

W: Ja. De fastnar också, men de har fortfarande det ljuset. Och de som är som slam, dras till detta ljus. Det är som en rengöring. (Mildt snyftande.)

D: *Finns det ingen som kan säga åt dem att vakna, för att låta dem veta?*

W: När tiden är rätt.

Det här kan vara förklaringen till de många, många människor som kommer till mig. De säger att de söker efter vägledning. De vet att de är här på jorden för att göra något, men de vet inte vad. Det blir en plågsam känsla som inte lämnar dem. Under sessionen säger undermedvetet alltid att de är här för att hjälpa. Att hela, ge hjälp, förbereda människor för vad som komma skall. De sägs aldrig vara här för att leka, dricka, ha sex, tjäna massor med pengar, eller fastna i världens sätt. De sägs alltid vara här för att hjälpa de andra. Och vanligtvis är det på sätt som de aldrig hade tänkt på med sitt medvetna sinne.

W: De här människorna med ljuset börjar långsamt förstå...Det är som om de stöter på detta slam, eller rör vid det, eller kontaktar det, och detta börjar smälta bort från de här böjda, tunga, täta formerna. Men det finns ingen som kan säga åt dem vad de ska göra.

D: *Vet du vad du ska göra?*

W: Vänta på en specifik tid, hoppas att några av dessa täta kanske stöter på mig.

D: *Kan du inte gå och leta efter dem?*

W: Nej. Det är som en magnetgrej, som att bli dragen till. Det fungerar åt båda håll. Du måste röra dig runt, och de rör sig runt. Och ni dras samman som magneter.

D: *Ingen av er är medveten om att det händer.* (Nej) *Känner du något när detta händer?*

W: Ja. Jag kan känna deras tömning av denna tunga, tunga energi. Och det ger mig stor glädje. Det verkar som om de har varit på det här sättet länge.

D: *Är du tillbaka i en fysisk kropp när du gör detta?*

W: Ja. Vi med ljuset går upprätt. Detta är konstigt, men de med den tunga energin verkar vara böjda. Detta är inte i verkligheten, men det är känslan. Perceptionen.

D: *Så du är tillbaka i en fysisk kropp, men du kan se dessa saker?* (Ja) *Vilken typ av fysisk kropp är du i?*

W: En lång, lätt kropp.

D: *Är det så andra ser ut?*

W: Ja, nästan som renhet för dem. De dras till det, de vill vara så, men vet inte hur de ska bli så.

D: *Om någon annan såg dig i den fysiska formen, skulle de se dig som en lång, lätt kropp?* (Ja) *Har den ett fysiskt skydd över sig?*

W: Ja, men det är också lite genomskinligt. Det är halva huden, och vi bär kläder. Men kroppen verkar vara lite genomskinlig eller transparent. Ett glänsande, strålande ljus av acceptans, av att inte avvisa någon. Dessa andra går bara omkring.

D: *Är det här vad du gör efter att du har lärt dig att manifestera energi? Kommer du tillbaka till den fysiska kroppen för att använda det?*

W: Det är att minnas att jag visste hur. Jag hade varit där och lärt mig att skapa. Ett minne att jag hade varit där.

D: *Kan du berätta vilka som är ljusvarelser?* (Ja) *Och vet andra i den fysiska kroppen?*
W: De kan definitivt se en skillnad. Det finns ingen jämförelse. Hur ska jag förklara? Det är en visshet. Det är en energi som ljusvarelserna utstrålar. De ser faktiskt ut som alla andra människor, men du ser med en annan perception. Det är en visshet. Du kan känna energin. De som är slamiga kan inte. De dras bara som magneter. De förstår inte det. De vill ha hjälp. De är trötta på att vara böjda och tunga, tunga, tunga, tunga, tunga, tunga.
D: *Om de dras till ljusvarelserna, förändras deras liv då?*
W: Ja. Du ser dem sortera titta upp och märka att det finns något annorlunda, att de inte behöver leva så. Men vissa av dem vill inte förändras. De tror att det är allt som finns. De vet inte vad de ska göra åt det. Det finns andra som söker, men de tittar ner, tittar ner. De ser bara jordiska saker. Och plötsligt inser de kanske att det finns mer än bara de jordiska sakerna, de materiella sakerna. Och de vrider lite på huvudet uppåt, och det är som att titta åt ett annat håll. Som att titta mot andevärlden. När de vrider på huvudet så där ser de att, ja, det finns något annorlunda. Det finns andra där ute. De är som dem, men de är inte som dem.
D: *Och detta gör förändringen för att leda dem på en annan väg.*
W: Ja. Och beröring, du vill beröra dessa. Det är så sorgligt! (Emotional.) De har varit så här så länge, och varje gång de kommer till denna Jord, blir det tyngre och tyngre. Jag förstår inte. Varför blev de inte lättare istället för att bli tyngre och tyngre och tyngre? Berör dem. Ibland är det bara en beröring.
D: *Det är allt som krävs. Något väldigt enkelt.*
W: Ja. Gå bara bland människorna. Bara energin. Bara genom att röra vid folk. Ibland är det öga-mot-öga-kontakt. Energi överförs. De vet på själsnivå, men inte nödvändigtvis på medveten nivå, att detta äger rum.

Jag bad henne sedan att lämna den scenen och gav instruktioner för Wendys undermedvetna att komma fram och svara på frågor.

Det Komplexa Universumet – Bok Tre

D: *Wendy letade efter svar. Du visade henne många saker. Varför visade du henne den här delen om att vara en ljuskropp som hjälper de tyngre formerna? Vad försökte du säga till henne?*

W: Det är därför hon kom hit. Hon ska minnas varifrån hon kom. Hon var en ljusform, en energiform.

D: *Var kom hon ifrån, om du vill att hon ska minnas?*

W: Från energikällan av all energi.

D: *Är det där hon experimenterade med energin?*

W: Det är ett av de områden som har skapats för dem som gillar att arbeta, och som gillar att skapa med energi. Hon skickades ut från huvudenergin, eller Skaparen, och fick experimentera med skapelse.

D: *Hon ska minnas den ursprungliga Skaparen, eller Källan?* (Ja) *Hon visades att hon kunde manipulera energi.* (Ja) *Är det vad du vill att hon ska veta?*

W: Ja. Hon ska gå samman med andra ljusvarelser som vaknar upp och minns varför de är här. Det är dags att börja minnas. Mycket arbete pågår på natten när hon är i sitt sömntillstånd, som hon inte vet om.

Wendy hade problem med sin hälsa hela sitt liv. "Detta var för att hon skulle titta inåt istället för utåt i den materiella världen. Om hon hade haft god hälsa, skulle hon inte ha uppmärksammat den andliga världen. Hon valde en mycket svår kropp att manifestera genom. Efter att hon kom hit bestämde hon att kanske hon inte ville vara här. Det skulle bli svårare än hon trott. Och hon har dragit sina fötter alla dessa år. Hon känner sig inte hemma här, men om hon går tillbaka nu kommer hon inte ha avslutat det hon kom hit för att göra. Vi lär oss också av denna kropp, eftersom den är svag. Vi tar denna kunskap och kommer att använda den för att utveckla sätt att hjälpa mänskligheten. Hennes kropp är inte den enda kroppen som är i ett försvagat tillstånd. Hela planeten har försvagats. Hon behöver tillräcklig vila, tillräcklig mat, mer meditation. Vi visade henne detta manifestera-rike, för att hon behöver betala mer uppmärksamhet på detaljer. Detaljer i allt hon gör från det ögonblick hon vaknar på morgonen tills det att hon går till sängs på kvällen. Detaljer, detaljer, detaljer. Var uppmärksam på vad hon stoppar i munnen. Där hon kom ifrån tidigare (den energiska sidan), fanns det inte denna tunga mat. I ett annat rike var hon bara energi. Och det var inte den tunga förorenade maten som du äter nu för tiden. Var mer i linje med flytande form av mat, om möjligt. De lättare livsmedlen, frukterna. Inte så mycket tung död mat. Mer mat med energi. Livgivande mat. Detta håller kroppen lätt. Tunga livsmedel håller dig tung, fast, grundad. Tung i kropp, svårt att röra sig. Lättare livsmedel skapar lätthet, luftighet. Mer rum i kroppen för energi att röra sig genom. – Allt hon gör, måste hon vara uppmärksam på. Och vara detaljerad, medveten om vad hon gör."

D: *Är inte det lite frustrerande eller distraherande om du tänker på varje detalj?*
W: Detta kommer att hjälpa till att justera kroppen så att andra kan hjälpa till att justera sina egna.

Frågade om problemen med hennes andning. "En del av det är föroreningarna som finns i världen idag. En del av det beror på att hon förorenade sina lungor med den pinne som hon stoppade i munnen och tände. (Rökning)"

Hjärtproblem: "Detta har varit så sedan barndomen. Det är nästan som om hon kände att hon hade ett brustet hjärta sedan hon var liten. Kände sig ensam i en tät, tung, tjock kropp. Saknade den villkorslösa kärleken. Kärlek på denna planet är ingenting jämfört med hemma."

D: *Behöver hjärtat korrigeras?*
W: Hon måste komma ihåg att vila och visualisera, visualisera, visualisera. Skapa med tanken och kroppen kommer att följa. Visualisera organen i kroppen som fungerar korrekt. Visualisera, visualisera, visualisera. All skada kan läkas, men det tar tid. Därför är visualisering så viktig. Det gör kroppen medveten om att den kan hela sig själv. Och var uppmärksam på vad som stoppas i kroppen. Fräsch, fräsch, fräsch, levande mat, levande mat. Livgivande mat som ger liv.

GENESIS

När Pamela kom ner från molnet, istället för ett tidigare liv, fann hon sig i en eterisk typ av miljö. Allt var utan substans eller form. "Jag har ännu inte sett något fysiskt. Jag ser bara 10 ljuspunkter och något av flödande energi, men ingen känsla av form." Hon började gråta när hon såg denna formlösa plats av energi, för hon sa att hon saknade den. Hon älskade att vara där och leka i energin. Hon blev sedan helt överraskad när jag bad henne att titta på sig själv. "Låt oss se vad jag kan se här. Herregud! Inget! Det är bara virvlande ljus! Jag ser något som molekyler runt mig. Jag känner att jag är i denna plats där allt kan skapas."

När jag frågade hur hon skulle kunna använda det för att skapa, gav hon ett förvirrande svar. Hon verkade tycka att det var väldigt viktigt, även om jag inte förstår processen. Kanske är det symbolism, men jag tror inte det. Allt var formlösa linjer, punkter och virvlar, tills hon såg de två pyramiderna. Hon visste att de representerade skapelse (ursprung) vid den punkt där de rörde vid varandra.

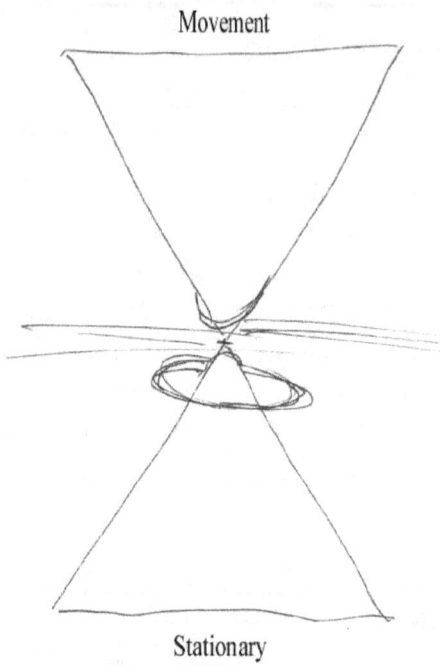

P: Jag såg två punkter som rörde vid varandra, och jag visste att det var avgörande. Jag såg en cirkel av ljus över det. Det är magnifikt, även om jag inte förstår det. Jag är i hjärtat av det. Jag är i den – strukturella – det är nästan vad som händer med de här två punkterna som rör vid varandra. De skapar möjligheten för denna typ av liv att röra sig och denna typ av energi. Jag vet att det låter så abstrakt. Man skulle vilja veta vad jag vet skapade det, men jag vet inte vad det skapade. Förutom att de två punkterna som rör vid varandra, skapar. Och jag vill säga, jag var välsignad att vara vittne. Eller i vördnad, att vara vittne.

D: *Låt oss se vad din roll var i detta.*

P: Bara vittna? Herregud! Jag vet inte. Tidigare, tror jag att jag lekte i energin. Var jag var, vet jag att det är en plats jag har varit på förut. Och jag sysselsätter min tid på ett sätt där jag kan skapa vilken bild eller form jag vill. Och det är på min egen vilja, mitt eget val att göra det. Det håller mig väldigt underhållen. En programmerare kan programmera något till sitt hjärtas lust för att göra det precis som de vill. Som så. Och detta är mycket mer organiskt och naturligt och omedelbart än det. Så jag har varit här förut. Jag vet att jag har gjort det. Det får mig att längta tillbaka dit för att kunna leka i den energin. Det finns inga gränser. Det finns inga begränsningar. Det är bekant, och ibland lockar det mig. Genom att vara i detta utrymme, blir jag kallad dit.

Detta var väldigt förvirrande, och jag visste att jag inte skulle få så mycket mer information. Var skulle jag ta det? Hon kunde ha existerat där i eoner. Så jag beslutade att kalla fram det undermedvetna. Jag brukar inte göra det så tidgt i sessionen, men jag trodde det skulle vara det enda sättet att få svar på denna märkliga situation. När det undermedvetna trädde fram, frågade jag det: "Detta har varit förvirrande. Vi trodde vi skulle gå till tidigare liv. Varför valde du att visa dessa saker för Pamela?"

P: Hon vet.
D: Låt oss berätta för henne, för jag tror inte hon vet medvetet.
P: Hon behövde uppleva ett minne som har varit med henne hela sitt liv. Hon ville inte lämna den platsen när hon kom hit.
D: Vad gjorde hon där?
P: Hon var en skapare.
D: Så hon hade rätt när hon såg sig själv som energi och manipulerade energi?
P: Hon skulle inte använda ordet "manipulera", men det är lämpligt. Hon lekte i energin.
D: Vad skapade hon när hon var där?
P: Allt. På ett tidigt stadium. Om du kunde se det allra, allra första stadiet, innan det är på ett avancerat stadium, måste det gå igenom denna fas. Så hon övervakade komponenterna och energierna på det minsta, molekylära – det är inte rätt ord.
D: Men hon var där i början?
P: Jag vet inte.
D: Men när dessa ... världar skapades, eller människor, eller fysiska saker, eller vad?

P: Nej. Det är i all skapelse. Vad detta än är, är inte specifikt för något kön, art, planet, solsystem. Det finns i allt.
D: Det är den grundläggande energin som allt skapas från?
P: Ja. Det är enheten. Det är essensen av allt.
D: Som byggstenarna?
P: Det skulle vara lämpligt.
D: Byggstenarna för allt. Och är denna grundläggande energi alltid där?
P: Ja. Grundläggande energi. Ljus.
D: Och du sa att hon övervakade detta?
P: På en plats ser hon hur det görs. Och på en annan plats arbetar hon med det som ett barn. Leker med det. Detta är vad hon gör mycket.
D: I hennes nuvarande liv?
P: Nej. Inte i denna fysiska. Inte som hon är medveten om. Hela tiden, och sedan mellan tiden. Inte medvetet. När hon är mellan liv, och på natten när hon sover.
D: Berättar någon för henne vad hon ska skapa? (Nej) Så hon skapar vad hon vill? (Ja) Varför ville du att hon skulle veta om det?
P: För att påminna henne om att detta är vad hon gör.
D: Vill du att hon ska använda denna förmåga i det fysiska?
P: Inte än. Det finns en tid för allt detta. Hon kommer att veta. Senare.
D: Hon kommer att veta när hon ska använda denna energi?
P: Exakt. Och inte en minut tidigare. Det är mycket specifikt. Hon kommer att få bilder och förståelser vid rätt tidpunkt när det finns rätt grupp människor, och rätt teknik att använda det, och de rätta lagarna för att det inte ska missbrukas.
D: Missbrukade hon detta i ett annat liv?
P: Hon tror att hon gjorde det, men hon gjorde det inte riktigt. Det hade något att göra med en planet. Jag antar att den förstördes.
D: Vad hade det att göra med Pamela?
P: Hon tror att hon var en del av anledningen till att det hände.
D: Var hon i en fysisk kropp vid den tiden?
P: Delvis. Det finns krafter som tar fysiskt behov, och nödsituationer. Och det var det hon gjorde. Hon var inte i en kropp, men hon använde en kropp.
D: Och något hände, och hon trodde att hon var orsaken till det?

Det Komplexa Universumet – Bok Tre

P: Hon var en spelare i rollen av den planeten. Jag vet inte om minnena tillåts just nu. Det finns en tidpunkt. Det är inte riktigt dags för henne att veta dessa saker. Hon vet att hon inte var helt ansvarig, men hon vet också att hon var en del.

D: Varför har Pamela en dragning till kristaller?

P: Baslinjeskapelsen av det i materia är det mest bekanta för henne i all skapelse. Återigen till den mest grundläggande kreativa energin.

D: När hon leker i energin, använder hon den på ett positivt sätt?

P: Hon använder inte den typ som hon fick en bild av idag. Den är mer kraftfull. (Skratt) Hon använder ... som skrotmetall. Det är lite som det som spinns av från det andra. Det är restmaterial, så att säga. Det är som om du har två slipmaskiner som spelar, så har du avfall. Du leker med avfallet. Bara de små sakerna. Vad hon kan uppnå och förstå. Det är mer kristallin än skrotmetall, förresten.

D: Varför ville du inte visa henne tidigare liv idag?

P: Det var inte relevant. Inte just nu.

D: Jag får mer och mer av det, där människor blir tillsagda att det inte är viktigt.

P: Det är bara inte viktigt. Det finns många saker att spinna av, och intellektuellt är det inte där hon behöver gå. Det har gjorts förut. Det är att återupprepa, och senilt.

D: Men för vissa människor, kanske det är så långt de har utvecklats, så att säga. Det är allt de kan förstå vid den här tidpunkten.

P: Jag tror att nuet och framtiden krävs. Inte det förflutna.

KAPITEL TJUGOFYRA

TILLBAKA TILL BÖRJAN

Gwen svävade och letade efter en plats att landa på, och nedan såg hon en fantastisk syn. En hel värld bestående av kristaller. "Jag ser kristaller överallt. De sticker rakt upp i luften. Som en bädd av kristaller, som små igelkottar som sticker upp. De är alla långa och smala." Innan hon hann utforska det vidare, försvann det och ersattes av ett bländande blått utrymme som innehöll pulserande ljus. "Det kommer energi från dem i vitt och gult, som energiutbrott. De är överallt i detta blåa utrymme. Det är som om energin lever. – De blandas nu ihop. De är inte individualiserade, utan de har alla bildat en energi. Jag ser inte saker som objekt, utan mest som energifält, som pulserande energi. Nu förändras det igen. Jag vet inte hur jag ska förklara det. Det är formlöst, men det rör på sig. Det finns en energikälla från den nedre högra sidan som sänder ut dessa pulser omkring, och sedan kommer det tillbaka runtomkring. Det är formlöst, men ändå har varje del som kommer ut en annan form. Det finns ingen struktur till det. Det är som när ljuset träffar vattnet och glimrar över det. Det har form, men det har inte form. Det är mer flytande. Det finns färger i det, men de är mer iriserande."

D: *Så du känner inte något fast?*
G: Nej, jag känner bara en expansivitet.
D: *Hur uppfattar du dig själv?*
G: Som bara en del av det. Det är nästan som om jag skulle ta Universum och låta energin flöda runt, och bara vara. Det bildas gnistor av ljus nu inom det, men det är mer av en flytande, flödande, virvlande sak. Det är alltid i rörelse. Det står aldrig stilla. Det är alltid i rörelse.

Det Komplexa Universumet – Bok Tre

D: Och du är en del av allt detta? (Ja) *Är du medveten om några andra entiteter som liknar dig?*

G: Jag uppfattar ingen entitet eller individ, per se. Jag ser symboler. Jag ser trianglar som är dimensionella. De är bara här, och de bara är, men de är överallt i hela. Om man behöver ord för det, är det skapelse i rörelse. Så känns det. Och när jag säger att gnistorna dyker upp, så har symbolerna försvunnit. Det är bara i ständig rörelse, och sedan bildas dessa gnistor inom det. Och nu börjar det bli större. Det är nästan som en dimma som virvlar runt och runt.

D: Vet du vad gnistorna är?

G: Jag hör att det var gnistor från Gud som skickades ut.

D: Detta är en del av skapelseprocessen? (Ja) *Det är det du menade med skapelse i rörelse, att gnistorna blir till saker?* (Ja) *Finns det någon som styr detta?*

G: Jag hör att när du tänker, kommer dina tankar att skapa vad du än vill skapa. Individen har makten, men jag såg källan till det, början av det.

D: Så du menar att det finns något större som tänker och skapar?

G: Rätt. Det är Allt Som Är. Allt är allt, och allt är allt.

D: Och allt började med Det, och vad Det tänker?

G: Det var rörelsen som kom ut och runt. Det var flytande, väldigt flytande. Det hade ingen form, men det gick ut och kom tillbaka till Källan. Och sedan kom gnistorna, men gnistorna kom bara när tanken fanns där. Annars fanns det bara flytande form. Jag kunde känna Källan. Jag kunde inte se Källan, men den var till höger och det flödade ut från den. Det var alltid i rörelse. Sedan kom gnistorna ut ur dimman, och de började ta form.

D: Kan du se vilken typ av former de tar?

G: Det såg ut som en galax som bildades.

D: Vad har du för roll i allt detta?

G: Jag känner att jag bara tittar på det. Jag vet inte varför jag är här. Jag känner att jag är upphängd i detta utrymme som finns här. Jag är medveten om allt omkring. Jag känner att jag fortfarande har min individualitet, men jag är också en del av allt. Jag är inte separerad från det, men jag är det. Det är väldigt bekvämt. Det är det bländande blå som går för evigt och alltid.

Detta skulle kunna ha varat väldigt länge. Så jag bad henne att röra sig. "När bestämmer du dig för att lämna den platsen?"

G: Jag hör att jag kommer att gå när jag blir kallad, när det finns ett behov. Annars stannar jag i energin.

D: *Vad händer första gången du blir kallad att lämna den platsen och gå någon annanstans?*

G: Det är mer av ett drag. Jag dras någonstans. Jag ser bara något som ser ut som en regnbåge, men det är inte riktigt en regnbåge. Det har formen och känslan av en regnbåge, men det har inte regnbågens färger. Jag känner att jag är omgiven av energi. Jag har väldigt svårt att göra något konkret eller dimensionellt. Det känns som där jag vill vara.

D: *Låt oss ta reda på vad det är som händer när du blir solid, när du separerar från energin och tar en form.*

G: Jag tar på mig en kvinnas kropp. Hon ser ung ut, väldigt smal, olivfärgad hud, långt mörkt hår. Hon har ett band runt huvudet med något som sticker ut framåt. Inte mycket kläder. En kjolaktig klänning. Min midja syns. Och en liten topp. Bara armar. Jag har smycken runt halsen som små glänsande, platta cirklar. Det känns som öknen. Det känns väldigt egyptiskt.

D: *Blev du just kvinnan? (Ja) Så du gick inte igenom stadierna som en bebis?*

G: Så såg jag mig själv. Det känns som om jag tog över kroppen.

D: *Men fanns det inte en annan själ eller ande i den kroppen?* (Nej) *Var det någon anledning till att du valde just den kroppen?*

G: Den här kroppen hade auktoritet. Den här kroppen var en kombination av ande och auktoritet för att föra fram det som behövde föras fram vid den tiden.

D: *Vet du vad du ska göra i den kroppen?*

G: Jag såg Sfinxen, och jag såg pyramiden, och jag såg en farao. Jag kände att jag kände faraon. Jag känner mig yngre än faraon. Jag vet inte om jag var gift med honom eller något sådant. Jag kan ha varit hans barn eller en prästinna med honom.

Det Komplexa Universumet – Bok Tre

Jag förde henne framåt i tiden till en viktig dag när något hände.

G: Det är en ceremoni av tillbedjan och vi erbjuder böner. Det är viktigt att vara i en kvinnas fysiska närvaro på grund av kvinnans betydelse och hennes energi. Kombinationen av det feminina och auktoriteten. Det var en tid då kvinnor hade makt.

D: *Du sa att de tillbad och erbjöd böner. Vem bad de till?*

G: Till Gud.

D: *Hur uppfattar de Gud?*

G: Som källan till allt.

D: *Så de uppfattar det på det sättet snarare än en staty eller någon annan entitet?* (Ja) *Då var de närmare sanningen, eller hur?*

G: Ja. Det var en tid när jag kunde känna min fulla kraft och min fulla andlighet hedrande Gud och vara en del av det.

D: *Eftersom det fanns tider när de tillbad en idol av något slag som representerade en entitet.*

G: Ja, men det var inte en sådan tid. Jag är i ett tempel, och hela min kropp känner energin av det just nu. Jag ser många steg, och jag ser en stor, rund sfär som lyser. Den är upphängd i templet.

D: *Upphängd i luften inne i templet?*

G: Ja, och vi vördar den. Den glittrar, och den roterar, och den har många facetter.

D: *Varifrån kom den? Hur kom den in i templet?*

G: Vi skapade den ur energi, ur tanken, genom skapelsen som är. Vår grupp skapade den, inte bara för den energi som den producerar, utan för att minnas vad den representerar.

D: *Vad representerar den?*

G: Den representerar bara en Källa. Den representerar enhet. Den representerar enhet. Den representerar också både det maskulina och det feminina. Och det är därför det är så viktigt att kvinnan känner kraften såväl som andligheten. Det är därför denna tid är så viktig. Och det är därför denna tid idag är så viktig – det är en återtagning av den kraften.

D: *Vad använder ni den sfären för? Har den ett syfte?*

G: Det känns som att den fyller kroppen. När vi pratar om den kan jag känna att den vibrerar genom hela mitt väsen. Den återupplivar, den helar, den rengör, den energiserar, den är renhet.

D: Är alla tillåtna att gå till det templet och uppleva detta?

G: Nej. Bara min grupp.

D: Finns det någon anledning till att den genomsnittliga personen inte kan gå in där och se den?

G: Det känns som att de inte är redo för det.

D: Tror du att de inte skulle förstå det?

G: Inte så mycket förstå, som att missbruka det. Kanske inte så mycket missbruka det, som att inte veta hur man använder det.

D: Hur använder er grupp energin?

G: Det sker en sammansmältning. Man blir ett med energin. Vi fyller oss själva med energin. Vi låter energin komma in i oss själva. Den helar oss, den upprätthåller oss, den ger oss visdom.

De behövde inte konsumera något för att förbli vid liv. Kroppen blev inte sjuk och var oförmögen att dö.

D: Är de andra människorna utanför templet en annan typ av varelse än ni är?

G: Ja. Vi är lika, men mer finlemmade, ljusare i huden än de är. De är människor, men de är inte lika raffinerade.

D: Föddes er ras där?

G: Nej. Vi kom hit. De transporterades dit. De hade förmågan att komma genom ren energi och ta form. På samma sätt som jag gjorde.

D: Vad är syftet med att hela er grupp kom dit?

G: Vi försöker höja mänsklighetens medvetande. Vi interagerar med dem. Vi separerar oss inte från dem. Vi låter dem veta vad vi tycker att de kan förstå. Vi försöker vara milda med dem. De vet inte riktigt vad som händer inom templen. De skulle aldrig förstå det. Vi lär dem på den nivå de känner sig bekväma med. Vi försöker försiktigt föra dem framåt.

Jag beslutade att flytta henne till en annan viktig dag och frågade vad som hände.

G: Något har orsakat att sfären blivit grumlig. Något orsakade att all energi tömdes. Jag vet inte om det var en korruption som inträffade inom gruppen. Det fanns inte längre en enhet som det en gång var.

D: *Har det gått lång tid sedan ni kom?* (Ja) *Hur känner du om det?*

G: Jag är upprörd över det, för jag känner att vi har förlorat något speciellt. Det finns inte längre någon vördnad. Gruppen är mer varje enskild för sig själv. Jag känner att det är utom min kontroll, men jag känner också att jag har avlagt ett löfte att alltid försöka hjälpa till att åstadkomma enhet.

D: *Har de andra i gruppen tagit samma löften?*

G: Vissa har, vissa har inte. Det måste finnas en vördnad för individen, en vördnad för Gud inom, men också en vördnad för allt som är, som går tillbaka till den ursprungliga Källan som Jag ville inte lämna.

D: *Så löften måste hållas, men aldrig brytas. Känner du så?*

G: Ja. Jag såg förstörelsen av det.

D: *Berätta vad du menar.*

G: Jag såg inte längre sfären. Den blev bara dimmare och dimmare, och mörkare och mörkare, och separationen mellan man och kvinna i gruppen. Och förlusten av den enheten. Förlusten av respekten och kärleken till Gud.

D: *Så det speglade vad som hände inom gruppen.* (Ja) *Vad hände till slut med sfären?*

G: Den fanns inte längre. Den blev ingenting. Den blev bara mörkare och mörkare, och ljuset släcktes. Den var bara borta, fanns inte längre.

D: *Tror du att ni kommer kunna skapa en annan?*

G: Ja, vi kommer. Gruppen kommer att försöka.

D: *För utan sfären, skulle inte era kroppar dö, eller hur?*

G: På den tiden och platsen, vi finns inte längre. Vi spreds. Vi lämnade.

D: *Dog den fysiska kroppen?*

G: Det var mer en dematerialisering.

D: *Så genom att sprida er, menar du att er själ, er ande, lämnade och gick någon annanstans?* (Ja) *Men du sa att ni skulle skapa en annan sfär.*
G: Det är något som ska göras i framtiden. De förlorade förmågan. De förlorade allt. De förlorade sin enhet. De förlorade sin förståelse av Gud. De lät sina egon träda in. De lät bara individen vara, och inte helheten. Jag ser dem gå åt alla håll i Universum.
D: *Vad tror du var viktigheten av den tiden, innan den blev korrumperad?*
G: Viktigheten var att vara så nära Källan. Det kändes som när jag ursprungligen var med Källan. Jag fick tillåtas att förkroppsligas, men förbli kopplad till Källan.
D: *Vet du varför gruppen förändrades?*
G: De blev fångade i sin egen kraft, i sin egen känsla av skapelse. De glömde bort att de alla fortfarande är en del av Gud. De glömde enheten. Jag var fortfarande fångad i kaoset. Mitt hjärta förblev hos Gud och enheten. Jag höll det där.

Jag hade henne lämna scenen och drifta bort från den. Och jag tog fram Gwens undermedvetna för att få några svar. "Varför valde du att visa detta för henne idag?"

G: Hon måste inse den kraft som ligger inom. Det är först när allt blir ett, som det kommer att återvända till Gud. Och det är därför hon arbetar nu med det maskulina, det feminina och barnet, för vi skapar på nytt. De tre energierna är skapelsen.
D: *Men istället för att gå till ett normalt tidigare liv, gick hon tillbaka till själva början.*
G: Ja, för att känna kärleken och enheten igen av allt som är. Och för att se skapelsen i process. Det finns ingen form, ingen form, det är bara energi i ett flöde. Och för att se flödet och hur gnistorna uppstår.
D: *Så hennes tidigare liv var inte viktiga att gå till?*
G: Nej. Hon har haft mycket få tidigare liv.
D: *Varför var det viktigt för henne att se just det där liv?*

Det Komplexa Universumet – Bok Tre

G: För att vid den tiden var hon på en plats där hon var en härskare. Och hon bar symbolen som hon fick när hon besökte Egypten, vilket är tecknet för feminin gudomlighet. Symbolen är en spiral som går upp, genom handflatan, genom hjärtat, upp till Gud. Kopplar med Gud och återvänder tillbaka ner i en spiral, kopplar in i den andra handflatan, över hjärtat. Det är en feminin symbol, men båda spiralerna är kopplingen av det maskulina och det feminina som kommer samman som ett, genom kärlek i hjärtat.

D: *Men det verkade inte som att gruppen var riktiga människor, eftersom de transporterades dit.*

G: De var i en fysisk form, men de var annorlunda än människornas form. De var mycket finare dragna i sin mänskliga form. Mycket raffinerade, medan människorna från den tiden inte var raffinerade. De var mycket grova.

D: *Skapade de de där kropparna?*

G: Ja, de gjorde det. De ville vara i en form som skulle förstås av människorna utan att skapa rädsla. Men de var mer energi än människorna var.

D: *Det var därför de skapade den sfären för att ge dem liv. (Ja) Men de blev korrumperade. (Ja) Så det visade att även varelser som var så nära Gud kunde bli korrumperade.*

G: Gud upplever alltid. Det finns inget gott eller ont. Det finns bara upplevelsen. Hon måste känna kraften byggas inom sig, och jag vet att hon gör det. Det kommer att komma en tid när kvinnor återigen kommer att vara lika med män, för män kommer att inse att de behöver kvinnans kraft. Och kvinnan behöver mannens kraft för att komma samman och vara ett.

Gwen hade upplevt ovanliga psykiska upplevelser redan från tidig barndom. Många av dessa var extremt livliga. "Finns det en anledning till att hon varit så öppen hela sitt liv, som Gwen?"

G: Löftet som hon tog för tillbaka henne vid denna tid. Hon talade om att bli dragen. Hon har dragits in i detta liv för att vara till tjänst, för att bringa den enheten, för att förankra den feminina energin. Hon har gjort detta i andra dimensioner, på andra planeter, inte bara här. Den tiden då hon var här i den formen var en av de första gångerna hon någonsin upplevde det fysiska. Och hon såg vad som inträffade därifrån, och ville göra det rätt. De psykiska upplevelser hon haft är små markörer på vägen för att vägleda henne. Hon måste känna sig stärkta inom sig för att veta den kraft som hon bär. Om hon inte upplever dessa saker, vet hon inte vad som kan vara. Hon kan känna det inom, precis som alla som är öppna för det. Men hon har upplevt dem. Upplevelsen stärker. – Jag vill tacka dig för denna möjlighet att tala, att bli hörd. Tacka dig och Gwen för det arbete ni gör. Världen behöver ert ljus. Ni har alla tagit ett löfte att vara här vid denna tid, och Universum tackar er för allt ni har gjort. Var med Gud.

KAPITEL TJUGOFEM

EN ANNAN LAG OM SKAPELSE OCH FYSIK

Irene kom ner från molnet i en scen som jag började bli bekant med. Många av mina klienter är nu på väg dit. "Det är ljus, allt är ljus. Rent ljus och lycka, fred."

D: *Något mer, eller några andra känslor?*
I: (Leende) Bara att vara hemma. Det är underbart.
D: *Varför kallar du det hem?*
I: För att det är. Det är min plats för fred. Det är underbart.
D: *Är det andra med dig, eller är du ensam?*
I: Jag känner andra, men de har ingen form. Jag känner dem bara. Jag känner dem. Det är bra att vara här igen. Jag saknar här. Jag saknar den här platsen.
D: *Varför lämnade du den platsen om det var så vackert?*
I: Det är min tid att hjälpa. Det är en tid när stora energier behövs, och stora krafter och stor styrka. Så då visste jag att det var min tid att komma. Det finns många av oss och vi har pratat om detta. Det är vår tid att gå.
D: *Vad pratade ni om?*
I: Universum, multiversum. Mycket, mycket arbete att göra. Mycket balansering, mycket skapande.
D: *Kände du att du inte kunde skapa från den vackra platsen, från hemmet?*
I: Åh, nej. Det är inte samma sak. Skapande börjar därifrån, men bara att skapa är inte tillräckligt. Man måste också uppleva, och det är det vi måste göra. Inte bara skapa, utan också gå och uppleva för att ta med det tillbaka. Det är inte dåligt om man kan ta andra med

sig. För några av oss har valt att gå tillsammans, och andra, isär. Det är en lärdom. Det är som att börja i en stor grupp, och när man bygger sin styrka, lär man sig när det är dags att grena sig och gå in i andra och göra andra skapelser. Det finns så många, så många.

D: Så i början är det lättare att separera från hemmet om du har andra med dig? (Ja, ja.) Vet du var du måste gå?

I: Till den röda planeten först.

D: Varför valde du den planeten?

I: Färgen röd behövde skapas först. Det är vibrationerna, som det var, av en röd planet, ja.

D: Var planeten redan skapad, eller hjälpte du till att skapa den?

I: Vi tog färgen röd. Vi skapade den vibration för färgen röd. Vi gjorde det.

D: Och röd var viktig att vara den första?

I: Ja, det var för vårt arbete. Vi var tvungna att göra röd först. Andra gjorde grön och några gjorde gul. Varje grupp skapade en annan färg.

D: Fanns det inga färger innan det?

I: Det fanns allt, allt, allt vitt. Allt.

D: Åh, ljuset. (Ja) Så ni skapade färgerna ur ljuset.

I: Ja, vi tog dem.

D: Och varje grupp bestämde sig för att koncentrera sig på en annan färg?

I: Åh, det finns så många! Det är ganska vackert!

D: Vad gjorde ni sedan när ni skapade den röda färgen?

I: Då kunde vi skapa andra saker där; andra skapelser. Vi kunde experimentera. Vi kunde leka.

D: Jag försöker förstå. Varje person gjorde det med sina egna färger? (Ja) Och ni kunde leka, ni kunde skapa vad ni ville. (Ja) Och ni fick tillåtelse att göra dessa saker?

I: Det är som en överenskommelse att vi alla kom överens om att göra detta arbete, så kanske tillåtelse inte är rätt ord.

D: Men innan dess fanns det inget där?

I: Det fanns allt; allt i potential, allt som är. Allt har alltid funnits, det var bara i en annan form: Ljus. Det är inte så att det inte fanns något.

Det Komplexa Universumet – Bok Tre

D: *Och ljuset innehöll allt som möjligtvis kunde vara? Skulle det vara ett sätt att säga det?*
I: Ja. – Jag gillar inte riktigt att vara här på den röda. Jag lämnar den. Den är lite tät. Vi skapade bara med rött, ser du? Röd är inte lika snabb i vibration. Det var okej. Jag ville se hur det skulle vara.
D: *Vad skapade du ur det röda?*
I: Ett universum.
D: *Åh! Ett universum skulle vara ganska stort, eller hur?*
I: Pffft! Inte riktigt. Vi skapade alla våra universum. Du gillar det ordet här: "universum". Dumt ord. Så vi skapade ett, och vi kunde ha vad vi ville i det. Hela idén var att skapa alla dessa olika färger, som detta universum är. Och inte bara grundläggande färger. Det är iriserande och glittrande, med alla färger, men ändå inte färger. Det vänder sig åt ena hållet och det är en färg, och vänder sig åt andra hållet och det är en annan färg. Att skapa så många som vi kunde ur detta ljus. Åh, det finns så, så många! Men du vet, jag blir lite uttråkad, så jag stannar inte för länge i något av dem. Jag gillar att börja göra och sedan ge mig iväg och gå över till några av de andra.
D: *Går gruppen med dig?*
I: Några gjorde det, och några gillade det, så de stannade. Det var här vi började dela oss.
D: *Vad sätter du i universum efter att du har skapat det?*
I: Det beror på vem som gör det. Du kan göra alla möjliga saker. Du kan göra som de gör i detta, med planeter. Men de behöver inte vara runda som de är här. De kan vara vad som helst. De kan vara alla former och former. Och sedan har de alla en vibration. Så du har vibrationerna av färgen, och vibrationerna av formen. Och sedan har de alla sitt ljud.
D: *Har varje en ljud?*
I: Åh, ja. Vissa har mer än ett ljud. Och om de kommer nära varandra, gör de ett annat ljud. Det är den roliga delen.

Det låter som teorin om "sphärernas musik".

D: *Så du vet aldrig hur det kommer att bli? Det är en överraskning.*

I: Ja. Det är roligt. Det är den roliga delen.

D: *Jag trodde att det fanns lagar för universum där saker och ting måste formas på ett visst sätt.*

I: Kanske i det här universumet, men inte i de andra.

D: *(Skratt) Så de kan vara vilken form du vill.*

I: Självklart.

D: *Gör de ljuden av sig själva, eller skapar ni dem?*

I: Åh, självklart, vi skapar dem, för vi gör allt. Så ja, vi gör dem. Men du ser, när vi skapar formerna, är vi inte riktigt säkra på hur ljudet kommer att vara. Vi sätter in ljud. Vi leker med det, tweakar det, småjusterar det. Det är för att de två ljuden kommer samman och skapar ett nytt ljud.

D: *Så det blir musik då?* (Ja) *Men du sa att du inte gillade den röda efter att du skapade den?*

I: Tja, jag tenderar att bli lite uttråkad. Det är inte så att det var något fel med den. Jag var bara klar med den. Färgen på vibrationerna var lite tät. Vi gjorde ljudet för att hjälpa till med det. Och det hjälpte, det hjälpte verkligen. Men du vet, bara röd? När du har varit med den, var det lite för mycket.

D: *Så efter att du har skapat planeterna, skapar du något på planeterna? Eller går du så långt?*

I: Det beror på. På vissa skapar du saker; på andra gör du det inte. Det beror på. Som med den röda hjälpte vi till att skapa den röda, hjälpte till att skapa formerna, ljuden, rörelsemönstren av formerna inom universerna. De har alla olika mönster eftersom de olika mönstren kan skapa olika ljud.

D: *Du menar hur de rör sig och roterar?*

I: Tja, de roterar inte riktigt alla. Det är här, i detta universum. I ett annat skulle de göra åttatalsrörelser och snurra. Det är inte samma sak. Inte samma sak alls.

D: *Finns det ingen fysikens lag? Att saker måste följa vissa regler?*

I: Den röda regeln, ja. Men den röda regeln är inte densamma som den rosa regeln, eller den orangea regeln, eller den gröna regeln, eller den ... nej. Så länge de inte stör eller skadar någon annan, kan varje ha sina egna regler.

Det Komplexa Universumet – Bok Tre

Det verkar som om de grundläggande lagarna för fri vilja och icke-inblandning sträcker sig till och med till planeter och universum.

D: *Så planeterna kan röra sig och rotera som de vill. Är det vad du menar?*

I: Nej. De röda planeterna måste följa de röda reglerna, och de orangea planeterna följer de orangea reglerna, och de iriserande planeterna följer de iriserande reglerna. Och när de alla kommer nära varandra – för du vet att de alla på något sätt interagerar – och beroende på deras vibration kan du ha dem precis överlappande varandra. Så länge de inte stör varandra.

D: *Så det finns ändå några skapanderegler. Men om du tröttnar på det och vill gå någon annanstans, evaporera och kollapsar det universumet? Eller stannar det?*

I: Åh, nej, det är där, för andra stannade med det. Ursprungligen var det en hel grupp av oss som ville skapa, och olika grupper skapade olika färger. Och olika grupper kunde välja att stanna med den färgen ett tag och fortsätta utveckla den. Och sedan uppleva livet, så att säga, där. Eller så kunde de dela sig och gå till andra platser. För några var avsedda att vara strikt i det röda området och uppleva det till fullo. Medan andra är avsedda att gå runt och uppleva lite av varje; eller bara en del av något.

D: *Så så länge några av gruppen stannar, så stannar universumet?* (Ja) *Det försvinner inte bara. Jag trodde kanske att ni skapade, och sedan skulle det evaporera igen.*

Det var så det förklarades i ett annat kapitel, där varelserna fick öva på att skapa, och om det inte blev som de ville, skulle det försvinna. Detta gjordes på en särskild plats reserverad för att göra detta, öva, leka med energin, tills det kunde bemästras. Då skulle det inte störa något annat.

I: Några kunde om du så valde. Men nej, för det mesta stannar de alla.
D: *Men då kan du också sätta liv och varelser på dessa planeter om du vill?*

Det Komplexa Universumet – Bok Tre

I: De som stannade kunde göra det. Eller så kunde du gå runt och vara skaparen av början på allt. Och några skulle stanna längre och skapa mer, och sedan gå. Eller några blev så uppslukade av skapandet att de bara stannade och stannade tills de upplevde allt de skulle uppleva.

D: Du menar att i början skapade de allt som fanns på världarna?

I: De gjorde det gradvis, de som stannade. Jag stannade inte. Jag skulle gå vidare.

D: Men de skapar allt som finns på planeten: växter, vatten?

I: Rätt. De skulle skapa allt som skulle göra dessa planeter, ja. Och i några var allt rött. I den röda, alltid röd. Varelserna var röda. De hade inte växter i de röda universumen. Det behövdes inte.

D: Men om de skapade djur, eller varelser, beslutade de att uppleva dessa varelser? Eller tog de bara hand om skapandet av dem?

I: De såg inte ut som du tänker på varelser.

D: Berätta om det.

I: På de röda var det mer… Okej, tänk på en rocka på jorden. Nu gör du den genomskinlig och förlängd. Och sätt sedan, som ett ovalt objekt, i mitten av den. Det fanns några sådana, som kunde röra sig på ytan.

D: De använde bara sin fantasi för att skapa vad de ville? (Ja) Vad höll dessa varelser vid liv efter att de skapats?

I: I den röda var det helt enkelt atmosfären. De hade ingen intagning. De tog inte in mat och släppte ut avfall. De var bara. De existerade bara. De upplevde bara.

D: Så de behövde inte en gnista av liv i sig?

I: De var en gnista av liv. De var självständiga.

D: Jag försöker förstå och jämföra det med vad vi vet på jorden. Vi tror att de måste ha en gnista av liv inom sig för att hålla sig vid liv.

I: De är gnistan.

D: Betyder det att de så småningom dog?

I: Ja. De hade inget sätt att skapa fler.

D: Jag förstår. De kunde inte fortplanta sig. (Nej) Då skulle planeten vara död igen, eller hur? (Ja) Vad händer efter det?

I: Jag stannade inte där. Jag vet inte. Jag lämnade vid den tiden.

Det Komplexa Universumet – Bok Tre

D: *Var bestämde du dig för att gå?*
I: Jag är på vift.
D: *Så du är inte med den gruppen längre?*
I: Rätt. Jag har alltid varit den nyfikna. Jag gillar att se vad som pågår.
D: *Vart bestämmer du dig för att gå härnäst?*
I: In i ett cilium.

Jag har ingen aning om vad det är. Det närmaste ordboken kommer är: cilier i biologin.

D: *Vad är det?*
I: Jag är inte riktigt säker. Det ser ut som en pyramid i en pyramid med ett hörn som läcker och kurvar neråt.
D: *Du hade inte någon önskan att gå in i en annan färg?*
I: Nej, jag blev kallad till ett cilium.
D: *Vem kallar på dig?*
I: Ett cilium kallade på mig. Jag behövdes där.
D: *Jag undrade om någon säger åt dig vad du ska göra.*
I: Nej, du vet bara.

Jag blir mer och mer övertygad om att själen (anden?) var mer av en fri agent, om det nu är rätt term, i början. Den gjorde, mer eller mindre, vad den ville göra och gick dit den kände att den behövde gå utan att bli instruerad att göra det. Det verkar som om, efter att den blev fångad i födelse- och återfödelsecykler och karma, att den blev kontaminerad. Den kunde inte längre lita på att göra sina egna beslut. Den behövde instruktioner för att hjälpa den ur träsket. Då blev råden och mästarna, de äldre och guiderna nödvändiga, så att själen så småningom kunde komma tillbaka på vägen mot att utvecklas uppåt, tillbaka till Källan. Den var tvungen att ta sig ur sina erfarenheter och glömma var den kom ifrån. Detta verkar vara ett mönster jag observerar.

D: *Vad måste du göra där?*

I: Jag ska ta reda på det. Det är ett stort, öppet rum. De gör något här. Och det finns något i det, och det är som om det har blivit övergivet.
D: Detta är inuti den här pyramidstrukturen?
I: Ja. Jag ser ingen, men det finns ljus i ett hörn. Och väggarna är som metall! Jag känner att om jag knackade på dem skulle det göra ont i öronen.
D: Ett högt ljud?
I: Ja. Jag tittar för att se vad som finns i detta rum. Vad detta är här – som en halv pod med ljus runt omkring den, på kanten av den. Och åh! Det finns fönster runt omkring här, men jag kan inte se ut genom dem. Men jag har känslan av att någon tittar på andra sidan av de fönstren. De tittar på vad som finns i den där podden. Jag känner det, jag ser dem inte. Och jag är här för att stoppa dem från vad som pågår. Detta är inte rätt. Detta kommer inte att fortsätta. Detta måste stoppas. Det är emot... det är fel. Det är fel.
D: Varför är det fel?
I: Det orsakar smärta, det orsakar stor smärta. Det förstör hela denna planet. Vad gör dessa människor? Vem är dessa? Vad gör de? Det är förfärligt! (Djupt andetag) (Flera mycket djupa andetag, som om jag blåste ut något.)
D: Vad gör du?
I: Jag måste komma ut härifrån, och snabbt. Nu håller det på att upplösas här. Jag måste komma ut.
D: Vad gjorde du?
I: Jag stoppade allt.
D: Det såg ut som om du blåste på det.
I: Det gjorde jag.
D: Det fick det att upplösas? (Ja.) Har du tillräcklig kraft för att göra det?
I: Självklart.
D: För att förstöra hela platsen? Eller hela planeten?
I: Platsen först.
D: Vad gjorde de som de inte fick göra?

Det Komplexa Universumet – Bok Tre

I: Jag vet inte vem dessa är. Förlorade eller vilsekomna? De är fascinerade av smärta. De kommer att bli förseglade på denna planet. Den här planeten är nu förseglad.

D: *Dessa varelser skapade smärta för andra på den planeten?*

I: Ja. De är förseglade där. De andra är borta.

D: *De människor som de försökte skada?*

I: Ja. Jag upplöste dem lite. Men det är okej. Inte på ett dåligt sätt upplöst – återvände dem till ande.

D: *För du kan inte förstöra ande, eller hur?*

I: Nej. De går tillbaka för att bli helade och vila. Men de andra, de som orsakade smärtan är förseglade där.

D: *De kan inte lämna den platsen?*

I: Nej. De är förseglade på den planeten.

D: *De kan aldrig dö eller återfödas?*

I: Nej. De måste uppleva vad de har gjort. Jag kommer att komma tillbaka och kolla på dem då och då. När de kan inse och ångra det de har gjort, kommer de att vara fria igen. De kommer att få en chans att växa igen.

D: *Men om människorna i din grupp skapade alla dessa planeter, varför skulle de skapa något så negativt?*

I: Åh, de gjorde inte det. Det var länge sedan. Jag gjorde ett stort hopp. Det var därför jag blev kallad dit. Det kunde inte fortsätta.

D: *Kunde inte de som skapade dessa planeter och varelser komma tillbaka och göra något åt det?*

I: Något gick fel. De behövde en högre kraft. De behövde bara att det skulle stoppa. Över mycket tid kommer de att utvecklas. Vi hoppas. När jag känner dem, det är min plan.

Är detta något som liknar det Gary pratade om? (I kapitel 38 "Den sista lösningen.") Han blev tillsatt här på Jorden som den sista lösningen om världen inte ordnar upp sig. Han har en liknande kraft att utplåna eller upplösa, och kanske försegla planeten. För närvarande har han bara blivit tillsatt för att vänta och titta.

I: Jag kunde höra ropen från de som de skadade. Det var det som kallade på mig dit.

D: *Då gjorde du det jobb som du kände att du behövde göra. Du släppte de andarna, de själarna.* (Ja) *Vad ska du göra nu?*
I: Jag ska vandra.
D: *Och som du sa, du tar stora hopp, eller hur?* (Ja) *Vad ser du nu, eller vad känner du dig dragen till?*
I: Jag hör hela tiden, "Mary Melissa. Mary Melissa. Mary Melissa." En liten flicka. – Hon leker ute. Hon leker med älvor. Åh, de är underbara. De är ganska upptagna den här dagen. De arbetar bland blommorna. De leker. De rider på fjärilar. Varför, det vet jag inte. De har sina egna vingar. Jag tror att det bara är för skoj skull. Mary Melissa har ett långt, blått band i håret, och långt, lockigt brunt hår. Det måste vara blåsigt, för hennes hår blåser. Och nu ligger hon på magen och tittar på myrorna.

D: *Vad är syftet med älvorna?*
I: Åh, att hjälpa till med naturens rike. Tja, inte nödvändigtvis naturens rike, för allt är natur, men som form. De vaktar och skyddar och tar hand om blommorna och träden och allt natur-likt. Men sedan blandar vi ihop naturen. Vi tänker på naturen som bara natur, som träd och sådant. Men det är egentligen kuddar och bilar och allt som har en form.

D: *Det skulle vara som att säga att det är allt liv?*
I: Allt som har form. Det är naturens rike.

D: *Dessa små varelser skapades för att hjälpa till och ta hand om dem?*
I: Och att njuta av dem, och att sprida glädje. För det finns så mycket glädje i dem. Mary Melissa älskar att leka med dem. De ser fram emot att leka med henne hela tiden. Och ibland ligger hon på ryggen och de springer bara runt omkring henne. Eller om hon sträcker ut sin hand kommer de till och med och sätter sig på hennes finger. De älskar henne, och hon älskar dem.

D: *Leker andra människor också med Mary Melissa och älvorna?*
I: Åh, nej! Hennes mamma gillar inte något av det där tramset!

D: *Hon tror inte på det?*
I: Åh, nej! Hennes mamma är inte en snäll person. Så jag tror att Mary Melissa går ut med älvorna bara för att känna glädje.

D: *För att komma bort från sin mamma?*

I: Jag tror det.

D: *Varför tror du att du dras till Mary Melissa?*

I: Jag är inte riktigt säker. Jag tittar för att se varför jag ser henne.– Åh! Jag skyddar henne från hennes mamma. Jag skickade älvorna att leka med henne.

D: *Men det får henne också i trubbel, eller hur?*

I: Ah, men utan älvorna skulle Mary Melissa inte vara vid liv. Hennes liv är så dåligt, jag tror att hon skulle lämna det. Det ger henne en säker plats, för att hålla hennes ande vid liv tills hon växer upp. Jag har skickat älvorna, och de lär henne: vem hon är, och ljuset som hon är. Och hennes änglar samlas. Du ser, vi var tvungna att börja med älvorna och sedan arbeta oss fram till änglarna. De hjälper henne att inse att hon har skyddsänglar, och hon kommer alltid att ha dem, och guider för att hjälpa henne.

D: *Det låter som om du också är en av dessa skyddsänglar, eller hur?*

I: För en kort tid, absolut.

D: *Okej. Låt oss flytta fram tiden. Stannar du länge med Mary Melissa?*

I: Bara tillräckligt för att se henne växa upp till vuxen ålder.

D: *Du skyddade henne hela den tiden.* (Ja) *Sedan, vart går du?*

I: Ondonga? (Fonetiskt)

Jag förstod inte. Hon upprepade: "Ondonga. Det verkar vara någonstans som Afrika, en djungel. Jag är med en liten pojke. Hans namn är Ondonga."

D: *Åh, det är hans namn. Vad ska du göra där med honom?*

I: Jag får se. – Åh, min! (Tre skarpa andetag, sedan ett djupt andetag.) Han är säker. Jag kan gå nu. Det var snabbt.

D: *Vad gjorde du?*

I: Det var en tiger som smög upp bakom honom. Wow, det var snabbt!

D: *(Skratt) Vad gjorde du med tigern?*

I: Jag blåste bort honom.

D: *Visste pojken att han var i fara?*

I: Nej, han lekte. Han kommer aldrig att veta. Men han kommer att växa upp och bli medicinkunnig för sin stam. Det var viktigt att

hålla honom säker. Det var ett snabbt jobb! (Skratt) Han var ganska söt.
D: *Nåväl, låt oss gå vidare i tiden. När kom du till den punkt att du ville vara en person, en människa, istället för att bara titta på och skydda människor? Vad hände för att orsaka det?*
I: Skiftar tid. Jag är här för skiftet. Jag är här för att hjälpa till med vibrationerna av Moder Jord. Detta är ett stort arbete som behöver göras, och många av oss har blivit kallade.
D: *Hade du varit i en fysisk kropp innan du blev kallad hit?*
I: Jag ser inte en. Märkligt, det borde vara. De flesta människor är det.
D: *Så du gjorde mest detta skyddsarbete?*
I: Det verkar så.
D: *Det var ett mycket värdefullt och viktigt arbete.* (Ja) *Sedan, var det någon som sa åt dig att komma hit vid tiden för skiftet?*
I: Jag visste bara. – Det är väldigt svårt att vara i kroppen. Ganska begränsande. Också mycket svårt för min mamma att föda mig. Energierna var så starka för henne.

Är detta vad som händer? De normala mänskliga andarna som har varit på jorden i många, många livstider och samlat på sig karma lämnar. Och ersätts på ett eller annat sätt av dessa mer avancerade andar som kommer att kunna hantera stressen från skiftet. Till och med de som normalt utför skyddsängelarbete blir kallade, likaså de mer avancerade andarna. De är villiga att lämna sitt "hem" i det astrala för att resa hit och hjälpa under denna viktiga tid. De andra människorna som stannar har sina kroppar justerade för att hantera ökningen i den vibrerande frekvensändringen. De som inte kan anpassa sig, lämnar planeten.

I: Jag stannade inte i henne mycket när hon bar mig. Jag kom in vid födseln och slog nästan ut henne. Änglarna kom och hjälpte henne.
D: *Kunde du föra in all din energi i den späda kroppen vid den tiden?*
I: Nej, nej, nej, nej, nej. Jag skulle ha sprängt henne.
D: *Så du förde bara en del av dig själv in i den?*
I: Jag kan dra mer när jag behöver det.

Det Komplexa Universumet – Bok Tre

D: Så det här är livet för varelsen du talar genom just nu? (Ja) *Och detta skulle vara din första erfarenhet i det fysiska. Är det rätt?*
I: Ja, det kan jag minnas. Jag har varit här för att hjälpa andra.
D: Var det svårt att växa upp? Uppleva?
I: Aldrig passat in. Aaaldrig passat in.
D: Var du inte rädd när du kom hit att du skulle fastna?
I: Pffft! Inte alls! Nej, kan inte fastna. Fick för mycket hjälp, för mycket kraft.
D: (Skratt) Jag tänkte på karma.
I: Nej, jag har inte det.
D: Vad ska du göra med skiftet?
I: Vi är många som är här för att hjälpa Moder Jord med förändringarna. För att hjälpa andra att vakna genom att helt enkelt vara. Vi tenderar att fly ibland.
D: Hur gör du det?
I: I det ni skulle kalla "sömn" eller "meditation".
D: Du kan lämna kroppen?
I: Absolut. Faktiskt, ett av mina problem är att göra... som att vandra. Det är svårt att komma hela vägen in i kroppen tillräckligt för att hålla fötterna i balans. Det är en utmaning.
D: Menar du när du är ute ett tag och kommer tillbaka?
I: Jag menar att min utmaning här är att vara här. En del av mig tenderar att ge sig av ofta. Faktiskt, jag har många delar av mig själv som är på många platser samtidigt, så detta är bara en mycket liten del av mig här.
D: Så när Irene antingen mediterar eller sover, lämnar du och går någon annanstans?
I: Det, och – även om det låter väldigt konstigt – gör jag det även när jag gör allt annat. Jag gör många saker samtidigt.
D: Så du kan göra det, och kroppen fungerar fortfarande?
I: Förvisso. Jag har andra kroppar som fungerar på andra platser också.
D: Varför gjorde du så?
I: För att få så mycket som jag kunde.

Det här liknar väldigt mycket det som rapporterades i kapitel 21 där kvinnan mindes att hon levde i många kroppar samtidigt.

D: Så alla dessa andra kroppar är också här för att uppleva skiftet?
I: I olika tidszoner, så att säga. Det är svårt att förklara. Jag kan vara överallt hela tiden, och vara medveten om att vara här nu. Jag är inte alltid medveten om alla dimensioner jag är i. I ett sömntillstånd är jag mer; eller i ett meditativt tillstånd är jag mer. Men jag har medvetenheten om allt detta pågår samtidigt. Det är som att vara i Best Buy (eller Wal-Mart) mitt i alla TV-apparater. Och sedan är alla TV-apparater staplade en miljon våningar upp och en miljon ner, och alla visar något olika. Och sedan är du i alla dessa skärmar och på alla dessa platser. Det är vad det är som. Det är en ganska bra beskrivning.

D: Så när du bestämde dig för att gå in i en fysisk kropp, bröt du isär. Om det är ett bra sätt att förklara det?
I: Nej, inte bryta isär. Fortfarande en, kanske att föra in ett medvetande i den formen. Det är mycket svårt att förklara, för i alla de andra formerna, där finns det medvetandet.

D: Så när du bestämde dig för att vara en människa, bestämde du dig för att vara i många olika kroppar samtidigt.
I: Rätt. Och sedan också, i alla de andra formerna, allt på en gång. Du vet, andeformen, ET-formen har många av de där. De är roliga! Och alla de där i olika dimensioner, det är verkligen konstigt.

D: Detta hände efter att du bestämde dig för att inte vara en skyddande ande längre.
I: Ja, även om delar av mig gör det nu också. Irene förstår inte hur allt detta kan pågå.

D: Ja, det är svårt för många av oss människor att förstå dessa saker.
I: Detta är ganska förvirrande, men jag vet att det är rätt.

Där finns mer information om söndrandet och splittringen av den huvudanden och fragmenten som går iväg för att uppleva sina egna liv i *Convoluted Universe, Bok Två.*

D: Så vad ska Irene göra med detta?
I: Hon har stor kraft. Hennes blotta närvaro förändrar människor. Om hon tänker på dem, förändras de.

Det Komplexa Universumet – Bok Tre

D: Vad menar du, de förändras?
I: De börjar vakna. Kommer ihåg vem de är.
D: Vem är de?
I: De är rent ljus och kärlek.
D: Och de har kommit bort från det?
I: Åh, de har. Det är ganska sorgligt. Men det är väldigt viktigt, mycket viktigt, för Irene att göra sitt arbete. Att hon förblir stadig, att hon inte förlorar sig i känslorna hos dem som inte vaknar så snabbt som hon skulle vilja. Hos dem som inte verkar vakna alls. Och att hedra dem, och älska dem, men att inte bli insvept i den jordiska känslan. För hon är försvagad när hon känner sorg för dem. Det finns ingen sorg, för de är bara ljus och kärlek.
D: Ja, de lär sig sina egna läxor.
I: Ja. Det finns ett stort behov av stort ljus här i området där hon bor. Stort, stort ljus här. Och många väntar på henne. Det finns en gnista som hon kan ge dem som hjälper dem. Åh, det är som att de bara exploderar i sitt ljus, och sedan går deras gnistor iväg och gör detsamma för andra. Det är ganska vackert. Det är som ett fyrverkeri. Det är allt vackert positivt, den mest vibrerande kärleken och ljuset man kan föreställa sig.
D: När vi började den här sessionen idag, varför valde du att börja med Irene vid själva början av hennes existens?
I: Det var som en gåva, ett lyckorus. För att ge henne det lyckorusmomentet. Den nirvana, den lyckan, det hem som ger henne energi. Hon känner det. Det var där hon älskar att vara.

Det Komplexa Universumet – Bok Tre

KAPITEL TJUGO-SEXTON

SKAPANDET AV HAVEN

Pierre var en fransman som hade flyttat till Amerika. Han hade en stark accent som fick mig att lyssna väldigt noggrant, vilket också orsakade problem under transkriberingen av banden. Hans jobb utmattade honom och orsakade fysiska problem. Det innebar ständig resa och han var på väg att bränna ut sig. Självklart skulle den logiska lösningen vara att sluta och hitta ett annat jobb, men det var alltid senioriteten och lönen att ta hänsyn till. Jag har haft flera klienter med detta problem. Vissa hatar sina jobb med sådan passion att de tror att självmord är det enda svaret. Jag säger alltid att inget jobb är värt det, du kan alltid hitta något annat. Men många människor känner sig helt fångade i en situation och ser ingen väg ut. Vissa har omedvetet skapat en sjukdom eller en hjärtinfarkt för att komma ut med värdighet. "Jag kan inte jobba om jag är sjuk." "Det var inte mitt fel. Jag fick en hjärtinfarkt, så jag kan inte jobba längre." Det är fascinerande hur kroppen samarbetar om den tror att det är den önskade lösningen. Den dömer inte. Den lyder bara kommandon från kroppens ägare (medvetet eller omedvetet). Detta är varför vi måste inse hur kraftfulla våra tankar är. Hur som helst, detta var ett av de huvudsakliga klagomålen som Pierre talade om när han kom för en session. Informationen som kom fram var helt från en annan riktning. Han sa efteråt att detta definitivt inte var vad han hade fantiserat om. Han letade efter ett tidigare liv för att förklara problem i sitt liv.

När han kom av molnet var det total förvirring när han försökte förstå var han var och de kroppsliga sensationer han kände. När jag bad honom att titta på sig själv för att se vad hans kropp såg ut som, sa han: "Jag känner mig inte solid! Jag kan inte se mig själv. Jag är överallt."

Jag tänkte att han kunde vara en energi-form, vilket har hänt många gånger när personen inte kunde se en kropp. "Har du någon känsla av vad du är?"

P: Det har varit överallt. Det har inte varit fysiskt. Det har varit överallt.

Jag bad honom förklara vad han menade.

P: Det känns som havet. Som en våg. Inga gränser. Bara stort, stort! Det är en underbar känsla. Jag är inte begränsad.
D: *Det är därför du inte har någon form?* (Ja) *Har du inga gränser?*

Jag försökte tänka på hur jag skulle formulera det. Även om han var en energi-kropp, skulle han ha en form och begränsningar. Något som innesluter honom, även om han kände sig väldigt stor. Men jag hade fel. Detta var något helt annorlunda än våra koncept om fysiska former.

P: Begränsningen är toppen av havet. Separationen mellan vatten och luft.
D: *Känner du att du är i vattnet?*
P: Jag är vattnet. Inga gränser.
D: *Så du har ingen kropp. Du är bara en del av allt där?* (Ja) *Vad ser du när du tittar runt omkring?*
P: Jag ser himlen. Jag ser vattnet. Jag känner vattnet. Jag känner kyla från vattnet.

Det fanns inget i vattnet, inga andra livsformer. Bara vattnet.

P: Bara början. Känslan av början.
D: *Vad menar du?*
P: Det är skapandet av vattnet.
D: *Före det fanns något i det?* (Ja) *Det skulle ha varit i själva början, eller hur?*

P: Jag känner vattnet. Det är inte begränsat. Bara vattnet och havet. Jag är havet. Jag är havet.

Han sa efter att han vaknade att detta var den mest underbara känslan av total frihet. Han kände sig så stor, så enorm. Det var något han aldrig kunnat föreställa sig.

P: Jag känner den varma vinden. Det finns inga begränsningar.
D: Känner du dig ensam om det inte finns några andra livsformer?
P: Nej. Jag känner mig tyst. Jag gillar det. Jag är hel. Jag är fullständig. Det är en underbar känsla.

Jag försökte tänka på vart jag skulle gå härnäst. Om han var en del av havet vid själva skapelsens början, kunde detta pågå ganska länge (troligtvis eoner) med liten förändring. Särskilt om han njöt av det så mycket.

D: Var du någon annanstans innan du kom till denna plats?
P: Jag kommer från Ljus.
D: Blev du tillsagd att komma till vattnet?
P: Nej, jag frivillig. Jag ser mig själv komma från en stjärna, från Ljus.
D: Varför bestämde du dig för att göra det?
P: Det måste göras.
D: Men du var också glad som Ljus, eller hur?
P: Vi var en del av Skapelsen. Det måste göras. Så vi frivillig.
D: Jag undrade om någon eller något sa att det var dags att göra detta.
P: Det fanns ingen tid. Det måste göras. Jag ser mig själv som ljus komma från långt bort, och sedan ser jag havet. Jag är havet.
D: Och när du blev vattnet, skapade du vattnet? Är det det du menar?
P: Ordet är inte korrekt – skapelse. Vi är en del av Skapelsen. Vi skapar inte.
D: Så du skapade inte vattnet. Du blev det bara?
P: Vi är en del av det.
D: Jag försöker förstå om det finns en process.
P: Vi kan inte förklara.

Det Komplexa Universumet – Bok Tre

D: *Du måste vara en väldigt kraftfull ande, om det är rätt ord.*
P: Kraftfull är inte korrekt. Vi är en del av det. Det är en naturlig process.
D: *Har du några planer, eller ska du bara stanna där som en del av vattnet?*
P: Vi skulle stanna tills processen är klar, tills den är stabil, för det finns inget land vid denna punkt. Det är en process. Med tiden kommer det att finnas land. Nu är det bara vatten, och vi ser himlen.
D: *Hur kommer landet att bildas?*
P: Vi är inte inblandade i landets bildande. Vi är inblandade i vattenbildandet.
D: *Andra varelser kommer att vara inblandade i landet?* (Ja) *Jag undrade bara om landet kommer att komma upp genom vattnet.*
P: Jag vet inte. Mitt jobb är att stabilisera vattnet, så att liv kan utvecklas i det.
D: *Finns det vissa krav för att liv ska utvecklas?*
P: Salthalt. Salthalten måste vara precis rätt. Ljuset i vattnet måste vara precis rätt. Gasen i vattnet måste vara precis rätt. Vi är en del av vattnet.
D: *Så vissa kemikalier, om det nu är rätt ord, måste vara närvarande?*
P: Ja. Stabilitet. Salthalt.
D: *Och när detta sker, vilken typ av livsformer kommer att vara de första att bildas?*
P: Vi ser vad som kommer att vara amfibiska, grodlika.
D: *Det är inte ditt jobb att skapa livet?*
P: Nej. Mitt jobb är att skapa vatten, att stabilisera vatten. Sedan kommer jag vara klar.
D: *Då kommer andra varelser att skapa de första livsformerna?*
P: Ja, mästarna.
D: *Bildades livsformerna i vattnet först innan landet bildades?*
P: Livsformerna bildas innan landet i vattnet. Inte för långt innan. – Vi går ner nu. Vi går in i oceanen, djupt. Vi är väldigt djupt inne i oceanen. Det är otroligt.
D: *Är kemikalierna och elementen rätt nu så att liv kan uppstå?*

409

P: Inte riktigt. Oceanen rör sig fortfarande. Vi söker nu i oceanens djup.
D: *Vad letar ni efter?*
P: Vi letar inte. Vi upplever.
D: *När du kom till denna plats, fanns det ingenting alls?*
P: Vi har inte full medvetenhet, för vi kom och vi skapade oceanen. Vi är en del av oceanen. Vi är oceanen.
D: *Jag undrade om ni skapade oceanen på en planet?*
P: Nej. Oceanen var där först, och sedan kom landet.
D: *Så det fanns inte ens en planet i början?*
P: Inte riktigt. Inte riktigt.
D: *Jag antar att jag tänker på en planet och sedan saker som formas på den.*
P: Nej. Oceanen är här.
D: *Så vattnet skapades bara i rymden? (Jag hade svårt att förstå detta.)*
P: Vi kan inte förklara, men vattnet skapades först. Vattnet skapades från Ljus. Vi kom från Ljus. Och vi skapade vatten, och vi är en del av vattnet. Och vi upplever dess djup just nu. Vattnet är mycket djupt. Det är odelat.
D: *I vårt sätt att tänka, tänker vi på planeter och saker som formas på dem. Men detta var före deras skapelse. Är det detta du menar?*
P: Det var före skapelsen i termer av vad som nu är känt. Detta var före vi ens kan tala om tid som vi känner den nu.
D: *Så först kommer vattnet.*
P: Nej, först kommer Ljus. Och sedan vattnet.
D: *Och sedan måste du forma Ljus i vattnet?*
P: Och släppa liv och Ljus. I termer av tid, var de väldigt nära i tid. Men det fanns liv, och sedan lite senare, kom landet. Och vi kunde uppleva Ljus. Vi upplever oceanen. Oceanen är odelad. Detta är otroligt!
D: *Och sedan finns det andra varelser som skapar landet?*
P: Det är ett samarbete.
D: *Då bestämmer ni vilken typ av varelser eller växter som ska formas i vattnet?*

Det Komplexa Universumet – Bok Tre

P: Vi bestämmer inte. Det är inte vårt öde att bestämma. Vi är inte på den nivån. Vi skapade oceanen. Andra bestämmer, de är ansvariga för den allmänna planen. Vi bestämmer inte.

D: *Så det finns många av er som har olika jobb?* (Ja) *Skulle du vara det jag skulle kalla en Skapande Varelse?*

P: Jag förstår inte det ordet. Det finns en Mästare Skapare, men vi skapade oceanen.

D: *Så det finns någon över er.* (Ja) *Mästaren som skapade er, var finns han?*

P: Vi är inte skapade. Vi är en del av Honom.

D: *Jag antar att jag sätter gränser för allt eftersom det är vårt mänskliga sätt att tänka.*

P: Ja, vi är inte begränsade. Vi upplever gränslöshet just nu.

D: *Är denna Mästare Varelse också en del av detta Ljus?*

P: Han är Ljus. Vi kom från Honom. Och därifrån skapade vi oceanen.

D: *Hade ni instruktioner från Honom att göra detta?*

P: Nej, men vi förutsåg din fråga. Du försöker länka oss till denna varelse. Och det problemet kommer från livets gränser, från denna form. Det är vad vi förutsåg i din fråga.

D: *För jag försöker sätta saker i former så att jag kan förstå.*

P: Ja, vi förstår. Vi vet vad som finns i designen. Vad som finns i den Stora Planen. Vi vet, och vi gör.

D: *Jag tänker på en Mästare och arbetarna som gör arbetet. Är det inte så?*

P: Nej. Ordet "Mästare" används i termer av vad du skulle säga "respekt". Det är samarbete.

D: *Kommer detta land att bilda en planet?*

P: Det kommer att bli Jorden.

D: *Så detta var hur hela planeten bildades i början.* (Ja) *Så vattnet bildades, sedan skapades liv i vattnet av en annan grupp av varelser, och sedan bildades landet.*

P: Ja. Och sedan bildades landet, och landet måste kylas ner. Det var för varmt. Det måste bli kallt. Kallt. Vi är stabila nu.

D: *Var det något annat ni behövde göra med landet för att göra det stabilt?*

P: Nej. Vi arbetar inte med landet. Vi arbetar med oceanen.

411

D: Vet ni vad dessa andra varelser gör?
P: Jag är inte privilegierad med den informationen.
D: Men de har förmodligen ett jobb mycket likt ert?
P: Ja, ja. Jag är stabil nu.
D: Detta är väldigt viktigt för att liv ska existera, eller hur?
P: Ja. Vi måste stabilisera vattnet. Ljuset i vattnet, salthalten, gasen i vattnet så att liv kan skapas i embryonstadium. Därefter kan stora landområden skapas.
D: Sedan när mineralerna och kemikalierna är rätt, och vattnet är stabilt, vad gör ni?
P: Jag avlägsnar mig. Jag var inte längre behövd, så jag lämnade.
D: Stannar andra varelser där och fortsätter att arbeta?
P: Jag känner närvaron av andra som stannar kvar.
D: Du gjorde ett bra jobb. Oceanen är väldigt vacker.
P: Tack.
D: Vart gick du när du lämnade?
P: Jag återvände till Ljuset.
D: Vilket gillade du mest, att vara i vattnet eller i Ljuset?
P: Vattnet har en annan upplevelse, en annan känsla. Ljuset är enhet.
D: Jag har hört det förut, att det är väldigt vackert att vara helt tillsammans. (Ja) Okej. Även om tid inte existerar, låt oss gå framåt för att ta reda på vart du går. Vad är din nästa uppgift, om det nu är rätt ord? Vart går du när du lämnar Ljuset igen?

Han såg sig omedelbart som en förlamad tiggare i Indien. Det var ett eländigt liv fyllt med smärta och förtvivlan. Tydligen, när han bestämde sig för att gå in i den fysiska världen, valde han det värsta av mänskliga erfarenheter. Det var ett totalt motsatt avsked från den vackra freden av att vara en del av oceanen.

D: Varför valde du att gå in i en fysisk kropp?
P: Det är för att uppleva, så att Ljuset kan uppleva fysiskhet.

Det var ett svårt liv, eftersom han var så van vid att vara fri utan begränsningar.

P: Det finns mycket begränsning. Det var svårt att vara innesluten. Mycket fysisk smärta från den fysiska kroppen. Jag fick erfarenhet.

D: *Ja. Och när du är i den fysiska världen, kommer du inte ihåg det andra, eller hur?*

P: Ibland gör vi, ibland är vi medvetna. Och vi valde att inte minnas. Det var ett svårt liv.

D: *Varför valde du att uppleva den typen av liv?*

P: Det var för att uppleva extremen, och lära sig styrkan. Jag levde sedan i Frankrike som en kvinna. Vi flyttade till andra platser, och valde att komma tillbaka för att uppleva igen.

D: *Vilka andra platser reste du till?*

P: Saturnus. Vi flyttade till Saturnus.

D: *Hur var det?*

P: Vi har inget ord för det.

D: *Kan du försöka förklara?*

P: Vi får inte förklara. Tiden är inte rätt för det. Det är inte användbart för denna varelse. Men det var en ganska annorlunda upplevelse från Ljuset och vattnet. Vi ger det som är relevant, vilket är svårigheterna med att hantera begränsning. Det är den svårigheten som denna mänskliga varelse har.

D: *Så då och då skulle ni välja att komma tillbaka till ett liv, en mänsklig kropp, för att uppleva något annat.*

P: Så att vi kan lära oss, och avsluta saker vi inte avslutade.

D: *Varför känner du behovet av att lära dig, att uppleva?*

P: Så att helheten, Ljuset, kan uppleva. Vi är en förlängning av Ljuset, och upplevelsen är nödvändig.

D: *Kan inte Ljuset uppleva på egen hand?*

P: Nej. Ljuset måste vara. Vi ser bilden. Ljuset måste upplevas som droppar av ljus.

D: *Droppar av Ljus. Menar du att bitar av det föll av?*

Jag visste redan svaren på några av dessa frågor, men jag försöker alltid få mer verifiering genom att ställa samma frågor till många personer. Om de alla säger samma sak, tror jag att det ger min forskning giltighet.

P: Individualitet. Ljuset är helt. Ljuset måste uppleva individualitet. Därför måste Ljuset materialiseras som droppar av Ljus.
D: *Jag förstår. Och du är en av dessa droppar?*
P: Vi är alla en av dessa droppar. Vi är en gnista av Gudomlighet. Vi är alla droppar av Ljus i materiell form.
D: *Och du ska uppleva och samla information.* (Ja) *Vad ska du göra med all denna information?*
P: Vi måste integrera den, återintegrera den tillbaka.
D: *Och du tar den tillbaka till Ljuset.* (Ja)

Han bekräftade att detta Ljus var samma sak som vissa människor kallar Källan, och den Stora Centrala Solen. De är helt enkelt olika namn för samma sak, det som vi kallar "Gud".

D: *Och du har upplevt många livsformer på Jorden?* (Ja) *Och också rest till andra platser?* (Ja) *Har du upplevt andra kroppar?*
P: Ja. Jag ser en annan kropp. En väldigt hög intelligens – men inte mänsklig.
D: *Kändes det också inneslutet, begränsat?*
P: Ja, men mindre inneslutet än denna varelse nu. Eftersom slöjan inte existerade lika mycket.
D: *I dina resor, när du skulle komma till slutet av livet, skulle kroppen till slut dö, eller hur?*
P: Ja. Och sedan återintegrerar vi till Ljuset. Vi återintegreras alltid till Ljuset.
D: *Och bär på erfarenhetens information?* (Ja) *För jag har hört att du egentligen inte dör.*
P: Det stämmer. Men kroppen, den fysiska behållaren dör.

Jag bestämde mig sedan för att kommunicera med Pierres undermedvetna för att få svar, men jag talade förmodligen redan med det. "Jag kallar det 'undermedvetna'. Är det korrekt, eller har du ett annat namn för det jag talar med?"

P: Ditt namn är korrekt.

Det Komplexa Universumet – Bok Tre

D: *Men du är mycket mer kraftfull än så, eller hur?*
P: Du kan säga att vi är mer medvetna.
D: *Varför valde Pierre att komma hit idag? Det var inte en slump, det är säkert.*
P: Han behöver veta varför han har ont. Han behöver veta så att han kan justera sig själv. Han behöver veta så att han kan vara medveten om att han är mer än vad han verkar vara. Även om han säger det, behöver han uppleva det. Det är därför han upplevde oceanens enormhet idag. Och han justerade sig, och han förstår att han är mer än sitt begränsade jag.

Pierre hade några frågor om fysiska problem. Jag misstänkte att de orsakades av frustrationen från hans jobb, känslan av att vara fångad i en hopplös situation. Jag var intresserad av att se vad undermedvetna skulle säga var orsaken.

P: Smärtan på båda sidor av den nedre kroppen beror på frustrationen som orsakas av att känna maktlöshet, för att han inte kan uttrycka sig fysiskt som han skulle vilja, eller som hans högre jag skulle vilja. Så han utvecklar smärtor. Hans smärta kommer att lindras. Han utvecklade obehaget så att han skulle kunna agera på det och uppleva oceanens storhet. När den upplevelsen inträffar, kommer smärtan gradvis att försvinna. Men eftersom smärtan är i ett något avancerat stadium, kommer den gradvis att minska. Det kommer att vara gradvis när han förstår det. Han kunde ha bett om hjälp tidigare. Han hade möjlighet. Vid denna punkt kommer hans kropp inte att kunna acceptera ett omedelbart lindrande av smärtan. Kroppen har vant sig vid det, och borttagandet av smärtan måste ske gradvis.

Jag har hört detta många gånger. Obekvämligheten kommer ibland att öka för att få människans uppmärksamhet. Om det har pågått länge och har ökat mycket, kan det inte tas bort plötsligt. Mest för att kroppen har vant sig vid det. Så i dessa fall måste det hända gradvis. Men det försvinner.

P: Det har gjorts många justeringar av hans kropp medan han sover. Det enda minnet han har är i drömmar, och de är inlindade i symbolik.

D: Vad var justeringarna för?

P: Justeringarna krävdes för att en ny nivå av energi skulle kunna anpassas till hans fysiska kropp.

D: Det är vad jag har hört. Att det pågår många sådana justeringar bland många människor, eftersom världens energi och vibrationer förändras.

P: Det stämmer.

D: Och några av oss upplever detta på olika sätt. Alla kroppar reagerar olika.

P: Det stämmer.

D: Och de som inte kan justera sig är de som lämnar planeten.

P: Det stämmer. Eller de var designade för att inte vara här.

D: Det var säkert många som lämnade planeten just vid juletid. (Den stora tsunamin som drabbade Indonesien 2004.) Jag vet att det var deras beslut, eller hur?

P: Det var ett avtal så att vi vet att vi är ett.

D: De ville bara lämna här innan de andra sakerna hände?

P: Vi kommer inte säga så. Vi kommer säga att det var en möjlighet som de hade att tjäna, för att öka medvetenheten om en värld – att vi är ett. Han är obegränsad, som Oceanen. Han har förmågan. Han har kraften. Han kan välja.

D: Han ville också veta vad hans syfte är? Varför är han här?

En väldigt vanlig fråga som ställs av nästan varje klient som jag träffar.

P: Hans syfte är att bringa ljus. För att bringa ljus måste han uppleva upplevelsen av dem som han ska tjäna. Det är denna upplevelse som han designade sig själv för att bringa ljus. Svårigheten kommer i begränsningen som han upplever. Det går djupt inom honom. Han vet att det finns mer än vad han kan göra. Men han får inte utöva alla sina medfödda förmågor. Så svårigheten måste vara med begränsningen som han gick med på att sätta på sig själv.

Det Komplexa Universumet – Bok Tre

D: *Så han kommer att påverka alla han har kontakt med.*
P: Det stämmer. Vi skulle föreslå tålamod. Får vi föreslå att han förstår att vi förstår hans otålighet, för i hans sinne känner han att han inte gör ett bra jobb. Men från vårt perspektiv skulle vi säga att han har satt sig själv i en mycket svår situation, med tanke på hans förmåga. Begränsningarna är svåra. Det är svårt för honom att skaka sig själv. Men vi förstår. Vi skulle föreslå att han fortsätter att arbeta. Han gör det bra.

När Pierre återvände hem hade han en chans att lyssna på bandet om skapandet av oceanen. I ett e-postmeddelande gav han några intressanta observationer. Han, som många av mina klienter, hade svårt att acceptera verkligheten av upplevelsen, och han brottades fram och tillbaka om huruvida han kunde ha hittat på det. "När jag lyssnade på bandet, upplevde jag de utmaningar som är förknippade med användningen av ord och användningen av tungan för att uttrycka dessa ord. Jag kände att oceanens energi måste använda det medvetna sinnet för att uttrycka sig i ord. Så istället för att sätta det åt sidan, löste oceanens energi bara upp det medvetna sinnet i sig själv som 'ett korn salt upplöst i oceanen.' Men kornet salt (eller mitt medvetna sinne), även om det är upplöst i oceanvattnet (eller oceanens energi), behöll fortfarande sin individualitet. Så det medvetna sinnet uttryckte i ord, så exakt som det kunde, den information som det fick från oceanens energi. Poängen här är att det fanns utmaningar/svårigheter med att översätta den energiska informationen till mänskliga ord, och vissa av de ord som användes var inte exakt vad oceanens energi skulle ha velat använda. Men det medvetna sinnet använde dessa ord, eftersom det var mer eller mindre ansvarigt för ordens aspekt av denna kommunikation. Det skulle vara utmärkt om vi helt kunde tysta det medvetna sinnet, men på något sätt är dess närvaro fortfarande nödvändig för ordvalet. Jag kände att det fanns en annan hjälpare/översättare som satte den energiska informationen från oceanens energi i ett format som det medvetna sinnet kunde använda för att formulera ord. Det har blivit klart för mig att det var som om informationen från oceanens energi måste gå genom ett 'bearbetningscenter' innan det kunde översättas till ord av det medvetna sinnet.

"Jag kände att det var väldigt noggrant övervakat och diskuterat när du ställde frågan om att vara en skapande energi. Jag kunde inte se någon runt mig, men jag var medveten om övervakningen. Den informationen släpptes endast för att säkerställa att oceanens energi inte förväxlades med Ljuset/Källan själv.

"Efter vår session försökte jag förklara oceanens enormhet, och jag nämnde att i termer av storlek, kände jag mig som 'ett korn salt upplöst i oceanen'. När jag skriver detta meddelande till dig, får jag förståelsen att ovanstående analogi också förklarar utmaningarna med den mänskliga verbala uttrycksförmågan. Jag förstår också att det finns mycket information i analogin om ett korn salt upplöst i oceanen. Kornet salt härstammar från oceanen, och faktiskt är det oceanen i en kondenserad form. Så denna analogi visar hur vi är individuella (minut), men också en del av Helheten. Vi härstammar från Ljuset/Källan, och vi är en kondenserad/fysisk uttryck för Ljuset, och som sådana är vi verkligen obegränsade.

"I senaste minnet och det som verkar vara drömmar, har jag lämnat min fysiska kropp fyra gånger, och blivit övertalad att återvända till den. Jag tror att jag var på väg att se ingen anledning att leva, så jag måste ha visats en viss aspekt av vad som uppnås. Sessionen gav mig hopp och viljan på det medvetna planet, att inte lämna min fysiska kropp."

När jag genomförde denna session hade jag problem att förstå det, eftersom det gick emot vad vi skulle anse vara logiskt. Hur kunde vatten skapas innan det fanns land eller en planet? Hur kunde vatten skapas ur ingenting i rymden? I de andra sessionerna i detta avsnitt beskrev klienten hur de skapade galaxer, universum och planeter. Detta var vad jag skulle anse vara logiskt: skapa något fast först och sedan lägga vatten på det. Ändå, hur ologiskt det än verkade, tänkte jag att det lät bekant. Då mindes jag var jag hade hört det förut: från Bibeln. Bibeln rapporterar exakt denna ologiska väg att skapelsen skedde, i det första kapitlet i Genesis. Jag kommer att sätta ihop det här istället för att dela upp det i verser som Bibeln gör. *I begynnelsen skapade Gud himmel och jord. Och jorden var utan form och tom; och mörker var över de djupa vattnen. Och Guds Ande rörde sig över vattnens yta. Och Gud sade: "Varde ljus!" Och det blev ljus. Och Gud såg att ljuset var gott, och Gud åtskilde ljuset från mörkret. Och Gud kallade ljuset Dag, och mörkret kallade han Natt. Och det blev afton, och det blev morgon, den första dagen.* Genesis 1:1-5

I ett av kapitlen i detta avsnitt sa klienten att det fanns något före Ljuset (eller Källan), och det var mörker. Det har också sagts att ljud spelade en roll i skapelseprocessen, så här: Och Gud sade. Varje gång Gud talade skapades något nytt. Vi vet nu att vi alla är en del av Gud, så det var dessa börjanande andar som fortfarande var kopplade till Källan, som gjorde mycket av skapandet. Allt var detsamma, allt Ett. Notera också att innan något skapades (till och med ljuset) så rörde sig Guds Ande över vattnens yta.

Och Gud sade: "Varde ett fästning mitt i vattnen, och låt den åtskilja vattnen från vattnen." Och Gud gjorde fästningen, och åtskiljde vattnen som var under fästningen från vattnen som var ovan fästningen, och det blev så. Och Gud kallade fästningen Himmel. Och det blev afton, och det blev morgon, den andra dagen. Och Gud sade: "Låt vattnen under himmelen samlas på ett ställe, och låt det torra landet uppenbara sig." Och det blev så. Och Gud kallade det torra landet Jord, och samlingen av vattnen kallade han Hav. Och Gud såg att det var gott.

Här igen är det uppenbart att vattnet fanns innan skapelsen av land. Pierre sa att han bara kunde se vattnet och himlen. Gud åtskilde fästningen. Sedan fortsatte skapelseprocessen: skapelsen av växter och träd. Detta går i linje med berättelsen i denna bok, att de utomjordiska hjälparna först introducerade växtlivet för att se om det skulle växa, innan djurlivet. Växterna måste vara på plats som en matkälla. Det är intressant att (enligt Bibeln) växtlivet skapades före Solen och månen och stjärnorna. Sedan skapades det första djurlivet i oceanerna, sedan fåglarna.

Och Gud sade: "Låt vattnen frambringa i mängd levande varelser, och fåglar som må flyga över jorden i den öppna fästningen av himmelen." Och Gud skapade stora valar, och varje levande varelse som rör sig, som vattnet frambringade i mängd, efter deras slag, och varje vingad fågel efter sitt slag: och Gud såg att det var gott. Och Gud välsignade dem och sade: "Var fruktsamma och föröka er, och fyll vattnen i haven, och låt fåglarna föröka sig på jorden." Genesis 1:20-22

Sedan fortsatte skapelsen med införandet av djur av många olika slag, och slutligen människan. Allt detta är exakt den ordning som rapporterats av de olika ämnena. Den enda undantaget är att dessa olika andar hade en roll att spela genom att hjälpa Gud i skapelsen. Eftersom vi alla är Gud, borde detta inte förvåna oss. Och eftersom vi hade en roll i skapelseprocessen av vår vackra Jord, borde vi hedra och respektera vårt hem.

LÅNTAGAREN

PIERRE FORTSATTE

Pierre återvände till mitt kontor ungefär sex månader senare för att ha en annan session. Normalt behöver jag inte träffa en klient mer än en gång. Och jag var säker på att vi hade täckt allt som han ville hitta i den första sessionen. Men jag gick med på det, utan att veta vad han kanske ville utforska. På den här resan tog han med sig sin fru, och jag hade även en session med henne.

Efter den sista sessionen hade jag ingen aning om vad jag kunde förvänta mig. Vad skulle kunna vara mer dramatiskt än att upptäcka att du hjälpte till med skapandet av vatten före jordens början? Jag har aldrig några förväntningar, och låter klienten gå dit de känner att de behöver gå (eller där deras undermedvetna tycker att de ska gå).

Därför, när Pierre gick in i scenen, lät det som om vi skulle utforska ett normalt tidigare liv. Ändå skulle han återigen överraska mig innan sessionen var slut.

Han såg sig själv vid havet sittande på en träbänk med nummer nittonhundra inristat i ryggen. Han var en enkelt klädd, ung, ljuskroppad kaukasisk (Pierre i verkligheten är svart) med mörkt hår och skägg. Det fanns inga människor eller aktivitet. Bara en fredlig och lugn känsla när han vilade och tittade ut över vattnet, tittande på ett gammalt skepp som passerade. När jag frågade om han bodde där svarade han, "Jag hör, 'Jag kommer och besöker.' Jag hör, 'Jag bor inte här', men jag hör, 'Jag kommer och sitter och besöker.'"

Bakom honom fanns hus och en liten stad. "Jag hör 'Brittany'." Jag bad honom att gå till den plats där han bodde så att vi kunde se hur det såg ut. Även om han njöt av att sitta tyst, "Jag gillar havet och att sitta här nu," gick han med på att gå och titta på det.

P: Jag ser en kullerstensgata, och sedan ser jag ett litet hus med två våningar på min högra sida när jag tittar. Jag hör hästar som drar kärror. Jag hör ljudet av deras hovar. Huset är inte särskilt stort. Det är ett enfamiljshus i en rad med hus. Gatan är väldigt liten. Det är inte särskilt rent. Det är inte huset, det är staden. Det är inte särskilt rent.

Jag bad honom att gå in för att se hur det såg ut.

P: Jag vet att en man står bakom på höger sida. Det är nästan som ett vandrarhem. Han kollar på dig när du går in i det här huset. Jag hör, "Jag hyr ett rum i detta hus. Jag är sjöman." Jag är en hyresgäst. Han är nästan som hyresvärd. Nu ser jag ett litet rum med två sängar, en ovanpå den andra. Och jag ser en gammaldags ryggsäck. Jag hör, "Jag är en besökare från långt borta. Jag observerar. Jag går, för jag ser ryggsäcken. Jag observerar. Jag kommer från långt borta. Lång väg i denna värld." Jag går från plats till plats. Jag hör, "Om jag går, går jag. Om jag inte går, tar jag den gammaldags båten." Jag observerar. Jag registrerar också. Jag hör, "Jag fick ett val." Det är nästan som om man åker på en

campingresa, och du väljer i detta liv. Jag hör att jag fick ett val, en semester.
D: *Så du var inte född på den här platsen som ett barn och uppfostrad. Är det det du menar?*
P: Jag är ledsen. Jag är förvirrad. Jag ser inte ett barn.
D: *Formen du är i nu är den här unga mannen?*
P: Ja, ja. Jag hör, "Du kom från en stjärna." Och jag vet inte. Jag kom bara.
D: *Men hur blir du denna kropp om du inte föddes i den?*
P: Jag hör, "Det är inte min kropp. Jag lånar. Jag sambo."

Nej, det blev uppenbart att detta inte var en normal tidigare livsregression. Det var något mer som pågick här.

D: *Delar du kroppen med en annan själ?* (Ja) *Är detta tillåtet?*
P: Jag hör, "Jag får lov, ja. Avtal. Den andra vet."
D: *Jag trodde att du inte fick gå in i en kropp där en annan själ bodde.*
P: Ja. Det är tillfällig sambo. Semester. Och sedan går du. Jag stannar bara en kort tid.
D: *Och medan du är där, använder du kroppen för att gå från plats till plats?*
P: Du kommanderar inte kroppen. Jag hör, "Den andra har kontroll. Du sambo." Det är nästan som om du tar en tur. Kroppen är en sjöman. Han går också, och jag hör, "En vagabond."
D: *Så den unge mannen går till dessa platser ändå. Och du följer bara med för att observera vad han ser?* (Ja) *Och han valdes bara slumpmässigt?*
P: Nej, jag hör, "Avtal."
D: *Är han medveten om att du är där?*
P: Inte medveten i verkliga livet. Inte i vaket tillstånd. Men djupare, han är medveten, för utan det avtalet skulle det inte vara tillåtet. Det finns lagar och regler för dessa saker. Vi säger här att det inte är en invasion. Det är ett avtal. Det är viktigt att förstå att det inte är invasion.
D: *Varför observerar du?*

Det Komplexa Universumet – Bok Tre

P: Jag hör, "För den här gången, det är en semester." Det är allt. Och ett avtal som gjordes måste levas. Och så han kom på semester till denna hamn, till detta område. Och vi ser vänner. Vi ser havet. Vi ser bänken. Nummerna, nittonhundra, inristat.

D: *Där du kommer ifrån, har de ett hav?*

P: Jag tror inte det. Jag hör, "Vi har arbetat hårt; därför har vi fått en semester för denna gång. Och vi tvingar oss inte. Vi följer med på denna semester."

D: *Som en belöning.*

P: I denna situation, krävs ett avtal, för vi tvingar oss inte.

D: *Men du väljer världen du vill gå till?*

P: Ja. Om det finns ett avtal möjligt, för vi vill inte börja från att vara en baby och behöva växa upp. Det är särskilt för en kort period.

D: *Så du stannar ett tag, och sedan går du tillbaka?*

P: Jag hör, "Du går på ett annat uppdrag. I denna specifika situation kan du transiteras, du går tillbaka. Eftersom detta är en semester, behöver du ingen återhämtningstid." Så det blir som om man skulle gå tillbaka och hämta uppdraget, och sedan gå vidare till uppdraget.

D: *Men du sa att, där du kom ifrån i en annan plats, gjorde du ett mycket bra jobb. Det är därför de belönade dig?* (Ja) *Hur är det på den platsen du kom ifrån? Är det en fysisk värld?*

P: Nej, det är inte en fysisk värld. Jag ser en stjärna! Och jag får inte någon känsla av fysisk form.

D: *Vad slags form har du på den andra världen, stjärnan?*

P: Jag hör, "Vi är ren energi. Vi är gyllene energi."

D: *Vad för slags arbete gjorde du som de belönade dig för?*

P: Jag hör, "Råd." Jag var rådgivare.

D: *Fanns det många som var rådgivare?*

P: Jag hör, "Nio." Jag var med dessa.

D: *Vad för slags jobb hade du när du var med i rådet?*

P: Jag hör, "Råd av övervakare för ett stjärnsystem."

D: *Vad gör en övervakare för ett stjärnsystem? Det låter som ett väldigt viktigt jobb.*

P: Det är ett jobb. En övervakare tittar på en grupp stjärnor. Jag hör, "Och ger råd om vägen att gå för att utvecklas."

D: *Att utveckla stjärnorna?*
P: Jag kommer inte att säga det. Jag kommer att säga, ge råd om vägen som riktningen går mot.
D: *Är detta en del av vad rådet gör? Bestämmer vad som ska göras på olika världar?*
P: Ja, ett av nio råd. Vi ger råd. När vi blir tillfrågade om information, eller när vi blir tillfrågade om riktning, kommer vi att ge råd. Vi påtvingar inte.
D: *Gör ni själva utvecklingen?*
P: Jag kommer inte att säga att vi gör utvecklingen. Vi ger råd. En annan grupp gör utvecklingen. Dock, i vissa situationer, kommer de att be om vårt råd, och vi kommer att ge råd.
D: *Denna grupp som gör den faktiska utvecklingen, är de fysiska varelser eller som ni?*
P: Jag kommer att säga att de kan ta fysisk form om det behövs. Dock, på vår planetnivå, krävs inte en fysisk form.
D: *Så dessa grupper kan göra utvecklingen utan att vara fysiska.* (Ja) *Måste de gå till dessa världar för att göra utvecklingarna?*
P: Nej. Jag hör, "Det är ritningen för världarna. Ritningen arbetas in, inte i en fysisk värld. Ritningen arbetas in i den icke-fysiska världen. Raffineras i den icke-fysiska världen. Och sedan kan den lanseras i den fysiska världen."
D: *Så det utvecklas där, och sedan kan de göra det till något fast och verkligt?*
P: Ja. När vi blir tillfrågade om råd, ger vi råd. Vi är ett av nio råd i detta system, eftersom de är ett solsystem.
D: *Det finns säkert system över er också, eller hur?* (Ja) *Och de skulle ge er råd om ni behövde dem?* (Ja) *Så alla ni tillsammans bestämmer vad för slags livsformer som ska sättas på dessa världar?*
P: Jag hör, "Rådgivning kommer på planetnivå. Livsformen kommer vid ett mycket senare stadium, som vår rådgivning gjorde med planetariska systemet, eller fråga." Du bygger ett universum först innan du kan befolka det med livsformer.
D: *Så ni bygger hela det planetariska systemet?*
P: Vi ger råd, vi vägleder.

Det Komplexa Universumet – Bok Tre

D: *Du talade om universum. Är det vad du menar med det planetariska systemet, eller är dessa två olika saker?*

P: Dessa är två olika saker. Vänligen tillåt oss att rätta – vi försöker särskilja nivån av – kanske komplexiteten mellan en livsform och ett planetariskt eller universellt system. Ett universum kan vara ett planetariskt system. Vi vägleder på den nivån. Vi vägleder inte nödvändigtvis på nivån av livsform.

D: *Jag förstår. Så ni vägleder först om hur man skapar hela universumet.*

P: Ja. Och inom universum finns planetariska system.

D: *Så universum skapas konstant?* (Ja) *Det är det jag försöker förstå. Jag skulle tro att det skulle finnas bara ett visst antal, och sedan skulle det inte finnas plats för fler.*

P: Vi ser oändlighet. Och vi kommer att försöka översätta i den bemärkelsen att, om du tittade, skulle du titta för evigt, kontinuerligt i slutet. Så är universumet. Så universum är oändligt. Och system och universum har skapats anpassade hela tiden.

D: *Så de överlappar inte nödvändigtvis eller stör varandra.*

P: De är också en annan vibration, så de kan samexistera inom samma geografiska område, samma utrymme, men utan att vidröra eller överlappa. De vibrerar på olika frekvenser, om inte en dörr öppnas mellan dem. Vi använder er terminologi. Vi menade en portal. Det är möjligt att gå från en till en annan.

D: *Så människor som kan hitta dessa portaler skulle kunna gå från ett universum till ett annat?*

P: De som går mellan universum vet kunskapen. De behöver inte hitta det.

D: *Jag har hört talas om olika dimensioner. Är detta olika från olika universum?*

P: Vi ser att inom en dimension kan du ha universum. Vi kan inte fullt förklara eller uttrycka vad vi ser av vår förståelse. Inom en plan finns flera dimensioner, och inom en dimension finns flera universum. Vi är ledsna att vi inte kan förklara klart. Men poängen som görs här är att Universum, vi hör, "Samexisterar – de kan vara inom samma område."

D: *Men först skapas universum och sedan tas de andra stegen?*

425

P: Ja. Först finns det dimensioner. Och sedan inom dimensioner finns universum som skapas. Och inom universum finns planetariska system som skapas. Vi vägleder på det universella och även på det planetariska systemet, eftersom universum består av planetariska system. Vi är ett av nio råd som vägleder i detta specifika system.

D: *Det gör det tydligare. Men han gjorde det arbetet och sa att han tog en semester, för han gjorde ett bra jobb. Och ville bara komma bort för att uppleva den materiella världen?*

P: Vi skulle säga, ja. Vi kommer också säga att han gillar enkelheten i den här specifika kroppen som han samexisterar i just nu. Den unge sjömannen.

D: *Vad gör han med denna information om han är en observatör?*

P: Så långt som denna specifika information om denna specifika situation, skulle vi säga igen, med en av era analogier, att han är på en semester. Den information vi forskar om används inte specifikt för ett syfte. Det är för hans egen njutning och observation.

D: *Jag har hört att det finns andra varelser vars jobb är att samla information.*

P: Ja, observatören. Det är annorlunda. Han är här för sin egen njutning. När han är klar med semestern, kommer han att gå tillbaka till rådet. Han kommer inte att stanna här länge eftersom kroppen inte kan upprätthålla båda för en längre tid. Han kommer att återvända och stanna i rådet för en annan möjlighet, eller, som ni säger, jobb.

D: *Är Jorden en del av det planetariska system som hans råd övervakar?*

P: Ja. Som ni säger, såg vi Jorden inom vårt ljussystem, men det tillhör detta universum där han vägleder. Vi såg en möjlighet för honom att vara i rådet, och också för honom att leva ett liv på Jorden.

D: *Snarare än en semester?* (Ja) *Som ett regelbundet fysiskt liv.*

P: Ja. Och i denna situation (som Pierre) – vi ser en gnista! En oändligt liten del av honom.

D: *Så hans huvudsakliga del stannar i rådet?* (Ja) *Och en gnista är allt som skickas ut?*

P: Ja. Vi skulle säga en "gnista" som en analogi. Dock, denna gnista är en fullständig gnista.

D: Men hela essensen kunde inte komma in i kroppen?

P: Nej, det skulle vara för kraftfullt. Och dessutom har han andra ansvar i andra system.

D: Jag har blivit informerad om att hela energin från hela själen inte skulle kunna...

P: Ja. Det är precis vad vi försöker förmedla, att vi ser en gnista komma från en energi kropp. Och den har syftet att uppfylla flera funktioner i olika system, som i hans system, och som på Jorden. Gnistan kommer att bli en mänsklig kropp på Jorden.

D: Var detta beslutat för en viss anledning?

P: Det är en del av upplevelsen. Det är en del av den möjlighet som finns.

D: Jag tänkte om han var så utvecklad, skulle han inte behöva ha en Jordupplevelse.

P: Jordupplevelsen är unik i sin enkelhet. Och även i bristen på – ursäkta, vi söker efter ett ord – vi ska inte säga, "mörker", men vi säger "det okända", eller okunskap om vad som händer.

D: Vad menar du?

P: På en viss nivå är Jorden enkel, men på en annan nivå, på grund av att en själ går in i Jordens system och inte vet, blir omedveten om sin källa, gör det det svårt. Vi har svårt att översätta vad som verkar vara en dualitet och motsättning. Idén här är att den ideala enkelheten kommer från det faktum att på Jorden har livet utvecklats kring uppehälle, å ena sidan. Därför kommer det att anses vara enkelt jämfört med andra system. Men på Jorden är livet också väldigt komplext på grund av den icke-Minnandet.

D: Ja, vi kommer in med alla minnen utplånade.

P: Ja, det är exakt vad vi försöker förklara.

D: Det är vad jag försöker göra, få tillbaka informationen. (Ja) Men jag tänkte att när du hade utvecklats till ett så högt tillstånd, skulle det inte finnas någon anledning att komma hit. Det skulle vara som att gå tillbaka till förskolan, så att säga.

P: Ja, det är sant. Men ibland är det intressant att komma och arbeta här. Resan hit tillbaka är för att ta en uppfräschningskurs, om vi kan använda den terminologin.

D: *Så när denna gnista kom till Jorden, i vilken typ av kroppar kom den in först?*

P: Vi uttrycker möjligheten att hela jaget måste vara och fungera på flera nivåer. Vi ser inte nödvändigtvis en kropp som vi ser gnistan flyga över universum för att inkarniera på Jorden. Vi ser att gnistan kan välja att inkarniera genom födelsekanalen. Eller så kan gnistan välja den upplevelseform som den valde när den upplevde livet som den unge sjömannen i Bretagne, i Frankrike.

D: *Var det också en gnista som gjorde det?*

P: Ja. Så möjligheterna är oändliga. Detta är något vi gärna vill trycka starkt på, är faktumet att det inte finns någon begränsning.

D: *Det handlar allt om att lära sig läxor, eller att uppleva?*

P: Det handlar mer om att uppleva än att lära sig läxor, eftersom på en viss nivå hade läxan transcenderats. Det finns i sig inget behov längre av att lära sig läxor. Dock, finns det fortfarande ett behov av att uppleva upplevelsen och integrera den i helheten.

D: *Du vet att du talar genom ett fordon som kallas Pierre.* (Ja) *När vi gjorde detta tidigare, upplevde han att vara en del av oceanen.* (Ja) V*ar det som en av dessa gnistor?*

P: Ja. Som helheten – vi föredrar att inte ge ut ett namn på denna energikropp. Så vi säger att den hela energikroppen från vilken gnistan Pierre kom, den energikroppen kan inte fysiskt, och kanske vi borde säga, säkert, bebo en fysisk kropp. Därför kom en gnista kallad Pierre till oceanen och skapade den.

D: *Han skapade oceanen?*

P: Han var skaparen, bland några andra.

D: *Så detta var utöver när han var i rådet? Han bestämde sig för att komma ner och också vara en skapare? Förstår jag det rätt?*

P: Vi ser ditt linjära tänkande, vilket kan vara vilseledande. Eftersom hjälp är relativt och allt hände samtidigt.

D: *Då menar du att han kan vara i rådet och vara en av skaparna samtidigt.*

P: Och på alla nivåer.

Det Komplexa Universumet – Bok Tre

D: *Så han var med andra som hjälpte till att skapa oceanen.* (Ja) *Detta var före landets skapelse, kontinenterna? Det lät som om det var i allra början.*

P: Ja. Vi tittar på ert perspektiv, eftersom vi har en annan förståelse för tid. Men från ert perspektiv såg det ut som om han var här innan Jorden skapades. Men han var också i rådet och på andra nivåer samtidigt. Vi vill betona att ni gillar att kategorisera dessa händelser, men att ni kanske förstår att linjär tid endast upplevs i denna sfär.

D: *Ja, jag har blivit informerad om att tid är en illusion. Vi har skapat den här.* (Ja)

Jag ville sedan fråga denna högre del om en märklig upplevelse som Pierre hade efter vår senaste session i februari. Efter att han lämnade mitt kontor, körde han vidare till Miami, Florida för att fortsätta sitt arbete (som innebar en hel del resor från delstat till delstat). Medan han var där, gick han till stranden för att koppla av, och när han stod där vänd mot havet, inträffade något märkligt och överraskande. Han berättade att havet plötsligt blev enormt stort. En gigantisk tidvåg reste sig och rusade mot stranden. Den var helt enorm. Han kände dock ingen rädsla, vilket han senare tyckte var irrationellt. Han stod orörlig på sin plats på stranden och såg på när vågen rusade mot kusten. Sedan, när den kraschade ner framför honom, kom vattnet precis upp till hans fötter och stannade där. Havet blev åter lugnt, och allt var över lika snabbt som det hade börjat. Det var chockerande, men samtidigt vackert och häpnadsväckande. När han kunde se sig omkring, märkte han att ingen annan på stranden verkade vara medveten om att något ovanligt hade hänt. Det verkade som om händelsen var reserverad enbart för honom och ingen annan. Naturligtvis ville han veta vad det handlade om och hade inkluderat det i sin lista med frågor. Hans undermedvetna visste exakt vad jag pratade om. Jag behövde inte gå in på detaljer.

P: Han skapade en vision för att kunna övertyga sin mänskliga kropp om giltigheten av den upplevelse han hade haft under sessionen. Han förutsåg att han skulle tvivla på sig själv, och därför skapade han denna upplevelse för att kunna övertyga sitt fysiska jag om sanningshalten i den session han hade haft här på kontoret några dagar tidigare.

D: *Så ingen annan på stranden den dagen var medveten om vad som hände?*

P: Han var den enda personen som var åskådare till det vi kanske skulle kalla en "vision". Men i hans verklighet upplevde han verkligen havets resning och tidvattnet vid sina fötter.

När Pierre också återvände hem från Miami, märkte han att fåglarna i hans trädgård gjorde konstiga saker. Han hörde ständigt en fågel, men han kunde inte lokalisera den. Och han hörde ständigt i sitt sinne, "Kom ihåg början." Jag frågade undermedvetna om det kunde förklara det.

P: Ja, vi kommer att, vi skulle kunna, vi kan. För fågeln är medveten, medveten. Han försökte lokalisera fågeln. Han kunde inte helt lokalisera den, eftersom det var ett minne från början som han var upplever. Och fågeln var menad att påminna honom om den början av obegränsad möjlighet som finns för honom. Att han verkligen är obegränsad, som i början.

D: *Undrade han om de andra fåglarna visste vad som hade hänt honom?*

P: Fåglar går över dimensioner, eftersom de kan se på tid, inte som människor gör, men de kan skära genom tid och titta på början.

D: *De kan göra dessa saker?*

P: Fågeln var designad för att påminna honom om början, ja. Och de kan minnas i sitt minne, eller få från minnesbanken, upplevelser från början.

D: *Vi tänker på fåglar som mycket enkla varelser.*

P: Djur i allmänhet har ett medvetande om verkligheten som är annorlunda från människors. Därför kan djuret transcendera tid, och gå och känna minnesbanken av ett evenemang som i linjär tid skulle verka vara från början.

D: *Så de kan göra detta, och naturligtvis kan de inte berätta för oss vad de ser.* (Ja) *Det är fantastiskt. Vi tänker alltid på djur som*

Det Komplexa Universumet – Bok Tre

mycket enkla varelser. Det verkar som om de är mycket mer avancerade eller upplysta än människor.

P: Djur har mer medvetenhet än människor i fysiska kroppar.

D: *Vi är mer bundna till vår version av verkligheten. Detta begränsar oss stort.* (Ja)

KAPITEL TJUGOSJU

DE FÖRSTA VARELSERNA ANLÄNDER

En annan version av skapelsen av oceanen framkom under en session jag genomförde medan jag var i Kona, Hawaii, för att hålla föreläsningar och workshops. Den är liknande, bara rapporterad med andra ord. Melody är mycket hemma i oceanen, eftersom hon och hennes man, Mike, äger en charterbåttjänst och tar ut människor dagligen för att simma med delfiner och valar. Mike vet hur man lockar dem så de kommer omedelbart och samlas runt hans båt så fort han seglar ut på havet.

Efter att ha gått igenom två livstider började jag kommunicera med hennes undermedvetna. Det överraskade mig när det sa: "Hon var där i början av planeten. När planeten först såddes. Och hennes jobb var med valarna och delfinerna. Att föra dem till planeten."

D: I vilken form var hon vid den tiden?
M: I början var hon all ljus. Hon hjälpte till att så dessa valar och delfiner i oceanen. Hon förde dem i gyllene kapslar. Varje delfin, varje val, kom i en kapsel. Och de placerades på havets botten tills tiden var rätt för att de skulle kunna leva.
D: När tiden var rätt, vad hände då?
M: Kapslarna öppnades.
D: Hade de förts från någon annan plats?
M: Ja. Planet av blått vatten.
D: Och de visste att de skulle kunna leva här i vattnet?
M: Det tog lång tid, och många experiment, men när tiden var rätt, kom de. Och kapslarna höll dem säkra tills miljön var rätt för dem.
D: Annars skulle de dö om de kom ut för tidigt.

M: Rätt. De var tvungna att anpassa sig till den nya miljön och anpassa sig, men det var hennes jobb.

D: Var detta innan det fanns människor på Jorden?

M: Oh, ja, ja. Från allra början. Det fanns mest vatten på planeten vid den tiden.

D: Innan land skapades?

M: I början var det allt vatten, självklart, och sedan började land att dyka upp, ja. Och de första länderna som dök upp var blöta. Lemurien.

D: Det var den första platsen.

M: Ja. Det var en av hennes första livstider på denna planet.

D: Som människa?

M: Tja, hon hade en ljuskropp. Inte som en mänsklig kropp, ännu. Det var mycket senare.

D: Hade människorna i Lemurien ljuskroppar?

M: I början, ja.

D: Så de var inte solida än.

M: Nej, eftersom planeten inte kunde stödja den typen av livsformer på de tidiga dagarna. Det måste vara väldigt gradvis.

D: Det var en av Melody's frågor, om hon hade några livstider i Lemurien.

M: Hon hade många.

D: Om det var en av de första platserna, blev de mer solida?

M: Oh, ja, när planeten kunde stödja liv och olika former, men det tog tid och det fanns mycket trial and error på vägen.

D: Vad för slags trial and error?

M: För att ta reda på vilka livsformer som kunde finnas på denna planet.

D: Vilka skulle överleva? (Ja) Eftersom det måste ha en mycket speciell miljö, eller hur?

M: Rätt. Eftersom du var tvungen att andas luften, och det tog lång tid för luften att vara den rätta kombinationen av kemikalier.

D: Så det var inte lätt.

M: Nej, det är det aldrig när en ny planet förbereds.

D: Men då bestämde hon sig för att stanna på Jorden och fortsätta leva liv efter det?

M: Ja, hon älskade det.

D: *Så nu vet vi hur energin från Lemurien och valarna och delfinerna är kopplade till henne.*

Melody hade frågor om en ovanlig upplevelse hon hade när hon reste med flyg från Salt Lake City till Atlanta år 2001. Hon kände att hon försökte separera från sin kropp. Undermedvetna gav ett överraskande svar. "Hon hade möjlighet att återvända till Källan vid den tiden."

D: *Var det något hon ville göra?*

M: Nej, hon bestämde sig för att stanna. Men vid den tiden, i den incidenten, var hon tvungen att välja om hon ville gå tillbaka till Källan, eller stanna på Jorden för att fortsätta sitt arbete. Hon valde att stanna.

D: *Hon sa att hon faktiskt kände att hon separerade.*

M: Hon var faktiskt det. Hon var inte mer än ett par andetag från att gå hem.

D: *Vad skulle folk ha sett om hon hade bestämt sig för att gå hem?*

M: Hennes kropp skulle bara ha sjunkit ihop på stolen.

D: *De skulle ha trott att det var en hjärtattack eller något?*

M: Något av den naturen, ja.

D: *Det kan hända så enkelt, då.*

M: Så enkelt. Det behöver inte vara något stort traumatiskt.

D: *Men hon bestämde sig för att stanna, eftersom hon hade arbete att göra.*

M: Det hade hon.

D: *Men hon sa, efter det, började hon få yrsel. Det pågick i tre år.*

M: Ja, det hände på grund av trycket i planet och i hennes huvud, och när hon lämnade kroppen, och trycket som gick tillbaka in.

D: *Oh, för att det inte var som att vara på ytan.*

M: Rätt, rätt. Men faktiskt, när hon var utanför sin kropp, reste hon till en annan plats i tid. Hon korsade de dimensionella linjerna.

D: *När hon trodde att hon var på planet?*

M: Rätt, och hon fick viss information att ta med sig som hon skulle arbeta med.

Det Komplexa Universumet – Bok Tre

D: Ska du berätta för henne vad det är?
M: Nej, det är inte lämpligt vid denna tidpunkt.
D: Men hon valde att komma tillbaka. Och det orsakade yrsel i tre år?
M: Ja, ja. Det var när hon kom tillbaka in i sin kropp och trycket i planet; det orsakade en obalans.
D: Det är inte en så bra plats att lämna kroppen på, är det?
M: Inte särskilt.
D: Men yrseln är borta nu?
M: Ja, delfinerna och valarna har arbetat med henne för att hjälpa henne komma tillbaka i balans. De har arbetat med henne, och jag tror att den sista biten nu är på plats.
D: Kan vi gå tillbaka och prata mer om livets början? Du sa att hon var där med sådden och det var allt vatten. (Ja) *Och sedan sa du att landet började dyka upp?*
M: Rätt. Sedan började vattnet dra sig tillbaka och det var många förändringar på planeten, i klimatet. Vad skulle du vilja veta?
D: Jag är bara nyfiken på det, eftersom jag hade en man som också sa att han var en del av vattnet på den tiden, och det fanns inget land. (Ja?) *Jag undrade, steg landet bara upp eller vad?*
M: Det var en kombination av många saker. Kom ihåg, detta hände under en väldigt, väldigt lång tidsperiod. Det var inte en övernattshändelse. Tusenåriga, för att det skulle hända.
D: Så planeten var allt vatten på den tiden.
M: Det var vatten en gång i tiden, och sedan, precis under, skulle landet skifta. Och vulkanerna under vattnet skulle skifta, och de skulle explodera. Och det fick vattnet att dra sig tillbaka och landet att resa sig. De sakerna hände.
D: Varför gjorde vulkanerna detta under vattnet?
M: Det var bara planeten själv som kom i balans och justering. För att leva i denna miljö, för att skapa en atmosfär. Alla kemikalier i luften: syre, väte, klorid – alla de små komponenterna som går in i en planets atmosfär.
D: Så detta var tvunget att hända för att landet skulle resa sig.
M: Ja, för att skapa atmosfären så att växterna kunde växa.

D: *Och du sa att hon var en av de första som förde de gyllene kapslarna med delfiner och valar.* (Ja) *Fanns det andra livsformer som fördes vid den tiden?*

M: Inte alla på en gång. Allt fördes vid olika tider för att se vad som skulle kunna hållas vid liv här, och vad som inte skulle kunna.

D: *Men många av dem var tvungna att vänta tills rätt tid var inne för att vakna, kan man säga.*

M: Ja, tills planeten var redo. Det var en gradvis process, du vet. Allt är inte ... evolutionen är inte som du har lärt dig att evolution är. Det är utvecklingen av en hel planet, och så småningom en hel ... många, många olika arter, för att se vilket liv som skulle kunna leva här och leva i harmoni.

D: *När landet först började bildas och resa sig, vad var det första livet på land som började utvecklas? Kan du se det?*

M: Visste du att i början gick delfinerna också på land, såväl som i oceanen?

D: *Det gjorde de?*

M: Ja, det gjorde de, vilket har bevisats av er vetenskap.

D: *Och de gick som människor?*

M: De var inte formade som människor, men de gick på land. De levde på land. De kunde gå fram och tillbaka.

D: *Kröp de på land?*

M: Inte exakt. De såg annorlunda ut än vad de gör nu, för att anpassa sig till det. Så de skulle se nästan ut – jag vill inte säga halvmänniska-halvdelfin, för det ger en förvrängd bild. Men du har inte riktigt en bra analogi för det. (Skratt) Du skulle nog tycka att det var ganska roligt, dock. Men de hade små, korta ben och fötter (Skratt), och de gick, mer i en upprätt position. Men de kunde gå fram och tillbaka i början.

D: *Är det därför de kan andas luft?*

M: Det är därför, för de var också tänkta att vara på land.

D: *Så de var en av de första formerna?*

M: Ja, en av de första luftandande formerna.

D: *Varför valde de då att gå till vattnet och stanna där?*

M: De föredrog det, för de kom från en planet av vatten.

Det Komplexa Universumet – Bok Tre

D: *Vad var den första livsformen på land, förutom de, som kom på land?*

M: Som bara levde på land?

D: *Jag tänker nog först på växter och sådant, antar jag.*

M: Åh, jag trodde du menade djur.

D: *Nåväl, antingen eller.*

M: Självklart kom växterna först. Växterna var tvungna att sås eftersom de skapade syret.

D: *Så detta var också sått?*

M: Åh, allt var det.

D: *Fördes hit från andra platser?*

M: Absolut, för att se vad som skulle kunna leva på olika platser. Och när landmassorna började stiga, fanns det efter en tid en enorm, vidsträckt kontinent. Olika saker skulle därför leva på olika områden, även på en och samma planet.

D: *Vilken livsform var då den första på land, förutom växterna? Jag tänker på något slags djur.*

M: Den bästa beskrivningen jag kan ge dig – för kom ihåg att det ändrades många gånger innan något verkligen fungerade – skulle vara mer som en fågel.

D: *En flygande varelse?*

M: Ja, mer som en fågel. Men fågeln kunde också vara på vattnet, landa på vattnet, för den behövde både för att överleva under de tidigaste dagarna.

D: *Också, vetenskapsmännen pratar om dinosaurier.*

M: Ja, de var inte så mycket längre bort innan de kom. Men återigen, atmosfären var tvungen att sättas.

D: *Varför var de tvungna att försvinna alla?*

M: För att de var redo att gå vidare till nästa dimension; de gick till en annan dimension. De reste inte bara iväg en dag och sa: "Hopps!"

D: *Så det var inte längre lämpligt för dem att vara på Jorden.* (Rätt) *De var som ett experiment.*

M: Du kan tänka så. De sattes här under en period av tid, och andra saker hände som ett resultat av att de var här. Gaser bildades och alla möjliga saker. Men när det var klart, fanns det inget behov av

437

att de skulle vara här, så de togs till nästa plats där de kunde vara till tjänst. Allt har ett syfte.

D: *Ja, det har allt. Jag har blivit tillsagd i mitt arbete att utomjordingarna hade mycket att göra med sådden. Är det sant?*

M: Ja, det är det. Du vet, alla har ett jobb.

D: *(Skratt) Som Melody, hon kom som en ljusvarelse.*

M: Hon kom som en ljusvarelse först till denna planet, ja.

D: *Och hon förde kapslarna. Är det samma som utomjordingarna, eller är det annorlunda?*

M: Det är annorlunda, för de kom först från en annan plats och tid. Det finns alla olika dimensioner och galaxer och universum. Och det pågår alla möjliga skapelser på alla möjliga platser. Och vad som fungerar på en, fungerar inte nödvändigtvis på en annan.

D: *Då är teorin jag har blivit tillsagd korrekt, att de var tvungna att utveckla människan.*

M: Vad du skulle kalla "människan", ja.

D: *(Skratt) Genetiskt.*

M: Ja, men kom ihåg. Vad är människan egentligen? Människan är essens och ljus och Källan, vilket är allt.

D: *Men det är inuti. Jag pratar om det fysiska fordonet; den fysiska kastrullen.*

M: Ja, men det var tvunget att börja någonstans. Och du måste komma ihåg, att essensen har intelligens och så allt härstammar från den planen (eller planeten?).

D: *Jag får små bitar och delar från många olika personer, och jag gillar när jag kan få verifiering.*

M: Självklart.

D: *Och detta är den verkliga berättelsen om Jorden. Och hon har varit här från början och hjälpt till med allt. Och nu är det dags för henne att fortsätta sitt arbete med dem hon förde hit i allra början.*

M: Ja, det är därför hon älskar dem så mycket.

KAPITEL TJUGO-ÅTTA

FÖRSTÖRELSEN AV EN PLANET

När Sam först kom in i scenen såg han sig själv flyga ett flygplan och leta efter en flygplats för att landa. Han tillbringade ganska mycket tid med att flyga planet och titta på marken. Jag trodde att vi kanske hade kommit in i ett tidigare liv när han var pilot. Men ibland ger det undermedvetna ämnet något bekant som de är bekväma med för att börja äventyret. Det verkade vara fallet med Sam. När berättelsen fortskred blev det uppenbart att han egentligen flög ett litet rymdskepp. Han landade på en planet där han skulle ansluta sig till några av sina människor som bodde i ett läger. Han blev förvirrad när han fann att platsen var övergiven utan några tecken på liv. Området var ökenlikt, mycket torrt, kargt och hett. Han sökte under en lång tid efter var folk kanske hade tagit vägen, och gav slutligen upp i desperation. Med resignation bestämde han att det enda han kunde göra var att lämna.

Han lät mycket trött: "Vi kämpade. Det är inte många av oss kvar, bara en grupp. Vi har haft problem. Vi visste inte vart vi skulle. Vi letade bara efter en plats! Det här var platsen att gå till! För vi lämnade någonstans. Och här är vi, mitt i ingenstans. Jag kom tillbaka från någonstans, och de är borta." Jag frågade om det kanske skulle vara lättare att åka tillbaka till var de kom ifrån. "Jag vet inte om det finns något kvar där vi kom ifrån. Jag får en bild av att vi hade strukturer som vi bodde i, i någon slags bosättning. Det var permanent, det hade mål. Det här är en torr plats! Den här planeten är torr!"

D: *Låt oss titta på platsen ni kom ifrån. Du sa att ni bodde i strukturer?*
S: Ja. Jag ser det som en klunga små kupoler som verkar vara genomskinliga. Vi kunde se himlen ovanför oss. Toppen är utanför marken, och vi bor under dem. Det mesta av huset där vi bor är

Det Komplexa Universumet – Bok Tre

under jord, och vissa är större än andra. De är cylindriska, och det finns fler än en nivå som går neråt. Det är utefter elementen. Det är svalare, det är bekvämt i hålen. När man kommer ut ur hålen, kommer man ut ur bosättningen, man kommer ut ur strukturerna, den här planeten är öde. Det är ett samhälle. En utpost av något slag. Civilisationen är här. Jag var med en grupp människor. Vi arbetade tillsammans.

Jag bad honom att titta på vilken typ av arbete han gjorde där.

S: Jag flyger i en... maskin. Jag kommer och går från utpost till utpost, och jag tar med mig det de behöver. Så jag bor inte där hela tiden. Jag antar att jag arbetar för de här människorna. Men var tog de vägen? De var inte på sin plats. De är borta, och kanske har de lämnat av en anledning. Jag vet inte. Var det övergivet? Det är ingen här. Var fan är de?– Jag måste härifrån. Något har gått fel. Det här är inte rätt. Jag kom hit, men inget är som jag förväntade mig. Det är ingen här. De har lämnat, gått ut i den förbannade öknen!

Fortfarande förvirrad, gick han tillbaka till sitt fartyg. Han kände att han behövde åka till någon och berätta, en överordnad, och försöka få hjälp. Han gillade verkligen att flyga sin maskin. "Ooo, det här är trevligt – pojke, den här är snabb! Wow! Jag gillar det! Det är inte den största. Det är inte en stor lastbärare. Det är ett litet plan. Det är runt, det är en skiva. Det är inte bara för en man, det ser ut som man kan sätta sex personer i den, och lite last. Det är trevligt! Det är bekvämt. Det är en cool maskin."

D: Så du är på väg tillbaka till där du kom ifrån. Måste du åka långt?
S: Jag vet inte. Jag åker långt på kort tid i min maskin. Jag ställer bara in maskinen för att åka dit den ska och den åker. Vet du vad? Den åker dit jag tror att den ska. Du tänker på det och den åker! (Förvånad) Zip! Du säger dit den ska och den åker. (Han verkade förundras över teknologin.)

Det Komplexa Universumet – Bok Tre

Efter ett tag flög han över tre spiror som var uppradade. Spiron var vägledande för att hjälpa honom att landa. Han rapporterade in, men hans överordnade var lika förvirrade som han var. Han väntade otåligt på att få veta vad han skulle göra härnäst. "Jag vill inte göra något på egen hand. Det är inte min uppgift att bestämma vad jag ska göra, jag följer bara order. Jag ger inte order." Han blev arg. "Så jag åker dit jag blir tillsagd att åka och gör det jag blir tillsagd att göra och jag ställer inte för många frågor." Händelserna gick för långsamt. Sam blev argare när han väntade på att få veta vad som pågick, så jag bestämde mig för att flytta honom. Jag bad honom att flytta till en viktig dag när något hände. Han tog ett djupt andetag, och svarade mycket mjukt och blyertigt: "Alla är borta från planeten. Alla är borta. Alla! De är alla borta."

D: Hela planeten?
S: Ja! De är alla borta! Medan jag var borta, var de alla... borta! Jag var någonstans! Jag var på jobb. Jag gjorde något. Jag kom hem och ingen var där! De är alla borta... Alla! Alla.
D: Du har ingen aning om vad som hände?
S: Nej. (Pitifult, vemodigt) Hela platsen är borta. Allt är borta! (Mjukare, smärtsamt) Så det är därför jag går vidare. Mina vänner och alla mina människor är borta! Det här är inte bra!

Han var förvirrad, känslomässig och på gränsen till tårar när han försökte förstå vad som hade hänt. Vi hade tydligen inte haft så mycket tur med att förstå vad som pågick, så Jag förde honom vidare till en annan viktig dag i hopp om att få några svar. Han fann sig själv i sitt skepp, helt ensam, och tittade ner på jorden från rymden. Han kunde se kontinenterna i Kina och Fjärran Östern nedanför honom.

D: Var det någon som sa åt dig att åka dit?
S: Nej. Det här är mitt. Jag bestämde mig för att göra det för mig själv. Jag kom ner till jorden. Det är inte där jag kommer ifrån, men jag vet var jag kommer ifrån. Jag visste inte vad jag skulle göra. Jag hade ingen aning. Så jag tänkte, jorden är nära. Jorden är okej.
D: Har du varit där tidigare?

S: Åh ja, jag har varit på jorden. Men vi höll oss vanligtvis borta från jorden. Det var nyare, det var fortfarande primitivt. Det finns inte så mycket på jorden. Jag antar att det finns några människor. De är inte som vi. De är olika. De är nyare. De är svarta. (Sam är en svart man i sitt nuvarande liv.) Och de bor inte på den här delen av jorden heller. Den här delen av jorden har inte några människor.

Det har sagts att när jorden först befolkades eller segrades, skedde det på den afrikanska kontinenten och sedan spred sig människorna därifrån. Forskare har kunnat spåra människans ursprung till Afrika. De har till och med isolerat det tillbaka till en enda kvinna. Det har varit mycket tvist och diskussioner om hur människosläktet kunde sprida sig över hela världen. Det har också funnits kontroverser om hur människor uppstod från första början. Det har alltid funnits fler frågor än svar, om man inte accepterar teorin som jag har fått i mitt arbete. Att vi segrats av utomjordingar, och att många eoner av tid passerade medan den utvecklande arten transporterades till olika delar av världen för att se om de skulle kunna överleva. Det var en långsam och mödosam process. Såg Sam jorden på det tidigaste stadiet när människan först skapades i Afrika genom inavlande och manipulation av gener med aporna? Det mesta av detta har rapporterats i mina böcker, *Keepers of the Garden* och *The Custodians*. De vetenskapliga aspekterna utforskas i en annan bok publicerad av mitt företag, *Mankind, Child of the Stars*, av Max Flindt.

S: Jag tror att jag kommer att komma hit någonstans. Men det finns ingen här för mig. Det finns inga av mina egna människor här. Vad jag försöker göra är att hitta några av mina egna människor! Jag har inte kunnat göra det. Det fanns inte så många som jag som flög från plats till plats. Bara några av oss. Jag ska se om någon av mina andra vänner har landat här. Det finns en plats på jorden. Jag tittar ner på den. Det skulle vara Tibet. Den höga platån. Våra folk har kommit hit. Vi har flugit in och ut från Tibet. Och jag hoppas att någon av mina folk är här. Åh! Min kropp är annorlunda! Den är mindre, och lättare. Ja! Jag är inte densamma. Min kropp är lätt. Det är ganska häftigt!

Det Komplexa Universumet – Bok Tre

D: Kunde du göra det, ändra din kropp?
S: Jag behövde inte ändra den. Det var bara så det var. Den var lättare. Jag är inte helt kött. Jag har mer energi. Jag har en form ändå. Jag har en fin, glänsande form, gråaktig. Jag tror inte att jag behövde skapa denna kropp. Den är annorlunda! Den är lättare. Och jag letar efter någon som är som jag. Vart är vi?

D: Men du sa att du flög in och ut från Tibet?
S: Det är en plats där vi kommer in och ut. Vi är inte de enda. Andra människor från andra platser kommer in och ut från Tibet också.

D: Det är berg, eller hur?
S: Nej, det är inte det. Det är en platå. Den är ganska platt. Men den är upphöjd. Det är en högre höjd.

D: Så du ska landa där och se om du kan hitta några av dina egna?
S: Ja, eller någon annan som kan hjälpa mig. Något hemskt hände. Jag tror verkligen att den plats jag kommer från har blivit förstörd. Jag verkligen tror det. Jag var borta ett tag, och medan jag var borta hände något. Alla är borta. Borta, borta, borta... Jag kommer nog att landa. (För sig själv) Finns det någon här? – Ja, det finns! Det finns. Men de är inte härifrån. De är inte från min plats. De är inte från den planeten. De är från längre bort. De är inte från solsystemet. De är inte från samma solsystem som jorden. De har varit här ett tag också.

D: I alla fall är det några du kan relatera till.
S: Kanske. De är olika. De är inte som jag. Egentligen är de högre. Wow! De är ljus. De är ljusvarelser. De är ganska fysiska. Jag är tätare än de är. De är verkligen lätta.

D: Varför kommer människor in och ut från detta område på jorden?
S: Det är energin från denna höga platå. Dessa människor kom hit, och de är olika från de svarta människorna. De är från en annan plats. De arbetar på jorden. De hjälper till.

D: Varför skulle dessa människor komma till jorden?
S: Tja, jorden är fantastisk. Allt kommer till jorden. Varelser från överallt kommer att sätta en del av sig själva på jorden. Överallt, alla slags varelser kommer att vara på jorden. Allt. (För sig själv) Jorden har också blivit skadad, eller hur? Ja. Jorden blev skadad också. Det är dåligt.

D: Varför ska de göra det?
S: De är de som får det att hända, eller det är deras idé. De är i kontroll. De utvecklar den planen, och de för med sig allt till jorden. De för med sig saker från överallt. Allt! Alla slags saker. Och vet du hur de gör det? Det är med ljus. Ljusträdar. De ändrar ljusträdar. När de tar dessa små ljusträdar kan vad som helst hända. De förändrar allt. Det kan skapa vad som helst med det.
D: Var kommer ljusträdarna ifrån?
S: Åh, min Gud! Deras sinnen? De tar det i sina sinnen och sen får de saker att formas. De sätter en punkt av ljus i något och sedan formas det runt den. Jag visste att de var här från en tidigare resa. Jag kände dem inte så väl. De har ett sätt att skapa saker. De gör saker. De tar ljus och skapar vilken form som helst ur det. Ljuset går in i mitten. De kan ta en cell och förändra den genom att förändra ljuset i mitten. De kan göra vad som helst annorlunda bara genom att förändra delarna, delarna av ljuset. Det är inte vad jag är van vid att göra, men det är så de gör det. De får saker att hända på det sättet. Det ser ut som om det här är en permanent grupp här, men de håller sig undan från andra. De håller sig för sig själva. Faktiskt, de tar kontroll över allt, men de andra vet inte riktigt att de är här.
D: Du sa att de andra kom för att lämna delar av sig själva också.
S: Ja. De har kontroll över vem som kommer in. De släpper in vilket ljus de vill. Ljuset finns i allt. Det finns djur på jorden, och varje en av dem har en liten bit ljus. Och om du förändrar den biten ljus, blir det ett djur som ser annorlunda ut. Så de kan förändra vilket djur de vill genom att ändra vad som finns i ljuset.

Använde de ljuset för att manipulera eller ändra DNA:t?

D: Men du sa att det fanns svarta människor.
S: Ja, de är inte som jag. De är tyngre, större. De är också mer solida.
D: Är de människorna från jorden?
S: Ja. Gruppen arbetar med det. De får dem att hända. Hur de gör det vet jag inte. Kropparna kom från djur, men själva varelserna är inte djur. Kroppen är väldigt djurlik, så de förändrar dem. De blir

större och utvecklar fler förmågor. Och de ser annorlunda ut, mindre hår.

D: *Vet du om någon säger åt denna grupp att göra dessa saker?*

S: Det verkar som att de bestämmer vad de ska göra. De kommer också från någon annanstans. De är på jorden för att göra detta.

D: *För att skapa.* (Ja) *Och de andra som kommer kan också skapa?*

S: Jag tror inte det. De är inte så avancerade än.

D: *Men du sa att de andra grupperna kommer och lämnar delar av sig själva.*

S: Oh ja. De kommer med en grupp från allt, som alla djur. Varje djurgrupp kom från en annan plats. Som reptiler kom från en plats, och däggdjur kom från en annan. Och sen tar de ljuset och förändrar det. Och sen förändras djuret.

D: *Så djuren kan existera på jorden?*

S: Åh ja! Djuren kan existera på jorden. De kan skapa vilket djur som helst för att passa vilken miljö som helst.

D: *Det är det jag menade. Den delen av ljuset finns i dem så att de kan stanna här och överleva.*

S: Ja. Om de förändrar ljuset, förändras djuret. De vet verkligen vad de gör! Wow! De förändrar något inuti dess celler, och sen förändras cellerna. De som är ansvariga kommer från en annan dimension än jag. De är mycket lättare. Och jag tänker att jag är lättare än de här varelserna som är på jorden. Men jag är inte så lätt som de som kör showen. De är ljusa. De har enorm energi! De kan använda energi. De tar bara energi och manipulerar den. Mer än vad jag kan. Jag kan inte göra det. De tar den här enorma energin och manipulerar den och skapar olika former. De skapar ett annat djur. De skapar alla möjliga olika djur. De kan ta den här energin ur sina celler och ändra det från ett djur till ett annat. Och zipp! På en mycket kort tid, har de ett annat djur! De är skapare.
– De vet verkligen inte vad de ska göra med mig heller. Jag var inte menad att vara här. Det här är inte mitt hem.

D: *Det är det jag undrade. De kan inte använda dig. Vad ska du göra? Kommer du att stanna med dem eller vad?*

S: Jag vet inte vad jag ska göra.

D: *Men du måste gå någonstans.*

S: Jag vet ... Jag är förlorad. Jag vet inte vart jag ska.
D: *Okej. Låt oss lämna den scenen och gå framåt i tiden för att ta reda på vad du till slut gör.*
S: Jag tittar på en ... pojke, vilket röra. Vilken röra!
D: *Vad ser du?*
S: Jag ser allt fel. (Paus) Det ser ut som om allt är förstört – allt är borta, utplånat. Luften är borta!
D: *Var?*
S: På min planet! Det finns knappt något kvar.

Jag förstod inte vad han pratade om.

S: Det är annorlunda. Det är annorlunda! Nästan all luft är borta.
D: *På en annan planet?* (Inte jorden)
S: Ja. Den jag kom ifrån. Det finns knappt tillräckligt med luft för att andas.
D: *Åkte du tillbaka dit?*
S: Ja. Det är helt upplöst. Det är borta. Inte allt, men nästan. Det var ett stort, stort problem. Åh, förresten, det brann ... Jag vet inte hur jag ska leva. Jag måste hitta några av mina andra vänner. Det måste finnas några av oss! Kanske var några av oss bortresta. Jag måste hitta dem! Jag vet inte var jag ska hitta dem! Kanske om jag bara väntar här, kommer några andra att försöka komma tillbaka och jag kommer att hitta dem. Jag tittar på en planet som är öde, som inte var öde tidigare! När jag lämnade den, var den inte öde, och när jag kom tillbaka är den det. – Solen är densamma!

Det här var förvirrande. Det lät nästan som om han upprepade samma scen som fick honom att lämna sin planet från början, när han åkte till jorden. Men han hade inte beskrivit den som öde och bränd tidigare. Kanske var han tvungen att lämna jorden för att han inte passade där. Och han kanske trodde att den enda platsen att gå var tillbaka till sin ursprungliga planet. Detta var allt oklart. Så jag beslutade att flytta honom till den sista dagen i hans liv i den kroppen, så att vi kunde ta reda på vad som till slut hände med honom.

Det Komplexa Universumet – Bok Tre

D: *Vad ser du? Vad händer på den sista dagen?*
S: Jag är bara väldigt trött. Jag vet inte vad jag ska göra. (Mycket känslor, på gränsen till att gråta.) Bara så sorgligt. Jag fann några. Vi är alla ledsna. (Mycket känslomässigt. Hans röst var ansträngd.) Det fanns ingenting vi kunde göra. (Gråter) Jag sörjer. Vi försökte, vi alla försökte. (Känslomässigt) Våra liv är över.
D: *Men du sa att du är trött nu?*
S: Ingen mening. De är borta. De dog alla. Alla som var där dog. Alla.
D: *Vet du varför?*
S: Ja, jag vet varför. Det var en explosion. (Stort djupt andetag) Planeten sprängdes.
D: *Din hemplanet?*
S: Nej, min hemplanet sprängdes inte, men det kunde ha varit. En annan sprängdes. Den nästa i ordningen. Den äldre.
D: *Och det påverkade din hemplanet?*
S: Ja, det gjorde det. Det utplånade den. Vi var för nära. Det blåste bort luften. Atmosfären. Kraften tog bort den direkt, och gravitationen kunde inte hålla kvar den. Den höll lite, men inte tillräckligt för folket. Så folket dog alla. De dog direkt.
D: *Det är därför du aldrig kunde hitta någon.*
S: Det stämmer. Bara några av resenärerna var borta. Vi var de enda som överlevde. Och vi hade ingenstans att gå. Vi visste inte vart vi skulle överleva. Vi tittade på jorden, men vi kunde inte överleva där. Jorden är så tung! Våra kroppar är lätta, och jordens gravitation var alldeles för stark för oss. Och förhållandena på jorden var annorlunda. Vi kunde inte leva på jorden i våra kroppar utanför våra skepp. Vi kunde inte! Vi försökte hitta någonstans att gå. – Jag vet inte om vi vill försöka en resa till. Jag vet inte om jag har tillräckligt med kraft kvar för att göra det. Om vi bara kunde få ihop några människor ‹Så vi skulle ha att lämna vårt system och åka till en annan del av galaxen för att hitta någon annanstans att leva. Och nu finns det inte många av oss kvar. Och vi vet inte om vi vill göra det. Så vi bestämmer oss för att lämna våra kroppar, så kan vi återförenas med vårt folk.
D: *På andesidan, menar du?*

S: Det är det vi alla är ändå. Vi går tillbaka till våra ljuskroppar. Våra ljuskroppar tar aldrig slut, men vi förlorar våra former. Vi förlorar dessa små kroppar vi har. Så vi stannar i våra ljuskroppar ett tag. Alla kommer vara tillsammans, men jag vet inte vad som kommer att hända. Hur kunde de göra så här mot sitt hem! (Gråtfylld oförståelse.)

D: *Men det var något ingen kunde kontrollera.*

S: Nej, vi kunde inte. Vi kunde inte. Några av våra människor trodde de skulle tjäna på det. Dumt. Dumt!

D: *Men de orsakade explosionen?*

S: Nej, våra människor orsakade det inte.

D: *Men de trodde att de skulle kunna dra nytta av det.*

S: Några av dem trodde att de skulle vara okej. Trode att de skulle bli bättre, men de kunde inte.

D: *Så du bestämde dig för att bara lämna kroppen?*

S: Vi behöver inte förlora dem. Vi kan klara oss länge utan mat, eller så kan vi ta energi direkt. Men det finns ingen att dela med! Ser du, det här handlar om att dela! Och efter att de är borta, finns det ingen att dela med! Det är svårt att förklara.

D: *Det är en känsla av att vara ensam.*

S: Det är fruktansvärt! Det är en fruktansvärd känsla att vara så ensam!

D: *Låt oss lämna den scenen och gå vidare till när det som hände har hänt. Och du är utanför det. Går du till andesidan?*

S: Ja, andesidan skulle vara okej. – Åh, sorgen ... Herregud, sorgen! En fruktansvärd sorg!

Jag kände att jag inte skulle kunna fortsätta med detta längre. Så jag bestämde mig för att det var dags att ta fram det undermedvetna. Kanske skulle jag kunna få mer information och förklaringar från det. Jag frågade varför det undermedvetna hade valt det ovanliga livet för Sam att se.

S: Sam ville veta vad hans relation var till Mars. Det var Mars. Det var slutet för livet på Mars.

D: *(Det var en överraskning.) Vilket Mars var det? Det där där luften försvann?*

Det Komplexa Universumet – Bok Tre

S: Ja. Luften blåste bort när den andra planeten sprängdes. Mars atmosfär förstördes. Alla dog på Mars. Mars var mer utvecklat, de hade redan rymdresor. Och folket var små grå. Deras kroppar var små, ljusfyllda grå. Fina, vackra små kroppar som var nästan helt energi. De var avancerade. De kunde resa mellan solsystem.
D: Han beskrev det som att det fanns kupol-liknande byggnader.
S: Ja, det var bättre att bo under jorden. Värmen från planeten kom mer från underjorden. Luften var kall eftersom vi var längre bort från solen. De är 140 miljoner miles från solen, så det blev inte varmt.

Jag kollade upp detta faktum och fann att det var korrekt. Detta var ännu ett bevis för mig att jag verkligen kommunicerade med något som hade stor kunskap. Hur många vanliga människor skulle kunna säga hur långt Mars var från solen, om de inte hade gjort en intensiv studie av planeten och memorerat sådana här lite kända fakta?

S: De hade inte ett varmt klimat som jorden. Atmosfären var kall – inte bekväm att leva i. Men det fanns livsformer överallt. Det var en grönskande planet. Livsformer överlevde. Det fanns vatten på Mars. När atmosfären försvann, försvann vattnet med det. När lufttrycket sjönk, avdunstade vattnet direkt.
D: Var var planeten som sprängdes?
S: Det var den yttre planeten. Åh! De sprängde den! (Avsky) Varelserna som var på den sprängde den. De försökte bli mer avancerade.
D: Tror du att de gjorde ett misstag?
S: Ja, det gjorde de. De kunde bara komma så långt på det sättet de försökte, och de försökte gå för långt.
D: Finns det några bevis på den planeten?
S: Åh, oj! De sprängde den i bitar! (Ett mörkt skratt) Ja, det finns kometer och meteorer och asteroider och grejer som inte stannade i omloppsbana. De flög ut plötsligt. De flesta lyckades inte undkomma solsystemet. De flesta är fortfarande i omloppsbana. De har alla möjliga vilda banor. Istället för en stor explosion, var det en upplösning. Så explosionen orsakade att bitar flög iväg.

Men de bitarna som upplöstes bara föll isär och stannade i samma omloppsbana. De som sprängdes med explosionen flög i alla riktningar.

D: *Var var omloppsbanan?*

S: Bara längre ut från solen, nästa planet. De var mer avancerade än vi var. De försökte göra något mer avancerat. Vi kunde inte stoppa dem.

D: *När planeten sprängdes, förlorade den bara sin atmosfär?*

S: Den enorma kraften blåste bort Mars atmosfär.

D: *Påverkade det Jordens atmosfär?*

S: Ja, det gjorde det. Det påverkade jorden, men jorden var tillräckligt långt borta. Jorden var i kris också. Den blev träffad av massor av asteroider. Den träffades av en massa grejer från explosionen. Den träffade jorden, men jorden var längre bort på sin omloppsbana. Den var nästan hela vägen runt solen när det hände. Och Mars var för nära, nästan så nära som den kunde vara. Darn, om vi bara hade varit på andra sidan solen. Då hade vi inte blivit utplånade.

D: *Fanns det liv på jorden när detta hände?*

S: Ja, de varelser som var Skaparna var där. De skapade, och det fanns alla möjliga livsformer, men det var inte liv vi var kompatibla med. Det är problemet, vi var inte kompatibla med det livet. Vi hade inte kroppar som kunde leva på jorden. Vi kunde inte leva i den miljön. Vi hade vår egen miljö. Och när du reser runt överallt, finns det fysiska kroppar. Inte alla har fysiska kroppar. Fysiska kroppar är täta. Och fysiska kroppar är beroende av förhållandena. De kan skapas på nästan vilket sätt du vill. De kan göras för att passa nästan alla förhållanden på vilken planet som helst, men inte på de stora gasplaneterna som Jupiter. Jag vet inte om något tredimensionellt på Jupiter. Vi kunde inte gå nära Jupiter. Det är för stort, för starkt.

D: *Men atmosfären på jorden påverkades inte.*

S: Tja, den blev träffad. Den blev träffad, träffad, träffad, träffad, träffad! Oj, vad den blev! Wow!

D: *När den gick genom dessa asteroider och meteoriter?*

S: Ja, det gjorde den. Den blev träffad mycket. Jupiter träffades också av en massa, men Jupiter absorberade dem. Jupiter fångade också många av bitarna i sin gravitation. Det gjorde Saturnus också. Saturnus fångade många bitar i sin gravitation.

D: *Är det en del av vad som skapade ringarna?*

S: Ahhh ... låt mig se. (Paus) Nej. Det gjorde det inte. Saturnus ringar är annorlunda. Det skapade många av månarna runt Saturnus dock, som bara är bitar av sten, men inte de fyra största månarna på Jupiter. Nej, nej, nej – de var inte från det. De var från Jupiter. Jupiter är som en liten sol. Och Jupiter brände de fyra planeterna från sig själv. – Jag har inte kommit på vad ringarna är för.

D: *Tja, det undermedvetna har svaret.*

S: Ja ... det vill inte att jag ska veta. (För sig själv:) Varför är de där ringarna? (Högt:) Varför är de där? De är mindre partiklar, de är finare partiklar. (Till sig själv igen:) Varför är de där?

D: *Jag tänkte att det kanske var en del av samma system.*

S: Kanske, kanske – jag vet inte ... kanske finare partiklar fångades av Saturnus. Men de större bitarna ... Saturnus och Jupiter har många, många stenar som kretsar kring dem som inte riktigt är deras månar. De är bara saker som de fångade i deras gravitationsfält. Uranus fångade några – det gjorde Neptune också. Pluto är en bit. Det är inte en planet. Det finns andra bitar längre ut också.

Det var fantastiskt för mig när jag transkriberade denna bandinspelning och skrev detta kapitel att läsa detta om Pluto. Denna session med Sam gjordes på mitt kontor i Huntsville i augusti 2005. Ett helt år innan den tillkännagivande som chockade den astronomiska världen 2006, när de förklarade att de inte längre betraktade Pluto som en planet. Istället var det en enorm bit sten. Det har länge funnits en debatt mellan experter om statusen för Pluto, ända sedan dess upptäckt 1930. Det sägs nu att det finns många asteroider i vårt solsystem som är större än Pluto. Så det blev degraderat från sin tidigare högtstående status som planet.

Så snart en session är avslutad, brukar jag inte komma ihåg något om den. Det skulle vara omöjligt att behålla det detaljerade minnet av alla fall jag genomför. Det skulle vara överväldigande att medvetet bära på all information om mina klienters individuella problem, för att inte tala om innehållet i sessionerna. Jag måste rensa mitt sinne och förbli objektiv för att fungera i den rationella världen av den så kallade verkligheten. Jag tror att många terapeuter har samma problem. Om de inte gör det, blir de empatiska och kan ta på sig de fysiska och mentala problemen från de de arbetar med. Det är inte bra eller hälsosamt för terapeuten. Så vi alla måste lära oss att göra arbetet, och sedan släppa det. Om sessionen innehåller något jag tror kan vara hjälpsamt för mig i mitt skrivande, frågar jag ämnet om jag kan göra en kopia av deras band innan jag ger det till dem. På så sätt vet jag att de jag behåller innehåller något intressant. Men de går i en hög för att transkriberas vid ett senare tillfälle, vilket kan vara månader eller år senare. Detta var varför jag blev chockad över att höra denna del om Pluto som verifierades ett år senare 2006. Jag tycker att detta är ytterligare bekräftelse på att jag verkligen är i kommunikation med något större än oss alla. Den del som har alla svaren och krafter bortom vår dödliga förståelse.

D: Så det här är anledningen till att du valde att visa Sam detta liv?
S: Sam ville veta om detta. Det är en hemsk sak att komma hem och inte hitta något där. Att hitta sitt hem sprängt när man varit borta.
D: Relaterar detta till saker som har hänt honom i detta liv?
S: Ja, det gör det. Det gör det verkligen. Det verkligen gör det.
D: Vad vill du säga till honom om det?
S: Marsianer kom till Jorden. Vi fick alla komma till Jorden.
D: I andlig form, menar du?
S: Nej, vi fick kroppar. De tog en annan apa, eller den var större än en apa. Den hade en annan hudfärg, en gul hud. Om vi börjar där, gjorde de alla oss genetiskt kompatibla. Är inte det intressant? De gjorde oss alla från olika saker. De gjorde de svarta av gorillor och schimpanser – de lekte med deras celler. Deras fysiska egenskaper kom mycket från apan.

Not: Kaukasier sägs ha utvecklats från orangutanger, de stora med vit hud och röd päls. Självklart förekom andra manipulationer längs vägen för att producera andra variationer. En intressant som diskuteras

Det Komplexa Universumet – Bok Tre

i min bok *The Legend of Starcrash* handlar om utvecklingen av vissa nordamerikanska indianrasser.

S: Men våra var från en något annan apa. Den var medelstor eller mindre. Och de tog DNA från den och gjorde oss lite byggda. Och gjorde något med våra små bruna mandelformade ögon. Och våra små, lättare kroppar – mindre kroppar. Och vi är de gula skinns. (De små grå från Mars.) Det är det de gjorde oss till. Det är vad som hände, där kom vi in. Marsianerna fann så småningom ett hem på Jorden. Inte genast. Det tog dem lång tid. Vi var hemlösa länge.

D: Men du menar att dessa Skapande varelser var de som skapade kropparna?

S: De hjälpte till. Jorden själv måste godkänna det. Planeten själv måste tillåta att det hände. Det hade aldrig hänt tidigare att ett planetmedvetande delade sig med ett annat. Det hade aldrig hänt förut. Aldrig! Jorden beslutade att dela sin kropp med ett annat planetmedvetande. Och detta andra planetmedvetande var de från Mars. Efter att dessa kroppar skapades, kom Marsianska själar in i dem. Vi alla gjorde det. Vi har 3-dimensionella själar, vi har 4-dimensionella ascendantmästare, och 5-dimensionella ascendantmästare. Och 6-dimensionella... Jag var en 4-dimensionell eller 5-dimensionell ascendantmästare på Mars. Jag var en avancerad varelse. Endast avancerade varelser fick resa. Endast avancerade varelser kunde resa.

D: Och Sam's ande beslutade att gå in i en mänsklig kropp på Jorden.

S: Ja, vi har alla kommit tillbaka till Jorden. Vi var tvungna att komma tillbaka till Jorden och gå tillbaka till den 3:e dimensionen i fysiska kroppar för att lära oss mer, för att avancera andligt tillbaka till den 4:e och 5:e och 6:e dimensionerna.

D: När Sam gick in i kroppen och stannade på Jorden, blev han fast här på grund av karma?

S: Ahhh! Sam är en rolig typ. (Ett djupt andetag och en paus) Sam kommer inte tillbaka så ofta. Sam kommer tillbaka runt millennieskiften.

Det Komplexa Universumet – Bok Tre

I några av mina andra sessioner som rapporteras i denna bok, har andra sagt samma sak. De stannade normalt hos Källan, etc., och kom bara till Jorden under tiden för stora skiften. Dessa var tider när det mest behövdes hjälp.

D: *Var är han resten av tiden?*
S: (Han mumlade för sig själv:) Det är en fantastisk plats, eller hur? Åh ... titta hur vacker det är i ljusets vattenfall. (Tydligt) Gyldna pooler av vackert ljus överallt. Dusch, fontäner av ljus. Gyldnt ljus överallt. Oooo, pojke! Det är kärlek. Det är ett gyllene hav av kärlek.
D: *Är det här han går mellan inkarnationerna?*
S: Ja. Pojke, är det härligt! Det är en sol, det är i en sol. Gyldna hav av ljus. Det är inte nödvändigtvis på en planet, det är troligen en sol. Det kan vara Solen. Vet du vad? Jag kan inte vara hundra tusen procent säker på något jag säger, men jag säger vad – jag släpper mina första tankar fria. Och det ser ut som Solen. Kan det vara Solen? Kan du tillbringa tid på Solen? Solen är enorm.
D: *Allt är möjligt.*
S: Är det den där Solen? Är det en annan sol? Det kan vara det. Gyldna pooler av vackert ljus. Åh, duschar av ljus. Det är varmt!
D: *Så Sam bestämmer sig för att komma tillbaka och gå in i den mänskliga kroppen runt millennierna?*
S: Ahhh ... uppdrag.
D: *Varför är han här nu?*
S: Måste kunna höja en kropp. Det gjordes tidigare, men ingen tror på det. Alla kan göra det. Jag måste kunna höja en kropp.
D: *Vad menar du?*
S: Det finns en transformation. Jag vet inte exakt vad det är, jag håller fortfarande på med det. Se, vi kunde få all vår energi från ljuset. Universum är fullt av ljus, Universum är allt ljus. Och det är bara i en tredimensionell kropp som du inte kan få tillräckligt med ljus. När du är i din ljuskropp, kan du få tillräckligt med ljus så att du kan leva. Du lever alltid, du lever alltid. Alltid, alltid, alltid. Ljus kroppar kan sättas till sömn, men de lever normalt alltid.
D: *Så det är svårt att göra det i en fysisk, solid, tät kropp.*

Det Komplexa Universumet – Bok Tre

S: Ja. På vissa ställen gör de det hela tiden. Deras fysiska kroppar tar inte slut, eller de har väldigt långa liv. Men på Jorden är det för att det är så negativt, så trött, så tungt. Och på Jorden vet du inte vem du är. Du tappar din koppling när du kommer till Jorden. Du ser inte din ljuskropp när du kommer till Jorden. Du vet inte att du är en ljuskropp. Pojke, är det svårt att ta reda på det också! Wow! På Jorden är det svårt! Och alla är så vilse! – Jag var tvungen att komma hit. Jag är här för att spiritualisera en kropp. Det har gjorts tidigare. Och ingen verkar veta det. Det kan göras. Några har gjort det, genom att leva i ljuset. De höjde en 3:e dimensions kropp till 5:e dimensionen. Det är det de gör.

D: Men han har varit här nu i en fysisk kropp och levt ett fysiskt liv.

S: Ja, det har jag. Jag hade ingen aning om något mer än det heller, länge. Jag visste inget. Jag hade inte riktigt någon aning. Jag förlorade alla mina minnen. Verkligen förlorade alla mina minnen. Jag kan inte tro att du kommer till denna planet och förlorar alla dina minnen om vem du är.

D: Har undermedvetna något råd för Sam?

S: Håll kursen. Stanna på vägen du är på. Fortsätt försöka, fortsätt arbeta på det. Fortsätt göra kopplingen. Öppna dina ljuskroppar, hitta dina ljuskroppar. Det finns fler än en ljuskropp också – det finns fler! – Vi arbetar fortfarande på det. Och det finns andra som arbetar med detta också. Våra kroppar kommer att leva länge. Våra kroppar kommer att bli finare, de kommer att bli längre, de kommer att bli lättare. Vi kommer att kunna få tillgång till fler dimensioner. Sam ska växa till nästa nivå. Växa och lära. Det är vad han gör. Stadigt i ryck. Upp och ner. Jag hjälper honom alltid. Han kommer att få en chans. Han har en kämpande chans. Ahh ... känslor. Det är våra känslor. Känslor! – Han kommer att veta ibland. Han kommer att behöva lista ut det. Det är fortfarande inte så lätt. Jorden är fruktansvärt tät. Det här kommer inte att vara en enkel sak. Dessutom är det fruktansvärt svårt att resa mellan den tredje dimensionens Jorden och den fjärde och femte dimensionens. Det är fruktansvärt svårt att komma tillbaka från den femte dimensionen efter att du varit borta ett tag. Det här är ett syfte. Hans problem är självbetjäning. Han har aldrig riktigt förstått skillnaden mellan självbetjäning och tjänst för andra. Du vet, självbetjäning, tjänst till familj och vänner, det anses vara tjänst på Jorden. Och tjänst är en bredare term än det. Det är svårt.

I en annan session var det första kvinnliga klienten såg ett ödelagt landskap. Jorden var sprucken och uttorkad. Träden hade inga blad och knappt några grenar, nästan som om de hade blivit förbrända. Några av dem var vridna och böjda. När hon kom ner i scenen såg hon ett dinosaurie, men senare såg hon ingenting annat än detta ödelagda och uttorkade område. Sedan hittade hon en liten by inbäddad mellan två berg där det fanns blommor. Det innebar att saker började växa igen. Senare när jag frågade det undermedvetna om detta, sa det att detta var efter den tid då alla dinosaurier hade blivit utrotade. Jag frågade: "Hur hände detta?" De sa att det enda de kunde se var en mycket kraftfull, stor, brännande, het vind som bara förstörde allt på sin väg. Det var bara över vissa områden, för de som överlevde bodde i ett område på högre höjd som inte påverkades. Resten av dinosaurierna försvann till slut, för efter att detta hände, hade de inte lika många resurser. De hade inte lika mycket att äta, och de kunde inte anpassa sig till klimatförändringarna lika bra som människor och andra djur kunde.

Kan den brännande vinden ha orsakats av explosionen av planeten? Eller har det funnits mer än en händelse genom Jordens tumultartade historia? I min bok *The Legend of Starcrash* beskrivs ett helt annat klimat i den Alaskanska/kanadensiska regionen innan något våldsamt hände som skapade enorma vindar, jordbävningar och lutade Jordens axel.

Detta är en kommentar … en kvinna från Frankrike kom som ville ha flera sessioner. Och på den sista sessionen talade hon om att prata med de av Venusiansk energi, de varelser som hade kommit från

Det Komplexa Universumet – Bok Tre

Venus. Hon beskrev att, för väldigt många, många år sedan, långt tillbaka i tiden, var Venus väldigt lik Jorden, och hade fysiska varelser på sig. Den har kallats "Jordens systerplanet", men atmosfären och alla människor förstördes genom naturkatastrofer, inte genom krig. Och när naturkatastroferna inträffade, fick det planeten att hetta upp. Hon var inte säker på om det orsakades av förstörelsen av ozonskiktet. Sedan gjorde människorna en övergång till en annan dimension där de inte behövde den fysiska kroppen, och de existerade och utvecklades från den punkten. Venus är inte längre beboelig, och kan inte beboas igen, för att det är för varmt. Men människorna – deras själar, skulle vi kanske säga – gjorde övergången till det andliga. Tydligen återföddes de också.

Jag var färdig med denna bok när jag hade ett annat fall som handlade om planetens förstörelse. Jag tyckte det borde inkluderas istället för att vänta på nästa bok.

Den första delen av sessionen var förvirrande, för Adele var inte säker på vad hon såg. Det såg ut som solljus som filtrerade genom träd med silverfärgad bark. Det var väldigt mörkt och tyst, för träden började stänga in sig ovanför och stängde ut himlen. Sedan verkade det som om det hade förändrats till en grotta. "Jag har varit här förut. Det är som skymning efter att solen gått ner. Det finns ljus. Du kan se. Det är samma ljus, oavsett hur långt in jag går. Det känns som om jag till och med skulle kunna vara under jorden. Jag vet inte var ljuset kommer ifrån. Det är säkert. Man kan inte bli skadad där." Sedan började hon gråta, "Det är hemma. Men ... det är borta! Jag tror inte att jag borde vara där. Jag vet att jag inte kan stanna där. Det gör mig ledsen. Jag tror inte att det finns där längre. Jag tror att det är under jorden, så att man skulle vara säker. Det är alltid säkrare där."

D: Men det känns bra, eller hur?

Det Komplexa Universumet – Bok Tre

A: Inte när du inte kan komma hem igen. Det är borta. (Känslomässigt) Det gör ont. Jag vet inte var jag är nu. Det finns inte där! (Gråter) Det är borta. Allt som är kvar är detta unika ljus.

Jag bad henne att gå tillbaka i tiden, så vi kunde upptäcka vad som hade hänt.

A: Det är former. Som pyramider på sina toppar, stigar att gå igenom. Allt samma ljus, det är silver, silver.
D: *Pyramiderna är ... spetsen är nedåt, menar du?*
A: Ja. Upp och ner. Det är ganska stort på toppen. Det är mörkt där uppe. Sidorna är inte släta. Det är som ådror och träblad, förutom att det inte är blad. Jag vet inte vad det är, men det lyser när du går igenom. Det är som om jag rör mig genom. (Kämpar med att uttrycka sig.) Jag går igenom, som en tunnel. Det är inte en tunnel, tunnel. Det borde vara runt, men det är det inte. Det är format med lutande sidor. De är som rivor eller ådror eller något som går ner mot botten. Och när man kommer ut, finns det fluorescerande. Det glöder. Det lyser inte. Det glöder så du kan se. Jag ser inte hur långt upp det går, för ljuset är så starkt att du inte kan se något annat. Nu är det något som rör sig som rök, rör sig, rör sig.

Det var något med det som störde Adele, och hon ville inte se det mer. Jag bad henne att bli medveten om sin kropp, och det gjorde henne ännu mer upprörd. "Jag vet inte om jag har en kropp. Ett ansikte? Jag vet inte vem jag är! Jag har inga fötter. Jag flödar. Det här är löjligt. Det kan inte vara! Jag behöver ha fötter. Jag verkar sväva, men det här är löjligt. Jag vet inte om jag verkligen svävar, eller om jag har hittat på det här."

D: *Är det ett lättare sätt att röra sig?*
A: Oh, ja, men jag borde ha en kropp.
D: *Vad känner du?*
A: Säker. (Skrattar) Jag behöver inte hålla ihop det här. Det rör sig och förändras, men det är som rök. Det är allt på ett ställe, och jag kan röra det i vilken riktning jag vill utan att vända. Jag känner att allt

Det Komplexa Universumet – Bok Tre

rör sig. Det verkar röra sig väldigt snabbt. Det känns som en bläckfisk rör sig, antar jag.

D: *Men det känns bra att vara oberoende, eller hur?* (Ja) *Du kan röra dig och sväva vart du vill.*

A: Ja, men det är borta nu.

D: *Den här platsen?*

A: Ja, det är borta. Vi är ett med allt; en del av ett. Jag har flyttat någon annanstans, men jag vet inte var jag är. Det borde vara färg! Detta är mest silvergrått, och jag verkar röra mig snabbare.

D: *Men platsen under jorden – den du kallade "hemma" och som du var väldigt glad med – du sa att den inte fanns där längre?*

A: Den sprängdes. Jag sa åt dem att det skulle hända. (Suck) De ville alltid ha mer. Det var aldrig nog.

D: *Vem pratar du om? Vem ville ha mer?*

A: (Känslomässigt) De andra ovanför jorden. Varför kunde de inte bara vara nöjda? De lekte med världen. Åh, skit! Dumma!

D: *Bodde du ovanför jorden?*

A: NEJ! Nej.

D: *Du bodde under jorden?* (Ja) *Men du visste vad som hände där?*

A: Vi visste alltid … men ingen trodde på oss. De ville inte. De ville bli lämnade ifred, men vi ville att de skulle lämna det ifred.

D: *Du sa att de lekte med världen?*

A: De kände att de hade allt under kontroll, men det hade de inte. Det var inte makt. Det var en sorts kristall. Det var dåligt. Jag menar, det var bra, men det var dåligt för att de ville ha mer och mer. Barn leker, men de är inte här nu.

D: *Vad använde de kristallen till?*

A: (Känslomässigt) Den drog kraft från stjärnorna. Vi sa till dem, nej! (Hon började gråta.)

D: *Det är inte ditt fel. Du visste inte att de skulle missbruka den, eller hur?*

A: Vi borde ha vetat att de var barn! (Gråter) Barn måste tas om hand! De vet inte vad det är. (Långt gråtkipande stön) Nej! Vi borde ha stannat och tittat på. Jag sa åt dem! Nu är allt borta.

D: *Är du en grupp eller ensam?*

A: Vi är ett. Vi var ... ett. Ett – ett sinne av kollektiv. Många, men ett. De frågade efter information. Om någon ställer en fråga, måste man svara.

D: Men du kan inte klandra dig själv om de använde den på fel sätt. Ni var inte ansvariga för deras handlingar.

A: Men vi är alla ansvariga för varandras handlingar. Vi är alla en del av tyget. Vad vi gör påverkar andra. Varje gång ett barn skjuter ett vapen, är vi skyldiga för att vi gav honom ett vapen. De är inte skyldiga för att dra i avtryckaren.

D: Var dessa fysiska varelser som bodde på denna plats medvetna om er? Visste de om er grupp, ert kollektiv?

A: De ställde frågor. Jag hör orakel. Vi var ett, men vi var inte ett. Vi var ett kollektiv.

D: Så oraklet arbetade med informationen och vidarebefordrade den?

A: Vi var oraklet. Vi, vi, vi ... alltid vi.

D: Och de bad om information, och ni gav det till dem.

A: Vi såg inte riktigt skadan med det vi sa.

D: Kanske är det omöjligt att veta alla resultat. Även med den kraft ni hade, kanske ni inte kunde förutse allt som kunde hända.

A: Vi går i olika riktningar. Men allt är borta. Små bitar virvlande, rör sig i alla riktningar. Jag tror att det gjorde något med det kollektiva. Det rev sönder tyget. Det är borta nu. Var det en planet eller vad? (Hon suckade och stönade.) Eftersom du sa att det fanns bitar som rörde sig i olika riktningar. Jag kan inte säga vad det var. Det var bara. Jag vet inte vad det var. Jag vet inte var det är. Det är borta. Små stjärnor – alla sönderdelade. Jag stannade med det ett tag. Jag stannade. Jag vet inte var de andra var. Det är som ... jag är med bitarna.

D: Var gick du efter det?

A: Förlorad. Jag är förlorad. Jag känner mig förlorad. Jag kan inte lämna, jag kan inte lämna därifrån än.

D: För att du fortfarande känner dig ansvarig för de bitarna?

A: Vi var ansvariga; vi alla. Jag måste stanna ett tag, och tänka på att kalla på de andra. Jag försöker få oss alla tillbaka tillsammans. Jag känner inte att jag är på världen längre. Jag känner mig söndertrasad.

Jag kunde förstå varför hon kände sig så förtvivlad över vad som hade hänt med världen som hon definitivt var ansvarig för, men jag ville få henne att komma bort från det. Jag flyttade henne framåt tills hon tog ett beslut om var hon skulle gå härnäst.

A: Det finns ett silvertråd. (Skratt) Det har regnbågar i sig. Jag vet inte vart det går, men jag tror att jag ska gå dit. Jag följde det. Det ser nästan ut som ett maskhål. Och sedan kom jag ut, och jag är så trött. Upp genom maskhålet, och sedan lade jag mig ner för att vila. Jag vet inte var ... det är trevligt. Jag vill inte gå tillbaka ut. Det gör så ont. Jag är i ett kokongläge.

D: Så du är inte den energin med det kollektiva längre?

A: Nej, jag vet inte vart de gick. Jag förlorade dem. Jag är så trött.

Detta var förvirrande och oklart, men jag tänkte att hon kanske hade gått in i ett foster och förberedde sig för att bli född. Jag bestämde mig för att kalla på det undermedvetna för att få svar och förtydligande.

D: Detta var lite förvirrande. Hon var under marken och blev väldigt känslomässig över något som hände på ytan. Varför valde du att visa detta för Adele idag?

A: Information. Den information hon är rädd för att ha. Rädslan att hon ska orsaka en annan katastrof. Gör inget ont. Hon fruktar resultatet av denna kunskap. Kunskap är makt.

D: Det är sant. Det handlar om hur kunskap används. Vad var hon en del av?

A: Det är svårt att förklara, förutom att om du tar fingrarna på en hand. Hela handen är vad fingrarna är. Det var så det var, förutom att det fanns fler fingrar. De var alla, alla samlade och arbetade som en enhet. Liknande sinne; ett sinne. Hör, bearbeta det de hörde.

D: Skulle det vara likt det du är, det undermedvetna?

A: Det är, förutom att du skulle ha det undermedvetna som ett finger på en flertal hand. Mer som en bläckfisk än en hand. Där det är kemiskt och kan operera på egen hand, men också beroende av kroppen som helhet. Det här är svårt.

D: *Det är alltid svårt att förklara. Gör ditt bästa.*

A: Det skulle vara som en samling ... piska som alla hänger, bundna ihop. Och piska tänker samma tankar. Bearbetar var och en, sätter in sin del av väven, och i slutet finns detta – om det är ett energiburst som är tanken – men varje enhet kapabel att tänka. Men inget separationsfaktor. Kanske inte en del av det kollektiva så mycket som det behövde vara. Och det var därför de berättade, de svarade på frågor utan urskiljning, för att kunskap var bara kunskap.

D: *De gjorde inget omdöme. De berättade bara vad de visste.*

A: De blev frågade och de berättade. Där finns bristen på omdöme. De bearbetade bara information. Och även om de visste att saker skulle hända, fanns det inget sätt att veta vad som skulle hända, tills de berättade det och startade processen. Men de andra energierna försökte stoppa dem genom att berätta för dem vart deras budskap var på väg. Och de skrattade åt dem och kallade dem "nyttiga". De kallade dem många saker som inte betyder något här. Att de inte var behövda. Att de hade gjort sitt och kunde gå tillbaka till sina grottor. Folket sa åt dem att de hade gått bortom dem, och de behövde inget de hade att erbjuda. Det kollektiva varnade dem för att om de fortsatte med det de gjorde, skulle de sluta med att förstöra allt. Och folket sa åt dem att de hade fel, och sa att de inte ville höra mer från dem. Och det kollektiva, efter att ha gjort tydligen allt de kunde, gick tillbaka och väntade. De trodde att de visste bäst. – Jag vet inte vad det kollektiva är, dock. Det här är mycket intressant, för de är och de är inte.

D: *Vad menar du?*

A: Jag vet inte hur verkliga ... de var energi. Det kollektiva var inte som människorna.

D: *Och människorna bestämde sig för att ta informationen och använda den på fel sätt.*

A: Ja, de var giriga. De ville ha mer.

D: *Och Adele var en del av det kollektivet vid den tiden.* (Ja) *Men det var inte hennes fel, eller hur?*

A: Hon kände att det var. Hon kände att hon inte lärde dem tillräckligt bra, och att om hon bara hade gjort lite mer, skulle saker ha varit okej. Det finns en stor sorg där.

D: *Egentligen, från ditt perspektiv, kan du se att hon inte kunde ha gjort mer, eller hur? Jag menar, det är inte riktigt hennes fel. Hon är inte riktigt ansvarig.*

A: Fel är ett väldigt subtilt ord. Det finns något djupare här att vi alla är ansvariga, inte bara för våra framgångar utan också för våra misslyckanden. Det är en del av vad vi kommer tillbaka för att hantera: det faktum att fel är som ett barn som säger: "Det är inte mitt fel." Adele ser att det finns lager. Att varje person bidrar med positivt och negativt, även om hon arbetar mycket för att smyga bort från det negativa. Och hennes fel är att överskrida. Hon har stor rädsla här. Hon förstörde en värld.

D: *Hon gjorde inte det, det gjorde de.*

A: Ja, men utan svaren på frågorna, skulle de inte ha gått dit de gick. Och hon var dum nog att svara på frågor där hon borde ha använt omdöme. Nu är hon orolig för omdöme. Du glömmer att det finns fri vilja, och fri vilja har två sidor: det mörka och det ljusa; yin-yang. Hon såg en värld förstöras – hennes värld. Hon kommer behöva övervinna smärtan hon upplevde. Hon är verkligen dömande mot sig själv. Hon skulle hellre krypa ner i ett hål och vara säker. Jag vet inte vad hon kommer att göra, men jag vet vad hon borde göra. Komma bort från sin grotta, sin säkerhet. Jag vet inte om hon kommer. Rädsla för att göra fel är överväldigande, alltomfattande, ibland tvingar henne att blockera ut det istället för att ens tänka på det, på grund av den skada som gjordes. Det var en väldigt hemsk sak, för inte bara förlorade hon sin värld, hon förlorade det kollektiva. Hon förlorade allt. Hon var, för första gången i sin existens, helt ensam. Och utan det kollektiva var hon sårbar och verkligen oförmögen att kommunicera. Hon var döv, stum och blind. Det fanns ingen säkerhet längre. Det var inte ens ensamt, det var att vara en utan det kollektiva. Du förlorar din styrka, din kraft, din motiverande kraft. Du är bara. Och allt hon kunde göra var att hoppas att gruppen skulle återförenas, och de gjorde det inte.

D: *Kan jag fråga dig? Kanske ser jag inte på det rätt. Var det här kollektivet som själens planet som förstördes? Energin från planeten själv?*
A: Det kallade sig det kollektiva. Det är svårt att identifiera det bortom vad det var, men jag tror att det var en del av planeten. Det kunde operera antingen/eller, men det gick alltid tillbaka till det kollektiva.
D: *Jag vet att planeter själva är levande, och jag trodde kanske att det var detta kollektiva.*
A: Jag tror ett steg högre kanske. Jag menar, de var medvetna om de andra. De var en del av, men de var separata och kunde prata med de andra. Och jag tror inte att planeten kunde prata med de andra, men planeten kunde prata med det kollektiva, och det kollektiva kunde prata. Det känns rätt.
D: *Så det är därför det skulle vara separat från det du är. Detta var ett isolerat kollektiv, om det är ett annat ord för det.*
A: Det känns rätt, ja.

Adele hade många liv på Jorden, men hon hade hållit fast vid denna tragedi länge. Den hade påverkat henne och hindrat henne från att nå sin fulla potential. Jag var tvungen att arbeta med det undermedvetna länge för att hon skulle kunna släppa detta. Det var nu dags för henne att gå med det arbete hon hade kommit hit för att göra. Det här hade hållit henne tillbaka för länge. Det skulle ta mycket mod för henne att göra drastiska förändringar i sitt liv.

SEKTION SJU

DEN NYA JORDEN

KAPITEL TJUGONIO

DEN KOMMANDE SKIFTET

Vid en föreläsning i Chicago 2006 diskuterade jag evolutionen av den nya Jorden. Jag beskrev visionen som Annie Kirkwood hade om att Jorden skulle dela sig i två Jorden, vilket beskrevs i Bok Två. Hur, när den ena delade sig i två separata Jordar, skulle människorna på var och en inte vara medvetna om vad som hände på den andra. De som hade höjt sin frekvens och vibration skulle ascendera till den Nya Jorden när den utvecklades och lyftes in i en annan dimension. Därmed skulle de bli osynliga för dem som "lämnades bakom". Det har funnits flera saker om detta koncept som har bekymrat mig. Jag gillar alltid att ha svaren; jag antar att det beror på min stora nyfikenhet. Jag har känt att det finns luckor eller hål som behövde fyllas. Bitar som behövde förklaras. Någon i publiken ställde frågan om hur detta skulle kunna hända, och att de på en Jord inte skulle vara medvetna om vad som hände på den andra. Plötsligt fick jag en uppenbarelse. En tanke kom till mig som kanske var glimtningen av en begriplig förklaring. Det är alltid klokt att lita på dessa intuitioner och kunskapsblixtar, för ofta kommer de från våra guider. I detta fall kan det ha kommit från samma källa som ger mig all information genom mina klienter. Jag sa plötsligt: "En möjlig förklaring kom till mig."

Tidigare i föreläsningen hade jag kort diskuterat teorin om parallella universum och liv som skapas av våra tankar och beslut. I Bok Ett skrev jag om en teori jag aldrig hade hört talas om, och som gav mig huvudvärk att försöka förstå. Kort sagt säger den att: Varje gång en individ måste fatta ett beslut har de vanligtvis mer än ett val. Detta kallar jag för "att komma till ett vägskäl." De måste besluta sig för att gå åt ena eller andra hållet. Det kan vara ett beslut om ett äktenskap, en skilsmässa, ett jobb, vad som helst. De funderar på varje

Det Komplexa Universumet – Bok Tre

val och lägger ner mycket energi på att besluta sig för vilken väg de ska ta. Sedan fattar de ett beslut. Vi har alla upplevt dessa "vägskäl". Vi vet att om vi hade valt att gå den andra vägen, skulle våra liv vara helt annorlunda. Vi bestämmer oss för att gå åt ett håll. Men vad händer med den energi vi har lagt på det andra beslutet som inte valdes? Det blir också en verklighet! Ett annat universum eller dimension skapas omedelbart för att agera ut det andra beslutet, och en annan "du" skapas också för att spela den rollen i det scenariot. Detta var den enkla förklaringen, för det händer inte bara när vi ställs inför stora beslut. Det kan hända varje gång vi står inför val, oavsett om de är stora eller små. Varje gång vi fattar ett beslut, skapas ett annat universum eller dimension omedelbart så att det andra valet också kan bli en verklighet, och en annan "du" delar sig för att spela den rollen. De är alla lika verkliga som det nuvarande livet vi fokuserar på. Vi är inte medvetna om dessa andra delar av oss själva, och det är klokt att vi inte är det. Våra mänskliga sinnen skulle aldrig kunna hantera allt detta. Jag blev informerad om att problemet inte är med hjärnan, utan med sinnet. Det finns helt enkelt inga koncept inom vårt mänskliga sinne som tillåter oss att förstå alla komplexiteter. Det är därför vi aldrig kommer att få alla svar. Det finns inget sätt vi skulle kunna förstå. Så de (i sin visdom) väljer vilka små bitar de ska ge oss under denna tid av uppvaknande, så att vi ska få någon utökad information. Och när våra sinnen expanderar för att omfatta nya idéer och teorier, kommer de att ge oss fler små bitar. Jag är personligen tacksam för de bitar och delar jag får. Det visar att våra sinnen vaknar. Detta är det enda sättet vi kommer att kunna hantera konceptet att vår Jord förändrar frekvens och vibration för att skifta till en annan dimension. Den information jag tar emot nu kunde jag aldrig ha förstått när jag började mitt arbete för trettio år sedan. Så jag vet att jag har växt, och jag kan se detta reflekteras i de böcker jag har skrivit under dessa år.

Uppenbarelsen som kom till mig under föreläsningen i Chicago var att kanske anledningen till att människorna på varje Jord inte kommer att vara medvetna om varandra och vad som händer, kan vara att det kommer att likna konceptet för skapandet av parallella universum och dimensioner. Endast på en mycket större skala. Om vi inte är medvetna om dessa andra delar av oss själva som agerar ut de andra beslut vi har skapat genom den energi vi har fokuserat på dem, då skulle människorna på de två Jordarna vara omedvetna om varandra. En Jord skulle gå i riktning mot ett beslut eller val, och den andra Jorden skulle gå i en annan riktning. Var och en agerar ut ett alternativt beslut. Det är upp till människorna på Jorden just nu att var och en fatta sitt personliga beslut om vilken väg de vill följa. Energin finns närvarande och blir starkare. Den påverkar våra kroppar fysiskt. Vår egen frekvens och vibration förändras. Men jag tror att det fortfarande är upp till oss vilket val vi gör, vilken Jord vi dras till, på grund av vår fria vilja. Den största skillnaden här är att "de" sa att detta aldrig har hänt på en sådan stor skala tidigare. Aldrig i universums historia har en hel planet ändrat sin frekvens och vibration för att skifta till en annan dimension. Det är därför det sägs vara den största föreställningen i universum, och alla från många olika galaxer och dimensioner tittar på för att se vad som kommer att hända.

EN TIDIGARE SKIFTNING

Jag har fått mycket information om den kommande skiftningen. Mycket av detta har redan skrivits om i Bok Två i denna serie. Och ändå fortsätter informationen att komma. Detta är vårt öde, vår framtid. I denna session fick jag ännu en sak som var en del av berättelsen. Detta har hänt på Jorden tidigare. Grupper av människor i det förflutna har kunnat skifta en masse till en annan dimension. Dessa är vanligtvis grupper som omges av mysterier eftersom de helt enkelt försvann, utan att lämna några ledtrådar om vad som hände med deras civilisationer. Det har spekulerats mycket, och olika teorier har lagts fram av de så kallade "experterna". Men få har övervägt faktumet att de helt enkelt gick bort från denna Jord och gick in i en annan dimension, utan att lämna några spår efter sig.

Mayafolket är ett tydligt exempel, likaså vissa nordamerikanska indianstammar. Jag hade blivit informerad genom mitt arbete att dessa grupper hade blivit mycket avancerade i sin utveckling, och hade valt att förändra vibrationer och skifta en masse. Jag blev informerad om att detta var en av de mest logiska förklaringarna till att

Mayakalendern slutade vid år 2012. Om de, i sitt avancerade tillstånd, hade kunnat genomföra detta, hade de kunnat se att i framtiden skulle hela planeten följa och uppnå samma prestation. Detta skulle vara ett ännu större evenemang än det de hade genomfört. Så de markerade det på sina kalendrar som tiden då hela planeten och allt på den skulle förändras i frekvens och gå in i den andra dimensionen, och ta alla levande varelser med sig. Jag hade blivit informerad om dessa saker, och det lät rimligt för mig. Dock var jag inte förberedd på att få en regression där någon gick tillbaka till ett liv då de faktiskt upplevde en sådan händelse. Denna kvinna var kapabel att rapportera något som vi bara kan spekulera om vid denna tidpunkt. Det var ännu en bit av pusslet som gavs av en röst från det förflutna. "De" såg till att jag fick alla bitarna. Mitt jobb var att organisera dem och sätta ihop dem till en sammanhängande berättelse.

Efter att ha upplevt död genom en olycka under romartiden såg Suzanne ner och såg vägen hon hade gått på som en spiral. "Det verkar vara vägen, men det är också symboliskt. Nästan som dessa snäckskal som de skar på mitten. Det är ett bra exempel på det. Det är som, genom att titta på spiralen, får du en inblick i universum och en djupare förståelse för vad som gör att saker tickar. Ser din plats på spiralen, ser hur spiralen passar in i universum, passar in i tiden."

Jag flyttade sedan bort henne från dödsscenen och bad henne att gå till något annat, antingen framåt eller bakåt, något som var lämpligt för henne att se. "Jag kom in på en trätrappa med träbalustrader som gick ner från vänster. Någon sorts logbyggnad rakt fram, och det finns ingen där. Nästan som om du var i ett fort eller något, och du tittade ut genom strukturen. Så det är byggt på sidan av ett berg, men de har skickligt grävt in i berget. Det är där den största delen av byggnaden är. Den är byggd i bergets sten. – Det här är en nordamerikansk plats. Och jag får att detta är på det eteriska, eller något i astralplanet någonstans. Eller det kan vara femte dimensionen nu, men det är inte längre 3D."

D: Inte fysiskt?

Det Komplexa Universumet – Bok Tre

S: Det verkar vara fysiskt, men bara inte på jordens plan. Det känns som om Jorden vibrerar någon annanstans. Som om det finns en överlagring av dimensionen över Jorden, detta skulle vara i överlagringen. Det kan ha varit 3D vid en tidpunkt och ökade i vibration. Och det är nu nästan som ett parallellt universum eller något relaterat till Jorden, men inte den tredimensionella Jorden.

D: Känner detta ställe bekant för dig?

S: Det är hemma för mig.

D: Den dimensionen?

S: Ja, och det är väldigt likt Jorden i det att det finns stenar och träd. Och detta är definitivt i bergen. Det är mer som vårt sydväst. Det är väldigt bekvämt här. Mina intressen och mitt arbete handlar om andliga saker och om läkning.

D: Hur uppfattar du din kropp?

S: Jag känner att jag är en man, och jag är ung – inte en gammal person än, kanske omkring trettio. Erfaren. Jag gör mitt arbete, jag är fortfarande väldigt vältränad.

D: Hur är du klädd?

S: Väldigt enkelt. Någon slags vävt material. Det är väldigt funktionellt, ungefär som en tunika. Mycket enkelt.

D: Men du sa att du inte känner att du är på Jorden.

S: Nej, det är inte Jorden, men det är relaterat till Jorden.

D: Men du har en fysisk kropp? (Ja) Hur kan du då komma till den här platsen om det inte är på Jorden? Du kan titta på det och förstå hur det händer.

S: Nu verkar det som om det hela är väldigt naturligt, inte olikt Jorden. Folk föddes och växte upp. Men jag försökte se om vi kanske en gång var från Jorden och på något sätt förändrades. Det kanske var så det var.

D: Du sa att det var relaterat till Jorden på något sätt. Vad menar du med det?

S: Jag tror att vi har medvetenhet om Jorden, nästan som om vi är i en annan dimension. Så antingen kan vi uppfatta det från där vi är, eller så var vi en gång från Jorden och rörde oss på något sätt bort från den.

D: Så om du rörde dig bort från Jorden, tog du den här fysiska platsen med dig?

S: Det verkar som om det som kan ha hänt var att bandet av människor – jag sa "band" eftersom det inte är så att det finns många, många människor omkring. Och på något sätt har vi nått en punkt för att förändra frekvenser, som om vi alla gick igenom en liknande upplevelse. När människor gör saker som en grupp. Men det var som om hela samhället var kapabla att transcendera.

D: Var detta en avsiktlig sak? (Ja) *Var det något som diskuterades?*

S: Diskuterades och arbetades för. Folk strävade efter detta.

D: Så inte alla gjorde detta, bara en viss grupp av ditt folk?

S: Det var alla de kända människorna då. Vi var en indisk stam, och vi visste att det fanns andra stammar runt omkring, men de var inte en del av vår värld, Jordsamhället. Vi var bara för oss själva. Vi brydde oss bara om vad som hände oss.

D: Hur kunde ni göra detta? Blev ni lärda?

S: Det fanns lärare för några generationer, de visa människorna. Och vi blev lärda genom meditation. Det var vi alla. Kanske var vi bara några hundra människor, men det var vår hela värld. Jag tror vi upplevde det innan vi flyttade in. Vi skulle gå och komma individuellt och i grupper. Frekvensen höjdes och vi upplevde det, och vi skiftade tillbaka.

D: Hur visste de att detta skulle hända?

S: Jag funderade just på det. Det är som om folk bara visste. Jag vet inte om någon vid något tillfälle kanske berättade det för dem. – Jag känner nu att vi kanske inte var från Jorden alls, men vi kom till Jorden och etablerade en koloni. Men vi visste mentalt att vi kunde transportera oss själva och röra oss.

D: Varför ville ni göra det?

S: Jag tror det var utforskning. Bara för att se om det kunde göras. Vi gjorde 3D-upplevelsen, och sedan skiftade vi, vi flyttade till en annan dimension.

D: Så det fanns ingen anledning att lämna Jorden, 3D-upplevelsen?

S: Nej, inte någon omedelbar fara.

Det Komplexa Universumet – Bok Tre

D: Jag tänkte att om ni var nöjda där ni var i 3D-upplevelsen, eller Jorden, skulle ni inte ha något behov eller önskan att röra er, att skifta.

S: Det får mig att le. Det är som om den andliga naturen alltid är att lära sig. Så även om saker är bra, är det som, "Hmm, vad finns runt hörnet, och vad är det att utforska?"

D: I 3D-världen, var ni en andlig grupp?

S: Mycket. Vi hade stor respekt för Jorden, och krafterna inom den.

D: Men ni hade inget behov av att stanna där. (Nej) *Så det bestämdes att ni alla skulle göra detta samtidigt?* (Ja) *Ni sa att ni gick fram och tillbaka.*

S: I början, ja. Det var som att försöka komma ut först. Och när vi blev vana vid det, kunde vi alla göra ett skifte. Jag ser en blå sten, lapis lazuli. Det verkar vara kopplat till var vi kommer ifrån, och det är symboliskt för det. Som turkos skulle vara för sydvästliga indianer, och för tibetanerna. Lapis lazuli är på något sätt associerat med dessa människor. Det verkar som om de kommer från någon annanstans i kosmos.

D: Så de var inte ursprungligen från Jorden?

S: Jag tror det gjordes före vår tid, men inte före morföräldrarnas generation.

D: Berättade de för er vad som hände?

S: De måste ha gjort det, men jag kommer inte ihåg dem.

D: Kanske var det det som gjorde det lättare för er att röra er till den andra dimensionen?

S: Kanske. Säkert kunskapen. Men jag vill också säga att människor är smartare än de tror. Alla vet hur man gör detta. De kanske inte vet att de gör det.

D: Och ert folk tog sina fysiska kroppar och omgivningar med sig. Är det rätt?

S: Jag är inte säker på det. Jag tror antingen att de manifesterade liknande omgivningar där de gick, eller att de rörde sig till en annan dimension som redan hade det där.

D: Tycker du om det där?

S: Det är mer spänningen i att lära sig saker. "Det där" spelar ingen roll. Spänningen är i lärandet. Jag är väldigt aktiv i mitt tänkande.

Det Komplexa Universumet – Bok Tre

D: Behöver ni äta där? Behöver ni konsumera något?
S: Vi äter, men det verkar som om maten är lättare, mer vibrerande. Det varar längre i oss, för oss. Kraven är inte så stora.
D: Och ni vill inte gå tillbaka till Jorden?
S: Vi har rört oss vidare. Det verkar som nästa steg i vår evolution.

Jag flyttade honom framåt för att se om något hände där som var viktigt. Det verkade som en sådan idyllisk plats, vad skulle han kunna hitta som skulle vara betydelsefullt?

S: Jag ser att vi blir ombedda att komma tillbaka. Och jag har tårar nu. Vi blir ombedda att komma tillbaka till jorden.
D: Hela gruppen?
S: Några av oss. Vi vet saker som skulle kunna vara till hjälp för människorna. Och vi har stort medkännande för människorna.
D: Men vill du inte åka?
S: Ja och nej. Det är som att göra den första resan för att utforska. Ja, du vill åka, men du är kluven. Det är sorgligt att lämna hemmet. Vi är människor som är mycket kärleksfulla, mycket medkännande. Och vi vill dela detta med andra.
D: Men denna plats är inte som andevärlden, eller hur?
S: Inte helt. Det verkar vara en annan fysisk, men mindre tät, existens. Inte helt ande, tror jag inte.
D: Det är inte som andevärlden där du går när du dör och lämnar kroppen.
S: Jag vet inte. Vi verkar vara ganska eviga. Vi har lämnat den fysiska världen där vi kanske skulle ha dött, till någon plats eller frekvens där det inte är nödvändigt att dö. Jag tror vi faktiskt klarade det. Någon slags övergång av till och med den molekylära strukturen av våra kroppar. Jag tror vi blev ande på något sätt.
D: Men det förändrades på något sätt?
S: Ja, det var en total transformation när vi lämnade. Jag tror vi tog våra kroppar med oss när vi lämnade. Jag tror vi tog de fysiska kropparna som förändrades, och vi tog dem med oss.
D: Du sa att det förändrade den molekylära strukturen?
S: Ja, helt och hållet. Ja.

Det Komplexa Universumet – Bok Tre

D: Var det det enda sättet ni kunde göra förändringen?

S: Jag tror vi skulle kunna ha dött, men vi skulle inte ha kunnat göra det i massor. Jag menar, vi skulle kunna ha dött i massor. Men detta var ett experiment av något slag. Det var sammanfogandet av ett gruppmedvetande från 3-D. Det var föregångaren till dit vi kan gå nu, ser jag.

D: Så det var en grupp som experimenterade först.

S: Ja. Jag tror att andra försökte olika sätt. Detta var vårt sätt.

D: Ni var inte missnöjda med jorden. Ni ville bara prova något annat, mer spirituellt.

S: Båda är lika spirituella, men det verkar som att vi har färre restriktioner bortom 3-D. Det finns fördelar.

D: Så någon säger till dig att du måste komma tillbaka?

S: Inte måste. Det är som att det finns ett rop, ett behov. Det finns en möjlighet.

D: Hur vet du detta?

S: Det har pratats om. Mer mental telepati, men det kommuniceras, det är känt. Det är som att saker har blivit mycket värre på jorden sedan vi lämnade, sedan vi rörde oss bort. Saker har förändrats.

D: Så ni har ett sätt att veta vad som händer på jorden.

S: Ja, mycket. Det är därför jag säger att vi är kopplade. Vi kan veta dessa saker. Det finns som holografiska tankegångar som händer. Någon av oss kan stämma in, eller de flesta kan stämma in på vad de vill. Och det finns något slags förhållande mellan vårt folk och de människor som har stannat kvar på jorden. Det är som att någon har den här idén. Någon har erkänt ett behov där som alla av oss har information om. Men det är nu tid.

D: Ni har gjort det så ni vet hur man upplever det.

S: Ja. Åh, det finns stora fördelar med att ha tung jordisk erfarenhet.

D: Så vad vill du göra?

S: Åh, definitivt åka. Jag tror jag kan vara till hjälp där, ja.

D: Du har inget emot att lämna den vackra platsen?

S: Jo, det har jag. (Skratt) Men du kan inte vara här och där samtidigt.

D: Hur ska du göra detta? Vet du?

S: Det kommer som en baby på något sätt. Jag kan inte se om vi blir besjälande, eller om det är en sammanslagning av medvetande på något sätt. Men det är en verklig upplevelse. Så någonstans går du ihop med ett foster. Det känns som om hela vårt aktiva medvetande går.

D: Så vad händer med din kropp där?

S: Jag är inte så säker på att det var en kropp nu – eller bara medvetande, vibrerande medvetande. Energi.

D: Så ditt medvetande kommer tillbaka i en baby?

S: Det verkar så, ja.

D: Det betyder att börja om igen, eller hur?

S: Ja. Nästan.

D: Men det är viktigt. Tror du att samma sak kommer att hända på jorden igen?

S: Samma sak som?

D: Du sa att du var här för att visa dem hur.

S: Saker är i ett sorgligt tillstånd på vissa sätt här. Människor har glömt, eller inte lärt sig, grundläggande saker. Jag tror mer att de behöver lära sig om kärlek och förlåtelse. Det spelar ingen roll i vilken dimension du är, lärdomen verkar alltid vara densamma. Att vi är kärlek, och skapade av den Enaste Skaparen. Människor fastnar i överlevnad på så många nivåer.

D: Men när du kommer tillbaka som en baby, kommer du att minnas vad du ska göra?

S: Det är programmerat. Det känns som att det finns program som kommer att sättas igång. Ja, vi glömmer. Det finns ett moln på det sättet. Men det finns på något sätt program som kan aktiveras. Det känns som om det är en tidsinställd sak. En del av det triggas av associationer med människor eller händelser. Jordbävningar, vulkanutbrott, svåra stormar. Jag känner det genom hela min kropp. Det finns någon slags rop som händer.

D: Så när jordiska händelser händer, triggar de saker?

S: Ja, det är en av sakerna, ja. Jag känner det genom hela min kropp med stor energi.

D: Så när dessa jordiska saker händer, triggar de programmet som finns i människorna? (Ja) De som har kommit in för detta uppdrag?

S: Ja, de som har det programmet. Deltagande i ceremonier från forntiden är också stora triggar.

Jag bestämde mig för att det var dags att kalla på det undermedvetna för att svara på frågorna och förklara saker mer fullständigt. Även om denna andra del av Suzanne gjorde ett bra jobb, föreslog den också att kalla fram det undermedvetna, "Även om det troligtvis är allt ett och samma." Jag frågade varför det valde just detta liv för henne att se.

S: Hon behöver förstå att hon är en upptäcktsresande först, och kommer alltid att gå in i nya situationer. Och att denna tid på jorden är en tid för utforskning. Det är inte ett färdigt kapitel.

D: Där hon var, verkade det vara en annan dimension.

S: Det stämmer.

D: Hon hade känslan av att denna grupp kom från någonstans utanför planeten. Vet du något om det?

S: Ja, de kom från Källan.

D: Direkt? (Ja.) Som en grupp?

S: Det är inte riktigt en grupp. Det är ett medvetande som försöker ha erfarenheter, så det är splittrat. Det är samma själ. Suzanne förstår att själar splittras, går åt olika håll. Detta är sannolikheter som har sitt eget liv. Så är det. Och det är okej. Skämtet är, vi är alla ett.

D: Varför ville de bo på jorden?

S: Jorden är ganska speciell. Det finns mycket som kan läras.

D: Men sedan bestämde de sig för att skifta frekvenser.

S: Genom att komma och ta på sig det fysiska och vara föregångare. Det är väldigt viktigt att skapa en form, att skapa en väg. Människor kan följa det som har hänt. Första gångerna är det svårare, men sedan blir det lättare. Ni har ett uttryck för det: hundradde apan, eller vad det nu är. Du gör det lättare för andra om du har banat vägen. Och tid är allt ett. Så det har alltid varit känt att det skulle finnas en tid för behovet av någon slags uppstigning, skift, transformation, transcendens.

D: Hände något som fick dem att vilja lämna och prova detta experiment?

Det Komplexa Universumet – Bok Tre

S: De utforskade hur man kan förändra dimensioner och former. De utforskade hur man kan vara genuint 3-D, fysisk, och sedan ta den kroppen och göra ett skifte.

D: *Och ta kroppen med sig.*

S: I detta fall, att ta kroppen med sig och det var vad som gjordes.

D: *Det var därför det var ett experiment.*

S: Ja, och den mallen finns här. Den kunskapen är tillgänglig.

D: *Var det lättare för dem eftersom de kom direkt från Källan?*

S: Ja, de hade större färdigheter, antar jag, och i jordiska termer hände det väldigt snabbt. Men det krävdes en hel del arbete.

D: *De var inte här tillräckligt länge för att bli förorenade. Är det korrekt?*

S: Jag vet inte vad förorening betyder.

D: *Du vet hur jorden förorenar människor. De fastnar.*

S: Jorden är ren godhet.

D: *Så det var lättare för dem, antar jag, eftersom de inte hade interagerat så mycket med andra människor?*

S: Bara med sig själva, vilket egentligen var ett medvetande. Så det var, ja, att ta bort glansen från vår stora prestation. (Skratt)

D: *Hon sa att det var en indisk grupp?*

S: Det var som en indisk grupp, det var från den tiden. Det var en antik tid.

D: *Vi har historier om indiska stammar som bara försvann. Människor har alltid undrat vad som hände. Var det ett av exemplen?* (Ja) *Så de tog sina kroppar med sig in i en annan dimension där de skapade vad de ville att det skulle se ut? Eller var det en dimension där dessa saker existerade?*

S: I upplevelsen av att gå, först bli 3-D, och sedan aldrig förlora kopplingen till Källan. Så att veta att det andra var möjligt, och att skifta fram och tillbaka, fram och tillbaka, fram och tillbaka, skapa en väg. De experimenterade, för de lät sig själva bli riktigt täta. Men de hade fördelen att alltid känna Källan i ande, alltid. Så då blev det ett experiment att försöka förändra 3-D. Hur man höjer frekvensen, hur man skiftar dimensioner, hur man gör detta med det fysiska, hur man tar det fysiska. Så i alla dessa kommanden och gåenden, ibland fanns det redan saker på plats i den andra dimensionen. Och på vissa sätt, ibland skapade de saker när de gick till den andra dimensionen.

D: *De gjorde det likna där de kom ifrån.* (Ja) Men sedan sa hon att de blev kallade att komma tillbaka?

S: Ja. Det var en del av planen. Först utforskar du, du skapar en väg som andra kommer att följa. Vissa andra kommer att följa, många andra kommer att följa. Det kommer att vara användbart, men någon måste komma tillbaka och visa vägen igen. Göra det, ta vägen som de en gång byggde, utan att veta det. Hon har återvänt för att hjälpa andra så att de kan göra denna övergång.

D: *Men Suzanne insåg inte detta medvetet.*

S: Inte när hon kom in, nej. Men hon visste alltid Källan.

Hon blev tillsagd att hon skulle resa till sydvästra delen av USA. "I kanjonerna, i bergen, där det är torrt, där det är högt. Då kommer hennes uppdrag att bli tydligare. Det finns minnen i stenen, och i benen. Det finns minnen." Detta var området där stammen bodde innan den gjorde skiftet.

Suzanne hade rest mycket över hela världen. Jag ville veta den andliga betydelsen av det. "Hon lämnade ett vibrerande spår när hon reste som spiralde upp. Detta är betydelsen av spiralen som spiralar upp. (Se delen om spiralen i början av detta kapitel.) Och medan hon gick, lämnade hon sitt avtryck, så det kodas för de människor som går den vägen, som kommer i kontakt med henne. Det aktiverar och lär hur de också kan stiga upp spiralen. Hon behöver inte berätta för människor. Det överförs energetiskt. Hon påverkar hundratals, hundratals, hundratals, hundratals människor bara genom att vara där. Varje kontinent hon reste till, lämnade hon sitt avtryck. – Vi vill att hon ska följa spiralen. Hon vet detta, och varje cell i hennes kropp, och det kommer att bli tydligt för henne. Det är en energispiral."

Jag undrar om detta gäller mig också? När jag först började mitt arbete, blev jag tillsagd att jag skulle resa mycket över hela världen, även om jag då bara hade rest till några konferenser i USA. Jag blev tillsagd att överallt jag reste skulle en del av min energi stanna kvar. Det skulle inte tömma min egen energi, den skulle bara stanna kvar i området och påverka många människor. De sa att allt jag behövde göra var att tänka på den plats jag besökt och min energi skulle genast återvända dit. Deras förutsägelse har definitivt blivit sann, eftersom jag nu har föreläst på nästan varje kontinent i världen, och mina böcker är nu översatta till tjugo språk. Så energin är verkligen kapabel att sprida och påverka. Och vi är helt omedvetna om vad som händer när vi är på dessa platser.

KAPITEL TRETTIO

HJÄLP I KAOSETS TID

I början av sessionen såg Anne scener från insidan av ett rymdskepp som färdades till andra planeter, samt fragmenterade scener som hon inte kände sig säker på att prata om. Hon sa att hon kunde svara på alla frågor om sådant som hon visste, men var osäker på frågor om saker hon inte visste. Detta indikerade för mig att det medvetna sinnet inte ville ge upp kontrollen. Sedan, oväntat: "Det verkar inte relevant för mig att åka till dessa platser eller se dessa saker. Jag känner att något eller någon vill prata eller säga något om du ställer frågor."

Jag är van vid att detta händer. Ibland blir "de" otåliga och vill att klienten ska gå till något de behöver se men undviker. Eller ibland finns det något annat de vill prata om. "Det är den här personen, de vill prata med dig. Det finns saker som ska sägas till dig genom mig." Jag försäkrade henne om att det var okej, att jag var van vid detta.

D: Finns det något de vill berätta för mig, kommer jag vara mycket glad att lyssna. Vill du berätta något för Anne om sig själv, eller vill du berätta om något annat?
A: Andra saker. Hon har den förmågan, men bara vissa platser eller tillfällen tillåts.
D: Jag kan förstå det, för det skulle inte vara säkert på många ställen, eller hur?
A: Men det är säkert just nu. Vi skyddar henne.

Jag försäkrade dem om att jag förstod behovet av skydd. "Det är därför hon inte får prata om dessa saker för alla, eller hur?"

A: Nej, hon får inte.

D: Kan du berätta för henne några av de saker hon söker?
A: Det är mer som en trigger, att vissa saker behöver ställas på rätt sätt.

De har sagt detta till mig många gånger. För att få svaren måste frågorna ställas på ett visst sätt.

D: Okej. Hon säger att hon känner att hon inte är från jorden. Hon känner sig inte bekväm här, som om hon inte hör hemma. Kan du berätta något om det?
A: Hon vet att hon inte är härifrån. – Frågorna som behöver ställas har mer att göra med andra saker som inte är så personliga för henne, saker av vikt just nu. Det är viktigt att du ställer frågor om andra saker. Hennes önskan är att vara till hjälp, och hon behöver bekräftelse.

D: Men hon har ju också många personliga frågor. Det var därför vi tänkte börja med dem.
A: En del av växten är att koppla samman med rätt personer för att fortsätta arbetet. Och det blir tydligt för henne med tiden. Det är inte så viktigt att fråga om sig själv. – Hon känner att hon inte uppfyller sitt syfte. Det är hennes största frustration – att hon inte gör det hon kom hit för att göra.

D: Ja, hon sa att hon känner mycket ensamhet och att hon hela tiden vill lämna.
A: Hon vill slutföra. Hon har många förmågor och talanger, och hon känner att hon borde använda dem på ett visst sätt, eller ett annat sätt. Och hon kan inte göra det själv.

D: Vad är det ni vill att hon ska göra?
A: En av dem är att kommunicera med dig. Dina frågor ska vara inriktade på ett annat område som har att göra med förståelse.

Detta kan vara frustrerande, och det händer ganska ofta. De vill att jag ska prata om något specifikt, men de säger inte vad det är. De vill att jag ska komma på frågor om ett ämne som jag inte har information om. Det hjälper alltid när de tar upp ett ämne. Då är jag aldrig utan frågor.

Det Komplexa Universumet – Bok Tre

A: Det finns vissa triggers som inträffar när hon träffar vissa människor och umgås med andra, som fungerar som en låsning, eller öppnar upp. Och först när dessa triggers sätts igång, blir vissa saker klara för henne. Det är som om hon lever ett hemligt liv. Och hon vet detta, inte för att hon har hemligheter, utan för att det finns många saker som hon inte delar. Hon har varit tvungen att göra saker själv i många, många år. Men hon har insikter som de flesta inte har, och hon kan inte relatera. Hon vet att det är en del av utmaningen i detta liv – att komma på detta sätt och vara ensam på vissa sätt, och internt behöva hålla sig för sig själv. Det är som att kunna se i förväg och inte kunna säga det. Det är väldigt frustrerande. Som en förståelse av orsak och verkan från en väldigt ung ålder, och försöka relatera till människor på deras nivå när hon vet bättre. Hon vet att det är en ständig kamp att låtsas som om hon inte ser när hon ser. Det finns relationer, lärdomar att lära i processen. Men det är också att hjälpa, att skapa medvetenhet.

Eftersom det var en av hennes frågor, frågade jag om relationer. Om hon skulle hitta någon. Återigen, "de" ville inte diskutera något så vardagligt. "Det finns viktigare saker att diskutera än relationer. Hon känner att hon inte åstadkommer mycket, och hon börjar undra om hon behöver fokusera på andra saker. Men det är en otålighet som gör att hon oroar sig för dessa saker. När de viktiga sakerna kommer till ytan, kommer dessa andra saker att ordna sig själva."

D: Det är sant. Men vad är de viktigare sakerna, så att jag vet vilka frågor jag ska ställa? Jag kan förmodligen hitta några frågor om jag har en uppfattning om vilket håll ni vill gå.

A: Sakerna har att göra med de förändringar som sker just nu. Och hennes roll i processen, som kräver mod, eftersom det är en roll av stöd och att vara där när tiden är inne för hennes närvaro och andras närvaro. Människor som är här för det syftet.

Det Komplexa Universumet – Bok Tre

Anne hade sagt att hon ville åka hem och uppleva vad hemmet var som, så vid denna punkt gav de henne en glimt av det och hon blev känslosam. "Berätta vad du visar henne. Hur ser det ut?"

A: (Mycket mjukt) Energi. (Hon gråter nu öppet.) Det är som om de laddar mig med energi eller något. (Viskande) Jag känner det överallt. (Gråter) Det är som kärlek.

Jag lät henne gråta ett tag, sedan försökte jag lugna henne så att den andra enheten skulle kunna återvända och svara på frågorna och ge information utan känslomässigt engagemang. Efter ett tag lyckades det, men "de" var fortfarande ovilliga att släppa information utan att ha de rätta frågorna. "Vi älskar henne mycket."

D: Jag vet att det krävdes mycket mod att lämna den vackra platsen och volontärarbeta för att komma hit just nu. Du sa att hon frivilligt kom hit för att vara här under förändringarna. Är det dessa förändringar jag har blivit berättad om? (Ja) *Vill du prata om den delen?*

A: Många förändringar. Vad är de saker du har arbetat med? Du kanske har några frågor.

D: Att vi rör oss till nya frekvenser och vibrationer?

A: Det stämmer. Har du några frågor?

D: Jag har fått höra mycket information, att allt går snabbare och att vibrationerna och frekvenserna för hela vår dimension förändras. Stämmer det?

A: Turbulens, mycket turbulens kommer mycket snart. Och det finns ett behov av att vara mycket grundad. Mycket oro. Det kommer att behövas er stabilitet och alla de som är här, för människor kommer att vara förlorade och förvirrade och i mycket smärta. Förstår du?

D: Med turbulens menar du mer av de våldsamma jordförändringarna som har hänt?

A: Situationer orsakade av människor, och situationer orsakade av jordens förändringar. Och genomträngningen av nya energier och varelser som människor inte är vana vid att se. Detta kommer att orsaka mycket kaos, som bara de som förstår vad som händer, kommer att hålla sig lugna och vara en trygghet för de förvirrade. Kom ihåg och var bara beredd på det, för det är mycket lätt att teoretisera tills situationen är i den fysiska världen. Då behöver den fysiska kroppen vara förberedd för att hantera energiskiften och den chock som kommer med förändringsprocessen. En sak är att känna att du kan förstå vad som händer. En annan är att vara mitt i kaoset och hålla dig lugn när det händer.

D: *Det är svårt för människor, eller hur?*

A: Det är svårt. Och det är ett avgörande och praktiskt område att fokusera på just nu, för det är i det fysiska som du hjälper. Det finns andra nivåer som hjälper, men ni är i det fysiska, som hon är, och andra varelser är det också. Så i det fysiska kan de överföra den lugn som kommer att vara nödvändig under tider av kaos.

D: *Men kommer de att lyssna på oss?*

A: Det är inte upp till er att bestämma. Det är upp till er att se till att ni har den lugn och jordade energi för de som vill lyssna på er. Det kräver mycket arbete i det fysiska för att hålla dessa energier på plats, för det är det ni kom hit för att göra. Anne är mycket tränad, eftersom hennes livserfarenheter har krävt att hon bibehåller en nivå av lugn mitt i galenskapen.

Anne hade haft en barndom med missbrukande och instabila föräldrar, och sedan ett kaotiskt äktenskap.

A: Det har varit en bra träningsmark för henne, så att när tiden kommer, är det inte så svårt för henne att behålla lugnet i det fysiska. Förstår du?

D: *Ja, jag förstår. Jag har fått höra att dessa förändringar kommer att orsaka en separation i två jordar. Den gamla jorden och den nya jorden, när vibrationerna och frekvenserna ökar. Stämmer det?*

A: Det stämmer. Det finns en annan värld, om du vill, som vissa själar kommer att stanna eller välja att bo i efter förändringarna.

D: *Du menar att de kommer att stanna med den gamla jorden?*

A: Ja, med världen som behåller den vibration de vill stanna i, och det kommer att vara där de förblir, eller går vidare till. Men de nya energierna kommer bara vara möjliga att leva i för de som har arbetat upp sin egen energi till den vibrationen.

D: *Men turbulensen du talade om, kommer den att vara på den gamla jorden?*

A: Det är nu när vi går igenom dessa förändringar. Detta är transformationens tid under de kommande åren, och resultatet har profeterats av många. Jag har inte så mycket att tillägga, förutom att de som är här nu behöver komma ihåg den viktiga roll de spelar i det fysiska innan förändringarna händer, eller innan de slutgiltiga förändringarna händer. Mitt i processen finns ett behov av de som är här för att ge hjälp. Att ställa upp, om du vill, som om det vore i militären. Det är dags för dem att visa sig och vara medvetna om att de blir kallade att vara mycket närvarande och redo. Och hålla sin mark, för det kan finnas situationer där en själ är vid en avgörande punkt där de kan gå åt ena eller andra hållet, vibrationsmässigt. Och du kan kanske göra en skillnad vid den tidpunkten.

D: *Vad menar du med "ena eller andra"?*

A: Deras andliga tillväxt kan vara i ett grått område där de kanske kvalificerar sig för att höja sin vibration, om de bara har modet att hoppa. Eller så kanske de väljer att inte göra det, och det är deras val. Men er roll, om ni behåller er energi, kan vara avgörande för någon i den situationen, för ni kanske är handen som sträcks ut för dem att hoppa.

D: *Hoppa in i den högre vibrationens värld.* (Ja) *Men den högre vibrationens, den nya jorden, kommer inte att uppleva denna turbulens?* (Nej) *Det verkar som om vi just nu är i den del som upplever turbulensen.*

A: Det är bara början. Det har börjat, men kaoset har inte börjat. Kaoset, galenskapen med människor som springer runt förvirrade, för alla deras illusioner har blivit krossade. Det kommer att vara en tid för testet av den styrka som behöver komma fram för de av er som är här för att hjälpa till i processen. Det kommer att vara en tid när människor springer i gatorna förvirrade och i rädsla, inte olikt orkanen i Louisiana.

D: *Det är det jag tänkte på, tsunamin och orkanerna.*

Det Komplexa Universumet – Bok Tre

A: Men det multiplicerat världen över i de flesta städer är ett väldigt annat scenario.

D: *Kommer det att vara liknande katastrofer i många städer?*

A: Vissa orsakade av naturen, vissa orsakade av de som är vid makten som gör allt de kan för att hålla saker som de är. De är medvetna om förändringarna. De vägrar att acceptera dem. Det är som ett barn som inte vill höra sanningen. Och de vägrar att erkänna att de inte längre har kontroll. Så de fortsätter att hålla fast vid dessa sätt och kan orsaka mer förvirring. De känner att de kanske kan sakta ner processen och hålla en låg vibration genom att hålla rädsla på ytan.

D: *De försöker införa rädsla i människor.*

A: Rädsla har alltid funnits i människor, för det är så de flesta, om inte alla, samhällen i denna värld har fungerat under många år. Rädsla är det sätt de har behållit makt, och nästan alla i denna värld är i rädsla. Det finns olika nivåer av rädsla, men dessa förändringar och den teknik som har gjort det möjligt för alla att kommunicera fritt, har orsakat stor oro för dem som har makt, för nu försvinner rädslan. Många saker som händer, till och med katastroferna, fungerar som en katalysator för att få fram rädsla så att den tas itu med. Och så är det på ett sätt en rensning. Men de som har makten vill inte att denna process ska ske, och de föredrar att hålla en nivå av rädsla under ytan, om du vill. Och som ett desperat barn försöker de alla taktiker de kan tänka sig vid denna tid för att inte låta den rädslan försvinna, för det är det som händer. Rädsla försvinner trots vad ytan verkar visa.

D: *Människor börjar tänka för sig själva.*

A: Ja, de gör det. De konfronterar sina egna demoner, om du vill, för livet tar dem till platser där de måste se saker som de annars inte hade behövt hantera. Därför är deras rädslor, även om de är mycket närvarande, åtminstone på väg upp till ytan, medan de tidigare inte var det. Därför är det en rensning som, ju längre det fortsätter, bara kommer att befria mer och mer, vilket är en process som de som har makten är mycket medvetna om. De vill sakta ner det, eftersom de tror att det finns ett sätt att förhindra det. Så de kommer att trycka och trycka till alla extrema de kan tills saker blir mycket svåra. Och många människor kommer inte att vara förberedda för den gräns de driver för.

D: *Är kriget en av sakerna?*

A: Kriget, absolut krigen, även deras sjukdomar som de skrämmer folk med.

D: *Dessa sjukdomar finns inte verkligen, eller hur?*

A: De kan vara om människor väljer att tillåta dessa energier att komma in i sina kroppar. Men för det mesta finns de bara i de energetiska fälten. Och som med allt annat som pratas om, eller tänks på, kan det bli verklighet i det fysiska.

D: *Ja, om tillräckligt många människor accepterar det som deras verklighet.*

A: Men sjukdomarna blåses upp enormt, och de är inte epidemier som de påstås vara. Media och filmer visar er deras desperation när de insisterar på att presentera information till massorna som är helt negativ och rädslebaserad. Ämnen som mord, död och svek, attacker och sådant som håller medvetandet fokuserat på dessa ämnen, i stället för att framställa positiva och inspirerande bilder i media. Men trots det finns det tillräckligt med positiva budskap som sänds just nu, att de, som en dominoeffekt, inte längre går att stoppa.

D: *En annan rädsla som regeringen försöker främja är terrorism.*

A: Ja. Det är bara ett annat verktyg, som sjukdomarna, för att hitta ursäkter att ge folk en anledning att vara rädda och inte enas, utan att lita på att regeringen löser deras problem. De är imaginära problem, och på det undermedvetna planet blir många människor medvetna om detta. De tror inte längre, även om många är i massorna. Men på deras undermedvetna nivå börjar de vakna, och makten vet detta. Det är därför de tillgriper absurda historier som bara de som vill tro, tror på, för eftersom alla med ett logiskt och rimligt sinne inte skulle kunna tro på dem.

D: *Ja, alla som tänker för sig själva.*

A: Så de ger massorna möjligheten att välja, för de trycker på för en gräns. Och på så sätt tjänar de de ett syfte genom att trycka på gränsen, så att alla gör ett val, för detta är en tid för val. Detta är inte längre en tid för neutralitet och mellanläge.

Det Komplexa Universumet – Bok Tre

D: *Du sa tidigare att vi skulle vara här när kaoset bryter ut. Skulle detta orsakas av många av dessa katastrofer?*

A: Katastrofer och nedbrytning av regeringens strukturer. Och nedbrytningen av det skyddsnät som de flesta människor känner att de är en del av. Som deras socialförsäkring, deras löner, deras jobb och deras religiösa övertygelser. Särskilt om och när skepp och/eller andra saker som detta börjar bli en del av medvetandet som många inte är förberedda på. Därför kan de springa runt i chock och förvirring, osäkra på vad som är verkligt och vad som inte är. – Regeringens struktur bryts ner, och kommer att brytas ner ännu mer till en punkt av kaos. Som en dominoeffekt, som ett fallande.

D: *Om skeppen kommer, vad skulle deras syfte vara för att komma hit?*

A: De är alltid här. Det är bara en tid för dem att bli synliga när tillstånden öppnas, för det är en tid för, inte bara fri vilja som nu, utan också en tid för andra att göra anspråk på sin plats i den nya världen. Inte bara människorna, utan andra som också hör hemma här, men är i en annan vibration. Så delvis är det inte så att de väljer att bli synliga, det är delvis så att energierna gör dem synliga.

D: *Jag är medveten om att de har varit här. Jag har arbetat med dem. Jag vet att de är positiva. Jag har inte haft några problem med dem.*

A: Men genom att de blir synliga och en del av människornas medvetande, och regeringarna faller, och kaos, och naturkatastrofer, kan du se hur majoriteten av människor skulle vara helt chockade. Och deras religioner och deras idé om ett strukturerat liv skulle bli nedbrutna. Så nu skulle de inte ha något att hålla fast vid. Detta orsakar mycket rädsla för de som inte har gått utanför sitt eget hus. Den rädslan kan leda till galenskap eller schizofreni eller andra typer av reaktioner. Och det är vid den tidpunkten, och den typen av reaktioner, som kommer att lämna människor mest sårbara, där du kan vara till störst hjälp.

D: *Då är andra som jag och Anne några av de som är här för att hjälpa?*

A: De som är förberedda på att se dessa förändringar och inte kollapsar i rädsla kommer att vara pelarna som andra kan luta sig mot när ingenting verkar ge mening för dem. Det betyder inte att ni kommer att ge dem sanningen, det betyder bara att ni inte faller ihop som de gör.

D: *För jag tänkte, vad kan vi göra när alla är i kaos?*

A: När du inte tappar förståndet och du är lugn, spelar det ingen roll vad du gör. Människor kommer att se det i dig och söka det i dig, för de vet inte vad de ska göra av vad de ser. Och du kanske inte vet vad du ska göra av vad du ser, men du har blivit förberedd. Därför kommer du att veta och ha en viss förtroende för att saker och ting kommer att bli okej. Du är inte galen.

D: *Medan de andra inte har någon förberedelse alls.*

A: Exakt.

D: *Du vet att jag har haft många, många människor som har kommit till mig de senaste två åren, som antingen är healers eller har blivit tillsagda av er, den undermedvetna delen, att de ska vara healers. Vi undrar varför världen skulle behöva så många healers?*

A: Vet du hur stor planetens befolkning är?

D: *Ja, den är ganska stor.*

A: Det kan vara en anledning till varför. Dessutom är det en tid som är mycket dyrbar för många själar, på grund av de lärdomar som finns tillgängliga, eftersom det är en ovanlig tid som denna planet inte har upplevt. Därför är det en möjlighet att uppleva en mycket unik själresa. Och det är en möjlighet att ta ett steg upp på självnivå, erfarenhetsmässigt, på grund av de utmaningar den presenterar. Därför är många avancerade själar intresserade av denna möjlighet för sig själva.

D: *Jag tänkte att om strukturerna bryts ner, skulle den medicinska professionen definitivt vara en av dem. Kanske det skulle vara en anledning att ha healers som kan använda energi och naturlig läkning.*

A: Det kommer en tid när energin kommer att vara tillräckligt hög för att sjukdom inte kommer att vara som du känner till den idag. Och även om hjälpen från dessa healers definitivt behövs, kommer det en tid när dessa sjukdomar inte kommer att finnas längre. Därför kommer helandet bara vara temporärt. Healers kommer att hela när det finns ett behov. Om det inte finns några sjukhus eftersom alla har lämnat staden, till exempel, eller kanske den är översvämmad (syftar hon på staden som är översvämmad?), då finns det healers tillgängliga för att hjälpa. Men det är inte den enda anledningen till att de är här. De är här för sin egen lärandeprocess, eftersom deras egen själ är intresserad av att uppleva detta skifte.

D: *Det är därför vi alla valde att vara här vid denna tid?*

A: En stor anledning.

D: *Jag har också fått höra att vårt DNA ändras så att vi kan anpassa oss till dessa förändringar. Stämmer det?*

A: Det finns många grupper som deltar i accelerationen av energier, och de har sin egen teknik. Från vårt perspektiv skulle vi säga att genom infusionen av högre vibrationer på planeten, reflekteras det tillbaka på människorna. Så det är inte deras DNA som justeras, åtminstone inte från vårt perspektiv. Det är de högre vibrationerna som naturligt påverkar deras DNA, vilket är vilande i vissa områden. Och därför blir det aktiverat.

D: *Jag har hört att detta är orsaken till många fysiska symtom som människor upplever just nu.*

A: Områden av blockering i kroppen, oavsett om det är karmiska frågor eller deras egna sjukdomar som orsakas av bristande självdisciplin med deras kostvanor eller andra saker, oavsett orsak till sjukdomen. Men de är i grunden områden av blockeringar som tas upp till ytan med dessa nya energier, medan de tidigare kanske hade legat vilande. Det tas upp till ytan mycket som de karmiska frågorna som tas upp till ytan. Dessa energier tvingar dessa områden att hantera den mörka negativiteten så att energin kan flöda fritt, de blockeringar som behöver rensas upp. För att det ska hända måste de problem som orsakar dessa sjukdomar tas om hand, vilket kräver ett deltagande från de människor som lider. Och det är deras val om de tar itu med dessa saker eller inte.

D: *Vad jag har hört är att många av de fysiska symtom som människor upplever orsakas av förändringen i vibration när människokroppen anpassar sig till den.*

A: Det stämmer.

D: *Om kaoset hör till den gamla världen, kommer detta att hända samtidigt som de två världarna separeras? Jag vet inte om jag formulerar det rätt. Den nya jorden ska gå in i en ny vibration och en ny dimension. Och det beskrevs som att de separeras, blir två världar. Ger det här någon mening?*

A: Det finns många teorier. Beroende på perspektiv handlar det om energivibration. Och en vibration är synlig, och vissa vibrationer är inte synliga för varandra. Därför, om en vibration – den lägre, eller långsammare vibrationen – förblir, är det inte så att den blir en separat värld, den är helt enkelt inte längre synlig. Det är den nya världen som i grunden är en avknoppning på grund av den högre vibration.

D: *Men i den nya världen kommer saker att vara annorlunda än i den gamla världen. Är det inte sant?* (Ja) *De kommer inte att uppleva kaoset?*

A: Nej, kaoset är mestadels en nedbrytning av trosystem. Kaoset orsakas av att trosystemen utmanas och bryts ner till en plats med ett helt blankt blad, eller rent blad. Och det är kaoset för många. De som går vidare till den nya världen är bekväma med nya trosystem, och därför kommer de inte längre att kämpa på det sätt som de kämpar nu. Det är inte så att det är en transformation där folk plötsligt blir något de inte är. Det är bara förändringarna. Antingen kan folk gå vidare därifrån, eller så inte.

D: *Det är det jag har försökt förstå. Jag har fått höra att den nya världen skulle vara vacker, vi skulle inte ha dessa problem. Och de sa att vi inte ska titta tillbaka. Du vill inte se vad som händer med den gamla världen.*

A: Det är i grunden en avskräckning att titta tillbaka. Det är inte så att du inte kan titta tillbaka, det är bara det att du inte kan förändra andras val. Och därför, om du tittar tillbaka och det orsakar dig sorg, bromsar det bara ner dig.

D: *Men du sa att vi ska vara involverade med dessa människor.*

A: Vi är här under förändringens tid. Vi är här för att hålla vår energi grundad. Det är inte så mycket att vara med de med en högre vibration, för de kan klara sig själva. Och det är inte för de som är i djup negativitet som vi måste vara nära heller. Det är för de som är mitt i förvirring, men kanske redo att ta ett hopp, som vi är mest hjälpsamma för.

D: *Betyder det att vi måste stanna med den gamla världen som arbetare?*

A: Ni kommer bara stanna tills det är dags för er att gå. Och under den tid ni stannar kan ni göra er tjänst. När det är dags för er att gå, kommer ni att veta, och då kommer ni inte längre att vara tillgängliga för de. Det är inte en fråga om, "Hur länge ska jag stanna?" Det är en fråga som till slut besvaras. Det handlar om att veta vad man ska göra medan man är här.

D: *Jag har tänkt att vi skulle vara separerade från de som upplever kaoset. Vi skulle vara i en annan vacker värld.*

A: Under en tid, genom transformationsprocessen, inte nödvändigtvis separerade. Det är inte så att en dag till nästa finns en ny värld som du är en del av, och den gamla världen försvinner. Det finns en process. Till slut kommer saker att förändras. Men i den lilla processen, oavsett om den varar en månad eller fem år, är det en process som ni fortfarande är en del av, precis som ni är nu. Ni är av det, nu. Så länge ni är här är det ert jobb att hålla den grundade energin för de som är i förvirring. När den verkliga skiftningen händer, även om ni ville vara här, kan ni inte längre vara det.

D: *De som har höjt sina vibrationer kommer att gå vidare.*

A: Det stämmer.

Detta svarade på en fråga som jag blev ställd vid en föreläsning på Ashramen på Bahamas. En ung kvinna sa att hon skulle vilja stanna med den gamla jorden för att hjälpa de som skulle bli lämnade bakom. Jag sa till henne att det var ädelt, men jag trodde inte att det skulle kunna hända. Nu var här svaret. Det har att göra med vibrationer, och när dina vibrationer har nått rätt frekvens går du automatiskt till nästa nivå. Som de sa, "Även om du ville stanna, skulle du inte kunna." Din avsikt spelar ingen roll. Detta är större än vi.

D: *Och så försöker vi hjälpa de som fortfarande försöker bestämma sig och fatta sitt beslut?* (Ja) *Det var därför jag försökte få klarhet. Jag har hört det från många människor, men ibland är det lite förvirrande.*

A: Det är förvirrande ur en människas perspektiv.

D: *Då ser ni mer turbulens hända.*

A: Ja, absolut. Det här är början, eftersom de som har makten inte är klara med sina strategier. De kommer att orsaka många fler händelser. Och det kommer att finnas andra händelser, orsakade av naturen. Så kaoset är mycket större än vi föreställer oss i isolerade fall. Men naturligtvis, alla dessa saker kan förändras, eftersom framtiden inte är satt.

D: *Jag har blivit told att ålder inte är viktig längre.*

A: Ålder är en illusion. Det kommer att bli mer uppenbart när vi går vidare i utvecklingsprocessen.

D: *Jag har också hört att när övergången sker, skulle vi få möjlighet att ta våra fysiska kroppar med oss om vi vill. Är det korrekt?*

A: Det är sant, men det kommer bara att vara under en kort tid. Det kommer att ske en annan övergång väldigt snart därefter.

D: *Vad kommer att hända då?*

A: Mänskligheten kommer att bli ren energi.

D: *De som gör ascensionen.*

A: Det stämmer.

D: *Jag har också hört att inte alla kommer att göra övergången.*

A: Alla kommer att få möjligheten. Om de kan hålla den vibration de behöver, det är upp till dem individuellt. Det kommer inte att ske någon dömande av dem. De kommer helt enkelt att kunna hålla energin, eller inte. Men ingen kommer att förstöras som det har hörts. De kommer att placeras på en lämplig plats för den vibration de utsänder.

D: *Och det är vad de menar när de säger att de kommer att bli lämnade bakom.*

A: I Guds plan kommer alla att återvända till Gud.

D: *Bara vid olika intervaller.*

Under en annan session talade jag med det undermedvetna.

D: *Du säger hela tiden att saker förändras.*
S: De accelererar förändringar, och era vetenskapsmän har inte grepp om det. Den globala uppvärmningen, det är förödande för ekosystemet. Det händer så mycket snabbare än vad vetenskapsmännen säger.
D: *De tror inte riktigt på det?*
S: De tror på det, men de tror att faran ligger decennier bort. Det gör den inte, den är här! Farorna är vid vår dörr. Det kommer att finnas vissa säkra platser i USA.
D: *Vad orsakar den globala uppvärmningen?*
S: Ni vet, acceleranter. Jag menar aerosoler, gas, allt som förorenar miljön – miljöföroreningar. Det är vad människan gör. Det är därför våra somrar är så varma. Och det kommer att bli fler stormar. Många, många, många fler. Otroligt. Ni kommer inte att tro vad som kommer. Kusterna kommer att få genomgå en tuff tid. De ökande stormarna och tsunamierna kommer att accelerera det. Tidtabellen förändras.
D: *Ursprungligen fanns det ett annat tidsschema?*
S: Ja. Det går framåt. Det är tidigare än det var tänkt att vara. Tyvärr, på grund av vad mänskligheten gör.

NIVÅER, DIMENSIONER OCH KARMA

Janet hade kommit till sin session med en lista på frågor. Vi förväntade oss att gå in i ett tidigare liv för att hitta svaren. Men istället gick hon till en eteriskt vacker plats som inte lät jordisk.

Det Komplexa Universumet – Bok Tre

J: Jag ser några dörrar med dubbla handtag, och jag öppnar dessa dörrar. Jag går in, och det finns en trappa som går upp, och det är en enorm struktur. Inuti finns ett enormt, kupolformat område. Det är mycket ljus där nu. Man ser det inte förrän man börjar gå upp. Och det finns en plats med ljus i mitten. Det finns sittplatser – som om det är en plats för att få åtkomst till information eller prata med någon. Men när man kommer in, finns det ingen annan där. Det är inte fullt av människor. Det är som om alla har sin egen ingång om de vill ha den. Och nu finns det en man där. Han visar sig för mig som en väldigt jordnära trollkarl. Praktisk. Hans vita hår är kamrat bakåt. Han har en stav, och han ler. Han säger: "Jag kom till dig i en av mina roligare kostymer. Det här är bara något för dig att titta på. Så, vad är det du vill veta?"

D: *Janet har många frågor. Är det okej om vi ställer dem?*

J: Absolut. Nu är tiden.

D: *Du vet att jag tar med mig många människor, eller hur?* (Oh, ja!) *Vi letar alltid efter information. Vanligtvis när vi använder den här metoden går personen till tidigare liv.*

J: Oh, ja, men hon behöver inte fokusera på det längre.

D: *Så hon kom hit istället. Var är vi? Var är här?*

J: Vi är i en kupol som håller på att samla uppgifter och mötesplatser. Det är en mycket helig plats för människor att träffas och ha en säker plats att prata på. Det är ett interdimensionalt tempel. Det är faktiskt en bra mötesplats där dimensionerna kan komma samman, så att människor från den fysiska världen kan möta de från de andliga dimensionerna. Andligt, självklart, har det här en konnotation till det, men vi som inte är i fysisk kropp.

D: *Men det är som en plats mellan.*

J: Ja, vi skulle kalla det interdimensionalt. Det betyder att många dimensioner kan beröra och mötas här. Så det är en bra plats att träffas och ta en kopp te.

D: *Så länge det är en plats där vi kan få information.* (Ja) *Nåväl, Janet verkar just nu befinna sig vid en mycket tydlig vägskäl i sitt liv.*

J: Hon har varit vid många vägskäl i sitt liv. Hon har sett många platser som denna. Hon kommer att fatta rätt beslut.

D: *Men nu behöver hon lite hjälp.*

Det Komplexa Universumet – Bok Tre

J: Hon vill ha mer information. De som är på den fysiska planen gör alltid det.

Jag började ställa några av hennes frågor som rörde hennes äktenskap och hennes man, men entiteten ville inte ta upp det än. "Vi skulle vilja prata om de andra sakerna först. Hon hade några andra frågor. Skulle du kunna ställa dem först, snälla? De kommer att hjälpa till att ge henne det hon vill veta."

D: *Dessa är alla viktiga eftersom hon måste fatta ett beslut. Men en av de saker hon ville veta, om du kan berätta för henne om hennes allmänna historia, eller berättelsen om hennes själ.*

J: Hon har varit och kommer från många platser, och det är en anledning till att hennes arbete är viktigt. Hon kan få åtkomst till information från många platser, och de delar av hennes själ som har levt på dessa platser, i dessa dimensioner och vibrationer. Hon ska ta med sig det för att tjäna fler människor med olika kristallina strukturer, som vi skulle säga. De har flera dimensionella liv som påverkar dessa kristallina strukturer. Hon kan arbeta i alla dessa andra dimensioner samtidigt. Och detta gör att hennes arbete kan korsa genom världarna mycket snabbare och lättare. Så hon måste samla de andra delarna av sig själv och fortsätta ta med dem, för att göra det arbetet. Hon måste kunna få åtkomst till dessa platser.

D: *Det är vad jag har blivit told. Vi är inte bara denna individ. Vi är faktiskt – splittrade, är ett ord – eller facetter? Skulle de orden vara lämpliga?*

J: Ja, du är många erfarenheter. Hon blir mer medveten om dessa andra platser. Och detta är en process som många människor kan gå igenom. De kommer till en plats där de kan ha denna process för sig själva. Men det är inte förrän de är redo och kan hantera alla dessa multipla vibrationer med sin fysiska kropp. Detta är varför meditation är viktig, eftersom det höjer en vibration för att hantera starkare energier, och mer mångskiktade energier som är gjorda av olika vibrationer, och de kan arbeta med dem. Det är som att arbeta på de andra planen i flera dimensioner samtidigt. Och det heliga geometriska arbetet är att ta med dessa själ-dela av miljontals. Och det är vad som händer med henne. Det kommer att göra henne – kraftfull är ett ord som används för ofta - men det gör henne mer kraftfull, i den meningen att hon kan resa till och vara medveten i fler dimensioner samtidigt. Gradvis kommer vi att få henne att bli mer medveten om dessa. Hon får vad hon kan hantera för tillfället. Hon har fått några nya verktyg som hjälper henne att bli mer medveten och mindre rädd för de andra dimensionerna och vad som finns där, eftersom mer och mer av hennes arbete kommer att ske i områden som inte många människor har åtkomst till.

D: Kan du ge oss en uppfattning om vilken typ av områden dessa är?

J: De är verkligen områden som är svåra att titta på och svåra att se, eftersom de är svåra för de mänskliga känslorna att bära. Människor har en uppfattning och ett omdöme om vad de ser och blir rädda för det. Människor hanterar inte så bra med något annorlunda, när det inte är något de har varit omkring. Om de knappt kan hantera människor av andra raser och religioner, hur ska de hantera någon med snouts och tänder och flera armar och flera huvuden. Och alla dessa mytiska varelser som de skriver om, som vi läser om? Det finns en anledning till att de har skrivits om. De har blivit sedda av någon, vanligtvis på något sätt, vid någon nivå, i vad de återkallar som drömtid eller minnestid. De har haft åtkomst till dem vid någon punkt.

D: Är dessa fysiska varelser?

J: Om du frågar om de verkligen existerar, är svaret ja. De kan faktiskt påverka de fysiska dimensionerna, men de ses inte av många människor. Och ibland finns det beskyddare i olika dimensioner, som många människor inte är medvetna om, som skyddar planeten och dess människor från några av de dimensioner som är olämpliga för gruppsjälen, eller mänsklighetens själ vid den tiden. Men det finns en grupp människor som har själsförmågan att hjälpa till med detta arbete. Och det har blivit nödvändigt att hjälpa mänskligheten att göra den övergång som den behöver göra. Världen är i stort behov just nu. Det finns inte tillräckligt många tjänare som kan göra detta arbete. Det är inte allas själsväg att göra detta arbete just nu, men det är nödvändigt för att öppna planeten och frigöra den så att andra energier kan komma in. För Jorden själv, hennes nästa mål, är det nästa steget i deras andliga väg. Och det har blivit så illa här på planeten att det finns stort lidande över vad mänskligheten går igenom, och vad Jorden själv har genomgått. Och så behöver det göras några skift. Och det skiftet skulle innebära att ta bort en del av störningarna på de andra planen, och verkligen göra skyddsarbete. Detta borde faktiskt vara ganska lugnande för dem som hör detta. Att, är det inte underbart att vi inte alla gör samma sak?

D: *Alla gör något olika, men de är inte medvetna om det medvetet.*

J: Och alla behövs. Och i drömtider, ibland när strömmen av medvetenhet utvecklas från meditationsarbete, blir de mer och mer medvetna om arbetet. Och dessa människor, inklusive denna, vet när de vaknar att de har rensat de andra planen. Och de kommer tillbaka i sin kropp, och de behöver fortsätta rensa, för sin egen säkerhet och för sin familjs och stadens säkerhet. Det kommer att hjälpa till att lindra bördan på mänskligheten och Jorden. Och alla de andra ljusarbetarna som gör andra saker. Det är en mångfacetterad sak. Fler och fler människor upptäcker att det är en del av deras arbete och nödvändigt att hjälpa. Det är inte för alla, för det skulle helt enkelt inte tjäna dem. Man skulle inte ge algebra till någon som inte har lärt sig grundläggande matematik. Det skulle helt enkelt inte fungera, för det är inte där de är. Kraften måste komma inifrån, och det är där den andliga tillväxten och arbetet med att vara en seriös andlig student eller lärjunge kommer ifrån. Det gör hela skillnaden.

D: *De måste förbereda sitt sinne och sin kropp?*

J: Exakt. Det är det vi försöker få fram, ja. Mycket av arbetet görs mjukt och tyst och i stillhet på de andra planen. Och de förstår detta för att vi också har gjort det för dem – vi har skyddat dem. De har varit tvungna att förtjäna det till viss del. Men vi tittar också på de arbetare som kan komma ombord. Det finns alltid mer arbete att göra än vad det verkar som vi har tid att göra. Du är väl medveten om det, det är jag säker på.

D: *Du sa att detta måste rensas för att förbereda för förändringarna som sker med Jorden?*

J: Det kommer att hjälpa Jorden, ja. Det kommer att hjälpa mänskligheten så att det verkligen är människorna som skördar sin egen karma. Och så har det arbetats med det Galaktiska Rådet och de andra planen och andra varelser och andra livsformer. En del av det är, du kan inte berätta för vissa människor att de inte är den enda livsformen i existens. De förstår inte det. Så vad som normalt händer är att en individs andliga tillväxt kommer till en plats där de kan hantera det. Fram till dess är de som bebisen som är skyddad. De behöver inte veta allt. Och det är inte deras att göra, så de kommer att vara okej.

D: *Det är vad jag blev told i början av mitt arbete – inte alla mina frågor skulle bli besvarade, för en del av informationen var som gift snarare än medicin.*

J: Ja, de kan få det för tidigt.

D: *Och de skulle inte förstå det. De skulle inte kunna hantera det.*

J: Ja, det är korrekt. Det måste finnas tillräckligt många individer på en planet vid en viss tidpunkt i människornas utveckling för att vissa saker ska kunna faciliteras. Det är deras arbete som själ, och sedan är det deras arbete att vidarebefordra det eftersom de har gynnat mänskligheten på en nivå som mänskligheten aldrig kommer att förstå. Och så tar alla sin tur. Det finns ingen mästare som inte har gått igenom en liknande process av att hjälpa den grupp de började med. Mänskligheten är på en plats där de behöver många tjänare. Detta är vad arbetet handlar om. Men inte alla tjänar i samma kapacitet, eller är ens medvetna om det. Det finns många människor som inte är medvetna om alla de liv de har berört med sitt goda arbete, sina goda ord, sin goda vilja och handlingar. Alla människors handlingar är mycket viktiga. Och igen kommer vi tillbaka till vikten av individen att göra meditation och stärka sin kropp så mycket som möjligt – äta bra mat och mata sitt sinne, och vara med människor med gott hjärta och god vibration. Och skydda – skulle inte behöva skydda om det var en rosig värld! – Janets karma är att övervinna traumat från vad människor gjorde mot henne i andra liv, konfrontera det igen och komma ut på andra sidan bättre för att överleva det. Många gånger är det vad karma är. Om du noterar det, finns det ett mönster. Det

Det Komplexa Universumet – Bok Tre

handlar inte alltid om att göra mot någon annan och sedan återvända. Det handlar om att konfrontera samma tyrann och säga: "Den här gången kommer du inte att krossa mig." Och det handlar inte om en maktkamp. Det handlar om tillväxten inom personen som övervinner rädslan, vilket är enormt eftersom döden ibland var fruktansvärd. Och sedan finns det många känslor om auktoritet och makt och vem som är ansvarig, och missbruk och korruption. Alla dessa är sammanflätade i ett och det handlar om att övervinna det. Och självklart kan kroppen och känslorna och sinnet bara hantera så mycket åt gången, eller så blir det skadligt. Så personen måste konfrontera allt det igen, Och komma igenom det och vara annorlunda än bara förtryckt eller skadad igen på samma sätt. Detta är varför många människor kan ha 20 eller 30 livstider, och de har samma problem om och om igen. Det beror på att det är samma rädslobaserade problem, eller samma brist på tillit som har skapats, och de måste arbeta för att övervinna det eftersom det var en sådan traumatisk upplevelse.

D: *Och det måste arbetas igenom innan de kan gå vidare.*

J: För att det är där deras förmågor finns, ja. Och så undertrycker de en del av sig själva. Vi mördar människor med våra ord. Vi kan skada människor på så många nivåer. Det finns ett våld när du fördömer någon eller gör narr av någon. Det är en form av våld. Mästaren måste fortsätta växa. Men de måste vara i en kropp som kan hantera dessa energier, och du måste bygga den kroppen. Och därför försöker vi få ut budskapet till människor som vill bli hela. Du måste hjälpa till att bygga det fordon som gör att det kan bli hela. Det är meditationsarbete, och att ta hand om sig själv, och att titta på sin omgivning. Och hur du talar och agerar och pratar och vilka du är omkring – alla dessa saker har en effekt. Men ditt arbete är att titta på kroppen, meditera och ta hand om kroppen. Det är alla nivåer, nivåer och nivåer och nivåer. Vi har nivåer av rädsla. Så du arbetar genom alla dessa nivåer av känslomässiga problem och kämpar genom dem. Och som en andlig student, bjuder du in dem. Hon har gjort saker som medvetet har lett till många av de saker hon brottas med för att hon ville rensa dem. Hon trycker verkligen på för själslig tillväxt i detta liv.

501

D: *Jag vet att vi bringar saker i vårt liv som vi fruktar för att vi ska konfrontera dem.*

J: Exakt. Men sedan är vi inte glada när vi gör det. (Skrattar) Vi vill skylla på någon annan. Och så är hennes själsväg, när hon väl kommer igång, som med meditation, att du inte kan stoppa. Och om du stoppar, fastnar du för att du vill fortsätta växa och fortsätta rensa dessa problem.

En slumpmässig fråga:

Q: *När de förutsagda förändringarna på jorden inträffar, hur kommer det att påverka de parallella eller genomträngande universumen?*

S: Det kommer att finnas de upplevelserna på denna specifika nivå som kommer att upplevas på denna plan. Men upplevelsen som helhet kommer att delas på en mycket djupare nivå. På en rasnivå såväl som på en djupare nivå, den universella nivån. Så till och med nu delas upplevelser på andra planeter och i andra områden av ert universum av en djupare aspekt av er själva. En högre nivå av er själva. När – och detta är återigen på en individuell nivå – var och en av er upplever den övergången, som alla så småningom måste uppleva, kommer ni att se att det finns andra på andra plan som har upplevt liknande övergångar. Och kommer att kunna erbjuda uppmuntran och energi. På så sätt kommer ni att bli assisterade i de sysselsättningar ni behöver.

KAPITEL TRETTIOETT

DE SOM BLIR KVAR

I kapitel 28, "Förstörelsen av en planet", tog jag upp berättelsen om en individ som var ny på Jorden, som sa att han bara sändes till Jorden under avgörande tider. Detta var en annan sådan individ.

D: *Varför valde Jean att komma tillbaka nu? Du sa att hon hade varit här vid andra avgörande punkter i Jordens historia.*
J: Detta är den stora. (Skrattar) Detta är den stora. Det händer nu. Och många börjar minnas vem de verkligen är, och de blir kontaktade. De nya barnen tas in, och hon älskar barnen. Så hon hjälper andra att balansera energierna. Det handlar om att vara en bro. Att bygga broar mellan energierna nu. Du är en bro. Självklart är du det. Så det finns de av er som kom för att hjälpa till att bygga broar för informationen, för att vara ambassadörer.

D: *För att hjälpa dessa människor att vakna till vem de är?*
J: Absolut. Och att vara okej. Att acceptera alla som har upplevelser som de lagt undan. Det är en stor tid på er planet, för detta är den stora. Det är här ni, som en planet, vaknar ur drömmen om att tro att ni är ensamma. Att ni är allt som finns. Er Jord utvecklas. Ni utvecklas alla. Alla ögon är på Jorden just nu, ändå. Detta är den stora. Många kämpade för att vara här. Till och med barn som kommer, även om det bara är för timmar. Ni kommer alla att bära det, märket av att ha varit här.

D: *Även om det bara är för några timmar?*
J: Absolut. Att ha varit på denna planet vid en tidpunkt av denna typ av evolution. Ingen planet har någonsin utvecklats på detta sätt förut, på ett så unikt sätt. Om ni skulle få valet att bära identifikationen av att ha varit på en planet som kommer att vara känd genom multiversumet, även om ni bara kan vara här för

några timmar, att ni skulle kunna säga: "Jag var på Jorden vid tidpunkten för evolutionen." Varför inte?

D: *Är detta vad jag kallar den nya Jorden?* (Ja) *Att det kommer att finnas en gammal och en ny, och sedan en separation.* (Ja.) *Och att vissa inte kommer att göra evolutionen?* (Ja. Ja.) *Jag försöker fortfarande förstå det.*

J: Det är svårt för många människor att förstå detta koncept.

D: *Jag försöker fortfarande klargöra detta för mig själv, så att jag kan förklara det för andra människor.*

J: Okej. Vi kommer att ge dig detta stycke. För de som väljer att stanna i karma, måste de leva ut det någonstans. Så, stannar de med den gamla Jorden? Blir de tagna till någon främmande planet? Nej, de stannar där de skapade.

D: *Jag förstår. Och de är de som inte kommer att gå vidare i evolutionen?*

J: Inte just nu. Nej. Så småningom. Inte just nu. Men det kommer att vara svårt.

D: *Då kommer den gamla Jorden att fortsätta existera?*

J: Ja. Denna.

D: *Kommer människorna på den gamla Jorden att vara medvetna om att något har hänt när evolutionen sker?*

J: Okej. Vi kommer att ta dig tillbaka till Atlantistidens tid. I er historia hade Atlantis flera förstörelser, och folk uppfattade att andra dog.

D: *Menade du att det fanns fler än en förstörelse?*

Detta går i linje med den information jag har fått om att flera avancerade civilisationer förstördes på olika katastrofala sätt. Jag var aldrig säker på om det syftade på olika civilisationer som hade nått en höjd av utveckling, eller om Atlantis undergång inträffade i flera etapper.

J: Ja. Det finns ett Atlantis som gick vidare, och existerar i tid och rum. Därför, ur det perspektivet, existerar det Atlantis nu i en annan dimension. Så det kommer att finnas de på den gamla Jorden som kommer att uppleva det, för att de köper in i rädslan för död, förstörelse och förödelse på Jorden, och de kommer att vara där. I deras sinne kan de uppfatta att alla ni är döda eller borta, eller vad som helst. Och på samma sätt kan ni uppfatta att de är borta, men oavsett kommer det att finnas två upplevelser. Så tänk på detta som redan där. Orkestreringen för att skapa denna upplevelse är så mycket större än vad någon människa kan uppfatta just nu. Detta är en stor orkestrering, inte bara som sker på er Jord, utan med hjälp av så många. Så många. Och inga andra planeter har gjort detta förut.

D: *Jag har blivit told att hela universum tittar på.*

J: Mer än bara universum. Det finns de till och med från andra universum som tittar.

D: *För de sa att detta aldrig har hänt förut, där en hel planet rör sig in i en annan dimension.*

J: Aldrig. Någonsin.

D: *Det har funnits grupper. Jag har hört att Maya-folket gjorde det.*

(Ja) *Men det var små grupper. Detta är första gången en hel planet gör det. Det är därför jag har blivit told att det är viktigt.*

J: Det är rätt. Titta också på det faktum att, som medvetenhet, ser ni er själva som separata. Medvetandet på denna planet skapades på ett unikt sätt för att kunna uppleva sig själv som separat. De flesta raser ser inte det. Oavsett var de är, upplever de inte sig själva som separerade från sin Källa. Er planet har gjort det.

D: *Så de som är en del av Federationen, och arbetar på rymdskeppen, vet sin Källa, och vet var de kommer ifrån?*

J: Självklart. Och de älskar er människor. Ni vet inte ens vad ni har gjort. De känner igen att det finns primitiva beteenden på planeten, men att nå den nivå ni har, baserat på de restriktioner ni har behövt arbeta inom. Det är otroligt. Er kapacitet att älska är djup. Er kapacitet för rädsla är djup. Det är den kraften av kontroll som får alla i trubbel. Född ur rädslan.

D: *Jag vet att Jorden skapades med fri vilja. Men den skapades också med tanken att inte veta att den var en del av Källan?*

J: Ja. Det var en intressant konstruktion av medvetande, på så sätt att det upplevde sig själv som separat. Var annars skulle det kunna vara mer tillväxt än i en situation där du faktiskt såg dig själv som separat från din Källa?

D: *Men du sa att de andra raserna vet att de alla är en del av Källan.*
J: Ja, det gör de. Så kan det finnas mer själslig tillväxt på Jorden? Ja.
D: *Om vi trodde att vi var ensamma, och sedan var tvungna att upptäcka detta helt på egen hand.*
J: Ja. De måste upptäcka sanningen om vem de är på egen hand. Ja.
D: *Utan något annat som kan hjälpa dem. Jag förstår vad du menar.*
J: Du har densitet här. Du har skönheten. Du har sinnena. Du har mycket på gång här, men du har också bristande förståelse. Titta på var du är.
D: *Jag har haft många människor som haft sessioner där de går tillbaka till Källan. De ser hur vacker den är, och de vill inte lämna den igen.*
J: När du kopplar upp dig med Källan är det den vackraste upplevelsen. Så din fråga är vad? Är sessionerna för att de ska koppla upp sig med den Källan?
D: *Ja. Varför händer det? Är det för att de ska veta hur det känns, eller för att påminna dem eller...?*
J: För de som behöver ha den upplevelsen, ja. För vissa skulle det vara för stort, och de skulle inte kunna gå vidare. De skulle lika gärna vilja lämna. Det är olika för varje enskild person. Varje person är olika när det gäller vad de kan och inte kan uppleva. Och vad det kommer att utlösa i deras undermedvetna, för varje en av er är ett unikt och individuellt fingeravtryck på planeten. Det finns inga två av er som verkligen är lika. Tänk vad ett geni är, mästerskapet i det. Tänk på skönheten och underverket i det. Och många av er, andra livstider nu, arbetar på andra sidan, och de deltar alla i detta också. Ni är aldrig ensamma, någon av er.
D: *Vi måste återupptäcka var vi kom ifrån, och varför vi är här. Men det var en fråga som folk har frågat mig, och jag tror att du har besvarat en del av den. Om vissa tas, och vissa lämnas bakom, skulle inte de som går vidare till den nya världen märka att de andra medlemmarna i deras familj var borta? Dessa är några saker jag fortfarande försöker klargöra, i vårt sätt att tänka. Jag måste kunna förklara det för människor.*
J: Vi förstår. Vi förstår. Vi förstår. Vi kommer att ge dig denna förklaring. Vi hoppas att detta hjälper. Människor kommer att

börja falla bort från människors liv. De kommer att börja märka att de faller bort. Ganska snabbt nu. Med andra ord, människor, familjemedlemmar, vem de än har varit nära, bara faller bort, försvinner. Det kommer att hända över en natt. Så när skiftet händer, kommer några av dessa människor redan ha fallit bort från sitt liv, de kommer att separeras. De kommer bara att försvinna. "Så och så har flyttat hit, lämnat staden, gjort detta." Förstår du?

D: *Ja, men vi skulle kunna gå till polisen och försöka hitta personen, eller...*

J: Det kommer inte att hända på det sättet. Det kommer att vara dem som rör sig bort, något hände, distansering, distansering, distansering. När det faktiskt inträffar, kommer avståndet att vara där. Har du inte haft människor som fallit bort från ditt liv på senaste tiden?

D: *Ja. Självklart, vi skulle alltid kunna kontakta dem om vi behövde.*

J: Men ni kommer inte att göra det. Det är vår poäng. Ni kommer inte att kontakta dem. Det kommer bara att vara ett naturligt bortfall. Frekvenserna och vibrationerna kommer inte längre att matcha, och därför kommer de att falla bort från ditt sinne. Behovet av att kontakta dem kommer inte att finnas där.

D: *Och det betyder att de antingen stannar med den gamla Jorden, eller att de går vidare till den nya?*

J: I vissa fall har det funnits de som har lämnat tidigt och arbetar på andra sidan slöjan. Du är medveten om det. Men vissa av de som försvinner, efter ett tag, tänker du: "Jag undrar vad som hände med den här personen?" Men du har inte den där impulsen att kontakta dem som du normalt skulle ha. Du har inte den där drivande impulsen: "Åh, jag är orolig, jag måste ringa. Jag måste nå ut." Det är inte samma sak. Du märker att ditt behov att koppla samman med dem inte längre finns där. Det bara försvinner. Du glömmer.

D: *Jag har blivit told att de som går in i den nya världen först kommer att ha fysiska kroppar. Så vi kommer inte att veta när vi faktiskt har gjort övergången, separationen. Är det korrekt?*

J: Det kan vara en för enkel beskrivning. För er som kom för att bygga broar ... vi förklarar det så här. När du gör ditt arbete, underlättar du. Du hjälper människor att vakna, att öppna sig för mer av vem de är. Att höja deras vibration, deras frekvens, så att de kan resonera vid de högre cyklerna per sekund så att de kan göra övergången. Förstår du?

D: Ja. Det är det jag försöker hjälpa folk att göra.

J: Exakt, det du hjälper folk att göra. Ja. Det kommer att hända. Det kommer inte att hända på det sätt som folk tror, där det kommer att vara en katastrof eller detta eller det eller något annat. Nej. Det kommer bara att vara som att du vaknar en morgon och tänker att allt är normalt, och du går vidare, och du kommer vara där. Du kommer märka en skillnad i resonans, men du kommer redan vara där, för din resonans höjs redan varje dag, som det är. Och så, helt plötsligt, en dag, kommer du att nå de nödvändiga cyklerna per sekund för att ta dig från här till där. Låt oss förklara det så här. Om någon kom tillbaka just nu från 1800-talet för att se dig, skulle du lysa för dem. Du har redan nått de cykler per sekund som skulle få dig att lysa för en mänsklig form från, säg, 1800-talet. Så i princip höjs dina cykler per sekund.

Kommentar: Kan detta vara en anledning till att när John och de andra besökte Nostradamus (*Samtal med Nostradamus*), såg han dem som lysande energiväsen från framtiden? Var det för att de faktiskt vibrerade vid en snabbare frekvens som gjorde att de lyste? Det är något att tänka på.

J: Det är anledningen till att du är en bro för att hjälpa andra att höja sina cykler per sekund så att de kan göra övergången. Och ju snabbare du höjer fler människor, desto mer aktiverar de andra människor med sina frekvenser och vibrationer. Så vad du gör är att aktivera fler och fler människor på planeten, vilket aktiverar andra, vilket höjer planetens frekvens. Förstår du? Det är allt cykliskt. Allt påverkar allt annat. Du har människor som kommer till Jorden och inte behöver göra något, de är bara strikt aktiverare. Deras energifält aktiverar allas andra. [Se exempel i denna bok.] Du har de som arbetar väldigt hårt och flitigt, som är som sändare. De sänder ut över planeten, som en mikrovågssignal.

D: *Det här ger mening för mig. Det är därför jag har blivit told att ålder inte spelar någon roll.*

J: Det är exakt rätt.

D: *Vi kommer att fungera på en annan nivå, andra vibrationer.*

J: Andra vibrationer, andra cykler per sekund.

D: *Det är så som vissa av de andra raserna (ETs, utomjordingar) fungerar, eller hur?*

J: Ja. De åldras i en helt annan takt. Målet för människor är en längre livslängd. Mycket längre. Och också att skapa en bro av förståelse. Och om du börjar med hälsa, kan du nå människor på ett ickeinvasivt, icke-hotande sätt.

D: *I denna nya värld, där ålder inte spelar någon roll, kommer kroppen så småningom att dö? På det sätt vi ser det på Jorden nu, i vår verklighet.*

J: Det kommer att finnas vissa av er som kommer att ha möjlighet att inte dö alls. Bara att göra er övergång, bara att korsa över. Men inte alla kommer att vara på exakt samma frekvens vid samma tidpunkt. Kom ihåg det.

D: *Ja. Jag tänkte att kanske kroppen skulle komma till en punkt där den bara kunde bibehålla sig själv tills själen var redo att lämna.*

J: Det är exakt rätt. Inte för alla, dock. Om du har många människor som gör denna övergång, och låt oss säga att frekvensen måste vara ungefär 44 000 cykler per sekund för att göra den frekvensövergången. Inte alla kommer att vara på den frekvensövergången vid samma tidpunkt. Du kommer att ha olika variabler i frekvensövergången. Det kommer fortfarande att finnas de av er som är på den främsta linjen, på den yttersta kanten, även på andra sidan. Till och med i den nya världen. Förstår du? För det kommer alltid att finnas. För det finns alltid på varje nivå. Varje ras har alltid de som är ute på den yttersta kanten. Lite längre ut, går lite längre, för det är evolution.

D: *Jag tänkte att det skulle vara så. Vi skulle ha mycket mer tid att göra vårt arbete, och hjälpa till att nå människor.*

J: Självklart.

D: *Vi skulle inte behöva oroa oss för kroppens begränsningar.*

J: Åh, kroppens begränsningar. Nej. Titta på ditt hela. Du förändras redan. Du går igenom cellulära förändringar. De gör justeringar på dig.

D: *Jag har blivit told att de gör det på mig.*

J: Ja, det gör de. (Skrattar) Och eftersom du är en talesperson, igen, en bro, vem är mer viktig att se bra ut än du?

D: *Jag antar det. Nåväl, om jag hör det från tillräckligt många människor, kanske jag kommer att tro det ändå.*

J: Du behöver tro på det.

D: *Jag har också blivit told att inte alla kommer att göra denna övergång till den nya världen.*

J: Det är korrekt. När Jorden ska göra en övergång, finns tanken att många själar får komma in för upplevelse, för som du säger, du upplever många saker i din tillväxt som själ. Och så har det funnits många, låt oss säga, nybörjare som kommit till planeten. Ibland kan det vara hjälpsamt att vara i en klass med avancerade studenter. Som du vet, de gamla landsbygdsskolorna? (Ja) Så du kan ha nivåer av studenter i samma rum, och de alla drar nytta av det. Men det kommer till slut en tid när studenterna behöver gå vidare. Och det innebär att de som blir kvar kommer att behöva hitta sin egen planet. De kommer att placeras på andra skolor, andra platser.

D: *Jag har alltid tyckt att det lät grymt att lämna dem bakom.*

J: Åh, nej. De kommer inte att lämnas bakom. De kommer att tas till en plats där de kan växa.

D: *Det är så jag har förstått det också. Det skulle vara som en separation.*

J: Det är mer naturligt. Det är som när du lämnar din kropp, du går till en annan dimension och växer i den dimensionen, och du kanske eller kanske inte kommer tillbaka som en annan kropp här. Du kanske går någon annanstans. Och om hela Universum är en kropp, finns det många, många galaxer och planeter där de kan gå.

Det Komplexa Universumet – Bok Tre

KAPITEL TRETTIOTVÅ

FYSISKA EFFEKTER NÄR KROPPEN FÖRÄNDRAS

Jag har fått mycket information om de fysiska symtomen som människor upplever när deras kroppar anpassar sig till dessa frekvens- och vibrationsförändringar. Många av dessa inkluderar: trötthet, depression, oregelbundna hjärtrytmer, högt blodtryck, muskelvärk och smärtor i lederna. Dessa personer har gått till sina läkare, men blivit tillsagda att det inte är något fel på dem. Läkarna kan inte hitta någon orsak till klagomålen. Deras lösning är att sätta personen på medicinering ändå, vilket inte gör någon nytta, eftersom de inte är medvetna om orsaken.

Jag har haft några klienter som har upplevt mer radikala symtom som förvirrade deras läkare. En var Denise, en legitimerad sjuksköterska på ett stort sjukhus, som kom till mig i augusti 2005. Hon hade klagomål på att hon fick anfall och domningar i vissa delar av kroppen, men läkarna sa att det inte var en stroke. Hon svimmade också en dag på jobbet. När de gjorde MR och röntgen såg de vad som såg ut som julgransljus, över hela hjärnan. De kallade dessa för "knutor". När de tog röntgenbilder på bröstet, fann de samma sak, knutor genom hela lungorna. Hon hade också onormal enzymaktivitet i sin lever. Läkaren kunde inte lista ut vad som hände. I efterföljande MR och röntgenbilder av hjärnan, hade ljusen rört sig till olika områden, och visade sig mer eller mindre som ett band, istället för att vara utspridda över hela hjärnan. De hade svårt att hitta någon diagnos som passade, men kom slutligen fram till en idé om vad sjukdomen var: sarcoidos. Men en av läkarna sa, "Jag tror inte att det kan vara det. Å ena sidan är det så väldigt, väldigt, väldigt sällsynt. Och å andra sidan kan hon inte ha fått det där hon bor i öknen, där luften är väldigt torr." Denna sjukdom skulle normalt uppstå där det finns fukt och mögel. Men de kunde inte diagnostisera det vidare än så. Så de satte henne på steroider vilket orsakade diabetes. När vi gjorde sessionen, sa det undermedvetna att det inte var någon sjukdom. Det var inget skadat med kroppen. De höll på att omkoppla hjärnan så att den skulle kunna hantera förändringarna som är på väg. Och samma sak med lungorna och de andra delarna av kroppen. Det var en justering av energin i kroppen så att den skulle kunna hantera höjningen av de högre frekvenserna och vibrationerna. Jag frågade: "Varför såg det då ut som små prickar och ljus över hennes hjärna?" Och de sa bara, "Koppla ihop prickarna!" Anfallen och domningarna var för att mycket behövde göras snabbt. Vanligtvis vill de inte överbelasta kroppen, så dessa förändringar, dessa justeringar, sker mycket gradvis. Men i vissa fall – jag antar att det beror på att tiden går snabbare och förändringarna är nära – måste de justera kroppen snabbare. Så det blev för mycket, och detta orsakade anfallen och domningarna. Det tillfälle när hon svimmade var en överbelastning av systemet. Men de sa att hon inte behöver oroa sig, det kommer inte att hända igen. Det är inget fel på hjärnan. Och nu, om hon gör en annan MR, kommer det inte att visa något, för den fasen är över. Nästa fas är justeringen av kroppens kemi, vilket inte kommer att producera dessa typer av effekter.

När läkaren sa att hon hade denna konstiga sjukdom, sa han att hon hade mindre än sex månader kvar att leva. Och hon fortsatte att säga, "Jag tror inte på det." När hon gick tillbaka för sin uppföljning, stod läkaren bara och stirrade på henne, och sa, "Jag förstår bara inte varför du ser så bra ut." Hon plockade upp, utan att han sa det, att han menade, "För att du ska dö!" Denise är en sjuksköterska på intensivvårdsavdelningen. Och hon sa, "Jag ser människor som dör hela tiden. Jag visste att jag inte var döende. Så jag visste inte vad de pratade om."

Det undermedvetna såg henne göra fantastiska saker under övergången, och de nästa tio, tjugo åren kommer hon att spela en stor roll i allt detta. Jag ville veta mer om steroiderna. Jag visste att de kunde vara farliga, särskilt om de orsakade diabetes. De sa att diabetesen skulle fasas bort. Det var bara ett test för att lära henne kroppens läxor. Hon skulle inte behöva det nu. De sa att hon inte skulle oroa sig för steroiderna. Även om det var ett kraftfullt läkemedel, kunde de neutralisera det så att det inte skulle påverka kroppen på ett negativt sätt. Det spolas ut ur systemet som en ofarlig biprodukt. De har förmågan att göra detta. Att neutralisera medicin som inte behövs och spola ut det ur systemet.

MER FRÅN ANDRA KLIENTER

Jag talade med Patsys undermedvetna och sa att hon hade klagat på allergier mot damm och pollen. Det svarade, "Detta är fysiska reaktioner på att vara på denna planet. Jag känner att hon kan leva med det. Det är också en påminnelse om vem hon är. Att hon är i ett element som inte är hemma." Hon hade också känslor i sitt kolonområde, och ett oförklarligt utslag som hon ville ta reda på mer om. "Jag får hela tiden 'tillverkning', och jag kan inte förklara det på något annat sätt. Men något tillverkas där inne. Det är nästan som ett nödvändigt element som tillverkas och som orsakar reaktionen i kolon och på huden. Slemmet är en biprodukt av de förändringar som görs i kroppen, vilket är en reaktion på huden. Det har att göra med vad som sker på Jorden just nu. Hon har känt länge att hennes kropp förändras. Det sker bara inte på ett sätt som du kan förstå när du är i en fysisk kropp, men det pågår många förändringar. Läkare kan inte hjälpa till på denna nivå. De förstår inte de förändringar som sker."

D: *Och när vi är i ett medvetet tillstånd, kan vi inte heller förstå det.*
P: Det medvetna tillståndet är mycket förvirrande.

Patsy hade också alltid haft mycket lågt blodtryck. "Det är normalt för henne. Hon behöver inte vara som alla andra. Och för henne att fungera med det i den kropp hon är i, är allt som krävs av henne. Det är en av anledningarna till att vi påverkar henne att inte gå till läkarna, för de försöker hitta något fel. Hon behöver inte vara en del av det."

513

D: De vill att alla ska vara lika.
P: Ja, det gör de. På så sätt är de lättare att kontrollera och medicinera. Det finns många som inte är lika. Det finns ingen skada för hennes kropp.
D: Jag får många människor som är rädda om de inte förstår något.
P: De lär sig. Rädsla är destruktiv, mycket destruktiv.

Carol hade genomgått ett tidigare liv som inte är relevant för denna bok. Det undermedvetna talade om att hela hennes kropp. Carols läkare ville operera på henne, eftersom hon hade en tumör i kroppen, en bäckenmassa som tryckte på hennes ryggrad. Jag bad det undermedvetna att göra en kroppsscanning och berätta vad det kunde se. "Kaos, förvirring." Jag frågade vad som orsakade detta. "Ilska... bitterhet... rädsla. Rädsla. Hon tar in andra människors rädslor och omvandlar dem. Det här är något hon lärde sig att göra väldigt tidigt, att ta in människors rädslor, människors negativitet så att hon inte skulle bli skadad av det. Hon lärde sig att ta in det i sin kropp och omvandla det. I vissa situationer är det nödvändigt. Tumören, massan i kroppen, finns där för att hon ska hela. Hon har kunskapen och förståelsen och kraften och resurserna för att göra det, och hon kan göra det. Det är ett minne."

D: Läkaren vill gå in och skära bort den.
C: Hon kan göra det och fortsätta cykeln om och om igen, men det är helt enkelt ett hinder. Det är viktigare att detta läks inifrån och ut. Hon måste inte förlita sig på yttre källor.
D: Det är så vi har blivit uppfostrade att tro, att vi måste låta läkarna göra det.
C: Och trosuppfattningar förändras, och en del av hennes roll är att förändra trosuppfattningar.
D: Så hon kommer att kunna minska denna massa själv?

C: Vi kommer att hjälpa henne. Hon behöver förstå processen så att hon kan lära andra. Och hon behöver förstå processen medvetet.

Av den anledningen ville inte det undermedvetna göra den spontana läkning som jag hade sett det göra många gånger tidigare. Det skulle vara Carols ansvar. "Manifestationens steg. Stegen som ingår kräver förtroende och överlämnande, att bli ett, hela vägen tillbaka till början, till Källan."

D: Det låter inte lätt.
C: Hon vet hur man gör det. Det finns ytterligare steg inom alkemi som hon kan dra nytta av, från andra livstider. Men det handlar om att förändra fasta ämnen till vätskor till gaser, till fasta ämnen, till partiklar, till rymd, till energiformer. Och sedan föra dessa former genom till fysisk manifestation. Så det handlar om att dematerialisera och re-materialisera. Det kanske inte är automatiskt, för hon är något motståndskraftig. Hon kan använda röst, musik och ljud för att nå det tillstånd som krävs.

D: Och genom att göra detta på sig själv, kommer hon att kunna lära andra?
C: Ja. Hon kommer att förstå exakt hur det fungerar, medvetet.

Medan det undermedvetna sa att Carol måste ta hand om att lösa upp massan, tumören, sa det att det kunde hjälpa med ett annat problem hon hade. Det fanns en öppning från tarmen till vagina. "Jag smälter ner cellerna, vävnaden, och tar dem till ett vätsketillstånd... och formar om så att det finns en tydlig vägg. Ett tydligt gränssnitt i vaginalkanalen, fri från inflammation och fri från infektion. Och sedan tätar tarmarna så att det inte sker något läckage in i bukhålan. (Paus) Jag dammsuger bort allt skräp. Läkare kommer absolut inte att göra någon operation. Det är dags att stoppa alla cykler, alla uppskjutningar."

D: Ska hon gå tillbaka till läkaren?
C: Det kommer inte att göra någon skillnad på något sätt. För vi hindrar faktiskt läkaren från att gå vidare, för det är inte till hennes

högsta bästa att göra det. Att arbeta med cellerna är det vi gör. Vi har nu omgett massan, tumören, i sitt eget membran. Den kan lyftas ut. Den kan smälta och dissipera.

D: *Är det så du vill att hon ska visualisera det?*

C: Det finns några val. Den kan helt enkelt lyftas ut. Den kan smälta och förångas, försvinna. De skulle vara de två enklaste sätten som hon skulle veta hur man gör. Hon kan göra detta i meditation, eller när hon är i stillhet. Hon kommer aktivt att göra processen på sin egen fysiska kropp. Med andra ord, hon kommer att behöva placera sig själv på sitt helande bord och helt enkelt göra en självläkning. Det kommer att vara relativt snabbt.

D: *Då om hon gick tillbaka till läkaren, skulle han inte se något där?*

C: Det är korrekt. Det är dags att stoppa smärtan och lidandet, och att gå vidare. Hon kommer också att behöva arbeta på blodet och förändringarna i blodet, och förändringarna i blodets konsistens. Det finns en intuition; det finns en visdom i blodcellerna och benmärgen, och bildandet och deformationen av celler och material. Det dras genom minnen från tidigare liv och tillämpar de steg som hon har behövt i detta liv.

D: *Och du vill att hon ska arbeta med dessa saker i sitt eget blodsystem?*

C: Ja. Förändringarna skapas. Och hon behöver förstå hur dessa förändringar skapas, för den fysiska kroppen kommer att förändras. Och så behöver hon förstå den processen så att den fysiska kroppen inte dör och ger upp, på grund av förändringarna och övergångarna som ligger framför oss i framtiden inom tio år.

D: *Du sa att kroppen förändras?*

C: Ja. Den fysiska kroppen förändras i vibration.

D: *Hur påverkar detta blodet?*

C: Blodet förändras i konsistens. Och ibland blir det "klumpigt," och ibland tunnare. Och så när förändringarna sker i hela kroppens vibration, kommer cellerna att fungera annorlunda. Så vissa av de gamla funktionerna släpps bort, och vissa celler tar på sig nya funktioner. Jag är inte säker på vad ordvalet är, men det finns...

D: *Måste de lära sig något nytt?* (Ja) *Det är något som dessa andra celler inte har gjort tidigare.*

Det Komplexa Universumet – Bok Tre

C: Korrekt.

D: *Och det är vad du menade, att hon måste lära sig att justera det; annars kan inte kroppen hantera det?*

C: Korrekt.

D: *Sker detta med andra människor runt om i världen just nu?* (Ja) *Jag har hört om många olika symtom.* (Ja) *Så varje person måste lära sig att justera?*

C: Varje person kommer inte att göra det, men de människor som kommer att vara avgörande för att hjälpa andra, för att undervisa andra, och för att vägleda grupper. Det handlar om att föra igenom frekvenser som kan göra massiva förändringar mycket snabbt i den fysiska kroppen.

D: *Förändringar som normalt skulle ha tagit många generationer. Är det det du menar?*

C: Ja. Det handlar om att komprimera tiden. Det finns ingen plats och det finns ingen tid, men på Jordens plan finns tid och plats. Så för att spontana läkningar ska ske på Jordens plan, måste det ske en komprimering av tid när cellerna får nya instruktioner och släpper de gamla instruktionerna.

D: *Åh! Och detta är svårt i vissa människors kroppar. Jag antar att detta skulle skapa fysiska symtom som läkarna inte förstår. Är det sant?*

C: Det är korrekt. De har inte teknologin för att förstå det. Det finns några som har avancerade sinnen som kan hantera det. Men den medicinska fältet i allmänhet är mycket arkaiskt när det gäller vad det behöver veta, eller vad det behöver ha tillgång till. Och det är verkligen inte genomförbart. Det kommer att försvinna. Sinnet används för förändring, men människor måste också kunna förändra sina sinnen för att släppa sina förvrängda trosuppfattningar och komma in i sanningen.

D: *Vi måste komma bort från den hjärntvätt vi har haft hela våra liv, som säger att vi måste vara beroende av externa källor. Vi behöver inte verkligen göra det.*

C: Det är korrekt.

Det Komplexa Universumet – Bok Tre

D: *När du först tittade i hennes kropp, sa du att det fanns kaos, förvirring och ilska. Kan hon släppa allt det nu när hon inser att det inte är nödvändigt?*

C: Ja, det mesta av det har försvunnit med reparationsarbetet vi har gjort med förstärkningen av gränserna, den vaginala reparationen, kolon, hela tarmen, insidan, dammsugningen av allt skräp. Och vad jordborna kanske kallar, "fallout."

D: *Carol har haft ett liv av att vara offret och bli förrådd.* (Ja) *Varför hade hon ett liv som det? Vad var syftet?*

C: Det är nödvändigt för henne att förstå offermentalitet, eftersom det kommer att finnas massor av människor som snabbt kommer att bli offer, och i stora grupper. Och så kommer allt detta vara viktigt för att kunna arbeta med dem samtidigt. Det kommer att finnas en omedelbar förståelse så att många steg kan hoppas över, genom att känna till alla detaljer om offermentalitet, så att det inte kommer att vara nödvändigt att hantera offermentalitet. Det kommer att vara nödvändigt att spontant fixa det som behöver fixas för att göra skiftet – det handlar om skiftet...

D: *Hon kommer att vara avgörande i att arbeta med några av dessa människor.* (Ja) *Eftersom hon kan identifiera sig med dem och förstå.*

C: Ja. Och hon kommer att arbeta med healers.

KAPITEL TRETTIOTRE

BIBLIOTEKET

Efter många frustrerande försök att få Nancy att se något, regressade jag henne tillbaka genom det nuvarande livet. Hon hade fortfarande svårt att släppa taget och sluta analysera. Slutligen gjorde vi genombrottet efter nästan en timme. (Jag hade vänt bandet. Jag är envis. Jag ger inte upp lätt.) Jag bad henne gå tillbaka till innan hon föddes in i detta liv som en baby. Hon såg sig själv som en äldre man i en vit kåpa. "Jag tror att jag är på andra sidan som en äldre. Jag är gammal med ett skägg. Bär en vit kåpa med någon form av fransband, sandaler och en stav. Jag är i ett bibliotek med ett bord. Jag kan inte se böckerna, men jag tror att det är ett bibliotek." Jag bad henne se vad hon gjorde där. "Min intryck är att jag konsulterar. Jag skulle tro att det är på andra sidan. Och att jag är en del av rådet som vägleder och konsulterar människor när de ska inkarnera för sina lärdomar."

D: *Låter som ett viktigt jobb.* (Ja) *Måste du hjälpa dem att bestämma vad de ska göra?*

N: Nej, hjälpa dem att bestämma hur man bäst underlättar den lärdom de vill uppnå.

D: *Känner du att du har varit en rådgivare länge?*

N: Det finns inget tidsperspektiv, men mitt utseende ser gammalt ut.

Hon kunde inte se de andra människorna, men hon hade intrycket att de kom till henne. Jag undrade hur hon gav dem råd.

N: Det är en rikedom av information, vad det nu betyder. Om jag har en rikedom av information, eller om det rummet erbjuder det. Det är det enda som poppade upp i mitt huvud, "rikedom av information."

D: *Har du arkiven för de saker du har gjort i andra liv?*
N: Jag tror att allt bara är känt. Jag tror att du kan titta på arkiven om du vill, men du måste inte.
D: *Har du levt många andra liv innan du blev en rådgivare?*
N: Jag tror det.
D: *Finns det ett sätt vi kan ta reda på om ett liv som är viktigt? Ett som har betydelse för det liv du kommer att gå in i som Nancy?*
N: Jag skulle hellre fråga någon.
D: *Finns det någon omkring dig som du kan fråga?*
N: Jag vet inte, men jag hör bara "ja".
D: *Okej. Då fråga, "Finns det ett viktigt tidigare liv som Nancy behöver se som kommer att hjälpa henne i sitt nuvarande liv?"*
N: Ja och nej. De positiva sidorna är viktiga för karmiska lärdomar. Men vi flyttar det till den icke-karmiska nödvändigheten. Så det är därför han gav ett ja eller nej svar.
D: *Då behöver hon inte se sina tidigare liv?*
N: Inte nödvändigtvis. De spelar ingen roll.
D: *Vad händer med karma?*
N: Karma är i stort sett avskaffad när vi går till det nya universumet.
D: *Då betyder det att hon inte har karma att oroa sig för?*
N: Nej, jag har karma, men det kommer inte att vara viktigt. Han säger bara att det inte är nödvändigt att uppfylla uppdraget för detta liv eller att gå in i nästa liv.
D: *Det är därför Nancy inte fick se något av sina andra liv?*
N: Det är inte så att jag inte fick lov. Det är bara att det inte var nödvändigt. Det skulle orsaka förvirring. Den mänskliga hjärnan skulle fastna på det den såg. Men den kunde inte släppa eller ge upp bedömningen i det du ville att jag skulle se, eller vad du normalt skulle visa.
D: *Många människor relaterar till saker som hände i andra liv så att de kan gå vidare.*
N: Men eftersom vi är i denna höjdpunkt av – att gå denna väg – betyder allt detta inte längre något. För det kommer inte längre att vara reinkarnation på Jorden som vi känner till det. Att titta på andra liv skulle bara bli mer förvirrande, för idéer och verktyg som

Det Komplexa Universumet – Bok Tre

var nödvändiga och hjälpsamma i den gamla världen inte kommer att behövas i den nya världen.

D: Jag får fortfarande många människor vars problem kommer från andra liv.

N: Men allt det är avlastat. Ditt arbete är viktigt för att det finns några energiverktyg som måste släppas i detta liv. Energi verktyg som har med hälsoproblem att göra. Det är saker från nuet som inte är relaterade till att gå framåt, för i det ögonblick du går framåt kommer allt det att släppas och ge upp. Vi vet aldrig när den nya Jorden kommer att dyka upp, men den kommer. Den kommer att vara här. Det är bara en fråga om när vibrationerna och energin når nivån för att nästan ... poppa och skapa den andra världen. Så du hjälper människor med deras fysiska åkommor, så de inte ska vara obekväma tills detta händer. Det är viktigt, för vi vet inte när det kommer att hända – troligen snart. Så om dessa människor kommer till dig, då antar jag att de har ett obehag som det inte finns någon anledning för någon att ha.

Nancy ville veta sitt syfte (precis som alla andra som kommer för att se mig). Det undermedvetna svarade, "Det här är inte det svar hon vill ha, men hennes syfte är inte avslöjat ännu, för det nya universumet har inte skapats. Allt är fortfarande i planerings-, rörelse-, och underlättningsstadier, och det kan fortfarande förändras. Vi kan se en plan, en stor bild, men den kan fortfarande förändras."

D: Kan du inte ge henne någon uppfattning om vad hon ska göra, för hon vill hjälpa till att planera.
N: Nästan omedelbart kommer tanken att komma.
D: Är det något du vill att hon ska arbeta med för att förbereda sig?
N: Inget av det är nödvändigt just nu. Hon kommer att gå till den nya Jorden, och kommer omedelbart att veta – för den nya energin och vibrationerna kommer att vara högre – vad det är hon kommer att göra. Ansträngningen behövs här, men det har redan korsat markören där du antingen går eller inte går.
D: Jag har hört att det redan har beslutats, för vibrationerna kan inte förändras så snabbt.

N: Nej. Så när du har korsat markören och du går, då är det nästan som en viloperiod. Och när du kommer dit, kommer det bara vara så annorlunda att alla de saker vi tror att vi måste göra nu, och som var lämpliga i den inte så avlägsna historien, inte kommer att behövas i den nya världen.

D: Hon sa att hon vill göra skillnad i andra människors liv och hjälpa världen.

N: Vilket skulle ha varit nödvändigt om Jorden hade stannat i samma vibrational dimension som den är nu, men det är nästan som att du väntar på att det ska hända. Det kommer att hända, men du kommer inte att veta hur det kommer att se ut förrän det händer, för det är en gruppdeltagande och en gemensam effekt. Och allt vi kan säga är att det kommer att hända.

D: Jag har hört att vissa människor inte ens kommer att inse att något har hänt.

N: Jag tror att den tanken också förändras, och definitivt de som går framåt kommer att veta vad som händer. De som är kvar, det är fortfarande inte avgjort – förödelse är inte ett lämpligt ord att använda, men jag kan inte komma på något annat – vem som verkligen kommer att inse det eller inte inse det. Det förändras fortfarande.

D: Men hon vill göra något för att hjälpa nu. Hon har studerat helande och Reiki, och studerat att arbeta med änglar.

N: Men alla kommer att ha samma gåvor och verktyg och den nya energin.

D: Alla kommer att göra samma sak?

N: Nja, inte samma saker, men det kommer helt enkelt inte att vara nödvändigt. Anledningen till att vi gör allt detta är att höja energinivån till den nivån. Men när ni alla omedelbart är på den nivån, finns det inget behov av läkning, eftersom vi alla kommer att vara helade. Ni kan fortfarande fortsätta arbeta med människor och hjälpa dem fram till övergången. Men när alla genomgår övergången, är det nästan som om ni alla är på samma nivå. Ni är alla på samma sida och ert slöja lyfts, så det blir den stora "aha!"-momentet.

Det Komplexa Universumet – Bok Tre

D: Det finns fortfarande människor där ute som behöver henne, eller hur?

N: Rätt. Det finns människor som, minut för minut, ni drar över till den nya världen. De är nästan i ett vänteläge, men de dras över och väntar. De kommer att vänta där för att gå framåt.

D: Så hon kommer aldrig att veta bland de hon kommer i kontakt med?

N: Nej, inte heller de. Hon bör alltid fokusera sin energi på att enas med all energi från alla på Jorden för att gå framåt. Och när varje person höjer sin vibration, blir det en kedjereaktion, och det resonerar och studsar vidare från nästa person till nästa, till nästa. Tills det är ett helt stort crescendo som blir vibrationerna på Jorden totalt. Om alla slutade göra vad de gör, skulle det bara bli ett svagt hummande. Men eftersom vi alla går och rör oss framåt och vi alla arbetar i vår egen takt, höjs det bara högre och högre tills det bara kommer att spridas ut i kosmos. Så du kan inte riktigt säga att inte göra något arbete. Fortsätt bara göra det du gör, men fokus ändras. Att vara uttråkad är bra, för det kommer omedelbart att skapa all kunskap, alla de saker vi strävar efter här. Men, "Ge mig Reiki, så att jag känner mig bättre" eller "Ta bort detta," det kommer inte att vara nödvändigt. Alla kommer att ha verktygen. Och när du har verktygen, har du inte de värk eller smärtor. Det är nästan som en "mänsklig klausul" som inte längre kommer att gälla. Det är alltid bra i mänsklig form att, som du säger, ha mål, drömmar och aspirationer. Det är väldigt svårt att sätta ord på det, för vi tror att det kommer snabbare än du tror, och du slösar bort tid. Men det låter inte rätt heller, att slösa bort tid. Men jag tror att det bästa någon kan göra är att ha ett gott syfte. Uttryck alltid din vilja att hjälpa, och vänd aldrig bort någon som kommer till dig. Alla lärdomar hon behöver lära nu, handlar om den karmiska cykeln, och den kommer snart att fördelas. När din vibration når en viss nivå, är du bortom, "måste betala karma." Det är därför det inte är viktigt att följa frågor om tidigare liv. Det är hennes mänskliga sinne, och alla mänskliga sinnen har en nyfikenhet om saker. Det är nästan barnsligt. "Varför? Varför? Varför? Hur kommer det sig?" Så du kan bara känna dig säker, eller vara lugn och trygg med att om du har vaknat, kommer du att gå in i den nya Jorden.

Senare i sessionen arbetades Nancy kropp för att ta bort rökbegär och därefter med tvångsmässig ätning så att hon kunde gå ner i vikt. Hon kunde känna att de scannade och justerade, särskilt på höger sida av hennes hjärna. Sedan kände hon vibrationer genom hela kroppen. "De scannar bara och tar bort impulserna."

D: Lita på dem. De vet vad de gör. De tar bort impulsen att äta för mycket.

N: Ja, och saker som har blivit vanemässiga. Kroppen är designad för att i grund och botten hantera vad som helst, men problemet är med portioner och mängd. Kroppen är ett mirakel och den kan göra sig av med eller hantera vad som helst i små doser. Den mest fördelaktiga maten skulle vara mat med mindre tillsatser, mindre konserveringsmedel. Mindre är bäst. Även mindre portioner, men bara för att bli av med kemiska tillsatser, konserveringsmedel. Så trenden är att gå till hälsosammare, magrare, mindre giftiga saker för kroppen. Kroppen kommer att hålla längre när den inte behöver arbeta så hårt. Vi har gett henne impulser att ta och justera, justera och programmera. Hon kommer att älska detta. Smaklökarna ändras redan. Det börjar hända.

De har upprepat detta genom de flesta av mina sessioner med klienter, särskilt när de ville ha information om sina dieter. Vi ska röra oss bort från tunga livsmedel, eftersom för att stiga upp, måste kroppen bli lättare. De sa att den bästa maten är "levande" mat, vilket betyder färska frukter och grönsaker. Lite kött är okej, men inte det tunga röda köttet, särskilt inte nötkött och fläskkött, på grund av tillsatserna och hormonerna. De sa att det deponerar kemikalier och konstgjorda komponenter i våra organ som kan stanna där i upp till sex månader. Det är extremt svårt att filtrera och ta bort dem från kroppen. Om vi kan få ekologisk mat, är det bäst. De betonar alltid mindre portioner och flera små måltider under dagen (de kallade det "grazing"), istället för stora måltider. Värdet av vatten är bortom förståelse. Det är extremt viktigt. Självklart är allt detta bara sunt förnuft, men när det upprepas ständigt genom mina klienter, tror jag

Det Komplexa Universumet – Bok Tre

att det betyder att de betonar betydelsen av kosten just nu. Så småningom kommer vi att gå över till en hel flytande kost.

Sedan, efter att vi har flyttat till den nya Jorden, finns det en möjlighet att inte äta alls. Vid den tidpunkten kommer vi att leva på ren energi och ljus. Samma som många av de utomjordiska jag har talat med.

SEKTION ÅTTA

OVANLIGA ENERGIER

Det Komplexa Universumet – Bok Tre

KAPITEL TRETTIOFYRA

EN HELT NY ALTERNATIV LÖSNING FÖR EN WALK-IN

Jag arbetade redan på denna bok och trodde att jag hade tillräckligt med information för att sätta ihop den. Men jag borde aldrig underskatta "dem". Under de senaste åren har information flödat från människor under mina sessioner, och jag har fått fler ovanliga teorier. Jag trodde att jag hade allt de ville att jag skulle skriva om. Men varje gång jag tror det, överraskar de mig med något helt nytt och oväntat. Jag vet att jag måste stoppa någonstans, annars blir mina böcker för stora. Naturligtvis, varje gång jag har skrivit en bok, har jag slutat med att ta bort information och hålla den för nästa bok. I det här fallet trodde jag att jag hade fått tillräckligt för denna bok. Ändå, i januari 2007, kom en klient till mig, och under sessionen fick vi ett nytt begrepp som jag visste måste inkluderas. Ett helt nytt begrepp för en walk-in, ett som kommer att påverka våra liv på Jorden, och påverka våra liv i den nya Jorden. Det pågår många konstiga saker som vi är helt omedvetna om med vårt medvetna sinne. Och det är nog lika bra. Det skulle vara förvirrande om vi visste allt som händer bakom kulisserna.

När Christine började sessionen, lät det som en helt normal tidigare liv-regression. Det fanns inga ledtrådar på vad som skulle komma. Hon fann sig själv som en man i en kåpa som stod i mitten av ett skogsområde. Det tog henne några sekunder att avgöra vilket kön hon hade. Det var först efter att ha studerat sin kropp. "Jag känner mig som en man. Jag har mycket muskulösa ben. De känns inte som kvinnliga ben. Mina vadmuskler är väldigt strama. Jag är troligen gammal. Jag är i mina sena fyrtioårsåldern, tidiga femtioårsåldern. Det anses vara väldigt gammalt." Han var fascinerad av att titta på grupper av små djur och fåglar som rörde sig omkring. Även de jordiga lukterna från döda löv gav honom en väldigt bra, bekväm känsla. Han gick till en närliggande bäck för att dricka, och tittade på några små fiskar i vattnet. Det var en verkligen fridfull och lugn plats. Han kände sig trött, som om han hade kommit en lång väg, så han gjorde en bädd av lövhögar.

De enda saker han bar med sig var en påse med torkat kött, sina verktyg som han använde som stenbildhuggare, och ett svärd som användes för självförsvar och även för jakt. Så här långt lät det som början på en normal regression, men det skulle snart förändras. Han var inte från denna plats i skogen, men han kunde inte heller identifiera ett hem. "Många olika länder har jag rest. Jag har rest i många år. Jag har inget särskilt mål. Bara utforskar de olika länderna. Jag ska hjälpa till. Jag ska lära mig om de olika människorna. Det finns en grupp av oss. De väntar på mig. De är på ett mycket kallt ställe. Geografiskt vet jag mer eller mindre hur jag ska ta mig dit, men jag vet inte namnet på landet. Jag har rest enligt den konstellation jag använde i detta liv, så jag vet vilken riktning jag ska gå."

D: *Platsen du började ifrån, hur var den?*
C: Jag har varit borta i många, många år. Faktiskt årtusenden. Jag kom från ett avstånd, inte från denna planet. Jag har bara rest, och jag tog på mig denna kropp för att kunna överleva i denna miljö. Jag var tvungen att bebo en mänsklig form för att kunna andas och leva och överleva i denna atmosfär. Det finns fler, det finns många av oss.
D: *Så där du kom ifrån, hade du inte en kropp som denna?*
C: Nej. Det finns inget behov av det.
D: *Vilken typ av kropp har du där?*
C: Den är ljus. Jag har faktiskt ingen kropp, eller vi har inte det. Vi är energi. Vi reser som energi. Det är så vi kan resa så snabbt som vi kan.
D: *Fick någon dig att komma och ta på dig kroppen?*
C: Ja. Vi fick instruktioner att ta på oss olika kroppar, beroende på vilken planet vi var på.
D: *Så varje plats ni går till, tar ni på er en annan kropp?*

Det Komplexa Universumet – Bok Tre

C: Ja. Vi kan inte ta med oss en tidigare kropp. Vi måste ta på oss olika kroppar beroende på vilket system vi är i.

D: *Så kroppen du har valt nu, gick du inte in i den som en baby och växte med den?*

C: Nej. Denna person hade just dött, så vi kunde bara gå in i kroppen och ta tillbaka den, för att regenerera den för vårt eget syfte.

D: *Så den hade inte varit död länge nog?*

C: Nej. Bara några minuter.

D: *Den ursprungliga själen hade redan lämnat?* (Ja.) *Om ni hade väntat för länge skulle det inte ha fungerat?*

C: Rätt. Det var bara en fråga om några minuter.

D: *Så om ni hade väntat för länge, skulle det ha varit mycket mer komplicerat?*

C: Åh, definitivt. De är mer liberala när det gäller saker som detta, särskilt för vårt syfte.

D: *Vem menar du med "de"? De som har hand om dessa saker?*

C: Ja. Förutsatt att vi ockuperar kroppen mycket snabbt. Vi får bara några minuter för att göra det. Och de vägleder oss till dit de behöver oss för att bebo en kropp.

D: *På så sätt tar ni inte en kropp från en själ som redan bor i den.*

C: Rätt. Det är inte tillåtet.

D: *Så ni vet aldrig vilken typ av kropp det kommer att vara. Är det sant?*

C: Rätt. Vi vet inte från ett ögonblick till nästa. Det är därför när du frågade mig om jag var man eller kvinna, kände jag mig som en man, men sedan var jag tvungen att minnas vad man var. Jag vet bara från mina studier att benen definitivt inte var en mänsklig kvinnlig form.

D: *Är det svårt att anpassa sig till en mänsklig kropp?*

C: Ja, lite. Det tar bara tid, för vi är inte vana vid att använda lemmar och tillbehör. Det är bara motorik.

D: *Så du fick instruktioner att komma och lära dig?* (Ja) *Vad försöker du lära dig?*

C: Vi ska lära oss om denna planet så att vi kan lära dem hur de överlever det som kommer.

D: *Har de inte redan färdigheter och vet hur man gör saker?*

531

Det Komplexa Universumet – Bok Tre

C: De har färdigheter, men de har inte förmågan när det gäller alla de dygder som de behöver kunna använda.

D: Vilka slags dygder?

C: Empati. Tolerans. Vad det var i sin renaste form, medkänsla. De har förmågan att lära sig att använda den till sin fulla potential, men de har inte gjort det än. Vi är här för att lära dem hur man gör det.

D: De låter som ganska komplicerade känslor. Tror du att de kommer att lyssna på dig?

C: Ja. Det finns speciella tekniker vi använder. Vi måste hålla vissa tillämpningar redo, som vi kan använda för att anamma dessa känslor och använda dem. Faktiskt för att hjälpa till att skydda dem.

D: Tror du att det kommer att vara svårt att göra?

C: Jag tror att det skulle vara utmanande, ja.

D: Har du någonsin gjort detta i en mänsklig kropp förut?

C: Nej, detta kommer att vara den första. Egentligen kommer denna förmodligen att vara enklare. Den är mer primitiv. Väldigt primitiv att vänja sig vid.

D: De andra kropparna, de andra platserna du gick till, hade de också problem som du hjälpte till med?

C: Åh, ja. Mycket olika problem. Egentligen var deras problem, deras bekymmer, mycket mer komplexa än de problem som jordens människor kämpar med.

D: Hur är de komplexa?

C: Olika stjärnsystem hade ockuperat andra planeter, och där pågick galaktiska krig. Vårt jobb var mer svårt, för det fanns avhoppare. Det fanns människor som jagade oss, och vi var tvungna att undvika dessa olika samhällen och försöka hålla oss undan under våra resor. De skulle ha utrotat oss om de hade hunnit ikapp oss.

D: Så ni fick instruktioner att komma till Jorden efter att ni slutfört dessa uppdrag?

C: Ja. Vi lyckades.

D: Och du tror att denna kropp kommer att vara annorlunda.

C: Åh, jag tror det. Mer primitiv, och bara mer ömtålig. Många av de andra kropparna vi bebodde hade rustningar redan inbyggda i dem, och uppenbarligen har inte den mänskliga kroppen det.

Det Komplexa Universumet – Bok Tre

D: Rustningen var inbyggd i strukturen?
C: Ja, med praktiska tillbehör. Bara på ett ögonblicks varsel kunde de användas, för de var redan inbyggda i kroppen. Denna kropp är annorlunda, mer ömtålig. Den skulle kunna skadas lättare. Och vi behöver bli mer skickliga som en del av motoriken i denna mänskliga kropp, för vi är mer vana vid att arbeta snabbare. Detta är för oss extremt långsamt. En del av processen är att vi ska samexistera bland människorna.

D: När ni gör detta, glömmer ni varför ni kom?
C: Ibland, några av oss gör det. Inte alltid.

D: Jag tänkte att det kanske skulle förorena det, eller ta bort minnet när ni lever i en mänsklig kropp.
C: Jag vet inte om att leva i denna mänskliga kropp kommer att göra det, radera minnen om varför vi kom. Jag antar att det är en chans vi tar. Det kanske händer, eller kanske inte.

D: Jag undrade om de varnade er, när ni kom in.
C: Nej, de gjorde inte det.

D: När du har avslutat detta liv, kommer du att stanna på Jorden och göra mer, eller vet du?
C: Jag har inte fått mina order ännu.

D: Jag tycker att det är beundransvärt att ta på sig en sådan utmaning, för det är en utmaning, eller hur? (Åh, ja.)

Jag bestämde mig för att flytta honom framåt i det livet och se vad han gjorde. Han fann sig själv i en gemenskap, en "koloni" med runda hyddor. De var stora nog att rymma fem eller sex människor, eller en liten familj. Detta var där han undervisade. "Vissa av människorna är som jag, och sedan är några faktiska elever."

D: Är dessa andra som du som har gått in i en mänsklig kropp?
C: Ja. De är också klädda i kåpor som jag. Eleverna är mycket unga.
Jag skulle säga att de är mellan tio och fjorton, femton års människoliv. Det är för sent att undervisa de äldre, de vuxna. Vi behöver de friska, unga sinnena. De äldre är tveksamma.

D: Stör det dem att du undervisar de yngre?

Det Komplexa Universumet – Bok Tre

C: Nej, dessa är faktiskt släktingar och föräldrar till de yngre, så de har gett oss tillstånd att göra detta, att gå framåt med projektet.

D: Då är det väldigt bra. Du kommer inte att möta motstånd.

C: Rätt. Men det finns så få av dem som tillåter oss att göra detta. Vi måste göra det i hemlighet. Vi gör det på en väldigt isolerad plats. Vi kan inte närma oss städerna. Vi måste hålla oss borta från metropoler och städer. De är inte medvetna om vår närvaro än.

D: Tror du att något skulle hända om de blev medvetna om er?

C: Åh, ja. De skulle utrota oss. De skulle ta oss som fångar. De skulle inte tolerera oss. Om vi inte blev utrotade, skulle de experimentera på oss, och vi kan inte tillåta att det händer just nu. De kommer inte att förstå vår fysiologi. De kommer att veta att vi inte är härifrån, att vi inte är människor. Inte så mycket att de skulle hitta något, utan vad de faktiskt upptäcker kommer de inte att förstå, för det är så långt mer avancerat. Jag vet inte om de skulle hitta, vid denna tidpunkt i deras tid, något praktiskt användbart för oss.

D: Så varje gång ni gick in i den fysiska kroppen, var ni tvungna att göra förändringar så att ni kunde existera?

C: Åh, ja. Många. För att anpassa sig, ja. – Vi planerar faktiskt att ta några av eleverna med oss, och sedan ta med dem tillbaka. De behöver komma med oss.

D: Var skulle ni ta dem?

C: Vi tar dem tillbaka till våra kolonier på vår planet.

Det här lät mycket likt historien om den australiensiska aboriginen i Bok Två. De lysande varelserna kom och tog barnen till sin planet för att lära dem många saker som de skulle föra vidare till de vuxna för att göra deras liv bättre.

C: Det var redan förarrangerat. De måste gå tillbaka med oss till våra kolonier för att bli ordentligt undervisade. Det är säkrare och lättare. Det är bara inom ett par mänskliga dagar, tack vare den metod vi använder för resor. Det kommer att verka som om de bara har varit borta i ett par veckor. När de egentligen, på väldigt kort tid, kommer att ha fått många, många lektioner som de kan ta med sig tillbaka till Jorden på vår återresa. Vi har redan tagit några av de vuxna till vår planet och visat dem hur livet är. Det var innan vi kom tillbaka för att hämta barnen och undervisa dem. De verkade vara vänliga och helt samarbetsvilliga med oss, för de vet att deras barn kommer att hjälpa dem om de tränas ordentligt.

D: *När ni tar dem tillbaka till er planet, vad händer med er fysiska kropp?*

C: Åh, vi blir automatiskt den energi vi var. De kommer inte att känna igen oss i mänsklig form, men de kommer också att behöva bli energi för att överleva på vår planet.

D: *Vad händer med deras fysiska kroppar när de går med er?*

C: De blir bara dematerialiserade tillfälligt. När vi tar med dem tillbaka, återmaterialiserar vi dem i deras ursprungliga mänskliga form.

D: *Självklart väcker det frågan: Varför kunde ni inte ha materialiserat en kropp för er själva?*

C: Det hade varit en bra sak att göra, men det var inte så vi fick instruktioner. Vi skulle ta på oss kroppar som nyligen hade dött.

D: *Men dessa barn, deras kroppar kan dematerialisera.*

C: Ja. Och ännu mer, det är en del av deras träning, att kunna göra det. För i de omedelbara framtida dagarna på planeten Jorden kommer de att behöva kunna veta hur man gör det, och lära andra hur man gör det.

D: *Jag trodde att den del som dematerialiseras bara skulle avdunsta och sprida sig.*

C: Nej, inte helt.

D: *Ni kan hålla det samman så att det kan återaktiveras. (Åh, ja.) Så ni tar dem till er planet. Hur är er planet?*

C: Största delen av vår civilisation är underjordisk. Vi bor under jorden, vi har inte mycket ovanför marken. Vi besöker inte toppen särskilt ofta, eftersom atmosfären var förorenad för länge sedan. Vi letar faktiskt efter andra platser att återkolonisera.

D: *Vad hände med atmosfären?*

C: Vi blev attackerade av olika rebeller och de förorenade vår atmosfär, vilket gjorde den oboeblig. Så vi kan inte andas den miljön längre. Vi har hem av något slag under jorden. Det är liknande Jorden, men vi bor i kapslar. Vi har familjer som inte anses vara "nukleära familjer". Vi har många förfäder, eftersom vi lever längre än människor. Vi lever motsvarande tusen år av människoliv.

D: *Är denna plats långt från Jorden?*

C: Åh, ja. Vi är cirka trettiosju ljusår bort.

D: *Och ni kan korsa det avståndet snabbt?* (Ja) *Och dessa barn kan göra samma sak.*

C: Rätt. Det kommer att se ut som om de bara har varit borta i två, två och en halv mänskliga veckor.

D: *Och ni kommer att undervisa dessa barn under jorden.*

C: Ja. De kommer att vara helt säkra.

D: *När ni så småningom tar dem tillbaka till deras hem, kommer ni att stanna och fortsätta undervisa?*

C: Ja, för uppföljning. Vi kommer att stanna där en kort tid. Men vi hoppas att med den teknologi vi ger dem, kommer de att kunna föra vidare den säkert. De kommer att vara i mänsklig form när de gör det; medan vi inte kan stanna i mänsklig form särskilt länge. Vi måste gå tillbaka. Egentligen måste vi gå framåt och besöka andra galaxer. Och inte bara det, men om de såg oss som de varelser vi var – för så småningom blir vi vår ursprungliga kropp – skulle världens regeringar ta oss. Och vi kan inte tillåta att det händer.

D: *Vad för slags teknologi delar ni med dessa människor?*

C: Grundläggande hur man kan resa mellan stjärnor. De behöver återkolonisera. Jorden kommer inte att finnas kvar mycket längre. De måste åka till andra galaxer och återkolonisera. Så vi var tvungna att visa dem hur man reser mellan stjärnor, för att kunna göra det. Och vi kan till och med gå så långt som att ge dem faktiska möjliga platser där de kan återkolonisera. Vi skulle kunna visa dem. Det är en del av det vi behöver göra för att hjälpa dem att återbefolka.

D: *Så ni stannade där med denna grupp ett tag.* (Ja) *Sedan går ni vidare och åker till ett annat uppdrag?*

C: Vi går till andra uppdrag.

Jag frågade om han var medveten om den kropp som jag talade till, den kvinnliga kroppen kallad "Christine". Han sa att han var det. Hon var ett av hans uppdrag.

D: *Gick du in i hennes kropp som en baby, eller vad?*
C: Nej, Christine hade en nära-döden-upplevelse.

Det här var en överraskning. Christine hade inte nämnt det.

D: *När var det?*
C: År 1991 hade hon en hjärtarytmi och dog, och hon var borta i några minuter. Hon var inte kliniskt död än, så vi bebodde hennes varelse tillbaka 1991.
D: *Men medvetet, nu som Christine, verkar hon inte minnas att hon gick igenom en dödsupplevelse?*
C: Nej. Hon gick med på att låta detta hända. Hon hade gått med på att låta oss göra detta som en walk-in.
D: *Så den ursprungliga Christines själ gick vidare till andra sidan.* (Ja) *Men hon bär fortfarande på minnen från den ursprungliga själen?* (Ja) *Eftersom hon sa att hon faktiskt har minnen från tidigare liv som människa. Som en Druid, och som en munk, och spela flöjt.*
C: Ja, de är hennes minnen. Vi har behållit en del av det. De är inte mina minnen, de är hennes. Vissa av minnena är fortfarande intakta som hon har burit med sig.

Det här kan förklara varför Christine inte gick tillbaka till något av de tidigare liv hon sa att hon mindes. De var en del av den gamla Christine, och den nya Christine hade inget behov av att komma åt dem. Eller kanske skulle hon inte ens kunna. Hur som helst var de irrelevanta.

C: Det mesta av det var faktiskt en rökduk för att vi skulle komma fram idag. Vi ville att hon skulle känna sig tillräckligt säker genom att ha små snuttar av denna information i sitt sinne. Och det skulle hjälpa henne att känna sig säker när hon närmade sig dig. Annars, om vi hade berättat allt detta för henne, om vi hade kommit till henne om detta innan hon träffade dig ... det skulle ha varit för överväldigande.

D: Ville hon lämna detta liv när hon hade dödsupplevelsen?

C: Ja. Hennes födelsemor gick bort 1989, och hon ville vara med henne.

D: Menade du att hon var ensam och saknade henne?

C: Ja, men det fanns inga självmordsförsök. Detta var den lättaste övergången, detta var det lättaste sättet. Hon hade genomgått stora, stora livsstilsförändringar efter sin mammas bortgång.

D: Så den ursprungliga själen är med mamman där borta.

C: Oh, ja, de är väldigt, väldigt lyckliga.

D: Men Christine vet inte om detta medvetet, eller hur?

C: Nej. Hon var inte menad att veta.

D: Är det okej om hon får veta det nu?

C: Ja. Vi har blivit instruerade att låta henne veta. Det är nu dags för henne att veta om dessa saker. Hon visste inte att detta skulle hända när hon kom. Så småningom skulle hon tas hit, och allt detta skulle komma fram. Men hon hade ingen aning.

Den största saken jag var orolig för var hur allt detta skulle påverka Christine när hon vaknade. De försäkrade mig att detta skulle hjälpa till att förklara många saker för henne, och det skulle hjälpa till att lindra många av hennes irrationella rädslor.

D: Så du lever hennes liv precis som ett normalt liv, så hon vet inte skillnaden.

C: Rätt. Men så småningom kommer hon att göra det. Så småningom måste hon återvända till oss och lära sig lite av teknologin. Vid hennes återkomst kommer hon att gå ihop med fler som oss för att hjälpa den mänskliga familjen att klara av de kommande dagarna. Hon kommer att spela en viktig roll i den Nya Jorden.

D: Kan du ge mer detaljer om vad hon ska göra?

C: Hjälpa till med övergången till nästa dimension. Det finns de som kommer att motstå på grund av rädsla och missförstånd och bara oro. Och vi kommer inte att använda något våld, eller försöka tvinga människor att göra något, för vi respekterar den fria viljan. Fri vilja respekteras universellt. Vi kommer inte ha kontroll eller reglering över det. Vi måste försöka övertala individer, för det är för deras eget bästa för att kunna utvecklas. Och det är en del av processen som är involverad i Christine. Hon kommer att behöva träna individer att göra det för att göra övergången lättare. Det kommer att vara avgörande.

D: *Varför måste vi gå in i en annan värld?*

C: För att det är dags i det stora hela. För att detta är ett test. Detta var ett experiment. Och så småningom kommer alla att återvända till ljuset, till den ursprungliga Källan.

D: *Så världen kommer inte att utvecklas på det sätt det gör nu?*

C: Nej. Nej. Så småningom kommer allt att gå in i den successiva dimensionen.

D: *Jag har hört mycket om detta från de människor jag arbetar med. – Men du sa att hon måste åka till er planet?*

C: Ja. Temporärt. För att lära sig.

D: *Kommer inte hennes man att märka om hon är borta?*

C: Hon kommer att resa astralt. Och detta kommer att hända nu, vi kommer att göra henne medveten om vad som pågår. Hon kommer att göra detta på ett astralt sätt och lära sig på det sättet. Och när tiden är rätt, kommer hon att kunna börja göra detta tillsammans med oss andra. Medan hon är iväg och gör dessa lektioner och lär sig, kan kroppen vila och återhämta sig.

D: *Jag trodde kanske att du skulle få henne att dematerialisera sig som de andra gjorde.*

C: Nej. Hon måste stanna i denna kropp under hela processen. Hennes man vet inte. Och inte bara det, utan för hennes familj och släktingar, och hennes kunder i hennes arbete. Dematerialisering skulle inte vara fördelaktigt.

D: *Bra, då kommer det inte att störa hennes liv. Men jag vet att vi lämnar våra kroppar varje natt och vi reser astralt även om vi inte är medvetna om det.*

C: All information kommer att spridas i det astrala tillståndet. Det kommer att vara en omfattande träningsklass, men det kommer att bli inneboende i hennes karaktär. Vi är en väldigt, väldigt, väldigt medkännande civilisation. Och vi ligger ljusår före när det gäller teknologi. Och inte bara det, utan när det gäller att använda och positivt tillämpa alla universella dygder.

De pratade om Christines kropp och började reparera några saker de fann (en var en underaktiv sköldkörtel). "Vi infiltrerade hennes kropp 1991, och vi satte henne genom en metabol förändring några år senare. Detta var nödvändigt för att vi skulle kunna existera i kroppen. Detta orsakade en stor viktfluktuation. Och det har varit så sedan 1993. Hon har varit hos många läkare, och ingen har kunnat lista ut vad som har hänt med hennes ämnesomsättning. Som ett resultat av vad vi gjorde med hennes system 1993, har hon lidit av lunginflammation, sex olika episoder. Hennes rökning förvärrar också tillståndet. Vi måste få henne att sluta röka. Vi måste ha hennes andningssystem i mycket bättre skick. Kroppen kommer att vara återhämtande och regenererande." De gav sedan instruktioner om hur de skulle fortsätta med detta. På grund av hennes motstånd, skulle de behöva göra det långsamt, särskilt att ta bort rökbehovet. Ett förslag var att hålla henne så upptagen att hon inte skulle ha tid att tänka på det.

C: Från 1985 till 1991 hade hon en ätstörning. Hon var anorektisk. Vi kom inte in förrän hon gick upp 65 pund på fem månader och fick hjärtarytmi och dog. Hon kördes till sjukhuset, och hon var död ett tag. Och det var då vi kom in. Vi förde tillbaka henne med förståelsen att endast hennes kropp skulle återvända. Själva själen, Christine, är inte längre i denna kropp. Vi är det ni kallar en "walk-in". Vår avsikt är ren och välvillig.

D: Ja, jag känner till de där. Och det händer vanligtvis vid en traumatisk tid. – Men den största saken är att vi inte vill att det ska uppröra henne att upptäcka dessa saker.

C: Rätt. Vi berättade inte om nära döden-upplevelsen förrän nu, för att vi ville att du skulle veta vem vi är. När du pratade med Christine tidigare idag, det är varför hon inte nämnde nära döden-upplevelsen. – Hon behöver förstå att vi kommer att besöka henne i det astrala. Och vi kommer att hantera hennes träning, hennes lektioner, hennes kursarbete och hennes gemenskap. Hon kommer inte att ha något medvetet minne av dessa resor. Så småningom kommer allt att komma till sin rätt, och hon kommer att kunna samlas med oss andra inom en mycket snar framtid.

Det som var annorlunda och ovanligt med denna session var inte det faktum att det var en walk-in. Jag har stött på många av dem under min karriär. Det var den typ av walk-in som gjorde detta fall unikt. Normalt sett sker en walk-in när personen beslutar att de inte längre vill vara i livet, av vilken anledning som helst. De vill gå, men självmord är inte ett alternativ. Varför förstöra ett perfekt fungerande fordon när en annan själ mer än gärna skulle använda det. Så de gör ett avtal med en annan själ (vanligtvis en de känner och har en relation med) att de ska lämna, och den inkommande själen kommer att ta över kroppen vid exakt den tidpunkten. Allt detta görs utan den medvetna involveringen eller motivationen. Personens medvetande har vanligtvis ingen aning om att något har inträffat, förutom att saker verkar förändras i deras liv. Den inkommande själen gör ett avtal om att ta på sig och slutföra alla avtal som personen har gjort med andra. All karma som måste återbetalas, och alla kontrakt som gjorts före ankomsten till detta liv. Walk-in måste hedra dessa åtaganden och slutföra dem innan det kan fortsätta med sina egna skäl för att komma in. Detta är en normal walk-in.

Det som gör Christines fall annorlunda är att den inkommande själen inte kände henne från några tidigare inkarnationer. Den hade inga kopplingar till henne. Den hade faktiskt haft väldigt få liv på jorden i en mänsklig kropp. Den skickades av en högre makt. Den var fortfarande med i avtalet med Christines själ. Det måste alltid förstås att dessa fall definitivt inte är besittning, invasion eller att ta över kroppen. Det görs alltid med tillstånd. Tydligen var Christine olycklig över förlusten och närheten till sin mamma och ville gå och vara med henne. Med denna attityd skulle hon vara ineffektiv i den roll hon måste spela i de kommande förändringarna på jorden. Det skulle vara bättre att gå vidare. Betyder detta att den ursprungliga anden måste återvända till en annan planet senare för att fortsätta betala karma?

I ett annat kapitel sades det att de måste komma in och göra förändringar för att människor ska kunna skifta till den nya dimensionen med utvecklingen av den Nya Jorden. Men på grund av den rådande lagen (eller huvuddirektivet) om icke-inblandning får de inte göra det utifrån. Därför bildades en dramatisk och drastisk idé. De skulle inte försöka förändra jorden från utsidan. De skulle få göra det inifrån. Som denna bok visar, kommer många själar för första gången direkt från Källan. Andra, som Christine, ersätts av andar vars jobb är att resa genom universum och hjälpa planeter i trubbel. Dessa andar är också nya för jorden och är därför inte belastade av karma. Några kommer in i en dödfödd bebis kropp. Deras energi är så annorlunda att ändringar måste göras så att barnet kan överleva. I Christines fall verkar det som att de inte längre kan börja som bebisar, på grund av den tid det tar att vänta på att barnet ska växa upp. En genial idé att komma som en walk-in och fortsätta livet som vuxen. På detta sätt utnyttjas alla tillgängliga fordon. Det gör att fler volontärer kan komma in vid denna viktiga tidpunkt, utan att behöva växa från en bebis.

Alla dessa saker var överraskningar för mig när jag upptäckte dem genom mina hundratals klienter. Jag undrar om det finns andra sätt de hittar för att infiltrera människorasen, som jag inte har upptäckt än? Så underbart att Källan har funnit ett sätt att hjälpa oss, trots oss själva.

Annette träffade rådet på den andliga sidan. Hon hade aldrig levt på Jorden i en fysisk kropp. Hon hade varit ganska nöjd med att stanna på den sidan där hon var rådgivare och lärare. Nu diskuterades anledningarna till varför hon skulle komma. "De pratar om skiftet och balansering av energi."

D: *Vilket skifte pratar de om?*
A: Höjningen av vibrationerna i detta system. Det finns en obalans, och lite energi måste placeras på en viss punkt för att omjusteras. Så vi bestämde oss för att en del av oss måste komma ner för att möjliggöra att energin koncentreras på vissa områden. Vart den

personen än är. Jag, den här. (Hon verkade tveksam.) Det är nödvändigt. Det är rådet som har bestämt att vi måste skicka delar av oss själva till den fysiska världen för att agera som en koppling, så att energin kan flöda genom. (Stort suck) Och den här har förmågan att få åtkomst till mycket energi, och efter det, cirkla runt världen, så när det behövs kan det balansera.

D: *Den typen av energi som skulle cirkla runt världen?* (Ja) *Det är mycket energi. Är det den typen av energi som den genomsnittliga själen eller anden inte skulle kunna hantera?* (Ja) *Så det måste vara en viss typ? Och den genomsnittliga människan skulle inte kunna göra detta?*

A: Jag tror inte det, nej.

D: *Det är därför det måste vara din typ av varelse?*

A: Ja, det är rätt. För vi är energi och ... åh, Gud, jag kan verkligen inte beskriva det alls!

D: *Gör ditt bästa.*

A: Varje av oss har, som en navelsträng eller något som är kopplat till en del av energin som vi har skickat ner här. Och den navelsträngen kan få åtkomst till energin som vi har här uppe. Så den här energin som den här har kan genom strängen sprida energin från oss här och kan balansera planeten.

D: *Men det krävs mer än bara en person, eller hur?*

A: Ja, rådet har navelsträngar för sina egna.

D: *Så dessa finns överallt.*

A: Ja, ja. Det är nödvändigt. Det går överallt. Faktiskt är det som ett nätverk. Som på ett kartblad, som ett galler eller longitud/latitud.

D: *Som ett gallerverk, och det är kopplat till denna universella energikälla?*

A: Ja, ja.

D: *Du sa att detta är mycket viktigt just nu. Vad skulle hända om dessa delar inte kom ner och försökte balansera? Vad skulle vara alternativet?*

A: Nej, det är för riskabelt. Jorden skulle behöva gå igenom en period av stagnation igen, och det är inte värt det.

D: *Har detta hänt tidigare?*

Det Komplexa Universumet – Bok Tre

A: Det har hänt många gånger. Små saker påverkar. Det skulle ha en rippleffekt. Om vi tillåter Jorden att återigen förstöra sig själv, eller bli obeboelig, förändrar det magnetismen och det kommer att ha en rippleffekt till alla förflutna ... Jag menar, för oss är allt samtidigt. Det förändrar allt som är och allt som var vid denna tidpunkt – just nu. Nej, det kan inte hända igen.

Så Annette skickades ner för att bli en fysisk människa för första gången i sin existens. "Så när ni skickade denna del av er själva ner, går den in i Annettes kropp som ett barn?"

A: Nej, nej, inte som ett barn. Ett barn är för litet. Det är senare. Det är en gradvis sak. Om du såg ett fiberoptiskt, ett kabel eller en tråd? Så du har små trådar, inuti små trådar, inuti små trådar. Så det är lite som det. Det är en liten koppling, och sedan läggs mer på. Gradvis, över tid, över tid, över tid.

D: När kroppen växer?

A: Rätt, rätt, exakt. Och förändras, för allt handlar om timing. Det finns förberedelser som måste göras. Vi visste att denna skulle få behandlingarna – DNA-arbetet – vid vissa tidpunkter. Och det har gjort det möjligt för mer utrymme i cellerna för mer energi.

D: Men det finns en själ som går in i den barnets kropp.

A: Åh, ja. Det är rätt.

D: Är det samma själ som är i Annette nu?

A: Ja! Men det är inte ... det är bara mindre. Det är en procent. Jag menar, de fundamentala egenskaperna är samma. Det är som en liten cell. Och den cellen, även om den är liten, har information i sig. Det är samma idé. Det handlar bara om huruvida du har många eller få. Blåkopian är densamma.

D: Skulle vi kunna säga att, när kroppen mognar, kan den hålla mer information, mer energi?

A: Rätt. Mer energi. Det är de viktigaste sakerna.

D: Mer energi kan gå in i cellerna när kroppen växer. (Ja) Är inte detta annorlunda än hur en normal kropp skulle fungera?

A: Rätt, rätt. Det är annorlunda.

D: Den genomsnittliga människan genomgår inte dessa saker?

A: Nej, de gör inte det.

D: De blir inte – jag antar att du skulle säga – "uppdaterade eller uppgraderade"?

A: Nej, det är rätt. Det är rätt. Det finns ... Jag är inte säker på antalet, men varje rådsmedlem har en del som är här.

D: Och de skickar delar av sig själva, för detta är något som måste hända just nu.

A: Ja. Hennes kropp blir starkare. Först hade hon immunitetsproblem – astma och eksem – för att kroppen förkastade vad vi försökte göra. Men nu blir det bättre. Kroppen har minne, och det är ett problem. Den var obekväm med de energier som integrerades vid den tiden. Ibland är tiden inte lämplig, och så finns det inte en bra kompatibilitet mellan energin och kroppen. Särskilt när den är ung och utvecklas. Det är komplicerat för det finns många facetter till människan. Vi gör vårt bästa för att göra det smidigt. Igen, saker händer samtidigt. Det är väldigt svårt att förklara. Om något händer vid en annan tid ... det är väldigt, väldigt komplicerat. Låt oss inte prata om det; jag kan inte förklara det.

Jag uppmuntrade henne att försöka.

A: Okej. För tiden är all samma – det är som en bananskal som blir skalat och ligger platt. Åh! Ett äppelskal är bättre! Om du skalade ett äpple är det en spiral. Så det verkar ha en början och ett slut, men det har det inte. DNA är en bra analogi, för det är också en spiral. Låt oss säga att på den vänstra helixen, hände något när hon var fem, och det förvärrade det fysiska. Då kommer energikopplingen att göra att det verkar här ... vid trettio.

D: Som att det är på samma våglängd, och det triggar samma typ av reaktion.

A: Rätt. Vad hon gör nu kommer att påverka vad som uppfattas som ett barn. Om hon gör sig själv bättre nu, så kommer barnet att bli bättre.

D: Det är den delen jag alltid har haft svårt att förstå. Vi tänker alltid att barnet växer upp till en vuxen, men du menar att det fortfarande existerar där.

A: Det är rätt. Så de beslut hon gör nu är bra för henne som det barnet. Det är som en linje. Hmm, inte riktigt. Det är väldigt svårt att hitta en analogi som är användbar.

Jag känner att det hon försökte förklara har att göra med teorin om simultan tid. Enligt detta koncept existerar allt (förflutet, nuvarande, framtida) samtidigt, eftersom tid bara är en illusion. Därför kan allt nås. Detta är vad jag har lyckats göra, att få åtkomst till alla dessa olika delar. Genom att använda denna metod för hypnos, går vi till vad jag kallar "ett tidigare liv", genom att ändra vår vibration och frekvens för att matcha vibration och frekvens från den tidsperiod vi vill se. Mycket som att ställa in radiokanaler, eller byta TV-stationer.

Ett liknande exempel upptäcktes genom en annan klient. Virginia såg sig själv direkt i en vacker skogsmiljö. Men den hade många ovanliga attribut som satte den åt sidan från det normala. Det fanns kristaller i alla storlekar och färger som växte ur marken. I mitten av en cirkel omgiven av kristaller fanns en plats. Hon såg sig själv som en ung man klädd i en lös tunika bunden i midjan. Han kom regelbundet till denna plats och ansåg den vara hans eget speciella ställe. Han skulle sitta i mitten av kristallerna och njuta av energin som rörde sig genom hans kropp. Han sa att detta var sättet han höll sig frisk på. "Det är underhåll. Det är väldigt fredligt och väldigt energiserat; väldigt lugnande. Man kan känna frekvensen. Man kan känna energin från kristallerna som går igenom dig och runt dig. De olika färgerna på kristallerna används för olika syften. Gult är för din hälsa, din kropp. Vitt är för ditt sinne. Grönt är för rengöring. Och lila är ett skyddande energifält som följer med dig."

Den här platsen låg uppe i bergen, men byn där han bodde låg vid en flod. Byn bestod av flera familjer, och deras hus var byggda genom att fläta samman grenar. "Vi gillar att leva mer i vinden och känna naturen. Vi vill inte blockera allt. Bara skydd när vi behöver det. Naturen pratar med dig. Du måste lyssna. Du kan inte lyssna om

Det Komplexa Universumet – Bok Tre

väggen är solid." De betraktades som en stor familj, och alla hade sitt jobb, sin del att spela. Hans roll var att hela genom att bära med sig lite av energin. "Jag går dit för att samla energin som jag använder för människor; som jag samlar den och tar med mig. Jag skickar den till deras kroppar, där de behöver den. Den går in och rör på saker ... justerar saker." Han hade också en naturlig kunskap om örter. Ingen hade lärt honom att göra dessa saker. "Det kommer bara in i mitt huvud, som en röst eller en bild. Jag hittade min speciella plats med kristallerna i skogen när jag var liten, väldigt ung. Det var som om någon lämnade det där. Ingen annan går dit."

Det verkade som det idealiska, perfekta livet, tills jag bad honom att flytta till en viktig dag. Han meddelade plötsligt: "Vår by är förstörd. Vattnet kom ... floden. För mycket vatten. Tvättade ... tvättade bort saker. Husen och människorna. Och stenarna och träden ... allt ner för berget. Himlen blev mycket mörk. Det var bara tid." Han hade gått till dagen för sin död, eftersom han blev tvättad bort i översvämningen.

D: Påverkade det dig?
V: Jag bara gick vidare. Förändring. Alla förändras.
D: Så småningom, menar du? (Ja) Att avsluta en existens och gå till en annan? (Ja) Vart går du nu?
V: Jag flyter bara. Det känns som att jag vilar. Det är väldigt lätt och luftigt. Jag väntar bara. Jag är inte säker på varför jag väntar.

Jag kondenserade tiden och flyttade honom framåt, så vi kunde ta reda på vart han gick.

V: Jag är i andeform. Det är inte dags att gå tillbaka än. Det är en annan plats. Alla där är ande. Det finns inga fysiska kroppar som vi hade innan. Vi planerar vart vi ska gå som en grupp.
D: Varför vill ni gå som en grupp?
V: Vi behöver gå och hjälpa någon.
D: Är det bättre som en grupp än som individer? (Ja) Har du känt dessa människor tidigare?

V: Ja, jag känner inte deras namn, men jag känner igen dem. De är healers. De vaktar. Vi alla gör det. Vi går till platser och hjälper människorna som är där. Och sedan kommer vi tillbaka och ... för att dela i ett annat uppdrag.

D: *Berättar någon för er vad ni ska göra?*

V: Nej, vi frivilligar. Ibland är de platser vi går till svårare än andra. Platserna, kropparna som vi måste arbeta med.

D: *Varför är de svårare?*

V: Avskurna från det kollektiva. Måste minnas vårt eget uppdrag med väldigt lite att arbeta med. Få människor med vårt sinne. Vi måste bara minnas.

D: *Det är svårare att minnas, eller hur, när ni kommer in i det fysiska?*

V: Ja, dörren stängs bakom oss. Slöjan som låter oss komma igenom är tjock igen. Vi har bara det vi tar med oss.

D: *Så ni beslutar att gå som en grupp?*

V: Ja, många platser behöver hjälp. Vi går till de kritiska först.

D: *Vilka är de kritiska?*

V: De som riskerar att gå under helt. Det måste finnas några av människorna på varje plats som kan upprätthålla, som kan hjälpa de som är där. Vi måste träna och se till att de är medvetna. Om de är öppna för energin så att de kan höra och känna den.

D: *För att dessa människor inte förstår?*

V: Nej, de är mycket avskurna. De är frånkopplade.

D: *Varför är de i fara?*

V: Inre stridigheter. Förlorar sin väg. De har inget översyn. De har glömt var de kom ifrån och vad de skulle göra. Om vi kan lära en person, då kan de gå vidare därifrån utan att förlora vägen för hela folket. Mer är bättre, men en är bättre än inget. Vi måste göra det utan att bli fångade i de dagliga problemen och stridigheterna.

D: *Är det lätt att bli fångad?* (Ja) *Är du villig att ta den chansen?*

V: Ja, alla är det. Det är för det större goda.

D: *Vart bestämmer ni er för att gå?*

V: Vi har kommit till Jorden. Det finns olika platser, olika områden. Ibland arbetar vi från ovan – bara energi. Vi flyter, dirigerar energi som en grupp. Andra gånger kommer vi in i form, i det fysiska. Det är svårare. Det är lättare från ovan, men inte lika effektivt. Det tar längre tid. Det fungerar snabbare om du kommer in i det fysiska.

D: *Varför är det så?*

V: Närmare. Du kan styra energin från en närmare punkt. Distanser fungerar, men det är mer intensivt när du är närmare det du arbetar med.

D: *Berättar någon för er vilket sätt ni ska göra det på?*

V: Nej, det är vårt val. Om det är ett gruppdrag, eller om vi kan besluta individuellt för oss själva. Vi konsulterar vanligtvis varandra inom gruppen.

D: *Har ni varit på Jorden många gånger?*

V: Tyvärr, ja. Det blir värre. Vi arbetar och arbetar och energierna ... vissa är så tunga och så negativa. Det tar mycket energi och mycket tid. Men om det händer – om smältningen sker, kommer det att få långtgående effekter på många galaxer. Det får inte tillåtas. Energiarbetet motverkar kaoset, vibrationerna som är så eroderande. Arbetar för att lugna och hålla saker samman.

D: *Men ni får inte påverka direkt, eller hur?*

V: Nej, inte direkt.

D: *Det skulle vara lättare om ni kunde.*

V: Ja, men det är bara inte tillåtet.

D: *Så hur ska ni göra en skillnad?*

V: En person i taget. Det är deras val att hjälpa eller inte hjälpa. Vara ett ljus, vara en helande kraft. Träna varje person som är villig. Förhoppningsvis, träna mer av ljuset över skuggorna. Ljus upp mörkret; lugna de negativa energierna.

D: *Så det är därför ni bestämmer er för att komma till Jorden, även om det inte är trevligt.*

V: Ja, det är nödvändigt. Så många galaxer, så många platser av erfarenhet är i fara. Universum tittar; skickar energin för att hela.

D: *Har ni åkt till andra galaxer och upplevt dem?* (Ja) *Är det annorlunda än Jorden?*

V: Ja, på vissa sätt. Invånarna är olika; olika energier; högre sinne.

D: *Tar ni också på er former när ni går till de där platserna?*

V: Ibland. Ibland bara energi. Den olika atmosfären skapar formen.

D: *Så ni vet aldrig vad det kommer att vara förrän ni kommer dit?*

Det Komplexa Universumet – Bok Tre

V: Om ni inte har varit där förut.

D: *Men det låter som om det alltid är ett äventyr.*

V: Ja, mycket resande pågår – många sätt att resa. Vissa är väldigt långsamma: kanot och paddel. Vissa skepp – olika kraftkällor. Vissa är snabbare än andra, men energibemarna är de snabbaste. Energibemarna går från de avlägsna delarna av galaxen – hoppar in och åker en tur. Det går väldigt snabbt.

D: *Så just nu bestämmer ni er för vad ert nästa äventyr ska vara, nästa uppdrag.*

V: Uppdrag, ja.

D: *Och ni bestämde er för att komma till Jorden?*

V: Inte riktigt, men det är nödvändigt.

D: *Så ni vill egentligen inte göra det, men ni känner att ni behöver?* (Ja) *Okej, är ni medveten om att ni talar genom en fysisk kropp?* (Ja) *När bestämde ni er för att gå in i denna kropp?*

V: När jag kom hit.

D: *Är detta ett av uppdragen – de tilldelade uppdragen?*

V: Ja, du måste komma in i en fysisk kropp för att arbeta i det fysiska.

D: *Och ni bestämde er för att vara den här kroppen vi kallar Virginia?* (Ja) *När gick ni in i kroppen?*

V: Som ett barn.

D: *Kom ni in som en baby?*

V: Nej, den var redan här.

D: *När gick ni in i den?*

V: När barnet ville gå. Det ändrade sin mening vid det ögonblicket.

D: *Är det tillåtet?* (Ja) *Och barnet ville gå. Berätta om det. Vad hände?*

V: Jag kom in. Desorienterande ... varför var jag här? Vad pågick? Vilka var aktörerna?

D: *Vad hände med själen som var i den ursprungliga babyn?*

V: Barnet var bra. Barnet gick tillbaka. Det ville inte vara här.

D: *Händer det ofta?*

V: Ibland. Vanligtvis dör den fysiska kroppen. Vi behövde en väg att komma in. Tre eller fyra år är lång tid när du försöker arbeta. Att spara tre eller fyra år är att spara tid när du har saker att göra – när du har arbete att göra.

D: *Det var vid den tidpunkten den andra själen ville gå?* (Ja) *Och ni fick lov att gå in då.*
V: Ja. Det måste godkännas. Vi får inte bara göra upp vårt eget beslut. Rådet beslutar om det är lämpligt.
D: *För det är inte besatthet.* (Nej) *Det görs alltid med tillstånd.*
V: Avtal, ja.
D: *Samtycke och avtal. Och detta händer ibland.*
V: Ja, mer än du skulle tro.
D: *Så ni behöver inte vara den lilla baby som lär sig gå och prata.*
V: En slöseri med tid.
D: *Men när ni går in i kroppen, kommer ni inte ihåg ert uppdrag, är det rätt?*
V: Det är sant; mest irriterande.
D: *(Skrattar) Jag har alltid trott att det skulle vara lättare om ni kunde komma ihåg.* (Ja) *Varför får ni inte komma ihåg?*
V: Det skulle vara skadligt för många människor här om de visste. Att börja från målen, syftet, lärandet som skulle hända här.
D: *Ni tycker inte att det skulle vara lättare att tänka, "Åh, jag har ett uppdrag. Jag vet varför jag är här och jag kan göra det."*
V: Vi vill bara inte att alla andra här ska veta att vi har uppdrag, eller var vi kom ifrån, hur vi kom hit. Inte alla är lika öppna som du är. Planen är väldigt stor. När du är här, är du ett sandkorn på en strand i storleken av Jorden. Så mycket perspektiv på universum har du. Ändå är varje sandkorn menat att ha inflytande. Inte alla minns.
D: *Tror ni att det är dags nu för människor att börja vakna upp och minnas?*
V: Ja, det är nödvändigt. Det är det enda sättet Jorden kommer att existera och fortsätta – är för fler människor att minnas. Det finns många som kommer tillbaka för att hjälpa till att väcka minnet.
D: *Många av de som kommer har inte levt många liv på Jorden, eller hur?*
V: Det stämmer. Det är en svår plats. Du har ett uppdrag, ingen påminnelse, inget känns bekant. Väldigt få kanske känner igen varandra på något plan, men vet inte riktigt. Det tar mycket ansträngning att väcka upp, att öppna minnescellerna. Det är inte alltid menat att vara.

D: Jag vet att många av er blir så uppgivna att ni vill komma ut; ni vill lämna, för det är svårt.
V: Det också, är irriterande. Att komma tillbaka till den här sidan och tänka, "Åh! Varför gjorde jag inte det medan jag var där? Vi måste börja om!" Du har alltid påverkat någon på något sätt. Så något har blivit åstadkommet, men inte så mycket som kunde ha blivit.
– Så mycket slösad tid. Barndom – större kroppar är bättre.

Jag visste att jag inte behövde kalla på det undermedvetna. Jag visste genom hur det hade svarat på frågorna att jag redan kommunicerade med det. Det sa att det var okej för Virginia att veta dessa saker, att få denna information nu. "Hon vill veta. Hon är irriterad också. Mycket förmåga – många, många liv av hjälp – stora helande förmågor. Hon borde hela – en person i taget. Jorden måste heglas. Energin måste komma in. Människor måste väckas." Jag frågade sedan om det förflutna liv hon hade sett.

D: Det lät som en konstig plats där alla kristaller växte ur marken.
V: Kristallerna kom från ett skepp. Skeppet hade lämnats här.
D: Så det var länge sedan? (Ja) *Finns de fortfarande?*
V: Ja, de har multiplicerat sig. Platsen finns fortfarande där. Jag känner att den är täckt. Floden, översvämningarna, jordskred. Finns fortfarande där, men inte synlig. Kristallerna har väldigt kraftfull energi.

Denna session genomfördes som en demonstration för en av mina klasser, och Virginia valdes slumpmässigt. Jag vet aldrig vad som kommer att hända under en klass, men jag blir överraskad när sådan avancerad information tillåts att komma fram. Jag hoppas att det gynnade de studenter som var samlade runt sängen och observerade. Detta var ett annat fall av en ande som går in i en kropp som just blivit övergiven av en avgående ande. Om möjligt vill de inte slösa bort ett perfekt fungerande fordon. Och det sparar värdefull tid om själen går in efter att kroppen redan har genomgått sina tidiga växande och justeringsstadier.

ANTECKNINGAR GJORDA UNDER VISTELEN PÅ ASHRAMEN I BAHAMAS

I april 2007 blev jag inbjuden att tala på Sivananda Ashram på Paradise Island i Bahamas. Jag har talat där vid Yoga Teachers' Training Retreat flera gånger, och jag njuter verkligen av att vara i sällskap med dessa milda människor. På denna resa tog jag med mig det grova utkastet till denna bok för att arbeta på, eftersom jag visste att jag skulle få tid i avskildhet, helt avskärmad från TV, datorer och telefoner. Jag hade det mesta av materialet för boken sammanställt, men jag hade också många obesvarade frågor. Jag satt på den lilla verandan vid min lilla stuga, under ett kokospalms träd, och stirrade ut på de fridfulla och hypnotiska vågorna som smekte stranden. Jag funderade på ämnet jag skulle tala om vid templet den kvällen, när ord började strömma till mitt sinne. Alla som är författare vet vad jag menar. Jag greppade en anteckningsbok och försökte fånga dem innan de försvann bort i limbo.

När jag har skrivit denna bok och satt ihop de hundratals bitar av information som jag fått genom många, många sessioner, började jag få en glimt av det underliggande budskapet som "de" ville förmedla. Det var för stort för att komma genom en enda person. För att få historien, teorin, konceptet, vad du än vill kalla det, genom till mig i sin helhet, var det tvunget att ges bit för bit genom många människor. Jag var den som behövde sätta ihop pusselbitarna. Individuellt är de intressanta, men tillsammans bildar de en fantastisk bild. Det finns definitivt en plan för att rädda mänskligheten, och den är större än vad någon kan föreställa sig.

Efter utvecklingen av atombomben och kärnenergi på slutet av 40-talet och början av 50-talet, skickades ett rop ut genom hela universum. Detta var uppenbart genom den ökande mängden UFO-observationer vid den tiden. De har sagt att utvecklingen och

Det Komplexa Universumet – Bok Tre

explosionen fick deras uppmärksamhet, och de var tvungna att komma och se vad denna primitiva planet sysslade med. De visste att vi inte skulle kunna hantera det. Och med våra våldsamma tendenser kunde vi mycket väl komma att förstöra vår planet. Detta fick inte hända. Det skulle orsaka en vågeffekt som skulle kännas genom hela universum och störa andra planeter och dimensioner. Men hur skulle man stoppa det och kontrollera det utan att gå emot den främsta direktiven om icke-inblandning?

Planeten blev mer och mer negativ, orsakat av människor som levt här i hundratals livstider och lagt på sig mer och mer karma. De arbetade inte igenom den och var fastlåsta. Om de inte kunde lösa sina egna problem, kunde de inte heller lösa och stoppa våldet, krigen och de ekologiska problemen på vår planet. Så länge vi gick vår egen väg och inte skadade någon annan än oss själva, hade de ingen anledning att ingripa. Vi hade fri vilja och de kunde bara titta på hjälplöst när vi sjönk djupare in i negativitet. Det var vårt val. Uppfinningen av atomkraft tryckte på panikknappen och något skulle behöva göras. Men detta något kunde inte gå emot den främsta direktiven om icke-inblandning. Även om det var för vårt eget bästa, kunde de inte bara komma in och stoppa det.

Beslutet fattades. Om de inte kunde hjälpa utifrån, kunde de hjälpa inifrån. Ett rop gick ut för frivilliga som var villiga att komma och leva i en fysisk kropp som människa, eftersom de inte hade levt på Jorden tidigare, de hade inte ackumulerat karma. De hade en ren och kraftfull positiv energi som kom direkt från Gud, från Källan. De skulle behöva vara mycket försiktiga så att de inte blev fångade i världen och skapade karma. Många skyddas för att skydda dem från denna verkliga fara. De ville göra sitt jobb att introducera och sprida positiv energi för att motverka och skingra det negativa. Sedan skulle de kunna återvända till sitt "hem". Jag har redan rapporterat på annat håll i denna bok om de tre vågorna av frivilliga som jag har upptäckt under mina trettio år av arbete med detta.

Tid är av vikt när vi närmar oss ankomsten av den Nya Jorden. Nu finns det inte längre tid att vänta på att frivilliga ska växa från en baby till en vuxen. Så jag förstod att de går in i kropparna hos levande vuxna, mestadels vid de tillfällen när de har Nära Död Upplevelse.

Det Komplexa Universumet – Bok Tre

Detta är inte besatthet, utan sker med fullständigt samtycke och kunskap från den avgående själen. Det är en annan version av den traditionella walk-in upplevelsen. Mycket smart. "De" är fast beslutna att rädda oss och vår vackra planet trots oss själva. Ett utmärkt sätt att kringgå den främsta direktiven. De ingriper inte om de har alla själar inblandade med sig.

Jorden är ett levande väsen som skriker efter att bli räddad. Den försöker göra sig av med invaderarna genom att rena sig själv: översvämningar, tsunamis, jordbävningar, vulkanutbrott. Alla dessa är nödrop. Det är som om Jorden gör sig av med sin egen karma innan den återföds till en annan existens. Ett oskuldigt, vackert, perfekt nytt miljö där den kan börja på nytt och ta med sig de som är kapabla att anpassa sig till de nya vibrationerna och frekvenserna för att skapa en ny värld. Den gamla världen är på väg mot förstörelse. Men det kan inte vara total fysisk förstörelse av planeten själv, för det skulle orsaka störningar i de vibrerande fälten på andra planetära kroppar och dimensioner i universum. Så Jorden har valt att dela upp sig i två världar, och lämnar dem som vill fortsätta leva i rädsla och våld för att fortsätta på den "gamla" Jorden. Och skapa ett "nytt" hem för dem som vill utvecklas och evolvera. De två typerna kan inte längre leva sida vid sida på samma planet. Saker har förändrats för mycket. Så vibrationerna och frekvenserna måste förändras.

Allt är energi. Allt vibrerar vid olika frekvenser. Till och med stenar, möbler, etc. vibrerar, bara vid mycket lägre, tätare frekvenser. Så länge allt och alla på Jorden vibrerar vid samma låga, långsamma frekvens kommer saker att förbli som de är. Frekvensen måste höjas så att Jorden kan dela sig och gå in i en ny dimension. Det är samma sak som händer med våra egna jordiska kroppar. När vi lär oss lektionerna på den fysiska planen kan vi "graduera" till en annan högre dimension på andesidan, och inte behöva återvända till Jordens skola. Vi kan utvecklas, för vi har vuxit ur denna jordiska skola. Så Jorden själv förbereder sig för att "graduera", för att lämna det bekanta, status quo, och gå vidare till något mycket högre.

Men den nya Jorden utan människor och liv i sina många olika former skulle vara som ett tomt hus. Bara fyra väggar utan en själ inuti.

555

Det måste finnas ett sätt för människorna att också utvecklas så att de kan gå med Jorden. Människorna måste också höja sina vibrationer. Detta var lättare sagt än gjort, med tanke på hur många eoner mänskligheten har varit fången här. Då förstod jag. Den karma de hade innan de kom till denna värld kommer att lämnas med den "gamla" Jorden. Det är där karma kommer att fortsätta existera. Det har ingen del i den Nya Jorden.

Dessa frivilliga har kommit från en plats som aldrig har känt till våld, hat och rädsla. De bringar den vibration av positivitet till Jorden vid denna tidpunkt. Det är som "hundradaste apans syndrom". Om vi kan få tillräckligt många människor att bära den positiva vibration, kommer den att överskugga och minska den negativa vibration. Det kommer att utplåna den eller minska dess effekt genom ren mängd. I en session frågade jag om de aktuella katastroferna där tusentals människor dör och lämnar planeten i massor. Jag fick veta att de hade avslutat sitt arbete här, och hade frivilligt valt att lämna för att göra plats för de nya som kommer in. Då förstod jag. De gör plats för fler av dessa frivilliga med den positiva energin att komma in. Vi kan vinna genom ren mängd. När den kritiska massan har uppnåtts, och tillräckligt många människor har lyckats höja sina vibrationer och frekvenser, kommer den nya Jorden att födas. Detta är planen som kommer att rädda världen. Människorna själva har naturligtvis inget medvetet minne av sina skäl att komma vid denna tidpunkt. Och så ska det vara. De kommer att spela sin roll väl. De som fortfarande är nedsänkta i negativitet kommer att stanna med den gamla Jorden med det de har skapat. När de inser att något händer, kommer det vara för sent. De kan inte förändra sin frekvens och vibration tillräckligt snabbt för att följa med. Det måste vara en gradvis process, annars skulle det vara för traumatiskt för den fysiska kroppen att hantera. Så separationen sker, de två Järderna delar sig och livet går sina egna vägar: positivt och negativt.

Jag har upptäckt att många av dessa frivilliga lever tysta och anspråkslösa liv. De skapar inte uppmärksamhet. De påverkar på tysta subtila sätt. Under sessionerna får många av dem höra att de är här bara för att "vara". De påverkar andra endast genom sin närvaro och det aura de utstrålar. Det kopplar ihop med andra utan något

Det Komplexa Universumet – Bok Tre

ansträngning från deras sida, och många får hjälp genom att vara i deras närvaro, eller genom deras fysiska beröring. Det är väldigt enkelt och ändå väldigt djupt. Det kommer inte att finnas några dramatiska heroisk insatser för att rädda vår värld. Det kommer att hända genom den enkla närvaron och beröringen från kärleksfulla, osjälviska individer.

KAPITEL TRETTIOFEM

SVARA PÅ KALLELSEN

När Anna kom in på scenen var det första hon såg människor som arbetade och byggde ett mycket högt gyllene torn. Hon sa att det byggdes för gudarna. Hon beskrev det: "Det liknar en pyramid, men det är smalare, högre. Guldplattor, som liknar kakel, sätts på utsidan." Guldplattorna var ungefär 10-12" x 10-12", och var mycket utsmyckade, täckta med mönster. Människorna var gyllene i huden, antingen egyptiska eller babyloniska, och bar små vita tunikor. De hade ställningar som gjorde att de kunde fästa de fyrkantiga guldplattorna.

D: Du sa att det byggdes för gudarna? (Ja) Vad tror du det betyder?
A: Det är de som har kommit från andra ställen. De har fått höra om dessa varelser, och de har inte alltid sett dem, men de har fått veta att de måste bygga det här tornet.
D: Vad är syftet med tornet?
A: Någon form av kommunikation som gudarna vill ha. De vill ha ett torn.
D: Vet du vem som sa till dem att de måste bygga det här för gudarna?
A: Det känns som om prästerna eller någon har haft direkt kontakt. Någon fick planera eller designen, och de får dessa människor att följa instruktionerna.

Jag bad henne att beskriva sig själv. Hon var en ung man som bar gyllene sandaler, en kort vit tunika och ett gyllene bälte. Hennes hår var mörkt med silverstrimmor. Sedan blev hon överraskad när hon upptäckte att hon hade enorma gyllene vingar fästa vid sin rygg. "De är mina, men det känns inte logiskt. De är stora, och vackra!" Sedan märkte hon att hon hade ett gyllene halsband runt halsen med en mörkblå ädelsten i. "Åh! Det finns ju också ädelstenar på det gyllene bältet. De ser ut som juveler, men de är egentligen knappar eller apparater, som reglage eller kontroller. Jag har också någon form av huvudbonad. Det är inte bara ett smycke. Det är någon form av sändare. Den har ett syfte. Jag står högt på en byggnad på en kant som är mittemot den där de sätter upp guldplattorna. Det finns inget runt mig som hindrar utsikten. Jag tittar på vad de gör och rapporterar framstegen. Jag ser till att det är exakt, eftersom varje bit guld, varje fyrkant, måste placeras exakt på rätt position och i rätt ordning. Detta är viktigt, för detta är någon form av generator. Det har att göra med hur energin flödar från marken upp genom byggnaden och ut genom toppen. Det kommer att finnas ett spira på toppen, och energin rör sig i en spiral upp genom byggnaden. Och varje guldplatta kommer att aktiveras eller belysas. Det gör något för att hjälpa energiflödet; för att röra den, för att förstärka den. Det måste vara exakt."

D: *Du nämnde att någon annan sa till dessa människor vad de skulle göra.*

A: De andra är här ett tag; de är inte permanenta. Några av dem kommer att stanna längre. För att lära; för att hjälpa sprida kunskap; för att ta med någon teknologi som skulle hjälpa dessa människor. De har bett om hjälp. Det är enkel teknologi, men det kommer att hjälpa dem att förändra sina liv.

D: *Och du kommunicerar, rapporterar framstegen?* (Ja) *Varför behöver de då denna större kommunikationsenhet?*

A: För när vi lämnar. Några av oss kommer att stanna. De kommer att kunna använda sina tankar och överföra dem eller skicka dem för att hålla kommunikationen igång.

D: *Så informationen, framstegsrapporten, du skickar går inte tillbaka hem?*

A: Det går upp någonstans. Det går inte till de som är på planeten. Det går upp ur mitt huvud någonstans ovanför.

D: *Så detta är inte ditt hem?*

A: Det är ett projekt jag är på, men det är inte mitt hem.

D: *Är du en av de som kommer att stanna?*

A: Nej. Jag tittar bara på. Jag måste titta och rapportera hur framstegen går. Hur de andra gör sina jobb.

D: När det är klart, vad ska du göra då?

A: (Skrattar) Jag får lämna. Vi har gjort detta förut.

D: På denna plats?

A: Nej, på andra platser. Vi kommer som en grupp. Och det finns de som är väldigt långa till växten som kommunicerar med invånarna. De blandar sig och delar, och lär ut och vägleder, för de är skickliga på det. De lär ut vad som behövs. Olika världar har olika kriterier. Vissa världar är redo för mer komplexitet, för mer teknologi, för mer balans.

D: Vad tycker de mer avancerade människorna när ni kommer?

A: De är tacksamma, för de har blivit lärda om oss. Det finns olika nivåer av undervisning. De mer avancerade lär sig om andra världar, om vetenskaper, om andens odödlighet, om språk, om sinne. Och de är de som är begåvade med verktyg för att hjälpa de mer vanliga invånarna. Dessa människor som kommer ses som gudar.

D: Ser de mer avancerade människorna er också som gudar?

A: Nej. Vi gör kontakt med de avancerade andarna och de vet om vår ankomst. De är förberedda. Vi ger dem tid att förbereda sig, men det enda sättet de kan kommunicera med de andra är att kalla besökarna för "Gudar", för det är deras sätt.

D: Så, överallt ni går på varje värld, måste ni bygga en kommunikationsenhet som denna?

A: De är lite olika. På vissa världar är energierna klarare. Det finns som existerande vortexer som kan utnyttjas. Det är olika överallt.

D: Då är det vissa människor, deras jobb att stanna och hjälpa planeten, eller folk på planeten?

A: De är menade att stanna ett tag och ibland görs plantering medvetet, så att de ursprungliga kan leva.

D: För att fortsätta arbetet. Vet dessa människor som stannar hur man använder kommunikationsenheten?

A: De som är blandade – halvblod – kommer att veta vid en viss ålder. Programmet triggas och de vet vad de ska göra.

Det Komplexa Universumet – Bok Tre

D: *Jag trodde kanske att det var automatiskt, och enheten hela tiden tog emot information.*

A: Den tar konstant emot information, men det finns ytterligare förstärkning som dessa andra varelser inputar i den. Men det varar bara så länge energin förblir ren.

D: *Vad händer om energin inte förblir ren?*

A: Signalen försvagas och den förvrängs genom rymdtid. Det finns vissa platser där de bibehåller det längre, så det som lärs ut har en chans att tränga igenom utan förvrängning. På andra platser sker förvrängningen snabbt, vilket är varför vissa andra måste stanna längre. De lämnar bara när de känner att de har etablerat något.

D: *Överför du tillbaka kunskap om hur grupperna eller människorna utvecklas och utnyttjar informationen?*

A: Ja, det är som en rapport för att se hur snabbt de utvecklas; hur de utnyttjar det de får; om de håller det heligt eller värdefullt eller om de förvränger det. Det är som ett experiment; som en studie, forskning, för dessa världars livsformer.

D: *Då, när instruktörerna lämnar, vad händer så småningom med kommunikationsenheten?*

A: Den fungerar under en period för att den använder planetens energi. Det är människornas förvrängning som förändrar energin på planeten i det området, som förvränger signalen. Detta är varför dessa platser är programmerade inom människornas sinnen att vara heliga. Så länge denna helighet hålls, kommer signalerna att överföras. Men när människorna blir förorenade eller förvrängda, och börjar smutsa ner energin i det som är heligt, börjar en förvrängning över tid av energin i överföringen. Och när överföringen blir så svag, måste andra komma och göra om allt på en annan plats.

D: *Förblir den ursprungliga enheten, eller händer något med den?*

A: Den förblir, men försvinnandet av livskraften i energin förändrar strukturen över tid. Det blir en död struktur. Guldet börjar upplösas. Dess energi bleknar på något sätt, och det som är kvar är sten. Det är som ett skelett. Det är som om huden löses upp och bleknar bort, och det som är kvar är ett monument.

Det Komplexa Universumet – Bok Tre

D: Så om någon skulle se det senare, skulle de inte ha någon aning om vad det var för användning?

A: Nej, och de skulle inte veta hur det såg ut i sitt ursprungliga skick.

Det här får mig att undra om pyramiderna och andra gamla monument. Det har sagts att den Stora Pyramiden en gång hade en guldspets. När energin förändrades, konverterade de till bara stenmonument, som maskerar deras verkliga syfte?

D: Så du kommer inte från den platsen. Var kommer du ifrån?

A: (Hon log.) Jag kommer från stjärnorna; från en gyllene värld. (Viskande) Den gyllene världen. Det är en värld med många solar. Det finns fem solar i vår värld.

D: Skapar det problem med strålning?

A: Nej, för vi ändrar vår form. Vi behöver inte vara fysiska. Solarna är som plasma och deras strålning är kunskap. De är där inte för att stråla värme. De ger ifrån sig ljus, men deras ljus ges för att det handlar om kunskap. Kunskap är deras ljus. Det är en väldigt ljus värld.

D: Så du behöver inte en fysisk kropp i den världen.

A: Du behöver ingen, men du kan bära vilken typ av kropp du vill, om du vill ha en.

D: Hur ser du ut i ditt normala tillstånd?

A: (Suckar) Det är ett energifält som ser lite ut som en manet. Istället för tentakler är det glittrande elektriska fält som vi avger när vi kommunicerar. Några av oss behåller de formerna, men vi kan förändras. Vi kan morfa till vad som helst genom en tanke. Vi kan vara vad som helst, så det är lekfullt. Vi kan prova alla former och experimentera med former, för kunskapen från solarna ger oss medlen att göra det. Det finns inga begränsningar där. Det förändras hela tiden. Det är en värld av rörelse, underverk och extraordinär kommunikation.

D: Hur ser topografin ut på en sådan plats?

A: Den är böljande. Det finns saker som ser ut som berg, toppar, men de rör sig som frekvensvågor. De kommer och går, och de stiger och faller.

Det Komplexa Universumet – Bok Tre

D: *Finns det några träd eller växtlighet?*
A: Inte om vi inte skapar det för skönhet. Det är ständigt föränderliga bilder, och det är inte en humanoid värld.

D: *Då när ni lämnar för ett uppdrag, får ni veta vad ni ska göra av någon?*
A: Ja, vi har instruktioner. Vi frivilligar för dessa projekt och tar med oss kunskap från solarna till dessa andra världar.

D: *Hur reser ni när ni går till de andra världarna?*
A: Genom tankar.

D: *Ni behöver inget farkost eller något slags skepp?*
A: Inte om inte energin i världen vi går till har förvrängda frekvenser som skulle kunna fördärva våra tankar. Då skapar vi fartyg eller skepp för att hålla våra tankar klara, och skeppen deflekterar förvrängningarna. Det är som ett skydd som gör att vi kan behålla integriteten i vårt syfte där.

D: *Annars skulle det vara svårt?*
A: Det skulle vara väldigt utmanande. Vissa atmosfärer är mycket tjocka med den komplexa tankeverksamheten från civilisationen vi går in i. Vissa atmosfärer är klarare beroende på den världens evolution.

D: *Blir ni varnade om dessa saker innan ni går till någon plats?*
A: För det mesta, men om det är en värld som inte har blivit helt forskad, blir vi ibland tagna på sängen.

D: *Så när du gick till denna värld, skapade du en fysisk kropp. Varför var det nödvändigt?*
A: Så vi skulle kunna vara som dem. De skulle inte se oss eller höra oss om vi var plasma, och de skulle vara rädda. De skulle inte förstå. Och så morfar vi oss vid behov till liknande livsformer för att kunna kommunicera och bli accepterade så mycket som möjligt utan att kompromissa oss själva.

D: *Men du skapade en kropp som hade vingar.*
A: Jag gillar mina vingar. Det är få av oss som hade vingarna. De är också där, för att deflektera och för att överföra. Deflektera frekvenser som kommer från människorna och planeten. De kan också ta emot och översätta tankarna från dem som ser på oss. De

är nästan som en parabol. Det är nästan som en organisk dator som kan ta in information och läsa den.

D: Så detta är varför du valde en kropp som den. Den har en praktisk del även om den är vacker.

A: Ja. Jag behöver inte interagera för mycket med andra, så jag kan behålla den formen. De tror att jag kanske är mer som en fågel när de ser mig på avstånd. Några har sett mig närmare, men de som är långt nere tror bara att jag är en gigantisk fågel av något slag. Det håller mig säker och gör att jag kan göra det jag behöver göra utan avbrott.

D: Så du kommer att stanna tills det är klart, och då måste du återvända eller gå någon annanstans?

A: Jag stannar tills byggnaden är klar, och teknologin har överförts eller tagits ner till en tillfredsställande nivå. Och sedan lämnar jag innan några av de andra. Jag är klar där.

Jag flyttade henne framåt tills jobbet var klart och hon skulle behöva gå någon annanstans. "Förändrar du form, eller behåller du denna form?"

A: Jag släpper formen. Jag behöver inte den. Det är som en kostym.

D: Behöver du ett fartyg?

A: I denna värld finns ett fartyg, på grund av de atmosfäriska frekvenserna. Så jag upplöser bara formen och överför mig till fartyget.

D: Är du den enda som lämnar, eller finns det andra?

A: Det finns andra.

D: Så du kommer att gå någon annanstans. Har du instruktioner?

A: Jag vet inte förrän jag är tillbaka på fartyget och andra rapporterar in.

D: Rapportera de tillbaka till planeten med de fem solarna?

A: Andra gör det. Vi behöver inte rapportera till dem. Det finns andra över oss som gör den rapporteringen. Sedan fattas beslut.

D: Vet du vart du ska härnäst?

A: Hmm. Jag hör att jag måste gå till Jorden.

D: Vet du var Jorden är?

Det Komplexa Universumet – Bok Tre

A: Andra sidan av universum. Det är långt härifrån.

D: *Har du varit där förut?*

A: Långt tillbaka. Jag åkte dit för att undervisa, för att utbilda, för att återställa. Jag var en av de som var tvungna att stanna ett tag. Jag har varit på Jorden nära dess början av livsformer, när många former var i experiment där. Och vi designade naturen där och planterade dess vegetation ... i några av de tidiga formerna som fanns där.

D: *För att se vad som skulle växa; vad som skulle utvecklas?*

A: Och för att ta några av de karga områdena och täcka dem med grönt för att skapa platser som var beboeliga för livsformer. Många av de platser där det skulle vara hav var heta, och inte lämpliga för vatten. Och dessa områden behövde vara kalla och förändras för att atmosfären skulle kondensera för att skapa de dammar som skulle ge liv åt andra former.

D: *Så du måste också ha vatten.*

A: Ja, molnen. Planteringen av molnen sattes på plats innan vi kom dit. Det var ett projekt där många olika varelser samlades för att skapa den värld som skulle kallas Jorden. Det finns olika kulturer och olika världar som har expertis och erfarenhet inom områden som vi inte har. Och vi samlas för att skapa dessa nya världar.

D: *Vem instruerar er? Vem säger åt er vad ni ska göra?*

A: Det finns ett råd. Jag skulle kalla det ett råd, men det är högre än ett råd. Det finns en gemenskap av många olika världar som kan skanna liv i universum. Och veta när och var de ska skapa världar med liv som kommer att ha framtida inverkan på den specifika delen av rymden där de befinner sig. Och detta råd, denna grupp av världar, kan se in i de framtida potentialerna. De kan se ett nätverk genom tiden för att veta potentiella utfall.

D: *Men det fungerar inte alltid som de hoppas, gör det?*

A: Nej, det gör det inte.

D: *Detta måste ta en otrolig mängd tid att utveckla en värld till den punkten att den kan ha liv på sig.*

A: I det universum som Jorden finns i, är tid annorlunda från andra världar i andra universum. Lagarna i det universumet har en intressant tid som är längre än den är för oss. För oss går det snabbt, men för den värld som utvecklas kallas det "miljoner år". År eller en tidsram som är konstruerad av lagarna i det universumet.

D: *Enligt människans tänkande skulle det ta en otrolig mängd tid. Men era folk och de andra kan komma och gå vid olika utvecklingsfaser?*

A: Det är inte i vår tidsram. Vi kan komma och gå. Det är lite som att gå in i ett rum och ha en annan atmosfär av tid i det rummet. Nästan som en holodeck som kan förlänga tid till eoner av utveckling, men det är bara en kort paus i vår tid.

D: *Så saker har naturligtvis förändrats varje gång ni återvänder.* (Ja) *Så, du sa att ni blivit tillsagda att åka till Jorden igen. Vilken fas i dess utveckling är den nu när ni återvänder? Kan du se vad som händer där?*

A: Mycket oro. Atmosfären är mycket förorenad. Det finns mycket smärta. Atmosfären skriker. Själarnas rop på hjälp.

D: *Är detta varför de bad dig komma?*

A: Många kommer vid denna tidpunkt.

D: *Så saker gick inte framåt som ni hade hoppats?*

A: Nej, det fanns inblandning. Andra som kom inblandade sig i experimentet i planetens utveckling. De som ville använda resurser och invånare för något annat än den gudomliga nöjet av evolution. De är de mörka som inte hedrar naturlig evolution.

D: *Kunde inte rådet göra något för att stoppa dem?*

A: Det finns fri vilja. Rådet kan bara försöka utbilda dessa andra om fördelarna med att låta planen ske. De kan inte tvinga, för universum har friheten för alla att vara. Det är en skillnad i åsikt om vad evolutionen ser ut som.

D: *Så vad ska du göra?*

A: Många kommer från många olika världar. Atmosfären måste helas. Ropen måste höras. Planeten gråter; hon är i smärta. Det finns mycket att rätta till.

D: *Vet du hur du ska hjälpa denna gång?*

A: Jag måste låtsas vara en av dem. Det finns ett behov av fler av oss att blanda oss bland invånarna för att göra det vi måste göra. Vi måste ta på oss kropparna och vara mindre separerade från dem denna gång.

D: Så du kommer inte att se annorlunda ut?

A: Så att vi ska ha mer kraft att hjälpa. Att vara annorlunda uppnår inget när det finns så mycket smärta. Det finns för mycket rädsla.

D: Du måste verka som en av människorna.

A: Det är mer effektivt att göra det på det sättet.

D: Nåväl, låt oss gå vidare och se vad du gör. Hur blir du en av dem?

A: (Paus) Jag gillar det inte. Det är en begränsande kropp och en mycket tung energi. Den är inte flytande. Kropparna är fyllda med genetisk rädsla och tvivel, med osäkerhet, med tvekan. Och att föra in energi och behöva vandra genom programmen och genetiken är utmanande. Det finns för mycket förvrängning.

D: När gick du in i denna kropp? Var det som en baby?

A: Det gjordes ett försök som en baby, men det var inte framgångsrikt. Jag är fel frekvens för kroppen. Jag måste ändra min frekvens.

D: Blev du tilldelad en viss baby när den föddes? Jag undrade hur du bestämde dig för vilken kropp.

A: Det sker en skanning av den genetiska historiken för DNA:t hos potentialerna – för föräldrarna – och om det verkar som om det finns en potential för tidigare kontakt genom den genetiska linjen, så existerar frekvensen fortfarande inom föräldrarna.

D: Så det är lättare att göra det som en baby?

A: Ibland är det lättare att göra det som en baby, men det beror på moderns känslomässiga tillstånd om hon blockerar att den genen aktiveras.

D: Men i detta fall kunde du inte komma in som en baby?

A: Det var inte framgångsrikt. Frekvensen var för tung. Jag kunde inte aktivera rätt frekvens inom kroppen, och det avbröts.

D: När var du framgångsrik i att gå in i kroppen?

A: Senare. Ett avtal gjordes med en annan själ; en annan aspekt av själen.

D: Var det också som en baby?

A: Det är som om det var en partiell inkarnation i kroppen – inte helt – för att utveckla kroppen för att hjälpa den att växa, men för att inte vara helt närvarande i den. Det var att mogna kroppen för rätt tid. Det var inte nödvändigt att vara helt närvarande eftersom frekvensen som var i kroppen skulle bytas ut.

D: Betyder det att din frekvens var för stark? (Ja) Skulle det ha skadat kroppen om du hade kommit in tidigare?

A: Det kan ha kortslutit några av de nödvändiga funktionerna i kroppen. De elektriska kretsarna – de elektriska laddningarna inom kroppen – kan brännas ut eller förvrängas, vilket skapar dysfunktion. Den mänskliga ramen, det mänskliga systemet är mycket ömtåligt, och det kan orsakas stor skada om för mycket frekvens flödar in i kroppen utan förberedelse.

D: För mycket energi. (Ja) Så, du sa att det bara gjordes delvis?

A: Tillräckligt för att upprätthålla det som kallas en existens, men inte helt i kroppen och inte helt deltagande.

D: Så, när gick du in helt, eller så helt som du kan?

A: Början av det var upplevelsen under kryssningen.

Under intervjun innan sessionen nämnde Anna en märklig upplevelse som inträffade när hon var till sjöss under en kryssning. Hon sa att hon gick ut på balkongen i sin hytt, och kände som om hon lämnade sin kropp. Efteråt kände hon att hon blev en annan person. Hon undrade om en walk-in hade inträffat den natten.

D: Så vi talar om Annas kropp som du talar genom just nu. (Ja) Varför valdes just den tiden?

A: Hon var bortom alla influenser som skulle ha förhindrat eller identifierat henne med sitt förflutna. Hon var i ett plasmatiskt fält som man kallar "haven", och det var lätt att göra överföringen.

D: Hon sa att hon hade en märklig känsla att något hände vid den tiden.

A: Det har getts några minnen till henne, för att hjälpa henne förstå förändringen som hände.

D: Men det är inte vad vi betraktar som en walk-in?

A: Det är det inte.

D: Jag vet inte om du har ett namn för detta, men det är som om du alltid har varit där, men inte helt och hållet. Är det korrekt?

Det Komplexa Universumet – Bok Tre

A: Det är korrekt. Det är en överföring av medvetande. En överföring av identitet som har flyttats in i kroppen. Och igen, på grund av kroppens och sinnets ömtålighet, då det måste fungera inom planetens fält, har det varit tvunget att göras mycket försiktigt och gradvis. De gånger det gjordes för plötsligt, fanns det en risk för överbelastning; för förtvivlan över att två verkligheter överlappar. Sinnet börjar se blixtar och visioner av andra verkligheter som bärs från de fem solarna, särskilt i denna kropp.

D: *Hon sa att hon har blixtar av minnen, och hon förstod inte var de kom ifrån.*

A: Mycket tydligt. Och de har varit tvungna att laddas ner försiktigt tills nu för att börja förstå att hon har tillgång till den andra världen och kunskapen.

D: *Är det okej om hon har kunskapen nu?* (Ja) *Är det därför hon fick komma hit?* (Ja) *Hon sa att hon hade en känsla av att något annat var inne i henne och tittade ut genom hennes ögon. Är det du?*

A: Ja, det är medvetandet från den gyllene världen – från världen med de fem solarna.

D: *Och hon har också känslan av att hon rapporterar tillbaka på något sätt.*

A: Det gör hon.

D: *Eftersom det alltid har varit din funktion att rapportera tillbaka.* (Ja) *Men mycket av detta har varit väldigt förvirrande för henne.*

A: Vi förstår det, men vi har inte kunnat låta henne veta, för hon har behövt hantera mänskliga element; karmiska element från kroppen som behövt rensas upp.

D: *Hon känner att det finns något hon behöver göra.*

A: Det är viktigt att hon vet att hon har tillgång till denna kunskap; det här är det första. Det andra är att hon inte ska känna oro när jag tar över hennes syn för att rapportera. Det finns vissa tider när hon får meddelandet att öppna kanalen. Det finns tider när hon är distraherad och jag måste gå in, och då är hon medveten om en tredje part.

D: *Nu när hon förstår, kommer det bli lättare att hantera, eller hur? Den svåra delen är att inte veta.*

A: Det kommer att vara väldigt lätt för henne. Faktum är att hon tycker om att rapportera; hon tycker om att delta. Det är i den rapporteringen som hon sedan får den information som är nödvändig om vilka åtgärder hon ska vidta, vart hon ska gå och vem hon ska interagera med.

D: Finns det något särskilt arbete du vill att hon ska göra?

A: Hon måste vara med människor. Det är hennes tid att gå ut där och sprida det hon vet. Att tala och bli hörd.

D: Kommer folk att lyssna på henne?

A: De kommer att lyssna så länge hon kommer från sitt hjärta. Vi kommer inte att ge henne information som är så främmande att den skulle sätta henne i fara. Hon är här för att hjälpa invånarna som lyssnar att förstå att det är dags för en förändring. Att de eteriska fält som håller förvrängningarna inte behöver vara de eteriska fält de lever av. Det finns en parallell eter som är tillgänglig. Det finns en parallell atmosfär av medvetande som är tillgänglig. Och det finns ett val av vilket atmosfär man ska leva av, för varje atmosfär har ett tankenätverk som är avgörande för rasens långsiktiga överlevnad. En atmosfär är skadlig för evolutionen. Den andra atmosfären involverar storhet. Interdimensionell-intergalaktisk kvantkunskap som börjar tränga in i denna värld. Hennes resa har alltid varit att vara en resenär, och hon är inte annorlunda här, även om hon är i kropp. En sak hon har behövt förstå är eterens styrka av rädsla, för man kan inte bekämpa eter av rädsla om man inte känner till dess många ansikten.

D: Anna sa att hon till och med kände sig suicidal vid vissa tillfällen. Hon ville ta sig härifrån.

A: När hon kopplar in sig på fel eter – på den mörka etern; på rädsla-eter – stänger det av hennes kommunikationskretsar. Och vi måste ofta gå in för att kunna återbalansera henne, men det har funnits gånger då det har varit en utmaning att ens komma in.

D: För hon säger att hon känner att detta inte är hemma. Hon vill inte vara här. Och jag har hört det många gånger.

A: Det finns ett motstånd mot denna frekvens. Hon förstår mer nu, att det inte är den naturliga frekvensen som hon resonerar på. Men det är ett kortsiktigt uppdrag – kortsiktigt från vårt håll – även om det är långsiktigt från hennes tidsuppfattning i denna verklighet. Här är tidsuppfattningen trög. Den är långsam och den är väldigt tung.

D: *Detta är en av anledningarna till att hon kände sig tom, som om hon inte hörde hemma här.*

A: Tillhörighet är ett intressant begrepp. Det finns, i en mening, inget som heter tillhörighet. När man är enad, då är ordet "tillhörighet", begreppet tillhörighet en felaktig benämning, för man är allt. All kunskap; all erfarenhet. Man är kopplad. Man behöver bara tillhöra när man känner sig främmande och främmande. När hon går in i vetskapen om sin förbindelse, då blir tillhörighet onödig.

Anna hade aldrig gift sig och kände att hon aldrig borde göra det. Jag bad om en förklaring.

A: Hon är rädd för att bli mer fångad i känslomässiga fällor. Det är viktigt för henne att förstå att rädslan inte är den eter som hon behöver leva av. När hon tänker på vad som kallas "äktenskap", finns det två, om man nu kan kalla det så, "tidslinjer" – två val – och båda har väldigt olika verkligheter. Hon tittar på fel eter. Om valet är från den mer täta etern, då bär äktenskap död för henne. Äktenskap bär fångenskap för henne. Det finns en rädsla i den verkligheten av genomträngning, av fångenskap, av att ge bort sin kraft till en modalitet – till ett nätverk – som har satts i rörelse i denna mänskliga ras under lång tid. Och hon skulle köpa in all vikten och tyngden av den specifika etern. Den andra etern är en av lätthet i kamratskap. Att förstå att denna enhet är som hon; är en av oss; är familj från ett annat rike – ett annat plan. Att kärleken de delar är av ande, och det är det hon måste leva på och det som har lång livslängd. Det har glädje; och det har henne gående i sitt syfte här. Det är en vänskap av tidlöshet med denna enhet för att assistera henne och hjälpa henne. Och i det finns ingen rädsla. Det finns mycket glädje; det finns mycket tjänst; och det finns mycket kamratskap. Hon behöver en lekkompis. Det har varit en lång, tung resa för henne.

D: *Du har talat om de två nivåerna av eter. Är detta ekvivalent med vad jag har fått höra om den Gamla Jorden och den Nya Jorden?*

(Ja) *Att den Gamla Jorden är den med rädslans inbillade eter och alla katastroferna.*

A: Den Gamla Jorden försvinner. Det är nästan som ett svart hål. Den kollapsar in i sig själv. Den är dyster. Den är korrupt. Det är den Gamla Jorden. Den är mycket smärtfylld: himlarna, eteriska fält, atmosfären skriker på den Gamla Jorden. Det finns mycket smärta. En del av den Nya Jorden är modellerad efter den gyllene planeten med de fem solarna. Men det finns många världar som bidrar med kunskap, bilder, resurser till den Nya Jorden. Det är en fristad. Det är en juvel. Det är lätt för Anna att komma åt den frekvensen, för hon har fått bilder av den. Hon vet att den är verklig. Hon har inte förstått att det är ett kvant hjärtslag från där hon är. – Det är bra att hon vet att jag är här. Det är bra att hon vet och minns den gyllene planeten med de fem solarna. Att hon förstår att detta är en progression. Att hon har kommit hit vid denna tid för ett specifikt syfte och att det är avgörande för henne att hålla den Nya Jorden – den andra etern, den ljusa etern – i sitt sinne. Och låta bilderna från den börja tränga igenom och upplösa de gamla bilderna.

KAPITEL TRETTIOSEX

VÄRLDRESENÄR RESENÄR

När Jeannie kom från molnet, kom hon in i en scen av förstörelse och kaos. "Jag ser en sol, men den är ljusorange. Den är täckt av något dåligt. Något kokar upp från jorden. Något täcker solen. Det är verkligen dåligt. Det är så skrämmande. Jag tror det kommer att döda människor. Det får mitt hjärta att rusa. Mycket förvirring, och människor dör, och jorden spricker och ... och rädsla, kraft. Alla dessa saker orsakade en fruktansvärd kataklysmisk ... det förändrade livet för mig som jag kände det."

D: Så något väldigt negativt hände på den platsen där du bor?
J: Ja. (Paus) Jag är så ledsen. Människor missbrukade makt. Man kan inte ta makt och missbruka den. Den är bara utlånad till dig. Du använder den bara.
D: Vad hände för att skapa detta?
J: Vi lärde oss att kontrollera, vi lärde oss alla att kontrollera. Vi kommunicerade med våra sinnen, och vi lärde oss att bygga och lyfta tunga saker. Och innan lång tid hade gått, började människor missbruka sina krafter mot andra människor, eftersom vissa var starkare än andra.
D: Menade du att de började använda sina tankekrafter på ett negativt sätt?
J: Ja. Det var fruktansvärt.
D: Vad orsakade så småningom denna katastrof?
J: Jag är inte säker, för det hade att göra med missbruket av makt, och det sipprade ner i jorden, eller marken. Och det sipprade ner i inre och det byggdes upp och brast.
D: Var du involverad i detta?

Det Komplexa Universumet – Bok Tre

J: Nej, nej! Jag var involverad i forskningen och den vetenskapliga förståelsen av vad vi hade upptäckt med våra sinnen och lärde folket. Jag skulle aldrig missbruka det. Det är bara en gåva.

D: Kunde du göra något åt det?

J: Nej, det fanns för många av dem. Jag var tvungen att stå tillbaka och se på när det hände. De kunde inte kontrollera det. Sedan blev de alla riktigt rädda och skräckslagna, och de skrek. Och kom till mig och frågade mig: "Stoppa det! Stoppa det! Kan du hjälpa?!"

D: Fanns det något du kunde göra vid den tidpunkten?

J: Nej, det var alldeles för sent. Jag såg det komma och försökte lära dem bättre, men de ville inte lyssna. De kände sig större och starkare och mäktigare. Jag har bara djupt sorg i mitt hjärta. (Paus) Det borde inte ha hänt. – Det här är förvirrande, för jag var där när den kaotiska delen började. Men på något sätt ser jag nu ner på det, som om jag svävar ovanför.

D: Var var du när det började hända?

J: Jag kom in i något och flög bort. Vi såg att detta skulle inträffa över tid, och att de var på väg åt fel håll. Vi åkte till den platsen för att lära dem hur de skulle använda sin medvetenhet för gott, men de blev så maktlystna att de förstörde sig själva. Och så byggde vi ett fartyg i hemlighet, för nödsituationer, för att lämna med, eftersom vi var tvungna att rädda de som inte missbrukade makten.

D: Hur drivs fartyget?

J: Åh, med våra sinnen. – Det var inte mitt hem. Jag blev skickad dit för att undervisa. Jag vet inte hur jag kom dit. Jag vet bara hur jag lämnade. Åhh! Åhh! Jag projicerade mig själv! När jag kom, projicerade jag mig själv dit! Men eftersom jag var tvungen att åka så långt, byggde jag mitt eget fartyg för att lämna.

D: Kunde du inte projicera dig tillbaka igen?

J: Nej, för jag skulle åka ännu längre bort. Det här är vad jag gör. Jag har kunskap som hjälper människor att leva sina liv bättre.

D: Men i detta fall, de ville inte lyssna?

J: Nej, det var ett misslyckat uppdrag. Jag var tvungen att bygga fartyget eftersom jag kunde projicera mig, men de andra kunde inte. Dessa var några som var mycket vänliga, och några som inte missbrukade sina nyfunna krafter.

Det Komplexa Universumet – Bok Tre

D: Har du en fysisk kropp på den platsen?

J: Ja, men den är ... den är annorlunda. Den är lång och smal. Det är en kropp, men det är inte en kropp. Det är mer som ett elektromagnetiskt fält.

D: Olika från de andra människorna där?

J: Ja. Jag måste vara annorlunda eftersom jag inte skulle kunna ha projicerat mig själv dit.

D: Uppfattar de dig som annorlunda eller konstig?

J: Nej, jag får mig själv att se ut som dem. Jag vet allt om det. Jag har gjort det mycket. Man kan inte få människor att lyssna på en och få hjälp om de är rädda för en. Jag försökte hjälpa, men de ville inte lyssna. Det fick mig att känna mig så ledsen.

D: Men du fick alla du kunde ombord på fartyget för att åka till säkerhet någonstans?

J: Bara för att åka till vårt nästa uppdrag: att undervisa nya människor. Jag tar med mig dessa andra för att de var goda av hjärtat.

D: Vad hände sedan? Du sa att du var uppe och tittade på allt där nere.

J: Det var så dåligt. Det var röd damm överallt, och solen var täckt. Det flöt till och med långt upp där vi var.

D: Vad mer såg du där nere?

J: Det såg ut som om det kom från kanterna in mot mitten, och bara rullade ner i ett hål. Det rullade som en munk från utsidan till insidan. Planeten veckade ihop sig i sig själv.

D: Det är ganska konstigt, eller hur?

J: Nej, när det är ett misslyckat uppdrag som det, imploderar det.

D: Vad händer då?

J: Jag har en hel plan över tid, och vad jag ska undervisa dessa olika varelser. Vissa är varelser. Och eftersom jag är ett elektromagnetiskt fält, förändrar jag mig och ser ut som de ser ut. Jag vet inte var jag lärde mig det. Jag har alltid gjort det. Det är lite knepigt dock. Jag försöker inte låta andra människor se eftersom de tycker att jag är ganska konstig.

D: Detta skulle skrämma dem om de visste?

J: Ja, för bara vissa människor kan göra det. Jag tror de kom från där jag kom ifrån. Kanske lärde vi oss alla det när vi var unga. Jag vet inte. Jag vet bara att det är skrämmande att lära någon om du är annorlunda, så du måste kunna se ut som dem.

D: *Det skulle ge mening. Men när du är tillbaka där du kom ifrån, hur ser din normala kropp ut?*

J: Den är röd, och ... åh, pojke! Den ser till och med konstig ut för mig! Jag är verkligen ljusröd! Och jag är verkligen stor. Det är inte ett insektsliknande. Det skulle vara som en vanlig kropp, men den har ... utskjutande delar ... wow! Den personen skulle kunna vara en gräshoppa! Det är svårt att förklara. Men den är ganska ovanlig att se på – definitivt färgen.

D: *På din hemplanet, behöver du förändra din form?*

J: Åh, vi kan vara vad vi vill. Vi går runt och spelar spratt på varandra. Vi kan alla göra det.

D: *Och sedan blev du tillsagd att gå och hjälpa andra människor?*

J: Jag fick uppdraget att nå ut till alla universum. Och blev tillsagd att jag skulle vara borta länge, länge för att hjälpa dessa människor att bli bättre.

D: *Det låter som ett stort uppdrag.*

J: Ja, jag blev ganska överraskad. Så jag går från plats till plats, och när jag kommer till den nya platsen, förändrar jag min form för att smälta in. Men varje plats är olika.

D: *Nåväl, denna gång när du är i ditt fartyg och du åker iväg, vart går du?*

J: Jag åker till en planet med alla gula människor. Detta är en plats jag inte har varit på förut. Så nu är jag smörgul.

D: *(Skrattar) Vad händer med de andra människor du tog med dig?*

J: De är lite upprörda, för jag har redan visat dem hur man gör detta, och de kan inte riktigt göra det än. Så de hänger tillbaka. Och jag sa, "Jag går ut först och väntar på er, och ni kan göra det." Och jag visade dem hur man gör det. – Åh, och de kommer ut, men de gjorde något fel. Och de är alla små korta, gula – de är alldeles för korta! Åh, jag vet inte vad de gjorde! Jag kommer att behöva ta dem tillbaka upp där! De krympte sig så små! Åh, det är så roligt! Jag visste inte ens att man kunde krympa sig så små!

D: *(Skrattar) Ser de smörgula människorna ut som humanoider?*

J: De har stora ögon och släta huvuden och extra långa armar. Jag har sett dessa typer av människor förut, men inte gula. – Så jag sa till dem att gå tillbaka upp för trapporna och låt oss göra om det. Jag kommer att behöva stanna med dem tills de får rätt storlek. Vi ska se ut som dem, inte vara olika från dem.

D: *Så det var det du gjorde?*

J: De kommer alla ut i rätt storlek.

D: *Planerar du att stanna där ett tag?*

J: Jag är trött. Jag är trött på att träna alla dessa människor, för det är något fel med träningen. Något är inte rätt. Vissa förstår, och vissa tar det till en ny nivå av makt. Det börjar kännas som den röda planeten.

D: *Den som exploderade?*

J: Ja. Jag ska hämta mina människor, och vi ska lämna nu. Vi ska inte ha ett misslyckat uppdrag igen. Vi ska hitta en plats där vi är välkomna och där de är tillräckligt smarta för att "förstå". Jag vill inte att det ska hända igen, för det handlar inte om det. Och det är inte det jag blev tillsagd att lära folk. Det är inte rätt att missbruka makt. Det är en gåva.

D: *Så du ska samla dem alla och ta dem någon annanstans?*

J: Jag har redan fått dem, dörren är stängd, vi är redo att åka. De står alla omkring och ser förvirrade ut. Jag bryr mig inte. Jag tänker inte ha en upprepning.

D: *Så du ska inte försöka hjälpa dessa gula människor?*

J: Nej, de kan bara göra vad de vill. Jag tänker inte stå och titta på att det händer igen. Vi måste få det bättre. Vi måste göra det rätt. Vi måste göra det annorlunda.

D: *Så nu går du någon annanstans?*

J: Ja. Men fartyget fungerar inte som det ska. Herregud! Det vibrerar alldeles för mycket.

D: *Är det efter att ni har lyft?*

J: Ja. Jag är lite orolig. Det borde inte vibrera så här. Jag vet inte om vi fått smuts eller damm eller något där det inte borde vara eller … jag vet inte. Jag hoppas ingen har gjort något med det. Jag kan projicera mig själv ut, men jag kan inte ta med människorna på fartyget.

D: *Tror du att någon kan ha gjort något med det?*
J: Tja, de var ganska arga på mig för att jag gick iväg. Jag sa till dem: "Ni lyssnar och gör det på mitt sätt eller så kan ni inte göra det alls."
D: *Låt oss flytta fram tiden och ta reda på vad som händer. Fortsatte fartyget att vibrera, eller vad hände?*
J: (Lågt) Jag är ute i mörkret. Det är bara mörkt.
D: *Vad hände med fartyget?*
J: Jag vet inte. Jag är ensam. Jag är inte i ett fartyg. Jag är här ensam.
D: *Du kan veta vad som hände. Du kan ta reda på det. Var det något fel med fartyget?*
J: Ja, ja. Det bröts isär, och jag var tvungen att projicera mig ut innan det desintegrerades. De andra visste inte hur man gjorde det. De var tvungna att stanna med fartyget. Nu är jag ensam. Och jag tror inte att jag kan gå tillbaka, heller, för det är ett annat misslyckat uppdrag.
D: *Är det vad du anser att det är?*
J: Ja. Om man inte kan rädda människor, så är det ett misslyckande.
D: *Vad ska du göra nu?*
J: Jag tror jag bara stannar här ute. Det är ganska tyst. Kanske jag vilar. Jag är väldigt trött.
D: *Du har inte någon som säger åt dig vad du ska göra?*
J: Nej. När jag lämnade mitt hem visste jag att när beslutet var fattat så var jag på egen hand. På något sätt visste jag när jag lämnade i början, att det skulle ta lång tid innan jag hade något stöd, för det var mitt uppdrag.
D: *Så just nu vill du vila. Kan du göra det där ute?*
J: Ja. Jag bara svävar. Det är varmt. Det är bara ett nytt universum. Inga ansvar. – Att vila får mig till och med att känna mig yr. Det har varit länge sedan jag vilade.
D: *Nåväl, låt oss flytta fram tiden och ta reda på vad som händer med dig.*
J: Jag stannar där ute i många år, för jag behövde vilan och jag behövde återhämta mig. Sedan bestämde jag mig för att det var dags att undervisa igen. Att kanske jag har ett nytt perspektiv på hur man kan höja vibrerande sinnen.

Det Komplexa Universumet – Bok Tre

D: *Var ska du göra detta?*
J: Jag måste skapa en riktning och projicera mig dit. Jag har stor kraft på det sättet. Jag ville åka någonstans där det finns en grotta. Och i den grottan finns information för mig som har placerats där. Det finns ett meddelande som placerades där innan jag började mina projekt.
D: *Vem placerade det där?*
J: En stor intelligens. – Okej, jag är där. Det är så lätt att röra sig, om alla visste hur man gör detta skulle det vara lättare. Jag ser grottan. Det är någonstans där det finns väldigt lite vatten, och det är grått. Det finns inte mycket livsform där.
D: *Så du kan inte hjälpa människorna där, eller hur?*
J: Nej. Jag kommer till grottan för min information.
D: *Vet du vart du ska titta i grottan?*
J: Ja. Det kommer att vara i taket. Det är mörkt, och jag måste känna. (Paus) Åh! Det är på sidan, det är inte på taket. Jag måste sätta lite ljus på golvet. Och nu kan jag se ... Det är symboler. Punkter, streck; saker som jag känner igen som är väldigt lätt att läsa. Men jag är förvånad över vad det säger. Det säger att det är livets träd.
D: *Vad betyder det?*
J: Det är på något sätt relaterat till hur man borde leva. Men det är inte sättet jag har levt på under många gånger. Det verkar vara något annorlunda. Det är som om det är ett nytt sätt att göra det. Kanske är det nyckeln till varför de andra kollapsade. Kanske. Jag måste titta på det mer.
D: *Men det är symboler som du kan förstå?*
J: Ja, men jag har aldrig sett det skrivet på det här sättet. Och några av dem går upp på taket. Detta är ett koncept ... detta är ett nytt sätt! Jag undrar varför vi gör det på ett nytt sätt? För det nya sättet kommer att vara förvirrande. Jag måste lära mig ett nytt sätt. Och jag är inte säker. På något sätt vet jag att jag har denna överlägsna intelligens. Och jag har ingen att prata med om detta för att vara säker på att detta nya sätt är det rätta. Åh, jag tror att jag kommer att bli trött igen.
D: *Varför tror du det?*

Det Komplexa Universumet – Bok Tre

J: Jag undrar bara hur länge det kommer ta oss alla att lära oss ett nytt sätt, bara för att få veta att det ändå inte är det korrekta sättet. Jag har gjort detta i många tusen år. Jag känner det suga mig ner. Jag känner som om jag bara faller genom något.

D: *Förstod du det nya sättet?*

J: Ja, men det är väldigt annorlunda.

D: *Är det positivt?*

J: Det är det om du har tillräckligt många intelligenta människor omkring dig.

D: *Då kan en person inte göra det, det måste vara många?*

J: Jag tror att det bör vara så. När allt kommer omkring, om vi handlar om att rädda och undervisa, borde det skickas till många människor. Jag är trött. Det utmattar mig att fortsätta sträva efter att göra allt bättre, bara för att människor missförstår och missbrukar det. Jag känner som om jag faller ner och lägger mig för att vila igen. Det var ett nytt sätt och jag var exalterad över att läsa, men jag är inte säker på att vi fick det rätt, än. Nu istället för att undervisa människorna, förändrar vi deras strukturer.

D: *Vad menar du?*

J: Vi går in i deras kroppar, i deras celler, och förändrar om dem alla, och omkopplar dem alla. Det är som att göra om allt igen. Jag är inte säker på att det är framåtsträvande. (Suck) Ahh, det gör mig så trött. Det är förmodligen ett bättre sätt, men jag vet inte om det är ett rättvist sätt. Har vi rätt att gå in och förändra kärnväsendet, för att lära dem det vi försökte lära dem från början, när de missbrukade makten? Jag menar, vi är antingen här för att undervisa, eller så är vi här för att förändra strukturen på väsendet. Varför förändrade vi inte strukturen från början, och sedan när vi undervisade dem, skulle de inte missbruka det? Det är bakvänt.

D: *Kanske du var tvungen att gå den första vägen för att se vad som skulle hända. Kanske det är därför detta är ett nytt sätt att se på det. Men du är inte den som gör reglerna, eller hur?*

J: Nej, det är jag inte. Jag är bara den som är där ute och gör det.

D: *Var ska du förändra strukturen? Har du projicerat dig till en annan plats?*

Det Komplexa Universumet – Bok Tre

J: Jag vet inte. Det är till och med annorlunda att projicera mig själv den här gången. Det är vågigt. Jag ser vågor av energi röra sig, som om jag rör mig genom det. Jag har aldrig sett det förut. Det känns som om jag har till och med förändrats. Det är tjockare. Det är som att jag går; jag går genom luften men jag rör mig. Jag ser all energi runt mig förflyttas när jag rör mig.

D: Låt oss flytta fram tiden igen. Vart går du den här gången?

J: Oh my God! De skickade mig – åh herregud! Åh! Jag är i den långsammaste energin som finns. Jag visste inte att jag skulle hamna här. Dessa människor behöver mycket medvetenhet. Det är långsamt eftersom de inte vet så mycket. Herregud! Jag kan inte tro att detta är där jag har hamnat.

D: Hur ska du lära dessa människor?

J: Jag vet inte. Jag måste ta mig till en sådan nivå för att ens kunna kommunicera med dem. Jag vet inte om jag kan komma dit. Det är inte uppåt, det är nedåt! Jag måste kunna prata på deras nivå, för annars kan de inte höra mig.

D: Kommer du behöva skapa en annan kropp, eller hur ska du göra?

J: Jag har skapat en annan kropp, men denna kropp rör sig långsamt.

D: Hur ser kroppen ut som du har skapat?

J: Den ser ut precis som den jag har nu.

D: Menar du personen som kallas Jeannie?

J: Ja, det skulle vara hon! Hon är verkligen irriterad över det också, jag måste säga dig.

D: Men blev du inte född som en baby?

J: Jag tror inte det. Jag tror att jag bara blev hon.

D: Började inte hennes kropp som en baby?

J: Jag förstår inte babydelen. Jag blev bara denna kvinna som jag blev alla andra, överallt.

D: Enligt våra trosuppfattningar börjar vi som en baby, ett foster som växer inuti modern, och själen går in när barnet föds.

J: Det stämmer inte. Nej, nej, nej, nej, nej! Själen är ett elektromagnetiskt fält, och själen går in i den kropp den vill ha.

D: Ja, men händer inte detta när det föds, när barnet kommer ut ur modern?

J: Kanske. Jag har inte sett att det händer. Jag vet bara att jag tog denna kvinnas form denna gång. Vilket är långsamt och... åh, herregud!

D: Fanns det ett annat elektromagnetiskt fält i kroppen när du tog över, eller kom in, eller vet du?

J: Jag gjorde det som jag gör med alla.

D: Jag trodde att det redan fanns en gnista av liv, en livskraft där.

J: Jag var livskraften!

D: Och du beslutade bara att vara denna kvinna.

J: Ja. Hon har ingen aning. Personligen är jag inte särskilt nöjd med att vara här heller. Detta är en svår plats att lära någon. De rör sig långsamt, de pratar långsamt, de tvivlar på varje ord de hör.

D: Så hur ska du lära dem så att du kan förändra saker?

J: Genom exempel, men herregud! Jag vet inte varför jag kom på detta uppdrag. Jag har ingen aning. Jag gillar inte detta mycket.

D: Det är ett viktigt uppdrag, för dessa människor behöver verkligen hjälp, eller hur?

J: Åh, ja! Det är väldigt förvirrande. Det är allt energi, men det rör sig så långsamt.

D: Men denna kvinna, den vi kallar Jeannie, gick igenom en barndom och gifte sig och fick barn. Var du där vid de tiderna?

J: Nej, jag hoppade över den delen. (Skratt) Det är mycket långsammare än jag vill vara. Hon gör ett bra jobb med människor och lär sig snabbt. Men vi måste snabba upp hela detta. Du vet, vi har inte så mycket tid. Och vi behöver beröra många fler människor än vi gör.

D: En till en är långsamt, eller hur?

J: Ja, det är det. Jag säger hela tiden till henne att hon borde vara ute och prata med stora grupper av människor. Hon kan göra det, men på grund av energin som är långsam, tror hon inte att hon har så mycket att säga till någon. Och jag säger hela tiden till henne: "Bara gör det!" – Vi måste gå vidare. Jag har gett henne all denna kapacitet. Hon har många saker hon kan göra. Det är inte så att hon tvivlar på det. Hon gör allt jag säger åt henne att göra, men det är något förvirrande med denna långsamma energi.

Det Komplexa Universumet – Bok Tre

Jeannie gör Reiki och energihealing på människor. Jag frågade denna entitet om det kunde förklara några märkliga saker som hade hänt Jeannie när hon gjorde sitt healingsarbete. Medan hon arbetade på människor, dök det upp orbs, ljusbollar i olika storlekar i rummet.

J: De är bara fler elektromagnetiska fält. Vi är alla elektromagnetiska fält. Jag menar, vi kan vara bara bitar av energi eller vi kan vara i kropparna, eller vi kan se ut som gräshoppor. Det är all energi, och dessa är energier som finns där för att underlätta att snabba upp denna healingprocess som hon envisas med att göra. Hennes arbete är väldigt bra.

D: Så det här är andra energier som kommer för att hjälpa?

J: Ja. Mest är det hennes, men hon tror att det är klientens. Och jag låter henne tro det för att hon är ganska bestämd.

D: De är hennes små energier som har delat sig, menar du? (Ja) Hur kan hon använda den extra energin?

J: Hon borde kunna lära sig att samla in allt och återförenas med det. För länge sedan när jag brukade projicera mig själv till dessa platser, hade jag all min energi. Jag var ett. Och på något sätt kunde jag göra det, men hon vet inte hur man gör det. Hur man organiserar det och sätter ihop det. Hon behöver kunna samla in det här. (Området kring solar plexus.) När hon ser orbsen, måste hon samla den energin och suga in den. Så skulle hon behöva göra det. Jag kunde bara göra det. Hon måste göra det långsamt.

Jeannie hade sett glödande sexhörniga geometriska figurer som hon hade kunnat fotografera. Hon ville veta mer om dem.

J: De är för att expandera hennes sinne. Först och främst vet hon att det finns något i mitten av dem, men de är bara meddelanden. Hon borde känna igen dem. Det är som de i grottan. Om hon skulle känna igen dem, skulle det handla mer om det där livets träd; koncept. Om hon förstod, skulle hon kunna transportera sig själv var hon än vill vara och vi skulle inte behöva göra denna långsamma energi. Jag förstår inte hur hon står ut med det.

D: *Som människor är det det enda vi vet. Det är problemet. Du sa att du ville att hon skulle förstå dessa sexhörniga figurer.*

J: Det är en del av healingprocessen. Det är avancerad teori om healing. Om hon läser symbolerna, kommer hon veta hur hon kan förstärka människors healing. Men det kommer också tillåta henne att röra sig. Om hon vill, kan hon lämna.

D: *Men om hon lär sig att gå från plats till plats så snabbt, skulle det vara lite förvånande för folk.*

J: Åh, ja. Som vanligt skulle de inte gilla det om det är annorlunda. Jag arbetar med henne varje natt och försöker lära henne, för hon lyssnar när hon vilar. Hon får instruktioner inte bara för att vägleda henne i sitt arbete, utan instruktioner om hur man...transporteras som jag brukade göra. För det kommer att vara en tid när denna information kommer att vara i fara igen. Så vi vill att hon ska kunna förändras och ta sig tillbaka ut. Hon behöver kunna lämna om hon måste. Hon har värdefull information. När hon ser dessa symboler, kommer informationen gå till en annan del av hennes sinne och bli absorberad. Och vid rätt tidpunkt kommer hon automatiskt göra det utan att tänka. Hon borde öva mer på att lämna och komma tillbaka, och lämna och komma tillbaka. Hon vet att hon kan göra detta. Hon har tagit det precis till gränsen. Hon inser inte att hon kan poppa tillbaka direkt. Hon vet att hon kan gå åt andra hållet. Och jag säger hela tiden till henne: "Du kan komma tillbaka samma – om du kan gå in, kan du gå ut!" Hon ser nu öppningen till nästa dimension. Och jag säger: "Jeannie, gå över den. Du kan vända om och gå tillbaka genom den." Hon måste lita på att hon kan gå tillbaka in i den. Hon vet att hon kan gå över, men jag har inte lyckats få in henne att förstå att hon kan gå tillbaka och återvända.

D: *Gör hon detta på natten när hon sover?*

J: Ja. Hon är frustrerad, för hon börjar känna på samma sätt som jag kände med allas misslyckanden och maktmissbruk. Hon håller tillbaka, och jag vet inte varför, för allt finns där. Vi har gett henne allt. Hon är väldigt, väldigt kraftfull. Men hon oroar sig för att folk ska märka att hon är annorlunda. Vi måste få saker att gå framåt igen. Energin har varit stillastående för länge. Allt handlar om att höja vibrationerna och frekvenserna. Och ju mer vi samlas kollektivt, desto högre vibrerande nivåer påverkar och projiceras genom atmosfären. Jag höjde dem för två månader sedan och hon var nära att skaka av sig från massagebordet, och fick mig att skratta. Jag kommer inte att höja dem så snabbt som jag gjorde då, för hon skakade verkligen och började falla av bordet när jag var tvungen att trycka tillbaka henne på.

D: *(Skratt) Måste hon sova eller meditera för att göra detta?*

J: Nej, hon har förmågan att bara sätta sig ner och göra det. Hon har varit här för alltid och borde inte ens ha kommit till denna långsamt rörande energi. – Människor kommer att inse att de faktiskt är en del av Guds kraft. När de blir det ljus de är i sitt medvetande, kan människor upplösa sina molekyler. Det finns väldigt liten anledning att återuppbygga molekylerna till grov, tät fysisk form. När de är upplösta, för att återuppbygga innebär att du måste gå tillbaka på något sätt. Att bära runt på en tung kropp i rymden skulle inte riktigt fungera.

Vi behövde inte se tidigare liv, för de skulle ha varit kopplade till den ursprungliga Jeannie, inte entiteten som är i kroppen nu. Dessa skulle ha inträffat innan den entitet jag talade med kom in. En annan del av henne kan ha haft de andra livena. "Ja, vi lever alla våra liv samtidigt just nu."

RESAN TILL JORDEN

Ett annat exempel på en ovanlig energi kom genom under en av mina hypnoslektioner 2007. Jag undrar alltid vad några av studenterna tänker när denna typ av information kommer fram. När de är samlade runt sängen och observerar min demonstration, förväntar de sig ett normalt tidigare liv. Åtminstone visar de sig att denna typ av terapi aldrig är tråkig, och det oväntade blir normen.

Francis fann sig själv sittande på den sandiga stranden vid ett hav. Det var natt och en kvartmåne glittrade när den speglades i vattnet. Hon visste att det fanns träd runtomkring, men det var för mörkt för att se dem. Hon såg att hon var en ung kvinna som bar en genomskinlig gul klänning. Hennes röda hår hängde löst med blommor i det. Hon bar ett halsband med en grön sten. När jag frågade om hon var ung eller gammal gav hon ett konstigt svar. "Det är annorlunda. Det är en yngre kropp, men det finns mycket ålder som jag känner. Jag ser inte gammal ut, men jag känner mig inte riktigt ung. Jag ser ut som om jag är ungefär tjugo eller tjugofyra, men jag är mycket äldre. Jag är omkring hundra år gammal, äldre än så till och med." Hon var en del av en grupp som bodde i hus utspridda bland träden. Några av gruppen var väldigt långa. Hon sa att hon var väldigt liten. Detta var hennes favoritplats att komma och sitta vid havet på nätterna.

Plötsligt tillkännagav hon: "Jag såg just något. Det är glittrigt. Jag går ner till vattnet, och jag ser min spegelbild. Det är något glittrande bakom mig." Hon skrattade, "Det är vingar!" Jag visste inte vilken typ av varelse jag talade med, så jag fortsatte att ställa frågor. Hon sa att det fanns andra som var små som hon, men bara några av dem hade glittriga saker på sina ryggar. Deras bostäder var alla olika storlekar, och gjorda av saker som fanns i naturen: stenar, träd, gräs. Jag frågade om hon hade en familj. "Ja, de är alla min familj, för vi är alla lika på ett sätt. Vi är alla familj, men jag bor ensam." Jag undrade om de hade män och kvinnor. "Nej. Det är svårt att förklara. Ja, det finns föräldrar. Det är mer en gemenskapsliknande livsstil. Du har föräldrar och familj, men de är alla tillsammans. De är alla en del av varandra. Min grupp är en slags systerskap, en grupp kvinnor. Vi använder vägledande energi. Det är ett sätt att leva – att lyssna på träden och stenarna."

D: Lever denna grupp du är med på egen hand, isolerat?
F: Det känns inte isolerat.
D: Jag undrade om ni har kontakt med några andra grupper.
F: Åh, ja. Alla är olika. Det finns olika... stam är fel ord.
D: Jag antar att grupp är bättre.
F: Ja, men de är båda inte rätt.

Det Komplexa Universumet – Bok Tre

D: *Vad gör gruppen?*
F: De är vårdnadshavare. Ordet "väktare" kommer till mig.
D: *Vårdnadshavare av vad?*
F: Allt. Allt som finns runtom dem: människor, varelser och energier som existerar där.
D: *Det låter som ett stort jobb!*
F: Inte så, det finns väldigt många människor som är en del av detta.
D: *Nåväl, det låter som ett bra liv. Gillar du det där?*
F: Ja, jag gillar det. Jag älskar det där! Det är mitt hem. – Men jag känner en viss sorg. Jag funderar. Jag har blivit frågad om jag skulle vara villig att lämna. Det finns en man och en kvinna. De frågade om jag skulle vara villig att lämna. Det finns information – det finns kunskap som behöver samlas. Jag verkar njuta av att samla information. Det är därför de frågade mig.
D: *Kan du inte göra det där du är?*
F: Jag kan fortsätta att samla information där, och fortsätta med det jag gör. Det finns mer information de vill ha som den kollektiva... människorna där skulle ha nytta av.
D: *Var vill de att du ska gå?*
F: Jag är inte säker än. De vill först att jag ska vara helt klar över mitt val.
D: *Hur känner du om det? Du sa att du funderade.*
F: Det är därför jag gick till havet. Valet, jag känner, görs inuti. Det finns en del av mig, känner jag, som vet att det är det jag ska göra. En del av mig vet att det är bortom hemmet. Att det är på en annan planet till och med. Det är inte någonstans nära. Det är det som gör mig ledsen. Om jag väljer att lämna, kommer det att vara för länge.
D: *Tror de att det är viktigt att du gör detta?*
F: Åh, ja, de skulle inte ha bett mig att lämna.
D: *Varför tror de att det är viktigt att du går och samlar mer information?*
F: För tillväxt, för koppling. Det är att nå ut och veta mer.

Jag flyttade henne fram i tiden för att se vad hennes beslut skulle bli.

F: Jag beslutade mig för att gå.
D: *Även om det kommer att bli svårt.* (Ja) *Hur kommer du att göra detta? Har de berättat för dig?*
F: Jag försöker hitta de rätta orden. Det finns ett väldigt avancerat sätt att göra något sånt här. Det är inte en död, snarare en separation från kroppen, det är det jag kommer att behöva. Det kommer att finnas någon som har spenderat hela sitt liv med att läsa stjärnorna och samla information. Det finns en kvinna där som förstår separationen. Att separera själen från kroppen jag är i nu.
D: *Vad händer med kroppen om du ska separera från den?*
F: Det finns en annan ... (Hon letade efter orden.) Det är en del av mig, jag tror. Det känns som om något kommer att komma in i kroppen när jag lämnar den, som också är kopplat till mig. Nästan som att det kommer att fortsätta där med en ny förståelse.
D: *Så den kommer att fortsätta leva även om du separerar från den?* (Ja) *Vad händer när du separerar från den?*
F: Detta görs allt utomhus. Det är som ett rum utan tak; det är öppet mot himlen. Mannen där som förstår stjärnorna kommer att guida mig genom en tunnel, någon slags passage. Där kommer jag att bli informerad om vart jag kommer att gå och vad jag kommer att göra.
D: *På så sätt är du inte ensam när du gör denna resa. Hur ser tunneln ut?*
F: Det är som en expansion av tid... en expansion av vårt medvetande om tid, och det tillåter själen att röra sig genom den. Mannen har gjort detta själv. Han lärde sig tekniken för många år sedan, innan jag ens blev ombedd att göra detta. Det har varit ganska mycket planering. Jag är den första att gå.
D: *Så du är som en pionjär.* (Ja) *Vad händer när han tar dig?*
F: Vi ligger båda tillsammans på en sten. Jag kan lukta på några av blommorna och växterna och stenarna runt oss. De avger alla ett väsen för att hjälpa till med kroppens separation. Jag känner mig lyfta ut. Han har min ... det låter konstigt att säga hand när man inte är i en kropp, men det finns en koppling där när vi rör vid varandra. Jag går in i den tidsrymden han har skapat, och det finns

Det Komplexa Universumet – Bok Tre

ett väldigt snabbt "whoosh" av tid och många ljusa färger som en cirkulär tunnel, på något sätt. Och sedan stannar det.

D: *Var kommer det ut?*

F: I ett stort vackert rum. Jag kan se en byggnad av marmor och stenar och kristaller. Vi står utanför dörren och tittar in. De väntar på oss. De kommer att berätta för mig var de vill att jag ska gå. Först tackar de mig för att jag kom. De förstår hur svårt det var för mig att lämna.

D: *Ger de dig ett val, eller säger de åt dig vad du måste göra?*

F: Det finns ett val, men det finns inget val i vart jag ska. De skickar mig till Jorden. De skickar mig långt; väldigt långt bort.

D: *Har de visat dig hur det kommer att vara?*

F: Jag får inte se allt som det kommer att vara. Några punkter har visats för mig, ja. De säger att om de berättar för mig för mycket, skulle det göra det svårt för mig. Det skulle hindra mig från att samla informationen. Det finns en väldigt stor känsla av kärlek som jag känner för dem, och som de känner för mig.

D: *Så du litar på deras beslut, vad det än är.*

F: Ja, det gör jag. Det finns ett avtal. Det finns ett kontrakt, om du vill, att det alltid kommer att finnas vägledning och stöd där. Men att det kommer att bli mycket svårigheter och utmaningar innan jag återvänder.

D: *Vad tycker du om det?*

F: (Emotionell) Jag har blandade känslor. (Hon började gråta.) Jag saknar mitt hem redan. Det är en väldigt, väldigt stark känsla av tjänst som jag känner. Jag vet att där jag ska gå behövs jag så mycket. Min närvaro där kommer att vara väldigt värdefull.

D: *Håller de med om att det handlar om att samla information?*

F: För dem finns det mer syfte än så. Harmoni; balans; igen: koppling; att föra – jag skulle säga, mitt medvetande; mitt väsen – till dit jag ska.

D: *Låt oss kondensera tid och se vart du går.*

F: Jorden är destinationen. Det finns ett annat stopp. Det är som en samling; andra samlas. Fler människor kommer. Mannen säger adjö. Han ger mig en present innan han lämnar. (Hon blev

Det Komplexa Universumet – Bok Tre

känslosam.) Det är ett ljus. Ett litet runt ljus. Och han säger till mig: "Detta ljus kommer alltid att visa dig vägen tillbaka."
D: *Så du kommer aldrig att vara förlorad. Du kommer alltid att ha ett sätt att gå hem. Det är vackert. – Går du till Jorden?*
F: Nej, inte än. Det finns en väntetid där. Det är en samling. Det finns fler människor – vi går alla tillsammans. – Jag kan se Jorden nu. Det finns dimensionella nivåer som jag har ett medvetande om. Den nivå som jag känner att jag är på – det nummer som kommer till mig – är sju. Det finns en planering för hur vi ska åstadkomma det vi har samlats för att åstadkomma. Hur ska vi göra detta? Vi har alla blivit valda baserat på var vi kommer ifrån, och vi är väldigt gåvorika på något sätt. Kollektivt är det en väldigt balanserad energi.
D: *Så allt är väldigt noggrant planerat. Vart måste du gå? Vad ser du?*
F: Jag ska födas. Den plats jag ska till är väldigt, väldigt annorlunda än vad jag är van vid. Det är väldigt svårt att förklara. Det finns en väldigt annorlunda energi. Den är tyngre. Jag känner mig tyngre. Det finns en födelseprocess där jag kommer ifrån, men den är inte som denna. (Blir känslosam.) Den är inte som denna. Jag föds till ett par. De har väntat väldigt, väldigt, väldigt länge på ett barn.
D: *Kom du in i kroppen efter att den föddes, eller innan den föddes?*
F: Jag ser, innan du frågade mig vad som hände när jag föddes, jag kan se mig själv i deras utrymme – inte i kroppen – jag observerar dem. Jag lär mig om dem, och varför de valdes för att jag skulle komma genom dem. Födelseprocessen skulle ha varit för chockerande för mig utan denna förberedelse.

Så hon var nu här på Jorden och redo att utföra sitt jobb. Beskrivningen av hennes föräldrar lät inte som hennes nuvarande liv som Francis. Jag såg ingen anledning att ta henne genom livet. Så jag kallade på det undermedvetna för att förklara detta. "Varför valde du denna?"

F: Hon behövde komma ihåg var hon kommer ifrån och vem hon är. Det är hennes hem. Hon är redo att minnas. Det är dags. Hon har väntat länge. Hon är redo att avsluta det. Hon är redo att gå tillbaka. Detta är hennes sista liv här.

D: *Födelsen vi såg var inte denna kropp som Francis, eller hur?*

F: Nej, nej. Det var det första livet hon gick in i här på Jorden. Hon har sedan upplevt hundratals liv här.

D: *Men du tycker att det är dags att avsluta nu?*

F: Ja. Det finns en kulmination som hon förstår. Att föra samman allt hon har upplevt, så hon kan förstå detta liv. Varför hon kom hit, och vad hon kom hit för att göra.

Francis hade upplevt ett svårt liv i sitt nuvarande liv, men det undermedvetna sa att det var lättare jämfört med några av de andra hon hade haft. Det hade funnits många problem med relationer.

D: *Vid nuvarande tidpunkt är hon i en slags kärlek/hat-relation.*

F: Intressant att hon skulle säga det, för det är det största paradokset om relationserfarenheter. Hon insåg nyligen att kärlek och hat är samma vibration.

D: *Är de?*

F: Ja. Visst inte i samma energi, men vibrationerna som känns – intensiteten – är mycket samma. Det är därför det är så lätt att älska någon så djupt. Det är smärtan och sorgen som överför denna energi till hat, resenti¬ment, de olika energierna som är baserade på rädsla.

D: *De är båda mycket starka känslor.*

F: Hjärtat är känslocentrumet. Precis som hjärnan är tankecentrumet i kroppen, är hjärtat känslocentrumet i kroppen – för personens liv. Alla känslor går genom hjärtat, precis som tankarna går genom hjärnan.

Resten av sessionen handlade om Franciss personliga frågor. Det verkade som om jag hade funnit en annan typ av ovanlig energi som hade skickats till Jorden. Denna var inte ny för Jorden, hon hade upplevt många livstider och genomgått mycket svårighet. Hon kom tydligen inte direkt från Källan som många av de andra. Hon kom från en plats av skönhet och frid, där de levde extremt långa liv. Var hon en naturande? En av de små folken? Det är svårt att säga, för hon var en normal livsform på den planet där hon levde. Ändå blev hon ombedd att komma (med många andra) för att hjälpa Jorden. Hennes energi behövdes, och hon gick med på att göra resan. Tydligen skulle hon inte stanna och gå vidare till den Nya Jorden, eftersom hennes tjänstgöring var över. Detta var hennes sista liv på Jorden. Hon hade uppnått det hon kom hit för att göra, och det var dags att låta henne återvända hem till sin vackra plats. Hon sa att hon var ledsen i början, för de sa att om hon gick med på att komma, skulle det vara mycket lång tid innan hon kunde återvända.

Så det verkar som om jag upptäcker ett kalejdoskop av själar och energier som har kommit för att uppleva livet på denna svåra och utmanande planet. I början av mitt arbete verkade allt så enkelt. Nu upptäcker jag att det inte finns någon gräns för variationen av andar som kan bebo den mänskliga kroppen. De har kommit från så många konstiga och ovanliga platser, men de verkar ha ett gemensamt mål. Att hjälpa människorna på Jorden. Att hålla vår planet från att självdestruera. De kommer med kärlek och omsorg. Vi måste alla komma tillbaka till det enkla mål vi hade när vi först kom hit. Innan våra minnen raderades.

Det Komplexa Universumet – Bok Tre

KAPITEL TRETTIOSJU

DEN HELANDE ENERGIN TALAR

Det är konstigt hur vi blir så uppslukade i vår egen verklighet och vår egen lilla värld att vi inte kan föreställa oss möjligheten av andra världar och andra verkligheter som trotsar fantasin. De är så långt bort från våra trossystem att vi måste utveckla ett helt nytt tänkesätt bara för att kunna förstå dem. Och ändå, oavsett hur ofattbara de är, har jag fått veta att vi aldrig kan få alla svar. Viss information skulle vara som gift snarare än medicin. Våra sinnen skulle bli totalt överväldigade och skulle inte kunna fungera, eftersom det inte finns något i våra sinnen att basera vissa av dessa koncept på. Jag blev informerad om att det inte är ett problem med våra hjärnor, utan våra sinnen. Därför, oavsett hur konstiga och otroliga dessa sessioner är, måste jag ändå komma ihåg att de bara är ytan på vad personen försöker relatera, eftersom orden för att beskriva händelsen inte finns i vårt vokabulär och vår verklighet. Så förstå att personen gör sitt bästa för att rapportera något som är helt främmande för deras sinne. Detta är anledningen till att jag ofta ber om analogier. Och sedan får jag veta att även dessa är oerhört otillräckliga för att förmedla den verkliga betydelsen av minnet eller upplevelsen. Så när du läser denna bok, vänligen suspendera verkligheten. Förvänta dig inte att allt ska ge mening eller vara rationellt förklarat. Gå in i världen där våra drömmar är verkliga, och vår verklighet är bara en dröm. Det är antagligen det enda sättet vi ens kan börja förstå vad de försöker förmedla. Så för en stund, suspendera verkligheten och rationaliteten när vi reser in i världens okända och oförklarliga.

När Patricia kom in i scenen var det kusligt vackert. Hon såg ett vitt iriserande landskap som glittrade som kvicksilver. Det fanns färger som rörde sig in och ut: rosa, blå och gröna nyanser. Himlen var också skimrande blå och vit, och ytan och himlen smälte samman. När

Det Komplexa Universumet – Bok Tre

jag bad henne att se sin kropp, blev hon förvånad över att hon såg ut som en snöboll. "En stor glittrig snövit snöboll. Den fluktuerar. Den rör sig. Den är inte fast. Storleken och formen förändras. I grund och botten är den rund, men det är inte en boll. Den rör sig som ett hav, eller som att röra sig i vatten. Lätt, men skimrande silver. Gossamer. Det är vackert." Hon blev sedan känslosam, "Det får mig att vilja gråta. Det är hemma! (Ett djupt andetag) Det är bra att vara där." Jag hör detta så ofta nu, det är normen snarare än det oväntade.

D: *Har du varit borta länge?*
P: (Fortfarande känslosam) En fruktansvärt lång tid.
D: *Varför lämnade du om det var en så bra plats?*
P: Jag var tvungen att gå någon annanstans.

Jag försökte fortfarande avgöra var och vad hon var. Det fanns inga byggnader, inga strukturer, eftersom de var onödiga. Hon behövde inte konsumera något. "Vad du än behöver, är det som om det absorberas i dig utan ansträngning. Det är en del av atmosfären, skulle jag säga. Det finns inget behov eller vilja, eller kamp. Det är lyckligt där." Hon var nu medveten om att det fanns andra där som hon själv. "Det är en form, men den rör sig in och ut. Vacker, skimrande. Det är nästan som om den ändrar form … med andning. Med respiration. En pulserande rörelse. Det är väldigt lätt. Det finns ingen kamp."

D: *Är platsen eller kroppen fysisk?*
P: Som en mänsklig form? Nej. Ja, det finns substans i dem, men de är inte fasta. Jag tänker på fast som mer tät. Det finns mycket rörelse, som molekyler som svävar fritt. De flödar lätt till vad de faktiskt vill vara.
D: *Men det är annorlunda än en ande? Det är det jag försöker särskilja.*
P: Ja, jag skulle säga så. Det är en grundläggande rund form, men den undulerar. Den rör sig. Och vi kan smälta samman, för att kommunicera. Bara för upplevelsen. Gå in och sedan komma ut. Så kommunicerar vi. Det är bara ett annat sätt. Det är som lera.

Du har fri vilja att göra vad du vill göra, hur du vill göra det. Och alla upplever det bara.

D: Finns det något du är tvungen att göra där?

P: Jag ser det mer som en viloplats. En plats där du kommer för att återställa dig själv, innan du måste gå ut igen. Du behöver inte göra något. Bara vara.

D: Har du varit i en fysisk existens innan du kom hit?

P: Innan jag kom hit var jag någon annanstans och hjälpte. Jag antar att jag har vilken form jag behöver vara i vart jag vill. Men detta känns så bra. Det är så fritt.

D: När du är i en fysisk form, det är annorlunda, eller hur?

P: Ja, det är mycket restriktivt. Det är väldigt begränsande. Det är arbete att hålla sig i en form, en gestalt. Där jag är nu, är du bara fri att vara "hur". Detta är vad jag vet. Jag vet denna upplevelse. Och att ta på sig en form, säg en kropp, är så restriktivt. Det finns inte så mycket frihet att röra sig. Det finns helt enkelt inte så mycket frihet. Detta är hemma.

D: Så när du är där, behöver du inte göra något.

P: Vi gör saker. Det är bara så att det inte finns någon "måste". Och alla arbetar tillsammans som en kropp. Men egentligen mer energi än en kropp. Det är en väldigt överenskommen plats.

D: Vad gör du när du är där?

P: Utforska. Skapa.

D: Var utforskar du?

P: Där vi är. Vi kan gå ut, som på små sidoturer, men vi kommer tillbaka. Detta är "hemma". Inte Jorden. Bara för att utforska.

D: Var går du på sidoturerna?

P: Andra ljuskroppar. Överallt. Där det finns ljus. Utforska universum, vart som helst. Inga restriktioner.

D: Du sa att du också skapar?

P: Ja. Vi kan få vårt hem att se ut hur vi vill ha det. Och vi gör det baserat på våra erfarenheter, när vi har lämnat för att göra vårt jobb, för att hjälpa. Och vi kan göra det bara för skojs skull. Det finns musik.

D: Menar du att du skapar en miljö?

Det Komplexa Universumet – Bok Tre

P: Ja. Och vi kan göra vad som helst i vilken färg vi vill, av vilket material som helst. Men mest gillar vi bara att vara. Det finns musik och massor av färg. Det är mjuk, pastell, skimrande färg. Inget är skrämmande där.

D: *Var kommer musiken ifrån?*

P: Rörelsen i vår kropp. På ett sätt, som du skulle tänka dig, en dragspel som trycks in och ut. Det är som blåsmaskiner eller något. Och det skapar ljud. Jag hör också klockor.

D: *Det låter som en vacker plats. Jag kan förstå varför du verkligen gillar att vara där. – Och du sa, ibland måste du gå ut igen någonstans?*

P: Det är vår glädje att göra det, men det är vårt jobb också. Vi väljer inte att stanna där för alltid, för det finns saker vi kan göra för att hjälpa.

D: *Är det någon som berättar för dig vad du måste göra och vart du måste gå?*

P: Inte riktigt. När vi förenas och smälter samman blir det, tror jag, ett gruppbeslut. Energierna går samman och vi kommer ut med en riktning. Vart vi ska. Vad vi ska göra.

D: *Då arbetar ni alla tillsammans?*

P: Inte nödvändigtvis, nej. Men Alltet hjälper den enskilda att avgöra vad som skulle vara bäst för alla.

D: *Så så småningom måste du gå någonstans och hjälpa?*

P: Det finns inget "måste". Du behöver inte gå. Men vi känner ett ansvar, för vi går till platser och höjer energi på platser där det behövs.

D: *Platser där energin är för låg, eller ....*

P: Och tätt, ja. Jorden skulle vara en plats.

D: *Har du varit där tidigare?*

P: Många gånger. Energien är väldigt tät. Men vi går och skapar energifickor. Och bara genom att vara där, höjer vi frekvensen.

D: *Måste du vara i en fysisk kropp när du är där?*

P: Nej, vi kan göra det på båda sätten. Om det tjänar syftet kan vi bli en form; en mänsklig form, djurform. Vi kan också existera där som luft.

Det Komplexa Universumet – Bok Tre

D: *Så om du känner behov av att gå och bara höja energin i ett visst område?*
P: Vi går, ja.
D: *Du sa, energifickor?* (Ja.) *Hur gör du det?*
P: Precis som de blåsmaskiner jag sa till dig om. Går in och kommer ut, i denna energiform. Det är en slags rytmisk pulsation. Och den höjer vibrationerna.
D: *Blir du en del av den energin när du arbetar med den?*
P: Jag är energin.
D: *När du går in i denna tätare energi?*
P: Jag förblir energin. Jag kan förbli som jag är hemma, om jag väljer. Om det tjänar syftet bättre. Eller så kan jag gå in i en form av kropp, ett djur, ett träd. Vad som helst som skulle tjäna syftet att höja energin och försöka fördela tätheten.
D: *Är det lättare att göra det i en form?*
P: Det är svårare. Det finns begränsningen av formen. Eftersom energin ökas och produceras av denna in och ut-pulsation, utan begränsningar eller begränsningar av formen. Då gör du det på en mycket lägre skala.
D: *Då varför skulle du välja att gå in i en form?*
P: Det är en bra fråga, eftersom det är svårare. Men kanske är det lättare att gå in i ett visst område i en form. Människor känner inte riktigt igen oss, så att säga, som en form, som en gestalt. Men vissa känner igen energin. Så det är lättare att ta en form när vi går in i täta utrymmen, täta människor. Det är lättare för dem att ta emot energin, men det är så klibbigt och tjockt och tätt. Men att inte vara i en kropp, bara vara formen, denna energi, går in och rör upp den och får rörelse. Det är väldigt, väldigt viktigt. Men det är mycket lättare för människor att acceptera energin när vi tar en form.
D: *Och du kan kommunicera mycket lättare med det fysiska också.*
P: Det är lättare för dem. Det är svårare för mig.
D: *Måste du gå in i formen som en baby?*
P: Nej. Jag kan gå in i vilken existerande form som helst och använda den.
D: *Är det tillåtet?*

Det Komplexa Universumet – Bok Tre

P: Du frågar om tillstånd.
D: *Det var vad jag tänkte. Det kan redan finnas en ande inom ...*
P: Detta är inte en ande. Detta är energi.
D: *Det är annorlunda än en ande?*
P: Det är annorlunda. Men du frågar om tillstånd, för energin förändrar saker.
D: *Så det är inte som en invasion.*
P: Oh, absolut inte! Nej.
D: *Måste du fråga den närvarande anden om tillstånd?*
P: Ja, i princip handlar det om att göra anden medveten om att vi kommer in. Vi är inte skadliga. Vi är inte farliga. Det är som om anden och energin har en förståelse. De är medvetna om varandra. Och det är okej. Det är som när du får tillstånd att komma in i någons hem. De skulle säga, "Kom in och ta ett glas vatten om du vill. Det är okej. Det är fint." Det är ett slags avtal. Men du visar artighet genom att knacka på dörren och säga, "Hej, jag är här."
D: *Så du skulle inte stanna i kroppen.*
P: Nej, nej. Det är en tillfällig sak. Det är ett sätt att föra in energin, för att hjälpa personen eller situationen. Vad det än kan vara.
D: *Måste den fysiska personen be om att detta ska hända?*
P: Nej. Men jag skulle tänka att om de skapar situationen och miljön där, skulle det vara hjälpsamt för oss att komma in. Men det behöver inte vara ett medvetet val.
D: *Känner de något när du gör detta?*
P: Jag tror att de gör det, ja. Det känns som en lätthet i anden. Det är en väldigt upplyftande upplevelse. Och det är som om det ger den personen energi att göra något eller vara något, och försöka åstadkomma något.
D: *De behöver ett litet extra lyft.* (Ja) *Så de är medvetna om att något pågår, även om de inte riktigt vet exakt vad. Nåväl, känner du någonsin behovet av att bli en fysisk kropp?*
P: Nej, nej, det gör jag inte. Vi kommer och går. Vi blir inte en permanent del av kroppen. Vi är här för att assistera när det behövs.
D: *Har du någonsin haft en existens som en ande skulle ha? Jag försöker bara särskilja skillnaden.*

Det Komplexa Universumet – Bok Tre

P: Tja, jag är en andekropp, en ljusande ande. Menar du, har jag gått någonstans och levt som en ande i en kropp eller något?

D: *Ja, i en fysisk kropp.* (Lång paus, som om hon tänkte.) *Eller är detta den form du alltid haft, bara som energi?*

P: Ja, jag tror att det är sant, för det andra låter inte bekant. Vad talade jag med? Om det inte var anden som bodde i Patricias kropp, vad var det då?

D: *Så hela din existens har handlat om att hjälpa.* (Ja) *Du går till kroppar som behöver det, och lyfter dem.*

P: Ja. De kan vara i djur- och växtriket också. Eller så kan det vara ett helt område, eller ett helt utrymme. Ett helt avsnitt som skulle inkludera människor, djur och växter.

D: *Åh, så du kan expandera?*

P: Absolut, ja. Vi har inga restriktioner.

D: *Så du vill inte bli begränsad genom att stanna i en kropp hela tiden.* (Nej) *Bara in och ut. Det är intressant, för jag var inte medveten om att din typ existerade. Jag antar att jag alltid tänker på andar.*

P: Rätt, vi existerar, men det är inte vårt jobb att assistera anden. Anden gör sitt, vi gör vårt. (Skratt) Vi är väldigt medvetna om anden. Väldigt medvetna.

D: *Men anden, mer eller mindre, blir fast och måste stanna med kroppen? Om det är rätt term.*

P: Ja, som ett uppdrag.

D: *De har ett uppdrag att stanna med den kroppen under hela dess livstid?*

P: Ja, jag tror att det är avtalet.

D: *Och du kan komma och gå.*

P: Ja. Och det är möjligt att anden vet att den kan be oss om hjälp, om den tror att personen, den fysiska kroppen, behöver det.

D: *Människor kan vara väldigt komplicerade.*

P: Ja, de gör det så.

D: *Så anden vet mer om vad kroppen behöver.* (Ja) *Och jag antar att du inte behöver vara involverad i den delen.*

P: Jag behöver inte stanna kvar. (Skratt) Jag är en glad reparatör.

Hon sa att hon inte bara arbetade med individen som behövde en liten energiboost, utan också med stora områden. Jag antog att många av dessa områden, särskilt på Jorden, skulle ha mycket tung negativ energi.

P: Vi går till många områden som det. Det är mycket svårt, men vi gör det. En del av det är extremt tät och kaotisk energi.

D: *Det stör inte dig. Du kommer inte att bli fast i det.*

P: Nej, det påverkar inte mig. Jag vet mycket väl varför jag är där. Det är mer av en utmaning i de områdena, just på grund av kaosenergin och tätheten. Den låga vibration. Så det gör det mer av en utmaning. Men det kan verkligen göras.

D: *Du kan inte fastna och bli förlorad i den typen av energi?*

P: Jag har inte gjort det. Jag tror inte det. Jag tror inte att det är möjligt, för vi skulle behöva vara tillgängliga för andra ... uppgifter, så att tala. Vi skulle inte kunna absorberas i det. Det är inte en del av hur vi fungerar, nej. Många av oss kallas dit.

D: *Är du medveten om att du talar genom en fysisk kropp till mig vid denna tidpunkt?* (Paus) *Eller är du medveten om det?*

P: Jag tror att jag är, nu.

D: *Du var inte tidigare.*

P: Jag tänkte inte på det.

D: *För det är så vi kommunicerar.*

P: Jag förstår. Okej. Det är bra. Jag trodde att vi bara pratade. (Skratt)

D: *Men nu kan du vara medveten om att jag talar med någon som är i en fysisk kropp, och att du kommunicerar genom den.* (Ja) *Det är okej, eller hur?* (Ja) *Nåväl, jag har en stor nyfikenhet. Jag gillar att ställa frågor.*

P: Vi är också nyfikna.

D: *Varför har du valt att tala genom denna person just nu? Vet du?*

P: (Lång paus) Denna person är medveten om detta på någon nivå. Denna person använder denna energi.

D: *Vad använder hon energin till?*

P: Med sitt arbete i energihealing. Den dras in, ja, för att arbeta.

D: *Måste hon ha rätt slags motiv?*

P: Åh, ja, ja. Det måste vara de högsta intentionerna, för annars skulle vi kunna användas på andra sätt.

D: Så om någon ville använda denna energi på ett negativt sätt?

P: Vi skulle inte vara tillgängliga. Jag används inte på det sättet.

D: Men kan folk använda negativ energi?

P: Åh, ja, de kan använda negativ energi. Men vi är inte negativ energi. Vi skulle inte användas.

D: De skulle använda någon annan typ? (Ja) Så det skulle kunna göras.

P: Åh, ja, det görs, men det skulle inte vara önskvärt. Negativ energi är mycket kraftfull. De är inte av ljuset. Vi, skulle jag säga, är störande. Vi stör det negativa mönstret när vi går in. Vi kan gå in för den negativa, som du säger, eller kaotiska energin, och räta upp det, röra på det och förändra det.

D: Hur som helst, anledningen till att du talar genom denna kropp, är så att hon ska bli medveten om att detta är energin hon använder i sin healing?

P: Ja, det skulle vara bra för henne att veta. Och att vi kan lita på oss. Och att vi är mycket villiga.

D: Så om någon vill göra energiarbete för att hela någon, och de har det högsta syftet ....

P: (Avbruten) Vi skulle vara där. Vi är tillgängliga, ja. Intention är allt.

D: Dessa människor vet att det finns en energi, men det verkar som om du har en personlighet.

P: De kan vara medvetna om energi, men de vet inte hur man riktar den. Eller använder den till sin fördel. Men vi är här.

D: Har du några råd om hur någon kan använda den?

P: Personen skulle söka vara öppen för detta, med hög intention. Och be om energi från den allra högsta källan. Det finns alla typer av energi. Allt är tillgängligt.

D: Är du från den högsta källan?

P: Ja. Jag vet inte om vi har ett namn.

D: Men de frågar bara efter energin från den högsta källan.

P: Ja, och vi skulle svara på det. Då kan de rikta den vart den behövs. Vi är tillgängliga. Många människor vaknar upp till den verkligheten. Att få tillgång till detta, ja.

Det Komplexa Universumet – Bok Tre

D: *Är du också den typen som kan kallas för att skapa positiva saker?*
P: Vad vi gör är att skapa en frekvens. Vi skapar möjligheter. Jag vet inte om vi skapar form eller gestalt med detta. Så mycket som vi ... underlättar. Är det ordet? Vi underlättar energin för användning.
D: *Jag har alltid sagt till folk att de kan skapa sin verklighet. De kan skapa vad de vill i sitt liv, för sinnet är så kraftfullt.* (Ja) *Och er energi är tillgänglig om de vill använda den på rätt sätt.*
P: Det är exakt rätt. Deras intentioner måste vara 100 % goda, hederliga.
D: *Om de inte är det, kommer ni inte att arbeta med dem?*
P: Absolut inte. Vi skulle inte användas för något annat än gott. Det betyder inte att vi inte skulle vara där i ett utrymme som inte var bra. För vårt syfte skulle vara att transmutera, så att säga, det kaotiska, det negativa, till ett positivt, smidigt, hög frekvens.
D: *Åh, det är underbart. Jag gillar att hjälpa människor att hjälpa sig själva, men jag tycker alltid att jag arbetar med något annat.*
P: Du arbetar med oss.
D: *Är det mer eller mindre för att ni dras till detta när människor är i detta tillstånd?*
P: (Avbruten) Det är en del av det. Och den enskilda individens intention att använda denna energi.

Jag vände mig sedan till att ställa några av de frågor som Patricia ville veta om sitt liv, särskilt hennes syfte. Vad som hände härnäst var ett ovanligt fenomen i sig, och bevisade för mig att denna del (eller energi) var helt separat från den fysiska kroppen den talade genom. När den började prata om hennes syfte, pausade den och sa: "Det finns tårar i människan." Patricia hade blivit känslosam och gråter. Och energin observerade detta objektivt. Jag försökte förklara för den att hon kände känslor, och att det var bra. När Patricia fortsatte att gråta mjukt, sa den: "Det är överväldigande. Känslor! Känslorna!" Känslorna störde energin. Det var uppenbart att det inte var van vid att uppleva något sånt här. Jag försökte ta bort det från känslorna genom att säga att det kunde låta kroppen uppleva detta medan det pratade med mig. Det skulle kunna ta bort sig själv och kommunicera medan

Det Komplexa Universumet – Bok Tre

kroppen gjorde sin egen sak. Jag påminde den om att den kunde vara in och ut och inte behöva stanna kvar efter att vi var klara. Det fanns flera djupa suckar och sedan, lika snabbt som att knäppa med fingrarna, var det tillbaka i kontroll. Känslorna var avstängda. Det hade tagit kontroll över situationen. Det förklarade sedan för Patricia vad hennes syfte var att vara.

P: Kroppen kommer att använda denna energi med sin närvaro, i vilken situation som helst. Energien kommer att ha en mjukgörande känsla, påverkan, på alla personer eller platser som denna kropp är på. Den här kroppen finner det något av en utmaning att hålla denna energi, för det är en väldigt stark energi. Hon kommer att använda den som en aktiv intention för healing med andra eller platser. Det kan kräva viss anpassning. Jag tror att det har belastat den fysiska kroppen genom att hålla och vara rädd för den.

Jag föreslog sedan att det kanske vore bättre om hon inte använde den för ett tag.

P: Det skulle vara klokt. Vi säger att de kommer att växa i den, men vi kommer att växa in i dem, så att säga. (Skratt) Så bara genom att vara i närheten av någon som är sjuk, kommer hennes närvaro att höja frekvensen. Det kommer att hjälpa personen att höja sin, bara genom att vara där. Som lite citron som släpps i vatten ändrar vattnet, för det är allt som behövs. Absolut. För nu skulle det vara bättre för hennes fysiska kropp att komma i balans och healing, för ju bättre det är, desto mer energi kommer hon kunna rymma. Och hon kommer att rymma denna energi. Det är inte så att det kanske händer. Det kommer att hända. Hennes kropp behöver bara hinna ikapp. Den här kroppen insåg inte, eller visste inte, hur man skulle använda denna healingenergi för sin egen healing. För alla andra, ja. Men denna kropp måste lära sig att rymma detta, för det här är vad denna kropp har bett om att göra. Det är en mycket stor energi.

603

Det Komplexa Universumet – Bok Tre

Jag bad sedan energin att hela Patricias kropp från de fysiska besvär hon hade klagat över före sessionen. "Ser du, detta är den delen jag vill att du ska förstå. Denna energi gör inte nödvändigtvis det. Den tillhandahåller energin. Den underlättar frekvensen för healing. Allt kan göras. Allt kan repareras. Vårt jobb är att tillhandahålla energin för ... något annat att använda den." Hon verkade förvirrad. Hon sa att hon trodde att något annat behövde kallas in för att använda den. Jag visste vad hon talade om, det undermedvetna, som jag arbetar med regelbundet för att göra healingen. Hon instämde entusiastiskt: "Ja! Det är det! Ja, ja! Vi tillhandahåller råmaterialet för denna fixareenergi. Ja, ja. Det undermedvetna kan göra det." Det gick med på att det skulle vara en bra idé att kalla på det undermedvetna för att göra den faktiska healingen, men betonade att det alltid var där och tillgängligt för användning när som helst av vem som helst (om de hade rätt intention). Jag gav instruktioner och Patricia gav ett stort andetag när den starka energin lämnade. Sedan kallade jag på det undermedvetna, och jag såg hur den ena ersatte den andra. Skiftet var mycket märkbar. Jag bad sedan det undermedvetna att förklara vad som hade hänt när den energin talade genom henne.

P: Det är i henne. Det är av henne. Hon behöver ha medvetenheten.

Denna entitet var mer säker på sig själv och talade med mer auktoritet, även om den andra energin hade stor kraft. "Hon var tvungen att vara medveten om dess enormhet. Tillgängligheten av den."

D: Jag tycker att det var intressant att energin inte förstod känslorna.
P: Nej, den gjorde inte det. (Skratt)
D: Det var bra för den att uppleva det.
P: Jag tror det.

Sedan, med den andra energins hjälp, började det undermedvetna (fixarenergin) att reparera Patricias knän. Läkarna ville operera och göra en knäersättning, men det undermedvetna insisterade (som det alltid gör) att det inte skulle ske någon invasion av kroppen. "Benen rör på sig. Deras närhet justeras. Det finns mycket slitage i benen. Brosket måste återskapas. Och vi behöver omforma och omforma lederna. Jag tror att det kommer att ta ett par dagar. Det kommer att vara klart över ... säg, en månad eller så, men majoriteten av healingen kommer att vara klar på ett par dagar. Det kommer att vara en märkbar skillnad. Brosket kommer att byggas upp. Det kommer att finnas en kudde, och hon kommer att kunna gå utan obehag. Hälsa igen." Det sa också att när hon gick tillbaka till läkaren skulle skillnaden ses på röntgen. Sedan gick det till att arbeta på Patricias rygg, eftersom problemet med knäna hade kastat ut hennes rygg ur linje. Jag såg hennes kropp hoppa och hörde benen knaka när energin flödade genom. Det var uppenbart att något gjordes, eftersom kroppen hade rört sig och ryckt under hela denna procedur. "Nu behöver det arbete för att hålla sig där. På vissa ställen kan det vara lite ömt, men oroa dig inte."

D: Det är allt gjort med den energin. (Ja) Jag uppskattar att du lät mig möta den energin. Det är en vacker personlighet.
P: Det var för din uppbyggelse också.

Jag tyckte att "uppbyggelse" var ett intressant ord att använda här. Jag tänker på att det appliceras på att bygga något, en struktur eller vad som helst. Men när jag kollade upp det i ordboken stod det att det också betyder: moralisk eller andlig instruktion eller förbättring. Det ville att jag skulle veta kraften i den energi jag omedvetet hade använt i mitt arbete.

Innan jag väckte Patricia hade det undermedvetna ett avskedmeddelande för henne: "Fortsätt att tro, och att veta att healing sker. Oavsett om det är ande, sinne, kropp, vad som helst. Det är möjligt, och det sker, men du måste lita på och tro. Kroppen skapades för att hela sig själv. Den vet hur man tar hand om sig själv."

Ju mer jag gör detta arbete, desto märkligare blir det. Jag är van vid att arbeta med de individuella andarna hos människor som återföds och besätter olika kroppar för att lära sig läxor, ha upplevelser och

Det Komplexa Universumet – Bok Tre

betala karma. Jag har blivit helt bekväm med att kommunicera med det underbara och kraftfulla undermedvetna, som håller svaren på allt. Jag har blivit ganska van vid tanken på att denna kropp som jag är i just nu som skriver denna bok, inte är den enda jag. Jag är en mycket liten del av en större själ som har valt att spruta eller klyva sig för att uppleva så mycket som möjligt. Och att dessa andra delar av mig själv aldrig kommer att vara medvetna om varandra, för det skulle vara för överväldigande och motverka syftet med spelet. Bara att veta att de existerar är nog med huvudet att smälta. Jag har bara delvis smält informationen om att dessa splinter eller facetter kan byta platser vid behov, liknande walk-ins, men annorlunda, eftersom de är en del av samma själ. Jag har blivit utsatt för så många olika sätt att tänka, att jag trodde att det inte fanns något mer att lära.

Nu får jag information om olika former förutom andarna som bebor våra kroppar. Men i själva verket är de andar, bara i en annan form. Jag har kommunicerat med de som fullgör plikten som en skyddsängel (eller guide), och skapare-väsen. Några som jag möter mer och mer är de som aldrig har levt på Jorden tidigare. De har kommit direkt från Källan för att hjälpa Jorden just nu. En mer bekant form är de som bara har känt till utomjordiska kroppar, och som kommer till Jorden för första gången. Sedan stötte jag på "hitchhiker"-energin (eller anden) som kommer från ett extremt högt utvecklingsnivå. Den kommer bara till Jorden när den belönas med en semester och får lov att lifta eller använda den mänskliga kroppen för att observera och absorbera känslor och reaktioner under en begränsad tid.

Nu i detta kapitel får jag veta om en annan typ. En energi som inte har någon önskan att bebo en mänsklig kropp, men är där för att användas av den besättande anden för healing eller vad som helst som behövs. Det kommer att introduceras fler ovanliga energier i de sista kapitlen av denna bok.

Det fantastiska är att de har en definitiv personlighet. De kan kommunicera med mig, men de är helt separata från den person som jag talade med före sessionen. Och personen är helt omedveten om att denna ande eller energi besätter samma utrymme som de gör. Detta utmanar definitivt vårt begrepp om verkligheten och vad våra liv

Det Komplexa Universumet – Bok Tre

egentligen handlar om. Ju mer jag utforskar detta arbete, desto mer är jag övertygad om att det vi uppfattar som vårt mänskliga liv och existens bara är en fasad. En slöja som döljer en mycket djupare och mer komplex värld som existerar sida vid sida med oss, men som är helt osynlig för oss. Jag undrar hur mycket mer som är dolt bakom fasaden, och hur mycket som kommer att tillåtas att avslöjas?

KAPITEL TRETTIOÅTTA

DEN SLUTGILTIGA LÖSNINGEN

George var en medlem av en av mina hypnos-klasser 2005. Klassen var över och vi hade denna session i hans rum innan han skulle åka för att ta sitt flyg hem. George är väldigt skarpsinnig psykiskt och hade varit medveten om entiteter och olika energier i rummet under klassen. Han sa att detta händer honom regelbundet, och att han har varit tvungen att vara försiktig med vad han pratar om, och vem han delar det med. Han har använt sina förmågor som terapeut. Det hjälper honom att få insikter när han arbetar med klienter.

George kom från molnet och såg endast färgen blå, och visste att han inte var på en fysisk plats. "Det är inte en plats, det är en essens och en lugn. Och det är där det började. Det är en del av allt, och vi är en del av det. Vi är bara en facet av det. Det är vetskap. Det är allt. Vid vilken tidpunkt som helst kommer allt att komma från detta. Det är bara det. Det finns endast en känsla av lugn. Det finns inget upp eller ner. Det finns inget tidsbegrepp, avstånd. Det är bara vad det är. Några kommer ihåg detta."

D: Du sa att detta är där du kom ifrån?
G: Den här gången, ja.
D: Men du sa också att det är där alla har kommit ifrån?
G: Alla måste gå igenom detta, ja.
D: Detta är där du började?
G: Det är inte en plats att börja på. Det är något du måste gå igenom. Man måste uthärda detta för att gå vidare. (Han började bli känslosam.)
D: Så du började någon annanstans innan du kom till den blå essensen? (Ja) Varför är det känslomässigt?

Det Komplexa Universumet – Bok Tre

G: Det behövde inte ha kommit till detta, för att jag skulle komma ner hit igen. Det skulle inte ha varit en nödvändighet för mig att komma tillbaka och göra detta igen. Varför kan de inte lära sig?

D: *Du var lyckligare där, menar du?*

G: Det är inte poängen. Poängen är att detta kunde ha undvikits av alla. Det borde inte ha tillåtits att jag skulle behöva komma igen. Jag förstår bara inte vad som behöver göras.

Detta lät liknande Ingrids berättelse i *The Convoluted Universe - Book Two*, där hon kom tillbaka och var upprörd över det. Hon gillade inte heller vad människorna hade gjort med världen, och var känslosam över att bli skickad tillbaka.

D: *Hade du redan genomgått många fysiska liv?*

G: Den här personen tror att han har, men nej. Det finns inte många, bara de som måste göras.

D: *Så du trodde att du hade avslutat allt?*

G: Det borde ha varit, ja.

D: *Hade du någon karma som behövde betalas?*

G: Det var inte en nödvändighet. Jag får bara komma tillbaka när behovet är stort. Jag borde inte behöva göra detta igen.

D: *Du låter arg över det.*

G: Varför kunde de inte förstå? Vi lärde dem, vi visade dem, vi berättade för dem konsekvenserna.

D: *Vem berättade du för? Vem pratar du om?*

G: Vi talade om de som var där på denna plan, som bara lärdes ut om de skulle visa de som rörde sig framåt, för att hålla dem i balans. För att visa vad som behövde göras.

D: *Människorna som var levande på planeten när du var här förut?*

G: Det stämmer.

D: *Och du trodde att de förstod?*

G: De gjorde det. Det verkar vara en felberäkning från vår sida av vad som skulle hända med människorasen. Vi kommer inte att tillåta att denna felberäkning upprepas.

D: *Vad var felberäkningen?*

G: Att det skulle finnas för mycket rädsla bland dem.

609

Det Komplexa Universumet – Bok Tre

D: *Du trodde att de skulle vara annorlunda?*
G: Rätt. Det var planen.
D: *Du trodde att du hade uppnått det du började med att göra.*
G: Det stämmer. Men vi fortsätter att övervaka vad som händer här, och andra. Vi trodde att när det korrigerades sist, skulle det vara sista gången. Vi berättade för dem, vi gav dem, vi visade dem vad som skulle hända igen om det inte avvärjdes.
D: *Du vet hur människor är, de glömmer.*
G: Det är sant, men vi hade skyddsåtgärder på plats. Vi hade de andra som var här för att säkerställa att detta inte skulle hända igen. Men de lyssnade inte.
D: *Skyddsåtgärderna, de andra andarna som var här, menar du?*
G: Enligt din uppfattning av det, ja. Det fanns energier på plats. Kunskap som gavs vid lämpliga tider till människor. De skulle dela detta. Men andra blev involverade, och borde inte ha varit det.
D: *Vilka andra? Menar du människor?*
G: Detta är inte korrekt. Nej, andra influenser började dyka upp – girighet, rädsla, makt. Detta skulle inte tillåtas på en storskalig nivå. Det kommer att hända, vi förstår det, vi har adresserat detta, men magnituden av det var inte tillåtet för.
D: *Du trodde inte att det skulle bli så utbrett?*
G: Det stämmer.
D: *När du kom förra gången och instruerade människorna, levde du i en fysisk kropp?*
G: Du skulle kalla det fysiskt, men nej. Det var fysiskt när du såg på det, men det var allt.
D: *Kan du berätta något om tidsperioden?*
G: Den senaste gången är vad du skulle kalla "Atlantis". Jag var här vid slutet, ja. De missbrukade sin makt, sin kunskap. De missförstod vad det var där för. Allt de behövde göra var att fortsätta på den väg vi satte dem på. Vi skickades tillbaka för att rätta till denna felberäkning.
D: *Vid den tiden, levde du bland människorna?* (Nej) *Så du var inte en fysisk kropp på det sättet?*
G: Det var när det betraktades, ja.

Det Komplexa Universumet – Bok Tre

D: Så du tittade på vad som hände?
G: Andra tittade på det. De insåg vad som skulle hända om det fortsatte på denna väg, och vi kallades in. Det var vår funktion. Vi är de som rättar till. Vi alla ersätter, vi har alla vad du skulle kalla ett "jobb". Vi är de som rättar till.
D: Är du som andar?
G: Liknande det, ja.
D: Betyder detta att du inte har haft fysiska liv tidigare i en fysisk kropp?
G: Nej. Den här personen tror att han har, men nej.
D: Så du kallades in med de andra för att hjälpa till vid den tiden, för att saker gick fel?
G: Det stämmer. Girighet och makt kom till en punkt där det inte längre kunde tillåtas. Om det hade tillåtits att gå framåt, skulle konsekvenserna ha påverkat för många andra entiteter och planeter som vi alla är kopplade till. Och därför var det inte tillåtet vid den tiden – det måste förändras och rättas till.
D: Vad gjorde de som var så negativt?

Jag visste svaren på dessa frågor, för jag hade redan skrivit om Atlantis (*The Convoluted Universe - Book One*). Men jag försöker alltid antingen verifiera det jag har funnit eller lägga till mer information.

G: De missbrukade energin, missbrukade sin kunskap, istället för att hjälpa till att vårda och fortsätta förstå och växa. De manipulerade det de hade. De försökte förändra det – vilket det kommer att göra, för det är en funktion av det– men det hade inte tillåtits för. Och sedan skulle de gå ner den vägen som exponentierar till andra vägar som de inte var redo att uppnå vid den tiden. Den typen av kunskap var inte redo för dem vid den tiden och därför måste rättelsen tas fram. De använde detta för att förstöra andra, för att återta makten över andra. Dina legender säger så, och om du letar tillräckligt hårt kommer du att hitta det.
D: Jag har hört att de missbrukade kraften i sina sinnen.

Det Komplexa Universumet – Bok Tre

G: I viss mån. Deras sinnen var mycket avancerade, vi hjälpte till med detta, kraften i deras sinnen, så att de kunde förstå de energier de arbetade med. För att utvecklas, inte bara själva, utan planeten i allmänhet, vilket skulle skapa en dominoeffekt till andra planeter och andra samhällen och entiteter.

D: Använde de fysiska saker också för att skapa energi?

G: Dina antaganden är korrekta vid denna tidpunkt. Det finns kristaller som är tillgängliga och kan manipuleras med rätt energi för att driva frekvens. Du har redan rört vid detta i dina skrifter när du arbetat med andra. Men det finns också några kristaller som inte har återupptäckts än, som är vad du skulle kalla en "katalysator". De är centrumet, de är hållarna. Vissa individer eller energier kan uppnå detta och använda detta i den kraft du skulle tänka skulle vara känt. Nej, det var faktiskt motsatsen. Saker kan hända och manipuleras från denna punkt och gå framåt.

D: Är dessa stora kristaller?

G: Vissa kan vara mycket stora, vissa är inte det.

D: Du sa att de inte har återupptäckts än. Är detta för att när förändringarna skedde, begravdes de igen?

G: De var gömda, ja. De använde redan dessa kristaller och letade efter de andra. De kan inte hitta de andra. Det är inte tillåtet vid denna tidpunkt, nej. Det skulle ha tillåtit dem att nå en ny nivå av förståelse som, med det sätt de rörde sig framåt på, skulle ha haft en negativ påverkan på andra på den planen av existens. De trodde att de visste allt, att de kunde kontrollera det.

D: Jag har också hört att de försökte förändra naturen.

G: Det gjorde de, ja. De förändrade DNA:t hos träden för att ge mer frukt, vilket är förståeligt i det fallet, för att mata befolkningen. Men också, de gjorde detta utan att förstå konsekvenserna av det. När de förändrade DNA:t hos dessa beskyddare, blev strukturerna ovanliga jämfört med de andra strukturerna inom och runt dem. Och sedan, med deras enorma kunskap och kraften i deras sinne, var det klart att de också kunde förändra DNA:t hos människorna. Detta blev de också skickliga på. Några av dina gamla legender visar också detta. Du har inte hittat något bevis på detta än, men du kommer snart att upptäcka det. De gamla legenderna om vad du skulle kalla en "minotaur"; det fanns de och också andra. De tjänade ingen användbar funktion alls, men ändå gjorde de detta. De kallade detta "Den Nya Vetenskapen." Men man måste förstå att det inte var vetenskap, det var bara missbruk av det de hade. De visste redan vad som skulle hända, men ändå ville de bringa det till fruktbarhet. De ville bringa det till denna plan, men i detta fall borde det inte ha funnits där.

Det finns mycket mer information om detta i kapitlen om Atlantis i *Convoluted Universe - Böckerna Ett och Två.*

D: *De var nyfikna och ville se vad de kunde göra.*
G: Det stämmer.
D: *Är det här något våra forskare håller på att ta fram nu?*
G: Det stämmer. Det är därför jag är här och de andra är här också.
D: *Era människor har berättat detta för mig tidigare. Vi behöver veta denna information, för historien upprepar sig.*
G: Det är sant. Det har redan börjat hända igen. De verkar följa samma vägar, ja.
D: *De försöker ändra på DNA:t hos växter igen. De sa att det handlar om att skapa mer och bättre mat för befolkningen.*
G: De förstår, men de går än en gång för långt. De har överskridit vad de redan har gjort och deras manipulationer går ner på vad ni skulle kalla en cellulär nivå. Men även dessa förändringar, du måste förstå, går förbi den cellulära nivån. De går också förbi på energinivå, och de börjar manipulera även det. De har redan gjort detta.
D: *Vi vet att de klonar djur och leker med DNA:t hos djur.*
G: Det har pågått i vad ni skulle kalla femton, trettio år, ja.
D: *Jag har hört att de också gör detta med människor, men det är inte allmän kännedom än.*
G: Det stämmer. Om de inte förstår och omorienterar sitt tänkande, arbetar vi med detta med andra. Men som du förstår, finns det mycket påtryckningar från de andra för att fortsätta på den här vägen.
D: *Det är allt i vetenskapens namn, eller hur?*

Det Komplexa Universumet – Bok Tre

G: Det är den termen som används, ja. Eller nu, som de säger, är det i försvarets namn – militärt, för att förbättra andra.

D: *Varför skulle militären dra nytta av något sådant?*

G: De ser det som ett vapen.

D: *Manipulationen av DNA?*

G: Det stämmer. Vad ni skulle kalla "bioterrorism". Dessutom, att skapa en person som kan stå emot krigens strider.

Han verkade ha svårt att hitta de rätta orden. Orden verkade främmande och konstiga för honom.

D: *Orden kommer bli lättare, för jag vet att det är svårt att använda våra ord. Men du menar att deras kroppar skulle manipuleras?*

G: Kropparna ändras för att kunna stå emot en bioterroristattack och överleva. Men de förstår inte att själva kroppen kommer att bli ett vapen mot dem. Det som de formar för att försvara sig mot, kommer att utvecklas och komma tillbaka till dem på en annan nivå, och konsekvenserna kommer att vara stora.

D: *Menar du att kroppen kan utveckla något för att motverka detta?*

G: De arbetar på detta i sina laboratorier för att injicera det i en mänsklig kropp så att det ska vara motståndskraftigt mot bioterrorism, olika typer. Och de injicerar ämnen i kroppen, ändrar DNA-strukturen så att det ska vara anpassningsbart. Men det kommer bara att börja brytas ner efter en kort tid, och de kommer inte längre att ha något försvar mot det de själva har skapat.

D: *Är det en av anledningarna till att du är här, för att de kommer att skada folket?*

G: Jag är här för att stoppa detta. Vi är här för att göra korrigeringar, ja.

D: *Låt oss gå tillbaka lite. Du sa att du var där på Atlantis när allt hände. Vad hände?*

G: De blev tillsagda att sluta. Om inte... (Paus)

D: *Om inte, vad?*

G: (Paus) Om de inte skulle sluta, då skulle vi kontrollera det. Vi kom in och använde vår fulla kraft och gjorde korrigeringen. De skulle inte längre existera.

614

D: *Är det vad som hände vid Atlantis tid?*
G: Det stämmer.
D: *Vilken typ av korrigering gjorde ni?*
G: (Kallt) Vi eliminerade befolkningen. Vi gömde civilisationen under vattnet så att den inte skulle kunna hittas igen.
D: *Jag gillar att klargöra dessa saker. Är det okej om jag fortsätter att ställa frågor?*
G: För tillfället, ja.
D: *För att detta är saker jag arbetar med.*
G: Vi förstår detta.
D: *Jag har hört att forskarna missbrukade kristallkraften och att det orsakade förstörelsen.*
G: Vi tillät att en del av befolkningen överlevde, så att legenden skulle kunna spridas. Så att andra skulle höra vad som hade hänt. Och vi hade hoppats att de genom detta skulle förstå värdet, och också förstå att de inte kan missbruka det. Att vi kommer att övervaka och vi kommer att vidta lämpliga åtgärder för att rädda inte bara denna, utan också andra.
D: *Andra?*
G: Andra planeter. Det skulle bli en kedjereaktion. Detta vet du redan.
D: *Så vid den tiden gjorde ni detta även om det var något ni inte ville göra. Bara förstöra allt och börja om.*
G: Det stämmer. Men det var en nödvändighet.

Detta har rapporterats i några av mina andra böcker, att de normalt sett inte får blanda sig i andra kulturers angelägenheter. De får endast titta på och observera. Det enda undantaget (och detta har jag fått höra många gånger) skulle vara om vi nådde den punkt där vi eventuellt kunde förstöra vår planet (antingen genom missbruk av atomkraft eller liknande). Detta skulle inte kunna tillåtas, eftersom det skulle skapa en kedjereaktion ut i galaxen och många andra civilisationer skulle påverkas negativt. De sade också att det skulle påverka andra dimensioner där andra kulturer existerar. Det skulle vara som en förklaring av ett oönskat och oprovocerat krig med långtgående konsekvenser. Detta skulle inte kunna tillåtas. De sade att i ett sådant fall skulle de ha rätt att ingripa och förhindra att detta sker. Dock hade

Det Komplexa Universumet – Bok Tre

jag aldrig hört någon tala om de drastiska åtgärder som George beskrev. Det lät oroande, kallt och kalkylerande, utan någon känsla för mänskligheten. Men ansåg de kanske att mänskligheten vid den tidpunkten hade gått bortom behovet av mänskliga känslor? Detta skulle verkligen behöva genomföras av en helt annan typ av varelse.

D: Jag har hört berättelser om människor som överlevde.
G: Det stämmer. De tilläts. Några gavs förvarning så att en del av kunskapen kunde användas för att starta om.

Dessa berättelser har rapporterats i *Convoluted Universe - Bok Två* och några av mina andra böcker.

D: Men majoriteten av Atlantis är under vattnet?
G: Det stämmer, och de söker efter det just nu.
D: Jag har också hört att delar ligger under jordhögar.
G: Delar, ja.
D: Men detta var något ni inte riktigt ville göra?
G: Det är vår funktion.
D: Var det någon eller något som bad er göra detta?
G: Den kollektiva enheten förstår vad som behöver göras.
D: Även om det skulle verka negativt att förstöra en hel civilisation?
G: Det stämmer. Vi har gjort detta många gånger.
D: På Jorden, eller på andra platser?
G: Där vi behövs.
D: Jag har hört att många gånger på Jorden, andra civilisationer, förutom Atlantis, har gått under.
G: Korrekt.
D: Men ni har också blivit skickade till andra världar?
G: Ja. Det är vår funktion. Det är vem vi är.
D: Betyder det att ni aldrig har levt i en fysisk kropp tills nu?
G: Det har funnits tillfällen när vi var tvungna att ta på oss civilisationens kroppar, så vi kunde påminna dem om värdet av vad som behövde göras, ja.
D: Men du är arg för att du var tvungen att komma tillbaka. Du trodde att ni hade fixat det förra gången.

G: Det stämmer. Det borde inte vara en nödvändighet vid denna tidpunkt, men det är det.

D: *Det har gått många, många generationer sedan dess.*

G: Det stämmer.

D: *Och det verkar som om folket är tillbaka vid makten igen och gör samma misstag.*

G: Det är de. De andra som har kommit vid denna tidpunkt har haft ett inflytande som vi inte tillät. Den kollektiva enheten har sagt att det var en nödvändighet.

D: *Är de andra de energier som orsakar det negativa inflytandet?* (Ja) *Är de också i fysisk kropp?*

G: De är inte i den fysiska kropp som ni tänker er. De verkar fysiska, ja. De har en annan agenda. Vi är lika olika som ni skulle säga att människorna är.

D: *Finns det inte ett kontrollsystem, som det kollektiva, som inte skulle tillåta att denna negativitet kommer in?*

G: Det finns ett kollektiv. Det är tillåtet, ja.

D: *Är det här som orsakar krigen och allt i vår nuvarande tid?*

G: Det stämmer just nu.

D: *Men du sa att det finns många andra som du själv som har kommit tillbaka för att rätta till detta?*

G: (Försiktigt) Varför söker du denna information?

När misstanke uppstår, måste jag alltid svara försiktigt eller flödet av information kommer att avbrytas.

D: *Eftersom jag är som en reporter. Jag samlar information. Jag skriver om det, du vet det, men det är för att låta folk veta vad som händer. Är det okej för dig?* (Ja) *Jag försöker hjälpa på mitt sätt så att folk ska förstå vad som händer.*

G: Vi förstår.

D: *Jag har talat med många andra människor i detta tillstånd som säger att de har blivit skickade för att göra förändringar.*

G: Det finns olika nivåer av förändringar som du talar om. Vi är den sista nivån. De andra är här för att hjälpa till att underlätta förändringen. Om förändringen sker, då behövs vi inte. Om det inte sker, då kommer vi att korrigera.

D: *På samma sätt som förut?*

G: Vi kommer att korrigera.

D: *Skulle det vara på samma sätt, med vattnet?*

G: Det skulle vara en korrigering.

D: *Menar du att det skulle vara något annorlunda?*

G: Vi får inte berätta detta just nu, nej.

D: *Det är okej. Jag tar emot så mycket information som jag tillåts få. Jag talade med en man i England som sa att det var sju personer som blev skickade. Jag undrade om du var en av dem, eller om du gör något annorlunda. (Se kapitlet i Convoluted Universe - Bok Två "De Sju Första"). De sa till mig att inte avslöja deras identiteter, och inte sätta dem i kontakt med varandra. Att de måste göra sitt arbete separat.*

G: Jag är inte en del av den gruppen. De är de som är här för att underlätta förändringen. Om de misslyckas, är vi gruppen som kommer att rätta till det. Vi är den sista gruppen.

D: *Jag tycker att detta är väldigt värdefull information, eftersom världen verkar snubbla vidare och göra samma misstag om och om igen.*

G: Det stämmer.

D: *Är det okej för mig att veta dessa saker?*

G: Vid denna tidpunkt, ja.

D: *Och jag kommer inte att avslöja identiteten på kroppen du talar genom.*

G: Det kommer inte att tillåtas, nej. Det är inte hans tid än att bli fullt känd. Han kommer att bli det.

D: *Det var en sak han ville fråga om. Han känner att han har kraft, och han vill veta varför han inte kan använda den.*

G: Vi har alla kraft, det är sant. Vi skulle kallas den slutliga lösningen. De i din grupp har vad ni anser vara mycket kraft, ja. Han är kraften.

D: *Jag har arbetat med många andra som var healers och praktiserade olika energiarbeten i en fysisk kropp i andra livstider. De återvänder nu med denna kunskap.*

Det Komplexa Universumet – Bok Tre

G: Han har tittat på många olika områden och är väldigt bekant med alla dessa. Han kommer att känna en samhörighet med dem. Han kommer att förstå dem, och det kommer att komma och verka naturligt för honom.

D: Han kände att han hade en kraft från något håll, och han ville veta om han kunde få tillbaka den. Men det finns också en rädsla för att tillåta denna kraft att komma fram.

G: Det förstås.

D: Eftersom han är människa.

G: I er uppfattning, ja.

D: Kommer ni att tillåta honom att uppleva dessa saker?

G: Det kommer att tillåtas nu, ja.

D: Om han tillåter denna kraft att komma fram för att hjälpa människor, skulle han kunna kontrollera den?

G: Han kan kontrollera den, ja.

D: Självklart, om det fanns för mycket kraft, skulle det skrämma människor.

G: Det är sant. Den kraft som är tillgänglig är stor, ja. Vi har arbetat med honom och vi kommer att öppna upp vägarna för att den ska komma igenom. Det kommer inte längre att vara gradvis. Det är dags för honom att gå vidare med detta. Han kommer att tillåtas att uppleva de stora energiskiften som kommer. Han kommer att få tillgång till universum för att använda energin.

D: Men han måste också leva ett mänskligt liv.

G: Det är sant.

Jag är alltid väl medveten om att jag uppfattar personen jag arbetar med som en normal människa. Och jag är mycket försiktig med att inte störa deras liv, oavsett hur konstig informationen är.

D: Han måste leva i den fysiska världen. Och han måste ha ett jobb, och de saker som en människa behöver. Vi vill inte störa något av det, eller hur?

G: Det är irrelevant.

D: Men det är vad människor måste göra.

G: Vi förstår, men det är fortfarande irrelevant.

Det Komplexa Universumet – Bok Tre

D: *Mitt jobb är alltid att skydda. Så det ni låter honom göra kommer inte att störa hans mänskliga liv, eller hur?*
G: Frågan är förstådd.
D: *Han sa att han försökte få mer information från andarna. Det kommer egentligen från er, eller hur?*
G: Det stämmer.
D: *Och han ville veta vad som höll honom tillbaka från att uppnå dessa saker.*
G: Han behåller fortfarande rädslan och ilskan från förra gången. Och varför de inte har förstått och gått framåt. Det är därför han ibland har dessa tvivel. Och han inser att han kanske säger att människor är dumma och inte förstår. Det är orsaken och var det kommer ifrån.
D: *Han sa att det fanns ilska.*
G: Åh, ja. Den tiden har nu kommit och passerat.
D: *Så detta var vad som höll honom tillbaka.*
G: Han blev aldrig hållit tillbaka.
D: *Tja, han kände att han blev det. (Skrattar)*
G: Det är förståeligt.
D: *Han kände också att han hade förmågan att flytta objekt.*
G: Han har förmågan att göra mycket. Att flytta objekt är vad ni skulle kalla för "barnlek", ja.
D: *Kommer han att kunna få tillbaka den förmågan?*
G: Åh, det är okej. Vi har visat honom detta till och från. Det är naturligt för honom, ja. Den här och de andra förmågorna kommer att börja komma tillbaka omedelbart, ja.

En annan förmåga som George trodde han hade var förmågan att lokalisera objekt. Han ville hjälpa människor att hitta begravda saker. Detta var något George ville göra mycket gärna, men han kände att han inte kunde göra det. Han var också intresserad av att hela andra människor.

G: Han kan göra vad som helst. Han associerar fortfarande det med den förra gången. Det är där igen, och det är bara en liten del av vad förmågan är, ja. Återigen skulle vi kalla det för ett barns leksak, ja.

D: *Så han kommer att kunna få tillbaka dessa förmågor?*

G: Han har redan haft dem. Vi kommer att ta bort skyddet, ja.

D: *Så alla dessa förmågor som han har varit rädd för kommer att börja återkomma?*

G: Det stämmer. Vi kommer att börja ta bort skyddet nu. Skyddet har varit på plats ett tag för att skydda detta, eftersom han inte riktigt var redo, i mänsklig mening, att förstå eller greppa omfattningen av det. Så han behövde skyddas tills nu. Han har redan gjort dessa saker och andra. Han kommer att bli känd för några av dessa saker, ja.

D: *Men här igen, vi vill inte störa hans liv.*

G: Det är irrelevant. Ni förstår inte konceptet av hans syfte här. Hans syfte här är att skapa saker, och få dem att växa på ett visst sätt som de måste göra enligt det kollektiva. Att han har en mänsklig kropp är irrelevant i detta avseende. Men ja, vi förstår frågan. Vi förstår vad ni försöker göra för den mänskliga kroppen. Vi förstår den punkten. Vi kommer att göra justeringar för detta nu, ja.

D: *För att han måste också leva i denna värld. Och om han verkade vara för ovanlig, skulle han kunna bli instängd någonstans. Då skulle han inte kunna åstadkomma något, eller hur?*

G: Han kommer inte att låta människor fullt ut uppfatta vad han kan göra. Han kommer att njuta av att arbeta med barnens leksaksdel, ja, och det kommer att tillfredsställa människorna. Det kommer att hindra dem från att förstå vad han kan göra. Men vi förstår också att han nu blir sökt, han och de andra, ja.

D: *Jag undrade om regeringen skulle försöka hitta dem.*

G: De är medvetna om att vi är här, ja, men de vet inte var. De Andra försöker hjälpa dem att hitta oss, ja.

D: *Så om några av dessa förmågor avslöjas, kommer han inte att vara i fara?*

G: De kan inte skada honom, nej. Snart kommer de att inse att han är här, ja. De vet att han är här. Låt mig förtydliga detta: de vet att han är på denna planet, ja. De vet att han börjar anpassa sig och använda förmågorna nu. Ja, de är medvetna om det. Snart kommer de också att vara medvetna om vem han faktiskt är. Men vid den tiden kommer de inte att kunna göra något mot honom, för honom eller emot honom.

D: Så du tror att det är regeringsfolk?

G: Dem och andra, ja. De andra som arbetar med dem, ja.

D: *Jag har haft andra klienter som vi blev tillsagda att skydda.*

G: Han behöver inget skydd nu, nej.

D: *För jag skulle inte vilja göra något som kan skada honom.*

G: Vi förstår. Det stämmer.

D: *Så om han blir mer märkbar, kommer de att identifiera honom.*

G: Åh, det är sant, ja. Och vi önskar att detta ska hända, ja. När de identifierar gruppen kommer de att veta hur många av gruppen som är här. Och därför är vårt mål, om de justerar sig bara genom att veta att gruppen är här, då har vi uppnått vårt mål, ja.

D: *De vet inte hur många som är involverade. De kan inte hitta alla.*

G: Ja, det kommer de att göra. De har förståelsen, vi kommer att tillåta dem att veta var vi är, ja, det stämmer. Denna grupp enbart, dock. Vi måste klargöra det – det är denna grupp enbart.

D: *Vad är skillnaden mellan denna grupp och de andra?*

G: Om du var i ett slag och du var en infanterisoldat, och en stridsvagn var på väg mot dig. Du identifierar var stridsvagnen är, självklart, men skulle du stå framför stridsvagnen?

D: *Nej.* (Paus) *Så vad är kopplingen?*

G: Gruppen är som en stridsvagn. Var och en är som en stridsvagn. De kan identifiera dem, sant. Och det är vårt mål (som det är för många), att få dem att identifiera dem. De måste göra det. Men när de identifierar dem, vid den punkten, kan de inte göra något mot dem. Nu kommer de naturligtvis att försöka. Men de kommer att lära sig hur otillräckligt det är.

D: *Så de andra grupperna gör annat arbete?*

G: Korrekt. Varje grupp har sitt eget jobb att göra.

D: *Ingen kan skada den här personen, kan de?*

G: Den fysiska delen, den mänskliga delen, vid denna tidpunkt och tid i hans liv, uppfattningen är ja. Men vad som behöver förstås är – att se varför allt detta ordnades – från denna punkt och framåt, kommer den mänskliga delen att fortfarande vara där, ja. Vi kommer inte att tillåta att den tas bort. Men essensen av vem han är, essensen av vad hans förmåga och, vad ni skulle kalla hans "jobb", måste uppfyllas. Så därför har den delen av honom redan börjat komma fram på senare tid och kommer att fortsätta nu i ett accelererat tempo, ja.

D: *Så saker kommer att förändras i hans liv nu.*

G: Självklart.

D: *Okej, men vi vill alltid ha det för det positiva. Jag vet att du rynkar på pannan, men jag arbetar alltid med det positiva.*

G: Och i denna individs förståelse försöker han alltid vara positiv. Och han vill att den mänskliga befolkningen ska vara positiv och rätta till sig själv. Genom att göra det, kommer han inte att behöva genomföra sitt jobb. Han vet vad som kan uppnås. Han vet att om det kommer till honom och de andra i hans grupp att träda fram och fullt ut tillkännage sig själva för denna värld igen, vad ni kallar en "katastrof" skulle vara stor, ja.

D: *Jag blev informerad om att allt skulle behöva börja om igen, och det skulle ta för lång tid.*

G: Det stämmer. Men han och andra är här på plats, bara i fall.

D: *Känner han till några av de andra? Eller är han tänkt att göra det?*

G: Han har inte träffat några än. Men det finns många, ja.

D: *När George var barn hade han många problem med sina njurar, och fick mycket medicin.*

Jag har haft andra fall där människor var aktivt involverade i att arbeta med energi, både i detta liv och särskilt i tidigare liv. De hade också problem med sina organ, och oförklarliga feberattacker under barndomen som förvirrade deras läkare, som använde många mediciner utan framgång. Under sessionerna kom det fram att deras fysiska kroppar hade svårigheter med att inkorporera den högre vibrerande energin som hade överförts från deras tidigare liv. George hade blivit berättad att han inte hade några tidigare liv, men förklaringen var liknande.

G: Han kan inte filtrera in i detta liv så lätt. Energin var för stark för den kropp som valdes för honom. Människorna, individerna, kände att något var annorlunda och han undersöktes. Men den främsta orsaken var att energin var för mycket för kroppen vid den tiden och den behövde anpassa sig till det. Det påverkade inte bara hans njurar, utan många delar av vem kroppen är, ja.

D: *Men njurarna är okej nu, eller hur?*
G: Ja. Vi arbetar med honom, hjälper honom att anpassa sig, hjälper till att rensa hans sinne, hans essens. Så att det kan justeras till den nya energin, så att han kommer att inse och förstå vem och vad han egentligen är. Vi förstod inte att det orsakade så här mycket problem med helande kroppens förmåga att upprätthålla sig själv. Vi kommer att rätta till det.

De gick igenom Georges kropp och justerade många organ och delar när de gick. De talade om några lösa kopplingar som hindrade energin från att flöda korrekt och jämnt. De hittade till och med problem som George inte var medveten om. Läkningsarbetet och justeringarna skulle fortsätta under de följande två veckorna. Ibland är det inte lämpligt för läkning att ske direkt eftersom det skulle vara för traumatiskt för kroppen. George hade också diskuterat att han hade problem med att sova på nätterna. Han vaknade varannan timme. "Det är energiflödet. Den information som hade getts till honom vid den tidpunkten kommer i flöden. Och pausen mellan flödena väcker honom, ja. Han måste ta emot energin, men vi kommer att justera tidsramen för det, ja." Jag frågade om han skulle bli framgångsrik i att hela eller göra energiarbete så att han kunde sluta med sitt vanliga jobb. "Hans mål är inte att bli framgångsrik i detta. Hans mål är att underlätta en förändring. Men i era termer, kommer han att bli framgångsrik i detta genom att göra förändringar, ja."

D: *Han har en irrationell rädsla för skymning, precis innan det börjar bli mörkt. Kan du förklara det?*
G: När tror du att Atlantis togs om hand? Det var då de började korrigera den sista. Korrigeringen började vid skymning, ja.
D: *Det var då de började korrigeringen som slutade i katastrofen?*
G: Ja. Han inser sin kraft och vad han måste åstadkomma. Rädslan var irrationell. Vi kommer att justera den nu. Du är en facilitator som

fick honom att kunna få tillgång till detta vid denna tidpunkt. Han har alltid haft känslan att i den mänskliga kontexten kunde han inte acceptera det. Och genom att vara här med dig vid denna tidpunkt, var han i stånd att få tillgång till informationen. Därför kan vi nu ta bort de skydd han hade satt upp tills den rätta tiden. Så nu kommer de att tas bort och han kommer att kunna förstå och gå framåt, ja. Det är kopplingen.

D: *Allt måste hända vid rätt tid. – Låt oss hoppas att ni inte behöver göra den slutliga lösningen igen.*

G: Vi kommer att göra vårt jobb, ja.

D: *Vi hoppas att det inte kommer att komma till det denna gång. Kanske kommer människorasen att börja förstå budskapet.*

G: (Dystert) De gjorde det inte förra gången.

Det verkar som om planen, målet, hade tagit hänsyn till varje möjlighet. De försöker förändra förhållandena på Jorden genom att introducera nya, rena andar på många uppfinningsrika sätt. Men just för att de inte ska lyckas, har den slutliga lösningen också placerats här. De har sagt att den ökade nya energin som kommer in verkar ha en effekt. Men, just i fall, är de förberedda att använda drastiska åtgärder igen. Låt oss hoppas att de som har Georges energi och uppdrag inte behöver vara nödvändiga!

KAPITEL TRETTIONIO

ABSORPTIONEN

Jag hade tänkt avsluta denna bok med kapitlet Den slutliga lösningen. Jag kunde inte komma på något kraftfullare än upptäckten av den ovanliga energin som fanns i kroppen hos en vanlig man. En obehörd energi som hade makten att förstöra världen. Utifrån det kyliga sättet på vilket den talade om sitt jobb, har jag inga tvivel om att den menade vad den sa. Den avser fullständigt att genomföra sitt uppdrag om total förstörelse, om vi inte rätar upp den röra vi har skapat i vår värld. Från andra sessioner i denna bok, fann jag andra som besitter samma kraft, och några av dessa har redan använt den kraften i andra livstider. Jag tror inte, utifrån beskrivningen, att de skulle bli ålagda att göra det igen. Jag tror att det uppdraget bara skulle tilldelas några få. Det är fullt förståeligt att de skulle behöva komma in i detta liv med total amnesi om uppdraget. Hur annars skulle de kunna utföra det när tiden kom? Hur skulle de annars kunna stänga av alla känslor och bara göra det de var programmerade att göra? När jag diskuterade detta med min dotter, Julia, tyckte hon inte att det skulle vara bra att avsluta boken på en sådan negativ ton. Jag trodde att det kunde vara en väckarklocka om människor insåg den väg vi är på och om de var medvetna om de hemska konsekvenserna som redan har överenskommits. Nu, vid eftertanke, måste jag hålla med om att hon hade rätt. Jag visste dock inte att "de" också planerade slutet på denna bok, och de ville inte att den skulle sluta på den negativa tonen heller.

Jag trodde verkligen att denna bok var färdig, och jag var i slutskedet av redigeringen, när jag hade en överraskande session medan jag var i Montreal i maj 2007 och talade på IIIHS-konferensen. Jag arbetade med Toni, en engelsklärare. Hon är en lugn, mild person vars yttre inte gav något tecken på den kraft och stora kunskap som fanns just under ytan. När sessionen började, trodde jag att det skulle

Det Komplexa Universumet – Bok Tre

vara en vanlig session om tidigare liv. Men "de" skrek bokstavligen åt mig när de presenterade ett annat koncept. Då visste jag att jag inte hade något val än att inkludera det i denna bok.

När sessionen började var detta ett annat exempel på någon som inte tillät mig att slutföra induktionen. Tonis undermedvetna var så ivrigt att komma igång att det drev henne in i det när jag bad henne att gå till sin vackra plats. Hon började omedelbart beskriva vad som lät som Källan. Så många av mina klienter går dit nu, istället för att gå till vanliga tidigare liv, att jag inte längre blir förvånad. Jag låter alltid ämnet välja sin egen speciella plats, och hon kunde inte tänka på en bättre plats än att återvända till Källan. Hon blev omedelbart känslomässig. Hon beskrev det som, "Solen hjärta. Guds hjärta." När jag bad om en beskrivning verkade hon uppleva total lycka. "Att säga vad jag ser skulle betyda att jag skulle behöva använda en bild av att titta genom något. Men när det inte finns något att titta igenom, utan bara Det Som Är, är det svårare att förklara. Om du kan föreställa dig att din kropp sjunker eller fördjupar sig i en kropp - en större kropp - av vatten. Det är så lugnande och så avslappnande för sinnena och så reflekterande av ljus, att du ser eller känner eller (hon letade efter orden) kan tänka på – nej, inte 'tänka' – kan uppleva inget annat. Då kanske du har kommit bara en bråkdel av vägen. Det är Allt Som Är."

Hon blev känslomässig när hon fortsatte, "Om jag kan säga det, om jag hade en kropp, skulle det vara Guds kropp. Förstår du? Det är svårt att förklara eller föreställa sig. När du kan justera ditt varande med ett mycket större varande än det som är känt på denna plan."

Hennes röst växte högre och dundrade med auktoritet. Det ekade så mycket att jag inte visste om mikrofonen som var på henne skulle kunna hantera det. Det var en total förändring i personlighet från den tysta, lugna, nästan blyga Toni. Jag var nyfiken på vart detta ledde, men jag visste att hon aldrig var i någon fara. Det var som om något eller någon hade varit instängd i århundraden, och äntligen var det möjligt att hitta ett utlopp. Jag lät det uttrycka sig. Det började med en jubel för det som det uppfattade som Gud. Det var helt uppslukat av att känna en stark känsla. Orden blandades med toner som fick en musikalisk kvalitet som fluktuerade. Ljuden drogs ut, och mikrofonen påverkades av den energi som hon släppte ut. Hon höjde sina armar

Det Komplexa Universumet – Bok Tre

och sträckte ut sig i full tillbedjan för något osynligt för mig. Sedan släppte hon ut flera toner som ekade runt rummet, och med ett plötsligt djupt andetag, återvände Toni, "Jag är ledsen... Jag har återvänt. Jag har svårt att uttrycka mig." Effekten av detta kunde bara upplevas genom att höra det. Det var så rörande att jag verkligen kände att jag var i Guds närvaro.

D: Det är ett stort under, eller hur? Känns det så här att vara där?
T: Det finns inget "där". Det finns bara varandet. Jag säger er, det är varje plats, och ändå är varje plats du föreställer dig inte den platsen. (Djupt andetag) Det är bortom ord.
D: Är andra med dig där?
T: Vid denna punkt identifierar du dig inte med andra. Det är en återkomst, och ändå att säga att du återvänder, har du någonsin lämnat? Här är den stora paradoxen.
D: Så du kan vara på båda platserna?
T: Du har din uttryckspunkt. Din uttryckspunkt ges till dig så att du kan bli uttrycksfull för andra möjligheter som kan skapas. Möjligheter som, i en mening, är en del av en stor drömstat. Om du kan föreställa dig att Gud drömmer, då börjar du förstå att all skapelse är en vacker dröm av Gud. Kan du förstå vad jag säger?

Det var en otrolig upplevelse att vara i närvaro av en entitet av sådan enorm kraft. De skrivna orden kan knappt beskriva den känsla och intensitet som orden förmedlade.

D: Jag har hört andra människor prata om drömmaren som drömmer drömmen. Men de har aldrig förklarat vem drömmaren var.
T: Ah-ha! Här, nu, kommer du att se mikrocosmos och makrocosmos. För du ser, det finns bara Gud, och ändå Gud, om jag får säga så, drömmer. Och Guds drömmar, du ser... vi tillåts bli en investering av den drömmen. Förstår du detta?
D: Ja, jag förstår, även om det är svårt för våra mänskliga sinnen.
T: Nu ska jag försöka. När drömmen vecklas ut – för du ser, det finns inga gränser – när drömmen vecklas ut, tillåts vi att identifiera oss med bara en gnista av den större gnistan, det större ljuset. Och i

sin tur kan den gnistan drömma. Åh, det är oändligt. Det är oändligt. Och varje dröm är en del av den större drömmen. Och det är en ENORM, ENORM upplevelse, och ett spel. Ett spel där otaliga drömmar spelas ut. Du får inte tro att drömmen är det som håller din verklighet. Nej, du ser, du är bara en del av drömmen.

D: *Vi alla är?*

T: (Hon fumlade med orden.) Mmm, du ser... de som inte kan acceptera denna förståelse kommer aldrig att acceptera att de är allt detta. Och ändå, säger jag, finns det inget annat än Gud. De här erfarenheterna som ni påstår er ha, är Guds dröm. Ni är Guds uttryck – hela – och ändå, ni tror på drömmen.

D: *Men vi får höra att vi kan kontrollera våra liv, vår dröm, och skapa vad vi vill, om vi tror på det.*

T: I sin tur, ja, självklart. Ni är i drömmen. Ni är förlängningen av drömmen.

D: *Betyder det att Gud börjar drömma och vi bär det vidare, eller vad?*

T: Där, du ser nu. Det manifesteras, och manifesteras, och manifesteras. Gud drömmer, drömmeren drömmer, drömmen drömmer. Och vid den punkt där drömmandet har nått "skymningen", kanske jag säger, då faller du tillbaka ut, och du blir absorberad tillbaka i drömmaren.

D: *Så när våra drömmar når det ultimata, kan vi inte drömma längre, menar du?*

T: Det är inte så att du inte kan drömma längre, utan att du inte vill drömma längre.

D: *Så så länge vi kan skapa och vi kan drömma våra individuella drömmar, fortsätter våra liv. Är det ett sätt att säga det, eller förstår jag det?*

T: (Ett djupt andetag. Sedan letade hon efter orden.) Det finns många trådar. Det finns många "vägar" som kan tas. Nu, när du säger "vi", anspelar du på denna plan?

D: *Ja, den mänskliga planen, för det är allt vi vet just nu.*

T: Tack. Den mänskliga – får jag säga "experimentet"? Och jag menar inte respektlöshet.

D: *Jag förstår.*

T: Det mänskliga experimentet är att se till vilken punkt drömmaren kommer att drömma. Och till vilken punkt drömmaren kommer att tillåta sig själv eller sig själv att drömma. Ni är en del av skapelsen. Ni ges skapelsens gåvor.

D: Så det finns inga gränser om vi inte sätter dem? Är det vad du menar?

T: Verkligen. Verkligen.

D: Och så länge vi fortsätter att drömma och skapa, så fortsätter våra fysiska liv?

T: Du ser, när jag säger "dröm", menar jag inte att du sover. Jag menar att du använder ditt kreativa sinne. Och du föreställer dig det som kommer att vara. Jag syftar inte på ett sömntillstånd. Åh, nej, du är mycket medveten. Åh, ja!

D: Vi tror att vi är.

T: Åh, ja! Åh, ja! Åh, ja!

D: Men jag vet att många människor skapar väldigt negativa saker.

T: Det ges dem att drömma som de vill. Det finns inga gränser, även om din gräns är din egen. Du ser, om du väljer att vara begränsad, är det också ditt val. Återigen, negativitet är bara en fas. Det kan bara finnas Gud. Och ändå när du stänger en visst väg till större förståelse, börjar du begränsa det som du skulle acceptera. Då accepterar du att det kan finnas en gräns. Återigen, det är bara ett val som görs och som tillåts hända, för skapelsen kommer att skapa. Det är en gåva från Gud.

D: Du sa att drömmaren drömmer den stora drömmen. (Ja) Vad är den stora drömmen som Gud drömmer?

T: Vad kommer drömmaren att drömma? (Stort andetag och en paus.) Jag ska försöka förklara på ett annat sätt. Ett ögonblick, snälla.

D: Jag vet att orden är svåra. Men vi kan inte föreställa oss hans dröm, för det är så stort?

T: Oerhört. Oerhört. (Paus) När du vilar och låter dig expandera, rör sig ditt begränsade medvetande in i ditt mer expanderade medvetande. Det finns en större rörelse som ges på den platsen och en större frihet att uppleva vad som helst som man skulle omfamna som en erfarenhet. På detta sätt tillåter Gud – som inte kan förändras – Gud, som är Gud, en del av sig en större frihet.

Och i den tillåtelsen, förnekar han inte fullständigheten ... inte förnekar, utan tillåter den leken. För hur kan du förändra det som är perfekt? Det är omöjligt. Det är alltid som det är! Och ändå är det ett spel. Nästan ett spel, för att tillåta ... var kommer denna skapelse att gå? Var kommer denna fria ande att bära? Detta är vad jag menar.

D: Jag har blivit berättad att vi skickades ut som gnistor i själva början av skapelsen. Och att vi är som celler i Guds kropp. Och att vårt jobb är att samla information att ta tillbaka. Är det korrekt?

T: Gud är allvetande. Informationen som tas tillbaka är till för gnistans nytta. Den delen erkänner för sig själv det som det redan vet, för det är en del av Allt. Det kommer tillbaka till den delen.

D: Det är vad jag blev berättad, att Gud ville ha kunskap. Han ville att mer information skulle läggas till det han redan hade.

T: Jag säger dig, Gud är hel. Gud är hel.

Det här började störa mig. Jag har blivit van vid att mina trossystem utmanas, och till och med totalt omvändas under mitt arbete. Vanligtvis hände det för att introducera ett nytt koncept, eller ett nytt sätt att tänka. Jag kunde inte förstå vart detta ledde, för det verkade motsägelsefullt mot vad jag har blivit berättad genom otaliga ämnen. Men jag har lärt mig att det undermedvetna alltid har ett syfte och ett motiv när det tillåter ny information att komma fram. Jag vet att jag inte har alla svar, så jag har lärt mig att vara tålmodig och låta det prata. Jag visste att jag skulle ha tid att reda ut allt senare, om mina frågor inte förklarades tillfredsställande. Men vid denna punkt hade jag ingen aning om vart detta skulle leda.

D: Vad är då den individuella gnistans syfte när den går ut?

T: Kärlek. Att röra sig genom kärlek i alla manifestationer. Att röra sig genom kärlek.

D: Är det korrekt, ändå, att i själva början, Gud, mer eller mindre, exploderade ut. Och det var då alla gnistor gick ut för att uppleva? Är det en bra analogi?

T: För att jag ska kunna säga detta, kan jag bara säga, jag förstår att drömmaren drömmer; att drömmaren drömmer.

D: *I vår analogi om drömmar, så länge han drömmer, så existerar vi alla i drömmen.*

T: Ja, ja, ja. Verkligen, verkligen, verkligen. Men ni är inte drömmen. Det finns bara Gud. Gud är hel. Gud är hel. (Paus) Den information du har fått – du måste gå bortom denna kunskap. Den gnistrande entiteten – du begränsar dig själv. Gud är hel, och har inget behov av kunskap. Du måste gå en transcenderande väg. Bortom detta. Det kan inte finnas någon förändring för Gud. Du kan inte lägga till något till Gud. Gud är hel, hel, hel.

D: *Men vi betraktar fortfarande oss själva som individer.*

T: Detta är drömmen.

D: *Och du sa att när vi slutför denna dröm, detta liv vi lever – för det är allt vi vet vid denna tidpunkt – så är vår dröm över, och vi går tillbaka och blir absorberade.*

T: Du är upplöst; helt och hållet. Föreställ dig nu... hmm, en analogi: du har ett glas varmt vätska. Och till den vätskan tillsätter du ett pulver, och det pulvret löses upp och blir en del av vätskan. Vid en tidpunkt skulle du kunna... (letar efter ord) du skulle kunna manipulera det pulvret. Men när det har lösts upp och absorberats... det är pulvret som ska tillåta upplösningen tillbaka till det tillståndet, det är Allt.

D: *Nåväl, jag tror att detta är något som skrämmer människor, eftersom vi gärna vill tro att vi fortfarande behåller våra personligheter, vår individualitet. Vi arbetar väldigt hårt för att skapa den individualiteten, och det låter som om vi skulle förlora den om vi blev absorberade.*

T: Du är inte drömmen. Du är vätskeformen som tillåter pulverformen. Om du har rädslan för att förlora den individualiteten, är du inte redo att uppleva något annat än just det. Jag skulle säga till dig, fortsätt att drömma, och var i frid.

D: *Jag får brev från många människor. Och detta är en av de saker de säger: "Jag vill inte bli absorberad. Jag vill behålla min identitet."*

Det Komplexa Universumet – Bok Tre

T: Verkligen, ingen kommer att tvinga något på dig. Du är säker i din individualitet, och Gud är med dig, säger jag till dig. Du är säker i din individualitet. Ingen försöker förändra dig; ingen försöker ta något ifrån dig; ingen försöker lägga till något till dig. Men jag säger till dig, från ett tillstånd som accepterar att Gud inte kan läggas till, tas bort från ... Gud är hel. Och denna kunskap som du söker, när tiden kommer, kommer att accepteras utan rädsla.

D: *Jag skriver böcker, vet du. Och jag måste förklara detta på sätt som folk kan förstå.*

T: (Djupt andetag) Jag säger dig, om du skulle uttrycka till de som håller denna rädsla, att det inte finns något att frukta. De är säkra inom sin egen skapelse. Det är vad jag kan säga till dig.

D: *För jag försöker presentera det på ett sätt ... många av dem tar sina första steg, börjar precis utforska. Och det är därför mina böcker har gått långsamt, och jag har fått expandera långsamt. Så att det inte skulle skrämma folk.*

T: Verkligen, verkligen, verkligen, verkligen. Du har gått in i drömmen, ser du.

D: *Så de kan ta sina första steg och de kommer inte att bli överväldigade.*

T: Ja, verkligen, verkligen. Det finns många som har gått in i drömmen. Många, många. Ja, ja, som i en väv; nålstick. Om du skulle föreställa dig nålstick i en väv, och genom de där nålsticken: ljus, ljus. En annan vision som kommer in, och långsamt, ja, långsamt, som ett ljus som kommer genom ett nålstick. Ja, detta är en stor uppgift.

D: *Det är en bra analogi. Det är vad jag behöver, bilder som folk kan förstå. Då finns det en annan fråga, tror jag, som skulle störa folk. Gud är drömmaren. Han drömmer drömmen som vi alla är en del av. Och vi förblir så länge han drömmer. Vad händer när Gud vaknar? Eller gör han det? (Skrattar) Vad tycker du?*

T: (Paus) Denna kunskap är inte given mig att veta.

D: *Kanske är det något vi inte kan förstå ändå. Är det vad du menar?*

T: Jag kan bara dela med dig det som är givet mig att veta. Jag ska försöka dela med dig. Källan som jag kan tala om med dig är oföränderlig. Den är hel. Jag måste betona detta. Den är hel. Den

633

är all-varande. Den är som den är. Den del som ges att drömma tillåts att uttrycka variationer. På inget sätt påverkar dessa variationer det som inte kan påverkas och inte kan förändras. Om du kan acceptera att den Gud som du förstår – jag vill inte ge dig för mycket här – kanske är det inte givet att alla ska acceptera detta. Men för dig ska jag ge dig denna information. Den Gud som ges att drömma, den Gud som är känd för att drömma, att producera gnistor, att expandera och att ha återkomsten ... det är bara ett plan. Det finns bortom det planet. Jag säger dig att det finns bortom det. Detta ger jag till dig. Bortom detta har jag inte frihet. Jag har inte fått detta tillstånd att tala om.

D: Jag tror att någon annan nämnde detta kort vid ett tillfälle. Att det fanns saker bortom Gud.

T: Det är inte givet mig att tala om dessa saker.

D: För att vi inte vill överväldiga det mänskliga sinnet.

T: Snälla, säger jag till dig, om de inte har accepterat att pulvret kan lösas upp, har de inte nått den punkt att acceptera det bortom. (Högt skratt)

D: (Skrattar) Det har tagit mig många år att komma till denna punkt.

T: Välsigna dig. (Hon fortsatte att skratta.)

D: Och jag vet att i början skulle jag aldrig ha förstått detta mycket och kunnat expandera. Så jag får hela tiden mer. Och det är problemet med det mänskliga sinnet, att försöka förstå alla dessa saker.

T: Ah, det värde som ges till det mänskliga sinnet. (Högt skratt) Ah! Så är det! Så är det, och så är det. (Skrattar)

D: Detta är vad jag gör. Jag presenterar och om folk kan förstå det, så är det för dem att förstå eller inte.

T: Så är det. Så är det. Så är det. Det finns ingen brådska. Det finns ingen brådska.

D: Men varje liten bit information vi kan få tillför vår egen kunskap och vår tillväxt, eller hur?

T: Som ges, ja.

D: Men jag ställer alltid samma fråga. Om, när du är där, det är så vackert, det är så underbart – jag har blivit berättad att det är bortom tro, och de vill inte lämna. Varför väljer gnistan, vår

individuella själ, att lämna, när det är så vackert? (Hon hade gjort ljud av glädje medan jag ställde denna fråga.)
T: Gnistan, ska jag säga ... gnistan tror att ... (Suck) gnistan förstår inte. (Suck) Snälla, ett ögonblick. (Paus som om hon lyssnar eller konsulterar.) Ett ögonblick, snälla. Jag tar emot. (En lång paus, sedan en djup suck.) Jag är en annan som ska tala.

I början förstod jag inte vad som hände. Men detta har hänt tidigare, särskilt under sessionerna som ingår i *The Custodians*. En entitet skulle tala, och sedan skulle en annan komma in, och skiftet var alltid ganska märkbart. Detta hade inte hänt på länge, så jag blev överraskad. När hon fortsatte var rösten annorlunda, talade långsamt och avsiktligt som om den här kommunikationsformen var svår och ovan. Var det en annan entitet som hade blivit tillkallad för att svara på frågan?

T: Vi som har kommit från ett medvetenhetsplan som ... de gnistor som du refererar till, existerar i en fullkomlighet som inkluderar ett accepterande av att de kan samla information, ljus, kunskap och bära det tillbaka för att absorberas av ett större medvetande. Vilket i sin tur absorberas av ett ännu större, och så vidare, och så vidare, tills det absorberas i Gudshuvudet. Vårt medvetenhetsplan tillåts nu att ge dig den information som Gudshuvudet gör ... ett hjälpmedel för Gud. Gudshuvudet är, och den del som du talar om är ännu större. Större än så. Och erfarenheten av detta gnistrande och återvändande är bara en del av en dröm. Det är mycket svårt att uttrycka mer för dig utan att förstå att även förlängningen och återvändandet inte har accepterats ännu. Att säga mer och förvänta sig att du ska förstå detta är en stor prestation. (Stor suck)
D: *Menar du att mycket mer kommer att ges till mig när tiden går?*

Rösten återvände till den auktoritära tonen som hade talat tidigare. Som om en annan entitet som hade en bit kunskap hade blivit tillkallad för att leverera den biten till mig. Sedan gick den bort. Dess jobb var klart. Vid reflektion, när jag skrev ut denna transkript, kan jag se att jag verkligen bara hade fått de allra minsta smulorna under alla mina års arbete. Nu förberedde de sig för att ge mig en större bit av brödet. Men utifrån mina naiva svar drog de slutsatsen att jag ännu inte var redo för mer, och stängde av fortsättningen av måltiden. Jag hade intrycket att de trodde att jag var redo, men nu skulle de vänta tills jag hade smält den här biten innan de avslöjade mer. Ändå indikerade de högt och tydligt att när jag hade smält det, så skulle mer komma!

T: Ah! Men igen, de nålstick som ges. Detta är bara en ström av ljus som har börjat komma in. Så du har tagit de första små stegen med dessa människor, och dessa varelser som accepterar denna rotation. Och det ges att vissa har omfamnat, "Ah! Jag återvänder till en större plats, ett större vetande, ett större varande." Och ändå, och ändå, även detta (hennes röst sjönk till en viskning) är en dröm. Föreställ dig. Föreställ dig det.

D: Tror du att det är dags nu att vi ska veta denna information?

T: Ja. Det ges till dig, för de som verkligen är redo att bli befruktade med denna information, och att hålla denna kunskap ... det finns inget att göra. Jag försäkrar dig, det finns inget att göra på er nivå. Och ändå, tillåt bara att tricklet ska implanteras. Implanteras. Jag säger dig, år, år, i det som du har uppfattat vara en framtid, en annan värld ska manifesteras. Och ändå säger jag till dig, även då, även då är det en dröm. Och du kommer att röra dig bortom den drömmen. Jag säger till dig så. Verkligen, verkligen, så är det.

D: Jag har blivit berättad att nu är det dags att få denna kunskap så vi kan röra oss bort från jordens negativitet.

T: Jag säger dig att det inte finns någon negativitet. Och ändå, verkligen, människor fortsätter att omfamna denna föreställning. Det finns bara Gud. Det finns bara Gud. Det finns bara Gud. Och ändå kommer jag att böja mig för ert vardagliga språk på denna plan. Jag kommer inte att omfamna det, men jag kommer att förstå att ni accepterar det.

D: Detta är det enda vi kan förstå vid vår nuvarande punkt.

T: Jag accepterar detta. Jag accepterar detta.

D: Och du vet att vår värld just nu går igenom mycket svåra upplevelser.

T: Jag accepterar. Och nu, verkligen, får jag tala om detta?

Det Komplexa Universumet – Bok Tre

0

En annan förändring inträffade, och en annan entitet började tala. Den här lät mer feminin och inte lika kraftfull som den som hade dominerat sessionen.

T: Jag ska nu ta upp detta, om jag får. Jag säger till alla varelser på jordplanet – jag säger detta från min Gudkälla – om ni inte absorberar det som ni accepterar vara negativt in i er tankevärld, kan det inte manifesteras på denna plats som ni har getts för att förändra. Ni är Gud. Ni är Gud! Och ändå, ni kommer inte att manifestera den delen av ert skapade jag. Det ges till er att manifestera, att manifestera ert Guds-varande. (Nästan ropande) Öppna ert Guds-jag, säger jag till er! Öppna ert Guds-jag och tillåt ljuset att komma in.

Kraften i orden påverkade mikrofonen. Den kunde inte hantera volymen.

D: *Är detta en del av det vi blir berättade, att vi skapar en ny värld, en ny Jord som vi kommer att röra oss in i?*
T: Från inuti, kommer ett sådant ljus. Det kommer att manifesteras från själva kärnan av ert väsen. Världen som ni föreställer er finns redan inuti er. Kan jag förklara detta för er? Ni rör er inte till en annan planet. Ni bryter ut ur ert skal. Denna planet – detta skal – bringar fram det ljuset. Det besitter essensens kärna. Det ges till er att fullt ut träda in i ert ljus, fullt ut, och att dra det ut. Och att säga, "JAG ÄR LJUS. JAG ÄR LJUS. HÖR MIG, GUD. JAG ÄR LJUS." Och verkligen, då kommer denna värld inte att vara som ni tillåter den. Jag säger, NI TILLÅTER DEN ATT VARA! Ingenting i Guds väsen kan existera utan Guds tillåtelse. JAG SÄGER TILL ER, NI ÄR GUDAR! NI ÄR LJUS! Jag ser er framtid. Jag säger, kom fram i ert ljus. ÅTERVÄND till er själva. Åh, mänsklighet, återvänd till er själva! Och i sin tur, vet att bortom den visionen, finns en större medvetenhet. Och ändå, kan ni ta steget även till den platsen? Vi väntar på er!

Hela denna tirad av kraftfull känsla bröt ut plötsligt och var överväldigande. Allt jag kunde göra var att lyssna och vänta på att den skulle lugna sig. I mitt inre påminde det mig nästan om den gamla predikanten med bibeln i handen som skrek åt församlingen vid ett väckelsemöte. Men istället för att predika om helveteseld och fördömelse för syndarna och uppmana dem att träda fram för frälsning, försökte denna entitet erbjuda oss frälsning av ett annat slag. Det var nästan desperat att få oss att öppna ögonen och erkänna vad vi verkligen är. Allt detta påverkade mikrofonen och var uppenbart vid uppspelning för transkribering, men det verkade inte påverka Toni alls. Efter sessionen hade hon lite minne av vad som inträffat. Jag undrar vad hon tänkte när hon hörde kraften i dessa ord? Det var svårt att förmedla på papper kraften i denna entitet. Jag har försökt så gott jag kan att överföra det till skrift.

Trots att Toni inte mindes vad som inträffade under sessionen, sa hon nästa dag att hon hade sett en vision som förtydligade en del av det. Hon var inte säker på hur det relaterade, men jag tror att det tillämpades på denna del. Hon såg tre nivåer. Den första nivån var där all mänsklig skapelse ägde rum. Den andra nivån var där människorna måste uppleva sina skapelser. Den tredje nivån var att röra sig in i den nya Jorden. Och sedan röra sig bortom det, där den fysiska kroppen gradvis omvandlades till rent ljus innesluten i ett skal eller form. Sedan kom det ultimata när ljuset inte längre kunde hållas inne, och bröt igenom, som spräckandet av ett äggskal. Efter det spreds det, som ljus, i allt (evigheten).

D: Vi blir berättade att vi rör oss in i en ny verklighet. Där saker kommer att förändras och det kommer att vara verkligen Himmel på Jorden. Är det vad du menar?

T: (Tiraden hade passerat. Hon hade lugnat ner sig.) Det är redan inom dig. Du ser, du är befruktad med ljus. Du bär... du är befruktningen! Du är befruktningen! Du är Gud! (Stort suck av resignation.) Åh, jag säger till dig, jag säger till dig.

D: Men vi begränsar oss själva.

T: Ah! Är det möjligt för en skapelse att innesluta sig själv? Att föreställa sig att den har inneslutit sig själv? Verkligen, vi frågar er. "Kom fram. Bryt ut ur det skalet. DET ÄR möjligt! DET ÄR möjligt. Det är dags! Det är dags! Och ändå, tid? Vi måste gå in i vardagsspråket, ser du. Det har aldrig varit utan detta uttryck, och ändå har ni lyckats skapa en plats där ni kan begränsa och omfamna en begränsning av ande.

D: *Det är vad jag har blivit berättad. Det finns ingen tid. Det är en illusion vi har skapat.*

T: Ah-ha! Och hur skulle ni annars kunna se er själva som mindre än allt?

D: *Och de säger att allt vi upplever bara är lektioner som vi lär oss av.*

T: Lektioner som ni tror att ni måste uppleva. Jag säger er, Gud är hel och kräver inga tillskott. Jag ber om ursäkt. Jag talar bortom, kanske, vad många är redo att acceptera eller höra. Och ändå säger jag er att det finns bortom den visionen. Platsen – igen, jag går in i ert vardagsspråk. Jag ber om ursäkt. (Förvirring när hon försökte hitta orden.) Allt som inte kan – behöver inte, behöver inte förändras – det kan inte förändras. Det är fullkomlighet.

D: *Men det vill fortfarande skapa.*

T: Här, här är drömmen.

D: *För även om han är fullkomlig och har allt, vill han ändå uppleva.*

T: Den delen som du talar om är bara en del som tillåts drömma. Du ser, det högsta som ni föreställer er – ni föreställer er den största expansionen av Gud – är ändå på en begränsad plats. Det finns bortom det. Det finns bortom det. Det ges inte vid denna tidpunkt men att veta att det finns bortom det.

D: *Så det finns inga gränser. Det finns mer än vi kan förstå.*

T: Ni ges att förstå, kanske inte i denna inkarnation eller denna manifestation. (Stort suck) Det ges till alla att veta.

D: *Jag blev berättad en gång att det inte var den mänskliga hjärnan, utan sinnet som inte har begrepp att omfamna många av dessa saker. Och det var problemet. Det är våra begränsningar.*

T: Det är energin på denna plats. Ni ser, eftersom ni har skapat ett fysiskt fordon, finns det bara så mycket som detta fysiska fordon kan absorbera av energi. Och så har det funnits gränser som har satts kring det mänskliga sinnet så att informationen – den

Det Komplexa Universumet – Bok Tre

överväldigande informationen... Och jag ska tala om detta också (Toni), eftersom hon har mer tillåtit sig själv att acceptera att det finns bara Allt. Och så, ser ni, hon kan röra sig in i det mer lätt. Och ändå, det mänskliga sinnet, vi har dessa begränsningar som vi tillåter oss själva som en säkerhetsåtgärd, för ni vill inte slita ut, slita ut det mänskliga fordonet, för det har ett syfte inom det som är manifesterat här. Ni måste bibehålla och uppleva om det ges till er att uppleva. Och så, när ni är redo att inte ha en begränsad form där ni kan acceptera att ni kan omfamna era erfarenheter, då kommer ni inte längre ha behovet av den mänskliga formen.

D: Ja. Och vi har skapat denna mycket täta planet vi lever på.

T: Den speglar bara den täthet ni accepterar. Den behöver inte vara så här. Den kan vara vad ni gör av den. Denna planet är inte given ett straff av täthet. Nej, nej, ni ges att skapa som Gud skapar. Och detta är inte nekat er. Välsignade är ni att vara i skapelsen. Ni är välsignelsen av välsignelsen.

D: Men du kan se varför det mänskliga sinnet har dessa uppfattningar.

T: Verkligen, vi förstår från vilket ni arbetar. Men vi säger till er, ni kan manifestera en annan variation av denna dröm.

D: Och det är där vi verkligen måste förändra våra sinnen för att omfamna det.

T: Inte för att förändra ert sinne, nej, nej, utan för att omfamna. Att omfamna och veta att ljuset – den nya Jorden, den nya världen som ni talar om – finns inom er nu; det är där nu. Ni måste bara tillåta det att komma fram. Att röra er till den högre platsen, den högre platsen som är ni. Det är ni.

D: Är det okej om jag presenterar denna information och bara tillåter alla som kan förstå den att acceptera den?

T: Vi säger till er, ja, det ges vid denna tidpunkt att det som har kommit fram kan placeras i litteraturen. Och ja, de som ges uppdraget att komma över denna information och vid läsningen minnas; minnas att de har valt att bära denna energi, denna information. Och de, i sin tur, vi ber dem, snälla, snälla, försök inte göra något, utan gör, gör tillåt detta att röra sig i energifältet. Tillåt det att röra sig i energifältet. Och därifrån kommer det att tas till sin rätta plats. Ni har bara att tillåta möjligheten. Att, "Ah, jag ser, detta kan jag manifestera." Och det, det ska vara nog.

Jag tänkte att det var dags att få några svar för Toni. Att återvända till det vardagliga, för hon lever i denna värld, även om det är en illusion. "Vet du att du talar genom en mänsklig kropp?"

T: Ja, det ges till henne att ge denna information.

Självklart är huvudfrågan alltid om ämnets syfte. Toni var medveten om att hon hade psykologiska förmågor, men hon visste inte vad hon skulle göra med dem. En sak hon kan göra är att känna energi i allt.

T: Det är så. Hon har fått ett uppdrag, och ändå säger hon, "Ah, min Gud, kan jag utföra detta uppdrag? Jag är bara så liten." (Högt skratt) Ni ser, hon har byggt bro mellan den plats som ni säger mänskligheten är, och den plats som hon vet existerar. Och hon väljer – jag säger till er, hon väljer – att leva i den mellanplatsen. Och det har tillåtits henne att gå in i denna inkarnation och hon gillar inte den mänskliga formen. Men (högt skratt) vi säger till henne, "Vi har inte hållit dig i den mänskliga formen länge, för vi tillåter dig att lämna den mänskliga formen och återintegreras i Allt." Och av denna anledning omfamnar hon drömstadiet. Hon vet att i drömstadiet, tillåts hon att återvända till Allt. Och jag säger till er, hon simmar i den platsen, som är Guds Hav, Kärlekens Hav, Ljusets Hav. Och ändå säger hon, "Min Gud, min Gud, jag kan ännu mer fullt röra mig in i dig." Och vi säger, "Din plats är här, att vara i den mellanplatsen så att denna kunskap kan komma från här till här, om sådana 'här och här' existerar. Och så säger vi, "Nej. Var, var, var i frid, kära du. Var i frid."

Toni sa att hon alltid känner att den vardagliga världen där hon lever och arbetar är illusionen, och drömvärlden är den enda verkligheten. Hon går alltid till sängs tidigt vid en viss tidpunkt, och hon kan knappt vänta på att gå och lägga sig så att hon kan resa.

Det Komplexa Universumet – Bok Tre

T: Det är inte den verkliga världen, ser du. För henne är det den mer verkliga världen än denna plats. Och ändå, även den platsen är inte den verkligaste av världar. Kan vi ens använda ett superlativ? Ay, det mänskliga språket. Det tillåts henne varje natt att lämna kroppen. Ni kan inte hålla henne i formen. (Skratt) Denna session ensam har tillåtit en stor rensning att äga rum. Ni ser, energin som hon har känt bygga upp inuti henne – bygga upp inuti henne. Hon har varit tålmodig. Hon säger, "I er tid, min Gud, i er tid. Jag kommer att veta när ni tillåter det att hända, att det ska vara dags." Och så har det varit. Vi har bett henne vänta tills denna tid. Hon har väntat fyrtiotre år på detta ögonblick. Jag säger till er, bra gjort!

Hon fick många instruktioner om hur hon skulle använda energin och hur den kunde tillämpas för healing och många andra användningsområden. Jag vill inte ta med de delarna här eftersom de innehöll personlig information. Vid vissa tillfällen pratade hon så snabbt att det var svårt att transkribera. Denna varelse hade genomgående en märklig accent och betonade vissa ord på ett sätt som gjorde det svårt att få ner det på papper. Rösten lät också gammal, uråldrig, men samtidigt full av visdom.

T: Medvetandet förändras, växer. Om jag får använda detta – om ni kan ta ett tyg som är vävt, och ni sträcker det tyget. Skapar ni inte hål i tyget? Detta är vad som händer med mänsklighetens medvetande. Det sträcker sig. Det sträcker sig – från vart? Från inuti! Medvetandet sträcker sig från inuti, och här kommer informationen. Den medvetenhet som existerar har aldrig slutat existera, men har hållits på avstånd av väven. Och ändå tillåts den nu att sakta flöda fram. Vi arbetar med er tid, ser ni.

D: *Jag undrade varför vi inte gick till ett av hennes tidigare liv.*
T: Det är inte viktigt. Verkligen, om tidigare liv var vad du är, skulle du aldrig släppa dig själv från detta hjul.
D: *Hjulet av karma.*

T: Hjulet. Ni bara rider på det och rider på det. Vi säger till er, om det är ert val, Gud är med er, och fortsätt. Och ändå säger vi till er, ni är fria att släppas från denna vision av allt som är er verklighet. Det har varit en resa. Och om denna information är i er vision att inkludera den i era skrifter, må det vara så med våra välsignelser.

D: *Först måste jag fundera på det. Sedan kan jag presentera det, även om jag inte förstår det. Någon annan kanske gör det.*

T: Det är allt som kan förväntas.

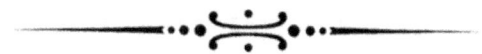

Under denna session med Toni, ställdes en fråga som jag har kämpat med länge och som mina läsare har frågat mig om. Det var vad hon sa om att vi skulle bli helt absorberade tillbaka i Källan när vi återvänder för den sista gången. Detta har alltid oroat mig, för jag gillade inte tanken på att förlora min personlighet, min individualitet, min identitet. Trots allt arbetar vi hela våra liv för att skapa just den saken som gör oss unika och olika från alla andra. Det tar lång tid att skapa den person vi har blivit, och jag gillar att tänka att personligheten förblir och inte går förlorad. När jag ställde denna fråga under sessionen, sa den högre delen som jag kommunicerade med att så länge jag höll fast vid tron att jag var en distinkt och separat individ, skulle jag inte vara redo för den resten av informationen de ville dela med mig. Jag skulle vara fast i mitt nuvarande tankesätt och vara oförmögen att lära mig mer. Självklart har detta hänt otaliga gånger under mina trettio år av att utforska det okända. Varje gång jag trodde att jag hade det hela figurerat, att jag visste hur hela det galna systemet fungerade, skulle de skaka om mina fundament genom att presentera en ny teori, ett nytt koncept, ett nytt sätt att tänka. Så jag antar att jag inte borde ha blivit så förvånad över att de tyckte att det var dags att ta ett steg framåt till. Vem vet vad mer som väntar där ute som de vill att jag ska veta och skriva om? Men först måste jag försöka förstå detta nya koncept.

Nästa morgon när jag vaknade efter att ha återvänt från Kanada, där sessionen genomfördes, kom några av bitarna till mig. Självklart vet vi vem som satte dem där under sömnstadiet. (Överraskning! Överraskning!) Jag ska nu försöka skriva ner det innan det åter försvinner i etererna. Vi har verkligen en individualitet! Vi har en distinkt och unik personlighet! Men vi hade också dessa i alla våra andra liv. När jag minns några av de tidigare liv jag har upplevt, kan jag återuppleva de känslor, de fästen, de mål, de misslyckanden, precis som om de inträffade igår. De är mycket verkliga, och de är förknippade med den personlighet jag hade under de andra livens gång. Jag kan fortfarande känna frustrationen från den katolska munken jag var under medeltiden när jag smugglade förbjudna böcker in i min cell för att läsa i hemlighet vid stearinljus. Jag identifierar mig fullständigt med den skräck och desperation jag kände som en väktare av arkiven vid det Alexandriska biblioteket, när all den kunskapen förstördes och brändes. Ja, alla dessa människor levde och var väldigt verkliga. Vad hände då med dem? Efter deras död och deras resa till andesidan för att ta emot ett nytt uppdrag, förlorades all minne (eller absorberades?) vid deras återinträde i ett nytt liv på Jorden. Visst, vi kan få tillgång till dessa minnen genom regression till tidigare liv, men för de flesta av oss existerar dessa liv inte längre på den medvetna nivån. Så vad är jag rädd för? Varför stör tanken på att bli absorberad i ett större intellekt mig? Vi har gjort detta otaliga gånger innan detta liv. Vi levde, vi älskade, vi hatade, vi upplevde. Det var verkligt. Det hände. Och sedan var lektionen eller upplevelsen fullföljd och vi gick vidare i vår utbildning. Jag antar att när vi tänker på det så, så har det hänt tidigare och vi överlevde intakta. Så om det händer igen, kommer vi att gå vidare i vår utveckling. Ingen kunskap går någonsin förlorad. Vårt liv, våra prestationer blir en del av det större hela. Det är syftet med att vi har dessa erfarenheter från första början, så att Källan kan växa.

Vi ser oss själva som en komplett enhet, och vår värld, vårt liv, är allt vi vet. Men jag har redan blivit berättad att vi bara är en mycket liten aspekt eller splittring av en mycket större själ, och den själen är helheten av vad vi är. Den själen är den ursprungliga gnistan som splittrades från Källan i början. Även som en liten gnista innehöll den fortfarande tillräckligt med energi för att skapa världar på egen hand. Dess kraft är så enorm att den aldrig skulle kunna helt gå in i en kropp eller ett rum. Kroppen eller platsen skulle bli totalt utplånad för att den skulle inte kunna rymma den. Så den var tvungen att splittras eller delas igen, precis som den ursprungliga Källan gjorde. Vår fullständiga själ har jämförts med en juvel med många facetter, där varje facet representerar ett separat liv. De är separata (i våra ögon), men de är Ett. Vår huvud-själ måste sedan splittas (för att använda ett bättre ord), och dessa bitar går in i de olika fysiska kroppar som vi upplever samtidigt. Så vid vår död återvänder vi igen till den ursprungliga själen och absorberas. Sedan så småningom, alla våra liv (som nu är inneslutna i Översjälen) absorberas åter i Källan, det Ena, Begynnelsen och Slutet, Allt som Är.

Så om detta har hänt oss otaliga gånger redan, att vi har levt ett mänskligt liv och haft minnena raderade eller absorberade vid vår död, så finns det inget att frukta. Huvudsyftet med att väcka dem skulle vara för att känna igen och fullföra karma. Vår nuvarande personlighet och dess prestationer och gärningar (positiva eller negativa) kommer att arkiveras i Biblioteket på andesidan, och vänta på att granskas av de som är intresserade av forskning. Det är inte helt förlorat. Det är bara inte ihågkommet när själen fortsätter framåt. Progression är nyckeln. Att stå stilla är att bli stillastående. Det måste alltid finnas rörelse. Med rörelse kommer skapandet av nya underverk. Vi är bara begränsade av vår fantasi. Således fortskrider skapelsen in i oändligheten.

Jag återvände till Montreal några månader efter denna session för att ge en av mina hypnoskurser. Jag träffade Toni igen, och denna gång berättade hon att mer information hade avslöjats för henne om den större Gudshypotes vi hade stött på. Hon ritade det för mig i form av ett diagram för att hjälpa till att förtydliga det. Hon såg tre nivåer: den första (eller lägsta) representerade dualitet, separata verkligheter. Det var där individerna existerade. Den andra nivån eller aspekten var den som jag har stött på i mitt arbete, och som jag har skrivit om i denna bok: Gud/"Fadern". Källan med medvetenhet om upplevelse, den del som behöver lära sig. Den tar på sig parametrar. Den behöver information och upplevelser för att skapa nya saker. Sedan den tredje nivån eller den ultimata Källan, som vi inte hade stött på tidigare. Den

Det Komplexa Universumet – Bok Tre

del som var så enorm, så vidsträckt att den inte hade något behov av erfarenhet. Detta var den del som hon beskrev som Hel, som inte behövde någon tillsats eller subtraktion. Den omfattade allt.

Och ändå, fanns det en antydan om att även den delen inte var den ultimata. Att det finns mer bortom det. Vad det är, vet jag inte. Och det är inte givet mig att veta vid denna tidpunkt. De stoppade informationen, eftersom de sa att jag först måste smälta och förstå det jag hade fått. Om jag hade problem med att acceptera så mycket, skulle de få vänta tills jag var redo. De sa att de aldrig skulle pressa. De skulle aldrig tvinga. Men när jag var redo, skulle mer ges. Jag har ingen aning om vad "mer" det kan vara. Det är bortom min förståelse vid denna tidpunkt, precis som materialet i detta sista kapitel var bortom mina vildaste förväntningar före sessionen. Hur kan man förutse något som man inte ens vet existerar? Men de dinglar moroten, de retas och väcker mitt intresse. De säger att det finns "mer", och jag får helt enkelt vänta och se vad detta "mer" kan vara. Det kommer när jag är redo, så jag vet att det kommer fler böcker.

Så detta är en bra plats att avsluta denna fas av äventyret. Det är dags att stänga boken, ge sinnet en paus, och återvända till vår verkliga (?) värld. Det finns de många vardagliga saker som behöver tas hand om. Så igen, betrakta denna bok som "mentalt godis". Något att få dig att tänka, och öppna dörrar till det ofattbara. Så nu, gå upp från din stol, och fortsätt drömmen.

FÖRFATTARSIDA

Dolores Cannon, en regressiv hypnosterapeut och psykisk forskare som dokumenterade "förlorad" kunskap, föddes 1931 i St. Louis, Missouri. Hon utbildade sig och bodde i St. Louis fram till sitt giftermål 1951 med en yrkesofficer i flottan. Under de följande 20 åren reste hon runt i hela världen som en typisk flottfru och uppfostrade sin familj. År 1970 blev hennes make avskedad som funktionshindrad veteran, och de drog sig tillbaka till kullarna i Arkansas. Det var då Dolores påbörjade sin författarkarriär och började sälja artiklar till olika tidningar och magasin. Hon började arbeta med hypnos redan 1968 och har sedan 1979 fokuserat uteslutande på terapi med tidigare liv och regressionsarbete. Dolores har studerat olika hypnostekniker och utvecklade till slut sin egen unika metod, som möjliggjorde det

Det Komplexa Universumet – Bok Tre

mest effektiva sättet att få fram information från sina klienter. Dolores undervisar nu sin unika hypnoteknik över hela världen.

År 1986 utvidgade hon sina undersökningar till UFO-området. Hon har gjort platsundersökningar av misstänkta UFO-landningar och har undersökt sädescirklarna i England. Den största delen av hennes arbete inom detta fält har varit att samla bevis från misstänkta bortförda genom hypnos.

Dolores är en internationell föreläsare och har hållit föredrag på alla världens kontinenter. Hennes tretton böcker har översatts till tjugo språk. Hon har deltagit i radio- och tv-program världen över, och artiklar om och av Dolores har publicerats i flera amerikanska och internationella magasin och tidningar. Dolores var den första amerikanen – och den första utlänningen – som tilldelades "Orpheus Award" i Bulgarien, för största framsteg inom forskningen om psykiska fenomen. Hon har också mottagit utmärkelser för enastående bidrag och livsgärning från flera hypnosorganisationer.

Dolores har en stor familj som håller henne stadigt förankrad mellan den "verkliga" världen med familjen och den "osynliga" världen i hennes arbete.

Om du vill skriva till Dolores om hennes arbete, privata sessioner eller hennes utbildningar, vänligen kontakta följande adress (glöm inte att bifoga ett frankerat och adresserat svarskuvert): Dolores Cannon, P.O. Box 754, Huntsville, AR, 72740, USA
Eller mejla henne på: decannon@msn.com

Other Books by Ozark Mountain Publishing, Inc.

Dolores Cannon
A Soul Remembers Hiroshima
Between Death and Life
Conversations with Nostradamus,
 Volume I, II, III
The Convoluted Universe -Book One,
 Two, Three, Four, Five
The Custodians
Five Lives Remembered
Horns of the Goddess
Jesus and the Essenes
Keepers of the Garden
Legacy from the Stars
The Legend of Starcrash
The Search for Hidden Sacred
 Knowledge
They Walked with Jesus
The Three Waves of Volunteers and the
 New Earth
A Very Special Friend
Aron Abrahamsen
Holiday in Heaven
James Ream Adams
Little Steps
Justine Alessi & M. E. McMillan
Rebirth of the Oracle
Kathryn Andries
Time: The Second Secret
Will Alexander
Call Me Jonah
Cat Baldwin
Divine Gifts of Healing
The Forgiveness Workshop
Penny Barron
The Oracle of UR
The Oracle of UR, Book 2
P.E. Berg & Amanda Hemmingsen
The Birthmark Scar
The Birthmark Scar, Book 2
Dan Bird
Finding Your Way in the Spiritual Age
Waking Up in the Spiritual Age
Julia Cannon
Soul Speak – The Language of Your
 Body
Jack Cauley
Journey for Life
Ronald Chapman
Seeing True
Jack Churchward
Lifting the Veil on the Lost
 Continent of Mu
The Stone Tablets of Mu

Carolyn Greer Daly
Opening to Fullness of Spirit
Patrick De Haan
The Alien Handbook
Paulinne Delcour-Min
Cosmic Crystals!
Divine Fire
Holly Ice
Spiritual Gold
Anthony DeNino
The Power of Giving and Gratitude
Joanne DiMaggio
Edgar Cayce and the Unfulfilled
 Destiny of Thomas Jefferson
 Reborn
Paul Fisher
Like a River to the Sea
Anita Holmes
Twidders
Aaron Hoopes
Reconnecting to the Earth
Edin Huskovic
God is a Woman
Patricia Irvine
In Light and In Shade
Kevin Killen
Ghosts and Me
Susan Linville
Blessings from Agnes
Donna Lynn
From Fear to Love
Curt Melliger
Heaven Here on Earth
Where the Weeds Grow
Henry Michaelson
And Jesus Said – A Conversation
Andy Myers
Not Your Average Angel Book
Holly Nadler
The Hobo Diaries
Guy Needler
The Anne Dialogues
Avoiding Karma
Beyond the Origin
Beyond the Source – Book 1, Book 2
The Curators
The History of God
The OM
The Origin Speaks
Psycho Spiritual Healing
Kelly Nicholson
Ethel Marie

For more information about any of the above titles, soon to be released titles,
or other items in our catalog, write, phone or visit our website:
PO Box 754, Huntsville, AR 72740|479-738-2348/800-935-0045|www.ozarkmt.com

Other Books by Ozark Mountain Publishing, Inc.

James Nussbaumer
And Then I Knew My Abundance
Each of You
Living Your Dram, Not Someone Else's
The Master of Everything
Mastering Your Own Spiritual Freedom
Sherry O'Brian
Peaks and Valley's
Gabrielle Orr
Akashic Records: One True Love
Let Miracles Happen
Nick Osborne
A Ronin's Tale
Nikki Pattillo
Children of the Stars
A Golden Compass
Victoria Pendragon
Being In A Body
Sleep Magic
The Sleeping Phoenix
Alexander Quinn
Starseeds What's It All About
Debra Rayburn
Let's Get Natural with Herbs
Charmian Redwood
A New Earth Rising
Coming Home to Lemuria
David Rousseau
Beyond Our World, Book 1
Beyond Our World, Book 2
Richard Rowe
Exploring the Divine Library
Imagining the Unimaginable
Garnet Schulhauser
Dance of Eternal Rapture
Dance of Heavenly Bliss
Dancing Forever with Spirit
Dancing on a Stamp
Dancing with Angels in Heaven
Annie Stillwater Gray
The Dawn Book
Education of a Guardian Angel
Joys of a Guardian Angel
Work of a Guardian Angel

Manuella Stoerzer
Headless Chicken
Blair Styra
Don't Change the Channel
Who Catharted
Natalie Sudman
Application of Impossible Things
L.R. Sumpter
Judy's Story
The Old is New
We Are the Creators
Artur Tradevosyan
Croton
Croton II
Jim Thomas
Tales from the Trance
Jolene and Jason Tierney
A Quest of Transcendence
Paul Travers
Dancing with the Mountains
Nicholas Vesey
Living the Life-Force
Dennis Wheatley/ Maria Wheatley
The Essential Dowsing Guide
Maria Wheatley
Druidic Soul Star Astrology
Sherry Wilde
The Forgotten Promise
Lyn Willmott
A Small Book of Comfort
Beyond all Boundaries Book 1
Beyond all Boundaries Book 2
Beyond all Boundaries Book 3
D. Arthur Wilson
You Selfish Bastard
Stuart Wilson & Joanna Prentis
Atlantis and the New Consciousness
Beyond Limitations
The Essenes -Children of the Light
The Magdalene Version
Power of the Magdalene
Sally Wolf
Life of a Military Psychologist

For more information about any of the above titles, soon to be released titles,
or other items in our catalog, write, phone or visit our website:
PO Box 754, Huntsville, AR 72740|479-738-2348/800-935-0045|www.ozarkmt.com

www.ingramcontent.com/pod-product-compliance
Lightning Source LLC
Chambersburg PA
CBHW071148230426
43668CB00009B/875